税法建制原则立体化构造
一种方法论的视角

Constructing the Tax Law Principles from Multiple Dimensions
A Methodological Perspective

叶金育　著

图书在版编目(CIP)数据

税法建制原则立体化构造：一种方法论的视角/叶金育著.—北京：北京大学出版社，2021.6
国家社科基金后期资助项目
ISBN 978-7-301-31331-2

Ⅰ．①税… Ⅱ．①叶… Ⅲ．①税法—研究—中国 Ⅳ．①D922.220.4

中国版本图书馆CIP数据核字(2020)第104153号

书　　名	税法建制原则立体化构造——一种方法论的视角 SHUIFA JIANZHI YUANZE LITIHUA GOUZAO ——YIZHONG FANGFALUN DE SHIJIAO
著作责任者	叶金育　著
责任编辑	王　晶
标准书号	ISBN 978-7-301-31331-2
出版发行	北京大学出版社
地　　址	北京市海淀区成府路205号　100871
网　　址	http://www.pup.cn
电子信箱	law@pup.pku.edu.cn
新浪微博	@北京大学出版社　@北大出版社法律图书
电　　话	邮购部 010-62752015　发行部 010-62750672 编辑部 010-62752027
印　刷　者	天津中印联印务有限公司
经　销　者	新华书店
	730毫米×1020毫米　16开本　25印张　445千字 2021年6月第1版　2021年6月第1次印刷
定　　价	69.00元

未经许可，不得以任何方式复制或抄袭本书之部分或全部内容。
版权所有，侵权必究
举报电话：010-62752024　电子信箱：fd@pup.pku.edu.cn
图书如有印装质量问题，请与出版部联系，电话：010-62756370

国家社科基金后期资助项目
出版说明

　　后期资助项目是国家社科基金设立的一类重要项目,旨在鼓励广大社科研究者潜心治学,支持基础研究多出优秀成果。它是经过严格评审,从接近完成的科研成果中遴选立项的。为扩大后期资助项目的影响,更好地推动学术发展,促进成果转化,全国哲学社会科学工作办公室按照"统一设计、统一标识、统一版式、形成系列"的总体要求,组织出版国家社科基金后期资助项目成果。

全国哲学社会科学工作办公室

目 录

导论 …………………………………………………………………… 1

第一章 税法原则的建制理路与立体构造 ………………………… 12
  一、问题意向 …………………………………………………… 12
  二、观测事物的三维视角:形式、实质与技术 ………………… 13
  三、法律原则的形成机理:从事理到法律理念 ………………… 17
  四、税法原则的建制机理 ……………………………………… 27
  五、税法建制原则体系与方法论性能:税收正义的三种路径 …… 38

第二章 税法建制原则的体系逻辑与度衡方法 …………………… 48
  一、问题意向 …………………………………………………… 48
  二、税法建制三原则的体系正义 ……………………………… 51
  三、税收法定:税收形式正义的检测基准 …………………… 65
  四、量能课税:税收实质正义的度衡标尺 …………………… 80
  五、稽征经济:税收技术正义的测度工具 …………………… 99

第三章 单行税种的建制原则度衡
  ——基于证券交易印花税的规范审查与实施评估 ………… 119
  一、问题意向 …………………………………………………… 119
  二、证券交易印花税述描:政策变迁与运行机理 …………… 122
  三、税收法定:证券交易印花税的合法性质疑 ……………… 128
  四、量能课税:证券交易印花税的公平性检视 ……………… 135
  五、比例原则:证券交易印花税的正当性反思 ……………… 140
  六、证券交易印花税的未来方向 ……………………………… 149

第四章 税制行为的建制原则评估
  ——基于税法拟制行为的规范实证探究 …………………… 157
  一、问题意向 …………………………………………………… 157

二、税法上拟制性规范的文本考察 …………………………… 161
三、从收入到征管:税法拟制性规范的工具价值 …………… 164
四、拟制性规范价值反思:基于税法建制原则的考究 ……… 170
五、拟制性规范的未来路径:从政策之治到法律之治 ……… 175

第五章 税制要素的建制原则衡量
—— 以体育产业税收优惠为分析起点 …………………… 181
一、问题意向 …………………………………………………… 181
二、体育产业税收优惠检思:以税法建制原则为分析工具 … 184
三、超越税收优惠:体育产业财税政策工具选择的文本实践 … 204
四、体育产业财税政策工具:型构、选择与应用 …………… 214
五、结语 ………………………………………………………… 228

第六章 税法解释权配置的原则检思
—— 基于税务总局解释权的证成与运行保障 …………… 229
一、问题意向 …………………………………………………… 229
二、税务总局解释权:总体描述与税法叙说 ………………… 231
三、税收法定原则:税务总局解释权的合法性考察 ………… 236
四、比例原则与功能适当原则:税务总局解释权的正当性检视 … 242
五、税务总局解释权规范运行的保障机制 …………………… 254
六、结论 ………………………………………………………… 264

第七章 税收法定原则的效力补强
—— 以地方税权的阐释与落实为要义 …………………… 266
一、问题意向 …………………………………………………… 266
二、税收法定下的地方税权悖论:央地税权划分的实证考察 … 270
三、税收法定原则的实践转向:地方税权落实之必要性证成 … 281
四、地方税权落实之可行性检视:税收法定文本的教义学分析 … 288
五、税收法定的中国经验:地方税权运行的制度实践 ……… 299
六、地方税权的发展空间:以税收立法权为中心 …………… 303

第八章 量能课税原则的适用边界
—— 以环境税量益课税原则为演示场域 ………………… 310
一、问题意向 …………………………………………………… 310

二、环境税"归责→应益"的二元机理 …………………………… 312
三、量能课税之于环境税:度衡不能与逻辑不合 ………………… 319
四、环境税量益课税原则的证立:从立法目的到税制机理 ……… 325
五、量益课税与环境税之体系互动 ………………………………… 332
六、量益课税原则的运用:以环境保护税法进阶为中心 ………… 339

第九章 稽征经济原则的应用限缩
——以税收优惠的比例原则审查为中心 …………………… 348
一、问题意向 ……………………………………………………… 348
二、税收优惠的规范审查与实施评估:基于比例原则的分析 …… 349
三、比例原则效用的发挥:税收优惠之改革方向 ………………… 364
四、税收优惠的体系进阶:以统一立法为依归 …………………… 369
五、税收优惠统一立法的具体展开 ………………………………… 378

后记 ………………………………………………………………… 390

导　　论

　　无论是法学理论研究,还是立法与法律实施,乃至法律解释,法律原则在这其中都有着至关重要的作用。简单而言,"法律原则是'法律的真义'或'法律的真正精神'"①,是实现立法目的的行动规则,是法律目的的外化。法律原则脱胎于法律目的,但反作用于法律目的,制衡对法律目的的理解。② 进一步而言,法律原则"是一种根本规范或基础规范,其在一国法律体系或法律部门中居于基础性地位,为一国法律的基本信条和准则,它寄托了法律的总体精神和根本价值"③。肇因于长期以来的"立法极简主义"径路,致使法律漏洞无处不在,法律"空缺结构"尤为显见,庞大驳杂的实施细则,各种型态的法解释文件几乎在实务中处于法规范的主导地位,凡此种种法秩序境况,均过当地徒增了法律原则适用的重要性和必要性。④ 因为究其本质,法律原则就是对法律未能明确规定的情况提出一个大概的意见,其特点就在于不明确,模糊。在某种意义上说,法律原则即为法律规则正当与否的根据。⑤

　　值得注意的是,法律原则并不是一种——一般性的案件事实可以涵摄其下的——非常一般的规则。毋宁其无例外地须被具体化。也即,法律原则具有层次性,位居基本原则层级的"最高层的原则"是"一般法律思想",通常由法治国原则、社会国原则、尊重人性尊严原则及自主决定与个人负责原则组成。⑥ 通常认为,这类原则不仅具有"效力贯彻始终性"特质,而且具有立法准则、司法准则与行为准则功能。⑦ 不难发现,这类原则多与正义直接接壤,而正义为极抽象的价值理念,具有先验、绝对及断然的性质,并受时代、地域及社会条件的影响,须经不断具体化,始能表现于法律,而具有规范效力。

---

① 任强:《司法方法在裁判中的运用——法条至上、原则裁判与后果权衡》,载《中国社会科学》2017年第6期。
② 参见杨小强:《中国税法:原理、实务与整体化》,山东人民出版社2008年版,第20页。
③ 李可:《原则和规则的若干问题》,载《法学研究》2001年第5期。
④ 参见林来梵、张卓明:《论法律原则的司法适用——从规范性法学方法论角度的一个分析》,载《中国法学》2006年第2期。
⑤ 参见葛洪义:《法律原则在法律推理中的地位和作用——一个比较的研究》,载《法学研究》2002年第6期。
⑥ 参见〔德〕卡尔·拉伦茨:《法学方法论》,陈爱娥译,商务印书馆2003年版,第348页。
⑦ 参见于飞:《民法基本原则:理论反思与法典表达》,载《法学研究》2016年第3期。

因此,正义通常须凝练为宪法原则,再进而具体表现于立法者依宪法制定的法律。实质法治国家的宪法,不仅规定法律优位及法律保留的依法行政原则,并且以基本权利确保法律的实质内容符合正义,为正当之法。①

易言之,因为基本原则多属于典型的价值问题领域,所以如何驯服个中之恣意而尽量求其客观性,倍极困难。② 概因如此,通常认为这类原则一般不能直接适用,其特质与功能的发挥须经下位原则一步步地具体化。③ 但这种抽象与具体化的内在机理也意味着"原则赋予适用者以相当程度的选择空间"④,从而使得法律原则时常展现"横看成岭侧成峰,远近高低各不同"之惑,不同学者基于不同立场或视角,即便是由同一"最高层的原则"出发,最终提取的具体化原则也时常是相去甚远。例如,有学者认为:"宪法规定及原则所表彰之正义,在租税法内经进一步之具体化,形成租税法之各种基本原则。租税法内之租税法定原则、法律安定原则、平等课征原则、比例原则及基本权利保障等,莫不直接或间接源自宪法,为租税正义之表现。"⑤ 而另有学者同样是按照正义原则提取的税法建制基本原则,却导出税法上特殊的正义原则和税捐课征中的宪法原则两大原则体系。前者包括量能课税原则,公益原则,需要原则,功绩原则与实用性原则(税捐稽征经济原则);后者囊括税捐法定主义,税捐平等原则,社会国家原则,法治国家原则,生存权保障、财产权保障、婚姻及家庭保障原则,营业自由原则等。⑥

正因如此,建构科学的税法建制原则之于税收立法、税法实施与税法解释堪为关键。问题是,提炼各方共识的税法建制原则实为不易。因此,要想建构最大限度的共识,就必须尊重法律原则的核心要义。而"法律原则问题的核心是:在一个法治的背景下,如何确定法律原则? 法律原则在法律推理中又应该或实际上在扮演什么角色? 发挥着什么作用? 任何问题都是在特殊语境下提出的,法律原则在我国则是一个法治化的语境背景下的问题,离开了这个语境,问题就可能会流于空泛"⑦。之于当下税法场域而言,"落实税收法定原则"是当今中国税法研究和实践的最大语境,也是税法中最为显赫的一个词语。然终归说来,税收法定原则只是税法建制的一个形式保障,仅满足形式层面的法定主义,不仅优良的税收体系将难以生成,而且良好的

---

① 参见陈敏:《税法总论》,台湾新学林出版有限公司2019年版,第35页。
② 参见易军:《民法基本原则的意义脉络》,载《法学研究》2018年第6期。
③ 参见于飞:《民法基本原则:理论反思与法典表达》,载《法学研究》2016年第3期。
④ 陈景辉:《原则、自由裁量与依法裁判》,载《法学研究》2006年第5期。
⑤ 陈敏:《税法总论》,台湾新学林出版有限公司2019年版,第36页。
⑥ 参见陈清秀:《税法总论》(修订九版),台湾元照出版有限公司2016年版,第29—73页。
⑦ 葛洪义:《法律原则在法律推理中的地位和作用——一个比较的研究》,载《法学研究》2002年第6期。

税法也不易创制。"因为法律是一个价值系统,所以要检讨税捐法上关于税捐债务之有无及其范围的大问题,必须取向于其建制之基础原则,才能导出能够贯彻于整个税捐法系统之解决意见。"① 不论是基于法律原则的本体功能价值,还是困于税收法治建设的当前情势,都有必要系统探究税法建制原则。

从现有文献来看,国内税法原则研究起步相对较早,研究视角也日渐多元。总体来说,既有研究成果主要呈现以下几个特征:

其一,论述单一维度的税法原则,缺乏各原则之间的深度互动与整合研究。此类文献多围绕税收法定、量能课税及相关原则展开。比如,有学者认为税收法定原则是税法的最高原则,即"帝王原则",是法的基本价值在税法领域最集中的体现。② 也有学者认为量能课税原则不仅是税法本质的彰显,而且具有拘束税收立法、规范税法解释和指导税收执法的功能,具有普适性,能够成为我国税法的基本原则。③ 另有学者集中探讨诚实信用原则适用于税法的必要性和可行性④。也有学者将实质课税原则视为一项独立的税法原则,并从实质正义和税权横向配置的角度对实质课税原则的法理与立法进行系统分析。⑤ 与之类似,也有学者立足于实质课税原则的事实解释功能论,认为事实解释功能是实质课税原则的唯一功能,经济的实质主义才是实质课税原则的基本意旨。而实质课税原则与量能课税原则分工协作,统一于税收公平原则。⑥ 值得注意的是,不少学者在阐释税法基本原则时都不止于单一原则,但在列示多个基本原则的同时,却又极少论及各个基本原则之间的内在关系。例如,有学者认为税法内税收法定原则、法律安定原则、平等课征原则、比例原则及基本权利保障原则等,莫不直接或间接源自宪法,为税收正义的表现,堪为税法基本原则。⑦ 亦有学者认为稽征经济原则是与量能课

---

① 黄茂荣:《核实课征原则之实践及其司法审查》,载《交大法学》2015 年第 4 期。
② 参见张守文:《论税收法定主义》,载《法学研究》1996 年第 6 期;王鸿貌:《税收法定原则之再研究》,载《法学评论》2004 年第 3 期;黄卫:《从理论到实践的转型:论课税要件适用的双重面向》,载《法学论坛》2020 年第 2 期。
③ 参见许多奇:《论税法量能平等负担原则》,载《中国法学》2013 年第 5 期。
④ 参见张进德:《诚实信用原则应用于租税法》,台湾元照出版有限公司 2008 年版;侯作前:《论诚实信用原则与税法》,载《甘肃政法学院学报》2003 年第 4 期;邵伟杰:《诚实信用原则在税法上的适用探讨》,载《税务研究》2010 年第 4 期;徐阳光、常青:《论诚实信用原则在税法中的适用》,载《交大法学》2014 年第 1 期;羊海燕、肖永梅:《我国税法中诚实信用原则适用问题研究》,载《广西社会科学》2018 年第 3 期。
⑤ 参见贺燕:《实质课税原则的法理分析与立法研究——实质正义与税权横向配置》,中国政法大学出版社 2015 年版。
⑥ 参见闫海:《绳结与利剑:实质课税原则的事实解释功能论》,载《法学家》2013 年第 3 期。
⑦ 参见陈敏:《税法总论》,台湾新学林出版有限公司 2019 年版,第 35—36 页。

税原则、税收法定原则并列的三大税法原则之一,代表不同层次的理性思考。①

其二,聚焦关联税法原则的演变,缺乏原则之间交互机理的阐释和运用。 此类文献较少,且浅尝辄止者居多。例如,有学者认为:"从历史和现实的具体语境看,当今世界在税法原则建构上正发生着从税收法定到税收公平的演变。"② 也有学者认为:"税收公平与效率原则是各个时期众多国家所确认的税法基本原则。由于在不同社会形态或处于同一社会形态的不同国家间对于'公平'的理解和实现之标准有所不同,因而对税收效率与公平原则的态度也不同。"③ 与之相似的是,税法基本原则,特别是税收法定原则之于中国的实践进路议题得到学者的广泛关注。譬如,有学者认为:"现代法治国家没有纯粹的民主,也没有不受民主约束的专业理性,落实我国的税收法定原则,必须结合自身经济发展和税制改革的客观现实,在民主与专业的平衡中循序渐进。"④ 也有学者认为:"在我国税收立法权受行政权侵蚀严重,纳税人之税负不公已近极限的视域下,落实税收法定主义必须坚持限制行政机关征税权与规范人大税收立法权两条并行的路径。"⑤ 还有学者认为落实税收法定原则应分三步走:一是从"无法"到"有法",二是从"有法"到"良法",三是从"良法"到"善治"。⑥ 更有学者发现"建立我国的纳税人权利保护官制度不失为落实税收法定原则的一条有效路径。"⑦

其三,质疑各税法原则的立论基础,欠缺"理论与实践"融通的双维论证。 此类文献集中于检思税收法定原则。比如,有学者认为:"税收法治的实现并不仅仅是确立一个税收法定原则那么简单,单纯的税收法定原则最多能为我们带来'税收法制'而不是'税收法治'。"⑧ 也有学者认为:"税收法定原则并不是无所不能、'包治百病'的,严格来说,税收法定原则仅要求形式上的税收合法律性和民主立法流程,而未涉及税法的实质内容和效果。"⑨ "因此在我

---

① 参见黄茂荣:《法学方法与现代税法》,北京大学出版社 2011 年版,第 128—129 页。
② 侯作前:《从税收法定到税收公平:税法原则的演变》,载《社会科学》2008 年第 9 期。
③ 刘爽、张世敬:《税法基本原则——税收公平与效率原则浅议》,载《中国民航飞行学院学报》2009 年第 5 期。
④ 徐阳光:《民主与专业的平衡:税收法定原则的中国进路》,载《中国人民大学学报》2016 年第 3 期。
⑤ 黎江虹、沈斌:《税收法定主义之演绎逻辑与落实路径》,载《武汉理工大学学报(社会科学版)》2018 年第 2 期。
⑥ 参见刘剑文:《落实税收法定原则的现实路径》,载《政法论坛》2015 年第 3 期。
⑦ 许多奇:《落实税收法定原则的有效路径——建立我国纳税人权利保护官制度》,载《法学论坛》2014 年第 4 期。
⑧ 王冬:《现实语境中的"税收法定原则"效力的再反思》,载《经济法论坛》2013 年第 1 期。
⑨ 刘文文、耿颖:《税收法定原则的核心价值与定位探究》,载《郑州大学学报(哲学社会科学版)》2016 年第 1 期。

国,税收法定主义的观念虽然越来越受到重视,但理论框架的模糊与规范性内容的缺乏,导致其日益被视为一种普遍主义的正义观,于法律适用的指导意义微弱。"①还有学者认为:税收法定主义虽然是广泛适用于税收立法、执法和司法的基本原则,但这并不意味着税法上的其他原则都是源自税收法定主义。应该说,税法上的原则各有其不同的适用范围,各自起到不同的规范和指引作用。所以,当下要格外注意税收法定与量能课税、实质课税、禁止溯及既往、契约自由等原则的衔接与协调。②不过,也有聚焦稽征经济原则,认为"税捐稽征经济原则的实践,可能对于纳税义务人产生不利的冲击,因此需要在'司法'审查环节针对不同的情况区别对待,以在有限之行政能量的限制下,能够依法,最大限度实现普遍平等量能课征之目标"③。

其四,或追踪税法原则的法理,或注重税法原则的运用,但均欠缺法理与实践的有机结合。前者如,有学者从古往先贤的理论里认识到形式平等和实质平等的深层含义,得出量能课税原则本质上是也只可能是一种形式平等或者机会平等,是一种含有实质平等追求的形式平等,区别于纯粹的形式平等,也区别于实质平等。④也有学者挖掘量能课税的分配正义法理,认为落实量能课税,能够赋予税法以人本化的精神气质,使之真正成为分配正义之法和纳税人的"守护神"。我国税法应摆脱单纯经济工具定位,将量能课税写入宪法,在平衡宏观税负的基础上优化税制结构,并在具体税种设计中更好地体现税收负担能力。⑤后者如,有学者以量能课税度衡房地产税改革,认为保有环节房地产税面临理论危机,引入量能课税原则,能够重新建构保有环节房地产税改革的理论基准,回答房地产税立法中的诸多疑惑,并逐步实现房地产税的公平负担。⑥与之类似,也有学者重点讨论房地产税实体课税要素如何设计、房地产税特别征收措施怎样安排,证成开征房地产税的正当性源于其量能课税。⑦此外,亦有学者立足税收法定原则,关注税收法定原则的

---

① 佘倩影、刘剑文:《税收法定主义:从文本到实践的挑战与路径》,载《辽宁大学学报(哲学社会科学版)》2016 第 6 期。
② 参见熊伟:《重申税收法定主义》,载《法学杂志》2014 年第 2 期。
③ 黄茂荣:《税捐稽征经济原则及其"司法审查"》,载《人大法律评论》2016 年第 2 辑。
④ 参见伍玉联:《量能课税原则的法哲学解释》,载《华侨大学学报(哲学社会科学版)》2007 年第 1 期。
⑤ 参见陈立诚:《分配正义视野下的量能课税——一种税收理想的破茧新生》,载《厦门大学法律评论》2015 年第 1 期(总第 25 辑)。
⑥ 参见杨小强:《保有环节房地产税改革与量能课税原则》,载《政法论丛》2015 年第 2 期。
⑦ 参见叶姗:《房地产税法建制中的量能课税考量》,载《法学家》2019 年第 1 期。

宪法植入方式①、税收立法权回归②、地方财政自主权③、地方税收立法权④、地方政府会议纪要合法性⑤以及税收法定与政府主导⑥等。

其五,揭示各税法原则之间的内在逻辑,并将整体化的税法原则体系作为方法论分析微观制度。此类文献极其罕见,即便偶尔出现,跟进者也是凤毛麟角。例如,有学者基于量能课税、比例原则和税收法定的内在机理,认为量能课税作为税收优惠的重要参考,不能肆意偏离。量能课税之下,税收优惠还需获得正当性和合法性论证,而这离不开比例原则和税收法定主义的作用。只有在此基础上,才能构建一个兼具实质合理性和形式合法性的税收优惠法律体系。⑦ 也有学者以税收法定、税收公平与比例原则为工具,逐一检视耕地占用税的合法性、正当性与合理性,主张将矫正负外部性作为耕地占用税的首要目标,调节耕地占用行为作为附带目标,回归耕地占用税的财产税面目,以实现耕地占用税立法中形式正义与实质正义的统一。⑧ 还有学者以税收效率原则、税收法定原则与量能课税原则为工具,考量和反思税法拟制,认为税收效率原则并非是无远弗届的,应在程序上和实体上受到税收法定与量能课税的限制,并引导税法拟制向更能保护纳税人利益的民生税法方向发展。⑨ 另有学者立基于个人所得税的立法目的,认为设置个人所得税立法目的条款需要遵循税收法定原则、量能课税原则、税收效率原则。从这些原则着眼,个人所得税法可以实现规范政府权力、保护纳税人权益、稳定经济运行、调节收入分配、保障税款顺利征收的目的。⑩

除此之外,尚有学者对一般情形下税法基本原则的定位⑪、税法原则的

---

① 参见张旭:《税收法定原则的宪法植入方式》,载《税务与经济》2020 年第 1 期。
② 参见易有禄、李婷:《税收法定原则视野下的税收立法权回归》,载《江西财经大学学报》2014 年第 1 期。
③ 参见熊伟:《税收法定原则与地方财政自主——关于地方税纵向授权立法的断想》,载《中国法律评论》2016 年第 1 期。
④ 参见苗连营:《税收法定视域中的地方税收立法权》,载《中国法学》2016 年第 4 期。
⑤ 参见王彦明、吕楠楠:《税收法定视域下地方政府会议纪要合法性检讨》,载《法学》2015 年第 7 期。
⑥ 参见史际春:《论"税收法定"与政府主导》,载《人大法律评论》2018 年第 3 辑。
⑦ 参见熊伟:《法治视野下清理规范税收优惠政策研究》,载《中国法学》2014 年第 6 期。
⑧ 参见聂淼:《耕地占用税的规范审查与实施评估——基于税法基本原则的分析》,载《南京工业大学学报(社会科学版)》2018 年第 4 期。
⑨ 参见欧阳天健:《税法拟制条款的证成及反思》,载《法学》2019 年第 9 期。
⑩ 参见邓伟:《个人所得税法的立法目的条款构建》,载《学习与探索》2020 年第 1 期。
⑪ 参见张宇润:《论税法基本原则的定位》,载《中外法学》1998 年第 4 期。

功能①、税法法律保留原则②、纳税便利原则③、环境税立法的基本原则④、电子商务条件下税法原则的定位⑤、房产税改革试点的税法原则反思⑥、WTO原则与税法原则的契合⑦、数字经济环境下跨境服务交易利润国际税收原则⑧等议题有过关注,但总体而言这些议题的论证深度有较大提升空间,论述广度亦有较大拓展潜力。

相较于国内学术界对税法原则的分歧,国外对税法原则的研究共识更多,研究更加精深。已有文献主要展现三种方向:

其一,偏好税法基本原则中的公平、公正研究,构建体系化的税法公平原则。比如,有学者从分配公正、程序公正、处罚公正、公正问题上人际与环境的差别、公正和社会认同等不同角度,对税法公平原则进行深度剖析,展示作为税法原则之公平的与众不同。⑨ 也有学者从纵向公平、横向公平和过渡性公平三个维度尝试为税负公平的测量提供普适性的税法原则。⑩ 还有学者将税收横向公平和纵向公平置于宪法视域下比较研究,进而揭示税收公平对于各国税收立法与司法的影响。⑪ 更有学者聚焦税收横向公平,对处境相似的纳税人为何一定要课予同样的税负进行追根溯源,并将其归为市场分配导向下的社会正义,即只有在接受市场分配道德的社会正义理论框架内,才能证明横向公平是合理的。⑫ 与之不同,也有学者对税收公平这一主流观点加以质疑,认为税收公平虽然具有天然的吸引力,但它远不是衡量税制公平的一个良性标准。因为它通过默契地挑选经济因素,潜移默化地塑造了人们对

---

① 参见徐孟洲:《论税法原则及其功能》,载《中国人民大学学报》2000年第5期。
② 参见黄卫、郭维真:《税法法律保留原则的实践分析与确立路径——以我国台湾地区"司法院"解释为参照样本》,载《税务研究》2019年第10期。
③ 参见单飞跃:《纳税便利原则研究》,载《中国法学》2019年第1期。
④ 参见付慧姝:《论我国环境税立法的基本原则》,载《江西社会科学》2012年第4期。
⑤ 参见向贤敏:《电子商务条件下税法原则及要素的定位》,载《河南师范大学学报(哲学社会科学版)》2005年第5期。
⑥ 参见阳建勋:《税收调控房地产的正当性及其必要限度——房产税改革试点的税法原则反思》,载《税务与经济》2012年第3期。
⑦ 参见闫海:《论WTO原则与税法原则的契合》,载《税务与经济》2009第3期。
⑧ 参见廖益新:《数字经济环境下跨境服务交易利润国际税收的原则与方案》,载《国际经济法学刊》2014年第3期。
⑨ 参见〔意〕埃里希·科齐勒:《税收行为的经济心理学》,国家税务总局税收科学研究所译,中国财政经济出版社2012年版,第96—122页。
⑩ 参见〔美〕乔尔·斯莱姆罗德、乔恩·巴基哲:《课税于民:公众税收指南》(第4版),刘蓉、刘洪生、彭晓杰译,东北财经大学出版社2013年版,第62—104页。
⑪ Henry Ordower, "Horizontal and Vertical Equity in Taxation as Constitutional Principles: Germany and the United States Contrasted", *Florida Tax Review*, Vol. 7(5), pp. 330-331 (2006).
⑫ David Elkins, "Horizontal Equity as a Principle of Tax Theory", *Yale Law & Policy Review*, Vol. 24(1), pp. 44-46 (2006).

税收公平的感性看法，却基本排除了其他影响税收公平的可能因素，而不管这些因素与公平性是多么相关或多么值得讨论。①

其二，超越对税收原则的简单承受与移植，建造合符税法自身秉性的原则系统。例如，有学者认为税法的基本原则包括税收法律主义、税收公平主义和自主财政主义，三者构筑起形式与实质兼容的税法原则体系。② 也有学者认为税法中存在租税法律主义原则、实质课税原则、应能负担原则和诚实信用原则，并围绕这些原则对地方税、税法解释、所得扣除与税额扣除等税法微观制度进行阐释。③ 还有学者认为税法的一般原则主要有平等原则、公平原则、公共信任原则、按比例和能力纳税原则、不溯及既往原则。④ 亦有学者将税法原则概括为税收法定原则、公共预算缴费原则以及税收公平原则，并特别强调税法是一个受公法原则管辖的法律领域，这些原则源于宪法，不同于税收原则。⑤

其三，关注不同税法行为，不同税种、法域整合等对原则界定的影响，注重整体化原则下的类型化研究。比如，有些学者认为在税收立法中应恪守税收法定主义、税收公平主义和自主财政主义。在税法解释中基于纳税人信赖利益保护，有必要引入诚实信用原则。⑥ 也有学者比较澳大利亚、加拿大、法国、德国、日本、荷兰、瑞典、英国、美国等立法，提出尊重法律（民法）形式也应为税法的一项基本原则。尤其应将"尊重法律形式原则"统率所得税法的法理与实践。⑦ 还有学者立基于法律的明确性与可预测性，指出税法文本主义应当优先于实质重于形式原则。⑧ 更有学者基于社会团结视角分析环境税法基本原则，指出环境税法既应遵循税收公平原则中的量能原则，也要符合环境法中的污染者负担原则。⑨

---

① Anthony C. Infanti, "Tax Equity", *Buffalo Law Review*, Vol. 55(4), pp. 1259-1260 (2008).
② 参见〔日〕金子宏：《日本税法》，战宪斌、郑林根等译，法律出版社 2004 年版，第 57—75 页。
③ 参见〔日〕北野弘久：《税法学原论》（第四版），陈刚、杨建广等译，中国检察出版社 2001 年版，第 61—116 页。
④ Frans Vanistendael, "The Role of the European Court of Justice as the Supreme Judge in Tax Cases", *EC Tax Review*, Vol.5(3), pp. 114-122(1996).
⑤ Marilena Ene, "Principle of Equity in the Romanian Constitution and Tax Law Academic", *Journal of Law and Governance*, No. 6, pp. 12-15(2018).
⑥ 参见〔日〕中里实等编：《日本税法概论》，张翠萍等译，法律出版社 2014 年版，第 16—59 页。
⑦ 参见〔美〕休·奥尔特、〔加拿大〕布赖恩·阿诺德等：《比较所得税法——结构性分析》（第三版），丁一、崔威译，北京大学出版社 2013 年版，第 3—186 页。
⑧ Allen D Madison, "The Tension between Textualism and Substance-over-Form Doctrines in Tax Law", *Santa Clara Law Review*, Vol. 43:3 (2003).
⑨ Itamar da Silva Santos Filho & Paulo Rangel Araujo Ferreira, "Fundamental Principle of Environmental Taxation", *Veredas do Direito*, Vol. 14:29(2017).

通览学界对税法原则的研究，多数文献聚焦于简单的税法原则择取，或停驻于表层的理论推衍，或满足于碎片化的制度运用，罕见有深度关注税法各建制原则之间内在机理的阐释，更少有将税法建制原则的整体作为方法论以分析单行税种、税制行为、税制要素和税法解释等的系统性论述，以致现有文献呈现出观点较多、论证严重不足的低水平现象。至于立体化审视税法各建制原则，关注税法建制原则整体化与精细化的内在调和与外在拓展，秉持税法建制原则理论与实务的交互融通，融税法规则论、实践论与方法论一体的税法原则研究文献尚未真正出现。总体来说，多数对税法原则的研究停留在"就事论事"阶段，不仅缺乏对税法各建制原则交互机理的整体挖掘和提升，而且缺乏对各建制原则自身法理的深度检思和补强，自然也就难以实现对税收立法、税法实施和税法解释等的真正指导。

跳出学者文献，检索税收立法实践，大体可以发现税法原则其实是在逐渐地吸纳，而非照搬税收原则，这种吸纳、接受与转化的力度和频度既受制于立法体制和法治传统，又受控于民主程序和制度环境。演化至今，可供税法建制参考的原则大体有平等原则、法定原则、实质高于形式原则、经济中立原则、法际整合原则、善意原则和便利纳税人原则等。① 如此众多的课税原则，究竟哪些可以堪当我国税法建制大任，值得推敲。厘定税法建制原则，是确保税收正义的前提，也是完善税收立法所必需。税法建制原则透过一般化、普遍化，对其涵盖的对象进行平等的把握，从而将税收正义贯彻始终，同时尽可能避免税法漏洞。税法建制原则是最基本的，贯穿于税收工作的始终。坚持这些基本原则，税收工作就能走向规范化、制度化和法制化，从而确保税法的稳定与恒定。② 从这个角度上说，税法建制原则不只是一个理论命题，更

---

① 讨论税法原则，离不开对税收原则的陈述。相较于税法原则，税收原则更为发达。对于税收原则，学术上虽有不同的表述，但实际上观点比较接近。概括起来主要有：公平、效率、管理简便、灵活性、透明度等。这些原则主要属于税收政策（公共政策）范畴，要成为现实的力量，在奉行税收法治主义的今天，还需要转化为税法原则。当然，税收政策中的税收原则不完全等同于税法原则，公共政策中的税收原则也不能全部转化为税法原则。从政策至立法的转化，涉及可能性与法律的现实性问题。政策是一种导向，是政党观、国家观的体现。制定政策的机构与制定法律的机构多数时候都不完全一样。税收原则形成的主体有政党、团体组织，也可能有学术力量。税法原则的形成尽管也有学术的铺垫，甚至也会有不同政治力量的游说与角逐，但其根本还是税收立法机关推动的结果。税收立法实践也间接验证了税法原则形成的前述规律。典型如，《克罗地亚共和国税法通则》规定的税法原则主要有：法定原则，平等原则，善意原则和实质高于形式原则。《俄罗斯联邦税法典》确立的税法原则有：法定原则、平等原则、经济中立原则、有利于纳税人原则。《TAXASTAN 共和国税法典》（国际货币基金组织针对经济转型国家设计了一部税法典，供这些国家立法参考。在这部国际税法专家起草的税法典里，这个转型国家被假设为 TAXASTAN）提出的税法原则有：法定原则、法际整合原则。参见杨小强：《中国税法：原理、实务与整体化》，山东人民出版社 2008 年版，第 18—28 页。

② 参见杨小强：《税法总论》，湖南人民出版社 2002 年版，第 104 页。

是一个实践话题。其不仅内含厚重的理论意蕴,而且具有丰硕的方法论功能。所以,不管何种具体原则要想成为税法建制原则,就必须贯通税收立法、税法实施与税法解释,勾连法理、税理与制度机理,融贯税法理论与税制实践。

基于此种认知,本书从税法建制原则的法理与事理出发,挖掘税法建制原则的体系逻辑,证立税法建制原则的方法论性能,演示税法建制原则的方法论运用场域和限度,既注重税法建制原则的法理探究,又注重税法建制原则的事理阐释,还佐证税法建制原则的制度指引。不仅立足学科前沿,而且回应时代重大关切。既抓住了税法基础理论的核心命脉,又切合了税法实践的争议话题,还契合了当下税收法治建设的关键任务。具体内容既有税法建制原则机理的深层挖掘,又有税法建制原则构造经验的普适提炼,更有中国税收立法、税法实施和税法解释中建制原则的路径思考;不仅有税法建制原则的宏观法理探求,而且有税法建制原则的中观税理建造,还有税法建制原则的微观方法运用。既有财税法学惯有思维与传统方法的运用,也有经济学、社会学、政策科学等多学科知识和跨学科思维的观察。立足税法建制原则的整体化与精细化这一矛盾统一体的内在调和外在拓展,寻求宏观理论与微观实践,税法规则设计与制度运行,规则论、实践论和方法论的融合之道,是本书的写作思路和指导基准。

秉持上述写作基准,本书具体以《贯彻落实税收法定原则的实施意见》为研究背景,以新一轮税制变革、税收立法和税收法治建设为依托,以税法建制原则为研究对象,以"理路构造→原则体系→原则运用→原则补足"为研究主线。总体思路为:从税法原则的建制理路导出立体化建制原则体系,从原则体系逻辑展示建制原则方法功能,进而架构原则运行和补强两大建制原则适用向度,逐步阐释税法建制原则的整体运行和精细考究,形成十分完整和丰富的税法建制原则知识体系。本书整体框架除开导论之外,主体部分共设九章(如"图 0-1 各章内在架构"所示)。

本书有望在税法实践与理论层面增进既有知识体系和适用指引。实践上,不仅有益于深化对税法建制原则的整体认知,为税收条例的升格、新的单行税法创制与既有单行税法的制度进阶提供方向指引和规则设计基准;而且有望提升税法解释的整体质量与税法实施的总体效率,为"落实税收法定原则"、税收法治国家建设、国家税收治理体系和治理能力现代化供给度衡标尺与改进路径。理论上,既有助于推动税法原则的系统化、专业化和精细化研究,提升国内税法原则的整体研究水准;又有助于丰富和拓展税法方法论的内涵与外延,推进税法方法论的理论建造和实践运用;还有益于促进税法宏

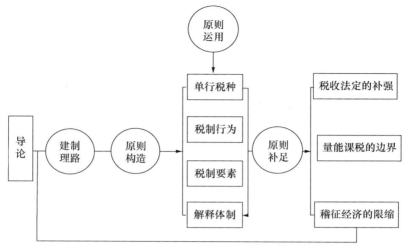

图 0-1 各章内在架构

观理论与微观制度的交互融通,引导税法规则论和实践论的深度融合。

概言之,不管从哪个角度来看,本书探寻的税法原则建制理路与立体构造,阐释的税法建制原则体系逻辑和度衡方法,都具有较强的思考力与创新性。而将税收法定、量能课税和稽征经济作为立体分析工具,回应屡陷合法性、公平性与正当性危机的证券交易印花税制,反思税法工具价值凸显的拟制性规范,检视政策主导的体育产业税收优惠,论证广受诟病的国家税务总局解释权,则集中展示了税法建制三原则的解释力与普适性。但正如任何理论皆有适用疆域一般,税收法定、量能课税和稽征经济也概莫能外。基于此种认识,本书相继导入地方税权、量益课税与比例原则,逐一补足税收法定、量能课税与稽征经济,增强税法建制三原则的论证力和可接受性。这些都昭示本书讨论的命题绝不是一个简单的、陈旧的老套话题,而是一个亟待推进、急需深度研究、持续关注的税法疑难论题,具有极为宽广的创新空间和十分重要的学术价值。

第一章　税法原则的建制理路与立体构造

一、问　题　意　向

"对法律工作者来说,没有什么比支配其自身策略和手腕的法条更具有直接而实在的重要性,没有什么比'那些法条应当是什么'的哲学难题更具有能够激发其创意的深邃性。"① 法律原则即属于这类难题。因为究其根本,法律原则是"应该是"的规范,是某事情被命令、禁止或允许具有什么性质,其内容不仅要求规范主体的行为或活动符合某种性质或实施某个目标,而且要求它的结果符合某种性质或达到某种性质状态。所以,每个法律原则实际上都表达了一个理念,换句话说,表达了一个价值。在这个意义上说,法律原则又是最佳化的命令,即命令它所规定的内容在相关的法律和事实的可能范围内得到最大程度的实现。这就是说,法律原则可以在不同程度上被满足,它实现的程度不仅依赖于案件事实的潜在性,而且依赖于法律的潜在性。② 这种潜在性既受制于法律原则自身内含的"手段—目的"因果关系③,还决定于作为规制对象的"物(或人)的本质"④。

具体到税法建制原则场域,除会受制于法律原则的一般规律之外,它还会为税法的特殊结构所左右。一般说来,税法结构大体由三个面向构成:首先为一般基本结构面向(诸如体系正义、矛盾禁止、可理解性、法治国原则);其次则为继受民法与行政法之结构部分;最后为由税法特性所发展出的税法特有部分。唯有税法案件在司法裁判时适用法律秩序,则先适用税法及税法原则,再民法、行政法,最后为一般法律原则。⑤ 换言之,税法建制原则不仅受制于所有法原则本身的构造规律,而且为民法、行政法,甚至刑法等相关部门法原则所影响。更重要的是,它还为税法的特有税理、事理与法理所左右。

---

① 〔美〕罗纳德·德沃金:《原则问题》,张国清译,江苏人民出版社 2012 年版,第 86 页。
② 参见王夏昊:《法律规则与法律原则的抵触之解决——以阿列克西的理论为线索》,中国政法大学出版社 2009 年版,第 77—78 页。
③ G. H. von Wright, *Practical Reason*, Basil Blackwell Publisher Limited, p. 199. 转引自王夏昊:《法律规则与法律原则的抵触之解决——以阿列克西的理论为线索》,中国政法大学出版社 2009 年版,第 80 页。
④ 〔德〕魏德士:《法理学》,丁晓春、吴越译,法律出版社 2005 年版,第 47 页。
⑤ 参见葛克昌:《所得税与宪法》(第三版),台湾翰芦图书出版有限公司 2009 年版,第 549 页。

面对税法这一对"同一类法律问题"予以归类为目的的领域法①,建造税法原则确应多方考虑。唯有统合普适性的法律原则构造规律,吸纳成熟的相关部门法原则实践,秉持税法自身的规范特性和事物本质,方可构造出契合税法税理、事理与法理的建制原则。

基于上述逻辑,本章聚焦税法建制原则的整体立场和生成规律,尝试追寻税法原则的理论源头和建制思路,构造体系化的税法建制原则系统,呈现税法建制原则兼容理论与现实的独特品质,揭示税法建制原则的方法论秉性。主体部分的逻辑架构如下:其一,从万物之形式、实质和技术三重角度导出法律的事物本质,奠定税法建制原则的事理基石,展示税法建制原则的形式、实质和技术的三维事理根源;其二,以税法事理和法律理念为中心,挖掘法律的规范特性和独特结构,求索税法建制原则的形成机理;其三,基于法律的事物本质、税法的事理特性和普适性的法律理念,探索税法原则的建制机理;其四,以税法事理、法理为基石,以税收相关部门法原则为参照,以"税收政策→税法原则(规范)→税收管理"为内核的税收治理体系规律为指引,建造"形式→技术←实质"的立体化税法原则系统,理顺三者之间的内在逻辑,展示税法建制原则连接规范和现实的理论构造和现实阐释价值,揭示其独到的方法论性能和工具性秉性。

二、观测事物的三维视角:形式、实质与技术

在既定现实里,在我们经历的尚未成形的素材里,现实和价值乱七八糟地混杂在一起。我们感受到的事物带有价值和非价值,而不含有任何意识,价值和非价值来自我们,来自这些观察者,而不是事物自身。② 不同的观察者,有不同的观察视角。不同的观察视角,又会得出不同的事物本质,进而影响以事物为核心规制对象的法律原则构建。更为主要的是,观察事物的不同视角大都有自身的特点,也大体都有独特的内涵、边界和适用范围,特定观察视角可能只适用于揭示事物的某一方面,而不同观察视角的组合可以相互验证,展示事物的立体化本质,从而接近事物的本原性质。因此,构造税法建制原则时,既要考虑事物不同视角观察的单向结果,又要思量各种面向观察的立体结果。唯有如此,方可揭示作为税法建制原则基石的事物本质,才能找寻切合事物本质的税法建制原则理想径路,从而提升税法建制原则的可操作性和可接受性。这事关税法的社会可接受性,"对于税法预期效果的实现,甚

---

① 参见梁文永:《一场静悄悄的革命:从部门法学到领域法学》,载《政法论丛》2017年第1期。
② 参见〔德〕G.拉德布鲁赫:《法哲学》,王朴译,法律出版社2005年版,第1页。

至整个社会良好秩序的形成,都非常关键且不可或缺"。①

虽然观察事物的视角多种多样,但是"形式"与"实质"向来都是任一事物的观测中心,且两者并不必然吻合。"这犹如我们说一个木箱有长、宽、高、颜色等几个方面,但不能说'长''宽''高'和'颜色'就是它的特征或要件(而只能说它有多长、多宽、多高、什么颜色是它的特征或要件)一样。"②形式与实质莫不如此,二者是一对相伴相生、互为映照的重要概念和观念形象。尽管两者都是对客观事物性质的一种揭示③,但各有不同的内涵和外延,展示事物不同维度的"本质"。从语义看,形式是指某物的样子和构造,区别于该物构成的材料,即为事物的外形,它是可见和易于把握的。实质则是某物本身所固有的属性,具有某种抽象性,需要逐步认识。形式和实质,一个是事物的外在表现形式,一个是事物的内在属性,内在属性须借助外在形式来表达与体现。同时,因为形式的易于把握及相对可见,其所承载的事物"本质"方面的信息在传递上存在的障碍要小于实质,而实质的发掘需要借助一定的手段以及对事物"本质"的深刻了解,才能接近其中的真理或者真实状况。④ 所以,万物本质之探寻通常都源于外在形式,经由内在实质以校验外在形式,从而发现事物的本质。简言之,唯有源于形式又超越于形式,方可洞察事物本质。

发端于形式与实质,立足于事物本质,借以构造各式理论,进而设计关联制度,推进学科发展,不只是哲学、美学、伦理学等学科的天然偏好,同样也是所有部门法学共同的经典研究范式。事实上,"形式与实质之争在刑法、民法等传统部门法早已备受关注,法律的形式主义与规则怀疑论之间的论争不断。"⑤归总而言,法律的形式与实质之本质是形式法治与实质法治的关系。而各部门法对形式和实质问题的态度不同以及处理方法不同,则是由各部门法调整对象、调整方法以及价值追求的差异造成的。比如,民法涉及市民社会的私的利益,从意思自治、追求当事人真实意思表示而言,当采实质分析方法,而从保护交易安全的角度,自需要为了善意第三人遵守形式法则。具体到税法场域,形式与实质问题根本上也是税收形式法治与实质法治的分野与统合难题。例如,"税"这个以法律为表现的公共负担的正当性问题,形式层面的"税"如何,实质层级的"税"又如何。与之关联,税法规则制定究竟应该

---

① 靳文辉:《税法的社会可接受性论纲》,载《甘肃政法学院学报》2015年第6期。
② 肖中华:《犯罪构成要件及相关范畴辨析》,载《法学研究》2001年第2期。
③ 参见汤洁茵:《形式与实质之争:税法视域的检讨》,载《中国法学》2018年第2期。
④ 参见贺燕:《实质课税原则的法理分析与立法研究:实质正义与税权横向配置》,中国政法大学出版社2015年版,第12—13页。
⑤ 汤洁茵:《形式与实质之争:税法视域的检讨》,载《中国法学》2018年第2期。

严格形式法定,还是应当容忍一定程度的偏离,达致实质法定。还如,税收构成要件是采形式构成要件,还是实质构成要件。此类问题不仅关乎税法价值的选择,而且关系具体税收立法技术的选用,理当综合权衡,谨慎作答。虽然从事物本身的发展看,形式和实质的和谐一体与完美结合是永恒的追求,但是现实中囿于条件和技术,这种圆满状态似乎常常难以实现。①

诚然,人间之事,形式与实质相当,固为常态,但不尽然,有时会有形式与实质不一致,仅具表见事实之外观的情事。鉴于形式表彰于外,比较容易认定其有无及范围,所以,在规范的设计上,当重视在交易安全(例如表见事实引起之信赖的保护、登记制度)、防止纠纷或降低交易成本(例如要式规定)的场合,多倾向于借助形式要素,作为规范的手段,接受形式建制原则的指引;当重视在公平的场合,则倾向于借助实质要素,作为规范的手段,寻求实质建制原则的导引。由于考虑的角度不同,在规范的规划和建制原则的选择上,有形式与实质层面之不同的方式与要求,也可能有不同的选择偏好,其规范设计之规范机能亦有差异,各有胜场,没有绝对的优劣。② 譬如,针对一项经济交易进行课税究竟该以经济实质,还是当以法律形式为基础,向来都是税法理论与实务的难点,也是争论不休的焦点。伴随层出不穷、形式各异与复杂多变的经济交易形式,尤其是创新金融交易的不断涌现,超越形式,立足交易实质的经济实质主义受到越来越多的强调,甚至被认为应当作为税法的一般普适性原则,但这并不意味着法律"形式"毫无用处。恰恰相反,在无法律另作规定或交易"实质"被滥用等情形下,法律形式依然应当可以决定行为人承担的纳税义务。③ 不难发现,形式与实质确有相互驰援、共同作用之场景,但也时常有互相背离、分道扬镳之实例。

皆因如此,形式与实质这一二维视角之外,"技术"同样成为观测事物本质的重要维度。虽技术是复杂的系统,且具有多面性。但究其根本,技术是一种人造物,是人类认识和改造自然的工具。不管是作为人造物出现的技术,还是以工具样态示众的技术,皆为自然属性与社会属性的统一体。于自然属性而言,技术肇始于其对自然规律的遵循,因为技术具有内在的自然性,其以自然万物为存在基础,它揭示了任何技术都必须依赖于自然所提供的物质、能量、材料等事物实现自身;于社会属性而言,源自其对社会规律的遵守,因为它既不存在于人的活动之前,也不存在于人的活动之后,还不存在于人

---

① 参见贺燕:《实质课税原则的法理分析与立法研究:实质正义与税权横向配置》,中国政法大学出版社 2015 年版,第 13—25 页。
② 参见黄茂荣:《法学方法与现代税法》,北京大学出版社 2011 年版,第 184 页。
③ 参见汤洁茵:《金融交易课税的理论探索与制度建构:以金融市场的稳健发展为核心》,法律出版社 2014 年版,第 54—82 页。

的活动过程之外,而是存在于人的活动之中。在一定程度上说,如果不存在人的具体活动,也就不存在相关的规律,自然就更不存在技术的施展空间。倘若如此,也就难以发觉技术赖以依存的事物本质。于此而言,技术的本质是一种解蔽。① 凭借和透过技术,照样可以揭开事物的本质面纱,发现形式与实质之外的事物本质。尤其是"在当今这样一个技术化的世界里,技术构成了时代的'座架'并全面侵入人的生活世界,是人的'在世'生存的最基本样式,也是宰制'现代人的历史命运'的最强大工具"②。此种背景下,从技术角度关注事物本质,具有特别重要的理论价值和当下意义。毕竟,任何技术的背后其实不纯粹只是技术,里面既肯定有权力的支撑③,也必定有事理与法理的渗入。

  如此而言,形式、实质与技术分别塑造了事物的三种样态,隐含了发觉事物本质的三个维度和分析方法。在这其中,"形式⇌实质"是最为常见,运用最为广泛的观测路径。只是法律的形式与实质时常难以呈现如"楚河汉界"之泾渭分明的边界,更多时候带有折中的色彩或者因素,以迎合问题解决的可接受性,进而在事物形式与实质之间游荡,大体接近事物本质。因为可接受性总是从受众本位的角度出发,而受众自身又具有多样性的特征,满足受众的多样性是难以通过单一方案或者结论予以应对的,特别是面对着疑难问题的时候,各种视角和观念很可能会发生严重冲突。要想获得此种受众的接受,必须在各方的意见中综合考量。为此,多种复杂形式的手段都有可能被动用,而这些形式上的手段与其背后的目的很有可能是分离的。换言之,形式有可能"遮蔽"了实质,谨慎严密的逻辑与巧舌如簧的诡辩都有可能获得受众的接受。在这里,可接受性的方法论特征又显示了其工具性的一面:正当或者非正当的目的都可以借由形式上的技巧和手段实现可接受性。如同法律实证主义强调法律与道德的分离,基于可接受性理论与思维惯性,人们也时常对形式与实质的分离保持一种适度容忍的态度。此种场合下,形式与实质之间也就不存在必然的联系,只有基于二者的分离状态,才会存在受众接受与否的情况。所以,尽管形式本身也很重要,但是仍需警惕被形式所蒙蔽,而应格外注意其背后与形式相分离的实质内容。④ 同时,更有必要从技术角

---

① 参见王治东、曹思:《资本逻辑视阈下的技术与正义》,载《马克思主义与现实》2015 年第 2 期;王治东、马超:《再论资本逻辑视阈下的技术与正义——基于"魏则西事件"的分析》,载《南京林业大学学报(人文社会科学版)》2016 年第 2 期。
② 曹玉涛:《交往视野中的技术正义》,载《哲学动态》2015 年第 5 期。
③ 参见李奋飞:《通过技术实现正义——聚焦美国定罪后 DNA 检验立法》,载李学军主编:《证据学论坛》(第十八卷),法律出版社 2013 年版。
④ 参见孙光宁:《可接受性:法律方法的一个分析视角》,北京大学出版社 2012 年版,第 17—19 页。

度校验形式与实质观测可能带来的偏差,补足形式与实质分离而致的事物本质遗缺。唯有如此,方可真正发现事物的本质,调和形式与实质之间的冲突,缓解形式与实质之间的紧张局面,从而构筑起税法建制原则的事理基础。

三、法律原则的形成机理:从事理到法律理念

法律以人类的生活和万物为其规范对象,并以将法律理念或正义实现于人类生活中为其规范目标。所以在法律原则的形成上,理应遵循法律所规范之对象的原本性质,亦即人类社会生活之性质和万物之"本质",即事理。但也不意味着法律原则就只受制于事理,其实它还同时取向于法律理念。只有这样,才不会使法律规范因与人类的社会生活关系脱节,与事物本质相悖,以致成为人类和平发展的障碍。简言之,法律原则的形成不仅受制于规制对象的事理,而且决定于上位的法律理念。在法律原则的形成上,规制对象的事理属于"事实面",其关切的是法律所拟规范的事项。与之相应,指引方向的法律理念属于"理想面",它关注的是人类之至善的实现。法律的发展固然应以至善为目标,但也须注意既存情况的事理局限。所以,一部切实可行的法案通常都是"理想"与"现实"折中与妥协的产物。其既不能以事理所构成之现实条件为理由,根本放弃向上的努力而竭力靠近法律理念;也不宜将法律理念绝对化,忽视现实条件所容许的事理极限而背离法律之本质。因此,无论是法律的制定者,还是法律的实施者,乃至于法律的解释者,抑或其他法治场域的任一主体,在恪守其所应当遵守的法律理念的同时,也都还应该斟酌事理及个案的具体情况。[①] 此为具体法案建造与运行的根本规律,更是法律原则形成和功效发挥的核心机理,也是法治社会建设的重要准则。[②]

(一) 法律原则形成的"事实"基础:事理

任何法律秩序要想为人类服务,就必须尊重存在于人类肉体、心灵以及精神中的某些基本状态。同样,人类所创建并予以维持的某些机构、设施,只要还继续存在和运营,就需要一些规则,以便它们得以实现其存在意义,或得

[①] 参见黄茂荣:《论民法中的法理》,载《北方法学》2018年第3期。
[②] 归根结底,法治社会的核心内涵是,公权力运作系统之外的社会生活的法治化。具体而言,至少包括以下三个方面:第一,社会成员自我约束的法治化;第二,社会成员之间关系的法治化;第三,社会管理者与被管理者关系的法治化。无论是哪一方面的法治化建设,无不受制于法律理念、事理与个案具体情况。关于法治社会内涵的论述可参见陈柏峰:《中国法治社会的结构及其运行机制》,载《中国社会科学》2019年第1期。

以发挥功能。① 换句话说，要想法律秩序朝向利于人类发展的方向建造，首先需要精心遴选适格的建制原则，以此构造行之有效的制度规范。无论是法律建制原则，还是法律规范设计，不仅应当尊重或适合于人类的自然本性，而且应该能够使事物的生存本性或其功能目的得到更好的展现，因而必须有足以确保其生存及发展的合理规范。换言之，理想的法律原则与法律规范应该能够"通情达理"。法律规律人类社会生活事实，要想使得法律原则与法律规范合理，则必须符合"事理"，亦即需要符合"事物的道理"（达理），亦可谓应该符合一般"事物之本质"或者"事件之性质"。而要能符合事物的道理，吻合法律原则与法律规范之事理，则必须考量规范对象之"事物领域的结构"（事物的特质或事物的特殊结构），犹如庄子"庖丁解牛"故事，其使用牛刀解牛同样必须符合牛只动物之构造，顺应其动物之自然本性或特殊构造，才能事半功倍。否则，既可能会事倍功半，又可能无法完成解牛之根本任务。在这其中，意含于各种事理之中的所谓事物"本质"当应从精神上把握其事物之内在，亦即可以理解为构成其事物标的之本性以及其重要意义内涵之特定基础。② "因为事物是借着它的本质而成为可认知的，也是借着它的本质被安排在它的种相或者属相之下的。"③

作为法律建基对象的事理，主要由人、物、事以及人与人之间的社会关系所组成。对于"人"而言，多有性别、年龄、婚姻、精神、宗教、种族、阶级，甚或本性与情感等之分；就"物"来说，通常也有动产与不动产、主物与从物、特定物与种类物、有主物与无主物、可分物与不可分物等分类；之于人与物的关系而言，占有、使用、收益、处分是最为基础的权利型态；就人与人的关系来说，债权债务关系，身份关系、财产关系等都是法律的经典表现。此外，人与社会生活之间也时常发生交集，催生人类之社会生活的建立与维持关系，结社或其与国家之关系是为典型。④ 这些莫不以事理呈现，成为法律建造的基点，对于法律原则选取，立法与法律解释、适用都具有至关重要的意义和功效。比如，基于人之本性，任何法制建构，都不能单以理性态度规范可以为善之君子，而须同步规范可能为恶之小人。也即，不能只是一味宣示和呼吁，寄希望于人之向善，而应同步赋予强制力，配置罚则，赏善罚恶，才能落实执行。皆因如此，税法规则多是一厢按量能课税原则规定纳税义务，追求税负公平，引导人之向善，守法纳税。另一厢则常对规避税收或逃漏税行为加以防范，矫

---

① 参见〔德〕卡尔·拉伦茨：《法学方法论》，陈爱娥译，商务印书馆2003年版，第290页。
② 参见陈清秀：《法理学》，台湾元照出版有限公司2017年版，第47—48页。
③ 〔意〕托马斯·阿奎那：《论存在者与本质》，段德智译，商务印书馆2013年版，第14页。
④ Coing, Grundzüge der Rechtsphilosophie, 1969, S. 187f。转引自黄茂荣：《论民法中的法理》，载《北方法学》2018年第3期。

正偏离的税负公平，遏制人之恶性，惩罚脱法行为。即既引导向善，又遏制作恶。唯有如此，公平执法才能得到实现，税收平等负担才能得以践行，税收正义才能真正落地。与之关联，法制建构有时也会特别注意符合"一般国民之法律情感"，注意整体国民情感的感性面向。因此，人道关怀（己所不欲，勿施于人）也应纳入考量因素，这样才不至于变成纯粹理性而不通人情的法匠，甚至有沦为酷吏之虞。由此进发，事理内含以下功能，可以起到如下作用：对于立法而言，它不仅有积极的指导功能和消极的排除（限制）功能，而且扮演自然法之法源，同时还可以作为"实然"与"应然"之中间者角色。对于法规范之解释适用而言，它既可以作为客观目的解释基准，又可以作为平等原则之检验标准，亦可以作为合宪性解释判断基准，甚至还可以填补法律漏洞（对于隐藏性的法律漏洞，基于事物本质而目的性限缩法律文义的适用范围）。除此之外，事物本质对于举证责任配置、法院审查密度等都有较大程度的影响。①

事理有如此功效，源于它为事实与规范之构造物，是当为与存在之间的调和者。植根于事理，法律理念或者说法律规范与生活事实保持同一，彼此"相对应"（意义关系的同一性）。从这个角度上说，事理是一种观点，是现实与价值互相联系（"对应"）的方法论所在。从事实推论至规范，或者从规范推论至事实，一直是一种有关事理的推论。事理是类推（类似推论）的关键点，它既是立法也是法律发现之类推过程的基础。因此，它是事物正义与规范正义之间的中间点，而且本身是在所有法律认识中均会关系到的，客观法律意义的固有负载者。② 究其根本，作为事理的事物本质涉及存在与当为、物质与精神的存在乃至事实与价值之间的关系。如果视事物的本质为立法者及（从事法的续造之）法官的指标，则已赋予事物的本质超乎纯粹事实的意义，而使其得以进入意义及价值的领域。③ 正因事理位处法律理念与法律规范之间，具备法律规范与现实生活之间的"中点"特质，使得其天然成为法律原则选取的前提因素和重要参照。比如，民商法发端于市民社会，重点聚焦和调整人与人之间的私财产关系和人身关系之事理，因而契约自由向来成为首选原则，"在整个私法领域，如婚姻、遗嘱、契约等以意思为核心的法律行为支配的私法领域内，普遍适用"。④ 再如，刑法是重点规制犯罪行为，确认刑事责任，并科以犯罪行为人以刑罚的部门法，其根植于人与社会秩序，人与国家之间的事理，攸关人的生命，因而奉罪刑法定原则为圭臬，以法定原则作为界

---

① 参见陈清秀：《法理学》，台湾元照出版有限公司2017年版，第49—59页。
② 参见〔德〕亚图·考夫曼：《类推与"事物本质"——兼论类型理论》，吴从周译，台湾学林文化事业有限公司1999年版，第103—105页。
③ 参见〔德〕卡尔·拉伦茨：《法学方法论》，陈爱娥译，商务印书馆2003年版，第290页。
④ 李永军：《合同法》（第二版），法律出版社2005年版，第43页。

定犯罪行为与处罚的明确标杆。①

与之皆有不同,税法向来以税收活动中形成的税收关系为调整对象。这种关系既包括由税收实体法进行调整的国家与纳税人之间的经济关系,即税收债权债务关系;也包括由征税机关与纳税人及其他税务当事人之间,就税收债权债务的履行而发生的程序性关系;还包括税收立法主体、执法主体和司法主体之间因职责和权限划分等原因而形成的税收关系。② 而一般认为,税收是国家或其他公法团队为财政收入或其他附带目的,对满足法定构成要件的人强制课予的无对价金钱给付义务。据此可发现税收具有诸多事理特征:比如,税收的权利主体是国家或地方公法团队,义务主体则包括自然人和社会组织;再如,税收以财政收入为主要目的或附带目的,以满足法定构成要件为前提;还如,税收既是一种公法上的金钱给付义务,又是一种无对价的给付,还是一种强制性的给付。③ 凡此都使得纳税人与国家之间因税收这一复杂事理产生了特定的财产分配关系,致使税法天然具备收入分配功能。也因如此,税法一直被认为在破解收入分配难题方面发挥着关键和主导作用,"财富分割的利器"这一说法形象说明了税法的"分配法"色彩。④ 作为"财富分割的利器"和典型的"分配法"⑤,"税制变迁事关整体分配秩序变革,是国家法治发展的重要缩影"⑥。"作为分配社会财富的法律"⑦,税法通过税收手段介入国民收入分配过程,在国家、企业和居民之间进行分配⑧。伴随税法分配功能的渐次发挥,国家财政收入得以实现,纳税人税后收益得以产生。

只是税法上的分配并非完全自然,而是带有浓郁的强制性和侵害性特质。概因如此,税法又被誉为侵害行政法。而为了约束这种税法与生俱来的强制和侵害特性,立法者制定抽象税收构成要件,确立税收债务产生的判定标准。即法定税收构成要件满足时,税收基本义务关系产生,税收债务同步生成,没有经自由裁量而侵害财产的可能。其中,税法条文包含的抽象前提条件的整体为税收构成要件。当所有法定税收构成要件均具体存在时,特定的法律效果才会随之产生。某种程度上说,税收构成要件就是具体案件事实

---

① 参见柯耀程:《刑法释论 I》,台湾一品文化出版社 2014 年版,第 43—48 页。
② 参见杨志强主编:《税收法治通论》,中国税务出版社 2014 年版,第 6—7 页。
③ 参见刘剑文、熊伟:《财政税收法》(第七版),法律出版社 2017 年版,第 161—164 页。
④ 参见冯果、李安安:《收入分配改革的金融法进路:以金融资源的公平配置为中心》,法律出版社 2016 年版,第 7 页。
⑤ 参见张守文:《分配结构的财税法调整》,载《中国法学》2011 年第 5 期。
⑥ 张守文:《税制变迁与税收法治现代化》,载《中国社会科学》2015 年第 2 期。
⑦ 刘剑文:《财税法功能的定位及其当代变迁》,载《中国法学》2015 年第 4 期。
⑧ 参见刘剑文:《收入分配改革与财税法制创新》,载《中国法学》2011 年第 5 期。

的"抽象影像"①。当税收构成要件所描述的案件事实存在,法效果即应发生。换言之,因税收构成要件实现,法效果即"有其适用"②。这不仅是税收事理催生的税法规范特征,也是税收事理孕育的税收构成要件勾连税法规范与经济事实的运作机理。借助税收构成要件的法定化,税法在本能的收入分配功能之外,又隐含了保障分配秩序的功能,即通过税收法定的形式来确保国民收入分配程序的公正性和分配结果的公平性。③ 在这其中,税收法定原则顺势而生。客观上说,税收法定原则的贯彻的确可以照应税收的无对价与强制性等事理特性,进而确保国家与纳税人之间财产分配的运行。但这种照应依然是单维度和形式层面的,也是暗潮涌动的,因为它没法实质性地消减税收侵害性和强制性的事理特性,也未必总能实现这种事理特性所格外苛求的公平性。所以,有学者指出:应"将税法规制分配重心置于财政性分配,税制设计更好地体现量能课税,国家征税有度,税负分配公平;同时,不宜过分夸大重分配的功用,这既是其无法承受之重,亦生滋扰市场在配置资源时的决定性地位之虞"④。如此可知,看似是税收事理型构了税法功能与理念,实则不然,贯通税收事理与税法功能、理念的税法原则,得益于税法原则的"穿针引线",税收事理得以从静态转向动态,税法功能与理念借以从宏观转向微观。从这个角度上来说,事理左右了税法建制原则的内容和脉络,税法功能与理念决定了税法建制原则的方向与架构。

(二) 法律原则形成的"理想"取向:法律理念

事理之外,法律理念是法律原则形成的理论源头,也是其理想参照物。只是在法律理念下可以具体理解到什么一直是未被澄清的。它是有一些真实或(仅)是理念?或者它是原理、假设、基本规范、衡平原则或者根本是对法律而言——超验的前提?凡此问题看似与法律理念本性高度关联,但却时常见仁见智,难有绝对共识。所以才有学者认为:似乎一般人无须将法律理念视作如此高深的理解,只需将其视作人类理念在其三种显现形式的反映:人作为自主的本性(法律形成者)、人作为其世界中的目的(还有法律目的)以及人作为他律性的本性(作为法律的服从者)。在此之中共同存在着一个奂广

---

① Albert Hensel, Der Einfluss des Steuerrechts auf die Begriffsbildung des öffentlichen Rechts, in VVDStRL 3,1927,S. 63-64 ff.
② 参见〔德〕卡尔·拉伦茨:《法学方法论》,陈爱娥译,商务印书馆 2003 年版,第 133—134 页。
③ 参见刘剑文:《收入分配改革与财税法制创新》,载《中国法学》2011 年第 5 期。
④ 侯卓:《论税法分配功能的二元结构》,载《法学》2018 年第 1 期。

泛的共识，即法律理念是法律最高的价值。而此最高的价值则是正义。① 甚或可以说，除了正义，法律的理念不可能是其他理念。而法律源于正义就如同源于它的母亲一样。② 为此，古往今来的哲学家、伦理学家和法律思想家等都齐聚"正义"，提出了种种令人颇感混乱的正义理论。

"讨论税收正义的困难，首先在于'正义'这一概念自身的含糊性、相对性和易变性。对于这一问题，每一种尝试性的解答都会或多或少地受到解答者自身的社会哲学和政治哲学影响，受到他们在现实生活中的身份影响，并受到个人好恶的影响。就像有人已经正确观察到的那样，只有在平等的人群之中，才会有正义。上对下的正义，总使人想起纡尊降贵或鄙薄；下对上的正义，则经常被视为报复的同义语。"③与之不同，现代法律的正义时常存在于规则背后的某个地方。它所出自的那个地域，既不是由规则所掌控，甚至也不是由社会科学家们所研究的各种"此外的一切"所掌控④，但又真实存在于法律权益的配置之中。就法律权利而言，法律条文常常只是提到作为一类的权利，对单独的权利的推衍则是相当重要的事务。现实中，这项任务是法实施体系的核心功能。例如，法庭解决争端，决定哪些单独的权利可以由现存的法律条款推出，哪些不能。⑤ 决定的作出与否，关乎正义的实现程度，而这离不开正义的基础性判断。通常正义判断必须考虑到不同的缘由和评价的重点。然而我们经常能够对不同考量的相对重要性进行排序，但这并不意味着哪怕是同一个人总是能够对所有不同的场景进行排序。同样，一个人可能对某些排序十分清楚，然而对其他的比较却不十分肯定。比如，一个人具有反对压迫女性的理由，并不意味着这同一个人一定能够确定，所得税的最高税率定为45%是否比定为44%要好，抑或只是更高而已。⑥

正义判断之所以如此见仁见智，主要还在于认识与解决正义问题总是受制于多元观、差序观和时空观影响。因而，正义的基本观念最终也多呈现出多元正义观、差序正义观和时空正义观等多维形态。在多维正义观念中，如果时空一定，那么差序正义观就会成为显赫的正义理念，对于分析事物的正

---

① 参见〔德〕阿图尔·考夫曼：《法律哲学》（第二版），刘幸义等译，法律出版社2011年版，第174—175页。
② 参见〔德〕G.拉德布鲁赫：《法哲学》，王朴译，法律出版社2005年版，第32页。
③ 〔美〕理查德·A.马斯格雷夫、艾伦·T.皮考克主编：《财政理论史上的经典文献》，刘守刚、王晓丹译，上海财经大学出版社2015年版，第113页。
④ 参见〔美〕玛丽安·康斯特布尔：《正义的沉默——现代法律的局限和可能性》，曲广娣译，北京大学出版社2011年版，第134页。
⑤ 参见〔荷兰〕马丁·范·海思：《对法、权利和自由的规范分析》，席天扬、方钦译，上海财经大学出版社2012年版，第203页。
⑥ 参见〔印度〕阿马蒂亚·森：《正义的理念》，王磊、李航译，中国人民大学出版社2012年版，第367—368页。

义问题具有特别重要的意义。差序正义观,就是在具体情形下,如果正义的不同价值之间或者同一价值不同层次之间发生冲突,那么对于具有冲突的价值作有主次和层次顺序的差别对待,并且以此对于事物进行正义性要求和评价。在时空正义既定时,融合多元正义观与差序正义观的差序分析法,成为正义冲突解决的重要方法。此方法以价值为分析依据,将正义分成不同类型,不同层级,不同主次的价值型态。而后,建立一个基本的正义优先规则,即同一性质的正义价值不同层次发生冲突,低度正义价值优先;不同正义价值在相同层次上发生冲突,主要正义价值优先;如果主要正义价值处于相对的低层次,仍然是主要正义价值优先。但是,如果次要正义价值处于相对的低层次,次要正义价值优先。① 这种多维正义理念和不同正义型态冲突的解决方法,同样适用于税收正义场域。因为无论是公正的相同对待,还是公正的区别性对待,正义这两项基本内容都关乎个人之间相关性的比较:前者必须基于个人之间相关的类似之处,后者必须基于个人之间相关的差异。② 无论哪一种,都避免不了价值权衡,都关乎税收正义的价值选择。当我们从这些论者的蓝图与思辨转向政治行动和社会行动的历史舞台时,那种混乱状况的强度也不可能有所减小。对不同国家、不同时期的社会建构曾产生过影响的种种正义观念,也具有着令人迷惑的多相性。③ 比如,大都认同:"'同样情况同样对待'和'不同情况不同对待'是正义观念的核心要素。"④这一共识虽筑就了正义的平等本质,也使得人们在正义中找到了法律理念。但是它并没

---

① 多维正义观,即坚持价值多元性和多层性观念,其实质就是认识与解决正义问题应当多角度、全方位地进行,全面考虑社会的各种价值追求。差序正义观,即差别有序的正义观,其实际上是唯物辩证法的系统观和矛盾主次观的运用,也可以说是西方经济学中博弈论的运用。时空正义观,即正义的时间观和空间观的总称,其实质是要结合具体的时间和空间,看事物是否正确反映了特定时间和空间下的价值取向和价值关系的要求。与之相应,差序分析法应运而生。差序分析法是为了解决不同正义之间的冲突而设计的新方法,是一种新方法尝试。其具体内容是:首先以价值为分析根据,分成不同的正义类型,并对于发生冲突的不同正义进行细分:一方面,对于同一性质的正义价值,作出基本级、高级和理想级三个层次的区分。另一方面,对于不同性质的正义价值,作出主次地位区分。然后,建立一个优先规则:(1)同一性质的正义价值不同层次发生冲突,低度正义价值优先。(2)不同正义价值在相同层次上发生冲突,主要正义价值优先,牺牲次要正义。(3)不同正义价值在不同的层次上发生冲突,如果主要正义价值处于相对的低层次,仍然是主要正义价值优先,牺牲次要的正义;但是,如果次要正义价值处于相对的低层次(尤其是在基本级),次要正义价值优先,牺牲主要正义,相对差距越大,次要正义越应优先维护。这样,次要地位的正义也有优先维护的时候,而不总是被牺牲,无限度地被牺牲;主要地位的正义也有被牺牲的时候,而不总是受保护,无限度地受保护。这就避免了对于主要地位正义的过度保护和对于次要地位正义的过度牺牲。参见胡启忠:《契约正义论》,法律出版社 2007 年版,第 86—92 页。
② 参见陈丹:《论税收正义——基于宪法学角度的省察》,法律出版社 2010 年版,第 65 页。
③ 参见〔美〕E.博登海默:《法理学:法律哲学与法律方法》,邓正来译,中国政法大学出版社 2004 年版,第 267 页。
④ 〔英〕哈特:《法律的概念》,张文显等译,中国大百科全书出版社 1996 年版,第 157 页。

有告诉人们哪种可以一下子就能将正义标记为相同或不同的视角,也未能供给具体的度衡标尺和方法。简言之,正义只确定了不同平等之间的关系,但没有确定如何对待以及何以测度的方式。由此,正义之外,合目的性与法的安定性相继进入法律理念场域,成为法律理念不可或缺的组成部分。

初略观察,合目的性与法的安定性貌似与正义无直接接壤,也就与法律理念相去甚远,但其实质无不是对正义这一最高法律理念某一方面或层级的践行和揭示(如"图 1-1"所示)。法律理念,即广义正义由三个观点和部分组成:平等(狭义正义)、合目的性(依其他术语为社会或共同福祉正义)以及法律安定性(法律和谐或和平)。其中,平等涉及正义的"形式",合目的性涉及正义的"内容",而法律安定性则涉及正义的"作用"。区分法律理念(广义正义)的形式、内容与作用是基于正义观点上体系划分之需求所为的。事实上正义一直是同时存在形式、内容与作用的。亦即,实现平等与共同福祉是正义的作用,平等原则如全无内容是无法想象的,还有"共同最好的"如无形式是无法确定的,法律安定性非为自我存在,因为只有法律安定性,始能满足平等原则与共同福祉原则。在此对正义的划分并非意味对正义本质的划分①,而是对作为法律理念的正义之不同面向的揭示。

求本溯源,根据正义(狭义正义)能够判断,法律规定究竟是否具备了正当的形式,以及法律的概念究竟是否是可以理解的;根据合目的性能够判断,法律规定的内容是否是正确的,它也被看作是相对主义的自我满足,因而必须尽最大可能去适应自己的需要;而根据得到了保障的法的安定性能够判断,法律的效力是否能够得以满足。毕竟,基于法的安定性所内含的实证性,即便不能明确认定,什么是公正的,也必须明确规定,什么应该是正确的,并且确定一个能够贯彻其所规定的部门。②

如上可知,正义的形式、内容与作用并非孤立运行,而是从不同维度相互印证、互相补足,交织进化,共同绘就广义正义这一法律理念图景。毕竟,无论是形式面向的平等,还是实质层面的合目的性,乃至是功能向度的法律安定性,都非圆满无缺,也都存有难以自圆其说,甚或自相矛盾的体系缺陷。比如,平等理念的确多被视为正义的核心要素,但是它本身也是不完全的,并且在得以补充之前,它不能确定地指引行为。所以这样,乃是因为任何一群人都在某些方面相似而在其他方面相异,并且有待确定哪些相似之处和相异之处是有意义的。"同样情况同样对待"必须保留一个空格。为了填充这个空

---

① 参见〔德〕阿图尔·考夫曼:《法律哲学》(第二版),刘幸义等译,法律出版社 2011 年版,第 176—177 页。
② 参见〔德〕G.拉德布鲁赫:《法哲学》,王朴译,法律出版社 2005 年版,第 73—76 页。

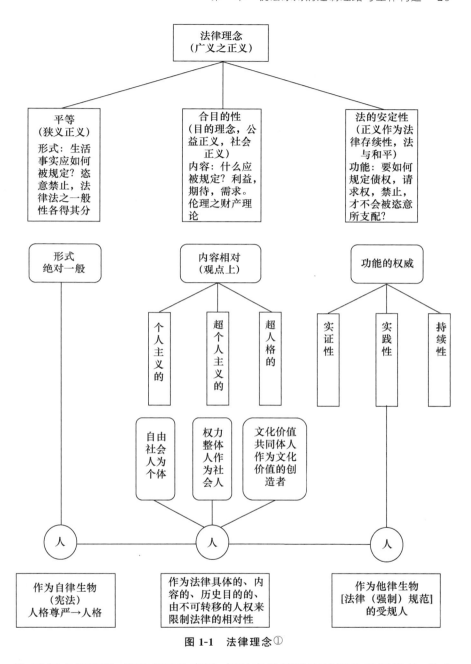

图 1-1　法律理念①

格,我们必须晓得,就现有目的来说,何时有关情况应被视为是同类的,什么差异是有意义的。没有这个进一步的补充,我们就无法批评法律和其他调整

---

① 参见〔德〕阿图尔·考夫曼:《法律哲学》(第二版),刘幸义等译,法律出版社 2011 年版,第 177 页。

是不正义的。从这个角度上说,狭义正义化身的平等分化为两个组成部分:(1)一致的或不变的特征,概括在"同类情况同样对待"的箴言中;(2)流动的或可变的标准,就任何既定的目标来说,它们是在确定有关情况是相同或不同时所使用的标准。因为关于不同情况之间的相似性的流动标准不仅随着该标准适用的对象的类型而变化,而且甚至就单一类型的对象,该标准也可能常常受到诘难。①

正因如此,合目的性超越形式正义,从实质层面补足平等的形式追求所可能带来的种种非正义难题与困惑。问题是,关于目的与合目的性的问题并未得到清楚的回答,而只是通过不同的法律观、国家观和党派观的系统发展,进行了相对主义的解答与释疑。更为致命的是,从合目的性的角度出发,所有的不平等都是根本的。这样,平等和合目的性相互间就处于矛盾之中了。② 为破解这种内生矛盾,功能导向的法律安定性理念应运而生。毕竟,规范性的导向安定性不仅可以强化社会的稳定性,而且可以强化个人心理上的稳定性。只有法的稳定性才能够为将来提供导向确定性,以及为规划和处置提供基础。通过这种方式保障法和平、秩序、可靠性和稳定性,乃是所有法共体的一个主要任务。③

不难发现,平等、合目的性与法的安定性之间的紧张与内生矛盾及其各部分之间的交相修复方式和策略,都极好地诠释了形式、实质和技术这三大法律理念组成部分之间的互动与依存关系。离开任何一个组成部分,法律理念都是不完整的,都难以揭示作为整体的法律理念,也就难以展示广义正义这一法律理念的本来面貌。这一点与事理的三维面向有异曲同工之处。倘若仅从某一角度观察事物本质,则极易陷入盲人摸象之困境。唯有统合形式、实质和技术维度方可发现事物之"庐山真面目",找到事物的立体本质。同理,只有从形式、实质和技术视角探究建造于事理之上的法律理念,方可发现法律理念的立体样貌。于此而言,事理与法律理念这一法律原则形成的两造在形式、实质与技术上具有天然的聚合性,因为不管对法律理念作何理解,也不管将法律理念置于何种位置,究其根本它都内生于事理之上。从这个角度上来说,法律理念的形式、实质与技术三大组成部分并非自然天成,而是由事理的三种维度所内生和决定的。这种衍生逻辑必将影响法律原则的建制样态,因为法律原则不仅生成于事理之上,而且直接受命于法律理念约束与指引。

---

① 参见〔英〕哈特:《法律的概念》,张文显等译,中国大百科全书出版社 1996 年版,第 157—158 页。
② 参见〔德〕G.拉德布鲁赫:《法哲学》,王朴译,法律出版社 2005 年版,第 73—75 页。
③ 参见〔德〕莱茵荷德·齐佩利乌斯:《法哲学》(第六版),金振豹译,北京大学出版社 2013 年版,第 186—187 页。

四、税法原则的建制机理

不同于传统的部门法,税法上承宪法体制,下临具体征管情境,贯通公民之财产权与福利权,保护私人财产权又控制公共财产权,规范国家税权又保护纳税人私权,是一个借鉴与融贯各学科与法律部门知识的相对完整的规范体系①,它兼收并蓄让自己成为综合性的领域法学。就法律规范性质看,税法尽管融合了宪法、行政法、民商法、刑法、经济法、诉讼法、国际法等部门法的各有效元素和规则养分,但是它既不是各部门法规范的大杂烩,也不是各部门法知识的简单集合,而是各部门法规范和知识的系统集成。税法最大的特点在于调整对象的事务特殊性,其最根本的任务在于探索税收现象的内在规律,并将这些规律与法治原则相融合。② 诸如此类的税法特性都决定了构造税法建制原则时,既要遵循法律原则的基本建制规律,又要利用各相关部门法原则的既有知识,还要恪守税收政策、税法规范与税收管理之间的内在逻辑。不仅要注重私人财产权与公共财产权的衡平保护,而且要营造国家税权与纳税人私权运行的合理边界。只有这样,才可能建造出契合税收事理,切合税法价值理念,又合符税法"领域法学"特质的建制原则体系。

(一)法律原则建制的三维向度:形式、实质和技术

法律原则既非具象存在,也绝非空中楼阁,其居于事理与法律理念之中。求本溯源,法律理念的三种面向,植根于事理的正义追求与保障,与观测事物的三维视角不谋而合。究其本质,任何一种事物回归本体,莫不是形式(外观)、实质(内容)与技术(功能)的合体。在这其中,"形式"从外观上透射任一事物之本质,展示事理的外向特征,其凭借看得见、感悟得到,且易于接受的平等观念指引法律原则的形式构造,形成形式维度的法律原则,并最终以便于操作的制度规范践行狭义正义理念,落实事理之形式正义追求。超越事物的外观镜像,"实质"从内容上解构事物之本质,隐含事理的根本要义,仰仗相对模糊、不易洞察,却最为契合事理的目的理念导引法律原则的实质建构,产生实质层级的法律原则,并最终以兼容公益正义与社会正义的制度规范落实合目的性理念,实现事理之实质正义目标。与之不一,"技术"既非外观的事理展示,又非内在的事理隐射,而是从功能维度阐发事物之本质,揭示事理的

---

① 参见刘剑文:《论领域法学:一种立足新兴交叉领域的法学研究范式》,载《政法论丛》2016年第5期。
② 参见熊伟:《问题导向、规范集成与领域法学之精神》,载《政法论丛》2016年第6期。

功能性权威,其借助相较清晰、体悟得到,且易于操作的法律安定性理念牵引法律原则的技术建造,孕育技术向度的法律原则,并最终以实证性、实践性和持续性的制度规范保障法的安定性,达致事理之技术正义理想。

于此而言,与其说是事理奠定了法律原则的生成基础和实质根基,而法律理念供给了法律原则的形成内容和逻辑脉络,倒不如说是事理与法律理念二者共同作用,合力催育了法律原则的三重面向以及彼此之间的内在逻辑和功能分工。因为不管是事理的结构,还是法律理念的架构,断不是简单的偶然产物,所以,三重面向的法律原则也无法由学者臆想而生,更不可能是法律因素丛林中某几个元素的随机组合,而宜将其理解为事理与法律理念整体融合的特有基准和必然结果。简言之,事理、法律原则与法律理念之间绝非机械的、杂乱的铺陈,也并非偶然的、随机的组合,而是有着交互层进的逻辑关联和生成理路,内含"事理⇌法律原则⇌法律理念"的普适机理和互动径路。从法律原则的形成机理上看(如"图1-2"所示),法律原则既非逻辑始项,也非逻辑终项,而是居于逻辑中项。也即,法律原则上通法律理念,下连事理。它既取决于规制对象的事理,又受制于方向指引的法律理念。这种"中间层"的逻辑结构特性,使得法律原则更易和更习惯于依循事理与法律理念共通的形式、实质与技术径路生成与发展,最终形成形式、实质与技术三维法律建制原则。不同维度的法律建制原则,都由与之相应的事理与法律理念交互生成,且与生成根基的事理和法律理念保有同样的特性,最终形成"事理⇌法律原则⇌法律理念"的体系化循环。

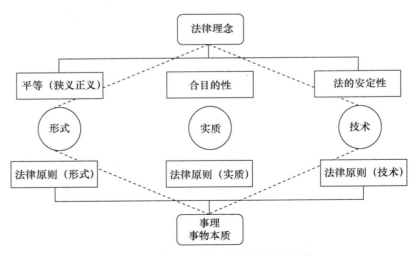

图 1-2 事理、法律原则与法律理念逻辑

具体来说,形式维度的法律原则,根植于易见之外观事理,决定于狭义正义的平等理念。这一生成机理,使得形式维度的法律原则偏向于从形式上制约规制对象,信赖于规则的形式意向,寄希望于借助严格程序产生的形式法规范而实现法律治理。税法上的严格法定原则即是例子。严格法定原则"排斥行政机关对税收立法权的分享,呼吁加强税收立法的层级,以减少行政恣意和排斥行政机关在税法实务上的立法权和解释权"①。只是税法直面层见叠出、创新无限的经济交易,税制规则不得不频繁变动以为因应。出于便利性考虑,税法又时常引入相对统一的标准,牺牲对具体细节的真实性追求,致使税法日趋技术化和程序化。同时,大量经济、社会、文化、体育、教育、环境等政策的融入,使得无论是税收客体与税收主体,还是计税依据与税率,乃至是税收特别措施等具体税制都渐趋复杂化。而反避税措施的导入,还使得税务机关握有相对灵活的征管权限。诸如此类的因素存在,导致税法已然成为一个高度复杂、极度专业的专门性领域,立法机关显然缺乏足够的、专门的制度、人才和知识积累。如果强制奉行严格税收法定原则,最有可能的结果就是,形式上坚持了严格税收法定,实际上仍广泛授权行政机关,使其拥有过分的税收决策权。②

皆因如此,形式的法律原则之外同步衍生出实质面向的法律原则。与形式法律原则相反,实质面向的法律原则,生长于隐匿的内在事理之上,受制于内涵和外延均不甚清晰的合目的性理念。这一生成机理,导致实质面向的法律原则对形式规则天然保有警惕之心,因而也更信奉"实质重于形式",并以此作为矫正形式法规范的信条。法人格否认说、实质课税说等是为例证。比如,有学者认为:法人格否认理论应当引入税法,用于滥用公司法人格使公司形骸化,侵害税收债权场合,其判断标准是实质营业原则。③ 另有学者指出:"法人格否认制度在我国税法中实际上已有规定并运用于实践。为有效地衔接公司法和税法的相关规定,有必要对公司法人格否认制度在反避税中的适用做进一步探讨。"④"国务院法制办、财政部、国家税务总局2009年底的《〈中华人民共和国税收征收管理法〉修订草案征求意见稿》第79条、第117条中首次拟定在税法中规定公司法人人格否认制度"⑤,不仅回应了学界观点,而且肯认了实质法律原则对形式法律原则的纠偏和补强价值。

实质法律原则固然可以补足形式法律原则的刚性缺陷,但也容易产生事倍功半之现象。毕竟,事物之"质是此物所以存在、此物所以为此物、此物所

---

① 滕祥志:《部颁税法规则正义:从形式到实质》,载《公法研究》2011年第2期。
② 参见熊伟:《论我国的税收授权立法制度》,载《税务研究》2013年第6期。
③ 参见侯作前:《公司法人格否认理论在税法中的适用》,载《法学家》2005年第4期。
④ 陈少英:《论公司法人格否认制度在反避税中的适用》,载《法学家》2011年第5期。
⑤ 杨省庭:《论我国税法引入公司法人人格否认制度》,载《法学杂志》2011年第1期。

以有别于他物的自身固有的内在规定性"①这一特性说明"质"是用于区别"此"与"彼"的,即它主要以甄别为目的而存在。对"质"的甄别既可以准确对应自然反映的"量",也可以弥补无法自然反映的"量",因为"量"是事物自然数量特征的反映,"质"是事物自然形态特征的反映。② 所以,对"质"的甄别时常需要借助各种调查资源和手段,耗时费力。税收征管程序愈发复杂,征管法律规范日渐庞杂即是明证。也因如此,实质法律原则之外又产生了技术法律原则,以确保法律原则不致为探究"质"而不惜一切代价,从而保障实质法律原则在一个合理的范围内运行。既要超越"量"之形式,揭示事物之"质",又要保证"质"之调查效率。可见,技术导向的法律原则天然倾向于规则简约与运行效率,期待借助技术缓解甚或解决法律制度的复杂性。如此定位,源自技术导向的法律原则植根于带有浓郁工具秉性的事理,受制于蕴含功能权威性的法的安定性理念,照应于形式与实质层面的法律原则。

由上可知,形式、实质与技术维度的法律原则发端于事理与法律理念的不同面向,看似内在冲突,实则相互补足,彼此驰援,共同致力于事理的规范治理和法律理念的整体落实。比如,法律形式与经济实质偏离向来有之,形式法律原则面对这一难题时常是束手无策,而实质法律原则解决这类难题却通常是不费吹灰之力。再如,因为法律必须对所有重要(社会典型的)的生活事件和利益冲突进行调整,且调整的范围在扩大、统一评价体系以及如何和谐地使用法律方面显得日益突出。这些都使得法不可避免地反映着和携带着社会制度的复杂性,也导致法的复杂化趋势是任何法治化的工业国家所不能避免又不可逆转的现实。③ 面对这一复杂情事,不管是形式法律原则,还是实质法律原则,都难以供给有效对策和价值指引。而这正是技术法律原则的优势和聚焦之所在。因为它赖以存在的事理之工具秉性提供了复杂法律情事简约化的技术和方法保障,更为重要的是为其提供方向指引的法律安定性理念所要求的法的明确性和透明性,法秩序的稳定性,使得前述技术与方法论保障的内容具有了导向确定性和贯彻确定性。对于导向确定性来说,明确的、可理解的和稳定的行为规整是可欲的。之于贯彻确定性而言,法的安定性尤其要求法的发现程序以有序和顺利的方式展开,且其作出的结论是稳定的且能够得到贯彻的。也因如此,贯彻确定性被誉为受保障性。④

---

① 徐必珍、章韶华:《联系对于质与量的重要意义》,载《学术月刊》1983年第12期。
② 参见尹锡忠:《税法哲学》,立信会计出版社2015年版,第60页。
③ 参见〔德〕魏德士:《法理学》,丁晓春、吴越译,法律出版社2005年版,第21—22页。
④ 参见〔德〕莱茵荷德·齐佩利乌斯:《法哲学》(第六版),金振豹译,北京大学出版社2013年版,第187—192页。

（二）部门法原则的税法前导：以民法和行政法为中心

无论是基于税收之债法的共同理念①，还是鉴于部门法评价的先后顺序，税法都离不开民法的驰援。前者典型如，法定的税收代位权和撤销权直接承继于合同法上的代位权和撤销权，《税收征收管理法》第 50 条甚至明确赋权税务机关可以依照《合同法》第 73 条、第 74 条的规定行使代位权、撤销权。后者典型如，人们进行交易主要借助于合同工具。合同行为要接受法律的评价，只有得到法律完全肯定性评价的合同，其合同利益才是正当的，受到法律保护。合同行为要同时接受合同法、税法和刑法的评价。但这几个部门法进场评价的时间并不相同。一般是合同法先行进入，人们签订合同时首先注意的是合同法的格式要求与主体要求，并关注的是合同交换的利益目的。但签订合同之后，随之产生了税收负担，称为合同税，缔约人必然会从减轻税负的角度进行必要的设计与选择；但税务机关则更多关注平等税负。② 如比而言，建构税法原则也就不可能完全脱离债法的共识性原则。平等原则、自愿原则、诚实信用原则、禁止权利滥用原则、公平原则与公序良俗原则③这些民法基本原则无不深刻影响着税法建制原则的生成与选取。

以诚实信用原则为例，作为大陆法系中一个独特的法律机制④，它最初是调整债务人行为的准则，后来被 1907 年的《瑞士民法典》提升为整个私法的基本原则，由此达到了其在民法中的最高位。⑤ "诚实信用原则针对权利的具体行使行为进行'行使审查'"⑥，"是市场经济活动中形成的道德规则。它要求人们在市场活动中讲究信用，恪守诺言，诚实不欺，在不损害他人利益和社会利益的前提下追求自己的利益"⑦。既为市场经济的道德规则，则把

---

① 近年来，我国学者已逐渐改变了将税收法律关系作为单一的"权力关系"的传统观点，认识到税收实体关系的重心是公法上的债权债务关系，税收程序法律关系主要以国家行政权力为基础，体现权力关系的性质。税收债务关系说的提出和"税收之债"概念在税法上的导入，不仅有助于从根本上理顺征纳关系，在"国库主义"和纳税人权利之间寻求均衡保护；而且表明除税法另有规定外，可直接借用私法上债法的规范结构，为税法上漏洞的补充提供一条便捷之路，有助于体系化的说明及掌握理解税法的重要特殊领域，为现代税法规范结构的构建和精密化提供新思路。参见施正文：《税收债法论》，中国政法大学出版社 2008 年版，第 2—4 页。
② 之后，交易行为还要接受刑法的评价，刑法是最后一步动用，其评价的范围也最广阔与全面。其不但要评价合同行为，也要评价征税行为。一般而言，为节省法律资源，刑法的评价并不随意启动，只有在合同法与税法的评价出现瑕疵，即合同行为受到了合同法与税法的否定性评价的时候，才会启用刑法的评价。参见杨小强、叶金育：《合同的税法考量》，山东人民出版社 2007 年版，第 4 页。
③ 参见魏振瀛主编：《民法》（第七版），北京大学出版社 2017 年版，第 22—29 页。
④ 参见徐国栋：《诚实信用原则的概念及其历史沿革》，载《法学研究》1989 年第 4 期。
⑤ 参见徐国栋：《论诚信原则向公法部门的扩张》，载《东方法学》2012 年第 1 期。
⑥ 于飞：《公序良俗原则与诚实信用原则的区分》，载《中国社会科学》2015 年第 11 期。
⑦ 梁慧星：《诚实信用原则与漏洞补充》，载《法学研究》1994 年第 2 期。

其局限于在私债法领域内适用,是对诚实信用原则理解不完全的结果。① 事实上,贵为民法帝王原则不到 20 年,诚实信用原则就走上了法的一般原则的更高地位,逐渐向公法和私法的其他部门扩张,成为它们的基本原则。② 在这其中,税法也自无例外。尽管有学者认为:诚实信用原则引入到税法,并非是毫无争议的。③ 但是,更多学者相信:"诚实信用原则引入税法不仅十分必要,而且符合法理。"④税收法定原则缺乏诚实信用的在先约束,税收法定中诚实信用理念阙如,致使征纳关系紧张、税收遵从度低。⑤ 因此,"如欲求社会生活之安定与发展,则社会各分子之间,必须推诚相处,互信互赖,以达公平正义之境。尤其法律之任务,乃在实现公平正义,从私人与私人之间而言,必须适用诚信原则,即使个人与国家之间,更须坚守诚信原则,才能实现分配之公平正义。吾人可从文献各家学说,无不从不同角度分析探讨,赞成诚信原则不仅须适用于民法、行政法,且以更须适用于租税法。所以各国宪法及税法,多以诚信原则为立法之准则,以期平均社会财富,避免发生贫富悬殊之情形,以谋社会安定"。⑥

如果说税法承接私法基本原则是源自债之共通规律的话,则税法吸纳行政法原则便是行政行为之功能同归的必然结果。因为税收之债虽为税收法律关系的实体建构,但其实现终须依赖于税收征收管理这一行政行为。而所有行政行为皆为"达成国家存立目的之最重要手段,行政之运作并非单纯执行法律,并负有形成符合社会正义之生活关系、规划及推动基本建设、引导及维持合于公意之政治发展等任务"。⑦ 肇始于税收征收管理这一行政行为,别论是学者归纳的依法行政原则、法律保留原则、平等原则、比例原则、信赖利益保护原则、诚信原则及明确性原则等行政法七大基本原则⑧;还是学者以有效率的行政权为基点,构建的行政效力推定原则、行政裁量合理原则与司法审查有限原则等现代行政法三大基本原则;以及以有限制的行政权为基点,构建的行政职权法定原则、行政程序正当原则和司法审查必要原则等现代行政法三大基本原则⑨;也不管是学者基于实体法与程序法界分而总结的依法行政原则、尊重和保障人权原则、越权无效原则、信赖保护原则和比例原

---

① 参见徐国栋:《诚实信用原则二题》,载《法学研究》2002 年第 4 期。
② 参见徐国栋:《论诚信原则向公法部门的扩张》,载《东方法学》2012 年第 1 期。
③ 参见徐阳光、常青:《论诚实信用原则在税法中的适用》,载《交大法学》2014 年第 1 期。
④ 侯作前:《论诚实信用原则与税法》,载《甘肃政法学院学报》2003 年第 4 期。
⑤ 参见羊海燕、肖永梅:《我国税法中诚实信用原则适用问题研究》,载《广西社会科学》2018 年第 3 期。
⑥ 张进德:《诚实信用原则应用于租税法》,台湾元照出版有限公司 2008 年版,第 313 页。
⑦ 吴庚、盛子龙:《行政法之理论与实务》,台湾三民书局股份有限公司 2017 年版,第 8 页。
⑧ 参见陈新民:《行政法学总论》(新九版),台湾三民书局股份有限公司 2015 年版,第 89—136 页。
⑨ 参见章剑生:《现代行政法基本原理》(第二版),法律出版社 2014 年版,第 101—108 页。

则等行政法实体性基本原则,以及正当法律程序原则、行政公开原则、行政公正原则、行政公平原则等行政法程序性基本原则[①];还是学者比照西方两大法系而发现的行政法定原则、行政均衡原则和行政正当原则等现代各国共同的行政法三大基本原则。[②] 甚至如行政法上并未被视为是共识性基本原则的便宜原则等都对税法原则的建制有着至为关键的影响。

便宜原则,又称为权变原则或随机应变原则,即随机应变的意思。便宜原则的最早功能是为了松动刑事诉讼法上绝对法定主义可能造成的僵化,即不必对所有符合法定条件的事务,都要追诉。其后便宜原则在行政法领域中占有重要的地位并发挥独特的功能。从传统的警察行政、干涉行政到今日的给付行政、计划行政等,便宜原则作为行政法上的一般结构性原则,不仅有助于行政任务本身的达成,更重要的是它对于行政与立法及行政与司法的权限分配有着重大意义。质言之,便宜原则提供了行政权在国家权力分配中,争取弹性决定空间的正当性基础。简言之,便宜原则乃是基于行政资源的有效性、较大公益保护以及行政程序经济的考量,行政权得据实际需要,而享有在不同事务中不同的权变空间,但行政权运用此一弹性决定时,实际上亦须以上述考量作为准则。[③] 得益于程序经济和较大法益保护二元功能,便宜原则

---

① 参见姜明安:《行政法基本原则新探》,载《湖南社会科学》2005 年第 2 期。
② 据学者考察,大陆法系的法国行政法多奉行行政法治与均衡原则,德国则多坚守依法行政、比例与信赖保护原则。与之不同,英美法系的英国多践行越权无效、合理与程序公正原则,美国则青睐于正当程序与行政公开原则。透过这些原则可以发现现代西方各国行政法基本原则形成过程中不仅彰显出法治国家与宪法精神、判例确认与理论加工等共性,而且展示出从注重实体规则到注重程序公正、从追求形式正义到追求实质正义等共同趋势。这样,经过内容上的对接,现代西方各国共同的行政法基本原则可以进一步概括为行政法定原则、行政均衡原则和行政正当原则。参见周佑勇:《西方两大法系行政法基本原则之比较》,载《环球法律评论》2002 年第 4 期。
③ 在警察国家时代,警察随机应变之空间极大,由于其任务广泛,警察只要基于促进人民福祉的理由,便可任意干涉人民自由。而到了自由法治国家初期,由于十分强调依法行政,行政便宜原则适用范围大为缩小,限于危害防止等任务之中。不过,即使在严格依法行政要求下,由于立法者毕竟无法事必躬亲,因此基于行政任务本质,便宜原则依然被立法者保留下来,给予行政权基本弹性空间。在国家进入自由法治时代后,便宜原则即使适用空间变小,但基于行政权本质需要,仍有其存在的正当化基础。毕竟,为了达成一定的行政目的,行政机关公权力的发动势必支付一定代价,若不能顾及此点,原先所欲追求的行政目的必定难以达成。因此资源必须用在刀口上,亦即最能达成行政目的之人、事、时、地上。此外,若严格法定原则要求,执行机关或公务员对于所有违反义务的事项皆需追诉,否则即构成废弛职务、怠忽职责的可能。唯实然面上,如此贯彻下去,定将付出过大代价,同时也有可能背离行政原本追求的目的。而立法者依照便宜原则透过法律提供行政权一个空间,赋予行政机关得依合义务裁量,决定何时采取行政措施,并且可以对轻微或者不重要的案件暂缓处理或是不予处理,则既可以完成行政任务、达致行政目的,又可以节省行政资源、提高行政效率。同理,出于资源有限而任务无穷的考虑,立法者亦需基于便宜原则,给予执法者以权变空间,借由其现实与专业的判断,先对较大法益采取保护措施,而非以强制规定陷执法者于两难境地,影响危害的有效防止与法益的确实保护。也即,便宜原则所发挥的衡量行政目的与私益的功能,本质上实亦为较大法益保护。不难发现,便宜原则在行政法上具有极为重要的程序经济和较大法益保护功能。参见城仲模主编:《行政法之一般法律原则(二)》,台湾三民书局股份有限公司 1997 年版,第 459—495 页。

广泛出现于大陆法系国家与台湾地区的行政法之中。囿于严格法定原则,即便面对行政"恶法",纵然会引致官民冲突,执法者也须被动执行。此举显为合法行政结果,但绝非行政行为之上策,也并非法治之根本追求。皆因如此,有学者提出:为提升行政决定的可接受性,急需确立便宜原则作为行政法的基本原则,赋予行政主体协商裁量的权力。① 税法作为一部行政干预法,每一次税收干预都要依靠相关人员的协作。税法执行对收集纳税人工作和私人领域的精确数据和详细内容的要求越多,法律通过对个人支付能力的正确了解则会越致力于实质平能,税收征收管理就越依赖于纳税人的协作意愿和诚实以及他们对履行基本义务的理解。即使是非常完善的监管也不能改变税收分享个人经济成果的基本条件方面的任何事情。② 因此,便宜原则在税收征收管理过程中便具有充足的制度土壤和适用空间。事实上,无论是学者主张的税收效率原则③,还是学者提及的稽征经济原则④,无不与便宜原则密切关联。

(三) 税法原则的建制逻辑:从税收原则至税法原则

一般来看,"税收是税法产生、存在和发展的基础,是决定税法内容和性质的主要因素;税法是税收制度的表现形式,是税收得以实现的法律依据和法律保障。税收作为社会经济关系,是税法的实质内容;税法作为特殊的行为规范,是税收的法律形式。二者之间是一种经济内容与法律形式内在结合的关系"。⑤ 无论是以经济内容出现的税收,还是以法律形式示众的税法,聚焦于课税是其共性。课税事关国民与国家之间的财产分配,断不可任性而为,必须于法有据,更为重要的是需要上位法原则的方向指引和规范检验。由于税收与税法的分化,关于课税的原则,也分界为税收原则和税法原则。从税收政策的层面为税收原则,从税收立法的层面则为税法原则。前者以税

---

① 参见罗许生:《论行政法的便宜原则》,载《福建行政学院学报》2016年第1期。
② 参见〔德〕迪特尔·比尔克:《德国税法教科书》(第十三版),徐妍译,北京大学出版社2018年版,第17—18页。
③ 税收效率原则要求税法的制定和执行必须有利于提高经济运行的效率和税收行政的效率,税法的调整必须有利于减少纳税主体的奉行成本和额外负担,以降低社会成本。参见张守文:《税法原理》(第七版),北京大学出版社2016年版,第36页。
④ 为普遍、平等、核实征收税捐,势必遭遇行政能量不足的紧张关系。然国家财政需要不能不满足,以维持国家提供,非国家不得、不能或不愿提供之公共服务的机能。而为满足国家之财政需要。又不得因财政行政能量不足,便对纳税义务人用推计课税的方法,或课以过度之协力义务,将稽征成本滥行,以遵守成本的形式,转由纳税义务人负担,横征暴敛。于是必须发展稽征技术,降低征纳成本,使国家能够经济地,以适度之有限稽征人力、物力,达到稽征目的。此即稽征经济原则。参见黄茂荣:《税捐稽征经济原则及其"司法"审查》,载《人大法律评论》2016年第2期。
⑤ 杨志强主编:《税收法治通论》,中国税务出版社2014年版,第10页。

收为规制对象,以物的关系,即钱(财产)的分配为核心,研究如何以最佳的方法来为政府征税,从理论上肯定地回答什么税是最公平、最有效率和有效用的。后者则以人的关系为规制核心,研究的是人与人之间的财产分配关系。税法原则不能无视税收原则,否则很难建立良好的税收体系,税法也很难上升为良法。税收原则要指导税收执法与税收司法,也必须转化为税法原则之后,才能显示其能量。不过,从政策至立法的转化,涉及可能性与法律的现实性问题。因为政策只是一种导向,是政党观、国家观的体现。制定政策的机构与制定法律的机构有可能不一样。比如,税收原则形成的主体有政党、团体组织,也可能是学术力量,但税法原则的形成则主要靠立法机关。①

不过税收立法也绝非立法机关可以信马由缰的,在税制变迁进程中,税法变革与制度设计而致的规则治理大都不是自发形成的法律秩序,国家的直接推动,政府的着力建构与主动推进始终不可或缺,可谓是一条不容忽视的主线。税收政治的介入,使得税法的政策性特质自始存在。② 加上法律工具主义、法律虚无主义和社会主义经典体制家长制等因素合力作用,致使税收领域出现"政策繁多而法律稀缺"的治理状态,不仅导致政策的效力递减甚至失效,根本上未能解决复杂而疑难的社会经济问题,而且导致人们税收法律意识和价值观的扭曲。但不可否认的是,这种治理模式的确有其长处。它既回应了公民权利的增长要求,又迎合了风险社会的时代诉求。因此,长久以来,税收政策增长很快,但税收法律却未同步增长。只是政策这一工具固然好使,但一旦用到极端,也就很快走向它的反面,甚或替代和驱逐法律。基于此,一方面确有必要在立法机关与行政机关之间进行科学分权,形成权力制衡的制度格局,确保政府不能单独、任意决定税收政策,税收政策必须体现民意,这是税收法治的应有之义。③ 另一方面"税收政策的两个方面必须考虑到,一是税收立法的制定过程,二是对税收实行管理的极端重要性"④。这些要求源生于税收的政策性,也使得政策层面的税收原则首先进入课税范畴,成为税课的初始基准。毕竟,政策也是国家机关、政党及其他政治团体在特定时期为实现或服务于一定社会政治、经济、文化等公共目标所采取的政治行为或规定的行为准则。政策的制定、执行及其执行的结果都是为了解决一

---

① 参见杨小强:《中国税法:原理、实务与整体化》,山东人民出版社 2008 年版,第 18—24 页。
② 参见张守文:《税制变迁与税收法治现代化》,载《中国社会科学》2015 年第 2 期。
③ 参见邢会强:《财政政策与财政法》,载《法律科学》2011 年第 2 期。
④ 〔美〕理查德·A. 马斯格雷夫、佩吉·B. 马斯格雷夫:《财政理论与实践》(第五版),邓子基、邓力平译,中国财政经济出版社 2003 年版,第 34 页。

定的社会问题,调整社会利益关系。① 以政策治理税收,照样需要遵循相应的原则,恪守基本的税收原则。否则,无异于粗暴的"与民争利"。

概因如此,古往今来诸多学者均植根税收本质,探求税收原则,进而形成各式学说观点。其中尤以亚当·斯密的税收四原则影响最为深远。在斯密看来,着手考察各种赋税之前,有必要提出有关一般税收的四个原则:第一,每位国民都应当根据各自能力的大小,即根据他们在国家的保护下所获得的收入的比重,尽可能地为维持政府做出贡献、缴纳相应的赋税。第二,每位国民必须缴纳的赋税应当是确定的,而不是任意的。第三,每一种赋税应当按照纳税人最为便利的时间和方式被征收。第四,每一种赋税的设计应当尽可能地使从人民口袋中拿出的钱和进入国库的钱保持一致。② 这四个税收原则依次被称为赋税平等性原则、确定性原则、便利性原则和经济性原则。③ 在斯密之前和之后皆有不同的税收原则观点产生,即便时至今日依然有不少学者求索于税收原则。但不管是学者提出的"当前西方税收原则的理论就是指税收效率原则和公平原则的理论"④,还是学者论道的"是'平等与效率的抉择'不是'公平与效率的抉择'"⑤;也无论是学者提出的"效率原则是市场型税收原则体系的首要原则,而财政原则则是计划经济下的首要税收原则"⑥,还是学者认为的"财政原则、公平与效率原则是现代税制建设中应遵循的三大基本原则"⑦,等等,税收原则论述看似是百花齐放,各说各话,实则莫不是环绕税收公平、效率、管理简便、灵活性和透明度而展开。⑧ 因为只有奉行这些原则,良好的税收体系与制度方可形成,良法善治才有希望在税收领域出现。一般而言,"在其他条件相同的前提下,如果一个税制是简单、中性且稳定的,那么这个税制可能是比较好的。"⑨因为"到目前为止,评价纳税

---

① 参见陈振明主编:《政策科学——公共政策分析导论》(第二版),中国人民大学出版社 2003 版,第 50—51 页。
② 上述四项原则的公平性和效用性十分显著,因而受到了各国或多或少的关注。所有国家都根据自己的最佳判断,力图将自己的赋税设计得尽可能地平等,尽可能地明确,在缴纳时间和方式上尽可能地方便纳税人,并与纳税人的收入成比例,以尽可能地减轻人民的负担。参见〔英〕亚当·斯密:《国富论》(下),陈叶盛译,中国人民大学出版社 2016 年版,第 902—905 页。
③ 参见许炎:《赋税原则的宪法阐释》,载《江苏行政学院学报》2007 年第 4 期。
④ 邱华炳、刘瑞杰:《西方税收原则理论演变评析》,载《厦门大学学报(哲学社会科学版)》1996 年第 2 期。
⑤ 刘书明:《是"平等与效率的抉择"不是"公平与效率的抉择"——再论税收原则》,载《财政研究》2004 年第 11 期。
⑥ 张馨:《税收公共化:税收原则体系的转型》,载《涉外税务》2004 年第 6 期。
⑦ 戴毅:《从税收原则看我国税制结构的优化》,载《财经科学》2003 年第 S1 期。
⑧ 参见杨小强:《中国税法:原理、实务与整体化》,山东人民出版社 2008 年版,第 21 页。
⑨ 〔英〕詹姆斯·莫里斯:《税制设计》,湖南国税翻译小组译,湖南人民出版社 2016 年版,第 38 页。

制度优劣有两个基本标准:税收负担如何分配和对经济繁荣的影响程度。然而,这两个标准都由税收的简易性和可执行性所决定"①。

与之不同,税法的复杂性在于,其多学科、跨部门和法学综合的特性造成了税法势必后于税收形成学科知识积累。② 但课税的共同使命,致使两者关系绝非如楚河汉界,泾渭分明。恰恰相反,实践中税法规范时常仰赖于以政策文件面貌出现的税收规则,税法原则也不可避免地跟随税收原则,甚或受制于更为发达的税收原则。总体而言,税收原则形成于税收政策阶段,而税法原则产生于税收立法阶段。两者之间并非孤立运行,而是镶嵌于税收政策、税法规范与税收管理的阶梯逻辑体系之中,呈现逐步推进的关系。阶梯的第一步是明确要达到的政策效果(政策结果)。阶梯的第二步是决定该用什么手段来达到政策效果,即让政策的结果变得有效。阶梯的第三步(立法的第一步)是确定立法目的,旨在阐释在立法中该怎样运用选择的政策手段,去实现既定的政策效果。税收政策引导形成法律目的,可谓是根源性的要素,但不是唯一的要素。况且并非每部单行税法都有清晰无误的立法目的。但只要法律目的一经确立,就独立于税收政策。紧随其后,阶梯的第四步(立法的第二步)是明晰法律原则。法律原则是实现立法目的的行动规则,是法律目的的外化。法律原则实现了政策的合理化,开始将政策付诸实施。但真正将其具体落地的是法律规定,此为阶梯的第五步(立法的第三步)。因为再好的法律原则,也只是清晰地表达其目的效果。如何将这些原则运用到具体的案情,则需要将原则正确地演绎为具体的法律规定。又因税收法律多半乃然是抽象和原则的规定,所以产生了阶梯的第六步,即税收管理。经验表明,对许多具体的情形,还需要税务局出具更具体的指引,以解释和细化税法原则与法律规定。终归而言,税收管理是离纳税人最近的生活真相,既是问题的产生地,也是课税事实的发生地,还是问题答案的实施地。如果要寻求依据,就要溯流而上,立足税法规范,透过税法原则,通达法律目的这一最终解释边界。③ 法律目的又源于税收政策,所以税收管理与税收政策效果关系密切如唇齿相依。

由上可知,从税收政策到税法规范,直至税收管理,税收治理体系整体形成闭环,课税亦实现从政策到法律,从法律到管理的转化,这一转化过程催生了税收原则向税法原则的体系进阶。当然税法原则绝非只是跟在税收原则

---

① 〔美〕乔尔·斯莱姆罗德、乔恩·巴基哲:《课税于民:公众税收指南》(第4版),刘蓉、刘洪生、彭晓杰译,东北财经大学出版社2013年版,第160页。
② 参见滕祥志:《税法的交易定性理论》,载《法学家》2012年第1期。
③ 参见杨小强:《中国税法:原理、实务与整体化》,山东人民出版社2008年版,第19—20页。

后面亦步亦趋,毫无主见。"因为尽管某些因素,在某些特定的时间和地点下可能发挥较大的作用,但却不表明这些因素是法律运作的唯一支撑力量。社会是一个整体,从来就不存在纯粹的经济、政治、文化和制度的严格区分。人们之所以从某个特定的角度分析和概括法律现象,那是因为人们不可能同时对法律现象进行全面研究,而并不表明法律和法学本身仅仅就是那样一个自足的领域。历史唯物主义的基本原理表明,法律的制定和实施总是或者说必然地受到社会、经济、心理、历史、文化以及各种价值判断等各种因素的影响和制约。"①税收原则与税法原则之间的关系亦如此。受制于一国税收立法民主程序、税收政治体制、经济与社会等现状以及社会整体的税收法治意识等客观现实,税法原则对具体税收原则注定只会是选择性地接受与主动性转化,即便是甄别之后确有必要吸纳拟定的税收原则至税法场域、转化为具体的税法原则,也大都会进行法治化改造。毕竟,税收原则只是税法原则的源头之一。税法原则的考量因素比税收原则的制约因素更为广泛。比如,它既要考虑在先的民商事交易法则,又要注意后续的刑事规制原则。它不仅要顾及一国财政收入现况,而且要关注公民税收法治意识。

五、税法建制原则体系与方法论性能: 税收正义的三种路径

长久以来,税收都被视为是一国政府为满足社会公共需要,凭借其社会公共权力,依照法律、行政法规,强制、无偿地参与国民收入分配的一种手段。② 为此,我国各类教科书和出版物大都将税收"三性",即强制性、无偿性、固定性厘定为税收的本质特性,以致不仅扭曲了国家机关的整体形象,给一线税务执法实践形成阻力,而且产生了消极的社会效应。③ 以税收的无偿性为例,它一般指"国家征税、纳税人缴纳税款后国家并不向纳税人支付任何直接对价补偿,征税的过程是财产由纳税人向国家单向而非双向转移的过程"。④ 这一传统认知既违背了理论的本体性质、要求和使命,又给税收政治权力行使的随意性制造了理论依据,还歪曲了税收的性质与实然关系。⑤

---

① 孙同鹏:《经济立法问题研究——制度变迁与公共选择的视角》,中国人民大学出版社 2004 年版,第 10 页。
② 参见肖厚雄主编:《依法治税》,中国税务出版社 2014 年版,第 3 页。
③ 参见范焕章:《对税收的新认识》,载《财政研究》1993 年第 11 期。
④ 李建军、苏明萃:《现代财政制度下的税收特征——税收"三性"释义》,载《税务研究》2015 年第 2 期。
⑤ 参见刘解龙:《税收无偿论批判》,载《当代财经》2001 年第 3 期。

"这种理论上的偏颇已经在实践中造成不良的后果,成为纳税人长期处于被动、卑微地位和社会上普遍存在'税收反感'心理的根本原因。"① 倘若不加以改变,以良法善治为内核的税收法治蓝图必将任重道远。因为从社会的合理建构来看,公平正义无疑是其中最为重要的价值追求。而公平正义既是一种制度安排,也是一种心理认知。没有公平正义的社会法律制度,就不会有真正意义上的美好生活。也只有当人们感觉在社会上被同等对待、资源在社会成员中被公平地分配时,才会在人们之间产生一种公平正义的心理认同。② 要想制定出这种公平正义的税收法律制度,营造出整体社会的税收心理认同,进而快速推进税收法治建设,就格外需要科学建造税法原则,以其指引税法具体规范的设计与实施。

(一) 税收正义与税法建制三原则

在税法场域,税务机关和纳税人是最为常见,也最为重要的税之法律关系主体。"税务机关与纳税人之间的相互作用取决于双方对另一方的目标和策略的基本假设。一方面,如果税务机关把纳税人看作是理性的行为人,只对个人利益最大化感兴趣的话,他们就可能扮演'猎人'或'警察'的角色,千方百计去抓'小偷'。另一方面,如果纳税人认为自己受到迫害的话,也会扮演相应的角色,采取各种创造性的不遵从方式,并利用税法的漏洞来规避税收,如果他们认为值得的话,也会甘冒逃税的风险。"③ 皆因如此,构建和谐税收征纳关系向来都成为税务部门的重要工作思路④和税收法治建设的重要抓手。只是和谐税收征纳关系并非约定俗成的概念,也未能有共识性的诸词意涵。不管是学者描述的"在征税人与纳税人之间形成的一种成本最低、效率最高的征纳关系"⑤,还是学者认为的"征纳双方符合和谐社会特征和要求形成平等互利、规范秩序、高效便捷、互信友善的新型征纳关系"⑥,乃至是学

---

① 李炜光:《税收"三性"再认识——对〈也谈税收〉一文的回应》,载《书屋》2007 年第 5 期。
② 反之,当人们感觉受到歧视、遭遇排斥时,就会自然产生愤懑与痛苦。在不平等的对待中,人们感受到低人一等的屈辱以及被人歧视的伤害,而这种痛苦远比缺吃少穿带给人们的伤害为烈。所以,感受到公平正义既是人们美好生活的基本内容,也是人们获致美好生活的基本条件。参见胡玉鸿:《新时代推进社会公平正义的法治要义》,载《法学研究》2018 年第 4 期。
③ 〔意〕埃里希·科齐勒:《税收行为的经济心理学》,国家税务总局税收科学研究所译,中国财政经济出版社 2012 年版,第 215 页。
④ 参见邓力平:《和谐税收与"十二五"时期我国税收发展》,载《税务研究》2010 年第 10 期。
⑤ 即征纳双方间的一种相互合作的关系。也即征税人依法征税,应收尽收;纳税人依法纳税,应纳尽纳,从而达到国家税款足额入库的目的。参见曲顺兰、申亮、郑华章:《基于演化博弈的和谐税收征纳关系的构建》,载《税务研究》2007 年第 6 期;郑远菊:《"经济人"视角下和谐税收征纳关系的构建》,载《税务研究》2008 年第 12 期。
⑥ 胡彦伟:《构建和谐税收征纳关系的理论探索》,载《税务研究》2008 年第 12 期。

者提及的"和谐的税收环境是构建和谐社会的重要基石,而公平与效率并重的伦理精神又是和谐税收的内在要求"①,都隐含着和谐税收征纳关系的构建不仅是民主法治国家长期的目标和任务,需要历经持续的、长期的演变过程②,而且是"一种先进的、科学的法治理念,因为它是以和谐哲学作为其思想理论基础的"③。

追根溯源,"和谐关乎的是人与人之间的关系,乃至人与社会、人与自然之间'和而不同'的多元秩序"④。"和谐的理想状态是人与人、人与自然、人与社会的三个和谐,也就是社会的发展进步都得注重人权及人与其他主体之间的相互关系。"⑤这些关系的"和谐"最终展现为一种统一共存、有序发展的安定状态。和谐税收征纳关系即是如此。简单地说,它就是征纳双方主体在实现税收权利(力)、义务的过程中形成的成本低、效率高、双方融洽配合的征纳状态。这种状态通常以税收征纳双方的利益均衡和税收对经济影响的效应均衡为衡量标志。⑥ 而不论是征纳主体之间的利益均衡,还是税收对经济影响的效应均衡,都建立在利益配置基础之上。归根结底,"法律产生的根源在于社会出现利益分化,需要运用法律对各种利益进行平衡,防止和降低利益冲突给社会带来的无序状态。"⑦税法领域更是如此,因"税之关系以财产关系为发端,在纳税人让渡私有财产以及国家行使征税权充实国库的时候,是一种明显的二元关系,纳税人的财产利益和国家的税收利益就成为税法中最基本的利益体系,而随着税制文明的不断推进,在原有的二元框架中社会公共利益的必要性也渐渐凸显"⑧。问题是,并非所有的利益都能够在立法中得到反映,什么样的利益能在立法中反映,得到多大程度的反映,互相冲突

---

① 杨杨:《实现和谐税收的路径选择》,载《税务研究》2007年第10期。
② 参见叶莉娜、张景华:《论税收文明的现代化——以税收征纳关系的构建为视角》,载《西安财经学院学报》2018年第2期。
③ 张文显:《走向和谐法治》,载《法学研究》2007年第4期。
④ 严海良:《法治与和谐人权观》,载《法学研究》2009年第4期。
⑤ 罗豪才等:《现代行政法的平衡理论》(第三辑),北京大学出版社2008年版,第259页。
⑥ 于利益均衡而言,它多指双方通过权利义务的均衡协调而最终实现应得的利益。征纳双方利益均衡点就是税务机关高质量的服务换来纳税人高质量的税法遵从。具体表现为征税人的依法行政能力及文明服务水平的提高,纳税人的依法纳税意识强及税法遵从度高,从而会降低税收征纳成本,高效率的获得税收收入。于效应均衡而言,和谐的税收征纳关系必然是税收中性原则的最大限度体现,即对经济发展的负面影响应趋于最小化,从而使各种税收效应达到均衡状态。参见胡彦伟:《构建和谐税收征纳关系的理论探索》,载《税务研究》2008年第12期。
⑦ 李翔:《刑法解释的利益平衡问题研究》,北京大学出版社2015年版,第270页。
⑧ 龚伟:《税法中的利益及其平衡机制研究》,中国法制出版社2016年版,第58页。

的利益在立法过程中该如何取舍平衡,是一个复杂的利益衡量过程。① 在这个过程中,个人权利、国家权力与公共利益呈现出相互博弈的动态关系。任何一方的强化都会影响其他方面的运行,只有将三者统一起来考察,突出三者相互促进、相互制约的动态关系,才有可能实现整体性的税收正义。②

"无论是在政治哲学领域,还是在经济学范畴,并不存在一个令所有理论家都能达成一致的税收正义原则。"③但归根结底,正义的核心是追求平等。"在平等这个概念中,平等被视为一项能使自身获得正当化的原则。因此,正义就获得了正当化的理论基础。"④据此,税收正义要落实的,就是纳税人为国家平等地牺牲,实现"相同的相同对待""不同的不同对待"。然而,在实际操作中出现诸多分歧的是:什么是相同的,怎样才算是相同的对待;什么是不同的,怎样才算是不同的对待。但法律理念确定的方向与形式,至少是一种补缺性的指引。从立法者的角度思考,要寻求正义的税法,的确应该从具体的税制要素上去落实,但也要超越要素、站在税法原则的高度上去把握。⑤因为"不管税收正义之原则、价值或理念有多美好,作为一种可欲的宪法规范判断,其最终都必须通过一整套对政府征税权予以限制的制度架构来落实。而在这一整套制度架构中,来自宪法层面的政治结构与程序以及对征税权的合宪性审查制度居于最为根本的地位。前者实际上是一个民主和对民主的控制问题,因而与涉税立法的程序性正义标准相联系;而后者主要涉及宪法和税法的解释,不仅是一个关乎涉税立法的程序性控制问题,而且也是一个

---

① 利益衡量就是不同利益主体间的斗争与妥协的过程。法律是不同利益调和折中的产物,立法过程中对利益的表达和整合,对各种利益进行评估和衡量,以及为利益的协调整合提供标准是法律调整的关键,法律的形成过程,就是一个在立法过程中各利益主体表达利益、沟通利益和整合利益的过程。参见杨炼:《立法过程中的利益衡量研究》,法律出版社 2010 年版,第 1 页(中文摘要部分)。
② 如学者所言:税收正义是以个人税收权利为前提,通过国家权力的作用,实现公共利益的过程。在这个过程中,个人权利、国家权力与公共利益呈现出相互博弈的动态关系,若个人税收权利的空间越大,国家权力与公共利益的空间就越小,国家在实现公共利益上的力量也越弱,反过来又影响个人税收权利的保护与实现若国家权力的力量越大,则必然削弱个人税收权利的空间,当国家权力超过个人税收权利的边界,就会造成个人权利的超负荷牺牲,进而影响个人的税收能力,减少税收收入,最终减弱公共利益的实现若公共利益的空间越大,则国家权力必须相应膨胀,否则难以有效实现公共利益,但公共利益易于成为国家权力的借口,以公共利益为名侵犯个人权利。因此,个人权利、国家权力与公共利益之间是一个动态的、可循环的博弈系统,任何一方的强化都会影响其他方面的运行,故此,我们必须将三者统一起来考察,突出三者相互促进、相互制约的动态关系,进一步构建整体性的税收正义。参见杨盛军:《税收正义——兼论中国遗产税征收的道德理由》,湖南人民出版社 2014 年版,第 62 页。
③ 陈丹:《论税收正义——基于宪法学角度的省察》,法律出版社 2010 年版,第 60 页。
④ 王文婷:《税法规范生成的解释》,法律出版社 2016 年版,第 37 页。
⑤ 参见杨小强:《中国税法:原理、实务与整体化》,山东人民出版社 2008 年版,第 15 页。

针对涉税立法的实质性控制问题"。① 涉税程序性控制问题也好,实质性控制问题也罢,都不只是与税收立法、税法实施与税法解释等涉税行为活动休戚相关,更重要的是皆与税法建制原则密不可分。

亦如前述,无论是基于万物之形式、实质与技术三重维度,还是鉴于由事理至法律理念的法律原则形成机理;也不管是处于部门法原则的前置诱导与在先限定,还是肇因于税收政策、税法规范与税收管理之间的内在逻辑与体系互动规律,税法建制原则最终都不约而同地指向形式、实质与技术立面,事实上也只有三者彼此合力,交互作用,税收正义才能整体实现。税收正义是一个动态的实践过程,个人权利、公共利益与国家权力之间是一个制约与推进的平衡系统,个人权利是税收的先在性前提,公共利益是税收的直接目的,而国家权力则是实现公共利益,进而实现税收正义的手段。因此,考察税收正义时,既要从个人维度考察个体权义与税收能力,又要从经济维度考察税收的地区差异与社会差异,还要从个人权利、经济差异与税收利益相结合维度考察税收整体负担。三维因素交织推进,才会筑就税收的实质正义图景。但是,税收的实质正义不可能自行实现,其需要依靠具体制度与法律的保障才能从蓝图变为现实,这就必然会先行涉及税收的形式主义面向。税收的形式正义亦如此,它看似仅需机械启动已然设定的税收征收管理程序即可实现,实则不然。程序不是步骤与方法的简单、随机堆砌的结果,而是精致考量、综合权衡的结果,其中的技术性因素居于十分重要的位置。由此,在税收的形式正义与实质正义面向之外,又必然存在着技术正义面向。②

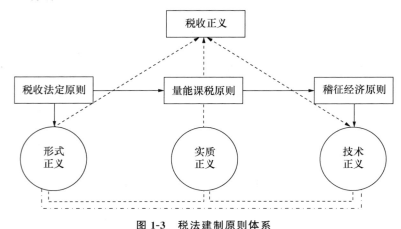

图 1-3 税法建制原则体系

---

① 陈丹:《论税收正义——基于宪法学角度的省察》,法律出版社 2010 年版,第 122—123 页。
② 参见杨盛军:《税收正义——兼论中国遗产税征收的道德理由》,湖南人民出版社 2014 年版,第 67 页。

与税收正义三维立面相呼应,税收原则体系大致可以界分为税收的形式正义原则、实质正义原则和技术正义原则。以斯密的税收四原则为例,确定性原则导向于税收形式正义,赋税平等性原则(公平原则)取向于税收实质正义,便利性原则和经济性原则(效率原则)指向于税收技术正义。历经从税收政策到税收法律,直至税收管理的逻辑转化与基准演变,三重面向的税收原则相机进化为税法建制中的形式正义原则、实质正义原则和技术正义原则,且分别由税收法定原则、量能课税原则和稽征经济原则①担任,形成税法三大建制原则系统。具体而言,税收法定原则属于形式正义原则,量能课税原则属于实质正义原则,而稽征经济原则则属于技术正义原则。三大建制原则分别代表不同层次的税收正义向度和理性考虑。这当中,税收法定原则为量能课税原则的制度基础,量能课税原则为依法课税的伦理基础②,而稽征经济原则则为税收法定原则和量能课税原则的技术基础。(如"图1-3"所示)

(二) 税法建制原则的方法论性能

法律原则本身是非常宽泛的,是一切具体法律制度的发展来源,根据各项基本法律原则可以推导出一切具体法律制度。相较于法律规则来说,法律原则具有一般性、法定性和价值性。于一般性而言,法律原则因为具有高度的抽象性和概括性,所以它几乎可以普遍适用于该法律领域的所有问题。于法定性而言,立法往往都开宗明义宣示该部法律的基本原则,为执法、司法和法解释等依据法定的原则填补漏洞提供了立法基础。于价值性而言,法律的基本原则集中体现了特定法律的价值取向,它是指导立法行为的,应当具体化为法律规则,从而规范人们的行为。因为基本原则都体现了法律的价值取向,所以,执法者、司法者等通常都要考量基本原则的价值是否可以涵盖特定

---

① 不过,也有学者认为:税制建构的讨论中,人们大多习惯从提高征管效率角度出发,从便利征收的立场思考制度和机制设计。在平衡的税收征纳法律关系中,征税和纳税双方便利是统一的。国家财政活动需贯穿"方便且有利于纳税人"思维,实现税法对纳税人形式方便与实质有利的两相结合。根本而言,税法制度应当以法律原则或规则的形式设置一种具有提纲挈领作用的纳税人保护和激励机制,尊重纳税人的合理需求,培养纳税人主人翁意识以及自觉遵从意识。与税收效率原则不同的是,纳税便利强调在税收法定原则基础上,税收制度和税收征管应当以方便且有利于纳税人的目标为指引。随着传统税收征纳双方的"行政—管理"关系向"服务—客户"关系的转变,征税机关由职能单一的行政机构逐渐成为为纳税人提供纳税服务的"商业机构"。税收征管模式的改变以及纳税管理的复杂性,使得税收效率原则在理论包容性和政策应用性方面存在不足,需要纳税便利原则从人本理念出发对纳税主体利益进行正面的、直接的、积极的诠释和保护。唯有如此,方可助力保障与实现纳税人基本权益,促进纳税人自愿主动遵从,推动税收良法善治。参见单飞跃:《纳税便利原则研究》,载《中国法学》2019年第1期。

② 参见黄茂荣:《法学方法与现代税法》,北京大学出版社2011年版,第128—129页。

的案件,而一般不进行立法目的的考量。① 法律原则的这些特性使其之于法治而言,天然含有"方法"意蕴,具有指引法律规则设计与实施的方法论性能和价值。当我们把法治作为目的的时候,法律规则、原则和程序都可以称之为方法。尽管法律原则、规则和程序被反复使用,但是每一次使用都会产生新的具体的意义。法治反对机械地运用法律,法律原则、规则和程序并不是完美地重叠,很多细节问题是需要运用者临场发挥的。法律人熟练地运用法律好像不假思索,但实际上是因为涉及方法的逻辑在起作用。方法在这里表现为恰当地选择,但什么是恰当地选择,需要经验来告诉人们,法律方法理论上只能做一些条件方面的描述。②

  作为税法场域的基本原则,税法建制原则体系绝非空洞的宣示口号,而是同样有着强烈的方法论性能和操作指引价值。如同斯密的税收四原则一样,如果税收治理不符合四项原则中的任意一项或多项,则税收之合理性就将遭受质疑。也就是说,该原则体系实际能为合宪性审查机关判断某税收立法是否违反或侵害了宪法上税收正义之核心内容提供一个具有方法论意义的、系统的、多维度的标准体系。③ 税收法定原则、量能课税原则和稽征经济原则亦如此,三者为税法具体规则的设计与实施,为税收立法、执法、司法与守法,甚至为税法解释活动的展开提供了可供操作的指引规范和检验基准,实质上充当了税法具体制度设计与运行的度衡器和评价标尺,已然具备了"方法"的事物本质,成为不一样的"税法方法论"。因为通俗而言,"方法"的含义一般引申为:在给定的条件下,为了实现特定目标而采取的正确的途径、路径、步骤、手段、措施等。它包含着两个基本因素:首先,方法是指某个有待实现的目标的确定;其次,方法意味着我们必须思考如何选择实现目标的途径与办法。较之一般层面的"方法",法律方法的复杂性和独特性在于其具有说理性、法律性、正式性、形式性、程序性、明确性与公开性等多元特性,使其成为复杂社会中用以解决矛盾与纠纷的一种重要工具和方法,是一个将法律作为实践理性而在实践的法哲学思维基础之上所形成的工作、职业的指引和指导。④ 它要求人们在实践活动中必须服从他所接触的那些事物的内在逻辑。当人们按照事物的内在性质和彼此之间的关系行动时,随着实践活动的重复,逐渐将依照事物的性质在大脑中形成有效的行为方式,并渐渐变成认识的方法、思维的方法。因而,当人们再次行动之前,依据先前确定的方法,

---

① 参见王利明:《法学方法论》,中国人民大学出版社 2012 年版,第 540—541 页。
② 参见陈金钊等:《法律方法论研究》,山东人民出版社 2010 年版,第 25 页。
③ 参见陈丹:《论税收正义——基于宪法学角度的省察》,法律出版社 2010 年版,第 116 页。
④ 参见葛洪义主编:《法律方法论》,中国人民大学出版社 2013 年版,第 4—20 页。

可以预想到这一行动的后果,也可以设计出达到这一结果的方式与手段。①

诚然,方法在实践中成长,随着人类认识世界和改造世界的知识与能力之累进而逐步完善,但是同时又必须被人类理性条理化和体系化。在此意义上我们可以说:"方法"是人类经验与理性的结合体。方法是人类进行实践活动和从事理论创造的工具。在理论研究领域,方法是从事研究所采用的计划、策略、手段、工具、步骤和过程的总和。前四种要素显然是指研究的工具,后两种要素则是指研究的程序,所以人们又称方法是思维方式和研究程序的综合。因此,从内在构成要素上看,方法还应包括手段(工具)和程序,以及此种手段发挥作用的条件、方式和范围。方法总是意味着某种"程式",某种先于结果的固定"程序"。② 归而言之,方法在自己的适用范围内,一般都具有下列特性:(1)可操作性:专门方法排除了任意性,这一点相应地保证了这种方法的可学习性。(2)可判别性:方法本身是可以辨认的,它的运用过程和结果也是可以检验的。(3)目的性:这种方法具有保证达到一定结果的倾向和本领。(4)创造性:除了指定的结果,往往还有给出其他预料外结果的能力。(5)经济性:方法总是倾向于花费最少的物力和时间得到最好的结果。③ 按照这些标准和特性,不难发现税法建制三原则的"方法"属性。

因为不管是税收法定原则、量能课税原则和稽征经济原则的整体运用,还是单个建制原则的分散适用,都不仅可以成为任何一个单行税种构造、税制行为检思和税收构成要件要素设计的度衡标尺,而且可以成为税收立法、税法实施和税法解释体制的衡量基准。相较于其他税法理论,税法建制三原则具有显著的可操作性、可判别性、目的性、创造性和经济性。客观上说,税法建制三原则虽算不上是典型法学方法论意义上的法律或法学"方法",但其之于税法确实具有"方法"性能,也的确可以起到一般法律方法的作用。因为"对于任何一种规范层面的法律理论来说,一个很重要的衡量标准即是能否对法律进行准确的描述,揭示出法律不同于习惯和道德的本质性特征"。④

---

① 方法虽然源自实践,但它又不是仅凭经验的认识就可以获得的。因为这种认识经验不是完全自觉地建立在认识事物本质的基础上,而只是从经验中归纳出的规则的总和,如果这些规则以已有的经验为基础而没有对事物的本质属性进行抽象思考的话,那么,这种以经验认识为基础形成的"方法"可能会成为进一步认识事物的障碍。从这种意义上讲,方法是人类社会中科学和哲学发展到一定阶段的历史产物,是科学发展到人们认识了事物的本质联系,认识了事物发展规律并对这些发展规律进行了反思,进而运用于实践的产物。从性质上讲,方法应该是联系实践和理论认识的中间环节,通过这个中间环节,人们的实践和理论认识都在不断深化。参见曹茂君:《西方法学方法论》,法律出版社2012年版,第3—4页。
② 参见李可:《法学方法论原理》,法律出版社2011年版,第37页。
③ 参见刘大椿:《互补方法论》,世界知识出版社1994年版,第17—18页。
④ 彭宁:《分析法学方法论及其对中国法治建设的启示》,载《哈尔滨工业大学学报(社会科学版)》2018年第6期。

根据这个标准,税法建制三原则同样具有较强的普适性和操作性。依据税收法定原则、量能课税原则和稽征经济原则,不仅可以对税法规范进行准确的描述,而且可以对税法规范进行立体化的校验。更为重要的是,税法建制三原则的应用不仅是按图索骥,实现预设的方法论,不仅是一个将事实与规范对接的法律推论活动,还是一个续造既有法律或发现新法律的过程。它既是实现既有法律之"方法",又是续造法律之"方法"。但不管是实现还是续造法律,都只是在法律应用之中才能有所作为。①

于此而言,税收法定原则、量能课税原则和稽征经济原则这一税法建制原则体系不只是具有普通的"方法"性能,而是具备了一般法学方法论的共识秉性。因为"从逻辑起点上看,法律方法更主要的是以现行有效的法律为逻辑起点,即根据法律思考法的实践问题,更多的是'法内看法'。它并不追问法律自身的基础,亦即它不是对法律的思考的方法,而是根据法律思考的方法"②。从这个角度上来说,"方法不是指动手意义上的操作技能,而是一种思维能力。所谓方法论的运用实际上也是把方法论作为一种知识前见,帮助理解和找到解决当下问题的方案"③。"法学方法论的思考的起点在于,如何获得关于法律的知识?(或获得法律知识的方法是什么?)如何证立一个法律命题的正确性或正当性?这样的思考可以发生于法律适用的场合(司法裁判),也可以发生于规范制定的场合(立法)以及围绕现行法之理解与适用而展开的学术探讨的场合(法教义学)。"④显然,税法建制三原则的体系建造与应用开展和法学方法论的思考起点与适用场域高度一致。因此,如果说"方法论是哲学发展到一定阶段后出现的一种理论形态,在哲学中专指认识世界和改造世界的根本方法,亦即认识世界和改造世界的方法与理论体系"⑤的话,则税法建制三原则就是认识税法和适用税法的方法与理论体系。

现代税法的构造越来越复杂、精细,潜藏于实体课税要素和税收征管规则中的税收利益分配规则,需要精心设计、精雕细琢、反复权衡,充分贯彻税收法定原则、量能课税原则和稽征经济原则。任何一个技术细节都会直接影响税收征纳双方的权利义务、税务机关的税收征收率和纳税人的税法遵从度。税法起草与设计中的利益衡量,依据的是税收负担是否公平分配、应税事实能否合理认定等标准。税收公平分配是宪法的平等原则在税法领域的

---

① 参见郑永流:《法律方法阶梯》(第二版),北京大学出版社 2012 年版,第 19 页。
② 沈志先主编:《法律方法论》,法律出版社 2012 年版,第 3 页。
③ 陈金钊等:《法律方法论研究》,山东人民出版社 2010 年版,第 32 页。
④ 雷磊:《法律逻辑研究什么?》,载《清华法学》2017 年第 4 期。
⑤ 沈志先主编:《法律方法论》,法律出版社 2012 年版,第 2 页。

表现,是贯穿税法规范的制定和实施的核心基准和终极目标①,也是捐税正义的直接体现。它的实现既需要税收法定原则的形式支撑,又需要量能课税原则的实质奠基,还需要稽征经济原则的技术护航。因为在宪法层面上,税收公平实际表现为国家与公民之间的税收公平以及公民与公民之间的税收公平两个方面。之于前者而言,其不仅体现为国家与公民之间税收利益关系的平衡,而且体现为国家与公民税收权利义务关系配置的平衡;之于后者来说,其表现为税收权利义务的平等对待和纳税义务的合理分担。② 不论是哪一方面,哪一层级的公平实现,都得仰赖于税收法定原则、量能课税原则和稽征经济原则的精致配合与整体联动。易言之,税法建制三原则上承宪法的价值理念与制度规范,横贯民法、行政法、刑法等关联法域的部门法原则与具体规范,前续税收政策与税收技术,后接税收管理与征管细节,可以成为税法规范设计与运行的方法论。"事实上,只有统一的方法才能使人们对具体材料的理解具有价值;因此,就这种方法的形态形成一种清晰的观念是适宜的。"③

---

① 参见叶姗:《税收利益的分配法则》,法律出版社 2018 年版,第 7—8 页。
② 参见王世涛:《税收原则的宪法学解读》,载《当代法学》2008 年第 1 期。
③ 〔德〕施塔姆勒:《正义法的理论》,夏彦才译,商务印书馆 2016 年版,第 44 页。

第二章　税法建制原则的体系逻辑与度衡方法

一、问　题　意　向

对事物本质的追问，催生了形式、实质与技术面向的法建制基本原则。然"基本原则属于典型的价值问题领域，如何驯服个中之恣意而尽量求其客观性，倍极困难"①。加上把握事物本质原本就是一项比正确使用其概念更为困难的事情。当我们具有一个概念的时候，其实很可能并没有对其本质的透彻知识。换言之，具有一个概念相容于对其本质特征的粗浅或有缺陷的理解。因此，一种哲学层面的方法论解释的目的就在于提高人们对概念背后的世界的理解；法哲学的目的就是促进人们对法律之本质的理解。② 如同学者所言："理论的困惑往往来源于对事物刨根问底式的追问，而知识和真理便是这种追问的回报和收获。作为哲学式的思考，法哲学的研习者不断追问法律这种事物，其根本任务恰好在于，促进人们对法律的认识。"③在这其中，虽有多种径路和方法助益人们找寻法律本质、建构法治体系，但"基本原则"显然是更为显赫、最为核心、尤为根本的一种评量工具和路径方法。因为它上承法律价值与理念，下启具体法律规范与措施，它们应该得到遵守，且具有方法论价值与功能，并不是因为它将促进或者保证被认为合乎需要的经济、政治或者社会形势，而是因为它们是公平、正义的要求，或者是其他道德层面的要求。④

古往今来，学者大都认同："最低限度的法治概念包含着两方面的要素：在价值目标上，它以法的安定性作为构成要素；在制度目标上，它以融贯法律体系的存在为基础条件。"⑤而法律体系作为一种规范体系，有效性是法律规

---

① 易军：《民法基本原则的意义脉络》，载《法学研究》2018年第6期。
② 参见张超：《法律的价值诠释与裁判实践的方法选择》，中国人民公安大学出版社2013年版，第9页。
③ 马驰：《法律规范性的基础——以法律实证主义的演进为线索》，法律出版社2013年版，导言第1页。
④ 参见〔美〕罗纳德·德沃金：《认真对待权利》，信春鹰、吴玉章译，上海三联书店2008年版，第42页。
⑤ 雷磊：《法教义学与法治：法教义学的治理意义》，载《法学研究》2018年第5期。

范的逻辑属性,正如真理性是命题陈述的逻辑属性一样。(在某一特定的法律体系中)一项关于法律的陈述当且仅当它虽所要表述的法律规范为有效的法律规范时才为真。① 无论是作为价值目标构成要素的法安定性营造,还是作为制度目标的法律体系建构,乃至是作为法律规范逻辑属性的有效性构筑,都离不开(甚至可以说是仰赖于)基本原则的深度支撑。因为"原则"代表法制传统一贯秉持不渝、而持恒加以实践的道德价值;而此一道德理论已是被"制度化"、纳入法律体系的价值,已具有法律身份。② 只是即便如民法诸基本原则这般在立法上具有崇高地位、在理论上得到高度重视、在实务中得到广泛运用且自身体系化已达到很高程度、似乎也已形成普遍共识的成熟法域,一些基本原则的含义或不明朗,或有争议,或存在尚未被明白揭示而不被学界所体认的面向也是常有之事。③ 更别提税法这类相较欠发达的新兴法域。长久以来,不仅税法基本原则的具体内容学界未有定论,而且各个原则的具体内涵和外延学者也常有分歧。

在法治国家或正义的国家中,课税不得实现任意的目的,而必须按照法律上属于正当意义的秩序,亦即按照正义的原则,加以执行。正义之法以各项原理或原则为前提,不仅要求单纯的各项原则合符事理,而且要求合符事理的各项原则必须前后一致的加以适用。究其性能,原则创造统一的标准。如果毫无原则,则形同随意、恣意,恣意并非正当。如果没有原则,则正义即丧失其基础。④ 而"法之核心本质即是正义,这一点也是所有既存法律应运力去尽最大限度与可能之去保守去呈现的"⑤。法律与正义之间通过一种紧张关系而定位,这种紧张关系如同两性之间的张力。从上古时代开始,这一现象就很容易得到理解。无论是传说中赐予人类法律的神灵,还是现实中制定法律的统治者,他们都是男性,而此后的历史仍然继续了这一规律。相反,正义始终属于女性。现代意义的正义是一个相对比较晚近的概念,直到在法律与道德分离的背景下,我们迫切地需要另一种权威来提出我们对于权利的请求,才出现了现代意义的正义。⑥ 税收正义便属于一种典型的现代意义的正义。但要想实现这种正义,就需要去发现主导税收正义的基本原则。只有确定了这些追求税收正义的税法建制原则,税收立法、税法实施和税法解释

---

① 参见〔美〕安德瑞·马默:《解释与法律理论》,程朝阳译,中国政法大学出版社 2012 年版,第 4 页。
② 参见林立:《法学方法论与德沃金》,中国政法大学出版社 2002 年版,第 47 页。
③ 参见易军:《民法基本原则的意义脉络》,载《法学研究》2018 年第 6 期。
④ 参见陈清秀:《税法总论》,台湾元照出版有限公司 2016 年版,第 28 页。
⑤ 吴经熊:《正义之源泉:自然法研究》,张薇薇译,法律出版社 2015 年版,第 333 页。
⑥ 参见〔美〕西奥多·齐奥科斯基:《正义之镜——法律危机的文学省思》,李晟译,北京大学出版社 2011 年版,第 31 页。

才有赖以开展的基础准据和前进方向。

实事求是地说,将税收法定原则、量能课税原则与稽征经济原则作为税法建制的基本原则,并非税法学界人所共知的常识,也绝非实务操作中普遍运用的经验,而只是本书所力图推动的体系化知识,以及所希望论证和展示的一种方法论工具与方法。税法不同于一般传统部门法,即便不论它的领域法特质,单论其专业属性,就极易发现税法是一门应用性极强的社会科学。通常来说,"社会科学的研究,要在解决实际问题,要在形成理论模型,进行因果探寻和意义阐释。不仅解决问题,而且进行理论建构、因果探寻和意义阐释,都得有一定的方法。理论的核心即为方法,无方法即无理论,不同的理论必有不同的方法与之相匹配。理论的核心问题即为一个解决理论与实践之间,应然与实然之间的不一致并且提出理论或规范假说之过程。其中,方法既是理论或规范假说的构成力量,也是理论或规范假说的硬核和保护带。因而,方法之于理论,至关重要。可以这么说,已经发生的和正在发生的理论争议都是方法之争"[①]。"因为使用一种科学方法所获取的知识会比不使用科学方法所获取的知识更加可靠。"[②]体系化的税法建制三原则供给了认知税法本质规律,校验税法具体规范,解决税收法律纠纷,指引税收法治建设的路径工具与思路方法。比如,一般来说,"当各个原则相互交叉影响同一案件时,解决纠纷必须考虑每一个原则分量的强弱"[③]。而当税收法律纠纷出现时,税收法定原则、量能课税原则和稽征经济原则绝非只是提供单纯的原则强弱指数,它们还分别呈现出不同的税收正义指向,因此,更易为决策者熟知和把握。

鉴此,本章意图揭示税收法定原则、量能课税原则与稽征经济原则这一税法建制原则系统的内在体系逻辑,挖掘各自的生成根源与事物属性,找寻可供复制和操作的思路与方法,奠定税法建制原则方法论运用的基石,以期为本书后续内容的论述提供理论基础和分析范式。主体部分的逻辑架构如下:其一,探寻税法学的体系思维与趋向,理清体系正义与税法建制原则之间的内在关系;其二,聚焦税收法定原则,提炼其功能与内涵,检思其教义与进阶策略,展示其形式与实质之矛盾和发展趋向,型构税收形式正义的判定方法;其三,着笔量能课税原则,借助税收法定与量能课税之关联,挖掘量能课税的正义根基,证立量能课税原则的核心位置,勾画量能课税的度衡基准;其四,汇聚稽征经济原则,寻觅稽征经济的生成根由,论证稽征经济的测度工具

[①] 李可:《法学方法论原理》,法律出版社2011年版,第1页。
[②] 〔荷〕扬·斯密茨:《法学的观念与方法》,魏磊杰、吴雅婷译,法律出版社2017年版,第128页。
[③] 雷磊:《规范理论与法律论证》,中国政法大学出版社2012年版,第6页。

(比例原则),阐释比例原则的评量方法。本章知识既可为税收立法、税法实施和税法解释提供行之有效的方法论指引,又可为公民介入税法事宜提供普适性的分析思路和解读税法的新范式。

二、税法建制三原则的体系正义

无论是价值导向的法学,或体系性操作的法学都企图阐明"内部体系",该体系中心的基准点则在于"开放的原则"以及原则中显现的评价基础。而只有考虑其不同程度的具体化形式,并且使这些形式彼此间具有一定的关系,才能由之建构出"体系"来。因为法律原则要求,"应于事实及法律可能的范围内尽可能实现之",所以在诸原则相互矛盾的情形,原则只能以或多或少的程度被实现。这就进一步要求每一原则应向其他原则让步,直到两者都可以得到"最佳的"实现(最佳状态命令)。如何可认已符合此项要求,则又系诸各关涉法益的阶层,于此又要求为法益衡量。最终则取决于:个别原则在此等原则构成的体系中价值如何。① 具体到税收领域,税款"征收"是由其政治性决定的,具有宪法强制性的核心决定。无此规定性,势必会削弱国家根基,有危害国家之虞,因而无论何时、何地,这一规定性须予以保持。与之不同,税种、评判课税与否的征税范围、应纳税款仰赖的税基、税率、纳税义务发生时间以及税收特别措施,乃至税款的征收期限、征收环节与征收地点等税制要素则为细节和技术规定,其所含作为或者不作为的义务,属于单纯法律上的义务,需要从基本权限制的角度加以审查。易言之,税款"征收"本身作为核心决定即为宪法义务,具有根本性和不可动摇性。而税款"征收"的细节和技术部分则为法律上的义务,则可由立法机关予以裁量,即立法机关有形成自由。显然,在税收问题上,具体事项对法律位阶的内在需求并不一致。与之关联,即便同为税法建制原则,税收法定原则、量能课税原则与稽征经济原则面对不同的税收事宜,其基础立场也未必一致。因此,依据依法纳税之基本义务捍卫基本权利之宪法功能与法理,在适用各税法建制原则的同时,兼顾体系正义是为关键。②

(一) 税法学的体系思维与趋向

与税收学更多地关心税收资金的运动过程,研究如何提高税收经济活动

---

① 参见〔德〕卡尔·拉伦茨:《法学方法论》,陈爱娥译,商务印书馆2003年版,第349—355页。
② 参见郑贤君:《基本义务的双重性与司法审查》,载《首都师范大学学报(社会科学版)》2017年第4期。

的效率,减少税收的负面影响等不同,税法学更多地着眼于主体之间的权利、义务关系,从权利来源的角度考虑纳税人基本权的实现过程,以体现对征税权的制衡和对纳税人权利的保护。① 只是不管是纳税人的权利,还是征税主体的权力都非单向、静态运动即可实现的产物,它们既仰赖于恰当的制度供给,以降低复杂权义系统中的协调成本,限制并消除各方主体之间的权义冲突,保护个人的自由领域②;又植根于各方主体的税收法治意识,因为"法律的运行并不是国家单方的行为,而是整个社会,包括个人、社会组织和国家机构按照各自对法律的理解和态度所进行的法律生活。法律的实践,不仅仅是国家强制力的结果,也不仅仅是对于较好的行为后果的期望的结果,而是这种法律为社会所接受,这种法律所体现的价值取向与社会的价值取向一致,从而使法律成为民情"③。同时还受制于决策者对征税过程中交易成本的预先考量。如果统治者在征税过程中不会遇到交易成本,那么他们将选择建立一个能使税基最大的产权结构。但是当交易成本很高时,统治者为了自身的利益,常常设计不符合经济快速增长的产权结构。因为有关调整产权的绝大多数建议都涉及经济分权——赋予政府的代理人更多的权力,对此统治者担心将会导致日益上涨的代理成本和失去控制权。④

以纳税人权利为例,受制于税务行政主导⑤的税收法治建设路径、中国改革开放以来形成的政治决策(改革决定)先行的税法变革模式⑥和"政策繁多而法律稀缺"的财税现状⑦,长期以来税收领域国家权力意识越位和纳税

---

① 参见刘剑文、熊伟:《税法基础理论》,北京大学出版社2004年版,第3—4页。
② 在柯武刚、史漫飞看来,制度的一个功能就是使复杂的人际交往过程变得更易理解和更可预见,从而不同个人之间的协调也就更易于发生。制度的第二个功能是保护各种个人自主领域,使其免受外部的不恰当干预。制度的第三个重要角色是它们有助于缓解个人间和群体间的冲突。参见〔德〕柯武刚、史漫飞:《制度经济学:社会秩序与公共政策》,韩朝华译,商务印书馆2000年版,第142—146页。
③ 柯卫:《当代中国法治的主体基础——公民法治意识研究》,法律出版社2007年版,第71页。
④ 参见〔冰岛〕思拉恩·埃格特森:《经济行为与制度》,吴经邦等译,商务印书馆2004年版,第59—60页。
⑤ 由于税务行政的专业性、复杂性、大量性等特点都远较其他的行政活动更为突出,且由于税务行政活动的法律依据已经形成为一个比较庞大的体系和一个相对独立的法律部门,这就使得税务行政机关无论是在对税收法律法规(特别是在对税务行政规章等)的解释方面还是在税务行政过程中都处于明显的优越地位。与此相对应的是,纳税人在税务行政活动中则更多地处于一种被动和协从的地位,其合法权益(特别是其财产权)容易受到税务行政机关的重度侵害。这种情况被学者称之为"税务行政主导主义"。参见王鸿貌:《我国税务行政诉讼制度的缺陷分析》,载《税务研究》2009年第7期。
⑥ 据学者考证:中国改革开放以来,每个阶段的税法变革都与历次重要的"三中全会"作出的"改革决定"有关。面对经济社会发展方面的诸多涉税需求,基于提升合法化水平的考量,执政主体必然要在政治决策过程中予以回应,并集中体现于改革方案的整体设计中。因此,政治决策或改革设计会直接影响税法制度的变革。参见张守文:《税制变迁与税收法治现代化》,载《中国社会科学》2015年第2期。
⑦ 参见邢会强:《财政政策与财政法》,载《法律科学》2011年第2期。

人主体意识缺位交织演化,使得在中国无论是纳税人还是国家权力部门都更为注重税收征管中具体权利的推进,对税收立法中的权利建设,尤其是宪法性权利的构造则显得较为冷漠。① 如此一来,纳税人权利的增进主要体现在税收征管层面,这一层面的纳税人权利最起码在纸面上不逊于发达国家。典型可比较《关于纳税人权利与义务的公告》(国家税务总局公告2009年第1号,以下简称《税总2009年第1号公告》)(如"表2-1"所示)和美国《纳税人权利法案》②(如"表2-2"所示)。两者都建立在对本国现存税收法律法规进行梳理的基础上,基本都是将散落在本国税收法律法规中的纳税人权利集中归纳,明确列示纳税人的核心权利,便于征纳双方理解和掌握,以促进税收征纳过程中的合作,进而提高税收征管效率,促进税收法治建设。但观察"表2-1"和"表2-2",最直观的表象是《税总2009年第1号公告》列示的纳税人权利数量多于美国"纳税人权利法案"中的权利数量。当然,在进行纳税人权利比对时,具体数量绝不是关键,更为重要的是权利类型和具体内容。

表2-1　中国纳税人权利概览(《税总2009年第1号公告》)

序号	具体权利	序号	具体权利
1	知情权	8	依法享受税收优惠权
2	保密权	9	委托税务代理权
3	税收监督权	10	陈述与申辩权
4	纳税申报方式选择权	11	对未出示税务检查证和税务检查通知书的拒绝检查权
5	申请延期申报权	12	税收法律救济权
6	申请延期缴纳税款权	13	依法要求听证的权利
7	申请退还多缴税款权	14	索取有关税收凭证的权利

---

① 如果将纳税人权利放置宽广的法际视域,便可发现时下纳税人不仅拥有"纳税义务法定""参与税法制定""税款使用同意"及"公共服务监督"等一般权利,还可享受"知情权""保障权"及"救济权"等具体权利。这些权利有些发生于纳税人与国家的抽象关系层面,表现为税法的合法性和有效性问题,是一国构建符合宪政秩序的税法体系所应该具备的内容;有些则存在于纳税人与税务机关的具体关系层面,体现为税收行政程式中的正当程式以及纳税人基本人权保护。不同类型、不同性质的权利交汇而成一幅丰富多样的权利谱系图。谱系之下的权利,总体可以分为三个层次,即税收征管中的权利、税收立法中的权利以及宪法性权利。与西方法治国背景下"民主过剩"所导致的"租税国危机"所不同的是,中国纳税人基本权保护面临的是"民主不足"与"法治不足"所造成的"控权危机"。参见施宏:《税收法定的前提是纳税人权利法定》,载《国际税收》2014年第8期;丁一:《纳税人权利保护之一般分析》,载《兴国学报》2004年第3期;高军:《纳税人基本权研究》,中国社会科学出版社2011年版,第253页。

② See "Taxpayer Bill of Rights", http://www.irs.gov/Taxpayer-Bill-of-Rights,最后访问日期:2018年12月18日。

表 2-2　美国纳税人权利概览（美国《纳税人权利法案》）

序号	具体权利	序号	具体权利
1	知情权	6	最后期限知悉权
2	优质服务获取权	7	隐私权
3	仅缴纳正确税额权	8	保密权
4	质询和申诉权	9	委托代理权
5	上诉权	10	公平与正义税制获取权

从权利类型和具体内容上比较两国纳税人权利"法案"①，纳税人最为看重的一些共性权利形式上都得到了体现，如知情权、保密权、委托代理权、救济权等。但实质上来看，《税总2009年第1号公告》基本蛰伏在税收征管领域，列示的权利也多环绕在税款申报与缴纳周围，其为"依法纳税"保护护航的意图较为明显。美国《纳税人权利法案》则不同，虽其总体数量上少于《税总2009年第1号公告》列示的权利，但其权利可以规制与辐射的范围十分广泛，微观至税款缴纳，中观至权利救济，宏观至公平与正义税制之获取；既有税收征管层面的具体权利，又有税收立法中的抽象权利，更有通达宪法层面公平与正义追求之权利。所涉十项权利，几乎涵涉了纳税人权利的三个层次。差别如此之大，与两国纳税人权利"法案"的制定与发布机关、程序等不无关联。众所周知，《税总2009年第1号公告》由国家税务总局发布，事先并未征求更为广泛的讨论意见，结果也仅止步于现行法律条文的松散汇总，并无完整意义的总揽性原则指引，也就不可能形成体系化的纳税人权利束。美国《纳税人权利法案》则全然不同，早在1988年，《纳税人权利法案》就由美国国会制定颁布，历经1996年和1998年两次修订。新《纳税人权利法案》出台前，美国国家税务局（IRS）和纳税人援助服务处进行了广泛的讨论和博弈。自2007年开始，新《纳税人权利法案》便一直位列美国国家纳税人援助官提交国会的年度报告的首要位置。② 同样是对现行法律条文的汇总归纳，美国《纳税人权利法案》经由行政机关与立法机关的广泛讨论，充分博弈而生成、

---

① 从法源的理论基础来说，一个完整的法源理论框架就包括两个层面，即法源性质论与法源分量论。就法源性质论而言，法律渊源是司法裁判中基于制度性权威并具有规范拘束力的裁判依据；就法源分量论而言，法源拘束力的大小同时受它在法源等级序列中的位置以及依据实质理由偏离它的难度的影响。据此观察，《税总2009年第1号公告》难言是典型的法源，但因其具体权利源生于各税收法律法规，故本部分暂且将其归为"法案"予以讨论。关于法源双层构造论的论述可参见雷磊：《指导性案例法源地位再反思》，载《中国法学》2015年第1期。

② 参见赵岩、赵艳清、安剑：《美国发布新〈纳税人权利法案〉》，载《国际税收》2014年第8期。

出台,形成微观至中观至宏观的完整权利体系。不难看出,同样是列示性的纳税人权利,同样是法律条文中所涉权利的汇总,甚至文本中同样或类似的纳税人具体权利的术语表达,《税总 2009 年第 1 号公告》和美国《纳税人权利法案》也蕴含着不尽一致的内涵和意蕴。①

穿透《税总 2009 年第 1 号公告》和美国《纳税人权利法案》,可以发现税收征管中的权利、税收立法中的权利以及宪法性权利并非同步发展。由于三种权利中越往后走实现的难度越大,对社会的民主法治程度要求越高,因此,就国家权力部门而言,他们也更愿意在税收征管的层面扩大纳税人的权利。至于税收立法层面和宪法层面,如果没有强大的外力推动,任何当权者都只会维持现状,而不可能积极主动行事。当纳税人的要求和国家的愿望在加强具体纳税人权利上出现吻合时,中国的现实情况就是,《宪法》对纳税人权利保护毫无实质性进展;《立法法》对税收授权立法虽然有所限制,但是依然保有国务院的税收立法权。财政部,特别是国家税务总局的税收立法权或创制性解释权虽控制愈发严格,但运行空间始终存在。相比《宪法》和《立法法》的"无为而治",《税收征收管理法》及其实施细则可算得上是"不遗余力",诸多法律条款都明示了纳税人具体权利。诚然,这种由易到难、由微观到宏观的扩权思路有其可取性,起码改革的难度有所降低,纳税人和国家皆大欢喜。但是,法学研究者必须清醒地意识到,真正对纳税人具有根本性意义的,还是其在宪法上的权利以及在税收立法中的权利。如果没有这两种权利的跟进,仅仅在税收征管阶段扩大纳税人的权利,这只是一种治标不治本的举措,之于纳税人的主体地位提升价值也将大打折扣。②

换言之,纳税人权利应是一个体系化的权利束,从税收征管中的权利到税收立法中的权利,直至宪法中的纳税人基本权。如果纳税人权利建设只是停留在税收征管层面,不能向税收立法维度发展,尤其是不能触及宪法基本权层级,则课税难有禁区。而课税禁区的存在和维系,之于纳税人财产权、生存权、发展权、人格权和平等权等权利保障有着极为重要的意义。一定程度

---

① 追根溯源,两国纳税人权利"法案"背后更多折射出各自迥然有别的宪政史。中国在几千年的历史演进中,逐步形成了比较稳定的中央集权文化和政治经济制度。虽偶有因税收诱发的农民起义抗争,但"普天之下,莫非王土,率土之滨,莫非王臣"作为颠扑不破的政治真理一直横贯中华文明史。在其指引下,纳税人的独立地位无从谈起,更多的是对立法和宪政的天然隔阂。即便演进至今,传统理念也时常使得好不容易增进的权利意识产生诱致性变迁,不得不退回至具体而微观的"就事论事式"的权利值域。美国则多有不同,建国的短暂恰恰使其轻装上阵,最终形成以联邦民主和选举文化为中心的宪政体制。在宪政的发展中,美国始终坚持"为纳税人权利而斗争",税制改革尤为强调对公平的注重和纳税人基本权的保护。参见王桦宇:《文化演进、制度变迁与税收法治——法理语境下的中美税制比较》,载《东方法学》2013 年第 5 期。
② 参见熊伟:《纳税人的权利及其实现机制》,载台湾《兴国学报》2004 年第 3 期。

上说,课税禁区的确立本质上就是防止纳税人基本权遭受国家税权的侵害。它所力图表达和希望实现的是对纳税人人性尊严和人格自由的尊重。也为此,课税禁区将国家课税权力与现代文明、法治进步、天赋人权等普适理念与价值融合,为现代国家课税权力提供了合法性基础。① 根本而言,现代税收国家系以人性尊严、人格发展为核心,生存保障优先于营业保障、婚姻与家庭应受国家制度性保障为基本理念。② 同理,如果纳税人权利只是停驻于税款的征收管理层面,而不能涵盖税款的使用监督层面,进而不能将租税的使用和征收统一进行法律性研究,那么,法律学就不能也无法维护人们生活、人权这一天赋的使命。③ 从此意义上说,监督政府及相关部门依法使用税款可谓是纳税人因缴纳税款而享有的最本质和最实质的权利。④ 毕竟,"国民赋予国家以课税权力,其终极的目的并不是为保障国家顺利地将课税权蜕变为政治集团敛财的工具,而在于确保国家有充足资金满足纳税人的'公共需求'"⑤。

也因如此,学者先后提出了"一体化税法"⑥"税的收支一并贯通"⑦和"财税法治整体化"等主张。诸如此类的观点绝不仅仅只是从宏观上简单地将狭义上的税法、预算法、财政支出法、政府间财政关系法、财政监督法等财税法制度"看作"一个整体,而是意欲发现在财税领域中这些分支法域与具体制度之间的逻辑关联和相互制约关系。此类主张隐含着财税领域的"整体化法治"的本质在于公共财政收入与支出之间的逻辑关联。它昭示着,收入的正当性并非只是来自收入本身,它还需要与支出的正当性关联,考察"收"与"支"的一体化,方可导出税收正当性与否之结论。所以,"依法征税"绝不是

---

① 参见王婷婷:《课税禁区法律问题研究》,法律出版社 2017 年版,第 39—133 页。
② 参见葛克昌:《所得税与宪法》(第三版),台湾翰芦图书出版公司 2009 年版,第 327—380 页。
③ 参见[日]北野弘久:《税法学原论》(第四版),陈刚、杨建广等译,中国检察出版社 2001 年版,第 12 页。
④ 参见陆佳:《专款专用税:税法学视角下用税监督权的建构进路》,载《现代法学》2010 年第 2 期。
⑤ 张富强:《论税收国家的基础》,载《中国法学》2016 年第 2 期。
⑥ 如学者认为:一体化税法的税是集税收和税用一体的概念,它既包括收税法,更包括用税法;在税法律关系中,纳税人是税收的缴纳者,更是税款利益的分享者,国家是税收征收和分配主体,但更是公共产品提供的义务人;一体化税法是把收税法和税用法作为一个整体来对待的综合性法律部门,包括税宪法、税债法、税行政法、税刑法等全新内容。参见彭礼堂:《一体化税法新论》,载《经济法论丛》2014 年第 2 期;彭礼堂:《一体化税法论纲》,载《经济法研究》2016 年第 1 期;彭礼堂、张方华:《论一体化税法中的税概念》,载《湖北经济学院学报》2017 年第 3 期。
⑦ 如学者认为:在当代,税收法定原则迈向税的收支一并贯通、全面保障纳税者基本权的更高阶段,即打通税的收与支,使税收法定原则不再局限于税的征收面,而延伸至税的使用面,由此彻底实现税收法定原则的原旨——纳税人自己决定自己的税收负担及用益。参见丁一:《税收法定主义发展之三阶段》,载《国际税收》2014 年第 5 期。

税收法治的全部要义,它须与"依法用税"相结合才能测度出税收的整体正当性,绘就整体化的税收法治图景。是故,理想的税收法治状态的确不仅应当包括征税法定,而且应该包括用税法定。与之相应,一个完整的税收法治目标,也理当将收入与支出全部纳入法治的框架下,并实现收入与支出之间恰当的逻辑联系。简言之,"税"的概念与范畴实际上包含了税的"征收"和"使用"两个紧密相依的维度。在这个整体性的税之概念下,"税"不仅是征收的对象,也是使用的对象。与"征税"概念相并列,还存在一个"用税"的范畴。所以,税法不仅是"征税之法",而且是"用税之法"①。即使在税收法定视域下检思"税",它也不止有"征税"这一向度。"征税"法定充其量只是约束政府的收入行为,"用税"法定才能约束政府的支出行为。于此而言,"征税"法定和"用税"法定是税收法定这枚硬币的正反两面,二者不可或缺。② 在此之下,税法也成为"征"税与"用"税的融贯和体系化科学。

　　将税法内涵和外延从"征税之法"拓展至"用税之法",确保税款之"征""用"一体化,绝非是标新立异之举,而是确实有着重要的实践意义。在效率优先和国库主义等价值、思维导引下,现代税法更加注重税收征收管理方面的规则设计,征税机关和具体执法人员也愈发关注税款的征收与实现,较少关心纳税人权利的落地,从而在较大程度上偏离了权利保障、实质公平和正义的本应轨道,致使纳税人权利在国家税权强势运行之下屡遭侵犯,甚至丧失了权利的"本质内容"。为扭转现代税法走向错置的未来,必须立足于宪法层级对纳税人基本权利进行规范,以此指引和策动税收征管和税收立法中的纳税人权利,修正和改造效率至上、国库优先导向下的税法原则和具体规则,进而防止国家税权的滥用、敦促其规范行使,最终保障现代税法成为真正的"纳税人权利保障"之法。③ 可见,如果纳税人权利不能迸发至宪法上纳税人基本权层级,加之税务行政的先天优势和天然强势,则要约束和规范国家税权的行使势必难上加难。长此以往,则即便是《税总2009年第1号公告》列示的税收征管层面的纳税人权利也只会时常出现"知""行"不一④。因为纳税人基本权反映的是公民与国家之间深层次的关系,是纳税人履行纳税义务的制

---

① 参见李大庆:《财税法治整体化的理论与制度研究》,中国检察出版社2017年版,第6—49页。
② 参见付大学:《财税法社会控制功能分析范式与制度构建》,载《法律科学》2017年第4期。
③ 参见王婷婷:《课税禁区法律问题研究》,法律出版社2017年版,第308页。
④ 如学者在论述改革开放40年中国法治进步与局限时所言:"法律有了,法律知识和法治观念也不差,但宪法和法律并没有得到有效落实。换句话说,中国法治尚未实现'知行合一';在'知'上没有什么大问题,但是没有把'知'变成'行'。"参见张千帆:《超越改革开放——中国法治40年进步与局限》,引自http://www2.ftchinese.com/story/001080718?page=1,最后访问日期:2018年12月24日。

度依据和合法性保障,它直接针对国家征税、用税而发生,用以回答国家征税、用税行为甚至国家政权的正当性与合法性问题,集中体现了法治精神。① 而税收征管和税收立法中的权利显然都不具备纳税人基本权这种功效和特性。但不可否认的是,这些权利的存在却有力地驰援和支撑了纳税人基本权的运行。

概而言之,无论是基于征纳主体双方权义的天然博弈和交互影响,还是鉴于单一主体权利的进阶规律和发展趋向,乃至是立足于税法学研究的知识转向和整体合成,税法学都自觉不自觉地进入了"体系"丛林。② 税法制度设计也好,规则实践也罢;征税主体权责配置也好,纳税人权利建设也罢,体系化思维和趋向愈发明显。如果不能以体系化思维认真对待税收立法,不能以体系化认知真切推进税收执法,不能以体系化格局总体把握税收司法,不能以体系化理念导引税收守法,则税收法治建设必将艰难无比。而税收法治中的体系化思维必将要求不管是税收立法,还是税收执法;无论是税收司法,还是税收守法,都要恪守规则建造与运行的形式合法、实质正当与技术合理。这不仅是良法的核心要义,而且是善治的根本诉求。而良法善治不仅是税收法治的重要体现和基本要求,也是税收法治实现的最佳途径和度衡标准。在这其中,法治之"法"应当是良法,是法律形式正义与实质正义的统一。法治之"治"应当是善治,是善于根据法律原则和精神创造性地适用法律,实现合法性与正当性的统一。简言之,良法是法治的本质属性,善治是法治的价值依归,而良法善治是法治的辩证统一,是形式正义、实质正义与技术正义的统一。③ 由此,唯有恪守税收形式正义、实质正义和技术正义的统一,税收法治

---

① 追根溯源,纳税人基本权植根于社会契约,其以宪法基本理念与基本价值为基础,强调国家征税的目的在于国民的福利,将税的征收与使用予以统一,对税的征收与税收的用途实现"法的支配"。参见高军:《纳税人基本权研究》,中国社会科学出版社 2011 年版,第 307 页。
② 以可理解的方式将公平正义实现到人间,为法学所追求的目标。为了使人们能够理解实现正义的方式,必须摆脱存在于法学及法律运作中的神秘或禁忌,使与法律规范有关者,不但其拘束力(效力)的来源,而且其效力之实现,皆必须诉诸法律的伦理并置于科学的监督下。此即为法律伦理的建立及法律运作合理化的期望。法律伦理的要求及法律运作合理化的期望为法学利用体系思维,将法律规范体系化的发生背景。人类追求至善之心的努力至近世终于衍成利用科学方法,合理化其社会规范(法律)的要求。为了能够从事有效的科学验证(合理化),法学及法律实务试图引入现代的科学方法。具体表现为:模仿自然科学的方法,将法律规范概念化、体系化。只是"正义难明",价值观点不彰,正义价值尚非过去及当今人类所能完全把握,是故,法律伦理一致还处于演进的进程中。也为此,就科学方法而言,体系思维是否适用于法学,仍然一直争论不休。即便如此,人类力求将公平正义(法律伦理的要求)以可靠而且可以理解的方法(合理化的要求)实现在人间的努力,已促使法学采用体系思维,向体系化的方向运动。参见黄茂荣:《法学方法与现代民法》(第 5 版),法律出版社 2007 年版,第 508—510 页。
③ 参见江必新、程琥:《论良法善治原则在法治政府评估中的应用》,载《中外法学》2018 年第 6 期。

的体系正义才有可能得以实现。

(二) 体系正义与税法建制原则

任何一门科学成熟的标志,一般总是表现为将已经获得的理性知识的成果——概念、范畴、定律和原理系统化,构成一个科学的理论体系。这种理论体系既不是零碎知识的汇集,又不是单纯知识的集合,还不是整体知识的分类;既不是一些定律的简单拼凑,也不是一些原理的随意组装,更不是科学事实的机械凑合,而是依照某种原理或规则所组织的知识统一体,它不仅是有一定内部结构的、相对完整的知识体系,而且是由贯通全体知识的原理予以支配、统一,并使其间保持有机关联的组织,或者说,是反映对象科学本质和发展规律的知识系统。[1] "所谓体系,是指具有一定逻辑的系统构成。"[2] 而系统的"核心思想是系统的整体观念,强调组成系统的各要素之间的联系与互动,而反对那种以局部说明整体的机械论的观点"[3]。"一个系统就是一个复杂的整体,其功能取决于它的组成部分以及这些部分之间的相互联系。"[4] 不难发现,"体系方法,本质上也就是一种逻辑的运用。继而,体系方法在很大程度上也承担了逻辑在法学方法论中的命运"[5],而"体系思考的关键在于法作为一个'意义体',而非彼此分割独立的单一规范"[6]。

按照传统法律的一般认识,法律具有严谨的体系是为"法律科学"必备的要件,如果一个法律不能恰当地安放在某个法律体系之中,其合法性就难以获得认可。[7] 体系思维之于法学与法律运作,则意味着:首先,学科中的个别认知必须相互纳入一个逻辑关系之中,才可以明白它们彼此在逻辑上是否可以互相包容或者不互相矛盾;其次,现有认知的秩序架构、规律,对反对见解的阐明,以及对现有知识随时依问题取向的处理,使得体系架构成为必要,而体系架构对任何学术发展都是不可或缺的;再次,放弃任何一个法学体系的建立,意味着解决社会冲突将停留在日常生活的领域和日常语言的体系架构

---

[1] 参见车浩:《阶层犯罪论的构造》,法律出版社2017年版,第92—94页。
[2] 王利明:《法学方法论》,中国人民大学出版社2012年版,第383页。
[3] 张钧:《积渐所至:生态环境法的理论与实践》,人民出版社2015年版,第134页。
[4] 〔英〕迈克尔·C. 杰克逊:《系统思考——适于管理者的创造性整体论》,高飞、李萌译,中国人民大学出版社2005年版,第4页。
[5] 〔德〕普珀:《法学思维小学堂》,蔡圣伟译,北京大学出版社2011版,第179页。
[6] 郑贤君:《基本义务的双重性与司法审查》,载《首都师范大学学报(社会科学版)》2017年第4期。
[7] 参见甘强:《体系化的经济法理论发展进路——读〈欧洲与德国经济法〉》,载《政法论坛》2018年第5期。

内,并且因此随着于此所发现的各种见解、立场、争执、结论的多样化而改变。① 由此可见,法学上的体系不仅有法律伦理和法律运作合理化的内在推动力,而且有法学方法论运用的外在导引力。因为发现个别法规范、规整之间,及其与法秩序主导原则间的意义脉络,并以概观的方式,质言之,以体系的形式将之表现出来,是法学最重要的任务之一。为实现这项任务,就会产生各种不同的可能性。其中最为重要的方式是:依形式逻辑的规则建构抽象、一般概念式的体系。此种体系的形成有赖于:由"作为规整客体的"构成事实中分离出若干要素,并将此等要素一般化。由此等要素可形成类别概念,而借着增、减若干"规定类别的"要素,可以形成不同抽象程度的概念,并因此构成体系。借着将抽象程度较低的概念涵摄于"较高等"之下,最后可以将大量的法律素材归结到少数"最高"概念上。此种体系不仅可以保障最大可能的概观性,同时亦可保障法安定性,因为设使这种体系是"完整的",则于体系范畴内,法律问题仅借逻辑的思考操作即可解决。它可以保障,由之推演出来的所有结论,其彼此不相矛盾。②

求本溯源,体系化之建构基础存在于法律概念(通常被认为是组成法律规定或整套法律的基本单位)逻辑上高低不等的抽象程度,及其立基规范价值之高低不等的根本程度。当从价值的实质角度观察法律概念,这种基本单位常常随着其所负荷价值的根本性或一般性的升高,而被称为法理或法原则。尽管不同立法例中所呈现的"法理"或"法原则"内容不尽相同,但其所指称者为法律据以建构或所取向之价值,及其至高者,习称为"正义",是没有疑问的。只是正义犹如北斗星,只可向往,而不真可及之。③ 概因如此,古往今来,人们先后创建了各种正义之学说,也从各种角度或立场寻求、提炼了诸多正义度衡之方法,无奈正义确如庐山面目,可谓是"横看成岭侧成峰,远近高低各不同"。具体至不同学科,学者们对正义的理解更是众说纷纭。税作为"纳税人为了实现良善生活的目的,在共同同意的前提下,对私人财产所做的部分让渡,以此来支付国家在满足此目的的过程中所提供公共产品之成本以及由此而产生的一切必要费用"④,它既关乎国家与具体纳税人之间的直接财产分配,又关切关联纳税人之间的间接财产竞争;它不仅影响国家财政能力建设,而且左右纳税人经济生活情事,同时还会影响市场的繁荣稳定和公平

---

① 参见〔德〕许内曼:《刑法体系思想导论》,许玉秀译,载许玉秀、陈志辉合编:《不疑不惑献身法与正义:许迺曼教授刑事法论文选辑》,台湾新学林出版股份有限公司2006年版,第250—254页。转引自蔡桂生:《构成要件论》,中国人民大学出版社2015年版,第54页。
② 参见〔德〕卡尔·拉伦茨:《法学方法论》,陈爱娥译,商务印书馆2003年版,第316—317页。
③ 参见黄茂荣:《论民法中的法理》,载《北方法学》2018年第3期。
④ 王冬:《税法理念问题研究》,法律出版社2015年版,第114—115页。

竞争。所以,税与税法对正义的渴望更为强烈。

实践中,税收政策与税法规则通过种种途径影响到普通人的生活,而他们对税收和税收政策、税法规则的意见表达又常常混乱而繁杂。部分程度上代表了其支持者和个人背景的政治家们,也对众多范围的税收的公平性和适当性持有强烈坚定的信念。这样的结果就是,在很大程度上,普通个人和政治家们对于税收政策和税法规则的观点也被考虑在内,使得税收这一领域就不仅仅只是专家们要研究的问题了,而变成全民关注的焦点①。事实上,尽管我们确实从先哲们关于税收正义的智慧遗产中受益,但普通民众还是能从他们的日常生活的常规基础上得出复杂的道德判断和主要的决策思路,并提出涉及面很广的关于什么是公平和什么是不公平的意见与观点。也即,普通民众在日常生活中持有一种民间正义的直觉,与此相对应的是社会理论学者们所持有的专家正义的概念。在税收领域很多重要的问题上,大众意见和民间正义与精英思想和专家正义之间时常存有很深的鸿沟。如在日常生活中,相对于纯粹的分配问题,或者说"谁得到了什么",普通个人往往对过程和程序问题更加关心。专家理论在考虑公正时则不可避免地聚焦在分配问题上。民间正义会关注分配,同样也包括对程序的考虑。② 面对这一特殊而又复杂的分配领域,税收正义实现更为艰难。它不仅需要充分吸纳专家意见,力求达致专家正义;而且需要重点关切民间声音,竭力迎合民间正义。税收法治的实现显然不能任由专家正义与民间正义各说各话,而须寻求两套话题体系的共识。而要想统合税收问题上的专家正义与民间正义,寻求税收正义的群体共识,就不仅要准确把握税收的法学本质,而且要精准理解税法的分配内核。

之于税收而言,它堪称一个历史范畴和民族概念,其所以成其现状,皆因各种理论与制度渊源的纵横交织。"税收"虽为人耳熟能详、源远流长,但其含义并非不言自明。③ 迄今为止,学者对"税收根据论"虽抱有各种不同看法,但大致可归纳为四种:(1)公需说;(2)交换说(利益说);(3)保险说;

---

① 新近如2018年6月29日至7月28日,《个人所得税法修正案草案》自公开向社会征求意见以来,便受到公众的广泛关注和踊跃建言献策。据中国之声《新闻和报纸摘要》报道,《个人所得税法修正案草案》自6月29号草案公开征求意见以来,受到公众高度关注和参与,截至7月28日,已通过网站收到超过13万条意见。尽管具体的公众意见并不公开,但是从此前全国人大常委会的审议情况以及后续采访看,还是可以分析出目前社会公众关注的热点问题。参见侯艳:《个税法修正案草案公开征求意见今天截止》,引自 http://china.cnr.cn/news/20180729/t20180729_524314840_7.shtml,最后访问日期:2018年12月26日。
② 参见〔美〕史蒂文·M.谢福林:《税收公平与民间正义》,杨海燕译,上海财经大学出版社2016年版,第2—10页。
③ 参见叶姗:《论"税"概念的渊源及其于法学语境下的建构》,载《法学家》2008年第2期。

（4）义务说（牺牲说）。这些学说都有其各自所主张之时地与历史环境背景存在，但现在一般多采纳义务说（牺牲说）。① 与之暗合，围绕税收三性，即强制性、固定性和无偿性，诠释税收概念的传统，一直绵延不绝，延续至今。② 长久以来，我国"税的名称繁多，仅自身含有'税'字的词，就有税收、赋税、租税、课税、捐税等。其中'税收'是我们最为熟悉的一个"。③ 税收这一语词也时常与课税、租税等语词同义使用。例如，"课""税"二字搭配使用早已有之，并且已然有了特定含义。即按照"国家规定数额征收赋税"。《旧唐书·职官志二》："凡赋人之制有四……四曰课。"其中的"课"便有此意义。④ 此处的"课"之语义与税收概念并无实质差异。梳理既有成果，不难发现，学者对税收的界定可以说是大同小异，且基本都围绕税收三性而展开。⑤ 客观上说，税收三性学说的确具有逻辑严密，说理充分，较为全面地阐释了税收"征之有

---

① 参见〔日〕泉美之松：《租税之基本知识》，蔡宗义译，台湾"财政部"财税人员训练所1984年版，第10页。
② 比如，亚当·斯密认为，税收是"人民须拿出自己一部分私收入，给君主或国家，作为一笔公共收入"。汐见三郎认为，税收是国家及公共团体为了支付其一定经费，依财政权向一般人民强制征收之财。在此基础上，泉美之松进一步认为，税收含义主要有下列六点：一是税收由国家及公共团体征收；二是税收由国家及公共团体强制性征收；三是税收由国家及公共团体依据财政权强制征收；四是税收由国家及公共团体依据财政权而不须任何相对代价，强制向一般人民课征；五是税收由国家及公共团体依据财政权而以支付其一般经费之用，向一般人民课征；六是税收是由国家及公共团体依据财政权而向一般人民强制课征之财。最为权威的《不列颠百科全书》也间接证实了这一税收概念界定的传统径路。根据《不列颠百科全书：国际中文版》的注解，税收是政府对个人或其他实体（单位）所强制征收的款项。在现代经济社会中，税收是政府收入最重要的来源。纳税是纳税人一项普通的义务，而不是为换取某项特殊的利益而交纳或支付款项的。参见〔英〕亚当·斯密：《国民财富的性质和原因研究》（下卷），郭大力、王亚南译，商务印书馆1997年版，第383页；〔日〕泉美之松：《租税之基本知识》，蔡宗义译，台湾"财政部"财税人员训练所1984年版，第1—9页；美国不列颠百科全书公司编著：《不列颠百科全书：国际中文版》（第16卷），中国大百科全书出版社不列颠百科全书编辑部编译，中国大百科全书出版社1999年版，第473页。
③ 张永忠：《论税的基本概念的重构——纳税人权利的视角》，载《甘肃政法学院学报》2006年第5期。
④ 参见梁建民等：《古汉语大词典》，上海辞书出版社2000年版，第470页。
⑤ 比如，早在20世纪八九十年代，有学者便提出：税收是"国家凭借政治权力以法律形式规定无偿地强制地向经济组织或居民取得货币或实物"。与之类似，也有学者认为，税收"并非对等代价之给付，而是公法上之团体（国家或地方政府），为取得财政收入，乃根据法律之规定，对有纳税义务人，一次或继续要求货币或实物的给付"。更有学者在比较税务、税制、税政、税款与税金的基础上，认为税收是"以政治权力为后盾所进行的一种特殊分配，是一国政府同它政治权力管辖范围内的纳税人之间所发生的征纳关系，是以国家为主体的强制无偿分配关系，是属经济基础的范畴"。进入21世纪，虽税收三性曾引起学界争鸣，但时至今日，以此为内核建构税收概念依然是学界主流。例如，有学者主张："对税收的概念可以做出如下界定：税收是国家为了实现其职能，凭借政治权力，按照税法预先规定的标准，无偿参与国民收入分配，以取得财政收入的一种特定分配形式。"参见邹传教：《关于"税"的概念和主体问题的探讨》，载《中央财政金融学院学报》1985年第2期；张进德：《新租税法与实例解说——法律逻辑分析与体系解释》，台湾元照出版有限公司2010年版，第19页；徐林：《"税"的概念》，载《税务》1996年第4期；李炜光：《写给中国的纳税人》，载《书屋》2006年第12期；程强：《也谈税收》，载《书屋》2007年第3期；李炜光：《税收"三性"再认识——对〈也谈税收〉一文的回应》，载《书屋》2007年第5期；李发展：《税收概念的内涵与外延研究》，载《社科纵横》2011年第12期。

保""征之有保""征之有用"与"征之有度"的工具价值,较大程度地揭示了税收的经济特质①等长处。也为此,尽管"税收'法定性''授权性'和'对价性'的观念正在激烈地冲击着传统的'纳税义务观念',政府在依法征税进程中的'优质服务性'和税收支出的'民生性'也正在逐渐得到良好的体现"②,但是经济学界仍将税收三性作为税收概念的主流观点。

与之不同,法学语境下的"税收"格外注重纳税人权利与义务的统一,纳税人以履行纳税义务作为享有宪法和法律所规定的各项权利的前提,依照宪法和法律,承担税收给付义务,从而为国家提供公共服务而积累资金。简言之,法学上的"税收"虽然在形式上具有强制性、固定性和无偿性特征,但是在实质上它必须基于国家及其政治权力来源的理论基础,设置纳税人权利及其实现和相应保护机制,以宪法和法律为准则,实现对国家税权的制衡和对纳税人权利的保护。有鉴于此,法学上的"税收"主要内含以下语义:第一,税收是面向不特定公众"强制"征收的金钱给付;第二,税收是遵从宪法最低约束的给付,该给付既要具备"税收"的形式特征,更要符合宪法和法律的内在精神;第三,税收必须用于合符宪法和法律目的的用途,纳税人有权对此进行监督;第四,税收在法治实践中的具体演绎必须以税法基本原则为前提,应当符合基本原则的精神和意蕴,特别是要契合税收法定、量能课税和稽征经济原则的法治诉求和根本要义。③ 有别于税收三性这一税收学上对"税收"事物本质的认知,税法学更加强调纳税人权利与课税义务的统一,更为注重税"收"与税"用"的一体化,得益于这种整体化的"税"之理解,税法学逐渐摆脱税收学的学科禁锢和知识依赖,转而获得特别的法律品质、探索独立的法律地位、作出独特的法律贡献,成为包容丰富而又自成一家的综合性法律体系。究其本质,它远远不应局限于税收立法的行政管理功能,不应将其仅视为政府管理经济的便利工具,而应当把它看作社会财富公正分配的利器、纳税人权利保护体系的一个组成部分。它逐渐呈现出以公共财产法为学科属性,以

---

① 税收三性作用的共同发挥,使得税收与其他的公共收入相区分。三性内部并非等量齐观,相互配合、相互支持,构成体系化的税收形式特征。强制性,作为税收的前提和保证,解决了税款"征之有保"之可能窘境,使税款的课征无后顾之忧。无偿性是税收三性之核心特征,与普通的民商事法律行为相区分,解决"征之有用"的问题。固定性是强制性和无偿性的要求和必然结果,避免征税机关权力之滥用,过度侵扰纳税人的正常生活,保障税收"征之有度"。税收三性内部,无偿性真正得到落实,必须以法律做保证,使征收的广度和深度法定化、固定化。税收三性围绕无偿性设计,强制性和固定性皆服务于无偿性。无偿性是核心,亦是税收之重要形式特质。

② 张富强:《纳税权入宪入法的逻辑进路》,载《政法论坛》2017年第4期。

③ 参见叶姗:《论"税"概念的渊源及其于法学语境下的建构》,载《法学家》2008年第2期。

控权与保障纳税人权利为精神内核,以收入分配正义为功能意涵的法域体系。①

不过,国家税权控制与纳税人权利保障也好,收入分配正义也罢,都不可能自动生成。究其本质,税法规则本为公共财产权与私人财产权深度博弈之结果。不同于私人财产权所"表现的是社会群体与'权利主体'之间的关系、联系,而不是——至少首先不是——权利主体与义务主体之间的关系、联系"②。公共财产权直击权力主体与义务主体之间的内在联系,它是在脱胎于行政权的财政权基础上形成的公权力,尽管这种权力更加注重公共财产取得的正当性及分配的正义性。但是它本质上依然是一种公权力,既为公权力则免不了时常会摆脱约束,为所欲为,如天马行空,独来独往,致使出现公共财产权对私人财产权的超越、背离和异化等现象,进而损及私人财产权,危及纳税人权利。因此,一方面确有必要呼吁社会公众和当权者自己要对公共财产权加以制衡,敦促其规范运行;另一方面,要想保障私人财产权,确保私人财产权与公共财产权在税收分配层面得到充分博弈,从而实现收入分配正义,保障纳税人权利,则公共财产的取得、用益和处分都应严格遵循法定原则,以最大限度地保护纳税人的整体利益;同时,还需要按照法源明确、程序正当和争讼便利的原则推动公共财产权规则的体系建构,注重面向民生的公共性立场。③

换言之,要想形成私人财产权与公共财产权在现代税法中的制衡格局,以其保障税法规则对社会整体财富的分配正义,进而规范和控制国家税权的运行,保障纳税人权利,则既要建构税法规则的正义形式,实现税收场域的法定原则;又要恪守税法规则的正义实质,切合税收财富分配疆域的量能课税;还要检索税法规则实现的正义技术,契合税收征管场域中国家税权机关已然具备的征管能力和所能掌控的征管技术与装备。或许只有这样,才有可能通过税收的形式正义、实质正义和技术正义的体系实现,最终达致税收立法、税法适用与税法解释的体系正义,才有可能实现国家税权运行与纳税人权益保障的体系平衡,寻得国家财政利益与纳税人财产利益之间的利益衡平,从而奠定税收法治的进步空间和实现基础。毕竟,税法和其他任何法律一样时时处处都充满着利益之争,无论是纳税人和国家,还是纳税人内部,乃至是国家

---

① 参见刘剑文:《强国之道:财税法治的破与立》,社会科学文献出版社2013年版,第22—68页。
② 张恒山:《论权利本体》,载《中国法学》2018年第6期。
③ 参见漆多俊:《论权力》,载《法学研究》2001年第1期;刘剑文、王桦宇:《公共财产权的概念及其法治逻辑》,载《中国社会科学》2014年第8期。

组织结构内部,无一不是利益的角力场。① 而税法规制税收利益分配之所以成为可能,从根本上说是还是取决于税收立法权、税收收益权与税收征管权可以且应当经由税法规范进行分配。② 离开税法规范的指引与评价,税收立法权、税收收益权和税收征管权都有陷入无序状态之风险。更进一步,不管是税收立法权,还是税收收益权,乃至是税收征管权,其仰赖的规则之治和规范化运行皆离不开税收法定原则、量能课税原则和稽征经济原则的协同配合和体系支撑。也只有三大建制原则整体联动,相互合力,才有可能保障税收立法权、税收收益权与税收征管权有序而稳健之运行。

三、税收法定:税收形式正义的检测基准

税收法定原则与现代国家相伴而生,它植根于市场经济和法治社会土壤。在国家治理现代化转型的当下中国,落实税收法定原则的过程,其实就是法治理念在税收领域的彰显过程。税法借助法定原则,以法律的形式规制征纳双方的权利义务、明确税收基本要素等课税规则的关键内容,便可从形式上坚守住税收正义的底线,也就有望实现税之形式正义。2013 年以来,税收法定原则逐渐从法学界内部的呼吁发展为社会普遍关心的热点,并得到了国家机关的积极回应。不仅中共中央《关于全面深化改革若干重大问题的决定》明确"落实税收法定原则",而且 2015 年修订的《立法法》首次将第 8 条原先规定实行法律保留的"税收基本制度"细化为"税种的设立、税率的确定和税收征收管理等税收基本制度",并单独列为一项,位次居于公民财产权保护相关事项的首位。这堪称我国税收法治乃至整个依法治国进程中的里程碑事件。③ 紧随其后,中央审议通过《贯彻落实税收法定原则的实施意见》,规划税收法定原则实施路线图。得益于此,"环境保护税法""烟叶税法""船舶吨税法""车辆购置税法""耕地占用税法"等单行税种条例相继实现税收法定,增值税法、消费税法、资源税法、房地产税法、关税法、城市维护建设税法、契税法、印花税法等更是被整体列为"十三届全国人大常委会立法规划"中"条件比较成熟、任期内拟提请审议的法律草案"的第一类项目。④ 一定程度上可以说,税收法定原则就是观测税收法治中国进程和校验中国税收法治建设质量的试金石。

---

① 参见龚伟:《税法中的利益及其平衡机制研究》,中国法制出版社 2016 年版,第 43 页。
② 参见叶姗:《税收利益的分配法则》,法律出版社 2018 年版,代序第 1 页。
③ 参见刘剑文:《落实税收法定原则的现实路径》,载《政法论坛》2015 年第 3 期。
④ 参见张绵绵:《十三届全国人大常委会立法规划》,引自 http://www.npc.gov.cn/npc/xinwen/2018-09/10/content_2061041.htm,最后访问日期:2019 年 1 月 2 日。

（一）税收法定的功能与内涵

一般认为，税收法定原则起源于中世纪的英国，最初由封建制度内部的权力斗争引起，随着新兴资产阶级的发展，才演变成新旧势力的对抗和斗争。① 从诺曼底公爵威廉征服英格兰到约翰暴政②，一步一步引发了封建内部势力，尤其是新兴资产阶级的不满，最终约翰被迫签署了著名的《大宪章》。该宪章经补充重新颁布，从而确定了课税权的由来，也被公认为是现代税收法定原则的源头。随后，不仅多数英美法系国家，而且相当一部分大陆法系国家也相应将税收法定原则确立为本国税法的建基原则。伴随时代与观念的转变，国家对于人民课税权力的形式已经逐渐由行政权移向立法权。国家对于人民征税的权限，并非来自行政机关积极主动的行政行为，亦即非依据行政机关的行政处分而形成人民给付税收的法律义务，而是来自立法者制定的税法的要求。所有保障人民基本权利的民主国家均接受一个观念：只有人民或由人民所选出的代表所组成的国会，才有权决定人民自己的税收负担种类与额度。不管是基于民主国还是法治国考量，税收法定原则都已成现代税收法治的共识。③"税收法定作为每个国家政治生活的一件大事，事关社会公平正义及社会稳定，其重要性已取得社会共识，并成为现代社会国家治理结构的理性选择。"④税收法定原则"与刑法中的'罪刑法定原则'一起，共同构成了现代法治社会公民财产权和人身权保护的两大基石"⑤。

税收法定原则源于宪法原理。它既是税收立法的原理，也是解释和适用税法的基本原理。⑥ 它"不仅涉及法律文本的形式存在，还涉及税收立法权归属、税法治理范式等具体问题"⑦，可谓是"税收立法、执法、司法、守法等所有税收活动必须遵循的根本准则"⑧。作为一项历史悠久的税法原则，税收法定原则是现代民主、法治、人权等诸多价值和现代宪法原则在税法领域的集中落实。就其功能而言，无论是限制征税权的发动，还是解决征税的合法性；不管是维护国家利益和社会公共利益，还是保护纳税人权益实现课税公

---

① 参见刘剑文、熊伟：《税法基础理论》，北京大学出版社 2004 年版，第 100 页。
② 参见刘剑文主编：《WTO 体制下的中国税收法制》，北京大学出版社 2004 年版，第 80 页。
③ 参见柯格钟：《租税之立法界限及其宪法上的当为要求——以德国税捐法之理论为基础》，载黄舒芫主编：《宪法解释之理论与实务》（第七辑），台湾"中央研究院"法律学研究所筹备处 2010 年版，第 202—219 页。
④ 张天犁：《关于税收法定原则的一般考察及相关问题研究》，载《财政研究》2017 年第 6 期。
⑤ 胡建淼：《税收法定原则——只有法律才有权征税》，载《人民法治》2017 年第 7 期。
⑥ 参见〔日〕北野弘久：《税法学原论》（第四版），陈刚、杨建广等译，中国检察出版社 2001 年版，第 61 页。
⑦ 刘剑文、胡翔：《环保税法：落实税收法定原则的制度逻辑》，载《中国财政》2017 年第 10 期。
⑧ 施正文：《税收法定原则框架下的税收法律体系》，载《社会科学辑刊》2015 年第 4 期。

平，其中心和最本质的目的还在于维护与确保征税权的正当行使，进而根本上保护纳税人权利。① 此种目的与功能构成了税收法定原则的核心要义。从某种程度上说，税收法定原则的实质就是以法律对国家征税权力的限制，从而保障税收法律能够真正保护广大公民的财产所有权，进而为纳税人权利保驾护航。② 与之类似，亦有学者认为：税收法定原则的根本要义和精神实质在于政府课征税收应当经过纳税人的同意，其目的是为了体现和践行人民的意志、限制政府征税权并借由税收法律安定性的保障（可预见性、透明性及信赖保护）来维护纳税人的财产权及其营业自由、人生规划自由。③ 税收法定原则内含的此种价值与功能已为我国税收立法实践所反复验证。其中，不仅有反向突破税收法定原则而损及纳税人权益的实例，而且有正向恪守税收法定原则而保障纳税人权利的例证。

  证券交易印花税是反面的典型。2007 年 5 月 29 日深夜，证券交易印花税税率以"半夜鸡叫"的方式被调高，此项新政致使许多投资者深陷股市、被深套其中，根本没有出逃的可能性。④ 比证券交易印花税更为隐蔽的是燃油税改革，改革方案出台之前，国务院曾准备开征燃油税，最后时刻突然转向，通过消费税的"税目扩围技术"将其吸纳其中，绕开立法机关变相开征新税⑤，无异于是实质提高税负、加重纳税人负担之举措。⑥ 类似的做法还如酝酿许久的物业税的"猝死""空转"⑦，突变为房产税改革试点。从证券交易印花税"半夜鸡叫"到燃油税植入消费税，从物业税到房产税试点，税法的稳定性一再被打破，纳税人的法律预期更是无从谈起，纳税人权利也被置于高风险状态之下，无法得到确定的保护。正面的例证如车船税立法，"车船税法草

---

① 参见安晶秋：《论税收法定主义——以税收立法为分析视角》，吉林大学 2007 年博士学位论文，第 6—38 页。
② 具体来说，税收法定原则通过代表广大公民意愿的立法者的税收立法活动，一方面限制了国家统治者对税收立法权的擅断与滥用，另一方面又以法律的形式否认了政府对税收立法权的占有和对税收征收权的滥用，借以保护国民财产不受非法征税的侵害。参见王鸿貌：《税收法定原则之再研究》，载《法学评论》2004 年第 3 期。
③ 参见朱大旗：《论税收法定原则的精神实质及其落实》，载《国际税收》2014 年第 5 期。
④ 参见周俊生：《"5·30"事件：印花税"半夜鸡叫"》，载《国际金融报》2010 年 12 月 28 日，第 03 版。
⑤ 这一做法即便是在中共中央《关于全面深化改革若干重大问题的决定》明确"落实税收法定原则"前提下依然未能得到根本遏制。典型如，2015 年 1 月 26 日财政部、国家税务总局发布《关于对电池 涂料征收消费税的通知》（财税〔2015〕16 号），规定："为促进节能环保，经国务院批准，自 2015 年 2 月 1 日起对电池、涂料征收消费税。"
⑥ 参见晏扬：《开征房产税莫忘"税收法定"原则》，载《人民法院报》2011 年 1 月 14 日，第 002 版。
⑦ 物业税空转由财政部门、房产部门以及土地管理等部门共同参与，旨在统计物业数量，对其进行评估，并据以统计税收。空转虽未实际上征收物业税，但所有步骤和征管流程与真实的税收征管相同，属于典型的虚拟意义上的税款循环，可谓模拟的税收征管系统。

案"漏洞百出,诸多拟增补和修正条款缺乏正当性和合理性,这个塞进了部门利益"私货"的草案在全国人大常委会遇阻。二审时,立法机关代表民意,降低了绝大部分车主税额,有力地保护了纳税人权利。① 再如,2018年10月20日,财政部、国家税务总局起草了《个人所得税法实施条例(修订草案征求意见稿)》,向社会公开征求意见。在这其中,该"征求意见稿"第16条拟增加视同转让财产的个人所得税法处理规定,但该条在"征求意见"阶段广受质疑和诟病,最终《个人所得税法实施条例》删除了这一规定。②

证券交易印花税、燃油税、车船税、个人所得税等立法的不同做法折射出税收法定原则对纳税人权益的影响度③,也印证了税收法定原则对税收法治的重要价值。如此重要的税法原则,界定其内涵和外延却并不容易。一般认为,税收乃国家为获得收入目的,而对于所有满足法律所定给付义务之构成要件的国民,以国家权力所课征的金钱给付,此之课征对于国民之财产权及经济生活影响巨大,因此,有关税收的课征必须有法律的根据。亦即国家非根据法律不得征税,亦不得要求国民纳税,而且仅于具体的经济生活事件及行为,可以被涵摄于法律的抽象构成要件前提之下时,国家的税收债权始可成立,即便有优惠减免时,亦应经法律明文规定时始得为之。此原则即税收法定原则。④ 为使税收法定原则能真正指引实践,更易操作,于是衍生出一

---

① 草案公布后,全国人大先后收到近十万条意见,有54.62%要求对草案进行修改、降低税负。参见刘俊、房珊珊:《越权收税十一年:收税前,听听丈母娘的声音》,载《南方周末》2011年9月8日,第A05版。
② 根据《关于〈中华人民共和国个人所得税法实施条例(修订草案征求意见稿)〉的说明》解释,《个人所得税法实施条例(修订草案征求意见稿)》之所以增加视同转让财产的规定,旨在"与现行政策相衔接,明确个人非货币性资产交换以及将财产用于捐赠、偿债、赞助、投资等用途的,除国务院财政、税务主管部门另有规定外,应当视同转让财产,对转让方按'财产转让所得'征税。"参见《关于〈中华人民共和国个人所得税法实施条例(修订草案征求意见稿)〉的说明》和《个人所得税法实施条例(修订草案征求意见稿)》第16条"个人发生非货币性资产交换,以及将财产用于捐赠、偿债、赞助、投资等用途的,应当视同转让财产并缴纳个人所得税,但国务院财政、税务主管部门另有规定的除外)",引自 http://hd.chinatax.gov.cn/hudong/noticedetail.do?noticeid=1701567,最后访问日期:2018年12月31日。
③ 较为特殊的是"房屋加名税",正当最高人民法院《关于适用〈中华人民共和国婚姻法〉若干问题的解释(三)》的出台引发房屋产权证加名浪潮,武汉、南京等地方税务机关提出对产权证加名行为征收契税,舆论一片哗然,"加名税风波"骤起。在舆论声讨声中,"房产加名税"最终被叫停,舆论称其为"民意的胜利"。丈母娘们不经意间狙击了一次政府的违法行为。社会公众普遍给予积极评价,然而,《关于房屋土地权属由夫妻一方所有变更为夫妻双方共有契税政策的通知》(财税〔2011〕82号)的横空出世却使得这一问题陷入了更深层次的法律迷思之中。房屋加名税以一种"非法律"的方式,使纳税人权利保护获得"偶然"的胜利,此种模式显然难以为日后立法提供足够的经验。面临着税收立法权、税法解释等亟待厘清的理论纷争。诸多理论纷争无不指向税收法定原则。参见吴杰:《"房产加名税",谁说了算》,载《南方周末》2011年8月31日,第007版。
④ 参见曾本懿撰:《论租税规避之法律效果》,台湾高雄大学2012年硕士学位论文,第40—41页。

些具体的要求。如有学者认为：税收法定原则的核心是基本课税要素法定。① 税收基本要素法定是税收法定的基础与表现形式，离开基本要素法定的税收法定是不存在的。② 另有学者通过考察意大利税法学说后发现需要法律保留的税收规则仅仅涉及税收实体法规则，而不涉及税收程序法规则。且只有税收实体法规则中的定性税收规则才是绝对必须在法律中予以规定的内容。③ 还有学者认为："税收法定原则的内涵，不仅要求有关税收核定、课征的实体条件须有法律依据，而且要求税收的征收、缴纳程序也必须具有正当性，此即'实体合法，程序正当'。"④据此，有学者总括性认为：按照传统观点，税收法定原则大致包括税收要件法定原则和税务合法性原则。前者要求有关纳税主体、课税对象、归属关系、课税标准、缴纳程序等，应当尽可能在法律中作明确详细的规定。后者则要求税务机关严格依法征税，不允许随意减征、停征或者免征，更不能超出税法的规定加征。⑤

不难发觉，不同学者对税收法定原则的理解不尽相同，对其内涵和外延的界定也有所出入。⑥ 之所以出现这种"百花齐放、百家争鸣"之现象，主要还在于税收法定原则并非一个僵化的、一成不变的建制原则，其自孕育、诞生到成熟至发展，本身就是一个不断变化的过程。甚至可以说，"税收法定原则在法律上的建立、建设、健全是一个长期的过程"⑦，"从近代到现代，税收法定主义大致经历了保障国民主权的形式法定主义到关注税收正义的实质法定主义的升华。在当代，税收法定主义继续迈向税的收支一并贯通、全面保

---

① 根据学者理解，"依据税收法定原则，课税要素应法定且明确，在税收立法中必须将课税要素的规定置于重要地位，其中涉及主体结构（特别是纳税主体）、客体结构（涉及征税对象）、权义结构（主要是税率、税基）等重要制度安排"。参见张守文：《改革开放、收入分配与个税立法的完善》，载《华东政法大学学报》2019 年第 1 期。
② 参见许多奇：《税收法定原则中"税率法定"的法治价值》，载《社会科学辑刊》2015 年第 4 期。
③ 所谓定性税收规则，是指识别是否存在纳税义务的税收规则，涉及征税行为在主体（包括纳税人、扣缴义务人、连带缴纳义务人等）、客体（取得收入、消费商品或服务、拥有财产、实施特定行为等）、时间（收入取得、交易完成等时间以及纳税义务产生时间等）和空间或地域（哪国公民或国籍、居住、住所地、收入取得、财产所在、契约履行地等）四个方面的规则。此外，关于是否应当给予纳税人税务行政处罚的规则也属于定性的税收规则。参见翁武耀：《再论税收法定原则及其在我国的落实——基于意大利强制性财产给付法定原则的研究》，载《交大法学》2017 年第 1 期。
④ 朱大旗：《论税收法定原则的精神实质及其落实》，载《国际税收》2014 年第 5 期。
⑤ 参见刘剑文、熊伟：《税法基础理论》，北京大学出版社 2004 年版，第 105 页。
⑥ 更多对税收法定原则内涵与外延的论述可参见但不限于下列文献：〔日〕金子宏：《日本税法》，战宪斌、郑林根等译，法律出版社 2004 年版，第 59 页；〔日〕北野弘久：《税法学原论》（第四版），陈刚、杨建广等译，中国检察出版社 2001 年版，第 64—65 页；葛克昌：《税法基本问题（财政宪法篇）》，北京大学出版社 2004 年版，第 80—104 页；陈清秀：《税法总论》，台湾元照出版有限公司 2014 年版，第 45—46 页；张守文：《论税收法定主义》，载《法学研究》1996 年第 6 期。
⑦ 任际：《税制改革与税收法定原则》，载《社会科学辑刊》2015 年第 4 期。

障纳税者基本权的更高阶段"①。但是,不管税收法定原则的内涵如何变动,也无论税收法定原则的外延怎样演化,税收法定原则的精神实质即"征税必须得到被征收者的同意""以法律对国家征税权力的限制"却是亘古未变。即,"税的征收只能由人民或者由人民代议机关决定,税收的依据只能是狭义的法律②③。税收法定原则通过立法机关的税收立法,不仅限制税收立法权的擅断与滥用,而且意味着对税务行政权的限制、要求征税机关严格在法律限定的权力范围内行政。④ 其终极目的在于以法律保证纳税人财产和权利。事实上,无论是学界研究,还是实务操作,人们对税收法定原则精神的遵守、信赖和渴望,税收法定原则对于人们生活情事的意义之重大,影响之深远,由绝大多数国家宪法文本中明确规定税收法定原则⑤即可看出。据学者考察,许多国家都已直接将税收法定原则写入本国宪法文本之中。其他一些国家,即便没有在宪法文本中直接规定税收法定原则,但是依然可以从其他宪法原则中引申出税收法定原则。⑥

(二) 税收法定的教义与进阶

法律应当具有统一性,统一完备的法律体系是法治国家的题中应有之义。立法必须统一,国家应当保证法律的统一性和权威性,不能法出多门,互相矛盾。法的体系内部应当具有和谐的关系。⑦ 税法莫不如此,统一完备的税收法律体系也为税收法治所追求。作为税法建制的立基原则,税收法定原

---

① 丁一:《税收法定主义发展之三阶段》,载《国际税收》2014 年第 5 期。
② 法律有广义和狭义两种用法,在我国,广义的法律指各种具有法律效力的法律规范的总称,包括宪法、法律、行政法规、部门规章、地方性法规等,狭义的法律仅指由全国人大及其常委会通过的法律和具有法律效力的决议。理解税收法定原则必须对"法"予以明确界定,如果把这里的"法"理解为广义的法律,那就无异于取消税收法定原则。税收法定原则中的"法"一般是指狭义的法律,即各国最高立法机关所通过的法律,不包括各国最高行政机关所颁布的行政法规。参见翟继光:《税收法定原则比较研究——税收立宪的角度》,载《杭州师范学院学报(社会科学版)》2005 年第 2 期。
③ 张哲:《全面税收法定原则下税收调控的困境与出路》,载《学理论》2018 年第 4 期。
④ 借助税收法定原则,税权运行的边界得以明定,即一般情境下,立法机关制定税法,行政机关执行税法,司法机关保护税法运行,各司其职、各负其责,相互制约又彼此支持,任何税权主体不得随意越界行使税权。
⑤ 翟继光考察了当今世界上 111 个国家的宪法文本,发现包含有税收条款的有 105 个,占 94.6%。在世界各国的税收宪法条款中,居第一位的是关于纳税义务的条款,几乎所有税收立宪国家均有关于公民纳税义务的规定。居第二位的是关于税收法定原则的条款,其中,包含明确的税收法定原则的有 85 个,占 81.0%。如果再加上其他暗含这一原则的国家或实际上贯彻这一原则的国家,那么所占比例就更高了。参见翟继光:《税收法定原则比较研究——税收立宪的角度》,载《杭州师范学院学报(社会科学版)》2005 年第 2 期。
⑥ Victor Thuronyi(ed.), *Tax Law Design and Drafting* (volume 1), International Monetary Fund,1996,chapter 2.
⑦ 参见马怀德主编:《法律的实施与保障》,北京大学出版社 2007 年版,第 114—115 页。

则也应体系化。也即，宪法层面理应概括规定税收法定原则的内涵和外延，税收基本法层面应细化宪法上的税收法定条款。更进一步，各税收实体法和税收程序法应根据上位法确立的税收法定原则，进行体系化立法，进而建构起融为整体的税法规则体系。作为中国法律体系中的一个子系统，构建税收法律体系"主要是为了理顺法律各组成部分之间的关系，使其处于同一指导思想之下，消除价值判断上的矛盾。体系确立后，各种法律规范可以按照一定的原理分类排列，从外观上呈现一种透视的效果，这对于法律解释以及制定法的漏洞补充大有好处。一个完整科学的体系首先必须与上位阶的宪法价值及规范体系相符合，其次必须与其他相同位阶的规范体系相调和，最后还必须保证本身没有相互矛盾的现象。"①

然而，中国税收立法现实是，《宪法》层面仅有第 56 条"中华人民共和国公民有依照法律纳税的义务"的规定。客观上说，该条规定并没有从正面直接肯定税收法定原则，所以也就导致人们对宪法上税收条款的理解产生严重分歧。代表性观点有两种，其一，从文义解释的角度出发，认为既然宪法明文规定公民依照"法律"纳税，排除了其他法律文件创设纳税义务的可能性，这就是典型的税收法定原则。其二，从体系解释的角度主张，《宪法》第 56 条只是规定公民的纳税义务，没有解决税收构成要件由谁创设的问题。因此，该条不足以成为税收法定原则的宪法依据。第一种观点如刘剑文、熊伟②认为：《宪法》第 56 条既是对公民纳税义务的确认，也是对国家课税权的一种限制。此处所谓的"法律"，应该仅指全国人大及其常委会制定的法律，不包括国务院的行政法规，更不包括部门行政规章和地方行政规章。这样，《宪法》第 56 条就可以成为税收法定原则的最高法律依据，而《立法法》和《税收征收管理法》不过是从各自不同的角度体现税收法定原则的要求。③ 第二种观点如李刚、周俊琪从法解释学的角度对将《宪法》第 56 条确定为税收法定原则宪法渊源的观点进行了反驳，认为我国《宪法》并未规定税收法定原则。与此同时，作者也明确指出，不管争论如何，我国《宪法》应当对税收法定原则予以

---

① 刘剑文、熊伟：《财政税收法》（第七版），法律出版社 2017 年版，第 14 页。
② 与其观点类似，胡建淼认为："中国税收制度的定位和发展，与世界法治化、文明化趋向具有同步性和同向性。中国的征税行为，从'行政行为'走向'立法行为'，从'照章纳税'走向'税收法定'，伴随和标志着中国法治前进的脚步。从五四宪法到现行八二宪法，我国四部宪法都没有征税权的规定，税收立法权一直不明确，但'税收法定'的精神早已显露，这从'公民纳税义务法定'的宪法视角可见一斑。五四宪法和八二宪法都规定'中华人民共和国公民有依照法律纳税的义务'，这意味着没有法律依据公民不具有纳税的义务。"参见胡建淼：《税收法定原则——从"照章纳税"走向"税收法定"的中国税收》，载《人民法治》2017 年第 8 期。
③ 参见刘剑文、熊伟：《税法基础理论》，北京大学出版社 2004 年版，第 108—109 页。

明文准确规定,这一点当无疑义。目前需考虑:一是从立法技术的角度,应该用怎样的立法语言在《宪法》条文中将税收法定原则明白无误地准确表述;二是如何选择适当时机,以宪法修正案的形式将规定税收法定原则的条文补进现行《宪法》文本之中;三是在目前一时难以对《宪法》加以修正的情况下,可以采取由全国人大对《宪法》第56条进行立法解释,或在将来制定《税收基本法》时加以规定等方式来确定税收法定原则。①

由上可知,我国宪法上是否存在税收法定原则条款,学界并未形成共识。即便持肯定说的学者,也不见得完全是根据税法原理而得出结论。典型如,熊伟教授时隔十年之后,在《重申税收法定主义》文中一方面一如既往地肯定"《宪法》第56条既是对公民纳税义务的确认,也是对国家课税权的一种限制……说明税收法定在中国有现实的法律依据"。另一方面又引用李刚、周俊琪前文,认为:"从我国《宪法》的立法、实施及数次修订的历史及将来相当一段时间的发展趋势来看,通过修订将有关明确表述税收法定原则的条文增补进《宪法》当中,其难度非常大。所以,在立法上暂时的不可能和实践的迫切需要以及研究的渐趋成熟等情形并存的条件下,选择一条中间路线、从法解释学的角度为税收法定原则寻求到一个间接的宪法条文依据,或许是迫不得已的折中方案。"而且还进一步指出:"从尽善尽美、消除分歧的角度看,如果有机会修改宪法和法律,尤其是对《宪法》的修改,当然更好。若然如此,应特别注意税收法定原则的确认立场和角度②,从设定政府义务的角度考虑税收法定原则,而不是从公民义务的角度出发。"③学界之所以如此纠结,根本原因还在于税收法定原则在中国的实施情况长久以来都不尽如人意。

令人欣慰的是,近年来"'税收法定原则'的语词表达多次涉及中央全会决议、宪法法律修订的层面,这在以往立法中较少出现"④。最富成效的便是

---

① 参见李刚、周俊琪:《从法解释的角度看我国〈宪法〉第五十六条与税收法定主义——与刘剑文、熊伟二学者商榷》,载《税务研究》2006年第9期。
② 作为税法领域的最高理念,税收法定原则是民主原则和法治原则等宪法原则在税法中的具体化,对征税机关和纳税人的权利保障和义务约束至关重要。尽管各国在宪法层面均明确税收法定原则。对税收法定原则的内涵和外延虽不尽一致,但核心均围绕征税机关和纳税人的权利、义务而展开,分别从征税机关的征税权和纳税人的纳税义务这两方面予以规范,特别将征税权的行使限定在法律规定的范围内,确定征纳双方的权利、义务必须以法律规定为依据,不管是税务机关,还是纳税人,行使权利和履行义务均不得超越法律的规定。由此观之,在税法领域中贯彻法定原则,必须将权利、义务作为思考的向度,将权利、义务的法理落实到税法上,不可偏袒征税机关和纳税人任一方,尤其需要纠正税收立法长期以来对征税机关的优厚和对纳税人权利的漠视。
③ 熊伟:《重申税收法定主义》,载《法学杂志》2014年第2期。
④ 此种高度重视和密集聚焦的做法突显了税收法定原则的紧迫性和重要性,也体现了落实税收法定原则在全面深化改革和全面依法治国中的关键地位。参见刘剑文:《落实税收法定原则是对深化改革的历史担当》,载《社会科学辑刊》2015年第4期。

2015年修订的《立法法》明确将税收法定原则写进"立法法"文本,构造了税收法定原则的"立法法"依据,弥补了税收法定原则在高位阶宪制法法律层面的缺位,克服了旧法对"税收基本制度"表述的模糊性,为全面推进和落实"税收法定"提供了法律依据和保障。从一定程度上说,中国确实已从"照章纳税"走向了"税收法定"。① 因为至少从法律文本上看,《立法法》第 8 条第 6 项与《税收征收管理法》第 3 条及其《实施细则》第 3 条一起,的确绘就了税收法定原则的具体适用准据。尽管宪法位阶的税收法定原则文本尚未有实质性推进,但法律层级的税收法定原则文本应该说是具有显著性进步。当然,这种法律文本层面的进步能否给中国税收法治建设带来一个更加光明的未来,能否加速推进税收法治中国建设,可能还要谨慎观察。毕竟,税收法定原则之精神实质固然在于国家征税应获得人民的同意,只是在实践中该种精神逐渐被演绎为规范和限制行政机关的权力。在税收行政权对立法权侵蚀严重,纳税人税负不公已近极限的当下,落实税收法定原则确有必要同时坚持限制行政机关的征税权与规范权力机关税收立法权两条并行的路径②,"针对具体情形在所涉事项和所及范围上的差异,应施予不同的法定要求。一方面,坚守税收法定的基本要求,有关税法核心制度的整体变易,必须循法律轨道进行;另一方面,通过参与机制的构建,彰显纳税人'同意'之核心意蕴"③,实现税收形式法定与实质法定的融合。

(三) 税收法定的形式与实质

今日中国,"不论是对'落实税收法定原则'的指导思想的回应,还是《立法法》和《税收征管法》相应条文修订之后的必然要求,规范我国基本税收制度的现行税种法体系整体提升至法律层级已是大势所趋"。④ 只是观测当前落实税收法定原则的进程和路线,极易发现形式层面的税收法定原则落实和追求已然成为当下税收法治建设的重要任务,此从 2011 年《车船税法》颁行

---

① 参见胡建淼:《税收法定原则——从"照章纳税"走向"税收法定"的中国税收》,载《人民法治》2017 年第 8 期。
② 根本而言,限制行政机关的征税权在于对形式意义税收法定原则的坚持,以实现税收立法权自行政机关向全国人大的移转;规范人大税收立法权则在于建立正当的税收立法程序,充分保障纳税人的立法参与权与表达"同意"的权利。至于税法执行过程中所产生之形式与实质税收法定原则的冲突,为克制行政权之滥用,税收公平须为暂时之忍让,以待国家司法权的强大而改变。参见黎江虹、沈斌:《税收法定主义之演绎逻辑与落实路径》,载《武汉理工大学学报(社会科学版)》2018 年第 2 期。
③ 侯卓:《税制变迁的政策主导与法律规制——税收法定二元路径的建构》,载《财经理论与实践》2017 年第 5 期。
④ 李刚:《论形式税收法定主义的落实——以税收立法体制的完善为关键》,载《税务与经济》2017 年第 1 期。

的同时废止《车船税暂行条例》，到 2016 年《环境保护税法》的颁布，再到 2017 年年底颁布的《烟叶税法》和《船舶吨税法》，直至 2018 年年底颁布的《耕地占用税法》和《车辆购置税法》，基本都是原相应税种暂行条例内容的平移等大体可获验知。① 此举固然可以在尽可能短的时间内"落实税收法定原则"，竭力完成《贯彻落实税收法定原则的实施意见》的要求和具体安排，努力实现各单行税种的法定化。问题是，税收法定原则不仅仅在于其对于公民财产权的保护，而且在于其可以为整个社会提供安定性和可以预测的未来。② 而这种安定性和可预测性的价值发挥，必须建立在稳定、成熟的税法规则体系之上。当然，这种规则体系确实不会"绝对排斥其他法律渊源在税收事项上的效力。相反地，它承认并要求税收行政法规、规章和规范性文件在宪法、法律统领下，在各自效力范围内发挥作用。也就是说，在全国人大及其常委会制定某一税种法之后，国务院仍然可以进行执行性立法，出台实施条例等行政法规，税收主管部门也可以根据法律法规来制定具体解释与执行细则"③。

但是，如果"落实税收法定任务"总体都只是对原有单行税种暂行条例的简单、机械的平移④，则原暂行条例时代存在的问题税收法定实现以后恐怕还将会继续存在，税收法定内生的税法规则之安定性和可预测性价值也将大打折扣。若不加以调整，税收法定原则便极有可能流于"形式"，沦为机械的、彻底的形式法定主义。毕竟，落实税收法定原则所要解决的，恰恰是限制政府的课税权，而不是照单全收。⑤ 概因如此，实质税收法定原则得以产生，且

---

① 当然也确实不宜否认的是，2015 年修订的《立法法》第 8 条增设第 6 项可谓朝向内涵法律保留原则的（形式）税收法定原则迈出重要一步。不过，由于该法第 9 条以及《税收征收管理法》第 3 条的缘故，在（形式）税收法定原则上还是留有重大缺口。参见李刚、郝利军：《海峡两岸税收程序法律制度比较与税收协调问题研究》，厦门大学出版社 2018 年版，自序第 1 页。
② 参见张学博：《中国税收立法四十年——历史法学视野中的中国税收立法实证研究》，人民出版社 2018 年版，第 185 页。
③ 王文婷：《税法规范生成的解释》，法律出版社 2016 年版，第 71 页。
④ 客观上说，落实税收法定原则，除了税制平移过程中对现有制度的沿袭，还包括对现有制度的反思与修正。税制平移路径绝不是简单的复制粘贴，而是要坚持税法体现的完整性、原则的明确性、结构的合理性、规范逻辑的同时，承担着通过分配实现社会公平正义的重大责任。税种也应该有修订、修正和反思，唯有此才能保护个人的征用自由，保护企业发展的长远规划。参见刘剑文：《如何准确理解税收法定进程中的"税制平移"》，引自 http://wemedia.ifeng.com/94349206/wemedia.shtml，最后访问日期：2019 年 1 月 8 日。
⑤ 在学者看来，税收行政法规都是政府制定的，在落实税收法定原则过程中，政府倾向于平移其内容，而不是大动干戈、另起炉灶，这是完全可以理解的。高效、简便、保留弹性空间，方便行政执法，就是政府本能的诉求。但对立法机关而言，擎着落实税收法定原则的大旗，立法内容上却与行政立法没有实质性差异，无疑也是一件令人尴尬的事情。作为事业的起点可以理解，但如果认为理所当然，甚至觉得今后也不需要太多改变，则无疑是对政治建设意义上税收法定的曲解。落实税收法定原则所要解决的，恰恰是限制政府的课税权，而不是照单全收。参见熊伟：《法治国家建设与现代财政改革》，载《中国法律评论》2018 年第 6 期。

被学界誉为是税收法定原则形式瑕疵的重要补正手段。一般认为,实质税收法定原则主要包括两个核心要求:一是,税收立法应该要更多去关注实质层面的税收公平正义和量能负担,严禁税收立法主体滥用职权;二是,实质税收法定应当要贯穿税收立法、行政、司法全过程,且应具有公平、正义之法律精神,实现其之于实体与程序的统一。[①] 显然,实质税收法定原则已不再简单地停留在狭义法律形式的表层,也不只是单纯地满足于外在的税收暂行条例升级。它更加注重税法规则内在的、实质性的正义追求。值得注意的是,这绝不意味着实质税收法定原则就是对形式法定原则的彻底否定,而更宜将其理解为形式法定原则的一种补正。两者可谓是税收法定原则的一体两面。"税收法定原则的形式层面旨在维护法的安定性,税收法定原则的实质层面旨在遵守与保障民主原则,二者应当在互动中实现互补,而非在碰撞中相互否定。"[②]这种观点和认知可以在税法与刑法的比对中找到论据。

众所周知,在传统法域中,罪刑法定原则堪称法定原则之鼻祖。此乃由于刑法系借国家刑罚权之发动,侵害人民之人格权及自由权,是罪刑法定原则成为近代法治国家保障人民基本权利的最主要原则,其明白将法的安定性置于法的和目的性及具体妥当性之前,最大理念在于人民对法律的信赖及基本权的严密保障。[③] 受此理念影响,立法者和研究者多将税法与刑法相提并论,认为税法与刑法一样,都是对人民自由(生命自由与财产自由)进行限制的权力法,一旦任由国家机关行使,必将导致人民自由受到侵害。而保护人民自由最好的办法莫过于将国家权力关进制度的笼子。基于此,多数观点便认为税法应当与刑法一样,奉行严格法定原则。秉持此种观点,断不意味着政府从此成为囚徒,只能机械僵硬地履行职责。事实上,在法治所设定的框架内,人民、议会与政府之间时常存在合作关系。在此之下,虽然权力存在被滥用的可能和风险,但是不可否认,它也存在积极作为、造福乡民的一面。只要规范运行,政府确有宽阔和明朗的施政空间。法治所要做的,就是要限制其滥权为恶的可能性,促使其在遵纪守法的同时锐意进取。[④] 据此逻辑,也可得出税收法定原则的核心在于控制和规范国家税权的运行,进而保护纳税人权利。其实,从英国税收法定原则发展史同样可以发觉,税收法定原则起

[①] 参见张义军:《我国税收法定原则实现路径研究》,首都经济贸易大学 2017 年博士学位论文,第 47 页。

[②] 张宇翔:《论税收法定原则下地方税立法权之赋权——基于税收法定原则形式层面与实质层面的划分》,载《经济法论丛》2017 年第 2 期。

[③] 参见朱汉宝:《法定主义中类推禁止与习惯法禁止适用之研究》,台湾大学 1994 年硕士学位论文,第 23 页。

[④] 参见熊伟:《预算管理制度改革的法治之轨》,载《法商研究》2015 年第 1 期。

初的确是各方利益相互争斗、彼此妥协的产物,但各方之间利益的深度博弈最终却根本上促进了纳税人权利的保护,也同时给国家税权运行套上了制度枷锁。

为了保护纳税人权利,税收法定原则被提至宪法基本原则[①]高度,与"罪刑法定原则"一起,汇成公民人身权和财产权保护的两大基石。[②] 尽管如此,仍应看到两大法定原则之间的内在不同。虽然税法和刑法均出自国家对人民自由权利的保护,在这一点上,两者看似并无实质性差异。然而,法定原则之下,刑法重在对人民生命自由权即人身权的保障,而税法主要捍卫的是人民的财产权。如所周知,税法作为对交易法之结果的二次评价法[③],不管是对货物与劳务流转额的课税,还是对所得额的课税,乃至对应税行为与资源等的课税,皆离不开这些课税载体背后的财产权依存。而财产权原本就可以指称任何有价值的权利。现实中,多数的财产权都与世界上的有实体的有体物有关,比如土地和动产。[④] 从这个角度上说,税法的确和民法一样,具有强烈的"财产中心主义"[⑤]特质和倾向。只是这种偏好和倾向既难得到法律普世价值的首肯,更难得到刑法这类"人身法"的认可。事实上,在人身自由权和财产自由权保护的两难选择中,无论是立法,还是执法,乃至是司法,往往首先确保的是人民的生命安全,而后才会考虑财产的不受侵犯。换言之,财产权较之人身权并非同质性权利。这种权利本源上的特性差异在中国体现得极为明显。俗语所言:"留得青山在,不怕没柴烧",便极好地诠释了人身权高于财产权的权利哲学。据此理念,税法和刑法领域中法定原则的法定性程度、内涵和外延自不可等量齐观。然长期以来,立法者、执法者和司法从业人员,尤其是研究者多从刑法中寻求说理,有意无意间加深和夸大了税法和刑法未必如此的紧密联系。

如此理解,并非意旨税法不能在刑法中寻求理论支撑,而是强调在吸取

---

① 参见高军:《纳税人基本权研究》,中国社会科学出版社 2011 年版,第 59 页。
② 参见刘剑文:《落实税收法定原则是对深化改革的历史担当》,载《社会科学辑刊》2015 年第 4 期。
③ 参见杨小强、叶金育:《合同的税法考量》,山东人民出版社 2007 年版,第 3—5 页。
④ 参见赵廉慧:《财产权的概念——从契约的视角分析》,知识产权出版社 2005 年版,第 24 页。
⑤ "财产中心主义"是学者对民法中一种理念、一种思路、一种现象的描述,即将财产法置于民法的首要地位,将财产法作为民法的主干内容,且习惯于将某些专属于财产法领域的理念、原则和规则运用于非财产法领域。参见周珺:《财产中心主义之反思与民法体系之构想》,中国政法大学出版社 2013 年版,第 7 页。

理论素养之前,应该经过同质标准①过滤,方可进行引证、移植。因为"任何一种法律规定的存在,都有其存在的意义及规范的目的,就如同民法的存在,主要是为解决私权上的法律关系,举凡因私人财产或身份上之争议问题,自然须依赖民法来加以判断与决定。而刑法存在的意义与目的,则是在于规范犯罪、对于已经发生的犯罪,透过刑罚权之作用,而处罚犯罪人,借以宣示权利与社会秩序的不可侵害性"②。与之皆有不同,尽管"无论是国际还是国内,纳税人权利已经受到关注,而且随着民主宪治的发展,将受到愈来愈多的关注"③,"'权力税法'向'权利税法'的转变已在所难免"④,但无论税法如何强调纳税人权利保障,终究都无法抹杀财政收入筹集这一税法本源目的。由此可见,税法与刑法的立法目的和肩负使命之内涵和外延难以有效兼容,故一概在刑法中寻求理论滋补,以刑法学说、理论建构税法理论体系,逻辑难以自洽,结论自有出入。在继受刑法理论的同时,税法也大量借用了行政法、民商法的语词和理论。刑法、行政法、民商法等部门法的理论驰援,很大程度上奠定了今日税法的性格和人民的税收法治意识。尤其是随着民商法理论在税法上的大量运用,税法的刚性在悄无声息中得以改变。这种改变使得税法不再依附于任何一个部门法,而进化为一门综合性的、新兴法律学科。在这一综合性学科领域,税收法定原则固然重要,但远不如罪刑法定之于刑事法意义那般深远。

伴随税收法治实践的飞速发展和学理探究的持续进阶,确有必要反思:长久以来,我们将税收法定原则推向"帝王原则"的位置,过分突出税收法定原则的法治建造地位与形式价值,是不是某种时下流行的形式主义法治观的翻版? 因为严格的税收法定原则,多排斥行政机关对税收立法权的分享,呼吁加强税收立法的层级,以减少行政恣意和排斥行政机关在税法实务上的立法权和解释权,作为一种法治观念和法治理想十分可贵,但是,在现实中是否能够行得通? 以西方特别是英美法税收法定原则的历史演变为标本,能否为建构中国的税收法治提供借鉴? 换言之,一种税收法治的理想图景,除了严格形式主义和规则主义的论证之外,是否可以是一种实质主义和协调主义的

---

① 此处言及的"同质"主要是指,引证、移植的两者必须有共同的背景,制度产生和制度演进不应有互相排斥之可能,两者的立法使命应具有兼容性,等等。
② 柯耀程:《刑法释论 I》,台湾一品文化出版社 2014 年版,第 24 页。
③ 丁一:《纳税人权利研究》,中国社会科学出版社 2013 年版,第 315 页。
④ 黎江虹:《中国纳税人权利研究》,中国检察出版社 2010 年版,第 237 页。

论证模式?① 众所周知,税法因应层出不穷、日新月异的经济事实,早已成为高度复杂、极为专业的学科领域。② 在此领域,"当税法的守成与高速流动的社会生活相冲突时,税法刚性的破坏、税负的不公、税收风险的增加、税收的流失以及由此所导致的市场稳定性的破坏等,便是不得不付出的代价"③,也是形式法定原则或严格税收法定原则不得不面对的难题。因为它们始终坚信"国家税权只有依据法律行使才能得到合法性的承认,并依此来保障人民的财产,国家征税权如果没有具体的法律依据就不能行使,人民有权拒绝缴纳没有法律依据和没有经过'同意'的税赋要求。这就是税收法定主义的核心"④。

客观而言,面对税法这一高度专业领域,指望所有经济实践都能在税收法定原则框架内得以解决,而且得到所有涉税主体的肯认,显然并不现实。税收法定原则虽然对于保护税法的安定性、纳税人的财产权和信赖利益具有重要作用,但是从社会发展看,随着国家功能的广泛扩张,税收目的的单一化被打破,征税客体与税目早已多样化,由于税法轮廓的模糊化、税收立法者的支出意愿和议会外税收立法的产生,传统的以法律保留和法律优位为核心的税收法定原则,并不能保障纳税人的基本权,而必须另加以实质性限制。⑤追根溯源,税收法定原则只不过是一种侧重形式正义的税法建制原则,其旨在解决征税权的来源与合法性问题,并没有涉及税的正当性、公平性、合理性以及其他税法的内在精神、价值追求。这些税收法定原则自身无法克服的致命缺陷,必须辅以其他税法建制原则和法治理念加以补足。⑥ 例如,从实质正义的角度出发,在税收法治领域以实质课税原则作为税收法定原则的补

---

① 参见滕祥志:《部颁税法规则正义:从形式到实质》,载胡建淼主编:《公法研究》第十辑,浙江大学出版社 2011 年版,第 185—199 页。
② 如学者所言:税法直面经济实践,每一种交易形式都必须有相应的课税规则。由于市场经济尊重交易自由,当事人创造出的交易形式层出不穷,税法不得不频繁变动以为因应。出于便利方面的考虑,税法中常常引入相对统一的标准,牺牲对具体细节的真实性追求,也会让税法变得技术性和程式化。另外,税法中还融入了经济、文化、社会政策因素,不论是课税范围还是税率、税目,需要将税法之外的因素考虑在内,这更会增加税法的复杂性。特别值得注意的是,为了应对纳税人避税,税法不得不增加很多反避税措施,一般性规则也有可能嵌入反避税视角,赋予税务机关相对灵活的权限。上述因素的存在,让税法成为一个非常专业的领域。参见熊伟:《论我国的税收授权立法制度》,载《税务研究》2013 年第 6 期。
③ 汤洁茵:《税法续造与税收法定主义的实现机制》,载《法学研究》2016 年第 5 期。
④ 张晓君:《国家税权的合法性问题研究》,人民出版社 2010 年版,第 79 页。
⑤ 参见侯作前:《从税收法定到税收公平:税法原则的演变》,载《社会科学》2008 年第 9 期。
⑥ 参见贺燕:《实质课税原则的法理分析与立法研究——实质正义与税权横向配置》,中国政法大学出版社 2015 年版,第 50 页。

充,是通常的做法。① 此种做法并不意味着形式税收法定原则一无是处,而意在表明:在实质正义日渐受到重视的现代税法中,任何"形式与实质脱节"和"形式高于实质"的税法理念无异于螳臂当车,唯有正视和迎合税法的实质公平追求,树立"实质与形式并重"的税法理念,顺应税法由形式迈向实质的发展趋向,才有可能接近甚或达到税之正义彼岸,调和税法形式与实质之悖论。

事实上,在税法实践中,税收法定原则也已经逐渐从严格的类似"罪刑法定原则"的税收形式正义立场退却,进而摒弃税收形式正义而转向追求税收实质正义。与之相应,实质课税原则以税收实质正义和公平价值的面目登场,两者之间的矛盾并不如想象中的水火不容。② 从税收的体系正义上看,要想实现税收的公平正义就必须超越形式税收法定原则,进入税收公平特别是税收的实质公平和实质正义。站在历史和现实的具体语境上看,当今世界在税法原则建构上正发生着从税收法定到税收公平的演变。这种演变折射和暗合了从税收形式正义到税收实质正义,从依法征税到以宪制税,从人民主权到人权的法哲学变迁规律。于此而言,税收法定原则的完整展开就是从税收形式正义到税收实质正义,再到全面维护纳税人基本权的过程,而这正是以量能课税为核心的税收实质公平原则所捍卫和追求的。③ 与之类似,亦有学者认为:欲保持实存税法的基本框架结构,就必须矫治资源配置方式·从税收衡平进阶到税收实质公平,这既是一种步骤也是一种原则。④ 如此而言,不管是从何种角度观测,也无论是基于何种立场审视,税收法定原则的确只是供给了税收形式正义的测度基准,它必须进发至税收实质正义层级,方可发挥国家财政保障、纳税人财产权保障和自由市场经济秩序稳定等功能。⑤ 这既是税收法定原则的内在要求和发展趋向,也是量能课税原则这一

---

① 如学者所言:实质课税原则的出现,一方面对税收法定原则的刚性产生了冲击,赋予税法一定的弹性,强调税法的灵活性;另一方面对成文法的一些缺陷给予弥补,例如法律漏洞无法避免、条文表达晦涩不清等。由此看来,实质课税原则并没有违反税收法定原则的价值取向,而是在遵循税收法定原则的前提下,在税法解释和适用领域内,给予其有益补充,更好地防止纳税人对权利的滥用,最终的目的都是为了保障所有纳税人的合法权益。参见刘尚华:《浅议税收规避和实质课税原则》,载《知识经济》2012 年第 1 期。
② 参见滕祥志:《部颁税法规则正义:从形式到实质》,载胡建森主编:《公法研究》第十辑,浙江大学出版社 2011 年版,第 185—199 页。
③ 参见侯作前:《从税收法定到税收公平:税法原则的演变》,载《社会科学》2008 年第 9 期。
④ 该学者进一步认为:之所以强调先衡平后法定再到实质公平既是一种步骤也是一种原则,其意在于从资源配置的发端开始,先要衡平矛盾、化解冲突,解决市场竞争起点的机会平等问题,在此基础上确定一致的"起跑线",通过税收法定,方能达到协调社会财富公平分配的实质性结果。参见张怡:《税收法定化:从税收衡平到税收实质公平的演进》,载《现代法学》2015 年第 3 期。
⑤ 参见张晓君:《国家税权的合法性问题研究》,人民出版社 2010 年版,第 91—96 页。

税收实质正义度衡标尺得以运行的前提基础。

四、量能课税：税收实质正义的度衡标尺

肩负税收实质正义追求的量能课税原则，不仅仅是宪法平等原则的体现，也是税收公平理念的要求。"作为税收公平原则的标准，量能课税原则对实现税收公平提供了标杆性的指导作用。"① 从市场竞争的角度看，如果不同税收负担能力的纳税人最后缴纳的税款毫无差别，或者相同税收负担能力的纳税人，其中一部分却可以得到豁免，这无疑是对税收公平的破坏。比如，税收优惠对享受税收优惠的纳税人而言，其竞争力的提升自然会更快，而其他人则可能会处于不利的竞争地位。② 因为税收优惠是不征收有税负能力的人应交纳的税收③，或以减少国家财政收入的方法，增加一部分人的利益，因此它具有隐藏的或者间接的"补贴"意义。对于此种补贴，不但没有适当的预算上的监督，而且政府、议会与民间皆不易明察其资金或效力的流向。④ 从税负的承担力这一点来看，尽管纳税人都处在同一状况下，但税收优惠在税负的承担力上是给予特定者以特别税收利益的。故，税收优惠是同税之公平主义相抵触的。⑤ 因而，从税收实质正义的角度观测，税法理当统一适用。若无充分的正当性理由，就不应该赋予特定纳税人以特别的税收优惠待遇。如果说税收法定原则奠定了税之形式正义基石的话，则量能课税原则造就了税之实质正义根基。

（一）承接形式正义的量能课税

作为税收正义的形式原理和税法建制原则，税收法定原则伴随着近代法治主义的发展而发展，深度体现了浓郁的形式法治主义思想。然而，现代法治日渐从形式迈向实质，法律的实质化现象不再是个案。严格意义上的税收法定原则，要求形式规则至上。但问题是，税法从一开始就是实质法，全部税法规则和制度都有其实质目标。严格遵守税收法定原则制造出来的税法规则，并非必然就是"良法"，其仍要接受实质税收法治的检验。为此，对税收法

---

① 潘修中、韩晓琴：《量能课税原则与我国税制改革》，载《税收经济研究》2015年第6期。
② 参见熊伟：《法治视野下清理规范税收优惠政策研究》，载《中国法学》2014年第6期。
③ 参见〔日〕北野弘久：《税法学原论》，陈刚、杨建广等译，中国检察出版社2001年版，第109页。
④ 参见黄茂荣：《税法总论》（第一册），台湾植根法学丛书编辑室编辑2002年自版，第287—288页。
⑤ 参见〔日〕金子宏：《日本税法》，战宪斌、郑林根等译，法律出版社2004年版，第68—69页。

定原则的理解,也要与时俱进,不应固守教条主义,既要关注税收法定原则的形式诉求,更要关注税收法定原则的实质走向。① 从某种程度上说,税收法定原则是一种实践和制度,也是一种观念。② 如此理解十分重要,特别是中国法治发展仍处在形成过程中,而传统文化的衰败与民主政治的前景,使得法治建设中的道德维度和政治维度尤其需要补足。③ 这也决定了税收法治不能只是简单涵涉税收法定原则所展现的形式价值,还应涵括独立于税法体系之外的实质价值,即对"良好税法"的评价。只有这样,税法才能够追随现代法治观念,从形式走向实质、并朝着形式与实质融合的方向努力。④ 归根结底,"实质法治不是与形式法治相对立的概念,它不反对形式法治的基本要求,只是在其基础上加入了对法治实质内容与实质价值的要求"⑤。

理论上说,只要纳税人的同意权真正得到落实,由代表民意的立法机关制定税法,则多半不易偏离良法。但是,这一机制要想实质性产生功效,则不仅要保障纳税人的同意权得到真切落实,而且要保障立法机关真正规范、合理用权。之于前者而言,则既需要加强和改进人民代表制度建设,又需要切实拓宽和保障公众参与立法的范围、途径和实施程序⑥。因为"公众参与作为一种直接的民意表达方式,可以提供类似议会立法一样的民主形式和内容"⑦,尤其是在价值选择领域,公众参与具有知识运用上的合理性。⑧ 根本而言,公众参与实质内涵上是一种自由主义理念的表达⑨,"是立法民主的本

---

① 税收法定原则可以从形式与实质两方面解读,从形式角度看,税收法定原则表现为"法律规定"。从实质含义观察,税收法定原则要求征税获得民意机关的同意,因为无论是按照社会契约论还是其他国家理论,人民且仅有人民自己有权决定对财产权利的让渡。税收法定原则应当是形式与实质内容的统一,而实质在该原则中应当占据主导地位。参见姚海放:《宏观调控抑或税收法治:论房产税改革的目标》,载《法学家》2011年第3期。
② 参见李建人:《英国税收法律主义的历史源流》,法律出版社2012年版,第283页。
③ 参见胡水君:《中国法治的人文道路》,载《法学研究》2012年第3期。
④ 参见但不限于下列文献:王鸿貌:《税收法定原则之再研究》,载《法学评论》2004年第3期;邢会强:《论税收动态法定原则》,载《税务研究》2008年第8期;熊伟:《重申税收法定主义》,载《法学杂志》2014年第2期;许安平:《现代税法的构造论》,西南政法大学2010年博士学位论文,第106—109页;樊丽明、张斌等:《税收法治研究》,经济科学出版社2004年版,第22—32页。
⑤ 李桂林:《实质法治:法治的必然选择》,载《法学》2018年第7期。
⑥ 因为尽管在法律规定之中,公众参与条款不断在增加,但其共同的特点是成文法上只有非常原则和抽象的规定,以及欠缺如何实施的具体可操作的程序性规则。因此,每次对这些条款的适用,既可以机械被动地施行,同时其中也存在着可以积极地推动进一步规范形成的空间。在过去的公众参与事例中,就有积极主动地从既有成文条款规定中开拓和创设出新的规则的事例。参见朱芒:《公众参与的法律定位——以城市环境制度事例为考察的对象》,载《行政法学研究》2019年第1期。
⑦ 周佑勇:《裁量基准公众参与模式之选取》,载《法学研究》2014年第1期。
⑧ 参见王锡锌、章永乐:《专家、大众与知识的运用——行政规则制定过程的一个分析框架》,载《中国社会科学》2003年第3期。
⑨ 参见胡明:《财政权利的逻辑体系及其现代化构造》,载《中国法学》2018年第1期。

质要求，也是法律权威性的核心来源"①。之于后者而言，如同政治理论任务一般，无非"是要解决两大问题。第一，谁应当拥有决策权力；第二，谁应当拥有多少决策权力"②。问题要想得以理性解决，则既要保障权力机关配置的功能适当原则，又要关注权力机关的权责相适应规律，还有必要依循议行合一的基本要求。因为功能主义的权力配置原则不再僵化地拘泥于权力的"分"与"合"问题，而是更加强调国家权力行使的"正确"和"高效"目标，即功能适当，这也一直是我国国家权力配置的重要取向。③ 更是"现代国家设立国家机关、配置权力、调整和改革国家机关、处理国家机关之间关系的重要原则"。④ 权力机关配置若真能恪守功能适当原则，则权责相适应所要求的"明确有权必有责、权责相一致"⑤和议行合一所要求的"有分工，不分权"的基本内涵⑥便有望实现。

但就中国当前现实而言，无论是纳税人同意权的落实，还是权力机关立法权的行使；不管是公众参与立法，还是权力机关的权责配置，都难言理想。此种现实对于一般部门法都未必是好事，更何况是面对税法这一高度专业领域。或因如此，方有学者认为：无论是税收立法，还是税收行政执法，乃至是税收司法，都需要专门的人才和知识积累。即便是最高立法机关在这方面的准备同样是明显不足，不管是制度建设，还是人力保障，乃至是专业知识储备，都可能难以胜任税收严格法定后的重担。如果不夯实立法机关的民众基

---

① 冯玉军：《中国法律规范体系与立法效果评估》，载《中国社会科学》2017年第12期。
② 张乾友：《寻找公平的决策权分配方案——当代规范政治理论从平等到公平导向的转型》，载《江苏行政学院学报》2018年第2期。
③ 功能主义的权力配置原则可以概括为两项规范教义：第一，以机关结构决定职权归属；第二，因应职权需要调整机关结构。它一方面意味着，当某项国家任务需要分配时，要比较分析哪个机关在组织、结构、程序、人员上具有优势，最有可能做出正确决定，因此是在功能最适合的机关；另一方面意味着，如果宪法将某个国家职能配置给了某个机关，那么就应该对这个机关的组织、结构、程序、人员进行相应调整，以使其能够达到落实这项国家任务所需要的功能要求，也就是成为针对该项职能的功能最适的机关。此外，相互分工的机关仍然要相互控制和平衡，但也不应该是相互削弱，而是要取向于国家功能的最优化实现。参见张翔：《我国国家权力配置原则的功能主义解释》，载《中外法学》2018年第2期；张翔：《国家权力配置的功能适当原则——以德国法为中心》，载《比较法研究》2018年第3期。
④ 朱应平：《以功能最适当原则构建和完善中国上海自由贸易试验区制度》，载《行政法学研究》2015年第1期。
⑤ 参见李楠楠：《从权责背离到权责一致：事权与支出责任划分的法治路径》，载《哈尔滨工业大学学报（社会科学版）》2018年第5期。
⑥ 据学者考察，从"议行合一"这个概念的正式提出看，它并不反对国家权力之间的适当分工，它主张的只是权力机关的"全权性"及其在整个国家权力体系中的优越地位，其背后隐含着人民主权不可分割的宪法原理，并因此与分权原则相互对立。"有分工，不分权"，这才是议行合一的基本内涵。与民主集中制的理论建构相比，议行合一能够更好地描述我国国家权力在横向上的分配。参见杜强强：《议行合一与我国国家权力配置的原则》，载《法学家》2019年第1期。

础，不加强立法机关的立法能力，最有可能的结果就是，形式上落实了税收法定原则，而税收法治实质情况仍未改观，甚或更坏。因为税收法定原则未能实现时，至少人们期盼着它能解决混乱不堪的税收法治现实。一旦税收法定原则得到落实，混乱情势却依然一如往常，人民对税收法定原则的信任将有可能失去，进而导致本就脆弱的税收法治意识将会进一步恶化。因此，我们既要呼吁落实税收法定原则，也要推进立法机关的立法能力建设。① 但更为重要的是，正视税收立法现实，在形式税收法定原则框架下竭力规范和提高税法解释与税法适用的质量，实现税收法定原则的实质诉求和转向，达致税收实质正义。

据此，在税收立法、税法解释与税法适用时，不仅要根据形式上的税收法律制度，更要考虑形式税收法律规则所隐含的价值判断和理念。不能仅止于形式上之公平，而应就实质上经济利益之享受者予以课税。② 既然如此，如何度量和判断实体价值，识别和测量税收实质正义，便成为关键。通观所有税法原则，内置实质正义追求的量能课税原则，集宪法平等理念和税收公平理念于一身，是为不二选择。一般认为，量能课税既是一种重要的财税思想，也是税法一项结构性原则，它对税收立法、执法和司法，以及贯穿其中的税法解释都具有重要的指导作用。③ 换言之，"量能课税是税法的实质要求，是一条贯穿立法、解释与适用诸环节的基本税法原则。"④在大多数国家，量能课税原则被视为一个社会税收体系公正的基础之一⑤，其立基于"课税必须遵循最小牺牲原则的同时，按照纳税人的负担能力平等征收"⑥思想。这一思想被税法学界和税收立法者们引进税法的观念中，并发展成税法上体现税收公平原则的量能课税原则。⑦ 由于国家系以税收统筹运用于各项支出，人民的纳税与国家的给付，难以建立所谓的对价关系，因此人民应否纳税与纳多少税，无法依其从国家获得多少利益（给付）而决定。在财税为庶政之母的关

---

① 参见熊伟：《论我国的税收授权立法制度》，载《税务研究》2013 年第 6 期。
② 参见罗瑞玉：《租税法律主义与实质课税原则之个案研究》，台湾私立中原大学 2005 年硕士学位论文，第 29 页。
③ 参见葛克昌：《量能原则为税法结构性原则》，载台湾《月旦财经法杂志》第 1 期。
④ 具体而言，在立法层面上，量能课税原则要求除非有着比例原则的特殊考虑，否则在征税时理当公平地对待所有的纳税人；在法律解释与适用层面上，量能课税要求实现实质上的公平，防止因为形式上的规避导致税法适用上的税负分配不公。参见潘修中、韩晓琴：《量能课税原则与我国税制改革》，载《税收经济研究》2015 年第 6 期。
⑤ Victor Thuronyi (ed.), *Tax Law Design and Drafting* (volume 1), International Monetary Fund, 1996, chapter 2.
⑥ David N. Hyman, *Public Finance: A Contemporary Application of Theory of Policy*, 6th. Ed., South-Western College Publishing, 1999, pp. 662-663.
⑦ 参见刘剑文主编：《财税法学》，高等教育出版社 2004 年版，第 334 页。

系下,国家不能没有税收,因此纳税成为全体国民应平均分摊的义务,此即宪法所揭示的平等原则与纳税义务连结的当然解释。然而,宪法要求的平等,并非机械式的假平等,而是正视个别差异性的实质平等,因此表现在纳税义务上,即非依人头平均分担国家的财政缺口,而是注重人民个别税负能力的量能课税原则。①

众所周知,量能课税是税法上的一个重要概念,它源于经济学对税收公平的"能力说"表述,并因其与分配正义的契合而得到法学界的引介。税法之所以创设和确立量能课税原则,不仅仅是由于量能课税原则仰赖的"能力说"在操作上的可行性,更是因为作为税收公平的表征,量能课税原则肇始于宪法之平等精神,与公平分配目标具有天然之契合,其本质上就是要求税收按照负税能力而非肆意分配,是分配正义在税法上的集中体现。② 在宪法平等原则指引下,纳税人负担税负的能力,成为决定其应否纳税及应纳多少税的准据。对于国民而言,纳税固然是义务,但亦不能超过其负担能力的范围,且不必比具有相同纳税能力者,缴纳更多的税收。换言之,纳税人亦享有受平等课税保障的权利。③ 具言之,量能课税原则内含三层要义:一是"按能课征",其以税收负担能力为标准符合课税的正当性;二是"最小课征",其要求有效地保护纳税人的生活保障权;三是"公平课征",其要求税收负担平等地在纳税人之间进行分配。④ 由此学者们大都认为:所谓量能课税原则,系在个人的税收负担评价中,应按照纳税人给付(负担)税收的能力加以衡量,亦即依据纳税人经济上实质税负能力加以衡量。再者,若是基于"经济上实质税负能力"予以衡量,仍然必须受到人性尊严的限制,亦即"最低生存所必要之费用"自应予以扣除。⑤

简言之,作为实质正义的体现,量能课税要求在税法上平等对待,即"税收安排必须遵循最小牺牲原则的同时,税收必须按照纳税人的负担能力平等征收"⑥。换言之,量能课税原则意味着"相同事务作相同处理,不同事务作不同处理"⑦。据此,立法者必须在不同纳税人之间,加以比较衡量其税收负

---

① 参见张永明:《国家租税权之界限》,台湾翰芦图书出版有限公司2010年版,第90页。
② 参见陈立诚:《分配正义视野下的量能课税——一种税收理想的破茧新生》,载《厦门大学法律评论》2015年第1期。
③ 参见张永明:《国家租税权之界限》,台湾翰芦图书出版有限公司2010年版,第90页。
④ 参见张富强、刘娟:《量能课税原则下房产保有税立法的正义价值》,载《社会科学战线》2017年第4期。
⑤ 参见许凯杰:《量能课税原则之研究》,台湾中正大学2008年硕士学位论文,第324页。
⑥ 吴凯:《〈环境保护税法〉立法原则探析:税收法定与量能课税的融合与优化》,载《世界环境》2016年第1期。
⑦ 参见钟典晏:《扣缴义务问题研析》,北京大学出版社2005年版,第31页。

担能力有无异同,也就是说立法者在选择税收客体时,需要以纳税人的支付能力作为指标。① 税收负担能力相同之人,应该缴纳同等数额的税收;税收负担能力不相同之人,则必须负担不同数额的税收。② 也即,"能力强者多负担,能力弱者少负担,无能力者不负担"③。其实,属于国民共同的费用负担的税负,必须让国民公平地承担。这一观点,已经被近代国家广泛、共同接受。问题是,"税收的公平"中包含向处于同等状况者课以同等税负,处于不同状况者则课以设定合适差异的税负的含义。何为"同等状况"、何为"设定合适差异的税负",含义无法从"公平"原则自身中引导得出④,演进至今,公认的能够充当"税收的公平"这一评判工具的是税负能力。

(二) 量能课税的实质正义根基

追溯量能课税的实质正义来源,不能不谈及税收的市场与经济因由。"从霍布斯的利益赋税说到林达尔的税收价格论,一直都产生和形成于市场经济的背景下,因而,很自然地具有市场经济的本性,是一种服务于市场经济的理论,也是公共财政论不可或缺的组成部分。"⑤ 依据市场经济与公共产品理论,政府不仅要为市场经济运行提供必要的外部条件、矫正经济运行过程,而且还要集中提供市场发展不可或缺的公共产品和公共服务。因为私人市场不太可能以帕累托效率数量生产纯公共物品,即市场机制不可能有效地提供消费具有非竞争性和非排他性的公共产品与公共服务。即便有时候公共提供的物品也可以由私人提供,但是在这种情况下,也需要社区的集体决策,这时要选择利用公共提供的程度。⑥ 然政府生产公共产品、提供公共服务同样需要成本付出,这一点与普通市场主体并无二致。政府成本主要来源于公共财政,而税收是最为重要的财政收入形式。揭开税收面纱,可以发现政府从纳税人手中攫取的税收,通过公共产品和公共服务的提供,最终又用到了纳税人身上,可谓"税收取之于民,用之于民"。

从这个意义上说,市场经济条件下,纳税人是在为自身利益而担负税收。纳税人"将自己的部分收入以税收形式让渡给政府,使之能够提供公共产品而服务于自身利益,就如同支付个人产品价格一样,也具有了货币支付与利

---

① 参见葛克昌:《税法基本问题——财政宪法篇》(2005年增订版),台湾元照出版有限公司2005年版,第164页。
② 参见王建煊:《租税法》,台湾神州图书出版有限公司2001年版,第7页。
③ 许多奇:《论税法量能平等负担原则》,载《中国法学》2013年第5期。
④ 参见〔日〕中里实等编:《日本税法概论》,张翠萍等译,法律出版社2014年版,第19页。
⑤ 张美中:《税收契约理论研究》,中国财政经济出版社2007年版,第15页。
⑥ 参见〔美〕哈维·S.罗森、特德·盖亚:《财政学》(第八版),郭庆旺、赵志耘译,中国人民大学出版社2009年版,第66页。

益获得之间的交换关系。正是从这个意义上看,税收也具有了'价格'这一根本性质,是人们为了'购买'产品所支付的'价格',也是人们为了满足自己的切身需要所承担的费用"①。据此逻辑,税法参与私人财产分配后,纳税人的税前收入最终会一分为二,其中一部分用于购买私人产品与服务等支付,另一部分则为通过税收间接承担公共产品和服务的价格。从某种宽泛而有用的概念意义上讲,捐税也是一种由个人或个人团体为以集体方式提供的公共劳务所支付的"价格"。②透析纳税人税前财产收入分配结构和规则,税收法律关系主体镜像逐渐清晰。具体而言,借助税法规则,纳税人与国家之间发生税收征纳关系,这种关系又进一步与纳税人之间在先业已存在的市场关系联动。建基于征纳关系之上的市场交互关系显然有别于传统的税收"无偿性"认知,而使得税收具有了市场法则的某些特质和意蕴。

在国家与纳税人层面,课税正义植根于市场关联性和商品等价交换。以个人所得税为例,"所得不仅是由个人之劳心劳力,同时也是市场交易之结果,故所得由个人给付与市场交易组成,二者缺一不可"③。从此角度上来说,个人所得产生的前提在于市场的在先存在,是由个人利用市场所提供的营利可能,致个人财产有所增益。虽然市场不是国家所形成的,但是国家组织结合促进市场,并提供法律秩序以保障市场得以有效运行。易言之,个人所得的获取,背后有赖于国家对生产、职业法律制度的存在,利用国家货币政策、商业政策、景气政策等经济政策,在需求与供给之间取得经济利益。个人所得,是以国家所确立的商业法律制度为基础设施,这些设施包括社会大众所创造的市场条件、生产规格、技术与商业关系等。由此,所得者,透过经济活动以参与社会生产而有所取得。个人所得,系经由市场供给需求中,所创造出价值的增加。由于所得基于市场交易取得,所得应附有社会义务,而具有可税性。因此,所得税法中,与市场相关甚至依赖市场的营业基础,为其课税要件形成的前提。④

的确,国家为了组织并维持市场的运转,不得不制定一些政策、创造一些条件,由此而生的支出自然由财政列支。这些支出最终都会通过市场转嫁给获取所得的社会主体,相当于"私人财产为了社会公共福祉所应承受的正常负担"⑤。从这个意义上说,税就是一种收益的对价,税法参与受益分配理当遵循对价的基本机理。而这种对价机理的运行,显然不仅需要主体参与市场

---

① 张美中:《税收契约理论研究》,中国财政经济出版社2007年版,第16页。
② 参见〔美〕詹姆斯·M.布坎南:《民主财政论》,穆怀明译,商务印书馆2002年版,第16页。
③ 葛克昌:《所得税与宪法》(第三版),台湾翰芦图书出版有限公司2009年版,第43页。
④ 参见同上书,第43—44页。
⑤ 参见张翔:《财产权的社会义务》,载《中国社会科学》2012年第9期。

交易,而且需要在市场交易中获得营利收入。否则,税收仰赖的对价分配法则将无从运转。所得税在这方面体现最为明显。一般而言,"所得税之课征要件,主要有二:一为个人参入市场交易过程之状态;二为利用营利基础,以取得个人收入之行为。此种状态要件与行为要件,须以营业基础与营业成果(所得)相结合,并归入利用在市场中交易之个人收入中,由营业基础所派生之营利能力,及利用营业基础所取得之营利,均与市场有依赖关联关系,亦因此种关联而附有社会义务。"[1] 如此可见,尽管税法确立了纳税义务,但奠定课税正义根基的显然不只是税法规定,还包括"所得"的市场关联性。只有通过市场所获取的所得才得以课税。否则,税收正义必遭质疑。

进一步而言,任何一个市场主体要想从市场经济中获益,就必须参与市场运行。从市场的出现与运营来看,政府架构出一个市场,不仅需要倾力做好各项配套设施,而且还要确保各项设施能够有效、持续运作。而市场的架构和维系都是需要成本的,所以市场主体在取得收入的同时,已经蕴含政府建构和维系市场运行的成本。在国家和纳税人之间,市场这一看不见、摸不着,却真实存在的特殊"商品",承担着十分重要的角色。国家提供、出卖市场,类似一般商品交换之卖方;市场主体负税参与市场交易,类似商品交易之买方。双方之间进行着迎合价值规律的商品买卖,遵循等价交换的一般规律。借助税法规定,当市场主体的"买价"以税收的形式出现时,市场主体也随之演化为税之纳税人。由此不难理解,市场主体之所以成为纳税人,固然与纳税人的交易行为及其结果符合税收构成要件有关,但这也只是课税的形式根由。更为重要的还在于市场主体接受、参与了非免费品的市场这一特殊"商品"。所纳之税不过是购买市场这一特殊商品的对价而已。[2]

基于上文论述,课税对象的市场关联性以及商品对价性奠定了税之实质正义根源。但具体到课税实践中,每个纳税人之间能否真正实现课税正义,必须依托公平标尺设计科学税制。充当这一公平标尺的设计标准有很多。例如,不考虑纳税人所得高低皆按统一数目课税,典型就是历史上的人头税,此种标准已极少为现代国家所采用;再如,按每个人从市场中所取得的利益的一部分课税,即一般所说的"利益对价说";还如,按每个人所得的高低课税,也就是通常所说的"量能课征",这一标准为大多国家理论和实务界所接受。究其原因,"在社会的经济结构发展到比较复杂、精致的程度的情况下,

---

[1] 葛克昌:《所得税与宪法》(第三版),台湾翰芦图书出版有限公司 2009 年版,第 45 页。
[2] 诚然,也有不纳税的市场主体,但那并不意味着是对"税之对价"的批驳,部分市场主本不纳税更多的是国家政策使然,其只不过是政府对没有充分利用市场,或者利用市场尚未达到既定收益的市场主体所作出的政策安排而已。

法律调整对象趋于复杂化,法律调整的目标需要精细化,这必然最终体现在对一种更为复杂、精致的法律观理论的要求"①。量能课税原则显然较好地切合了这种税法观理论的需求。归根到底,量能课税的最大贡献在于它为纷繁复杂的税法提供了一个相对公平的标准,即能力标准——经济给付能力。其之所以能够成为税法正当性的理论基础也在于它"本质上要求税收负担按照纳税人的税收负担能力而非肆意分配"②,它使纳税人都有理由相信与其有负担能力相同的人也负相同比例的税收,从而在同一市场上与竞争对手的课税成本是相同的,最终使竞争双方处于纳税之前的相同状态,而不至于因为纳税使双方处于人为的不对等的境况。

概而言之,量能课税原则根本上践行和契合了正义的共识原则。以最为经典的罗尔斯正义论为例,罗尔斯在其不朽的名著《正义论》中提出对后世影响深远的两个正义原则。第一个原则:每个人对与其他人所拥有的最广泛的基本自由体系相容的类似自由体系都应有一种平等的权利。第二个原则:社会的和经济的不平等应这样安排,使它们被合理地期望适合于每一个人的利益;并且依系于地位和职务向所有人开放。③ 量能课税本质上是符合罗尔斯正义原则的,它在相同纳税人之间给予一种相同的平等对待,从而使纳税人在纳税后依旧处于纳税前的市场地位。换句话说,按照量能课税设计税法,便大体既可实现课税,又不可过度干预市场自由竞争,即可实现税收中性。这一点多是市场主体最为看重和最为忧心的。当然,必须警惕的是,"量能课税只是在维持财产现状的情况下,对财产的增量做相对公平的处理。如果财产分布的现状本身就不公平,指望量能课税又能达到多大程度的公平呢?另外,即便是相对的公平,量能课税所能考虑的也只是一些容易计量的因素,还有许多涉及个人主观努力的因素同样被忽略不计。如,同样是投资所得,有的因为搭便车而不费吹灰之力,有的则属于百倍努力的汗水结晶,但这在所得税法上无法做到区别对待。因此,税收负担能力并不是一个既定的事实,而是一个地地道道的法律判断,同样带有主观性成分"④。

现代给付国家原则上无不以量能课税作为租税合理正当性之标准,而以

---

① 刘杨:《基本法律概念的构建与诠释——以权利与权力的关系为重心》,载《中国社会科学》2018 年第 9 期。
② 张富强、刘娟:《量能课税原则下房产保有税立法的正义价值》,载《社会科学战线》2017 年第 4 期。
③ 参见〔美〕约翰·罗尔斯:《正义论》,何怀宏、何包钢、廖申白译,中国社会科学出版社 2003 年版,第 60—61 页。
④ 刘剑文、熊伟:《税法基础理论》,北京大学出版社 2004 年版,第 138 页。

对偿原则为例外情形予以辅助。① 一般认为,"对偿"是指每个人按从国家及地方自治团体所得利益,所相当之所得一部分负纳税义务。对偿原则打破了量能课税原则所确立的基本标准,即经济给付能力。主要适用于无法界定,或者没有必要界定经济给付能力的场景。对偿原则之所以能够补足量能课税原则,成为税法正当性的辅助标准,在于市场的复杂性使得原本清晰的量能课税标准偶有失灵之处,某些既定情况下一味强调适用量能课税标准,无异于在纳税人之间制造实质不公。此种境况中,使用相对灵活的对偿标准便可以缓解涉税冲突、节省不必要的征纳成本。因此,税法之实质正义追求仅仅依赖于量能课税原则照样是有欠缺的,量能课税原则必须辅之以对偿原则,作为例外规则予以衡平。否则,即便有税收法定原则之形式正义福佑,量能课税原则主导的税法也未必能够通向最终的实质正义之路。只有量能课税原则和对偿原则相互协商、共同配合,才能铺筑税之实质正义的理论基石。如果说量能课税原则是罗尔斯的平等正义、公正正义的反应,体现了罗尔斯正义论的第一个原则的话,那么,对偿原则犹如贯彻了罗尔斯正义论的第二个原则,即差别原则。两者交互共进,正义方可实现。

(三) 量能课税原则的核心位置

不可否认,三大建制原则之于税收正义的实现都格外重要,但三大原则何为税法建制核心,向来是"公说公有理,婆说婆有理"。与税收法定原则和量能课税原则不一样,稽征经济原则因为肇始于税收征管技术因素,其意图解决和衡量的也只是税收征管经济效率等技术难题②,所以学者们几乎都不会将稽征经济原则视为是税法建制原则的核心。因为任何技术都不会带来确定的结果。同样的科技,也可能创造出非常不一样的社会,甚至还会秀发出截然相反的结论。即便是所有人都会深信人工智能和生物科技的兴起肯定将改变整个世界,但也并不代表只会有一种结局。③ "例如,新兴智能产业的发展和传统产业的智能化升级,会大大提高经济效率,减少对资源、能源的

---

① 参见葛克昌:《所得税与宪法》(第三版),台湾翰芦图书出版有限公司 2009 年版,第 159—160 页。
② 比如,在大数据条件下,税务机关一是可以通过大数据技术将散落在政府、银行、商场、交通、医院、学校等机构的相关信息通过数据接口进行汇总,更全面地掌握纳税人家庭的收入、负担和支出情况;二是可以运用大数据和云计算技术对海量税务数据以及与其他部门共享的海量的社保、工资、劳动、投资等数据进行对比分析,在此基础上对纳税人的涉税行为进行分析研判、风险等级划分和预警,并分类监管,分别实施不同种类的征管措施:对征管风险较高的纳税人提高征管级别,实行较为严格的征管制度;对纳税遵从度比较高的纳税人,则征管较为宽松,以提高征管和监督效率。参见刑会强:《个人所得的分类规制与综合规制》,载《华东政法大学学报》2019 年第 1 期。
③ 参见〔以〕尤瓦尔·赫拉利:《未来简史》,林俊宏译,中信出版社 2017 年版,第 357—358 页。

消耗,改善人类的生存和生活质量,但也会在某些领域对公平、安全、秩序等产生负面影响。"①更为重要的是,无论技术如何变革,也不论科技怎样创新,更不管包括移动互联技术在内的各种移动互联软件的应用何以深度渗入到社会各个角落,正在改变着我们的生活方式与工作方式②,但这些技术最终都不过是为实体服务而已。任何技术创新与变革要想真正发挥作用,都难以离开实体的支撑。所以,税法建制的确离不开稽征经济原则的功能发挥和价值指引,但稽征经济原则也确实难以成为税法建制原则的核心。由此,真正的论争在于税法建制到底应该是以税收法定原则为核心,还是理当以量能课税原则为核心。不同的学者,基于不同的立场,不同的观测视角,得出的结论未必一致,甚至可能会截然相反。

比如,有学者认为:税收法定原则是税法的基本原则,是税法中的帝王原则和最高原则。③ 另有学者则认为,此种观点在回应我国税收行政立法泛滥,代议机关税收立法极为被动的问题上固然有其积极意义,但是税收法定原则本身并不包含对立法机关的规范,过分强调其核心地位并无裨益。④ 相较于税收法定原则而言,更多学者主张应当将量能课税原则确立为税法建制原则的核心,以此架构税法规则体系,主导税收法治建设。比如,有学者认为:量能课税原则在税法发展演进过程中,具有举足轻重的地位,此一原则如予以扬弃,或视之如无具体内涵之空虚公式,则税法之演变只能诉诸议会多数决或专断独行。⑤ 又"因考量公共负担平等,全体纳税共同体间团结原则,及社会拘束之理念,在财产使用收益之际应同时负分担公共支出之社会责任,此种结构性原则即为量能课税原则"⑥。更有学者以为,量能课税原则最重要的意义在于"提供税捐法建置上之价值伦理的基础,使税捐法基本上成为一个可操作的价值体系",故而,量能课税原则对于税法而言犹如私法自治原则相对于私法的地位。⑦ 透过学者论断,量能课税原则的核心位置无须多言。

客观上说,无论是税收法定原则,还是量能课税原则,既为税法建制基本原则,便"各有其不同的适用范围,各自起到不同的规范和指引作用"⑧。要保证税收的合法性和合宪性,税收法定原则无疑是最基础的要求,同时也是

---

① 张守文:《人工智能产业发展的经济法规制》,载《政治与法律》2019年第1期。
② 参见赵磊:《商事信用:商法的内在逻辑与体系化根本》,载《中国法学》2018年第5期。
③ 参见徐阳光:《实质课税原则适用中的财产保护》,载《河北法学》2008年第12期。
④ 参见王东:《税法理念问题研究》,法律出版社2015年版,第175页。
⑤ 参见葛克昌:《税法基本问题(财政宪法篇)》,北京大学出版社2004年版,第120页。
⑥ 葛克昌:《纳税者权利保护法析论》,台湾元照出版有限公司2018年版,第75—76页。
⑦ 参见黄茂荣:《法学方法与现代税法》,北京大学出版社2011年版,第190页。
⑧ 熊伟:《重申税收法定主义》,载《法学杂志》2014年第2期。

税收正义和税收宪治最基本的体现。但就外延而论,税收法定原则仅具税收法治的形式意义①,而缺乏最为核心的实质要义。量能课税则完全不同,它既包括实质公平与效率,也包括形式公平与效率;既包括总体公平与效率,也包括个体公平与效率。简言之,它不但表现为税收实质法治中的公平与效率价值,也蕴含于量能课税原则对税收法定原则的形式主义诉求。② 从这个角度上说,税收法定原则只是量能课税原则的制度基础,不足以成为现代税法的核心建制原则。但绝不意味着税收法定原则自此毫无价值,而旨在说明税法建制的确不应仅仅满足和停留在机械的税收法定原则层级,而应迈向量能课税原则高度,确保税制设计不仅形式合法,而且实质正当。这也与税收法定原则的发展轨迹与趋向完全吻合。尤其是第二次世界大战以来,税收法定原则在多数国家和地区的税制实践中都已突破静态的形式法定原则,而进阶至实质法定原则。其主要表现就是运用包括平等原则、比例原则以及财产权、生存权等基本权保障的实体宪法原理,以制约议会课税立法权,实现税收实质正义。③ 此种实践,间接证实了量能课税原则之于税法建制的核心位置。因为"归根到底,实践构成一切理解和解释活动的本体论基础和前提"④。

其实,究竟是围绕税收法定原则设计税法原则体系,还是聚焦量能课税原则建构税法原则系统,背后蕴含和折射的是法的实质正义与法的形式正义之争。"由于税法作为国家'剥夺'公民财产权利的规则基础的特性,对税法规范的确定性与稳定性的要求,远远要超出其他法律规则,才能保证人们能够对自己和他人的经济活动及其税收后果进行必要的预测,并借以实现对自己行为的合理计划与实施。"⑤因此,税法的形式正义首先受到关注。毕竟,"制度在实施当中能否实现形式正义,直接关乎社会普遍秩序的形成,影响每个成员的行为方式和人生规划"⑥。追根溯源,代表法律正义的法治,其基本要求是按照既定规则办事,故社会变化引起的实质正义的发展不能任意影响法律的稳定性。为此,有学者甚至认为:为了法治或法律的权威,应当在一定

---

① 参见刘剑文、耿颖:《税收法定原则的核心价值与定位探究》,载《郑州大学学报(哲学社会科学版)》2016年第1期。
② 参见曹明星:《量能课税原则新论》,载《税务研究》2012年第7期。
③ 参见丁一:《税收法定主义发展之三阶段》,载《国际税收》2014年第5期。
④ 刘杨:《基本法律概念的构建与诠释——以权利与权力的关系为重心》,载《中国社会科学》2018年第9期。
⑤ 汤洁茵:《金融交易课税的理论探索与制度建构:以金融市场的稳健发展为核心》,法律出版社2014年版,第32—33页。
⑥ 李寿初:《法律形式正义实现之可行性》,载《上海交通大学学报(哲学社会科学版)》2016年第1期。

限度内允许法律背离实质正义。① 只是步入近现代以来,经济社会逐渐复杂,严苛的税法形式正义时常面临税法规则的滥用、税法不能及时提供规则、行政权的扩展和立法权的分化等诸多困境和挑战,极大地损害了税法形式正义所依据的"民主"和"法治"原则。它不仅与税收国家的原生理想抵触,而且使纳税人处于不平等的地位。当税法形式正义出现挑战和困境的时候,税法实质正义正是能够进一步补正形式正义的一剂良药。因为它是分配正义在税法上的体现,其最大内容是公平,终极目的在于保障基本人权。②

正是税法形式正义自身无力克服的诸多障碍,量能课税原则内在的诸多重要机能,比如,体现和维护税收正义、保障纳税人的弱者权益、保障纳税人的生存权、对税收法定原则的更高要求,以及"从形式正义到实质正义"的社会正义观转变、"从依法征税到以宪制税"的税收法定转换和"从人民主权到人权"的人权理念转变等内外环境交织演化,才催生了税法从形式正义向税法实质正义的转向。实际上,从税收法定原则到量能课税原则,从依法治税到以宪治税,从税收形式正义到税收实质正义,也总体符合多数国家和地区税法建构原则的演变轨迹和进化规律。③ 由此可见,量能课税原则成为税法的核心建制原则并非简单的学理争辩,而是有着深厚经济、社会、文化变迁的诱因。与其说是各种原则相互竞争的结果,不如说是植根于经济社会土壤之上的正义哲学变迁的结果。与税收法定原则相比,"量能课税原则是伦理原则,同时也是宪法原则与法律原则"④。因此,有学者将量能课税原则称为"税法理论上最重要的基本原则"⑤,即税法的结构性、实质性原则。它具有双重意义,一为容许国家按人民负担税收的能力依法课征,一为禁止国家超出人们负担税收的能力课征。⑥ 需要重申的是,在税法上确立量能课税原则的核心地位,绝非意味着税收法定原则的可有可无。量能课税原则实现税收实质法治不假,"但形式法治是法治的逻辑前提,只有在法律形式所提供的空间范围内,实质理性才有可能获得"⑦。

---

① 参见孙笑侠:《法的形式正义与实质正义》,载《浙江大学学报(人文社会科学版)》1999 年第 5 期。
② 参见贺燕:《实质课税原则的法理分析与立法研究——实质正义与税权横向配置》,中国政法大学出版社 2015 年版,第 90—100 页。
③ 参见侯作前:《从税收法定到税收公平:税法原则的演变》,载《社会科学》2008 年第 9 期。
④ 葛克昌:《税法基本问题(财政宪法篇)》,北京大学出版社 2004 年版,第 126 页。
⑤ 叶姗:《房地产税法建制中的量能课税考量》,载《法学家》2019 年第 1 期。
⑥ 参见刘继虎:《论形式移转不课税原则》,载《法学家》2008 年第 2 期。
⑦ 陈兴良:《形式与实质的关系:刑法学的反思性检讨》,载《法学研究》2008 年第 6 期。

（四）量能课税的度衡基准

"量能课税原则固然很吸引人,但如何去操作却成为主要的问题。"①因为量能课税原则是按照纳税人的捐税能力大小来决定其最终的纳税数额,所以必须对什么是捐税能力等问题进行探究。否则,量能课税原则依旧是空洞的,其度衡价值也难以展现。一般认为,捐税能力也被学界称之为税收给付能力或税收负担能力,它是一种典型的经济能力。一项税收规则除了必须基于经济事实来选择征税行为外,还必须满足三项条件,才符合量能课税原则,这也体现了税收给付能力的三项特征:其一,自有性;其二,真实性;其三,现实性。② 这些特性不仅揭示了税收给付能力的本体要求,而且展示了其之于量能课税原则的运行机理。即它们借助税收立法、税法适用以及贯穿其中的税法解释而逐步展现出来,渐次呈现出其度量税收实质正义基准与方法的功能和价值。这些功能价值的发挥与作用一般须经历四个步骤。首先,依据量能课税原则,税收立法者必须在不同纳税人之间,加以比较衡量其税收负担能力有无异同,也就是说立法者在选择税收客体时,需以纳税人的税收给付能力为指针;其次,在选择较为合理的税收客体之后,需进行税收构成要件的选取与评量,使之与整体法体系相一致;再次,在单一税之构成要件须与整体法秩序协调一致之后,还须将个别税法与整体税制相协调一致,组成完整体系。最后,在合理选择税收客体,并就整体法律体系与税制做体系性整理与考量后,还需进一步考量量能课税原则如何实现,特别是税基相关因素怎样贯彻量能课税原则。③

不难发觉,量能课税原则不仅供给了税收客体以及税基这些税收构成要件要素的选取与评量方法,而且为税收给付能力的衡量提供了一种行之有效的操作思路,即着眼于纳税人的税收累积负担。实践中,人们在判断税收负担时,总是习惯于从税率来判断。税率高的税负就重,税率低的税负就轻,这种认识在一般的单一税种情况下有一定的科学性,也能一定程度上反映出纳

---

① 杨小强:《法律正义下的增值税制》,载《中国法律评论》2018年第6期。
② 具体而言,自有性意味着纳税人应当根据他自己的、而不是他人的捐税能力来缴纳税款,即立法者在选择征税行为和纳税人时,必须以两者存在关联为前提,必须是该纳税人实施了征税行为,也只有这样,纳税人根据其自己的捐税能力来纳税;真实性意味着立法者据以对纳税人征税的捐税能力必须是真实的,而不是虚假的。通常而言,反对基于推定的捐税能力对纳税人征税,需要缴纳的税款必须与真实的经济事实相关联;现实性,即征税应当作用于一项表明现有捐税能力的经济事实,或者说不能对在过去或未来体现的捐税能力征税。参见翁武耀:《量能课税原则与我国新一轮税收法制改革》,载《中国政法大学学报》2017年第5期。
③ 参见葛克昌:《税法基本问题(财政宪法篇)》,北京大学出版社2004年版,第122—123页。

税人的税收负担。不过，一旦某一税收客体同时触及多个单行税种时，凭借税率识别税收负担则可能"差之毫厘，谬以千里"。合同交易课税即是典型。因为根据整体税制原理，合同交易同时涉及多个税种是肯定性事实。对一个合同重复性地征税，征了增值税后再征收附加税费，再征收印花税、所得税等，也是现行税法既定规则。这种重复性的税制设计和规则构造，即使每一单行税种的税率都不高，但几种单行税的税收累积负担结果肯定不轻。所以，衡量纳税人的合同交易税负的轻重，不能光看税率的大小，更要看到税收的累积负担。① 正因如此，才有学者在讨论所得税法时提出："不能仅就所得税法孤立观察，认定其是否符合量能课税原则，而须考虑其他税之负担。在整体考量纳税义务人所有直接税、间接税负担后，才能判断是否符合量能课税原则。"② 其实，单一税负能力测度也好，税收累计负担评量也罢，展示的都是一种量能课税原则的度衡思路。这种思路要想转化为税收实质正义的度衡器，尚需找寻具体的衡量指标。

迄今为止，测量税收给付能力的基础指标主要是所得、财产以及消费。③ 所以，将之选取为税收客体。以之为基础，便可以总体将各种税目归类为：所得型税收、财产型税收或者消费型税收。④ 据此，衡量税收负担能力的标准具有多样性和变迁性，但是结合既有税制变迁规律和现代税制内容与发展趋向，还是可以发现消费、所得与财产是最为直接、影响力最大的衡量指标，也为多数国家或地区立法所认可，它们分别对应流转税、所得税和财产税这三类最为常见的税类。虽然每项基础指标在衡量税收负担能力方面的精确度和认可度未必一样，例如，消费指标相对模糊和间接，而所得和财产指标则较为精准和直接。但总体来说，税收负担能力借助消费、所得与财产这三项基础指标相区别还是可以成立的。一旦税负衡量指标确定之后，经过比例税率的适用，最后的结果自然是，消费、所得、财产越多的人，需要缴纳的税款自然越多。消费、所得、财产较少或缺乏的人，在社会上往往处于相对弱势，其需要缴纳的税款相对则少或无须缴纳税款。⑤ 得益于消费、所得与财产这些具体衡量指标，量能课税原则超越税法形式，使得抽象的税收实质正义评量成为可能。

---

① 参见杨小强、叶金育：《合同的税法考量》，山东人民出版社 2007 年版，第 7 页。
② 葛克昌：《税法基本问题（财政宪法篇）》，北京大学出版社 2004 年版，第 122—123 页。
③ 参见陈清秀：《税法总论》，台湾元照出版有限公司 2014 年版，第 30—33 页。
④ 参见黄茂荣、葛克昌、陈清秀主编：《税法各论》，台湾新学林出版股份有限公司 2015 年版，第 19 页。
⑤ 参见熊伟：《法治视野下清理规范税收优惠政策研究》，载《中国法学》2014 年第 6 期。

根本而言,"量能课税原则以纳税人的负担能力分配税收,旨在创设纳税人与国家之间的距离,以确保国家对每一国民的给付无偏无私,不受其所纳税额的影响"①,维持课税的中立性要求。"从效率性的观点看,即使征税也不宜因此歪曲人们的选择,这样才能有利于社会福祉(社会整体的满足度)的最大化。"②是以,量能课税原则又进一步要求在税收负担上应保持中立性原则,亦即不应变更营业的公平竞争关系。如果对于竞争同业课以不公平的税负,而违背平等原则时,则亦违反竞争的中立性。税收中性原则则要求课税不应影响私经济部门(消费者及生产者)从事经济活动的经营决策,避免影响私经济部门的资源配置。③ 简言之,"国家征税应避免对市场经济正常运行机制的干扰,特别是不能使税收超越市场机制而成为资源配置的决定因素"。④ 在这其中,税收给付能力的度衡始终是量能课税的重心。尤其是在公民财产权日益受到重视的今天,如何将分配正义的价值追求注入财税法内在结构,从而使其发挥出"制约差距过大、保障平等与公平分配"的功能,始终是个悬而未决的难题。⑤ 如果不同税收给付能力的纳税人最后承担的税负毫无差别,或者相同处境的纳税人被选择性地纳入课税范畴,又或者虽然都被吸纳至课税范围,但是其中一部分纳税人可以享受某些税收优惠待遇,而其他相同或相似情境的纳税人却无缘此种特别的税收待遇。诸如此类的情形发生,都会不同程度地破坏"税收的公平",造成纳税人与国家的本能隔离,导致相同或相似处境的纳税人之间极易滋生矛盾,弥漫税收难言公平之不良氛围,弱化社会的整体税收法治意识,进而损及税收正义的法律实现,延缓甚或阻却税收法治的通畅实现。

值得注意的是,不论是消费指标,还是所得指标,乃至是财产指标,抑或是其他基础指标,以这些指标度衡税收给付能力终归会转化为具体的数值,这也意味着伴随这些指标的运转,税收负担能力也将随之数量化和形式化了。此举一方面确实有利于抽象的税收实质正义实现量化,从而更具可识别性和说服力;但另一方面也会导致税收正义的度衡对这些指标的依赖性越来越强,有舍本逐末的风险。特别是倘若基础指标不尽科学,依据这些指标而设计的计税依据、税率等单行税定量构成要件要素的度衡功能和价值必将折

---

① 刘剑文、熊伟:《财政税收法》(第六版),法律出版社 2014 年版,第 191 页。
② 〔日〕中里实等编:《日本税法概论》,张翠萍等译,法律出版社 2014 年版,第 94 页。
③ 参见陈清秀:《税法各论》(上),台湾元照出版有限公司 2014 年版,第 3 页。
④ 张怡:《税收法定化:从税收衡平到税收实质公平的演进》,载《现代法学》2015 年第 3 期。
⑤ 参见刘剑文:《强国之道——财税法治的破与立》,社会科学文献出版社 2013 年版,第 62—63 页。

损。另外,假若基础指标极易被形式化虚造、利用或规避等人为变动,则建造这些指标之上的计税依据、税率等单行税定量构成要件要素的运作结果也必然失真。是以,在利用基础指标以观察税收负担能力时,不应仅仅着眼于形式层面的数量多少,更要从实质合理性的角度进行衡量。① 以税收负担能力度衡税收正义时,需要超越法律形式表征的数值负担,把握形式背后的经济实质所隐含的真实负担。也因如此,实质课税原则得以生成。根据既有文献研究,学界对实质课税原则起源于德国的经济观察法几乎都持共识态度。只是对于何谓实质课税原则,尚未形成统一定义。纵然如此,大多学者依然认为该原则解决的是在一项经济活动中"实质"与"形式"不一致时做出的取舍,即抛弃"形式"而按照"实质"进行课税。② "所谓实质课税原则系指在'税法之解释'及'课税要件事实的认定'上,如有发生所谓'法律形式'与'经济实质'有所差异的情形时,着重实质而甚于形式,以此作为课税基础的原则。"③

尽管依所强调的课税要件事实相对应的法律关系,还是仅考虑法律关系背后的经济实质,实质课税原则有经济的实质主义和法律的实质主义之分。④ 但实际上两者都强调:"在适用税法时,必须认定课税要件事实,如果课税要件事实的'外观与实体'或'形式与实质'不一致,则不能依照外观或形式,而只能依照其实体或实质加以判断。"⑤ 从实质课税原则诞生的历史来

---

① 参见〔日〕北野弘久:《税法学原论》(第四版),陈刚、杨建广等译,中国检察出版社 2001 年版,第 105—109 页。
② 参见刘剑文、王文婷:《实质课税原则与商业创新模式》,载《税收经济研究》2011 年第 2 期。
③ 张美惠:《实质课税原则之研究——从合作店营业税争讼案件谈起》,台湾新学林出版股份有限公司 2015 年版,第 11 页。
④ 具体而言,经济的实质主义完全从经济立场考虑,主张赋予征税机关以自由裁量权,强调税收负担有必要维持实质的公平,即便法律形式或名义相同,只要其经济的实质有差异就应作不同的处理。因此,其更倾向于借助行政机关进行漏洞补偿加以解决税收规避等问题;法律的实质主义则强调坚持税收法定主义立场,主张对符合课税要件的法律形式进行课税,而不是完全脱离法律规定,强调当形式与实质不一致时,必须依据与实质对应的法律关系,判断其是否符合课税要件。因此,其更倾向于通过立法解决税收规避等问题。如此可见,法律的实质课税仍然恪守税收法定主义的立场,坚持不符合课税要件的法律形式不课税。而经济的实质课税主义更为关注财政效果,只要有经济实质,不论其法律形式为何,都必须课税。参见徐阳光:《实质课税原则适用中的财产权保护》,载《河北法学》2008 年第 12 期;顾建兵、殷勤:《对形式合法实质违法的避税行为应适用实质课税主义原则》,载《人民司法》2014 年第 20 期;徐梦堃:《特朗普税改与我国反避税立法中实质课税原则的确立》,载《公共财政研究》2018 年第 1 期。
⑤ 更进一步,当依据外观或形式,并没有符合课税要件的事实存在时,如果实体或实质符合课税要件,则必须认为课税要件已经满足。同理,如果外观或形式符合课税要件,但其实体或实质并无该项事实存在,则必须认定课税要件未能满足。参见刘剑文、熊伟:《税法基础理论》,北京大学出版社 2004 年版,第 155 页。

看,其是为保护国家税权、规制不法偷逃税而产生的。① 正因如此,始有学者认为:"实质课税原则的根本目的是对税收实质正义的追求,以防止纳税人滥用税法逃避纳税义务。它强调的是税法的弹性和灵活性,追求的是税法的实质正义,保护的是税务机关的征税权力和国家的税收利益。"② 与之类似,也有学者认为:"实质课税原则在财政收入筹集中的原始立场早已表明反避税的价值偏向,并为纳税人权利保护的价值立场预留了一定的解释空间。"③比照前述目的和价值立场,经济的实质主义显然更为接近实质课税原则的真实意蕴,因为它要求从事实的经济"实体"或"实质"去解释税法事实,秉持从实质意义上去探求纳税人的真正意图,承认税法事实的解释是实质课税原则的唯一功能,表明实质课税原则注重的是足以代表纳税人有纳税能力的经济事实,信奉依据实质课税原则选定的经济事实才具有应予课税的必要性与可行性。④

鉴于实质课税原则的"税收立法的财政收入目的"之溯源⑤、"根据纳税人的真实负担能力决定纳税人的税负"之要义⑥和"准确确认纳税人的实际

---

① 从实际情况来看,实质课税原则出台的直接背景就是出于德国对反避税和财政收入的直接需要。经历了第一次世界大战后的德国经济萧条,百废待兴,一些不法商人借机发国难财,他们的不法行为在民法上被认定为无效行为,由于当时的税法被认为是民法的附随法,导致在税法上也无效,因而无须课税,这引起了广大纳税人的不满,同时也引发了德国财政上的危机。在这种背景下,为了应对各种形式的税收流失问题,解决财政危机,1919 年,德国出台了《帝国租税通则》,在第 4 条明确规定了税法的解释,应考虑其经济意义,同时在第 5 条中对税收规避做了明确规定,对无效或者虚假的民事行为进行税法规制,这些规定实质上成为实质课税原则的最初实定法渊源。参见李刚、王晋:《实质课税原则在税收规避治理中的运用》,载《时代法学》2006 年第 4 期;滕祥志:《实质课税的中立性及其与税收法定原则的关系》,载《国际税收》2015 年第 10 期。
② 王鸿貌:《论实质课税原则适用之限制》,载《西北大学学报(哲学社会科学版)》2016 年第 2 期。
③ 吕铖钢、张景华:《实质课税原则的路径重塑》,载《税务与经济》2018 年第 1 期。
④ 参见张晓婷:《实质课税原则的制度实现——基于企业所得税法文本的考察》,载《财贸研究》2010 年第 5 期;闫海:《绳结与利剑:实质课税原则的事实解释功能论》,载《法学家》2013 年第 3 期;顾建兵、殷勤:《对形式合法实质违法的避税行为应适用实质课税主义原则》,载《人民司法》2014 年第 20 期。
⑤ 理论上说,税法的财政目的意味着,直接或间接具有经济意义或经济价值的事实才能被法定为课税对象,完全不具有经济意义的现象就不应被法定为课税对象。这是由税收问题的事物本质所决定的。如果税法所定课税基础事实不具有经济意义或经济价值,换句话说,税法纯粹就形式课税而不考虑事件的经济意义或经济实质,就是将与事件无内在关联的因素纳入了考虑范围,将不符合事物的本质即不符合事物的自然之理。简言之,财政收入目的意味着对税法而言,重要的是事件的经济实质而不是其形式。从这个角度上说,实质课税原则实质上来税收立法的财政收入目的。参见许安平:《税法实质课税原理解析》,载《特区经济》2010 年第 6 期。
⑥ 赵迎春:《实质课税原则在具体税务处理中的运用》,载《涉外税务》2006 年第 1 期。

纳税能力"之适用前提①等因由,学界通常都将量能课税原则视为实质课税原则的理论基础。归根结底,量能课税原则旨在追求尽可能地对经济上具有较强给付能力和负担能力的纳税人进行课税,这一目标要想实现,显然无法从经济交易活动的外观的法的形式推知其经济上的实际影响,尤其是法的形式还有可能被利用来制造假象掩盖其真实的交易内容和结果,以达到逃避税负的目的,所以不能依靠法的形式主义的考察方法,而须借助体现经济活动的实质内容和结果的经济观察法来实现量能课税。② 概因如此,有学者认为:实质课税原则为量能课税原则在法理念上的表现,为其实质的原则。由于与课税事实相关之法律形式,有时与经济实质不一定适当匹配,因此,在量能课税原则的实践上,时而发生到底应以法律形式,或应以其经济实质为准的难题。在这个场合,量能课税原则,以实质课税原则的观点论之。在此意义上说,实质课税原则的目的在于体现量能课税原则的意旨,以符合生存权保障及平等原则的要求。量能课税原则其实就是实质课税原则之精神或目标所在,它与实质课税原则有适用上的替代性。所不同者为:实质课税原则带有法规范上之当为的色彩。在这其中,为了掌握经济"实质",自德国法开始便引入经济观察法。经济观察法可以说是实质课税原则在方法论③上的表现。事实上,不管是考察学说,还是观测实务,以量能课税原则、实质课税原则或经济观察法作为其应税、免税或应向谁课税的论据时,其诉求的理念几乎是一个:那就是应以符合经济利益的实质及其实际的依归,认识负担税收给付能力的有无及其归属,以使税收课征能够符合实质,不受限于形式。④

由上观之,由于实质课税原则(经济观察法)与税务机关不受表面虚假法律关系的限制,而直接依据实际的经济状况作为课税的标准,所以实质课税

---

① 参见吴晓红:《论实质课税原则在个人所得税全员申报中的运用》,载《江淮论坛》2013年第2期。

② 参见徐阳光:《实质课税原则适用中的财产保护》,载《河北法学》2008年第12期。

③ 在学者看来,所谓经济观察法,系对税法课税要件之法律解释方法,税法课税要件中,如借用民法上概念,当依民法解释方法所为解释,无法符合租税正义要求之际,应按实质课税之公平原则予以解释。根据 Tipke 教授的说法,经济观察法系指相同之经济负担能力者须予以相同处置,其所依据者即平等原则。而量能原则则源于租税正义之要求,主要系针对立法者,经济观察法则专为税法解释基准而设计。也即,传统对经济观察法,当作与量能原则有相当关联之税法解释基准,现加以予修正为实质课税原则在税法借用民法概念时,须以该原则作为特殊之解释基准。换言之,在税法课税要件借用民法概念时,应取向于量能原则之目的论解释方法,即为经济观察法。参见葛克昌:《税法本质特色与税捐权利救济》,载《人大法律评论》2016年第2辑。

④ 需要注意的是,量能课税原则及实质课税原则含有价值判断,而经济观察法则属于从经济的观点,客观观察、认定课税事实的经济理性在方法上的表现。参见黄茂荣:《法学方法与现代税法》,北京大学出版社2011年版,第188—193页。

原则的运用,有效评量纳税人的纳税能力,以符合量能课税原则的目的。①所以,实质课税原则与经济观察法天然成为量能课税原则的辅助工具和方法,可以实质性地导引和驰援消费、所得与财产等量能课税原则本体度衡指标的有效运转,进而形塑税收实质正义的评量体系。因为在实质课税原则与经济观察法的融入下,量能课税原则赖以依存的消费、所得与财产等"能"之基础指标不再只是形式层面的法律指标,也不只是具有法律形式的表征意义,而是具有重要的实质内涵和价值诉求。其意味着实践中以消费、所得与财产等基础指标评量纳税人的税收给付能力,测度税收实质正义,并非只是简单、机械的形式度量,而"是对交易经济效果的客观评价,是透过'法律形式'的实质探求,对交易的不同事实与环境的把握"。② 借助于这种"对交易的不同事实与环境的把握",量能课税原则之于税收实质正义的度衡功能与评量价值得以彰显;得益于这种超越"法律形式"的实质探求,量能课税原则逐渐摆脱形式税收法定原则桎梏,实现与实质税收法定原则的接壤。正是在此意义上,税收法定原则与量能课税原则成为相对区隔又相互衔接的两极税收正义,唯有突破单纯税收法定原则的形式正义追求,才有可能走向融税收形式正义与实质正义为一体的税收法治。

五、稽征经济:税收技术正义的测度工具

税收法定原则供给了税收形式正义的检测基准,据此观测税收法治实践与税法规则建造,税收正义之形式结论大体可以生成。同理,凭借量能课税原则提供的税收实质正义的度衡标尺,形色各异的税收法治生态也能得到税收正义的实质评量。只是无论是立足于形式面向的税收法定原则,还是定位于实质向度的量能课税原则,其检测和度衡的功能与价值发挥均离不开税收征管维度的稽征经济原则。稽征经济原则虽然不能根本上左右和改变税收法定原则和量能课税原则评价后的形式与实质税收正义之结论,但是它会直接影响甚或折损税收形式正义和实质正义的实现程度与落实准度。从这个角度上说,税收征管维度的稽征经济原则同样是税收正义不可小觑的测度坐标。它绝非只是税收法定原则与量能课税原则之税收形式正义和实质正义

---

① 参见张美惠:《实质课税原则之研究——从合作店营业税争讼案件谈起》,台湾新学林出版股份有限公司 2015 年版,第 52 页。
② 汤洁茵:《原则还是例外:经济实质主义作为金融交易一般课税原则的反思》,载《法学家》2013 年第 3 期。

的附庸，而是有着深厚的行政效率根由。植根于行政运作的效率理念直接催生了稽征经济原则，但也导致稽征经济原则的测度更为艰难。因为行政效率的测量原本就是个十分复杂的问题，很难解决。① 按照行政管理的普遍共识和运作规律，行政效率的衡量实际上就是以有效行政行为为前提，根据不同情况对行政主体在行政数量、行政速度、行政费用等方面进行单项或全面的比对分析，进而得出行政效率高低结论。② 这种测量思路经过税法思维过滤与整合再造之后，以比例原则面貌重新进入税收法治场域，成为稽征经济原则的有效量化工具。

（一）稽征经济的生成根由

随着市场改革与开放的不断深入，今日之社会生产和交易结构变得越来越专业化、规模化、复杂化和网络化，影响生产和交易之经济效应的因素也愈加繁杂和多元。因此，任何法律制度要想契合急速变动的经济、社会情事，都不仅需要在更大范围内更全面、更综合地考虑相关社会群体的利益诉求、交互关系和行为选择逻辑，而且需要通过更为精细化的制度设计，在更加广泛的问题上争取更为细微的效益改进。唯有如此，方可降低整体社会的交易成本，促进各方主体之间更深层次的合作与共赢。从这个角度上说，对效率的追求和践行既是法律得以发生的主要动因，也是法律持续发展和作用于社会的关键因素。③ 民法如此，税法亦如此。如所周知，复合性是税法与生俱来的学科特征。一方面，从征税主管部门的角度来看，税法是有关行使征税权的法律，为此税法长久以来都被视为是公法；但从纳税人的角度来看，税法又是进行经济交易时不得不考虑的重要规则，由此税法又天然具有交易法④的性质和成分。其中，作为公法的税法是以规定并控制征税主管部门行使征税权为目的的法律自不待言。另一方面，由于征税基本上都是以经济交易为

---

① 参见张辉：《论行政效率的基本属性》，载《行政论坛》1994年第2期。
② 参见王庆仁：《行政效率与行政成本》，载《中国行政管理》1994年第11期。
③ 参见熊丙万：《中国民法学的效率意识》，载《中国法学》2018年第5期。
④ 税法具有交易法的性质主要源于以下两个因素：第一，税法规则设计围绕经济交易而展开。不同的交易形式，有不同的内涵、边界和适用范围，有不同的前置法律关系，税法规则设计上就应该有所不同。决策者在设计税法规则时，既要遵守相关的税法原理，又要充分考虑与民商事等交易规则的衔接。第二，税法运用离不开交易定性，而交易定性取决于民商事等交易。交易定性以税收构成要件为出发点，贯穿在认定税收构成要件的每一个环节和方面。面对不同的交易类型，征纳双方需要就交易的性质达成共识，尔后才有可能适用税法。上述两个因素从规则设计和规则运用，从理论到实务深度诠释了税法的"交易法"特质。关于交易定性的进一步论述可参见滕祥志：《税法的交易定性理论》，载《法学家》2012年第1期。

对象,如果不考虑征税效果,则任何经济活动都无法开展。对纳税人而言,既然税收制度作为进行交易时必须考虑的要素客观存在,则有关征税的规则必须明确,具有操作性。尽管轻视制度可操作性的倾向由来已久,但是像税法这样在日常实践中法律问题层出不穷的领域,无视可操作性的探讨是不可能的。所以,在征纳实践中,不仅仅限于税法,需要就某项经济交易相关的法律领域整体进行综合性的案例研究。在通过法律解决现实征税问题时,需要对引发该征税问题的经济交易及相关的法律领域整体进行综合性的考察。①

税法对经济交易的整体性、综合性的实操要求和制度回应,使得税务行政较之其他行政具有更为浓郁的专业性、技术性、确认性、程序性以及征纳双方的双向制约性等行政特性。② 这些特性交织共进,最终以"税务行政主寻主义"形象而名扬天下,进而成为税收法治场域的重要治理生态和"地标"现象。这一失衡的税收征纳双方格局和实践生态与其说是税收征管本身特点所决定的,不如说是社会现代化诱发的国家权力扩张本性与趋向所致。"从相对意义上而言,立法权、司法权与行政权的扩张速度相比甚至有萎缩的趋势。之所以如此的原因在于行政权的执行性特征与社会现代化对权力形式的要求相吻合。"③尤其是迈入 20 世纪中期,随着科学技术和社会经济的快速发展,"行政国家"理念逐步凸显并得以普遍实施④,行政权借机脱颖而出,在整个权力系统中成为最为敏感、最为强势的权力形态⑤。为了更好、更多地为公民的利益服务,行政权的范围与强度大肆扩展⑥,"与此同时,国家权力结构也发生了革命性变化,出现了公权力之间相互交织和公权力协同运作解决某一社会问题的双重现象"⑦。公权力的相互交织和交叉演化使得原本属于立法机关和司法机关的专有权力不断遭到行政权的侵蚀和消融,以致各

---

① 参见〔日〕中里实等编:《日本税法概论》,张翠萍等译,法律出版社 2014 年版,第 2—4 页。
② 参见徐孟洲主编:《中国税收执法基本问题》,中国税务出版社 2006 年版,第 8 页。
③ 季涛:《行政权的扩张与控制——行政法核心理念的新阐释》,参见《中国法学》1997 年第 2 期。
④ 参见关保英:《社会变迁中行政授权的法理基础》,载《中国社会科学》2013 年第 10 期。
⑤ 参见关保英:《行政法的价值定位》,中国政法大学出版社 1997 年版,第 14 页。
⑥ 参见郭道晖:《法治行政与行政权的发展》,载《现代法学》1999 年第 1 期。
⑦ 袁曙宏、宋功德:《统一公法学原论——公法学总论的一种模式》(上册),中国人民大学出版社 2005 年版,第 6 页。

自的权力界限逐渐淡化和日益模糊。基于纳税义务是对私人财产的侵害①，税法自诞生之日起便无法回避其自身的侵害性特点，皆因如此，税法甚至被部分学者誉为是侵害行政法。为了约束税法这种与生俱来的侵害特性，税法除开借助税收构成要件建造税法规则②，约束和规范国家税权运行，保障和恪守"谦抑性"，力求实现"税法谦抑性"之外③，更为重要的是还必须键入各种能够降低税收稽征成本的制度设计，确保税务行政的优越性不至于演变为对纳税人权益的随意僭越性，而真正成为有效率的、有节制的税务行政。这也是现代行政法所关注的最基本的问题。它不仅构成了构建现代行政法基本原则的逻辑起点④，而且成为稽征经济原则的重要根由。

一般来说，"税捐稽征之经济性要求的必要性源自税务行政之大量性及税务行政能量之有限性。在该行政资源之稀有的制约下，为达到普遍平等课征之可能性，在税捐法之规范规划必须建入各种能够降低稽征成本的设计。"⑤对于税收稽征成本的特别考量正是税务行政效率的内在要求和基本目标。因为效率之所以会被确立为行政的一个基本目标，根源在于社会及公众希望提高政府能力的整体诉求和呼声。⑥ 之于"税务行政主导主义"的税收法治场域而言，虽然"无声的中国纳税人"境况十余年来有所改观，但是强

---

① 早在第一次世界大战后，奥托·迈耶（Otto Mayer）便立足财政权为行政权之一部分的观点，提出：纳税义务是对私人财产的侵害，因而要求其必须具备法律明文规定的一般标准，而不能有自由裁量的空间。与之相应，税法应明确规定且具备三层内容：一为税法的外在特征，即征税的标的；二为税款的金额，由税基和税率计算得出；三为税收程序，即纳税义务的履行，也即征税形式。这些观点虽非对税收构成要件的系统论述，但却加速了税收构成要件理论的产生和发展，特别是为当时的立法提供了重要的理论依据。See Christian Waldhoff, Struktur und Funktion des Steuertatbestand, in: Steuerrecht im Rechtsstaat, Festschrift Für Wolfgang Spindler, Dr. Otto Schmidt, 2011, S. 858.
② 在阿尔伯特·亨泽尔（Albert Hensel）看来，税法先天具有侵害特性。税收构成要件这一税法重要概念正是源自税法的侵害性特点。因为为了约束税法这种与生俱来的侵害特性，立法者制定抽象构成要件，确立税收债务产生的判定标准。即税收构成要件实现，税收基本义务关系迅即产生，税收债务同步生成，没有经由自由裁量而侵害财产的可能。其中，税法条文中所包含的抽象前提条件的整体即为税收构成要件。当所有构成要件均具体存在时，特定的法律效果才会随之产生。于此而言，税收构成要件在某种程度上可以说是具体"案件事实"的抽象影像。See Albert Hensel, Der Einfluss des Steuerrechts auf die Begriffsbildung des öffentlichen Rechts, in VVDStRL 3, 1927, S. 63-64 ff.
③ "税法谦抑性"，意指税法基于其自身形成特质而天然具备并经由立法、行政与司法体现出来的税收国家及其代理者对税权的收敛和私权的敬畏。它不止于遏制税收国家超越其职能的征税冲动以及将税收作为无所不能的调控手段的趋向，还在于遏制税收国家扩张性地滥用税收手段调整利益关系与其他经济关系并以此建立国家与人民之间的利益关系。换言之，所谓"税法谦抑性"，就是指税负应当公平，税收应当收敛，税法应当紧缩，税权应当限制。参见王惠：《论税的谦抑性》，中国财政经济出版社2013年版，第152页。
④ 参见章剑生：《现代行政法基本原则之重构》，载《中国法学》2003年第3期。
⑤ 黄茂荣：《税捐稽征经济原则及其"司法"审查》，载《人大法律评论》2016年第2辑。
⑥ 参见张乾友：《重思公共行政的效率目标》，载《中国行政管理》2018年第11期。

势政府、弱势民众的格局仍然是税收法治建设不得不面对的现实。① 所以，在税收征管制度与实践中植入经济效益（效率）理念至为关键。毕竟，不管是税法规则的简化创制，还是税务行政的效率开展，乃至税法遵从的有效实施，都非易事。因为任何立法、法律实施的效率并不是简单的加快速度问题，也不仅仅是一味增加法律资源的投入，而是还要看现有既定资源如何配置。"成本—收益"分析通常是用来确定法律实施活动最优水平的技术工具。一般来说，只有法律实施的收益大于成本，这种法律实施才符合效率原则。② 事实上，任何一项立法、法律实施，甚或法律解释活动，都会消耗一定的社会资源，也总会产生一定的成本支出。这些资源与支出不仅包括在立法、执法、司法、守法以及法律解释方面的人员、时间、装备、金钱等的显性投入，而且包括一些特殊情景中滋生的隐性费用支出。但是，在资源有限的情况下，如果将一笔资金用于甲领域（项目或活动等），就不可能再用于乙领域（项目或活动等）。这些观点并不高深，也不独特，而是人皆公知的常理，理当成为税收法治建设的基础共识。

由此进发，学者普遍认为：研究法律效率意义重大，它既可以通过对法律效率的细致分析，发现影响效率的常量、变量，甚至其中数量化的对应关系等关键因素，以便通过控制和调整这些因素和变量，达到对法律实施结果与立法目的的相互校正；又可以通过对有关法律效率的成本收益分析，实现效率的最大化，避免社会资源的浪费。③ 概因如此，学者才将税收效率原则视为当代税收的两大基本原则。据此效率原则，国家征税必须有利于资源的有效配置和经济机制的有效运行，必须有利于提高税务行政效率。它具体包括税收经济效率原则和税收行政效率原则两个方面。税收经济效率原则侧重于考察税收对经济的影响，若该影响仅限于征税本身所产生的负担，则属正常；若除此之外又产生了外部效应，则可能会存在降低经济效率的额外负担和符合经济效率的额外收益两种情况。前者应竭力避免，否则难以获得效率原则的肯认。税收中性原则即源于此种层面的效率诉求。其主张国家征税除使人民因纳税而发生负担以外，最好不要再使人民承受其他额外负担或经济上的损失；国家征税应尽量不影响市场对资源的配置，应把税收对经济活动产生的不良影响减到最低限度。概而言之，税收经济效率原则旨在追求国家征税应有助于提高经济效率，保障经济的良性、有序运行，实现资源的有效和优化配置。与之不同，税收行政效率原则侧重于对税务行政管理的效率考察，

---

① 参见李炜光：《写给中国的纳税人》，载《书屋》2006 年第 12 期。
② 参见马怀德主编：《法律的实施与保障》，北京大学出版社 2007 年版，第 85 页。
③ 参见张骐：《法律实施的概念、评价标准及影响因素分析》，载《法律科学》1999 年第 1 期。

其通常指国家征税应以最小的税收成本去获取最大的税收收入,以使税收的名义收入与实际收入的差额最小。①

相较于经济与管理学界对税收经济效率的青睐来说,税法学界对税收行政效率的关注极为有限。在相当长时间内,税法学界对税收行政效率的研究基本上都是直接嫁接经济学或管理学的效率概念、模式与评价方法,仿照税收经济效率的分析框架和思维模式,形成以税收征管效率为核心的单一目标评价方法,即以"成本—收益"分析法为基础,将税务部门的人力资源投入视为税收征管活动的必要成本,将税务部门筹集的税收收入作为税收征管的总体收益,两者指标的比较值则为税收行政效率。随着公共部门绩效理论与实践的盛行,税收行政效率已不再奉行以税收征管效率为核心的单一指标体系,而是发展成为一个以税收征管绩效为核心,以"成本—绩效法"为基础的多元目标的综合性评价体系。② 税收行政效率的目标共识与评价方法虽然未必有独特的税法意蕴,也不见得完全契合税收征管特质,但是它的确为稽征经济原则在税法上的诞生和运行提供了重要的价值内核和参照依据。因为究其根本,税收行政效率是税务行政活动所追求的基本价值目标和衡量税务行政活动是否有效或效率高低的关键性标准。而税法的制定、具体实施,乃至税法解释最终都离不开税务行政主体的具体税收行政行为。所以,税法的效率也要通过税务行政主体的具体税收行政活动的效率来体现,这种效率最终为稽征经济原则所诠释和度衡,以保障税收征管活动的顺利进行和促进税收行政效率的整体提升,并促进作为税务行政相对人的纳税人之行为效率的总体提高。③

简言之,稽征经济原则的根本指向可以归结为:"实现减少社会成本,增进社会公共福祉,实现社会均衡发展的目标,并在社会公共目标实现的过程中尽可能满足社会成员的个人利益最大化"④,从而,实现税收稽征的整体效率。不管从何种角度上来说,"税收必须具有经济效益。如果国家征税的成本与收益一样高或者甚至高于收益,税收就没有效益了"⑤。尽管税收行政效率已从早期的"以成本—收益法为基础的评价方法"中逐渐发展出"以成本—绩效法为基础的评价体系",但是两者之间并不存在简单的替代关系。因此,在税收行政效率的实际应用中,往往要根据不同环境和条件而灵活使

---

① 参见张守文:《税法原理》(第七版),北京大学出版社2016年版,第24—25页。
② 参见樊勇:《税务行政效率评价方法的发展及评析》,载《中国行政管理》2012年第6期。
③ 参见王成栋:《论行政法的效率原则》,载《行政法学研究》2006年第2期。
④ 谢永霞、周佑勇:《论行政法的效益原则》,载《湖南社会科学》2014年第1期。
⑤ 〔德〕迪特尔·比尔克:《德国税法教科书》(第十三版),徐妍译,北京大学出版社2018年版,第15页。

用。这种因地制宜、因时制宜的"效率"评价实践依然还需要借助与"成本"的比对方可得出。只是效率也好,成本也罢,两者的功能差异、内在逻辑也并非如此单一。一般来说,"效率,是放眼于追求未定的、不可知的果实;成本,是盯住手里的资源,小心翼翼。因此,科斯的产值最大化和波斯纳的财富最大化,都是着重在攫取和实现潜在的利益。当然,什么是'最大化',谁也不清楚,因为未来有各种的可能性;但是,这两个概念,都凸显了效率'向前看'的特质"①。这种效率至上的理念,经转化为稽征经济原则,从而成为税法规则设计与运行的重要指引,也为税收法治实践所体现。譬如,"基于税捐稽征经济的考虑,固有立法上之裁量空间"②,以强调税收行政行为的优先效力。还如,在税收征管程序上立法特别强调程序的协调、迅速、便利,税务行政活动中的过程、步骤则时常力求紧凑。再如,税收征管程序立法时多半都会重视税收征管程序的可操作性,实行较多的税收简易程序、紧急程序和特殊程序设计等。③

(二) 稽征经济的测度工具:比例原则

稽征经济原则内生于国家为普遍、平等、核实课征税收,而势必会遭遇的税务行政能量不足的紧张关系。因为国家财政需要不能不予以满足,以便维持国家提供,非国家不得、不能或者不愿提供之公共商品和服务的机能。而为了满足国家财政的需要,又不得因税务行政能量不足,便对纳税人采用推计课税,或者课以过度的税收协力义务等方法,滥行税收稽征成本,甚或以遵守税收稽征成本的形式,转嫁至纳税人负担,致使横征暴敛。于是国家必须竭力发展税务行政中的征管技术,竭力降低税收征纳成本,以使国家能够经济地,以适度之有限地稽征人力、物力,以达到税收稽征经济的目的。④ 从法律价值承载来看,根植于税收行政效率的稽征经济原则显然切合了税务行政的内在要求,它不仅承载了人类理性价值,而且体现了专业行政的科学性和效益精神。因此,它必然是一项根本的税法建制原则。⑤ 但要想这一建制原则承载的理性价值与科学、效益精神得到彰显,进而真正指引税收法治建设,就不能停留在税收征管这一单向维度,而必须跳出机械的税收征管技术本身,去深入关注税收征管的制度载体和体系运行。这就既需要关注税收征管

---

① 熊秉元:《正义的成本:当法律遇上经济学》,东方出版社 2014 年版,第 257 页。
② 黄茂荣:《核实课征原则之实践及其司法审查》,载《交大法学》2015 年第 4 期。
③ 参见王成栋:《论行政法的效率原则》,载《行政法学研究》2006 年第 2 期。
④ 参见黄茂荣:《税捐稽征经济原则及其"司法"审查》,载《人大法律评论》2016 年第 2 辑。
⑤ 参见谢永霞:《作为行政法基本原则的效益原则——基于组织理论视野》,载《湖北社会科学》2013 年第 2 期。

法律制度本身的效益嵌入，又需要关注税收行政立法的成本效益考量，还需要估量税收征管的效益因素。也只有这样，三大不同正义面向的税法建制原则才有可能彼此相依、相互驰援、协力共进，也才有可能实现课税于法有据、公平可期、效益可保的税收法治理想。

比照行政效益或效率原则，稽征经济原则的度衡大体可以从以下几项指标或内容着手：其一，税收行政方面的法律制度应当符合效率要求。即包括税收行政组织、税收行政程序、税收行政救济以及具体税收行政法律制度等的建立、健全和完善都要融入效率要素，体现效益精神、考虑效率要求和成本效益，以最小的税收征管资源消耗，换取最大的税收经济效益。其二，税收行政立法应该重视成本效益。即为确保税收行政立法的高效，既要合理划分税收行政立法权，避免税收行政立法的交叉和冲突；又要明确税收行政立法的程序与技术要求，保证税收行政立法的整体质量；还要考虑税收行政立法的时效性，确保出台的法案能够顺应经济发展情势，回应和解决社会经济发展的关键疑难。其三，税收征管行为开展时理当考虑效率。即税务行政主体适用法律、实施税收征管行为时，不论是作出抽象税收行政行为，还是处理具体税收行政行为，抑或是面对税收行政事实行为，都有必要分析成本效益，避免税收征管资源的浪费。当然，这些税收行政效率的立体化考量和成本效益的多维度评估绝不意味着可以牺牲自由、权利和公正等普适法律价值。①

与之相连，有学者认为：追根溯源，稽征经济原则"归纳其目标有三：（1）简化'税法'，避免过度复杂或难以执行之规定方式；（2）降低征纳成本；（3）量能平等课征"②。而不论是"降低征纳成本"之目标，还是"量能平等课征"之追求，根本上都受制于"简化'税法'"。更进一步，简化"税法"又与税制简化和税法简约休戚相关。③ 甚至一定程度上可以说，稽征经济原则能否实现取决于国家简化税制和简约税法的程度和力度。因为到目前为止，评价税制设计优劣和税法规则建造质量有两个基本标准：税收负担如何分配和对经

---

① 参见薛刚凌：《行政法基本原则研究》，载《行政法学研究》1999年第1期。
② Schön, Vermeidbare une unvermeidbare Hindernisse der Steuervereinfachung, StuW 1, 2002, 25f. 转引自黄茂荣：《税捐稽征经济原则及其"司法"审查》，载《人大法律评论》2016年第2辑。
③ 如学者所言：为了提高税收的行政效率，应注意做好以下几个方面的工作：(1) 简化税制，使税收征纳易于执行，从而降低税收的奉行费用或称执行费用。(2) 加强税务行政管理的科学性，防止税务人员腐败，节约征收费用；(3) 增加税务支出的透明度，加大社会公众的监督力度；(4) 加强税收法制建设，切实贯彻税收法定原则。透过学者观点，不难发现简化税制与简约税法规则之于稽征经济的重要性。参见张守文：《税法原理》（第七版），北京大学出版社2016年版，第25页。

济繁荣的影响程度。然而,这两个标准都由税收的简易性和可执行性所决定的。① 不管税制设计多么精巧,不论税法规则建造如何严密,也无论其多大程度上践行了税之公平与正义,倘若设计出来的税制规则极度繁杂以致不被人理解,甚至根本无法落地适用,则再正义的税制、再严谨的税法也如同海市蜃楼。

如同学者在考察和分析税制设计时所言:在其他条件相同的前提下,如果一个税制是简单、中性且稳定的话,那么这个税制可能就是比较好的。因为中性税制对纳税人的抉择和行为扭曲最小,所以其造成的福利损失也会最小。而非中性的税制多半都会强化纳税人少缴税款的动机,实践中纳税人改变其涉税交易行为的形式或者实质,从而造成社会福利损失的例证比比皆是。一般来说,一个比较中性的税制往往也是比较简单和公平的税制。在完成同样的目标前提下,简单的税制无疑比复杂的要好。因为简单的税制相对透明,且管理成本相较低廉。问题是,世界太过复杂,经济交易变迁太过迅捷,世界诸国或地区确实没有一个税制是真正简单的。正如我们在一些情况下可能要偏离税制中性一样,有时我们也必须接受更多的税制复杂性。尤其是当政策制定者对于税制有多个目标时,那么实质程度上的复杂性显然是无法避免的。可见,税制中性与税制简单时常是紧密联系的,一个中性的税制往往会成为一个简单的税制,反之亦然。同理,对同类经营活动征税区别越少,税制就越中性、越简单。反之,税制若偏离简单和中性之基准指引,同类经营处处区别对待,则税制自然会滑向繁杂丛林。这种税制自身的复杂将会为避税行为提供更大的空间,而国家为打击避税行为就不得不对税法规则进行不间断的修改,结果又会进一步增加税制的复杂性,提高法律的执行成本,造成高代价的行为变更。所以,每个税制其实都将面临这样一种妥协——政策制定者想要做的与现有的信息和管理工具下能做到的之间的妥协。②

---

① 其他条件相同的情况下,税制应该更简单更具可执行性。在某些情况下,如需要更多的纳税人资料,就需要在其他方面付出高昂代价。但很多政策可以促进这两个目标的实现。例如,在税法中,采取简单公平并且忽略税法的附加款项,那么税基将会被清除,使系统更简单,更容易执行。这样一来就会有很多激动人心的改变,例如在征税过程中采取单一税率或者统一的消费税税基,尤其是拓宽代扣代缴的范围,并且减少差异化处理。这些方法的简单性和易执行性是其能在激进的税制改革建议中处于关键位置的主要原因。参见〔美〕乔尔·斯莱姆罗德、乔恩·巴基haqi:《课税于民:公众税收指南》(第 4 版),刘蓉、刘洪生、彭晓杰译,东北财经大学出版社 2013 年版,第 160—190 页。
② 参见〔英〕詹姆斯·莫里斯:《税制设计》,湖南国税翻译小组译,湖南人民出版社 2016 年版,第 38—43 页。

税制要简化,但又无法过于简单①。税制要中性,但也不可能绝对中性。这种税制悖论深度影响着税法的规则建造,致使如同任何法域一样,税法领域同样"存在着一个人们熟视无睹的现象:不断增加法律规定、细化法律内容"②。结果是税法规则臃肿繁杂已然是世界性现象。"在一些情况下,如果能清理干净税法的灰色区域,那么制定详细的条例就可以使事情更简单。很多条例都是针对避税策略的,这些避税策略是纳税人及其纳税顾问陆续发明出来的,并且日趋复杂。"③也似乎难以看到税法规则制定者抑制规则发布的欲望和惯性思维,更难察觉未来税法规则制定的频率和质量改进预期。即便如此,仍有理由相信:税法规则繁杂到一定程度之后,简约规则便是必然要求和客观规律。实际上,"古往今来,法治建设中时常呈现从简到繁、化繁为简、循环往复、不断提升的历史规律"④。当调整社会的税法规则日趋复杂,有增无减,且大有铺天盖地之势,从而导致大量的复杂税法规则影响着人们行为与生活的方方面面时,确实有必要更多地依赖简约的税法规则,以恰当回应更为复杂的社会和经济情事。因为税法规则的复杂,不仅仅是法律规则的内在特性或表面特性的一个简单的界定指标。这种规则内生的复杂特性,还会使得税法规则具有了深深滋扰日常生活结构的功能作用。与之不同,规则越少,且其对作出任何法律决定所需的可以通过的出口越多,那么,法律制度就是越为简约的。出于同样的缘由,法律制度的功能也就是越为有效的。⑤

简约税法的社会共识不难达成,但实现税法规则的简约则并不容易。一般认为,简约规则的关键是在成本与激励的平衡关系中去考量一个法律规则的可行性和效率。⑥ 精算成本与激励,注重规则可行性,追求效率向来都是规则简约的重要价值追求。也正是从这一点上说,简约税法规则可谓是稽征

---

① 据学者阐述,"简单"和"简约"是有区别的。简约更指一种风格,简单不过是简化的某种表达。面对一项事物,当称其为"简约"的时候,我们是在评论欣赏其具有的独特风格,而且包含"审美"的意思。反之,当称其为"简单"的时候,我们极有可能是在评论其具有的"一般省略",而且并不包含"审美"的意思,如果是在"某人思想简单"一类的语言陈述中,甚至还具有贬义的意指成分。参见刘星:《法律为何简约,何为简约——爱波斯坦的〈简约法律的力量〉》,载《环球法律评论》2005 年第 2 期。
② 同上。
③ 〔美〕乔尔·斯莱姆罗德、乔恩·巴基哲:《课税于民:公众税收指南》(第 4 版),刘蓉、刘洪生、彭晓杰译,东北财经大学出版社 2013 年版,第 161—162 页。
④ 陈玺、李鑫杰:《中国传统法律文明的简约之道》,载《人民法院报》2018 年 11 月 30 日,第 005 版。
⑤ 参见〔美〕理查德·A. 爱波斯坦:《简约法律的力量》,刘星译,中国政法大学出版社 2004 年版,第 29—42 页。
⑥ 参见周佳:《在法律简约中寻找力量谈 Epstein 的简约规则》,西南政法大学 2008 年硕士学位论文,第 8 页。

经济原则的重要衡量目标和最佳实现手段。但不应忽视的是,追求税法规则的简约不仅可能会降低规则的精确度,而且可能会对税收法定原则和量能课税原则造成一定的冲击。① 所以,应当理性对待简约税法方案。如学者在论述法律简约的优点时所提出的两个告诫:首先,"简约规则应对复杂世界是最佳的"这一命题并不暗含着"任何简约规则都受到欢迎"的意思。其次,某些复杂规则,一方面既是不可避免的,另一方面也不是必然糟糕的。② 学者关于简约规则的两点告诫同样适用于税法场域。在税法规则完备的基础上尽可能地简约并力求公平,可能是应对税法规则复杂化的理性态度。或许也只有这样,才有可能满足纳税人寻求简单易行、追求公平的基本纳税心理,才有可能起到鼓励纳税人自愿守法,进而提高税法遵从效果的目的与作用。③ 或许也只有这样,方可使得征税主体在税收稽征成本与税收行政效益比对中找到最佳分界点,在成本与激励中寻得理想平衡值,进而真正实现稽征经济原则。毕竟"法律的强制性虽然是法律的基本特征,但它并不是实现法律的基本方式,而真正对法律的实现具有基础性作用和深刻影响的实际上是人们自觉遵守法律行为。"④

综上所述,稽征经济原则的适用并非畅通无阻、毫无约束。相反,稽征经济原则的功能发挥时常须建立在遵守税收法定原则和量能课税原则的前提之上。当稽征经济原则作为技术标尺出现时,这种技术性的度衡和检思既不应损及实体性的正义税制,也不宜打破形式维度的税收正义要求。毕竟,"税捐稽征之经济性在内部价值上的表现为,在'立法'及'执法'上,取向并遵守事务法则,建构、解释、适用税捐概念、类型及体系,以形成一个符合事务法则之税捐秩序;在外部型态上的表现为尽可能使用简明易懂的文字,避免标新立异,简化对于人民课以负担之构成要件的类型及种类。税捐稽征经济原则的实践,可能对于纳税义务人产生不利的冲击,因此需要在'司法'审查

---

① 究其根源,税收法定原则、量能课税原则与稽征经济原则的冲突一定程度上是税收公平与税收效率的原生矛盾。众所周知,公平与效率从来都是一对矛盾的共生体,同样税收公平与税收效率既矛盾又统一。其矛盾性表现为在具体税收制度中很难兼顾公平与效率,税收公平强调量能负担,要求税收法定,而税收效率则可能合法地拉开贫富差距,从而破坏税收公平。但是,从整个经济运行来看,税收公平是实现税收效率的前提,否则纳税人抵制纳税进而影响市场公平竞争,扭曲经济活动主体的经济行为,自然无法实现效率的提高。反之,税收效率的实现使税收公平成为建立在起点平等基础上,结果有差异的公平,而非盲目的平均主义。参见席晓娟:《私募股权融资税法规制研究》,法律出版社 2018 年版,第 60 页。
② 参见〔美〕理查德·A.爱波斯坦:《简约法律的力量》,刘星译,中国政法大学出版社 2004 年版,第 40—41 页。
③ 参见梁俊娇:《纳税遵从意识的影响因素》,载《税务研究》2006 年第 1 期。
④ 武建敏、张振国:《当代法治视域下的民法实现》,中国检察出版社 2006 年版,第 140 页。

环节针对不同的情况区别对待,以在有限之行政能量的限制下,能够依法,最大限度实现普遍平等量能课征之目标。"①只是今日之中国税收司法审查制度与实践还远未成熟,倘若寄希望于借助税收司法力量,以审查稽征经济原则之于税收立法、税法实施与税法解释的实践运行效果,调和稽征经济原则与税收法定原则、量能课税原则之于税收法治建设的体系冲突,进而找寻税法规则改进和税收法治进阶的策略,恐怕短期内还难以实现。②

或许更为务实的做法是,找寻和细化稽征经济原则评价的量化方法,以确保税收立法、税法适用以及税法解释既能够彰显稽征经济原则,又不致损及税收法定原则和量能课税原则。纵观既有法学上的规制原则与度量方法,"比例原则作为法治国捍卫公民基本权利的一项宪法性原则"③,"是现代人权理论和规范宪法的发展之要求"④,其"兼具了原则和规则的功能,不仅在理念上体现了其对平等、正义、人性关怀等价值的追求,而且也为制度的具体运作提供了标准和衡量的尺度"⑤,可谓是对裁量征税行为进行规制和有效审查的主要法律手段和方法,也是征税裁量权的行使理性化的重要保障。⑥因为比例原则不仅会强化法律的优先性,而且会催动民主与法治关系的结构

---

① 黄茂荣:《税捐稽征经济原则及其"司法"审查》,载《人大法律评论》2016年第2辑。
② 有学者十余年前在论及"当前税收司法中存在的主要问题"中指出:总的来说,我国的司法机关在税收法治建设中并没有起到应有的作用,表现在以下几个方面:一方面,从刑事诉讼的角度来说,人们一直强调要加强对税收执法的司法保障,加大打击偷骗抗税等违法犯罪行为的力度,但是现实中,税务机关以补代罚、以罚代扣的情况还相当普遍,由税务机关移送并且最终由法院审理的税务犯罪案件数量相比而言较低。另一方面,从行政诉讼的角度来说,税务行政机关还拥有大量的税收行政执法权,其征税行为涉及管理相对人的切身利益。在当前个别税务干部执法素质不高、法律意识不强的情况下,这些税务执法权被滥用或误用的可能性很大。近年来,由税务机关侵权而引起的税务行政复议和行政诉讼案件虽然呈现逐年上升趋势,但是,其数量仍然是较低的。这说明,纳税人在运用司法力量来保障自己的权益方面仍然存在不少制度上的障碍,司法权的作用仍然未能够很好地发挥。再者,从司法解释的角度看,最高人民法院每年都要发布大量的司法解释,实际上在积极充当立法者的角色,但税法方面的解释依然主要以行政解释的面貌存在。由此可见,在我国目前的税收法治建设中,法院的作用似乎被忽视了,税收司法已经成为一个被遗忘的角落。十余年过去了,虽然中国的税收法治建设进程和税收司法环境有所改观,但学者总结的"当前税收司法中存在的主要问题"总体依然存在,足见我国的税收司法审查制度远未成熟。参见时建中主编:《中国税收司法基本问题》,中国税务出版社2006年版,第133页。
③ 陈璇:《正当防卫与比例原则——刑法条文合宪性解释的尝试》,载《环球法律评论》2016年第6期。当然,也有学者对此持怀疑或反对态度,认为不宜将比例原则定位为宪法性原则,不宜将其扩大适用于立法领域、刑法及私法领域。因为宪法的基本原则,如人民主权原则,基本人权原则,法治原则等都是带有根本性,全局性且相当抽象的原则,唯有抽象,适用范围才能足够广阔。而比例原则的重要功能在于它的明确性、可操作性,不适当地扩大比例原则的适用范围则会使它的优点日益模糊以至使其沦为一个泛泛的权益衡量原则。参见许玉镇:《试论比例原则在我国法律体系中的定位》,载《法制与社会发展》2003年第1期。
④ 门中敬:《比例原则的宪法地位与规范依据——以宪法意义上的宽容理念为分析视角》,载《法学论坛》2014年第5期。
⑤ 李刚、程国琴:《税收代位权与撤销权的比较研究》,载《当代财经》2007年第11期。
⑥ 参见施正文:《论税法的比例原则》,载《涉外税务》2004年第2期。

性重组①,策动国家税权运行与纳税人私权保障的平衡。其实,"比例原则从诞生开始就是用以解决国家权力对个人权利干涉的限度问题"②,它"本质上是一种价值权衡"③和"利益衡量的方法"④,更是一种"目的与手段之间权衡的限制性工具"⑤。比例原则所包含的适当性、必要性和均衡性等子原则和审查步骤与方法,在不同程度上都体现了效率观念⑥,"都表达了最大化实现的观念。"⑦甚至有学者明确指出:"比例原则是成本效益分析的另一种表达。"⑧所以,将比例原则作为稽征经济原则的量化工具和测度准据,以其内含的衡量标准和操作方法作为稽征经济原则的度衡基准与审查方法不啻为理想选择。

由此,不管是基于税法的分配法定位,还是鉴于税收征管中的公权与私权之博弈,比例原则对效率的天然追求与坚决奉行,对各方利益的功能衡量⑨,都足以堪当稽征经济原则的度衡器,担负起评判税收稽征是否经济的重要使命。尽管依然有学者认为比例原则并不具备领域的普遍化,且比例原则的地域普遍性也仍需进一步证明。但不得不面对的现实是,诞生自德国公法的比例原则,不仅逐渐被其他国家所接受,呈现出强烈的地域普遍性品性,而且渐次向私法和社会法等领域挺进,展现出强劲的领域普遍化趋向。⑩据学者考察,"近些年来,比例原则几乎在各个部门法中都有某种程度的适用,涉及公法、私法、社会法和国际法领域"⑪。之于税法而言,比例原则"是税收

---

① 参见〔德〕安德烈亚斯·冯·阿尔诺:《欧洲基本权利保护的理论与方法——以比例原则为例》,刘权译,载《比较法研究》2014年第1期。
② 刘征峰:《以比例原则为核心的未成年人国家监护制度建构》,载《法律原则》2019年第2期。
③ 杨登峰:《从合理原则走向统一的比例原则》,载《中国法学》2016年第3期。
④ 即在公权力行为"目的正当性"的前提下,对实现该目的产生的收益与造成的利益损失进行权衡,要求当事人或公众受到的侵害最小化(成本最小化)。参见朱新力、余军:《行政法视域下权力清单制度的重构》,载《中国社会科学》2018年第4期。
⑤ 王建学:《授权地方改革试点决定应遵循比例原则》,载《法学》2017年第5期。
⑥ 参见戴昕、张永健:《比例原则还是成本收益分析——法学方法的批判性重构》,载《中外法学》2018年第6期。
⑦ 钱福臣:《解析阿列克西宪法权利适用的比例原则》,载《环球法律评论》2011年第4期。
⑧ 纪海龙:《比例原则在私法中的普适性及其证成》,载《政法论坛》2016年第3期。
⑨ 如学者所言,透过适当性原则、必要性原则和均衡性原则的具体要求,比例原则可以有效地限制国家公权力的行使,达到最大限度地保护公民私权利的目的,并且通过利益衡量的方法,使比例原则在公共利益与私人利益之间进行协调,打破了绝对的私人利益至上和绝对的公共利益至上的观念,从而使二者处于具体情境中待分析的状态,没有绝对的优先地位。参见姜昕:《公法上比例原则研究》,吉林大学2005年博士学位论文,第151页。
⑩ 参见陈景辉:《比例原则的普遍化与基本权利的性质》,载《中国法学》2017年第5期。
⑪ 刘权、应亮亮:《比例原则适用的跨学科审视与反思》,载《财经法学》2017年第5期。

程序与实体共通①的一项核心原则"②,是稽征经济原则的基础和量化。究其根本,不仅比例原则蕴含的度衡标准与测度方法高度契合了稽征经济原则的原生目标与本体要求,而且比例原则还供给了稽征经济原则的立论基础。简言之,税收稽征经济原则"其立基之法律原则为比例原则"③。其本质上是借助手段与目的的统一性以及个人权益与公共利益的均衡性,以分析和评价税收行政行为、措施或决定等的正当性、合理性。从这个角度来看,比例原则不仅对税收实体裁量行为具有可适用性,而且对税收程序裁量也同样可以适用。④ 因此,不管是税收行政立法,还是税收征管实施,抑或是税收司法审查,又或是税收行政解释,若能通过比例原则的严格审查,也就基本达到了稽征经济原则的要求了。⑤ 果真如此,则税收技术正义也就总体可以实现了。

(三) 比例原则的评量方法

作为指导国家权力合理运行、税法制度有效设计与高效实施的具体规则,比例原则旨在强调国家权力对个人权利的干预必须适度。即不管是国家权力的行使,还是税法规则的应然构造,甚或是具体规则的实然运行,都不仅要禁止国家权力过于积极地为达目的而不择手段,而且不允许国家权力消极地对个人权利保护而怠于履行职责,以真正为纳税人权益保驾护航,贯彻宪法限制权力与保障人权的核心精神。⑥ 就此而言,比例原则根本上体现的是一种适度、均衡的法理念和思想,其以特有的"目的—手段"之关联性作为分析工具,以普适的"禁止过度"为内在精髓,通过检视限制基本权利的手段与其所追求的目的之间是否合比例,有无逾越必要的限度,来判断和维护法律

---

① 如学者所言:比例原则早已从实体上的合比例,发展为实体和程序均要合比例。如今的比例原则已经具有实体和程序两方面的含义。就实体而言,比例原则是指行政主体行政权力的行使,不可给予相对人超过行政目的之外的侵害,否则就不合比例。实体合比例主要是从价值取向上来规范行政权力与相对人权利之间的合理关系。就程序而言,比例原则是指行政主体所采取的措施与要达到的行政目的之间必须具有合理的对应关系。由于任何实体性的结果都必须经过一定的程序而达到,所以,程序合比例是实体合比例的保障,实体合比例是程序合比例的最终体现。参见黄学贤:《行政法中的比例原则研究》,载《法律科学》2001 年第 1 期。
② 施正文:《论税法的比例原则》,载《涉外税务》2004 年第 2 期。
③ 黄茂荣:《法学方法与现代税法》,北京大学出版社 2011 年版,第 260 页。
④ 参见杨登峰、李晴:《行政处罚中比例原则与过罚相当原则的关系之辨》,载《交大法学》2017 年第 4 期。
⑤ 在学者看来,"比例原则是贯穿立法、执法等活动中的一项重要原则,也是司法机关判断行政机关是否公正、合理行使自由裁量权的重要原则。"参见湛中乐:《行政法上的比例原则及其司法运用——汇丰实业发展有限公司诉哈尔滨市规划局案的法律分析》,载《行政法学研究》2003 年第 1 期。
⑥ 参见于改之、吕小红:《比例原则的刑法适用及其展开》,载《现代法学》2018 年第 4 期。

之正义。① 比如，立法者依比例原则因而负有三大税之义务：一为"量能课税"的义务。即应当视人民的经济能力，分担国家的财政需要。这才是税额必须由人民代表决定的本有之义。二为"勒颈式税收"（窒息式税收）的禁止。即立法者不得规定严苛沉重的税法条款内容，致使人民的财产权遭到窒息式的侵害，导致宪法明定保障人民财产权的具体条文成空。这种不得课负人民窒息式税收的义务，为财产权"制度性保障"及税收比例原则的体现。三为"国家不得加税"的义务。即国家财政既以人民纳税为首要来源，预算的增加即指涉人民负担的增加。国会有审查监督国家财政的义务。所以，立法机关亦不得为违宪决议增加支出而加重人民负担，国会是替人民"看守荷包"，而不是将人民"掏空荷包"的机构。②

稽征经济原则仰赖于比例原则的具体评量。然而，比例原则如何适用，怎样开展，学界观点和实践做法均有不同。一般认为，比例原则是一个相当广义的概念，它进一步分为适当性原则（也常被称为"妥当性原则"）、必要性原则（也常被称为"最小损害原则"）以及均衡性原则（也常被称为"狭义比例原则""衡量性原则"等）三个子原则。但是，这种传统三分法，在学说及实务上，以及其用语，其实并非一致。③ 依德国学界通说，比例原则有广狭两义之分，广义比例原则包括适当性原则、必要性原则以及均衡性原则三个子原则，而均衡性原则又被称之为狭义比例原则。适当性原则指行为应适合于目的的达成；必要性原则则谓之行为不超越实现目的的必要程度，亦即达成目的须采影响最轻微的手段；至均衡性原则乃指手段应按目的加以衡判，质言之，任何干涉措施所造成的损害应轻于达成目的所获致的利益，始具有合法性。④ 透过学界通说观点，比例原则内含的三项子原则其实原初都只与权利限制行为的手段选择有关，并不涉及限制行为的目的本身。⑤ 但随着自由法治国向实质法治国的迈进，"目的正当性"已受到越来越多的重视。近些年来，许多国家在比例原则的运用实践中，都已开始以不同的方式审查公权力行为的目的正当性。据此，有学者认为目的正当是任一公权力行为正当的前提，所以理当将目的正当性原则纳入比例原则之中，从而确立"四阶"比例原

---

① 参见郑晓剑：《比例原则在民法上的适用及展开》，载《中国法学》2016 年第 2 期；郑晓剑：《比例原则在现代民法体系中的地位》，载《法律科学》2017 年第 6 期。
② 参见陈新民：《宪法学释论》（修正八版），台湾三民书局股份有限公司 2015 年版，第 194 页。
③ 参见城仲模主编：《行政法之一般法律原则（一）》，台湾三民书局股份有限公司 1999 年版，第 122 页。
④ 参见吴庚、盛子龙：《行政法之理论与实务》，台湾三民书局股份有限公司 2017 年版，第 52 页。
⑤ 参见周尚君、曹庭：《总体国家安全观视角下的权利限制——从反恐怖主义角度切入》，载《法制与社会发展》2018 年第 3 期。

则,以取代传统的"三分法"比例原则。① 更有学者直接明示:"比例原则由一系列亚原则组成,即目的正当性原则、妥当性原则、必要性原则和狭义比例原则。"②与之相似,也有学者认为:"所谓的比例原则实则是由四个子原则或标准组成,即目的正当原则、目的与限制之间具有合理关联性即适当性或妥当性原则、必要性原则与狭义的比例原则即权衡原则。这四种原则构成了宪法比例原则审查之完整意义上的四阶标准。"③

其实,从比例原则自身的内涵来看,由于该原则系通过衡量手段与目的之间的比例关系来判断手段的正当合理性,因此,目的自身的正当性与否显然已经超出了"比例关系"问题。换言之,目的正当性原则与适当性原则、必要性原则与均衡性原则并非同质性原则,功能也有所差异,更宜将其定位为比例原则适用的前置内容。客观上说,虽然只有当目的和方法自身合法,然后才涉及手段是否合乎比例原则的问题,但这绝不意味着目的正当性与手段合比例之间就存在必然逻辑。④ 况且,就比例原则的实质而言,它处理的是目的与手段之间的关系。只不过这种关系审查,一般都建立在目的正当的前提下。唯有目的正当,才有可能和有必要去审查手段是否满足适当性原则、必要性原则和均衡性原则三项标准。⑤ 从这个角度上来说,目的正当性原则更适合作为比例原则的前置原则而存在,而不宜将其视为比例原则的一分子。或因如此,方有学者认为:在结构上,比例原则分为三个子原则或阶段以及一个预备阶段。一旦确认公权力行为限制或干预了公民私权利,则可进入比例原则的预备审查阶段,追问公权力行为的目的与目的本身的正当性。只有确认了公权力行为的目的与目的本身的正当性之后,才可依次进入比例原则的三个

---

① 在该学者看来,将目的正当性原则纳入比例原则之中从而确立"四阶"比例原则,有利于限制立法者、行政者的目的设定裁量,有利于实现实质正义,充分保障人权,还有利于促进民主反思,改善民主质量。参见刘权:《目的正当性与比例原则的重构》,载《中国法学》2014年第4期。
② 该学者直接将目的正当性原则、妥当性原则、必要性原则和狭义比例原则作为税务诉讼"双重前置"的分析工具,通过细致分析得出如下结论:"清税前置"从目的正当性、程序妥当性和必要性、结果(狭义合比例性)方面均不符合比例原则。"复议法定前置"尽管立法目的符合正当性原则,但其程序和结果也难以通过妥当性、必要性和狭义比例原则之审视。因此,应废除"清税前置"并将"复议法定前置"调整为"复议诱导前置"。在赋予纳税人选择权的前提下,采取正负激励手段诱导纳税人优先选择行政复议程序。参见付大学:《比例原则视角下税务诉讼"双重前置"之审视》,载《政治与法律》2016年第1期。
③ 范进学:《论宪法比例原则》,载《比较法研究》2018年第5期。
④ 参见 Bernhard Schlink:《比例原则》,张文郁,载 Peter Badura、Horst Dreier、苏永钦等:《德国联邦宪法法院五十周年纪念论文集(下册)》,台湾联经出版事业股份有限公司2010年版,转引自于改之、吕小红:《比例原则的刑法适用及其展开》,载《现代法学》2018年第4期。
⑤ 参见刘征峰:《以比例原则为核心的未成年人国家监护制度建构》,载《法律原则》2019年第2期。

子原则阶段,逐一启动适当性原则、必要性原则和均衡性原则的严格审查。①可见,看似学界观点不一,实则核心分歧并不大。即便是认为应该追问"目的与目的正当性"的学者,也依然会承认比例原则的核心只是传统的三个子原则,目的正当性只不过是比例原则的预备或前置原则而已。如有学者尽管承认在结构上比例原则的审查步骤包括一个预备阶段(确定目的,包括追问该目的的正当性)和适当性原则、必要性原则和均衡性原则三个子阶段,但同时又明确"比例原则的核心是目的、手段衡量方法"②。进一步而言,比例原则根本上只是"一个控制处于强势地位的主体过度行使权力的工具性原则"③。

鉴于本书对税法建制原则的工具性偏向和方法论运用等多重考虑,故本书倾向于对比例原则做通说理解。当然,特定场景下本书也会追问"目的与目的正当性",以补足比例原则的严格审查,力求客观与理性结论的产出。其实,基于比例原则自带的工具性秉性,不管是其涵摄的适当性原则,还是必要性原则,甚或是均衡性原则,都旨在衡量和确保"国家在行使公权力时手段与目的之间应保持比例,不能超出必要的限度"④。为具体度衡和审视这种关键性的"比例"和"限度",适当性原则、必要性原则以及均衡性原则"实际上就是要采用递进⑤的方式对国家公权力的运用作三个阶段的检验,三者互为作用,并逐一递进和深入⑥,构成一个有机的整体,缺一不可"⑦。即"比例原则

---

① 该学者提示:须注意的是比例原则的启动前提是公权力限制、干预了公民私权利。因此,在进入预备阶段前,得首先询问和审查公权力行为是否限制、干预了公民私权利。一旦确认公权力行为限制、干预了公民私权利,便可进入比例原则的预备阶段,追问公权力行为的目的与目的本身的正当性。一旦确认了公权力行为的目的与目的本身的正当性之后,即可依次进入比例原则的第一与第二阶段,考察目的与手段的关系。第一阶段涉及"适当性原则",追问作为手段的公权力行为是否适合于实现其目的。如果所涉公权力行为合乎适当性原则的要求,就进一步接受第二阶段"必要性原则"的检验。如果所涉公权力行为被认定为必要,或者无必要原则用武之地,再进一步接受第三阶段"均衡性原则"的检验。参见杨登杰:《执中行权的宪法比例原则——兼与美国多元审查基准比较》,载《中外法学》2015年第2期。
② 参见纪海龙:《比例原则在私法中的普适性及其例证》,载《政法论坛》2016年第3期。
③ 李海平:《比例原则在民法中适用的条件和路径——以民事审判实践为中心》,载《法制与社会发展》2018年第5期。
④ 贺红强:《比例原则视角下的法庭秩序维持权——以刑事庭审中的驱逐出庭措施为中心》,载《法律科学》2018年第5期。
⑤ 不过,也有学者认为:比例原则的三个分支原则的适用可以循环往返进行。因为,即使经过必要审查确定最小侵害手段,考虑到权利侵害与目的达成间并不总呈现"单向"维度,尚需结合手段的行政成本、社会效果、可行性等要素进行成本收益分析才能得出结论,因此,重回均衡性审查就显得很有必要。参见蒋红珍:《比例原则阶层秩序理论之重构——以"牛肉制品进销禁令"为验证适例》,载《上海交通大学学报(哲学社会科学版)》2010年第4期。
⑥ 另有学者认为:"三阶理论"比例原则的适用,是一种思考方式和思维脉络的取向,而非"严格"的层次,适用时应扣紧个案来灵活运用,这样才不至于出现僵化适用、脱离个案实际的危险。参见姜昕:《比例原则释义学结构构建及反思》,载《法律科学》2008年第5期。
⑦ 陈晓明:《刑法上比例原则应用之探讨》,载《法治研究》2012年第9期。

隐含手段与目的之间的适当性、多种手段权衡中选择某种手段的必要性以及国家法益与个人法益之间的均衡性三个基本维度，因而是一种综合的指涉。"① 综合指涉之下，三个子原则侧重点各不相同，适当性原则关注的是是否采取措施和手段的问题，处理的是手段与目的之间的对比关系；必要性原则审查的是手段是否是最必需的、损害最小的问题，处理的是手段与手段之间的对比关系；均衡性原则考察的是投入成本与产出利益之间是否合比例或相称的问题，处理的是手段的结果与目的（投入与产出）之间的对比关系。于此而言，比例原则无疑就是对手段与目的、手段与手段和公权力行使的预期效益与私权利的可能损害之间进行严格审查、仔细推敲、科学计算的公式与方法。② 不论不同学者对适当性原则、必要性原则和均衡性原则之间审查顺序的理解上有何不同，也不管实务操作层面对适当性原则、必要性原则和均衡性原则的处置上有何出入，但总体来说作为工具、公式与方法的比例原则审查始于适当性原则，经由必要性原则，终于均衡性原则，是为通说。

之于适当性原则而言，它是比例原则的第一个审查步骤和启动阶段。针对行政规范而言，它要求政府所选择的管制措施必须适合于增进或实现所追求的管制目标。③ 这一审查标准自然适用于征税主体的税收征管行为与规范。之于税收稽征而言，适当性原则意味着国家税收征管措施必须有助于税收征管行为目的之达成。即手段适合目的，手段能达目的。由此意味着，适当性原则审查要特别考量两个层级：一则目的本身有多重性，手段对于多重目的中的一个是适合的，对另一个或许是不适合的；二则手段对目的适合有一个程序问题，即手段能够达到目的，且达到目的达到一种"适当"的程度。④ 其中，"适当"既是适当性原则审查的关键，也是审查的难点。对于适当与否，主观论者认为，如果立法者或行政机关在制定某项法律或决定采取某项措施时，真心诚意地相信是根据事物的本质作出的合理性判断，认为立法或行政措施有助于目的的达成，则不论日后对于目的的达成是否有助益，不能认为其违反比例原则。如果完全采取客观的结果论对于实施权力者未免过于苛刻，但是，如果完全偏向立法者或行政机关的主观意志则无法扼制其对自由裁量权的滥用，无法充分保护人民的基本权利，所以，立法或行政措施在客观上是否有助于目的的达成也应该予以考虑，主观和客观应该相结合进行考察

---

① 姜涛：《追寻理性的罪刑模式：把比例原则植入刑法理论》，载《法律科学》2013 年第 1 期。
② 参见郝银钟、席作立：《宪政视角下的比例原则》，载《法商研究》2004 年第 6 期；张明楷：《法益保护与比例原则》，载《中国社会科学》2017 年第 7 期。
③ 参见蒋红珍：《论比例原则——政府规制工具选择的司法评价》，法律出版社 2010 年版，第 210 页。
④ 参见许玉镇：《比例原则的法理研究》，中国社会科学出版社 2009 年版，第 54 页。

更为妥当。① 简单地说,只要通过适当性原则的审查,最终能判断出手段与目的之间存在实质的关联性,不管这种关联性程度大小,都应当认为审查结果是符合适当性原则的,进而都应该将这些手段作为手段选择的备选选项。因为究其根本,适当性原则旨在审查手段与目的之间是否具有实质关联性。②

之于必要性原则而言,它是指如有诸多手段或措施可实现目的,则必须选择最有必要的,即对私人不会造成损害或损害最小的手段。必要性原则是适当性原则的后序原则,也是比例原则的中端原则,是在同一目的之下,在手段与手段之间进行比较研究。③ 这里所谓的"必要",是指"除此以外,别无他法",再也找不到对公民权利损害更小的方式可以替代实现某一公共利益之目的了。从中可见,自必要性原则概念问世肇始,就带有调和公共利益与公民权利、目的与手段关系的使命了。④ 具体在研究特定法律或某项措施、手段,在限制人民之权利自由方面是否必要时,需要特别注意以下两点,一是相同有效性要素,二是最小侵害性要素。⑤ 于相同有效性来说,应该承认选择达成目的的手段原本就属于裁量范围,而对不同目的达成度的手段中,原则上行政机关有选择的自由,司法机关不能取代行政机关自行为其决定。相同有效性作为最小侵害要求的前置条件,正是调和保障基本权和尊重行政权的表现。因此,较温和的手段对目的的达成度至少必须与行政机关所选择的手段之间具有相同的适合性程度,始为符合必要性原则。于最小侵害性来说,经济性、时间性、法律概念的不明确性、与结果无关的副作用及自由裁量权等要素都是比较各手段、识别最小损害时所必须特别考量的因素。⑥ 除此之外,在判断何为必要性手段时,不应当忽略不同手段的有效性差别。若通过成本收益分析方法,再借助于手段的相对损害计算公式,对异同有效性的手段进行损害大小比较,就能有效破解最小损害性难以客观判定的难题。⑦

---

① 参见韩秀丽:《论 WTO 法中的比例原则》,厦门大学出版社 2007 年版,第 46—47 页。
② 没有关联性的手段当然不会产生目的所欲达到的效果,有关联性的手段也不一定会取得很好的效果。至于手段与目的之间关联性的大小,也就是手段对目的的促进程度,则不是适当性原则所要解决的问题,而是属于狭义比例原则所要解决的问题。因为手段的关联性大小实际上是手段的有效性大小问题,而手段有效性大小实际是手段所能促进的公共利益大小的问题。参见刘权:《适当性原则的适用困境与出路》,载《政治与法律》2016 年第 7 期。
③ 参见韩秀丽:《论 WTO 法中的比例原则》,厦门大学出版社 2007 年版,第 47 页。
④ 参见胡建淼、蒋红珍:《论最小侵害原则在行政强制法中的适用》,载《法学家》2006 年第 3 期。
⑤ 参见城仲模主编:《行政法之一般法律原则(一)》,台湾三民书局股份有限公司 1999 年版,第 124—125 页。
⑥ 参见许玉镇:《比例原则的法理研究》,中国社会科学出版社 2009 年版,第 60—68 页。
⑦ 参见刘权:《论必要性原则的客观化》,载《中国法学》2016 年第 5 期。

之于均衡性原则而言,它是必要性原则的后位原则,也是比例原则的终端原则,通常被誉为"是比例原则的精髓和核心,在协调公力和私益与沟通公私法制度中发挥着中坚作用"①。传统上,均衡性原则用来衡量手段所欲达成的目的和采取该手段所引发的对公民权利的限制,两者之间是否保持一种比例关系。因为公权力行使往往以公共利益为目的,所以均衡性原则集中地表达出公益与私益之间进行平衡的需要,因此它也成为"利益衡量"或者"法益衡量"的代名词。如果一个手段所能实现的目标与可能造成的公民权利损害之间不成比例,那么就会构成对均衡性原则的违背。② 易言之,比例原则注重以"价值""法益"方面的相互衡量,即将公权力行为目的所达成的利益与侵及人民的权利之间,作一个衡量,必须证明前者重于后者之后,才可侵犯人民之权利。③ 对于税收稽征行为而言,则意味着税务机关在行使具体税收征管权力前,必须将其对相对人可能所造成的损害与达成税收稽征目的可能所获得的利益之间进行权衡,只有在后者重于前者时才能采取;反之,则不能采取。④ 可见,均衡性原则并非片面地强调公共利益至上,而是要求公权力行为者在追求公共利益的同时,必须认真对待公民权利,审慎权衡相关利益。所以,在适用均衡性原则进行利益权衡时,尤为需要注重成本与收益,应力求选择成本最小、侵害最小的手段。比如,可以考虑通过吸收成本收益分析方法,借助均衡性判断公式,计算出某个最小损害性手段所促进的公益与所造成的损害之间的比例值,然后再根据均衡性判断法则,具体权衡该最小损害性手段是否具有均衡性。⑤

---

① 李刚、程国琴:《税收代位权与撤销权的比较研究》,载《当代财经》2007年第11期。
② 参见蒋红珍:《论比例原则——政府规制工具选择的司法评价》,法律出版社2010年版,第41—42页。
③ 参见陈新民:《行政法学总论》(新九版),台湾三民书局股份有限公司2015年版,第113页。
④ 参见周佑勇:《行政裁量的均衡原则》,载《法学研究》2004年第4期。
⑤ 参见刘权:《均衡性原则的具体化》,载《法学家》2017年第2期。

第三章 单行税种的建制原则度衡

——基于证券交易印花税的规范审查与实施评估

一、问　题　意　向

自古以来,金融除了作为一门构建实现目标之路的学科之外,同时也是一种重要的技术。正是作为一种技术,我们才能在过去的几百年里看到它不断发展的过程,从古代人们用货币进行借贷开始,逐步发展到近现代的抵押信贷市场等现代金融市场,也使得现代金融已然成为现代经济的核心。① 而现代金融的核心是资本市场,资本市场的核心又是证券市场。可以说,证券市场的稳健发展事关一国经济全局与国家大势。只是证券市场极为敏感,能否健康运行受制因素众多,税收无疑是其中的重要制约力量。税法作为至为关键的外部环境因素深度影响着资本市场发展,其集中表现为税法规则对资本市场效率、资本市场结构以及资本市场创新的影响。一般认为,以有价证券的交易行为为征税对象,以实际成交金额为计税依据的证券交易印花税是税收影响证券市场的集中体现和关键性因素。20世纪90年代,由于开征证券交易税的条件尚不成熟,所以我国便选择了以开征证券交易印花税对证券交易进行税收调整的立法例,这一体例的实质是证券交易印花税同时充当着交易税和印花税的双重身份。②

自此之后,证券交易印花税驰骋于我国证券市场,不仅成为国家调控证券市场、平抑市场波动、鼓励市场发展的重要手段和价值工具,而且成为证券市场运转的晴雨表和度衡器。但是,原本定位于减少证券价格波动,抑制过度投机的证券交易印花税制并未坚持初心,而是逐渐滑向财政目的税疆域。这表现为长久以来证券交易印花税制一方面是美其名曰不加区分地对待所有证券交易,另一方面又仅对A、B股征收证券交易印花税,而对证券交易所的国债现货交易、国债回购、金融债券、公司债券和投资基金的交易予以免税(场外的国有股和法人股交易实际上也没有征税),以致不仅同为证券产品,

---

① 参见〔美〕罗伯特·希勒:《金融与好的社会》,束宇译,中信出版社2012年版,第12页。
② 参见席晓娟:《私募股权融资税法规制研究》,法律出版社2018年版,第54—57页。

税法待遇有所不同;而且也表现在同样作为上市公司股东的法人和个人也长时间执行不同的证券交易印花税收政策,享受的税法待遇天差地别。诸如此类的税制悖论和先天缺陷齐聚于证券交易印花税一身,致使证券交易印花税内生的聚财功能得到充分体现,而调控功能却不断弱化。这也使得我国证券交易印花税制的发展脱轨于世界证券交易税的发展航向。放眼世界,20世纪80年代以来,开征证券交易税的诸多国家便开始将稳定证券市场视为证券税制改革的核心目标,各国都竭力在税种搭配、税率设计方面充分体现既有利于宏观调控功能,又有利于长期投资和抑制短期投资的证券税制构造特点。①

其实不止如此,基于同样的宏观调控目的,半个多世纪以来,作为证券市场的特色税种和主要税种之一,证券交易税在世界多数国家大都经历了"先征后废"的调整趋势。即便在依然开征证券交易税的国家,也总体呈现出税收负担轻且逐步下降的趋向。不论是单方或双方征收,各国或地区证券交易税的总税负一般都在 0.1‰~0.3‰。除澳大利亚、中国香港外,各国或地区大都只是仅对买方或卖方实行单边征收。② 与之不同,中国自 1990 年深圳开征证券交易印花税以来,既经历过"单向征收"向"双向征收"的转变,也经历过"双向征收"转往"单向征收"的变动,而且税率也渐次在 6‰、3‰、5‰、4‰、3‰、2‰、1‰、3‰、1‰之间循环往复。值得注意的是,为贯彻落实税收法定原则,2018 年 11 月 1 日,财政部、国家税务总局发布《中华人民共和国印花税法(征求意见稿)》(以下简称"《征求意见稿》"),向社会公开征求印花税立法意见。其中,《征求意见稿》将证券交易印花税并入印花税体系的意图和趋向明显。为此目的,《征求意见稿》一方面不仅将证券交易纳入印花税的征税范围,而且将以股票为基础发行的存托凭证纳入证券交易印花税的征收范围;另一方面既明确证券交易的印花税税率为成交金额的千分之一,又明示"对证券交易的出让方征收,不对证券交易的受让方征收"。与此同时,《征求意见稿》第 18 条同时还规定:"证券交易印花税的纳税人或者税率调整,由国务院决定,并报全国人民代表大会常务委员会备案。"③

客观上说,证券交易印花税税收收入之于整体财政收入而言,可谓是名

---

① 参见史晨昱、范幸丽:《证券交易税研究前沿及其启示》,载《证券市场导报》2004 年第 1 期;孙静:《证券交易印花税的经济效应及政策取向》,载《证券市场导报》2004 年第 1 期。
② 参见汤洁茵:《金融交易课税的理论探索与制度建构——以金融市场的稳健发展为核心》,法律出版社 2014 年版,第 11 页。
③ 参见《中华人民共和国印花税法(征求意见稿)》和《关于〈中华人民共和国印花税法(征求意见稿)〉的说明》,引自 http://hd.chinatax.gov.cn/hudong/noticedetail.do? noticeid=1701977,最后访问日期:2019 年 1 月 30 日。

副其实的小税种。但就是这样一个小税种却成为许久以来我国税制场域和证券市场极具特色的现象级税种,以致官方和民间始终存有证券交易印花税的存废之争。站在经济学的立场上,判断证券交易印花税优劣和存废的一个重要标准,就是看该税种是否符合税收的经济效率,即看它对资本成本的影响有多大,能否有利于资源的有效配置,是否会扭曲市场的正常投资活动和投资意愿。① 但之于法学的角度而言,则不尽然如此。因为税收正义向来是税法之最高追求,而植入经济效率的稽征经济原则充其量只是代表税收正义的技术考量。除此之外,税收法定原则、量能课税原则所力求的形式检测、实质考察同样是税收正义不应忽视的因素。三大原则浑然天成,造就了税法特色的正义标准。检思任何一个单行税种的存废与改进都有必要秉持这三大核心建制原则,以免得出的结论片面与武断。由此,如何看待证券交易印花税的存废之争,怎样对待《征求意见稿》的当下抉择,不只是学术定分止争的理性探求,更是证券市场科学立法的本体诉求。

无论基于哪一种需求,答案的找寻都依赖于科学与理性方法的确立。税法三大建制原则无疑便是这种值得尝试的特色方法。据此方法,证券交易印花税如若不能得到税法三大建制原则的认可,便极有可能遭遇正当性危机,陷于合法性困局,最终丧失正义的税法基础。反之,则可比照当下税制与三大建制原则之间的距离进行优化与改进。基于此,本章尝试以税法建制三原则为分析工具,对我国证券交易印花税进行立体化审视,既考察其正当性,也剖析其合法性;既对证券交易印花税进行规范审查,也对其运行效果进行实证评估;不仅系统性分析证券交易印花税制历史,而且体系化回应《征求意见稿》的当下方案,以找寻未来证券交易印花税的中国方向。据此思路,主体部分的逻辑架构如下:其一,从整体上描述证券交易印花税的制度变迁与运行机理,展示其与税法三大建制原则之间的内在逻辑;其二,以税法三大建制原则为分析工具,对证券交易印花税进行规范审查,对其运行效果与立法目的匹比度进行评价,揭示证券交易印花税偏离税收正义的制度设计和运营机制等缺陷;其三,在规范审查和实证评估的基础上,探寻证券交易印花税的理性定位和未来走向。本章的写作,可以为各单行税法研究、税收立法、税法适用和税法解释提供普适性的方法论。

---

① 参见饶立新:《中国印花税研究》,江西财经大学 2009 年博士学位论文,第 155 页。

二、证券交易印花税述描:政策变迁与运行机理

证券交易印花税不仅是一个国家或地区财政收入的来源之一,同时也是决策者调节证券市场的经济杠杆和重要手段。纵观世界主要国家和地区的证券市场税收状况,征税环节大体有四个:一是在证券发行环节课税;二是在证券交易环节课税;三是在证券交易所得环节课税;四是在证券财产移转环节课税。证券交易印花税发生在证券交易环节,多适用于证券市场发展初期的国家或地区,目的在于防止市场过度投机。[1] 由于证券市场发展程度和社会、经济、政治、文化等环境差异,各个国家或地区在证券税制设计上存有较大差异。比如,有的只是针对单一环节征税,而有的则选择多个环节同时课税。再如,有的仅对股票交易征收证券交易税,而有的则对所有证券产品课征证券交易税。我国现行证券交易印花税聚焦证券交易环节,而且仅针对二级市场上股票交易双方成交金额的一定比例课税。从税制属性上看,证券交易印花税脱胎于普通印花税,经历了从凭证税到行为税的税制变迁。证券交易在电子交易手段实现之前,买卖双方都要填写书面的被视为"股权转让书据"的委托交易单据,据此书据课征证券交易印花税。电子交易普及之后,纸质的"应税凭证"不复存在,证券交易税课税的基础事实只能理解为买卖双方所发生的买卖、继承、赠与等股权转让行为。此种情况下,证券交易印花税的税基是交易双方的流转额,在形式上已更为接近和演变为兼具流转税性质的行为税。[2]

不管课税基础是股权转让书据,还是股权转让行为;也无论是立足于凭证税的证券交易印花税,还是定位于行为税的证券交易印花税,证券交易印花税对于我国股民来说,应该都不会陌生。自1990年7月1日证券印花税诞生于深圳伊始,每当股市波动到比较严重的程度,提高或者降低证券交易印花税税率总会为决策者所采纳,并被寄予厚望。为世人所瞩目的莫过于证券市场的"5·30"事件,即2007年5月29日深夜,财政部、国家税务总局一纸发文,以"半夜鸡叫"的突袭方式将证券(股票)交易印花税税率从1‰上调至3‰,顿时引起轩然大波。类似的税制调整事件,在短暂的证券交易印花税历史上,共发生十一次(如"表3-1"所示)。纵览我国证券交易印花税开征及其历次调整演变,可以发现如下规律或特征:其一,证券交易印花税由地方

---

[1] 参见冯果、廖焕国:《论证券税制的发展趋势及中国证券税制之转型——基于网络经济时代背景下的考量》,载《法学评论》2007年第1期。
[2] 参见饶立新:《中国印花税研究》,江西财经大学2009年博士学位论文,第152页。

政府创设,后被国家认可;其二,税率成为政府干预证券市场的重要工具,而且税率调整的随意性较大,符合宏观调控"相机抉择"①的机理,因为证券市场环境和形势瞬息万变,而宏观调控原本就是一个审时度势、及时因应的过程②和手段;其三,政府调整证券交易印花税收构成要件要素,特别是调整税率,其收入目的比宏观调控目的更加明显;亦如消费税一样,无论是立法目的还是客观功能,证券交易印花税的调控效果都受制于其财政贡献③;其四,证券交易印花税创制与调整的抉择部门及其权限是否符合税收法律、法规的规定,值得商榷。④

表 3-1 证券交易印花税制调整⑤

序号	调整时间	调整后税率	纳税主体	发布部门
1	1990.06.28	6‰	单向征收	深圳市政府
2	1990.11.23	6‰	双向征收	深圳市政府
3	1991.10.10	3‰	双向征收	深圳市政府、上海市政府
4	1992.06.12	3‰	双向征收	国家税务总局、国家体改委
5	1997.05.10	5‰	双向征收	国务院
6	1998.06.12	4‰	双向征收	国务院
7	1999.06.01	B股 3‰	双向征收	国务院
8	2001.11.16	2‰	双向征收	财政部、国家税务总局
9	2005.01.24	1‰	双向征收	财政部、国家税务总局
10	2007.05.30	3‰	双向征收	财政部、国家税务总局
11	2008.04.24	1‰	双向征收	财政部、国家税务总局
12	2008.09.19	1‰	单向征收	财政部、国家税务总局

---

① 参见史际春、肖竹:《论分权、法治的宏观调控》,载《中国法学》2006 年第 4 期。
② 参见周志忍、徐艳晴:《基于变革管理视角对三十年来机构改革的审视》,载《中国社会科学》2014 年第 7 期。
③ 在学者看来,消费税的调控功能尽管极为重要,但调控功能发挥的基石是其财政功能与财政目的的实现。要想规范政府消费税调控权,必须直面其公共财产法属性,维护纳税人的财产权利。扩大至财税法整体,这一结论亦能成立。一言以蔽之,无论宏观调控功能在财税法中拥有何等地位,财税法的基础功能与定位仍然是保护纳税人合法财产权,保障政府合法财政权。因此,对政府税收调控权的规范应回归税收的本体功能,政府调控权的限度不在于调控权本身,而在于纳税人的财产权。参见熊伟:《税收法定视阈下消费税调控权的研究径路》,载《社会科学辑刊》2019 年第 1 期。
④ 参见李玉虎:《证券交易印花税功能的法学与经济学分析》,载《经济法论坛》第 6 卷。
⑤ 自 2008 年 9 月 19 日财政部、国家税务总局改证券交易印花税双向征收为单向征收以来,证券交易印花税税率和纳税主体等税制基本要素总体稳定。但为妥善处理中央与地方的财政分配关系,国务院决定,从 2016 年 1 月 1 日起,将证券交易印花税由现行按中央 97%、地方 3%比例分享全部调整为中央收入。参见《关于调整证券交易印花税中央与地方分享比例的通知》(国发明电〔2015〕3 号)。

由上可知,证券交易印花税制变迁遗留给世人的显著记忆便是税率的任性调整,税率也借机成为个人权利、公共利益与国家权力在证券市场中深度博弈的经典工具和重要砝码,其直接关乎证券交易印花税之正义的动态实践。① 毕竟,"文本上的法律只是一种抽象规定。法的实效,即将纸面上的抽象规定转化为现实的秩序,需要一个过程,是为法律实施。这个过程体现为理想和现实的距离,也呈现出法律与社会的对应"②。从税法实施层面看,纳税人在经济交易与日常生活中是否遵守税法,或者说是否会作出税收违法行为,在很大程度上取决于他们"意识到的责任"是否强烈。③ 政府运用税率手段,不断强化纳税人对证券交易印花税的认知度和熟悉度,有意无意地让纳税人知晓了"税率变动所带动的责任和后果",实质上助推了证券交易印花税领域中的法治实施。因为"法治意识是实现法治的内驱力"④,要想实现税收法治,就必须培养和提高纳税人的税收遵从观念,增强依法征纳意识⑤,这些都离不开对基础税制的熟知和运用。

照此理解,将证券交易印花税制变迁和调整的焦点定格或等同于税率变迁或税率调整,的确不宜一概否定,而要看到其背后依然具有的积极税收法治建设价值。众所周知,虽然按照税收法定要求,"税种设置、征税对象、计税依据、税率、减免税、征税地点等重要税制要素应在法律条款中明确,确保税收制度的完整和稳定"。⑥ 但是,税率显然有着不尽一致的特殊之处。相较其他税收构成要件要素,税率是最为敏感,给纳税人及社会的视觉冲击也是最为直接的一个核心要素。因为它天然具有数值确定性特征,即税率是明确的、相对稳定的数量关系或比例。对某一具体客体而言,其适用的税率也是唯一的。与此同时,税率也是社会公众接触"税"与"税法"最重要的途径,透过某一单行税的税率,任一主体无论专业与否,也不管知识水准如何,都会对该税与本体税法产生一个直观认知和初步判断。但正如所有硬币都有正反两面,在税收基本要素中,税率更是一个最易被政府机关进行自由裁量的要素。近二十年间的 11 次证券交易印花税的税率调整与变动,不仅极大地损害了证券交易印花税法的稳定性和可预测性,而且破坏了纳税人对政府机关

---

① 参见杨盛军:《税收正义——兼论中国遗产税征收的道德理由》,湖南人民出版社 2014 年版,第 67 页。
② 马怀德主编:《法律的实施与保障》,北京大学出版社 2007 年版,第 131 页。
③ 参见郭星华、陆益龙等:《法律与社会——社会学和法学的视角》,中国人民大学出版社 2004 年版,第 194 页。
④ 柯卫:《当代中国法治的主体基础——公民法治意识研究》,法律出版社 2007 年版,第 191 页。
⑤ 参见王磊:《税收社会学》,经济科学出版社 2011 年版,第 46 页。
⑥ 张天犁:《关于税收法定原则的一般考察及相关问题研究》,载《财政研究》2017 年第 6 期。

的信赖。甚至有学者认为,调整税率已经成为阻碍政府机关依法行政的瓶颈。① 更值警惕的是,调整税率尽管可以加深纳税人对证券交易印花税的了解,但同时也会造成社会各界将证券交易税税率等同于证券交易税制本身,而忘却证券交易印花税内置的其他税收构成要件要素,进而陷入"只见树木,不见森林"之风险。

一般而言,税收构成要件,乃是对于应加以课税的各项生活事实以法律规定的形式以把握。由于缴纳特定税收的义务亦即法律效果,原则上并不是根据一个法律规范,而是从数个不同的法律规范共同作用所产生,因此,税收构成要件乃是在实体的税收法规范中,所规定产生税收债务的各种抽象前提要件的整体,而属于一项总括的概念。② 总括概念之下,学者对税收构成要件统摄的构成要素的理解则可以说是"百花齐放"。归纳起来,主要有以下三类学说观点:一是"六要素说"。同为六要素说,学者择取的具体要素也存有差异。比如,北野弘久认为:税收构成要件的"主要构成要素有课税团体、纳税义务者、课税对象、课税标准、税率以及归属等方面的规定"。③ 而黄茂荣则主张:税收构成要素可以依其内容、作用加以类型化。依其内容可区分为:税收主体、税收客体、税收客体归属、税收计算基础、税率及税收减免与加重事由。④ 二是"五要素说"。该观点为多数学者所认同,且对具体要素的选择也几无二致。代表性观点如施正文所云:税收构成要素的内容"一般包括税收主体、税收客体、税收客体的归属、税基以及税率五种"。⑤ 三是"四要素说"。此种学说类型之下,学者观点亦有差异。比如,张守文认为:税收构成要件的基本构成要素"主要包括征税主体、征税对象、计税依据、税率这几个要素,表征征税主体和客体的范围,以及征税的广度和深度"。⑥ 而汤洁茵则认为税收构成要素应由税收主体、应税事实的发生或存续产生某项经济后果、税基和税率组成。⑦

透析学者论断,不难发现观点大都停驻于对《德国租税通则》第38条的表层注解,且多数都未能超出《德国租税通则》第38条"【一般说明】"的解释

---

① 参见许多奇:《税收法定原则中"税率法定"的法治价值》,载《社会科学辑刊》2015年第4期。
② 参见陈清秀:《税法总论》,台湾元照出版有限公司2016年版,第306—307页。
③ 参见〔日〕北野弘久:《税法学原论》(第四版),陈刚、杨建广等译,中国检察出版社2001年版,第168页。
④ 参见黄茂荣:《税法总论》(第一册),台湾植根法学丛书编辑室2002年版,第265页。
⑤ 施正文:《税收债法论》,中国政法大学出版社2008年版,第24页。
⑥ 参见张守文:《税法原理》(第七版),北京大学出版社2016年版,第47页。
⑦ 参见汤洁茵:《税收之债的构成要件及其对征管的影响》,载《财会研究》2008年第14期,第27—28页。

水准。① 究其原因,一方面可能为税收债务学说与税收构成要件的应因关系所累,另一方面可能受制于本国税收立法实践的不足。放眼全球,德国之外虽有如奥地利《联邦租税法典》第 4 条"税收债务请求权于法律据以课赋给付义务之构成要件实现时,即行成立"的立法例,但多数国家和地区均未明确将税收构成要件写进税法文本,更别说将其作为税收债务成立的识别标准,更多国家和地区充其量只是在各单行税种法中零散规定部分具体要素。税收构成要件法定化的体系缺位,必然影响理论研究的深入开展,制约税法实施的顺利推进。而对"构成要件"的普适原理和"税收"的特殊性能考究不够,又进一步加剧了税收构成要件理论研究的表层化和趋同化。众所周知,税收构成要件萌发于税收债务土壤不假,但税收债务绝非税收构成要件生长的唯一场域。比如,无论是税收债务立基的税收构成要件,还是私法债务仰仗的民事行为构成要件,均是法律秩序下构成要件模型的具体体现。具体到税收构成要件来说,作为"法律上的构成要件"的一种,自然内含"构成要件"的普遍法理。② 但作为税法学科的基石理论,税收构成要件又受制于"税收"的前置限定。因此,不论是税收立法、理论建构,还是实践开展,都须竭力恪守和丰实"税收构成要件＝税收＋构成要件"这一简单而深邃的基础模型。

据此模型,一般认为:"作为各种税收的共同课税构成要件,其内容一般包括税收主体、税收客体(课税对象)、课税对象的归属、税基(课税标准)以及税率五种。"③这一认知的思维逻辑是,只要能确定需要征税的税收客体,并通过法定的计算程序使之成为具体的课税标准,然后根据税收客体的归属关系确定税收主体,最后再对课税标准适用法定税率,就能计算出具体纳税人应当缴纳的具体税款。如果再加以提炼,将"归属"内含于税收主体之中,将税基看成税收客体的量化形式,那么,税收的构成要件可以更简单,即税收客

---

① 参见陈敏译著:《德国租税通则》,台湾"司法院"2013 年版,第 58—60 页。
② 观测"构成要件"的语词变迁,不难发现其内含以下语义及特性:其一,开放性。"构成要件"不仅是法理学的通用概念,而且也广泛出现在刑法、民法、行政法等部门法中;既有特定的内涵,又可以增加修饰词赋予新的含义。其二,定型性。"构成要件"虽用法繁多、词义多变,但只要转介至某一特定学科或特定领域,即具有特定构造和特有功能。其三,目的性。"构成要件"的设计往往以某种效果的实现为目的,要件满足即产生预设的目的。反之,则可能产生目的不能的相应后果。其四,法定性。法律上的"构成要件"的具体内容以及意图实现的目的、后果一般由法律事先设定,实施中不能任意解释。其五,多元性。"构成要件"不仅用来表示抽象的构成要件,而且内含符合要件的事实的意思。既可以作为涵盖所有构成要素的抽象的整体性理论示众,又可以作为单一的"构成要件"层级出现。既具有丰裕的理论建构功能,又具备翔实的实践指导价值。参见杜景林、卢谌编:《德汉法律经济词典》,对外经济贸易大学出版社 2011 年版,第 792 页;罗亚苍:《税收构成要件论》,湖南大学 2016 年博士学位论文,第 26 页。
③ 杨小强:《税法总论》,湖南人民出版社 2002 年版,第 38 页。

体、纳税人、税率。① 据此可见,税率只是证券交易印花税运行和发生作用的一个要素而已。在税收客体上,证券交易印花税创设之初便套用印花税征税范围,将其归入"产权转移书据"(股权转让书据)税目之下。随着电子商务的急剧发展,证券交易印花税的税收客体从原初的"产权转移书据"演变为"股权转让行为",已经跃出印花税课税樊笼之外。至于在纳税人要素上,让更多人熟知的是《关于证券交易印花税改为单边征收问题的通知》(财税明电〔2008〕2号)中"对受让方不再征税"的规定,绝大多数纳税人早已遗忘深圳市政府首次开征证券交易印花税时的单边征收②规定。概而言之,税率只是税收构成要件要素系统中最为敏感的一个要素而已。证券交易印花税的制度运转需要各个税收构成要件要素的精致互动,整体配合、彼此驰援。各个构成要件要素汇聚一体,方可撑起证券交易印花税制大厦,推动证券交易印花税法治化进程。

　　从法治原则的角度看,税收法定原则、量能课税原则与稽征经济原则(比例原则)已经形成稳定的税法建制原则系统和方法论体系,可以在检验和评判证券交易印花税制建设、法治实施甚或税法解释方面发挥标尺作用。如前所述,税收法定原则不仅是税收法治体系建构的形式基准,而且是"税制改革的正当途径"③,所以,不管证券交易印花税的是税率变动,还是证券交易印花税的税收客体(征税范围)重构,乃至证券交易印花税的纳税人调整,抑或是证券交易印花税并入印花税等,都必须满足税收法定原则的要求,"不仅应当通过法律予以规定,而且要尽可能明确、避免使用模糊性的表述"④,以实现证券交易印花税法的形式正义。超越税收法定原则,量能课税原则是公平税负最基本的保障,是税收实质正义最有力的维护,所以,证券交易印花税制应当尽可能地统一适用,除非有足够的正当性理由,的确不应该选择性课税、差别性对待。即便是基于证券市场稳健考虑,确有必要偏离量能课税原则,其正当性也必须接受比例原则的审查,观测目的与手段之间的合比例性,满足稽征经济导向的技术正义要求。如学者言及的"对一级发行市场的发行行为征收证券交易税,对于二级市场,可以借鉴美国免税经验,降低交易成本,

---

① 参见刘剑文、熊伟:《税法基础理论》,北京大学出版社2004年版,第191页。
② 《深圳市人民政府关于对股权转让和个人持有股票收益征税的暂行规定》第2条规定:"股权转让书据按书据转让时市场价格的金额,依千分之六的税率纳税,属买卖的股票由转让人贴花,转让人的代理人有代理纳税的义务;属继承、赠与、分割的股票由股票持有人贴花。办理股权转让的单位,负有监督纳税人依法纳税的责任,并由其代售印花税票,代征代缴税款。"
③ 刘剑文:《落实税收法定原则是对深化改革的历史担当》,载《社会科学辑刊》2015年第4期。
④ 叶姗:《消费税法的解释与解释性规则》,载《社会科学辑刊》2019年第1期。

活跃市场行为"①之类的区别性税收待遇与策略,都需要接受税法建制原则的体系审视。否则,证券交易印花税理应追求的公平性、正当性和合法性就会存疑。如果是这样的话,与其让它玩弄于市场与国民之间,不如彻底改造甚或废除,以求新生。

三、税收法定:证券交易印花税的合法性质疑

在当今时代,税关系到国民的经济生活的各个方面。凡是人,如果他不考虑其在税法上的地位,或不考虑由税法而规定的纳税义务的话,则都无法作出任何重要的富有经济性的决策。所以说在很多经济贸易活动中,税的问题是首先要考虑的且具有重要作用的问题。可以说凡是合理的经纪人,在他们的经济决策中必然把税的问题考虑进去。他们都希望事先就通过法律把由什么行为和何种事实而将产生怎样的纳税义务的问题弄清楚。因此,税收法定主义并不仅仅是依据其历史性的沿革和宪法思想史的意义而产生,而且在当今复杂的经济社会中它还必须保证能给予各种经济贸易和事实上的税效果以充分的法的安定性和预测可能性的内容。② 而税法给予各种经济贸易与事实的税效果能否稳定,是否具有预测可能性,很大程度上取决于税的合法律性。因此,方有学者认为:"税收法定原则所要解决的根本问题就是税收的合法性问题。"③此处所言及的法律,依据民主原则和法治原则,仅是指人民行使权力的议会制定的法律或议会授权制定的法规,但最主要、最大量的应是议会制定的法律。④

不难看出,税收法定原则的核心要旨就是对国家征税权的规范和控制。⑤ 作为税权的重要类型,征税权与用税权一样,都是"国家与纳税人之间财产权转让的中介,是国家凭借它从纳税人手中合法地取得财产权并来为其提供公共服务的一种国家权力"。⑥ 借助税收法定原则,以征税权为核心的国家税权运行的边界得以明定。即一般情境下,立法机关制定税法规则,行政机关执行税法文本,司法机关保障税法规则的实施,各司其职、各负其责,相互制约又彼此支持,任何税权主体都不得随意越界行使税权。从严格税收

---

① 杨志银:《完善我国现行证券市场税收制度的思路——基于中小投资者利益保护视角》,载《证券市场导报》2016年第10期。
② 参见〔日〕金子宏:《日本税法》,战宪斌、郑林根等译,法律出版社2004年版,第59页。
③ 王鸿貌:《税收法定原则之再研究》,载《法学评论》2004年第3期。
④ 参见张守文:《论税收法定主义》,载《法学研究》1996年第6期。
⑤ 参见刘剑文:《落实税收法定原则的现实路径》,载《政法论坛》2015年第3期。
⑥ 刘丽:《税权的宪法控制》,法律出版社2006年版,第20页。

法定原则出发,课税只能由法律规定,证券交易印花税的创设与课税要素的变动也应该只能由法律规定。以此检视证券交易印花税立法,结论不证自明。不过,必须注意的是,即使严守税收法定原则的国家和地区,也很难(也不会)完全排斥授权立法,尤其是在税收法治化程度相对薄弱的国家和地区。我国就是如此,截至 2016 年 12 月 25 日《中华人民共和国环境保护税法》通过之前,税法领域除开"个人所得税法""企业所得税法""车船税法"和"税收征收管理法"等少数几部是由最高立法机关制定的税法规范以外,绝大多数领域的税法规范都是授权立法①而致的结果。尽管授权立法可能会因部门利益而生先天瑕疵,但这些瑕疵肇因于在先的法定授权,还不宜完全将其置于违法性境地,而更宜将其理解为应因社会经济形势变化和税法特性的合法行为。

毕竟,税收立法在很多领域都具有灵活多变性,需要针对社会经济形势的变化快速、灵敏地作出反应,尽量克服税收立法的时滞。同时,税法具有很强的专业性和技术性,而立法机关的议员往往并不具备税收立法所需的全部专业知识和实践经验,难以对一些专业性、技术性很强的税收问题作出迅速、准确的立法回应。因此,将专业性、技术性强的税收事项授权行政机关进行立法就成为一种趋势和现象。② 授权立法长久存在于税法场域也就不难理解了。基于税法的特殊性和立法机关的立法能力,尤其是考虑到 20 世纪八九十年代经济社会发展的特殊情景,税收领域的授权立法能够得到立法机关明确的和在先的许可,不啻为一种可贵的进步,理当予以肯定。况且,这也根本上符合授权立法的实质要义。究其实质,"所谓授权立法,就是指一个立法主体将立法权授予另一个能够承担立法责任的机关,该机关根据授权要求所进行的立法活动。这是从动词意义来界定的。如果从名词意义上界定,授权立法就是指被授权机关根据授权制定的具有规范效力的法文件"③。基于此

---

① 改革开放以来,全国人大及其常委会对国务院做过两次税收立法授权。"1984 年授权决定"由全国人大常委会作出,内容仅限于工商税制改革和国企的利改税。"1984 年授权决定"通过后,国务院据此发布了 6 个税收条例草案试行,内容涉及产品税、增值税、盐税、营业税、资源税、国营企业所得税。"1985 年授权决定"由全国人大作出,内容覆盖经济体制改革和对外开放的各个方面。"1985 年授权决定"通过后,国务院制定了一系列税收暂行条例,未再以草案形式发布税收条例(草案)试行。1993 年,随着增值税等税收暂行条例的实施,上述 6 个税收暂行条例(草案)同时被废止。2009 年 6 月 22 日,第十一届全国人大常委会通过了《关于废止部分法律的决定》,"1984 年授权决定"被废止。不过,"1985 年授权决定"目前仍然有效,现行税收暂行条例,如《增值税暂行条例》《营业税暂行条例》《消费税暂行条例》等,都是以它作为法律依据的。参见熊伟:《论我国的税收授权立法制度》,载《税务研究》2013 年第 6 期。
② 参见胡小红:《税收立法权研究》,安徽大学出版社 2009 年版,第 83 页。
③ 陈伯礼:《授权立法研究》,法律出版社 2000 年版,第 13 页。

种考虑和认知,作为印花税母法而存在的《印花税暂行条例》可以被视为税收法定原则的产物。与授权立法相关,税收法定原则也承认财税主管机关解释税法的权力,但这种权力的行使范畴必须专属于税法解释事项,不能借解释税法之名行税收立法之实。① 故,财政部依据《印花税暂行条例》第 15 条的规定制定《印花税暂行条例实施细则》在当时的税收立法能力和税收法治环境下,也可以接受。

不过,这两部因授权立法和税法解释而致的税法规范文本实际上都难以为证券交易印花税奠定合法性依据。从深圳市政府、上海市政府、国务院、国家税务总局、财政部等部门关于证券交易印花税的规定可以看出,这些部门都将证券交易印花税的税法法源追至《印花税暂行条例》和《印花税暂行条例实施细则》,遵照其中的"产权转移书据"税目据以课税。比如,《深圳市人民政府关于对股权转让和个人持有股票收益征税的暂行规定》抬头即明示:"……根据《中华人民共和国印花税暂行条例》和《中华人民共和国个人收入调节税暂行条例》……对股权转让和个人持有股票的收益征税问题做如下规定……"第 1 条直接规定:"凡在深圳市内书立股权转让书据(包括上市股票和企业内部发行的股票在买卖、继承、赠与、分割等所立的书据)的单位和个人,均应按规定缴纳印花税。"第 2 条则进一步明确:"股权转让书据按书据转让时市场价格的金额,依千分之六的税率纳税。"此类规则制定技术间接折射出行政机关受制于税收法定原则的困苦,因为要想独创证券交易印花税必须经过最高立法机关认可,或至少也要获得最高立法机关明确的法定授权,而不管是最高立法机关的直接立法,还是谋求最高立法机关的法定授权,运作起来都非易事。更为简便的办法是,将其嵌入已有的印花税税目,获取合法性。问题是,行政机关勾画和实施的证券交易印花税开征和运行的制度轨迹和法治逻辑,能够得到税收法定原则的认可吗?

从法教义上看,《印花税暂行条例》第 2 条将"产权转移书据"列为印花税的应纳税凭证。根据《印花税暂行条例实施细则》第 5 条的解释,《印花税暂行条例》第 2 条言及的"产权转移书据,是指单位和个人产权的买卖、继承、赠与、交换、分割等所立的书据"。这两条规定,书就了"产权转移书据"印花税的课税依据,也同时宣告了"产权转移书据"印花税的凭证税性质。症结在于,证券交易印花税立基的"股权转让书据",能否归于此处的"产权转移书据"。"产权"主要是在经济学语境下使用,几乎对应着法学意义上的财产权,范围事实上包括物权、债券、股权、知识产权等权利形态。而"股权是一种兼

---

① 参见熊伟:《重申税收法定主义》,载《法学杂志》2014 年第 2 期。

具人身权与财产权性质的特殊权利形态,是投资者基于股东身份而获得的针对公司有形和无形财产的概括性权利。因此,股权转让在属性上至少应包括财产权利的转移和股东身份的让渡这一双重意义"①。根据这种理解,将股权转让作为产权转移的一种形态,应该问题不大。只是立法似乎并不完全认同这一点。因为按照《印花税暂行条例》"附件:印花税税目税率表"第 11 项规定,产权转移书据仅包括"财产所有权和版权、商标专用权、专利权、专有技术使用权等转移书据",并未将股权转让列示其中。该项规定能否涵盖股权转让书据需要进一步分析。从该项规定来看,股权转让书据归入版权、商标专用权、专利权、专有技术使用权书据几无可能,要想获得该项规定的认可,则要么归入财产所有权书据税目,要么为"等书"条款所兜底。

找寻《印花税暂行条例》和《印花税暂行条例实施细则》,这一问题的答案并未清晰呈现。立法的模糊或缺位处理,也就使得股权转让书据能否作为一种产权转移书据,进而寻得证券交易印花税的法源依据这一问题与论理逻辑,见仁见智,并无共识性结论。否则,国家税务总局也不会在时隔三年之后的 1991 年 9 月 18 日发布《关于印花税若干具体问题的解释和规定的通知》(国税发〔1991〕155 号)。该通知第 10 条又对"产权转移书据"税目中的"财产所有权转移书据"进行解释,将其征税范围进一步明确为:"经政府管理机关登记注册的动产、不动产的所有权转移所立的书据,以及企业股权转让所立的书据。"国家税务总局不是不可以对税法进行解释,但针对明晰课税要素的规定实质上就已经异化为税收立法了,这显然背离了税收法定原则的基本出发点和根本要义,甚至无法达致最低限度的法治。因为"最低限度的法治概念包含两方面的要素:在价值目标上,它以法的安定性作为构成要素;在制度目标上,它以融贯法律体系的存在为基础条件"②。更为致命的是,"国税发〔1991〕155 号"将"企业股权转让所立的书据"明确解释为"财产所有权转移书据",却又再次忽略了证券市场上的"股权转让书据"。即"国税发〔1991〕155 号"第 10 条在明示"企业股权转让所立的书据"为印花税"财产所有权"转移书据征税范围的同时,并未将证券市场上的"股权转让书据"列示其中。

可见,虽然股权转让作为一种产权转移的理论障碍不大,但立法上将"股权转让书据"嵌入印花税的"产权转移书据",作为证券交易印花税的法定主义基础并不牢固。③ 与含糊其词的印花税立法不同,在《印花税暂行条例》与

---

① 罗培新:《抑制股权转让代理成本的法律构造》,载《中国社会科学》2013 年第 7 期。
② 雷磊:《法教义学与法治:法教义学的治理意义》,载《法学研究》2018 年第 5 期。
③ 即便"国税发〔1991〕155 号"可以视为证券交易印花税的课税依据,也悄然偏离了税收法定原则的正常航向,难言是税收法定原则的产物。

《印花税暂行条例实施细则》出台之后,"国税发〔1991〕155号"颁发之前的1990年6月28日,深圳市政府颁发《关于对股权转让和个人持有股票收益征税的暂行规定》,言辞凿凿地将并不清晰的《印花税暂行条例》作为股权转让书据印花税的税法法源广而告之,据此课税。自此之后,相关部门"遵循先例",不再言及股权转让书据印花税的上位法依据,更像是将其作为一种既成事实欣然接受。比如,由国家税务总局、国家体改委联合制定的《股份制试点企业有关税收问题的暂行规定》(国税发〔1992〕137号)第9条就直接规定:"股份制试点企业向社会公开发行的股票,因购买、继承、赠与所书立的股权转让书据……缴纳印花税。"已然看不见任何证券交易印花税的上位法依据。

不仅地方政府、国务院部委或直属部门如此,就连国务院也似乎不再关心和考究证券交易印花税法源的合法性,而将其视为当然的合法性存在。例证是,《调整证券(股票)交易印花税税率的通知》(国发明电〔1997〕3号)规定:"……对买卖、继承、赠与所书立的股权转让书据……交纳印花税……"与之几乎完全一样的是,《关于调整证券(股票)交易印花税税率的通知》(国发明电〔1998〕5号)中的"……对买卖、继承、赠与所书立的股权转让书据……缴纳印花税……"之规定。不仅如此,即便是2015年《立法法》修订之后,国务院调整证券交易印花税中央与地方分享比例也照样省却了对证券交易印花税法源的列示和确认。① 既然《印花税暂行条例》和《印花税暂行条例条例》能否为证券交易印花税带来合法性依据都尚且存疑,那么这些借助解释《印花税暂行条例》和《印花税暂行条例条例》之名、行证券交易印花税立法之实,屡屡调整税率、纳税人等税收构成要件事实以及调整证券交易印花税央地分享比例的规范性文件,就更不可能为证券交易印花税带来税收法定原则所要求的合法性依据了。

除此之外,在证券交易印花税的规范实践中,还有一类看似合法性程度颇高的制定模式,即在规范性文件的文首部分注明"经国务院批准"。例如,《关于调整证券(股票)交易印花税税率的通知》(财税〔2007〕84号)规定:"……经国务院批准……对买卖、继承、赠与所书立的A股、B股股权转让书

---

① 《关于调整证券交易印花税中央与地方分享比例的通知》(国发明电〔2015〕3号)规定如下:"各省、自治区、直辖市人民政府,国务院各部委、各直属机构:为妥善处理中央与地方的财政分配关系,国务院决定,从2016年1月1日起,将证券交易印花税由现行按中央97%、地方3%比例分享全部调整为中央收入。有关地区和部门要从全局出发,继续做好证券交易印花税的征收管理工作,进一步促进我国证券市场长期稳定健康发展。"

据,由立据双方当事人分别按 3‰ 的税率缴纳证券(股票)交易印花税。"① 证券交易印花税领域存在的这类规范与一般税制领域的类似规范有不小的差别②,决策部门在书写"经国务院批准"之时,对文件"批准"的缘由、制定的目的等并未做任何辅助性说明,犹如一种行政命令。需要深究的是,"经国务院批准"是否就意味着国家税务总局和财政部就可以变更纳税人,调整税率? 其变动税率、改变纳税人是否就此获得合法性依据? 如何理解这一屡见不鲜的徘徊于立法与解释之间的税政现象? 要想回答这类问题,可以将"经国务院批准"与税制实践中极为相似,但内涵完全不一的"由国务院决定"③进行比对分析。

根据立法上的"批准"与"决定"的用语来看,我国《立法法》共有 14 处涉及"批准",45 处指向"决定"。研究这些语词在法律规范中的位置和作用,可以发现,"批准"主要适用于下级请示上级,更多是一个程序性步骤。④ "决定"则不然,其往往伴随着实体权力的行使。⑤ 基于此种分析,"财税〔2007〕84 号"虽然"经国务院批准",但因其"决定"的是调高证券交易印花税税率,属于典型的课税核心要素变动,显然已经超出了国务院只言片语所能"批准"的权限范围。的确,在税法领域,为顺利实施税法,容许行政机关解释税法、定颁税法的实施细则等解释性文件不假,但税收主体、税收客体、税收客体的归属、税基及税率等课税要件皆应该由法律加以规定。⑥ 否则,即违反课税要件法定主义⑦,也就背离了税收法定原则,甚至危及最低限度的法治。

---

① 又如,《关于调整证券(股票)交易印花税税率的通知》(财税〔2005〕11 号)规定:"……经国务院批准……对买卖、继承、赠与所书立的 A 股、B 股股权转让书据,由立据双方当事人分别按 1‰ 的税率缴纳证券(股票)交易印花税。"再如,《关于证券交易印花税改为单边征收问题的通知》(财税明电〔2008〕2 号)规定:"……经国务院批准……将现行的对买卖、继承、赠与所书立的 A 股、B 股股权转让书据按千分之一的税率对双方当事人征收证券(股票)交易印花税,调整为单边征税,即对买卖、继承、赠与所书立的 A 股、B 股股权转让书据的出让方按千分之一的税率征收证券(股票)交易印花税,对受让方不再征税。"
② 比如,《关于调整和完善消费税政策的通知》(财税〔2006〕33 号)就明确规定:"为适应社会经济形势的客观发展需要,进一步完善消费税制,经国务院批准,对消费税税目、税率及相关政策进行调整……"
③ 比如,《消费税暂行条例》(国务院令第 135 号)第 2 条第 2 款规定"消费税税目、税率的调整,由国务院决定"。
④ 比如,我国《立法法》第 72 条规定,设区的市的人民代表大会及其常务委员会……可以……制定地方性法规……须报省、自治区的人民代表大会常务委员会批准后施行。此处的"批准"隐含之意便是,省、自治区的人大及其常委会无权制订适用于设区的市的地方性规范,仅具有审批由设区的市的人大及其常委会自行制定的地方性法规。
⑤ 比如,我国《立法法》第 9 条规定,"本法第八条规定的事项尚未制定法律的,全国人民代表大会及其常务委员会有权作出决定,授权国务院可以根据实际需要,对其中的部分事项先制定行政法规……"
⑥ 参见黄茂荣:《税法总论》(第一册),台湾植根法学丛书编辑室 2002 年自版,第 261 页。
⑦ 参见陈清秀:《税法总论》,台湾元照出版有限公司 2014 年版,第 46 页。

论及至此,结论日渐清晰。证券交易印花税自开征之初便身陷合法性危机,随后虽深圳市政府直接将其法源明定为《印花税暂行条例》和《个人收入调节税暂行条例》,国家税务总局、财政部,乃至国务院也间接认可了深圳市政府的此种做法,且通过各自的规范性文件固化了原本存有合法性危机的法源事实。财政部、国家税务总局甚至抛出"经国务院批准"这一尚方宝剑,企图为其调整证券交易印花税制寻得合法性依据。但只要对税收法定原则稍有认识,便可知晓地方政府、国务院部委或直属部门,乃至国务院自身针对证券交易印花税所进行的十余次税制调整,都难言"合法"。如此理解,绝非否认各级政府为稳定证券市场等的决心和为之付出的种种艰辛和努力,只是税收构成要件要素兹事体大,如果不受法律控制,行政机关便可任意解释、肆意创设针对证券交易印花税构成要件要素的规范性文件,纳税人的财产将被置于风险之地,纳税人权利保护也唯恐沦为空洞乏味的宣示性口号。除此之外,证券交易已从原初的凭证时代过渡到无纸化时代,依然将其归入书据类税目课征证券交易印花税,抛却课税依据的合法性不谈,其有名无实,法理依据不足等税制弊病,显而易见。这也会加剧证券交易印花税的合法性危机。概而言之,不管是从税种、税目及税率适用,还是从决定机关,乃至法理依据等角度剖析,对证券交易"行为"课征作为"凭证税"的证券交易印花税,其合法性都难以证成。[①]

或因如此,《征求意见稿》顺应"落实税收法定原则"大势,直面回应证券交易印花税立法疑难和法源困惑,不仅在第 1 条中直接将"进行证券交易"明示为印花税的征税范围,规定:"在中华人民共和国境内进行证券交易的单位和个人,为印花税的纳税人,应当依照本法规定缴纳印花税",而且第 3 条进一步规定:"本法所称证券交易,是指在依法设立的证券交易所上市交易或者在国务院批准的其他证券交易场所转让公司股票和以股票为基础发行的存托凭证。"与之相配套,第 5 条与第 7 条、第 8 条、第 13 条、第 14 条、第 15 条与第 16 条、第 18 条、第 19 条"法律责任"以及"附",分别建构了证券交易印花税的计税依据、应纳税额计算方法、扣缴义务人、纳税义务发生时间、纳税申报与解缴、纳税人或者税率调整、法律责任以及税目税率体系化的证券交易印花税制,力图根本上解决证券交易印花税的合法性危机,增强印花税法的

[①] 参见袁明圣:《疯狂股市、印花税与政府法治——证券交易印花税调整的法理思考》,载《法学》2008 年第 8 期。

科学性、稳定性和权威性。①

四、量能课税：证券交易印花税的公平性检视

"法一现身于历史，就以强制方式使那些受它支配的人屈从于它自身。法独自决定谁受它约束，以及在何种条件下他可以进入联合体或获准离开它。它在社会生活中的一切领域都要求这种权威性。不过法的这种实施要求也遇到了根本怀疑和激进反对；同时也必须面对质问其实施要求正当性的怀疑主义。"②这种发端于法正当性需求的怀疑主义催生了正义这一千古话题，也使得正义的实质实现成为人类的永恒追求。只是正义界定之难犹如"蜀道"，人皆共知。要想根本上厘定正义之要义，除开探究正义内核之外，还"应该看看所界定之词在应用中是否考虑到了所提供定义之外的某种东西。例如，假设'正义'界定为'有能力分配等同之物'。这是不正确的，因为'正义之人'是'决定'去分配等同之物的那种人，而非'有能力'去分配等同之物的那种人，因而'正义'就不会是'有能力分配等同之物'，因为那样的话，'最正义之人'就会是'最有能力分配等同之物的那种人'"③。尽管如此，将正义与能力挂钩，以能力去度量正义确是正义理论与实践发展的重大突破。

聚焦于能力的做法本质上坚持认为社会分配的首要善是多元的而不是单一的，而根据任何一种单一的量化标准，正义是不可度量的。不过，同样需要正视的是，有些能力（如投票能力）是重要的，而一些能力（如在没有头盔的情况下开摩托车的能力）相对而言是不重要的；一部公正的宪法会保护那些重要的能力而不是捍卫那些微不足道的能力。更进一步，还有必要意识到，有些能力实际上是坏的，应该被法律禁止（如基于种族、性别或残障而产生歧视的能力，污染环境的能力）。所以，必须要有一个优先性评估来决定哪些能力是好的，以及在好的能力当中哪些是最重要的，它们当中绝大多数在界定有人类尊严之生活的最低条件时已被明确地涵盖其中。至少出于制定宪法和设计制度的目的，一旦我们认可某种可行的核心能力清单，那么，只要我们考虑那些从社会不利地位起步的人所具有的非同一般的需要，就很容易得出收入和财富能否很好地取代能力的问题。虽能力进路对聚焦于收入和

---

① 《关于〈中华人民共和国印花税法（征求意见稿）〉的说明》在"制定本法的必要性"中指出："《中共中央关于全面深化改革若干重大问题的决定》提出'落实税收法定原则'，制定印花税法是重要任务之一，已列入全国人大常委会和国务院立法工作计划。制定印花税法，有利于完善印花税法律制度，增强其科学性、稳定性和权威性，有利于构建适应社会主义市场经济需要的现代财税制度，有利于深化改革开放和推进国家治理体系和治理能力现代化。"
② 〔德〕施塔姆勒：《正义法的理论》，夏彦才译，商务印书馆 2016 年版，第 46 页。
③ 〔古希腊〕亚里士多德：《工具论》，刘叶涛等译，上海人民出版社 2018 年版，第 384—385 页。

财富的做法提出激进的批评,但原则上收入和财富或许仍然是衡量相对社会地位的恰当尺度。① 同理,与收入或财富直接或间接关联的负税能力(税收给付能力)也就成为度量税收实质正义的核心指标。

从能力到收入和财富,从负税能力至税收实质正义,这一链条得以通畅的前提与保障是量能课税原则。"量能课税原则强调依据纳税人经济上的给付能力平等课税"②,即以个人经济上现实可支付能力(纳税能力或负税能力)为标准来决定个人的应纳税额,而非依国家对特定人所提供的利益为衡量。量能课税原则,在纳税义务人的客观负税能力基础上,课以与其有相同能力者,同等程度的税捐义务,如纳税义务人有相同的纳税能力,而无其他合理正当的理由,径课以不同的租税负担,即违反平等原则。③ 所以,税收实质正义度量的核心还在于负税能力。而能够表彰特定个人或组织之负税能力的指标主要为:所得、财产及消费。所以,将之选取为税收客体。以之为基础,可将各种税目归类为:所得型税收、财产型税收或消费型税收。④ 从负税能力指标上,很难机械地将证券交易印花税与典型税制型态对号入座,因为不管是早期证券交易印花税所确立的"按书据转让时市场价格的金额"⑤,还是后来"依书立时证券市场当日实际成交价格计算的金额"⑥,都难以称得上典型的所得、财产及消费。然即便如此,借助市场价格或者实际成交价格相区别大体还是可以成立的,因为市场价格或实际成交价格越高者,担负的证券交易印花税多半也越高。反之,则反向运动。

除此之外,更为关键的议题在于,在公民财产权日益受到重视的今天,如何将分配正义的价值追求注入财税法内在结构,从而使其发挥出"制约差距过大、保障平等与公平分配"的功能,始终是个悬而未决的难题。⑦ "量能课税原则以纳税人的负担能力分配税收,旨在创设纳税人与国家之间的距离,以确保国家对每一国民的给付无偏无私,不受其所纳税额的影响"⑧,维持课

---

① 参见〔美〕玛莎·C.纳斯鲍姆:《正义的前沿》,朱慧玲、谢惠媛、陈文娟译,中国人民大学出版社 2016 年版,第 115—116 页。
② 叶姗:《房地产税法建制中的量能课税考量》,载《法学家》2019 年第 1 期。
③ 参见潘英芳:《纳税人权利保障之建构与评析——从司法保障到立法保障》,台湾翰芦图书出版有限公司 2009 年版,第 134 页。
④ 参见黄茂荣、葛克昌、陈清秀主编:《税法各论》,台湾新学林出版股份有限公司 2015 年版,第 19 页。
⑤ 参见《深圳市人民政府关于对股权转让和个人持有股票收益征税的暂行规定》第 2 条。
⑥ 参见但不限于下列文件:《股份制试点企业有关税收问题的暂行规定》(国税发〔1992〕137 号)第九条、《关于调整证券(股票)交易印花税税率的通知》(国发明电〔1997〕3 号)、《关于调整证券(股票)交易印花税税率的通知》(国发明电〔1998〕5 号)。
⑦ 参见刘剑文:《强国之道——财税法治的破与立》,社会科学文献出版社 2013 年版,第 62—63 页。
⑧ 刘剑文、熊伟:《财政税收法》(第六版),法律出版社 2014 年版,第 191 页。

税的中立性要求。"从效率性的观点看,即使征税也不宜因此歪曲人们的选择,这样才能有利于社会福祉(社会整体的满足度)的最大化。"①是以,量能课税原则又进一步要求在税收负担上应保持中立性原则,亦即不应变更营业的公平竞争关系。如果对于竞争同业课以不公平的税负,而违背平等原则时,则亦违反竞争的中立性。税收中性原则则要求课税不应影响私经济部门(消费者及生产者)从事经济活动的经营决策,避免影响私经济部门的资源配置。② 简言之,"国家征税应避免对市场经济正常运行机制的干扰,特别是不能使税收超越市场机制而成为资源配置的决定因素"③。

以上观测,如果不同负税能力的私经济部门最后承担的税负毫无差别,或者相同处境的私经济部门被选择性纳入课税范畴,或者虽都被吸纳至课税范围,但其中一部分却可以享受税收优惠待遇,这些情形的发生,都会不同程度地破坏"税收的公平"。这种不公首先体现在证券交易印花税的征税客体取舍上。从证券市场运行的环节来看,证券市场既包括发行市场,也包括交易市场。能够用以交易的有价证券,既有股票,也有债券,还有基金,乃至形形色色的金融衍生品等诸多金融商品。一个完整的金融交易税体系,应该涵盖所有的金融交易行为,包括证券、金融衍生品、货币交易,而目前我国的证券交易印花税,仅针对证券交易课税,没有涵盖外汇交易和金融衍生产品交易。况且,在证券交易环节,也仅针对 A 股和 B 股交易卖方,单向按照 1‰ 征收,基金、债券等其他金融交易被排除在外。④ 与之关联,在二级市场上,仅对企业发行股票的收入按营业账簿征收印花税,对原始股不征税;而二级市场上的投资者却无例外地都必须缴纳,明显有失公平。这也是我国股票市场经常异常波动的制度性原因之一。⑤ 此等做法,是为典型的选择性课税。本应同等对待的市场和产品,因为证券交易印花税的介入变得不再平等,市场不再能够起到关键性配置作用。厚此薄彼的选择性征税,违背税收正义不言而喻,也与《关于全面深化改革若干重大问题的决定》论及的"统一税制、公平

---

① 〔日〕中里实等编:《日本税法概论》,张翠萍等译,法律出版社 2014 年版,第 94 页。
② 参见陈清秀:《税法各论》(上),台湾元照出版有限公司 2014 年版,第 3 页。
③ 张怡:《税收法定化:从税收衡平到税收实质公平的演进》,载《现代法学》2015 年第 3 期。
④ 参见杨峰、刘先良:《论我国金融交易税收制度的完善——以欧盟法借鉴为中心》,载《法律科学》2015 年第 2 期。
⑤ 因为一旦发行新股,二级市场上的资金就会大量进入一级市场申购新股,而发行新股又采取的是定价而非竞价方式,新股上市的当天就会有较大幅度的上涨,而一级市场的购买行为又不涉及印花税,具有明显的"低成本,高收益"特征。一级市场不征税对大额资金拥有者更有利,因为大额资金的中签率比小额资金要高得多,甚至有些机构的巨额资金长期滞留在一级市场而不进入二级市场。这样,股市的风险就转移到二级市场上,使其发生剧烈的波动。参见冯果、廖焕国:《论证券税制的发展趋势及中国证券税制之转型——基于网络经济时代背景下的考量》,载《法学评论》2007 年第 1 期。

税负、促进公平竞争的原则"相背离。或因如此,有学者提出:应该"合理优化不同证券产品与不同层次市场之间的证券交易税收制度"①。与之类似,《征求意见稿》第3条明确将"以股票为基础发行的存托凭证"纳入作为证券交易印花税征税对象的"证券交易"解释范畴,适用与股票相同的政策,保持税制统一和税负公平。②

除开选择性课税之外,税收优惠也时常将证券交易印花税拖入税制不公的泥潭。比如,《关于办理上市公司国有股权无偿转让暂不征收证券(股票)交易印花税有关审批事项的通知》(国税函〔2004〕941号)第1条规定:"对经国务院和省级人民政府决定或批准进行的国有(含国有控股)企业改组改制而发生的上市公司国有股权无偿转让行为,暂不征收证券(股票)交易印花税。对不属于上述情况的上市公司国有股权无偿转让行为,仍应征收证券(股票)交易印花税。"根据该条规定,上市公司国有股权无偿转让行为是否课征证券(股票)交易印花税的界分标准是:是否满足属于"经国务院和省级人民政府决定或批准进行的国有(含国有控股)企业改组改制"。满足"国务院和省级人民政府决定或批准"者,可暂不征收证券(股票)交易印花税。反之,仍应征收证券(股票)交易印花税。同样一项上市公司国有股权无偿转让行为,被"〔2004〕941"区隔为应税行为和暂不征税行为,税收待遇天差地别。此举变相鼓励纳税人寻求国务院和省级人民政府的支持,干扰纳税人正常的经济决策无疑。晚近的例证便是,珠海投资有限公司《申请报告》(海投〔2015〕6号),要求对无偿划转格力地产股份有限公司国有股股权免征证券交易印花税,上海市税务局根据"〔2004〕941号"第1条的规定,同意其请求,给予双方免征证券(股票)交易印花税。③ 再如,甘肃省农垦资产经营有限公司《关于免征证券交易印花税的申请》(甘垦资经〔2015〕2号),要求对无偿划转甘肃莫高实业发展股份有限公司国有股股权免征证券交易印花税,上海市税务局照样根据"〔2004〕941号"第1条的规定,同意其请求,给予双方免征证券(股票)交易印花税。④ 诸如此类"一事一议"的证券交易印花税优惠政策,在税

---

① 杨志银:《完善我国现行证券市场税收制度的思路——基于中小投资者利益保护视角》,载《证券市场导报》2016年第10期。
② 《关于〈中华人民共和国印花税法(征求意见稿)〉的说明》"《征求意见稿》的主要内容"中指出:"《征求意见稿》将以股票为基础发行的存托凭证纳入证券交易印花税的征收范围。主要考虑是:国务院已明确开展创新企业境内发行存托凭证试点,存托凭证以境外股票为基础在中国境内发行,并在境内证券交易所上市交易,将其纳入印花税征收范围,适用与股票相同的政策,有利于保持税制统一和税负公平。"
③ 参见《关于格力地产股份有限公司国有股股权无偿划转免征证券交易印花税的通知》(沪地税财行〔2015〕5号)。
④ 参见《关于甘肃莫高实业发展股份有限公司国有股股权无偿划转免征证券交易印花税的通知》(沪地税财行〔2015〕7号)。

收方面实行差别对待,既不符合宏观调控的理念,更与税收公平、税收中性相去甚远乃至于背道而驰。①

总之,基于资源配置系统中的"二元配置"和效率考虑,凡是市场配置更有效的,就应实行市场化;只有存在市场失灵,且政府配置更具有合理性时,才需要政府配置。② 虽然随着市场经济的深入发展,不能自我运行的市场开始逐渐显露出来,也使得通过政府干预来创制市场规则成为必要,但是伴随市场经济的健康、全面发展,政府对市场干预的程度会逐步降低也是事实。③ 鉴于证券市场的专业性、复杂性和特殊性,"推进证券市场治理对一国经济和金融发展的必要性已经得到了广泛共识"④。治理证券市场并非简单嵌入"国家干预"即可,而应当引入"精明规制"理念,在执法资源有限的情况下,更多地利用外部的组织和资源去实现政策目标,选择作为自我规制与合作规制的助推器进行"远距规制"而非直接规制。⑤ 证券市场印花税制设计尽管无法照搬"精明规制"理念,但是也绝非僵化套用国家干预理论所能凑巧。究其根本,证券交易印花税既有所有税类的普适机理,又有证券交易的独特内容。

因此,不管是基于证券市场的稳健性考虑,还是受制于证券交易印花税征管技术的现实;无论是考虑到证券交易印花税的"证券交易"之实体,还是证券交易印花税的"税"之表征,乃至处于其他理由,证券交易印花税制采取选择性课税,局限于二级市场中的股票交易,都难言公平。毕竟,"一种公平地对待所有公民的税制,不仅是基于社会正义的合理诉求,而且是提高税收水平的功能性要求"⑥。至于证券交易印花税给予特定纳税人以税收优惠,则不如选择性课税那般简单,也不那么容易得出是否背离量能课税之明晰结

---

① 参见夏红梅、谢贵春:《论企业并购税制中的税收中性原则》,载《证券法律评论》2014 年卷。
② 参见张守文:《政府与市场关系的法律调整》,载《中国法学》2014 年第 5 期。
③ 参见侯利阳:《市场与政府关系的法学解构》,载《中国法学》2019 年第 1 期。
④ 缪因知:《中国证券市场法治化的道路》,载《交大法学》2013 年第 4 期。
⑤ "精明规制"一般用来描述一种正在发展的规制多元化现象,这种现象融合了灵活、富于想象空间并且具有创新性的社会控制方式,其不仅发挥政府的作用,也利用企业和第三方主体的力量。该理念的核心主张在于,在大多数情况下,相较于单一规制工具和单一规制主体,多重政策工具与多元化规制主体能够产生更好的规制效果。并且它能够根据特定的环境议题要求,来实现各种政策工具与参与者之间量体裁衣式的互补组合。将这一理念置于实践中来看,规制在传统上被视为是涉及政府和企业的双方过程,其中政府为规制者,企业为被规制者。然而,大量的实证研究发现,规制形式存在多元化,为数众多的主体通过各种复杂且微妙的方式影响着被规制者的行为,并且非正式的社会控制机制往往比正式的控制机制更为重要。因此"精明规制"理念要求我们扩大视野,关注更广泛的规制影响,实现监管执法策略的调整,减少对威慑式监管执法策略的依赖,增加对顺从式执法策略的运用。实现事前监管向事中事后监管转移,实现合作规制,尊重自我规制。参见张红:《走向"精明"的证券监管》,载《中国法学》2017 年第 6 期。
⑥ 〔美〕B. 盖伊·彼得斯:《税收政治学:一种比较的视角》,郭为桂、黄宁莺译,江苏人民出版社 2008 年版,第 173 页。

论。从税负的承担力这一点来看,尽管是纳税人都处在同一状况下,但是税收优惠在税负的承担力上是给予特定者以特别税收利益的。所以,税收优惠是同税之公平主义相抵触的。① 换言之,税收优惠必须是增进公共利益所必要。② 由此意味着,仅当创设的税收优惠政策是为了增进公共利益时,方可视为其具备正当理由。

据此标准,判定证券交易印花税创设的各类税收优惠制度与措施是否背离"税收的公平",关键在于判定其是否具有公共利益属性。不过,"公共利益的概念,由最高位阶的宪法以降,所有国家之行为皆广泛使用公益作为其行为合法性的理由以及行为之动机"③。在创设税收优惠政策时,不管是出于决策部门自身立场考虑,还是为行政活动追求目标所累,公共利益演化为部门利益也是常有之事。从税制实践来看,证券交易印花税领域存在的税收优惠,不管是早期的支持国有企业改革④,还是新世纪应对国有(含国有控股)企业改组改制⑤,乃至是收购、承接和处置的银行不良资产⑥等,幕后似乎都浸透着公共利益思维,但这种公共利益间接而又朦胧,反倒是优惠政策所福佑的具体国有企业、金融资产管理公司等的"私人利益"更为直接且实在。从这个意义上说,我们倾向于认为当下的证券交易印花税制距离税收公平的要求甚远,难以通过量能课税原则的微观审视,自然也就难以达到证券交易印花税所应追求的实质正义。

五、比例原则:证券交易印花税的正当性反思

量能课税原则确保税课的公平性,同时亦用以防范税课的过度。公平课税如不能进一步发展为适当负担的平等性的话,仍只是徒具形式而已。换句话说,量能课税原则追求公平,须是合乎比例原则下的公平。课税的界限,即为比例原则。⑦ 如若从发展脉络上看,比例原则源于法治国原则,它基于基

---

① 参见〔日〕金子宏:《日本税法》,战宪斌、郑林根等译,法律出版社 2004 年版,第 68—69 页。
② 参见黄茂荣:《税法总论》(第一册),台湾植根法学丛书编辑室编辑 2002 年版,第 287 页。
③ 陈新民:《德国公法学基础理论》(增订新版·上卷),法律出版社 2010 年版,第 229 页。
④ 参见《关于上市公司国有股权无偿转让征收证券(股票)交易印花税问题的通知》(国税发〔1999〕124 号)。
⑤ 参见《关于办理上市公司国有股权无偿转让暂不征收证券(股票)交易印花税有关审批事项的通知》(国税函〔2004〕941 号)。
⑥ 参见《关于中国信达等四家金融资产管理公司受让或出让上市公司股权免征证券(股票)交易印花税有关问题的通知》(国税发〔2002〕94 号)。
⑦ 参见葛克昌:《税法基本问题——财政宪法篇》(2005 年增订版),台湾元照出版有限公司 2005 年版,第 165 页。

本权利自身本质需要而生①,以追求实质正义与个案正义为价值取向②,演进至今比例原则经历了从警察法学到行政法学,再到宪法学的转变,其演进脉络可简单勾勒为:警察法学→行政法学→宪法学。当比例原则延伸至宪法学以后,意味着公权力的行使都应臣服于比例原则之下。③ 不管学者们对比例原则的理解有何不同,都不会否认其"核心是手段、目的之间的衡量"④。

在税法上,比例原则本就是税收实体法和税收程序法共通的一项核心建制原则。⑤ 当证券交易印花税法设置的选择性课税与本质上创设租税特权⑥的税收优惠与量能课税相左时,要想获得其正当性,就必须论证此种做法既有正当的税之目的,又有实现目的的合适手段,还有良好的实施效果。每一个单行税种都是为了追求某种目的而存在的。如果税之立法目的不对,税之创设的正当性必然存疑⑦,证券交易印花税法也不例外。因为"立法目的是法律规则保持正确方向的重要指引,是该法律制度的终极目标,与该法律制度的性质密切相关"⑧。然而,税收立法背后的政策目标多元化且相互冲突,致使在具体的条文设计时很难描述法律的一般目的。因此,税法一般又不直接阐述立法的目的。⑨ 但是,不书写立法目的并不意味着税法就会任性而为,毫无章法。恰恰相反,任何一个国家的税法起草与设计都会环绕一定的目的,更会遵循税制背后的共识目的和特有规律。比如,"从人权保障理念和法治所秉持的正义理念来看,税法应致力于推进公平分配这一社会目标"⑩。总体而言,伴随财税法由"权力本位"转向"权利本位"、从"管理"转向"法治"、从"治民之法"转向"治权之法",规范理财行为、促进社会公平、保障经济发展也相机成为财税法各分支所共通的三位一体功能目标。⑪

但具体落实到不同的单行税法中,又会演化不尽一致的目的功能取向。

---

① 参见〔德〕安德烈亚斯·冯·阿尔诺:《欧洲基本权利保护的理论与方法——以比例原则为例》,刘权译,载《比较法研究》2014年第1期。
② 参见姜昕:《论比例原则的正当性基础》,载《法学杂志》2008年第4期。
③ 参见姜涛:《追寻理性的罪刑模式:把比例原则植入刑法理论》,载《法律科学》2013年第1期。
④ 许玉镇:《试论比例原则在我国法律体系中的定位》,载《法制与社会发展》2003年第1期。
⑤ 参见姜昕:《比例原则研究——一个宪政的视角》,法律出版社2008年版,第18页。
⑥ 参见刘继虎:《税收优惠条款的解释原则——以我国〈企业所得税法〉相关条款的解释为例》,载《政法论坛》2008年第5期。
⑦ 参见熊伟:《法治视野下清理规范税收优惠政策研究》,载《中国法学》2014年第6期。
⑧ 王霞:《税收优惠法律制度研究:以法律的规范性及正当性为视角》,法律出版社2012年版,第88页。
⑨ Victor Thuronyi, "Drafting Tax Legislation", in Victor Thuronyi, ed. *Tax Law Design and Drafting* (volume 1), International Monetary Fund, 1996.
⑩ 何锦前:《个人所得税法分配功能的二元结构》,载《华东政法大学学报》2019年第1期。
⑪ 参见刘剑文:《财税法功能的定位及其当代变迁》,载《中国法学》2015年第4期。

比如,从单行税法的主导目的定位上看,财政目的税法与特定目的税法的差异就十分明显。财政目的税法因为承载的规范和保障国家汲取财政收入,并在纳税人和国家机关内部妥为分配税负,体现为税法的财政性分配功能,所以这类税法对理财行为规范、社会公平促进和经济发展保障要求就非常高。而对于特定目的税法来说,因为它主要根据特定政策目的对由财政性分配导出的格局进行调节,承载着调节分配和实现政策目的的调节性分配功能,所以这些税法对理财行为规范、社会公平促进和经济发展保障诉求就远不如财政目的税法。① 即便是广义的特定目的税内部,也依然有目的税和诱导税之差异。前者系现代税收国家将某项税收收入限定专用于特定国家任务的达成。由于这一特殊类型税收的规范概念,加入了专款专用的特征,因而与传统认知的税收规范概念有所区别。后者系在现代社会法治国家中,因为社会政策目的介入租税的目的,租税亦作为社会政策导引的工具。在诱导税的概念下,税收的财政目的仅为附随目的。但是无论税收以何种方式呈现,其财政目的则是不容许被完全摒弃。② 可见,财政目的税法也好,特定目的税法也罢,每个具体的单行税法制度设计者总会围绕一个主导性的税制目的而展开,透过具体的制度设计便可寻得其意欲实现的税制目的。

如果将证券交易印花税的法源追至《印花税暂行条例》和《印花税暂行条例实施细则》,则很难追踪到证券交易印花税本源的税制目的,因为证券交易印花税的税目与印花税的本体税目存在显著性差异。尤其是在电子商务时代,传统的证券交易书据已被无纸化所手段所替代,套用产权转移书据税目课税的理由不再充分。因此,寻求证券交易印花税的税制目的,必然性地落到更为直接的规范性依据上。解剖这些更为直接的制度设计,证券交易印花税的税制目的大致可以勾勒一二。纵观推动税制变迁的历次证券交易印花税规范,可以发现并不一样的税制目的("立法目的"或"政策目的")景象:20世纪决策部门每次调整税制,都会直接或间接书写税制目的(如"表 3-2"所示);步入 21 世纪,税制目的的表述逐渐为"经国务院批准"③取代。

---

① 参见侯卓:《论税法分配功能的二元结构》,载《法学》2018 年第 1 期。
② 参见辜仲明:《公课法制与水资源管理——财税法学发展之新兴议题》,台湾翰芦图书出版有限公司 2009 年版,第 25—31 页。
③ 参见但不限于下列文件:《关于调整证券(股票)交易印花税税率的通知》(财税〔2005〕11 号)、《关于调整证券(股票)交易印花税税率的通知》(财税〔2007〕84 号)、《关于证券交易印花税改为单边征收问题的通知》(财税明电〔2008〕2 号)。

表 3-2　证券交易印花税税制目的

规范依据	税制目的	发布部门
《关于对股权转让和个人持有股票收益征税的暂行规定》	完善对股票交易和收益的税收征管理,促进股份制改革和股票市场的健康发展	深圳市政府
《股份制试点企业有关税收问题的暂行规定》(国税发〔1992〕137号)	加强对股份制企业税收管理工作,促进股份制企业试点健康发展	国家税务总局国家体改委
《关于调整证券(股票)交易印花税税率的通知》(国发明电〔1997〕3号)	促进证券市场稳步健康发展,适当调节市场参与者的收入	国务院
《关于调整证券(股票)交易印花税税率的通知》(国发明电〔1998〕5号)	为促进证券市场的健康发展	国务院

从"表3-2"可以看出,政府开征证券交易印花税的主要目的有三:其一,完善股票交易和收益税制,促进股份制改革;其二,促进股票市场、证券市场健康发展;其三,适当调节市场参与者的收入。如果将其与宏观调控的一般原理进行比对,不难得出证券交易印花税的主要目的在于宏观调控[1]。虽然有学者以2007年国家上调证券交易印花税为例,认为证券交易印花税调控行为仅具有形式合法性,不具有实质合法性[2],但分析和论理过程显然对证券交易印花税创设的制度环境与政策需求回应不够。证券交易印花税孕育于中国市场经济早期,当时中国的证券市场无比稚嫩,分税制改革蓄势待发。面对亟须推进的市场经济体制改革,极度渴望的多元化筹资与投资渠道,却又匮乏防范和化解资本供求矛盾和资本结构调整的有效经验等种种现实环境,政府创设证券交易印花税伊始,便将促进股份制改革和证券市场健康发展作为重要目的,高度契合了当时的经济体制改革大势,体现了税收服务于经济建设的本源目的。

将"适当调节市场参与者的收入"列入证券交易印花税之目的,则隐含着决策者对股民一夜暴富,过度拉大贫富差距的担忧,因为"社会主义的目的就是要全国人民共同富裕,不是两极分化"的论调,依然是主导中国政治走向的共识性基础。一旦因证券交易而生贫富两极分化时,证券交易印花税的宏观

---

[1] 宏观调控是国家和政府运用经济变量手段,间接影响市场主体和社会主体的各种再生产行为,以实现充分就业、经济增长、物价稳定、国际收支平衡和公平分配宏观经济协调发展目标的经济管理活动。参见徐澜波:《宏观调控法治化问题研究》,中南大学2013年博士学位论文,第154页。
[2] 参见金福海:《论政府宏观调控行为的合法性——以上调证券交易印花税为例》,载《经济法论坛》第5卷(2008年)。

调控功能将被给予厚望,因为"宏观调控不仅涉及整体利益与局部利益平衡,同时也将直接影响到私法主体的权益。换言之,任何宏观调控措施都可能改变私法主体之间的财富分配"①。初步来看,证券交易印花税原初的税制目的与当时的经济变革与政治主张基本是匹比的,具有目的上的正当性。不过,也必须意识到,不像在古代社会,行动或法律的正当性来自自然或神意。时至今日,基于合法性的正当性要想成立,就必须证明法律自身是有效的。②之于证券交易印花税的正当性,则需进一步观测通过证券交易印花税是否能够达到原初的宏观调控目的。

为了实现证券交易印花税的调控目的,决策部门屡次调整税制,尤以税率调整最为典型。证券交易印花税税率的每次调整,基本都对证券市场产生了巨大影响,但学界对其调控效果的判断并未形成共识③,就连税制调整前后的股市走向也让人难识调控效果之庐山真面目。比如,2008 年 4 月 23 日,经国务院批准,从 4 月 24 日起证券(股票)交易印花税税率起由 3‰ 下调至 1‰,当日沪、深两市涨幅超过 9.29% 和 9.59%,但涨势至 4 月 30 日即止。同样的情事发生在 2008 年 9 月 19 日,经国务院批准,财政部、国家税务总局发文决定"对受让方不再征收证券交易印花税",当天股市全线涨停,沪指涨幅高达 9.64%,再现 1996 年以来单日涨幅最大行情。但 9 月 26 日之后,股市再次一路下跌,其调控目标化为泡影。④ 可见,要想科学判断证券交易印花税是否实现了既定的宏观调控目的,还需要更进一步的实证数据以甄别。鉴于证券交易印花税历次变迁的重点是税率调整,故将每次税率变动前后的股市情况以及股指后续表现进行比较(如"表 3-3"和"表 3-4"所示),便可以观测到每次税率调整的实际效果,进而度衡证券交易印花税的目的实现情况。当然,这种观测而致的结论也不可能百分之百精准,但最起码是对既成事实的相对合理性解释,理当重视。

---

① 吴越:《宏观调控:宜政策化抑或制度化》,载《中国法学》2008 年第 1 期。
② 参见唐丰鹤:《在经验和规范之间:正当性的范式转换》,法律出版社 2014 年版,第 193、200 页。
③ 参见但不限于下列文献:范南、王礼平:《我国印花税变动对证券市场波动性影响实证研究》,载《金融研究》2003 年第 6 期;刘红忠、郁阳秋:《印花税对证券市场波动性影响的不对称性研究》,载《税务研究》2007 年第 11 期;李捷瑜、朱惊萍:《印花税变动对股票波动率和换手率的影响——基于投机市场的分析》,载《国际经贸探索》2008 年第 2 期;张凤娜:《股票交易印花税税率调整对我国股市影响的实证分析》,载《税务研究》2009 年第 7 期;吴昱、秦芳、张睿、吴贾:《印花税税率调整对 A 股市场微观结构影响的实证研究》,载《投资研究》2013 年第 9 期。
④ 参见饶立新、徐为人:《中国证券交易印花税的变革趋势》,载《当代财经》2009 年第 10 期。

表 3-3 中国历史上证券交易印花税制规定、调整与当天股市反应情况①

调整时间	调整后税率		调整当天市场情况					
			沪市			深市		
	沪市	深市	开盘	收盘	涨跌幅	开盘	收盘	涨跌幅
1990.06.28		6‰ 单边						
1990.11.23		6‰						
1991.10.10	3‰	3‰	190.71	191.01	1‰	717.04	641.41	−10.02%
1992.06.12	3‰	3‰	1164.11	1171.71	−0.56%	2369.58	2389.57	0.94%
1997.05.10	5‰	5‰	1490.78	1500.40	2.26%	5991.89	6026.88	2.76%
1998.06.12	4‰	4‰	1373.11	1383.39	2.65%	4074.06	4056.52	2.52%
1999.06.01	3‰ B股	3‰ B股	1283.30	1311.59	2.52%	3277.55	3377.71	3.28%
2001.11.16	2‰	2‰	1725.45	1646.76	1.57%	3503.08	3305.41	1.12%
2005.01.24	1‰	1‰	1258.02	1255.78	1.73%	3114.30	3111.40	1.82%
2007.05.30	3‰	3‰	4087.41	4053.09	−6.50%	12651.20	12627.15	−6.16%
2008.04.24	1‰	1‰	3539.87	3583.03	9.29%	12787.38	12914.76	9.59%
2008.09.19	1‰ 单边	1‰ 单边	2067.64	2075.09	9.46%	7110.77	7154.00	9.00%

表 3-4 中国历史上证券交易印花税制规定、调整与股指后续反应情况

调整时间	调整后税率		股指后续表现
	沪市	深市	
1990.06.28		6‰ 单边	
1990.11.23		6‰	
1991.10.10	3‰	3‰	半年后沪指从 180 点升至 1429 点,升幅达 694.%
1992.06.12	3‰	3‰	盘整一个月后从 1100 多点跌至 300 多点,跌幅超 70%
1997.05.10	5‰	5‰	直接导致沪指出现 200 点左右的跌幅
1998.06.12	4‰	4‰	沪指此后形成阶段性头部,调整近一年

---

① 第一,除特别注明外,表 3-3 和表 3-4 四中所指税率一律为双向征收,且为 A、B 股共同执行;第二,表 3-3 和表 3-4 为朱文旭根据上海证券交易所、深圳证券交易所网站资料整理而成。参见朱文旭:《我国证券交易印花税改革初探》,财政部财政科学研究所 2010 年硕士学位论文,第 19 页。

(续表)

调整时间	调整后税率		股指后续表现
	沪市	深市	
1999.06.01	3‰ B股	3‰ B股	沪B指一个月内从38点升至62.5点,升幅达50%
2001.11.16	2‰	2‰	股市生产一波100多点的阶段行情,16日为行情的启动点
2005.01.24	1‰	1‰	一个月内现波段行情,随后继续探底,直至股改行情启动
2007.05.30	3‰	3‰	A股市场连续5个交易日内最大跌幅高达21.45%
2008.04.24	1‰	1‰	沪指反弹200点后从3700点下滑至1800点
2008.09.19	1‰ 单边	1‰ 单边	沪指反弹200点后继续探底至1664.93点后步入上升通道

从"表3-3"和"表3-4"可以看出,在证券交易印花税制调整后的短期内,股票市场反应强烈,在绝大多数情况下,上调税率股指暴跌,下调税率股指暴涨。但从长期走势来看,调整税率所带来的宏观效果不明显,股市并没有出现根本性转折。历经近二十年中的十一次调整,我国股票市场对证券交易印花税制调整的免疫力得到显著增强,税制的调控作用逐步变弱,反而加剧了股市的大起大落。[①] 这与大部分国外学者对证券交易印花税功能的基本认识相同,即短期内对股价和成交量有显著影响,但是对股市的波动程度影响不大。也就是说,证券交易印花税并未实现稳定证券市场、适当调节市场参与者收入等原初创设的宏观调控目的。事实上,这也成为20世纪90年代以后世界各大主要证券市场逐步取消该税种的理论依据。[②]

的确,由于中国的市场结构并不完全,特别是资本市场和货币市场在相当大的程度上仍属管制市场,缺乏有效的市场传导机制使宏观调控成为一种外生于市场条件的政府安排。[③] 因此,指望借助证券交易印花税实现上述宏观调控目的注定不容易实现,终归说来,证券交易印花税只不过是证券市场上的一个"并不是容易控制的、有效的政策工具"[④]而已,其功效的发挥离不开利率、法定准备金率、公开市场操作、窗口指导等关联政策调控工具的支持与组合配置。尤其是这些政策调控工具在使用上较之证券交易印花税具有

---

① 唯一出现股市逆效应的是1997年5月10日的政策调整,当时税率从3‰调整到5‰,股市反而出现了2.76%的涨幅,其他几次税率调整均取得了正效应。参见朱文旭:《我国证券交易印花税改革初探》,财政部财政科学研究所2010年硕士学位论文,第20页。
② 参见徐为人:《证券交易印花税的理论分歧与国际经验启示》,载《税务研究》2008年第5期。
③ 参见吴超林:《宏观调控的制度基础与政策边界分析——一个解释中国宏观调控政策效应的理论框架》,载《中国社会科学》2001年第4期。
④ 李捷瑜、朱惊萍:《印花税变动对股票波动率和换手率的影响——基于投机市场的分析》,载《国际经贸探索》2008年第2期。

更大的自主性和灵活性,也更为决策者青睐。所以,仅凭证券交易印花税一己之力,不仅难以实现"完善股票交易和收益税制,促进股份制改革""促进股票市场、证券市场健康发展"和"适当调节市场参与者的收入"等税制目的,而且投资者面临的系统性风险也就被放大了。

与宏观调控目的难以确定的成效不同,证券交易印花税的财政收入目的体现得更为明显。在证券交易印花税制频繁调整的 1993 年至 2009 年区间,我国证券交易印花税收入规模快速增长,其年均增长速度快于全国财政收入总量的增速(如"图 3-1"和"图 3-2"所示)。虽然证券交易印花税税率的调整与收入增长之间并未发现明显的逻辑关联,但是税率上调的当年,税收收入较往年一般都有显著增长趋势(如"图 3-1"所示)。比如,"财税〔2007〕84 号"将证券交易印花税税率由 1‰ 上调到 3‰,当年证券交易印花税收入创历史新高,达到 2005.31 亿元,增幅高达 1017.41%。

不具有显著性规律的是,税率下调,似乎并不必然导致证券交易印花税收入的减损。例如,"国发明电〔1998〕5 号"将证券交易印花税税率从 5‰ 下调至 4‰,1999 年较之 1998 年,证券交易印花税收入反而实现了 9.89% 的增幅。更为突出的是,"国发明电〔1999〕1 号"将 B 股的证券交易印花税税率由 4‰ 调低到 3‰,2000 年的证券交易印花税收入相较于 1999 年,却实现了 95.87% 的增长,占财政收入的比重也高达 3.57%,仅次于 2007 年的 3.91%。总而言之,"从证券交易印花税的收入情况来看,其税收功能比较明显,提高税率的当年会导致税收出现较大幅度的增长,而降低税率之后的若干时间内,税收收入会下降"①。

图 3-1 证券交易印花税收入(1993—2009)②

---

① 李玉虎:《证券交易印花税功能的法学与经济学分析》,载《经济法论坛》第 6 卷。
② 图 3-1、图 3-2、图 3-3 所涉及的数据来源于《中国统计年鉴》《中国税务年鉴》《中国财政年鉴》以及相关的门户网站。

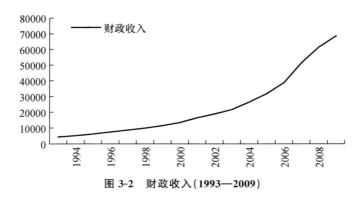

图 3-2　财政收入（1993—2009）

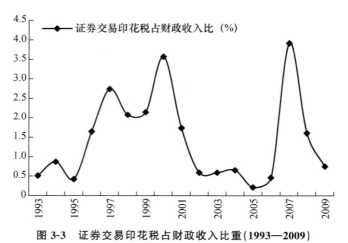

图 3-3　证券交易印花税占财政收入比重（1993—2009）

佐证证券交易印花税的税制目的异化为财政收入的另一个重要依据是，中央政府和地方政府就证券交易印花税分成比例①所进行的博弈安排以及它的发展演变过程。② 自 1988 年财政部《关于"印花税""城镇土地使用税"

---

① 参见但不限于下列文件：财政部《关于"印花税""城镇土地使用税"有关预算管理问题的补充规定的通知》、财政部《关于改变"印花税"预算级次问题的通知》、国务院《关于实行分税制财政管理体制的决定》、国务院《关于调整证券交易印花税中央与地方分享比例的通知》、国务院《关于调整证券（股票）交易印花税税率的通知》（国发明电〔1997〕3 号）、国务院《关于调整证券（股票）交易印花税税率的通知》（国发明电〔1998〕5 号）、国务院《关于调整证券交易印花税中央与地方分享比例的通知》。

② 我国的证券交易印花税的实质其实就是证券交易税，它的由来带有了 30 年来计划经济体制因素与市场经济体制因素二元并存格局下经济转型过程中的浓厚色彩。随着中国证券市场的逐渐发展壮大，中央政府逐渐加重对证券市场的行政统一管理和对证券交易印花税等市场收益的关注，在和地方政府的利益博弈中，逐步改变了证券交易印花税和地方政府的分成比例，使之成为中央政府财政税收收入的重要部分。参见陆一：《中国证券交易印花税的来龙去脉》，引自 http://www.ftchinese.com/story/001041217，最后访问日期：2019 年 3 月 6 日。

有关预算管理问题的补充规定的通知》（财预字〔88〕第60号）规定的"印花税，中央与地方暂实行五五分成"，至2000年国务院发布《关于调整证券交易印花税中央与地方分享比例的通知》（国发明电〔2000〕4号）明定的"证券交易印花税分享比例由现行的中央88%、地方12%，分三年调整到中央97%、地方3%。即2000年中央91%、地方9%；2001年中央94%、地方6%；从20002年起中央97%、地方3%"分成比例。《关于调整证券交易印花税中央与地方分享比例的通知》（国发明电〔2015〕3号）的发布，意味着从2016年1月1日起，证券交易印花税全部调整为中央收入。经过中央和地方十余年的数度博弈，证券交易印花税彻底沦为中央税。证券交易印花税收入从央地均分天下到中央独大，固然有中央"增强中央宏观调控能力"的考虑，但事实上也增强了中央的财政能力，证券交易印花税的财政收入目的在宏观调控的启动中不经意间被实现。

从比例原则出发，证券交易印花税不管是在创始之初，还是日后的屡次税制调整，都未能有效地实现初始的宏观调控之税制目的。反倒是证券交易印花税天然的财政收入功能脱颖而出，成为更为显赫的税制目的，得以展现和释放。问题的关键在于，"在现代经济中，由于以增值税、所得税为代表的税收筹资手段大大加强，政府收入一般不再是困扰政府的问题"[1]。在税源相对丰硕的当下，是否需要借助原本就存有税制不公嫌疑的证券交易印花税来充实财政收入，值得深思。特别是考虑到目前"财政在整个国民收入分配中所占份额越来越大，但现行财政制度不仅没有达到实现收入公平分配的目标，反而助长收入分配的失衡，放大收入分配的不公"[2]。在此语境下深究，纵然宏观调控和财政目的都贵为税法的重要目的，都具有目的上的正当性，但以证券交易印花税作为税制目的的实现工具，确实有违比例原则所要求的目的与手段之间的均衡限度。由此意蕴，证券交易印花税在比例原则的考究下，实难获致正当性，也就难以根本上满足税之技术正义的要求。

六、证券交易印花税的未来方向

在税收立法与制度演进中，"我国目前的情况是重行政而轻立法，重政策而轻法律，政策过度膨胀而立法过于削弱，法律空洞化现象严重"[3]。这一点

---

[1] 吕冰洋：《从市场扭曲看政府扩张：基于财政的视角》，载《中国社会科学》2014年第12期。
[2] 李灯强：《调节居民收入分配的财政制度研究》，湖北人民出版社2011年版，第60页。
[3] 邢会强：《政策增长与法律空洞化——以经济法为例的观察》，载《法制与社会发展》2012年第3期。

在证券交易印花税制创设与变迁实践中体现得尤为明显。只要证券市场出现决策部门认为的异常波动，证券交易印花税总被给予厚望，屡屡成为决策部门调控证券市场的利器。证券市场之所以出现如此景象，多半还是因为决策部门对证券交易印花税内置的调控功能深信不疑。也为此，尽管严恪税收法定原则和合法性范畴的法理意蕴①，证券交易印花税的政策性调整时常遭受合法性质疑，但中国证券市场上依然出现过证券交易印花税制十余次的频繁变动。亦如前述，从税法建制原则层面整体窥测，证券交易印花税既未践行量能课税意涵的实质正义，也未坚守稽征经济立基的比例原则所蕴含的技术正义，更未满足形式正义的税收法定。

可以说，现行证券交易印花税制身陷公平性、正当性与合法性三重危机，以致其不断遭受国人质疑。究其源，不应忽略税制变迁背后的行政之治，因为在证券交易印花税制的频繁变迁过程中，虽然可以采纳经济学、伦理学、行政管理学等标准，但只要政府愿意接受并通过政治过程把税收纳入法律的轨道，其他标准都不是很重要，只有政治的考量才是决定性的。② 特别是在中国这样一个行政传统浓郁的国家，即便立法机关没有赋予行政机关调整证券交易印花税的权力，在实际依法治税的过程中，行政机关依然我行我素，可能是基于证券市场稳健的考虑，也可能是基于财政收入的需要，还有可能是基于调节收入分配的便利。概而言之，与其说证券交易印花税是税法建制原则的选择，毋宁说是基于行政与政治的考量与决策。不过，"国家政治的运作，究其本质，需要取得民众的支持与认同，体现人类政治理性的内在自觉要求"③。因此，证券交易印花税制调整实践确有必要重新评估。

证券交易印花税制的频繁调整，不仅成为证券市场的一道风景线，也成为税法领域的一朵奇葩。尽管三十多年来，取消证券交易印花税，恢复市场力量对资本市场的基础调节功能，减少证券交易印花税对资本市场的耗散作用，提高本国资本市场的国际竞争力之类的共识逐渐达成，但发端于2007年的世界性金融危机又使得证券交易印花税重新成为各国调控资本市场的关键工具。之于中国，虽证券交易印花税并非达到预期的调控效果，但目前暂

---

① 按照学者的研究，合法性范畴不仅基于一定的文化传统和价值观念，体现民众对于政治体系正当性的认可；而且包含了在现代宪制结构下，政治制度和政治行为法治化、规范化的实践过程；以及民众对于政治治理的实际效果、社会正义的实现程度、公民的权利保障诉求的综合认知。这三者综合起来，构成了合法性范畴法理意蕴的三重维度。具体论述参见李炳烁：《国家政治的法理：以合法性概念为核心的分析》，载《法制与社会发展》2019年第1期。
② 参见〔美〕B.盖伊·彼得斯：《税收政治学：一种比较的视角》，郭为桂、黄宁莺译，江苏人民出版社2008年版，第3页。
③ 李炳烁：《国家政治的法理：以合法性概念为核心的分析》，载《法制与社会发展》2019年第1期。

无其他更为合适的税制手段替代其在证券市场上的作用。① 彻底摒弃证券交易印花税的适用,时机和条件仍不成熟。面对此种欲罢不能的情境,实现证券交易印花税从"政策之治"到"法律之治",以税收法定原则对其进行总体指引,调适目前偏离量能课税与比例原则的制度设计和实施方式,方为理想之道。毕竟,对证券交易印花税而言,一味依赖于财税主管部门的"政策之治",以行政机关的规范性文件代替证券交易印花税立法,极有可能造成证券税制领域税务行政权的过度膨胀和税收立法权的过分削弱。长此以往,立法权将难以控制行政权,司法权在税收领域的缺位更是使得税务行政成为一匹脱缰的野马,极易危及纳税人的人身和财产安全。而以"法律之治"调整证券交易印花税制,则可以克服"政策之治"的上述弊端。

问题关键在于,如何实现证券交易印花税制从"政策之治"到"法律之治"的过度,进而实现税制本应追求的公平性、正当性与合法性的统一。问题解决仍需要回归到税法建制原则上,特别是需要充分挖掘和利用作为税法帝王原则的税收法定之功效。晚近几年,税收法定原则在中华大地上快速推进,已由原来的学界共识逐渐上升至社会各界的共识。这些共识既有执政党的决策依据,又有立法的明确规定。比如,中共十八届三中全会专门论及"落实税收法定原则",中共十八届四中全会决定"全面推进依法治国",2015 年 3 月 15 日,《立法法》修改,税收法定明确写进《立法法》②。再如,中央审议通过《贯彻落实税收法定原则的实施意见》,规划实现税收法定主义的路线图。在此语境下,相较于整个税法中的"落实税收法定"行动,证券交易印花税制的规范治理也刻不容缓。目前来看,决策者更希望将证券交易印花税与印花税整体考虑,合并处理。《征求意见稿》就是这种思路与方案的产物。此种方案简便易行,有利于税收法定在印花税场域的落实,但不易凸显证券交易印花税之于传统印花税的特色。事实上,证券交易印花税面临的公平性、正当性与合法性危机,《征求意见稿》也未能一一化解,给出相对清晰的对策。在"印花税法"创制过程中,以下问题确有必要深度关注。

从税制公平性上看,现行证券交易印花税在征税客体上的选择性,在税收待遇上的照顾性等,都不是税制公平的本有做法。《征求意见稿》有所改进,但依然存在这种差别性做法。在证券市场极度不发达,证券产品严重匮乏的 20 世纪 90 年代,此种做法尚可理解。然时至今日,不管是证券市场的发展态势,还是证券产品的丰富程度,都今非昔比。伺机扩大证券交易印花

---

① 参见饶立新、徐为人:《中国证券交易印花税的变革趋势》,载《当代财经》2009 年第 10 期。
② 我国《立法法》第 8 条规定:"下列事项只能制定法律……(六)税种的设立、税率的确定和税收征收管理等税收基本制度……"

税的税基应该不用再做任何动员,需要更多斟酌的是,究竟是将证券交易印花税推至全部证券交易市场,比如,股票市场、债券市场、期货市场和基金市场等,一级市场和二级市场等,还是再次进行选择性课税;在课税市场中,如何选择课税产品,理想的做法是将所有具有竞争属性的证券类产品都列入课税税目。例如,或许可以考虑将投资基金、可转让债券、企业债券、金融债券、国债,甚至期货、期权、远期利率协议、利率掉期等金融衍生产品都纳入可能的征税范围,同时为兼顾过度投机的抑制和资本合理流动的保持,亦可以实行适度差别税率①。

从量能课税原则处考虑,将所有证券市场和证券产品纳入课税范畴,之于税制公平性的实现,是较为理想的选择。除非有足够正当的理由,的确不应该选择性课税。这种认识照样适用于现存的证券交易印花税优惠。更进一步,即便是有足够的理由,也不宜使其成为证券交易印花税制的常态现象,任由其干预市场主体的经济决策,架空以实质正义为追求的量能课税原则。统而言之,考虑到证券市场和证券产品的发展概况,以及决策部门调控证券市场的路径依赖和工具选择偏好等因素,通过扩大证券交易印花税的税基,达到缓和、甚至解决证券交易印花税公平性危机的目的,不一定是最佳的选择,但最起码是最为稳妥的选择。况且,宽税基的设计也能更好地为降低税率提供空间,而低税率又会进一步减少投资人寻求避税交易的积极性,最终减少税制对投资决定和市场的扭曲。② 需要进一步权衡的是,税基扩大到什么程度,一步到位,还是分布推进。这已经"不只是一个简单的立法行动,也是社会,更是政治共同关注的话题,解决好它既需要智慧,也需要勇气,难度可想而知"③。《征求意见稿》将"以股票为基础发行的存托凭证"纳入证券交易印花税的课税范围,或许是一个值得关注的信号。未来如何走向,有必要持续关注。

从税制正当性上看,在财政收入来源不断丰富的当今社会,一国和地区开征、保留和废除证券交易印花税的正当理由大都归于其蕴含的宏观调控功

---

① 比如,谭洪清在 2001 年提出开征证券交易税,以取代现行证券交易印花税,将投资基金、可转让债券、企业债券、金融债券、国债等证券品种纳入征税范围的设想,同时他认为税负结构宜设计成五个层次:第一层次为国债,按照国际惯例,给予免税;第二层次为金融债券,税率可定为 0.05%;第三层次为企业债券,税率可定为 0.1%;对于投机性较强的可转让债券,交易税率可定为 0.15%,考虑到培养机构投资者的需要,基金交易税率也可定在这一层次;第五层次为股票,税率可定为 0.3%。参见谭洪清:《我国现行证券市场税收制度的缺陷及其完善》,载《现代经济探讨》2001 年第 3 期。

② 参见张亚伟:《近年来国外金融交易税理论研究新进展》,载《学术界》2015 年第 3 期。

③ 叶金育:《收入分配改革中的财税政策工具及其立法配置》,载《中央财经大学学报》2013 年第 9 期。

能,也为此大都将证券交易印花税之核心目的定格为稳定证券市场、调节参与者收入等调控目的。尽管前述的实证分析显示,证券交易印花税的宏观调控目的远不如财政收入目的直接和奏效,但这并不意味着税制目的有误,更多恐怕还在于税制设计偏差和实施不力。但也必须警醒,现行证券交易印花税承载了过多的政策功能,导致其本身的宏观调控作用发挥受影响,应当明确其抑制高频投机交易、稳定证券市场的税制目的。[①] 换句话说,在既有的证券交易印花税制难以做较大调整的情势下,决策者应降低对证券交易印花税的制度预期,为其减负,使其专心服务于证券市场。财政收入不应成为证券交易印花税制调整的关键考量因素,充其量只适宜对税制调整所生的财政效应进行评估。至于调节证券市场参与者的收入分配目的,则可以考虑通过改造现有的带有资本利得性质的个税制度来实现。

比如,《关于实施上市公司股息红利差别化个人所得税政策有关问题的通知》(财税〔2012〕85号)对于股息红利所得按照持股时间设定差别化税基[②],表面上看是基于税收优惠的考量,其实主要还是照顾到资本利得和所得的不同特点。从税制原理上看,资本得利与所得不应当采用同样的课税方法,但我国对于股票转让所得暂不征收个人所得税的规定[③],使得股息红利税制在很大程度上担当起资本利得与所得区别课税的功能,所以,"财税〔2012〕85号"更像是一种寻求结果公平的制度设计。这种制度设计,区分了证券市场中的投资性交易和投机性交易,持有股票时间越长越倾向于投资,越具有资本利得的性质,故设置相对较轻的税负。反之,投机成分更多,设置较重的税负。正是这种制度设计,巧妙地实现了调节证券市场参与者收入分配的目的,同时,也间接地驰援了稳定证券市场的目的。

当然,从调节收入分配效果上看,扩大个人所得税的征税范围,将证券交易所得列为课税对象,开征个人资本利得税或许是更为高效、更为理想的办法。因为对资本利得和其他所得一样征税能够体现量能课税原则,课征资本

[①] 参见杨峰、刘先良:《论我国金融交易税收制度的完善——以欧盟法借鉴为中心》,载《法律科学》2015年第2期。
[②] 《关于实施上市公司股息红利差别化个人所得税政策有关问题的通知》(财税〔2012〕85号)第1条第1款规定:"个人从公开发行和转让市场取得的上市公司股票,持股期限在1个月以内(含1个月)的,其股息红利所得全额计入应纳税所得额;持股期限在1个月以上至1年(含1年)的,暂减按50%计入应纳税所得额;持股期限超过1年的,暂减按25%计入应纳税所得额。上述所得统一适用20%的税率计征个人所得税。"
[③] 《关于个人转让股票所得继续暂免征收个人所得税的通知》(财税字〔1998〕061号)规定:"为了配合企业改制,促进股票市场的稳健发展,经报国务院批准,从1997年1月1日起,对个人转让上市公司股票取得的所得继续暂免征收个人所得税。"

利得税可以对社会财富的积聚和集中起到缓解作用,实现收入分配的公平。① 纵然如此,在逢税必反的当今时代,探讨"新税"无疑会面临巨大的阻力。况且,对个人转让证券的增益征税原本就是一个较复杂的问题。② 比如,如果对资本利得课税,如何判定纳税义务的发生时间,就值得商榷,已经开征资本利得税的国家和地区的做法也不尽一致。③ 此外,资本利得税所缠绕的双重课税、引发的国际税收竞争、对投资积极性的影响等④,无不提示决策者务必谨慎行使,谋定而后动。不过一旦决策者决意推动资本利得税的发展,政治权力总能扫除这些疑云和障碍。"法律总是直接或间接地受制于政治,并以政治作为自己的基础。"⑤"相对于其他权力来说,政治权力的独特之处在于它的政治性。"⑥政治权力以其强大的强制力,将政治、经济与法律交织起来,也只有通过政治过程才能完成赋税的征收和缴纳。⑦

　　基于资本市场对于税收规则的固有敏感,即使有意启动资本利得税,也需要选择合适的时机。⑧ 此外,资本利得税如果开征的话,则证券交易印花税是否还有存在的必要⑨,就有必要反思了。这种反思既是基于资本利得税原本也有宏观调控功能的考虑,也是处于证券交易印花税与资本利得税之间双重征税嫌疑的考虑。通过税收立法技术固然可以缓解,甚至彻底解决双重征税难题,但是如果资本利得税能否担负起调控证券市场和收入分配的双重目,又何必两税并立,徒增舆论压力。而且,只要税制设计得当,运转高效,以资本利得税取代证券交易印花税,"一开一废",也符合"我国一直在通过调整和优化税法结构,施行实质上的'结构性减税'"⑩的大背景,更可大大降低

---

① 参见林天义:《中国开征股票资本利得税的制度设计研究》,辽宁大学 2009 年博士学位论文,第 63 页。
② 参见邓远军:《德国证券税制的基本经验与借鉴》,载《涉外税务》2003 年第 3 期。
③ Victor Thuronyi, *Comparative Tax Law*, Kluwer Law International, 2003, p. 265.
④ 参见〔美〕克里斯·爱德华兹、丹尼尔·米切尔:《全球税收革命:税收竞争的兴起及其反对者》,黄凯平、李得源译,中国发展出版社 2015 年版,第 44—47 页。
⑤ 卓泽渊:《法政治学研究》,法律出版社 2011 年版,第 43 页。
⑥ 毛寿龙:《政治社会学》,中国社会科学出版社 2001 年版,第 27 页。
⑦ 参见〔美〕詹姆斯·M. 布坎南:《制度契约与自由——政治经济学家的视角》,王金良译,中国社会科学出版社 2013 年版,第 189 页。
⑧ 以开征股票资本利得税为例,就我国现实情况来看,应从宏观经济运行情况、股票市场运行情况两方面综合考虑。一方面,资本利得税不宜在经济衰退期时开征。另一方面,资本利得税更适宜选择在牛市开征。参见周晓光:《资本利得税收法律问题研究》,武汉大学 2015 年博士学位论文,第 122—124 页。
⑨ 其实,从税收的时效性上看,证券交易印花税并不是长期有效的税种,它不仅取决于资本控制的有效性,还取决于金融市场的发达程度。在证券市场发展初期,由于市场上投机盛行,征收证券交易印花税对其有一定调节作用。但是,随着证券市场的发展,证券交易印花税并不是必要的税种。参见史晨昱、范幸丽:《证券交易税理论与实践的发展》,载《财贸经济》2004 年第 5 期。
⑩ 张守文:《"结构性减税"中的减税权问题》,载《中国法学》2013 年第 5 期。

新税获批的难度。

从税制合法性上看,不管是证券交易印花税的法源,还是后续的屡次税制调整都难言合法。如果说 20 世纪 90 年代,税收法定原则尚未形成共识,"政策之治"当道尚可理解的话。发展至今,税收法定共识已然形成,也为决策者所认可、立法所明定。治理证券交易印花税制必须迎合这种法定主义大势,着力推进和规范以下事宜:其一,借助《印花税暂行条例》上升为"印花税法"的契机,厘清证券交易印花税与印花税的关系,确定证券交易印花税的合法性法源。《征求意见稿》目前的做法,至少在法源问题上是清晰的。假若照此立法,证券交易印花税的形式合法性危机可以消除。其二,未来证券交易印花税制的任何调整,特别是涉及课税要件事实的变动,必须按照税收法定原则的要求,经过立法机关决意,不能再将其视作简单的政策工具,任意处置。其三,未来不管是创设独立的证券交易税,还是开征资本利得税以替代现行证券交易印花税,都必须根据相关工作的进展情况,同步起草相关法律草案,并适时提请全国人大常委会审议。倘若能够妥善处置好这些关键事宜,证券交易印花税的合法性危机必可根本上解除。其实,只要以税收法定原则明示证券交易印花税制,为进入证券市场的投资者提供兼具安定性和可预测性的税制规定,他们便可斟酌以做出理性的经济活动。到底说来,在多数的经济行为中,税收负担的问题,都是合理的经济人应纳入考虑的最重要因素之一。① 反过来,纳税人根据安定与可预期的证券交易印花税制进入证券市场,又可进一步稳定证券市场。

照此说来,税收法定原则不只具有形式正义功能这般简单,其直接关乎量能课税原则之实质正义和比例原则之技术正义在证券交易印花税领域的实现。毫不夸张地说,抓好了税收法定原则这个龙头,证券交易印花税的公平性、正当性和合法性危机便可解除,证券交易印花税的法治化时代便可期待。需要特别注意的是,证券交易印花税的法治化并非只是《印花税暂行条例》的法定升级,也绝不只是简单的"证券交易"嵌入既有印花税体系之中。的确,《征求意见稿》提供了一种颇具价值的证券交易印花税合法化的立法方案,而且这一方案极有可能成为"印花税法"的定制思路。若然如此,肯定之余,更有必要正视《征求意见稿》的不足和改进空间。鉴于前述证券交易印花税的三重危机,一方面有必要加大《征求意见稿》对证券交易印花税之实质正义与技术正义诉求的制度回应,以量能课税原则和比例原则(稽征经济原则)检视《征求意见稿》中的证券交易印花税制条款,寻求进阶策略;另一方面亦

---

① 参见张进德:《诚实信用原则应用于租税法》,台湾元照出版有限公司 2008 年版,第 110 页。

有必要格外注重证券交易这一印花税税目主导的证券交易印花税制体系与书面形式的合同、产权转移书据、营业账簿和权利、许可证照这些既有印花税税目主导的传统印花税制体系的有机融合，谨防"印花税法"的体系冲突与制度断裂。除此之外，还有必要进一步明确和细化证券交易印花税的授权立法。《征求意见稿》第 18 条仿照《环境保护税法》第 6 条第 2 款①，授权国务院决定"证券交易印花税的纳税人或者税率调整"。如何保障这一条款不被滥用，不至于走回证券交易印花税"政策之治"的老路，可能还需要遵守《立法法》中授权立法的约束性规定，比如，明确授权的目的、事项、范围、期限以及被授权机关实施授权决定应当遵循的原则等。②

---

① 我国《环境保护税法》第 6 条第 2 款规定："应税大气污染物和水污染物的具体适用税额的确定和调整，由省、自治区、直辖市人民政府统筹考虑本地区环境承载能力、污染物排放现状和经济社会生态发展目标要求，在本法所附《环境保护税目税额表》规定的税额幅度内提出，报同级人民代表大会常务委员会决定，并报全国人民代表大会常务委员会和国务院备案。"

② 参见我国《立法法》第 10 条。

第四章 税制行为的建制原则评估

——基于税法拟制行为的规范实证探究

一、问 题 意 向

"拟制是广泛存在于法律体系之中的一种规范现象,是构筑法律帝国所不可或缺的一项法律技术。"①作为法学上一个古老的概念,法律拟制在古代中国法例和解释中就已然存在,在作为大陆法系源头的罗马法上也得以呈现,在英美判例法中更是被广泛运用。② 所谓法律拟制,一般是指立法者基于某种或某些价值目的的特别考虑,不论事实上的真实性,有意用现有的法律概念、法律规范去解释和适用社会生活中出现的新情况、新问题,以将不同事物等同对待,赋予其相同法律效果,从而达到既能适应社会需要,又能体现法律基本价值之目的的立法技术或立法活动。法律拟制不仅具有拟制事实相异性和引证性的形式特征,而且具有假定性、不可反驳性、规范性、非普适性与政策导向性的实质特征。③ "作为立法技术的拟制是法律观点的表现方式之一,即通过隐藏的方式指示法律适用者适用相关的规定,无论一般情况还是特别情况,适用与否只能根据拟制规定的应有内涵以及规范目的作出解释。"④

据此有学者以刑法中拟制规定为例,认为:拟制规定是严格规定,即法律适用者对于是否适用相关的犯罪构成和法定刑不享有自由裁量的余地。其根据是事物本质,即拟制规定的制定并非立法者的恣意妄为,而是依据该类犯罪的本质特征制定的。此外,拟制规定关注同一性,即拟制规定的犯罪构成与基本规定的犯罪构成之间存在大同小异的关系,在认定犯罪时司法者关注的是大同,即同一性问题。⑤ 与法律拟制极为相似的是推定。一般性的推定概念,均强调从基础事实出发,得出推定事实存在的结论,这是事实与事实之间的推定,是推定的原初含义。但也有从基础事实出发,得出某一权利存

---

① 谢潇:《罗马私法拟制研究》,载《比较法研究》2017年第3期。
② 参见谢晖:《论法律拟制、法律虚拟与制度修辞》,载《现代法学》2016年第5期。
③ 参见李振林:《刑法中法律拟制论》,华东政法大学2013年博士学位论文,第13—22页。
④ 参见赵春玉:《相似构成要件的等同评价:刑法中拟制的对象——以刑法第267条第2款和第269条为例》,载《法制与社会发展》2013年第4期。
⑤ 参见赵春玉:《刑法中拟制规定与准用规定之别》,载《法商研究》2016年第4期。

在的推定。比如,民法中的推定性规范就具有推定权利存在的功能。① 不过,作为一种法律术语的推定,一般还是被解释为根据已知事实得出推定事实的法律机制与规则。② 即"依据法律直接规定或经验规则所确立的基础事实与待证事实之间的常态联系,当基础事实确证时,可认定待证事实存在,但允许受不利推定的当事人举证反驳的一项辅助证据证明的标准化规则"③。这一规则"以肯定基础事实与推定事实之间的常态联系为基础,通过对基础事实的证明来实现对推定事实存在状态的认定"④。

拟制与推定虽为相似,但差异明显。两者最根本的区别在于:拟制不允许反驳,而推定恰好相反,可反驳性是推定的必然属性。拟制的含义为明知是 A,视其为 B。推定的含义是通常情形应当为 B,在没有反驳的前提下认定为 B。⑤ 通常认为,法学上的拟制是:有意地将明知为不同者,等同视之。拟制的目标通常在于:将针对一构成要件(T1)所作的规定,适用于另一构成要件(T2),从而赋予二者相同的法律后果。⑥ 拟制虚构的是 T1 与 T2 之间的相似性,而推定虚构的是待证事实在诉讼中的存在或者被证明。⑦ 简单地说,拟制的重心在"拟";推定的重点在"推"。拟制是不真实的,但却被视为真实;推定是不知是否真实,而推断为真实。推定的意义在于实现法律;拟制的意义在于实现某种价值。⑧ 推定性规范在缓解事实的有限性、相对性与秩序的紧迫性、必要性之间的矛盾,规范的应然性、法律的呆板性与社会的发展性、变化性之间,都是不可替代的。⑨ 与之不同,拟制性规范具有促进法律发展、实现某种或某些立法政策或价值、决疑定夺、简化思维、立法简洁等积极功能,这些功能使得法律拟制成为一项重要的立法技术。⑩

现代立法中通常采用"视为""以……论""依照……处罚"等具有扩张性的表述方式规定法律拟制。⑪ 以"视为"为例,作为一种法律规范形式,"视为"在古今中外的制定法中出现的频率很高。制定法中的"视为"是一种不容

---

① 参见王立争:《民法推定性规范研究》,法律出版社 2013 年版,第 9—10 页。
② 更进一步,在论证推定机制时,人们一般确认以下三点:一是推定依赖于一个或一批基础性事实,正是根据这些基础性事实,得出推定的事实结论。二是基础事实与推定事实之间的联系是建立在经验基础上的逻辑联系。三是推定事实只有在缺乏有效反证的情况下方成立。参见龙宗智:《推定的界限及适用》,载《法学研究》2008 年第 1 期。
③ 赵俊甫:《刑事推定论》,知识产权出版社 2009 年版,第 23 页。
④ 张云鹏:《刑事推定论》,法律出版社 2011 年版,第 15 页。
⑤ 参见同上书,第 24—25 页。
⑥ 参见〔德〕卡尔·拉伦茨:《法学方法论》,陈爱娥译,商务印书馆 2003 年版,第 142 页。
⑦ 参见劳东燕:《认真对待刑事推定》,载《法学研究》2007 年第 2 期。
⑧ 参见卢鹏:《论结论性推定与拟制的区别》,载《同济大学学报(社会科学版)》2003 年第 1 期。
⑨ 参见王立争:《民法推定性规范研究》,法律出版社 2013 年版,第 91—92 页。
⑩ 参见苏彩霞:《刑法拟制的功能评价与运用规则》,载《法学家》2011 年第 6 期。
⑪ 参见赵春玉:《法律拟制的语义内涵及规范构造》,载《思想战线》2016 年第 5 期。

当事人反驳的、立法上的、微观层次的、显性的法律拟制,是立法者基于特定的目的,针对微观层次的社会关系,所使用的具有特定外部标志的,有意地将明知为不同者等同视之的立法技术。① 目前,我国税法规范在立法表述上尚未出现"拟制"字眼,取而代之的是"视同""视为"等拟制性规范的标志性词语,这些"模型词"的出现佐证着我国税法上拟制性规范的广泛存在。但也必须注意,绝不能将"视同""视为"等视为拟制性规范的专利,推定性规范同样可以使用这些"模型词"。因此,是否为拟制性规范,还需挖掘税法规范背后的真意。

如《资源税暂行条例》第6条规定,纳税人开采或者生产应税产品,自用于其他方面的,视同销售,依照本条例缴纳资源税。在该规范中,开采或者生产应税产品"自用于其他方面"不为销售,这一事实显而易见。即便如此,立法者仍将这类行为拟制为销售,予以课税,可谓"有意将明知为不同者,等同视之",故应将该条规范认定为税法拟制性规范。尽管该规定已被《资源税法》第5条"纳税人开采或者生产应税产品自用的,应当依照本法规定缴纳资源税"所取代,"视同销售"语词也同步取消,但新规的拟制实质并未根本改变。内容与之紧密相连,理念却完全不同的是《资源税暂行条例实施细则》第9条。根据该条规定,当纳税人不能准确提供应税产品销售数量时,立法者直接将应税产品的产量或者主管税务机关确定的折算比换算成的数量认定为计税销售数量,据此课税。在该规范中,纳税人实际的销售数量与计税销售数量是否一致并不为立法者所关注。立法者考虑的是,当征税机关不能准确地获得纳税人的经济信息时,如何确定课税、怎样实现法律。因此,这是典型的税法推定性规范。可见,税法拟制性规范和税法推定性规范看似雷同,实则大为不同。

在税法上,推定课税犹如一把"双刃剑",它在防止税款流失,提高税收稽征效率,保证税负公平、合理的同时,也给滥用征税权力或权力寻租开启了方便之门。② 正因如此,对推定课税进行严格的法律规制已获普遍性共识。比

---

① 参见刘风景:《"视为"的法理与创制》,载《中外法学》2010年第2期。
② 推定课税是一把"双刃剑"。一方面它可以弥补核实课征在某些情况下难以实行的不足,防范税收流失,提高征收效率。具言之,推定课税作为保证税负公平、合理,以经济事实的实质和实际状况作为税法适用的事实依据,防止避税、阻止偷逃税的一种办法,并在国际上成为防止跨国公司逃税和国际税收流失的一种措施,其积极作用是明显的:(1)有利于解决课税对象的归属问题;(2)有利于保护合法经营和建立市场经济秩序;(3)有利于解决对无效行为的课税问题;(4)实施推定课税有利于解决税收规避(避税)问题。另一方面也给滥用权力或权力寻租开启了方便之门,给纳税人的生产、经营、生活造成不稳定。尤其是此权力建立在一定的假定性之上,带有明显的主观性、行政强制性和自由裁量性,产生负面效应的可能性更大:(1)推定课税与税收法定主义存在冲突;(2)推定课税对纳税人财产权的潜在威胁;(3)推定课税权的膨胀易滋生腐败;(4)可能造成课税不公正。参见刘继虎:《论推定课税的法律规制》,载《中国法学》2008年第1期。

推定性规范更为严重的是，拟制性规范不只是单纯与证明相关的技术性问题，通过对税收构成要件的拟制，其实质上免除或转换了税务机关的举证责任、剥夺了纳税人反证的权利，使得税务机关的证明与课税变得更为容易。由此可见，拟制性规范实际上关涉国家权力与纳税人权利的"此消彼长"，拟制性规范的广泛运用极有可能导致国家权力悄然扩张，进而使得纳税人权利保护裹足不前。在纳税人权利保护意识日益觉醒的当今中国，拟制性规范理应比推定性规范更谨慎地使用于税法领域①，然事实是，大量的拟制性规范驰骋于我国税法疆域。长此以往，不仅纳税人权利保障受此影响，而且国家税权的规范运行愈发难以实现。

基于拟制性规范对征纳双方权益、税收法治建设等的重大影响，我们以为有必要对这一在税法领域广为存在的现象集中研究。在此语境下，本章尝试以规范实证方法梳理税法中的拟制性规范，将其作为本章分析的起点，从中发现拟制性规范的税法价值和理论不足，寻求拟制性规范未来可能的改进方向。主体部分的逻辑架构如下：其一，对税法中的拟制性规范进行文本梳理和细致考察，为下文研究提供实证数据和素材；其二，以拟制性规范的实证数据和文本素材为基础，分析拟制性规范的税法价值，并以税法建制原则为观测点，揭示拟制性规范价值背后的理论缺位以及其中的决定性因素；其三，针对拟制性规范的价值和理论不足，提示未来理想的改革进路。本章的讨论旨在寻求和建构一种可供参照、推广的税制行为分析框架和思考范式，进而展示税法建制原则之于税制行为或税法规范的方法论功能。这种讨论不仅有助于社会各界，尤其是税收立法机关和执法机关，认真对待拟制性规范；而且有益于学者对税法规范的深入研究；同时，还可以提供税法规范实证研究的范例。

---

① 亦如学者对刑法立法拟制的考察，刑法立法拟制是法律拟制在刑事法领域的实体化运用，旨在赋予虚构事实与类型化的原事实以相同的法律效果，以契合刑事政策之需或弥补立法技术之力所不及。刑法立法拟制是大陆法系国家法律拟制的主要方式之一，通过赋予原事实以相同法律后果的立法方式，刑法立法拟制满足了拟制规范的形式合理性。通过设置法律拟制，可以避免法条冗繁、维护法律稳定、解决司法疑难问题等，从而节约刑法实现成本、促进刑法效益和价值的最大化，实现刑法经济性。然而，这种决断性虚构仍难免虚置原犯罪构成、违背实质的罪刑法定、强调社会保护等有违实质正义缺陷，确实可能产生违背刑法的机能、加剧重刑主义、侵蚀罪刑均衡之基本原则，以及导致司法实践的混乱等"威胁"。比较研究表明，我国现行刑法中的立法拟制类别及拟制条款过多，有损刑法的严谨性与权威性。因此，法律拟制的设置应遵循立法拟制原则、拟制相当性原则、刑法机能协调原则、拟制谦抑性原则、司法便捷原则。同时，应在尽量保持刑法稳定的前提下，根据拟制的要素内容的不同，对我国现行刑法立法拟制进行折中的限制论视角下的发展理路拓展。参见李凤梅：《刑法立法拟制研究》，载《北京师范大学学报（社会科学版）》2013 年第 4 期；刘宪权、李振林：《论刑法中法律拟制的设置规则》，载《中国刑事法杂志》2013 年第 9 期；刘宪权、李振林：《论刑法中法律拟制的法理基础》，载《苏州大学学报（哲学社会科学版）》2014 年第 4 期；李振林：《对刑法中法律拟制正当性质疑之辨析》，载《法学杂志》2015 年第 6 期。

二、税法上拟制性规范的文本考察

在税法领域,拟制性规范横贯税收实体法与税收程序法,是一种连接税收实体与程序之间的法律构造。虽有学者较早地洞察到拟制性规定的学术价值①,但总体来说,该论题并未引起我国学者的重视②,这与大量拟制性规范的税法实践形成鲜明对比。在税法拟制性规范不断扩张的当下中国,亟须对税法场域中的拟制性规范深入研究。而这之前,确有必要弄清楚税法文本系统中究竟拥有多少拟制性规范,拥有何种类型的拟制性规范,拟制性规范的整体构成如何等前置性问题,诸如此类的问题不仅直接关系到研究的广度和深度,而且直接影响研究的精度和准度。正因如此,本部分力求对我国税法领域中存在的拟制性规范做较为全面、相对系统的实证梳理,尽可能对其进行全景式展示,以期发现税法拟制性规范的初步规律。需要说明的是,基于篇幅、主旨及拟制性规范的分布与构成现状等因素考虑,尤其是近几年"落实税收法定行动"加速、税制频繁变动,凡此都导致对税法拟制性规范进行系统性的文本检索与梳理难度加大。

为此,本部分对税法拟制性规范进行文本梳理与实证考察时进行了一些技术性处理,其中主要遵循以下原则:其一,主要针对国内税法中的拟制性规范进行梳理,关于避免双重征税和防止偷漏税的协定及关于税收情报交换协议中的拟制性规范不做梳理。其二,梳理时以核心税法规范中的拟制性规范为主线,以此串联起税收规范性文件中拟制性规范的文本梳理。即以税"法"、单行税收"暂行条例"以及税"法"和"暂行条例"的"实施细则"中的拟制性规范为检索主线和考察中心,在此基础上,将财政部、国家税务总局的税收部门规章与函件、批复、通知等政策性规范文本吸附其中。其三,为呈现同一税法拟制性规范的历史变迁,虽少数拟制性规范已被新规取代,本部分仍对其进行梳理,并作为文本素材吸纳其中。其四,税法拟制性规范的梳理工具为国家税务总局税收法规库(http://hd. chinatax. gov. cn/guoshui/main.

---

① 该学者分"我国税法上拟制性规定的型态""税法上拟制性规定的机能"和"税法上拟制性规定的检讨"三部分对税法上的拟制性规范进行了初步分析。认为税法上拟制性规定具有举证责任之免除或转换、扩大税基、行政便宜原则和防杜税收规避的机能,据此提出应健全定义条文的订定、拟制性规定应限定在特定的事项,拟制性规范的立法化等建议。参见杨小强:《税法总论》,湖南人民出版社 2002 年版,第 258—269 页。

② 截止到 2019 年 3 月 9 日,通过中国知网检索,以"拟制"与"税法"和"拟制"与"税"为关键词的文献均为零,以"拟制"与"税法"和"拟制"与"税"为篇名的文献仅 1 篇,以"拟制"与"税法"和"拟制"与"税"为主题的也仅分别为 17 篇和 12 篇,但基本都未对税法上的拟制性规范展开系统论述。可以说,税法上的拟制性规范基本是一块处女地,亟待研究。

jsp),因所涉规范性文件过于庞杂,虽反复检索、系统梳理、认真校对,但依然难免挂一漏万。按照上述处理原则,截至 2016 年 12 月 20 日,我国税法中共出现 16 个核心拟制性规范和 87 个非核心拟制性规范。

上述文本检索与梳理时所称的"核心拟制性规范",主要是指国务院制定的税收行政法规以及国务院财税主管部门制定的税收部门规章中创制的拟制性规范,如《税收征收管理法实施细则》第 26 条将计算机输出的完整的书面会计记录视同会计账簿①;《增值税暂行条例实施细则》第 4 条将纳税人代销货物视同销售②;原《营业税暂行条例实施细则》第 5 条将纳税人无偿赠送土地使用权视同发生应税行为③,等等。虽然这类拟制性规范的效力层级并不高,但是相比非核心拟制性规范,其权威性和稳定性程度仍属较好。所谓的"非核心拟制性规范",主要是指财政部、国家税务总局的函件、批复、通知等确认的拟制性规范,它们更多是对核心拟制性规范的补充和细化。如《个体工商户建账管理暂行办法》第 13 条规定的"视同经营收入账"④,根据便在于《税收征收管理法实施细则》第 26 条。

之所以区分核心拟制性规范和非核心拟制性规范,主要是为了更直观地展现税法拟制性规范的效力层级分布以及税法不同层级中拟制性规范的数量比重,据此寻求不同层级税法拟制性规范所规制的对象、内容、价值以及由此对征纳双方权益的影响度,进而奠定后文的研究基石。通过对 16 个核心拟制性规范和 87 个非核心拟制性规范的考察,可以发现税法拟制性规范呈现如下规律:

其一,拟制性规范绝大多数是"税法解释"的产物,以通知、函件、批复等方式呈现(占整个拟制性规范数量的 96.12%)。税法解释权僭越税收立法

---

① 《税收征收管理法实施细则》第 26 条第 1 款规定:"纳税人、扣缴义务人会计制度健全,能够通过计算机正确、完整计算其收入和所得或者代扣代缴、代收代缴税款情况的,其计算机输出的完整的书面会计记录,可视同会计账簿。"
② 《增值税暂行条例实施细则》第 4 条规定:"单位或个体经营者的下列行为,视同销售货物:(一)将货物交付他人代销;(二)销售代销货物;(三)设有两个以上机构并实行统一核算的纳税人,将货物从一个机构移送其他机构用于销售,但相关机构设在同一县(市)的除外;(四)将自产或委托加工的货物用于非应税项目;(五)将自产、委托加工或购买的货物作为投资,提供给其他单位或个体经营者;(六)将自产、委托加工或购买的货物分配给股东或投资者;(七)将自产、委托加工的货物用于集体福利或个人消费;(八)将自产、委托加工或购买的货物无偿赠送他人。"
③ 《营业税暂行条例实施细则》第 5 条规定:"纳税人有下列情形之一的,视同发生应税行为:(1)单位或者个人将不动产或者土地使用权无偿赠送其他单位或者个人;(2)单位或者个人自己新建(以下简称自建)建筑物后销售,其所发生的自建行为;(3)财政部、国家税务总局规定的其他情形。"
④ 《个体工商户建账管理暂行办法》第 13 条规定:"按照税务机关规定的要求使用税控收款机的个体工商户,其税控收款机输出的完整的书面记录,可以视同经营收入账。"

权、演变为拟制性规范的制定方式,致使拟制性规范"制定主体下移"现象十分严重。如《企业所得税法实施条例》第 5 条第 2 款"拟制机构、场所"规范,将营业代理人视为非居民企业在中国境内设立的机构、场所便大大拓展了该条第 1 款"机构、场所"的本有内涵,超越了税法解释本身,具有一定的立法色彩。①

其二,税法创设拟制性规范主要利用的是实体价值,即拟制税收构成要件要素(占整个拟制性规范数量的 81.55%)。其中既有对税收主体、税基、税率的拟制,也有对税收客体及归属的拟制。在税收构成要件要素的拟制性规范中,拟制税收客体最为常见。以核心拟制性规范为例,68.75%的拟制性规范具有拟制税收客体的功能。究其原,恐怕还在于拟制性规范所具有的衷彰纳税人负担税收的能力②,即通过拟制将本不应课税的事实变为课税事实,进而直接课税。如《耕地占用税暂行条例实施细则》第 3 条"视同占用耕地"规定,通过税收客体的拟制便可直接将占用园地建房或者从事非农业建设的用地纳入耕地占用税的课税范围、征收耕地占用税。③

其三,拟制性规范虽只出现在 18 个现行税种的 12 个税种中,但对税收收入贡献最大、纳税人最为敏感的 12 个税种中均有拟制性规范,即企业所得税、增值税、个人所得税、资源税、消费税、车辆购置税、土地增值税、原营业税、契税、房产税、耕地占用税、印花税。其中俗称的 5 大税种(增值税、消费税、原营业税、个人所得税、企业所得税)中的拟制性规范数量占整个拟制性规范数量的绝对多数,高达 79.77%。尤其是增值税和企业所得税,两者的拟制性规范数量占整个拟制性规范数量的 62.92%。

其四,税法拟制性规范总体上扩张了税务机关的权力(占整个拟制性规范数量的 72.82%)。尽管对纳税人有利的拟制性规范也日渐增多(占整个拟制性规范数量的 27.18%),但是此类规范仍存有两方面的隐忧,一是过度局限于税收优惠和涉税资料的认定,尚未出现一条直接针对税收构成要件要

---

① 《企业所得税法实施条例》第 5 条规定:"企业所得税法第二条第三款所称机构、场所,是指在中国境内从事生产经营活动的机构、场所,包括:(一) 管理机构、营业机构、办事机构;(二) 工厂、农场、开采自然资源的场所;(三) 提供劳务的场所;(四) 从事建筑、安装、装配、修理、勘探等工程作业的场所;(五) 其他从事生产经营活动的机构、场所。非居民企业委托营业代理人在中国境内从事生产经营活动的,包括委托单位或者个人经常代其签订合同,或者储存、交付货物等,该营业代理人视为非居民企业在中国境内设立的机构、场所。"
② 参见黄茂荣:《税法总论》(第一册),台湾植根法学丛书 2002 年版,第 270 页。
③ 《耕地占用税暂行条例实施细则》第 3 条规定:"占用园地建房或者从事非农业建设的,视同占用耕地征收耕地占用税。"不过,这一规定一定程度上已被《耕地占用法》第 12 条第 1 款所修正。该款规定:"占用园地、林地、草地、农田水利用地、养殖水面、渔业水域滩涂以及其他农用地建设建筑物、构筑物或者从事非农业建设的,依照本法的规定缴纳耕地占月税。"

素的拟制性规范;二是该类规范中,96.43%尚未上升到"正式"的法律层面。此等境况使得对纳税人有利的拟制性规范的稳定性、权威性、可预测性均大为降低。更多时候,市场主体有被拟制为纳税人,据此课税的风险。比如,从事经营业务和进行应税销售的人通常需要办理税务登记并缴纳增值税,因而销售者的身份至关重要。在涉及互联网销售、拍卖、寄售和政府机关提供服务时,销售者的身份变得不太明朗。此种情况下,视同销售者规则便有可能付诸实施。① 追根溯源,税法拟制性规范折射的征纳双方权益分配现实既是国库主义这一惯性思维的典型表现②,也是税务行政主导的必然结果,又进一步强化了税务机关的主导地位。

三、从收入到征管:税法拟制性规范的工具价值

作为分配权利义务的制度设计,法律规范是法之构成的基本元素,是以一定的结构形式来确定法律关系主体的权利义务和相应法律后果的规则。③拟制性规范也如此。从法律规范意义上看,拟制性规范通过对征纳双方权利义务的设计,影响法律制度内部的权力分配④,"通过将甲事实看成是乙事实,从而扩大法律的适用范围"⑤。具体到税法领域,拟制性规范是一项重要的立法技术,主要实现两方面价值:一是"入税"。将原本不符合税收构成要件的事实作为课税事实、纳入征税范围,实现从"非税"到"应税"的跨越;二是"改税"。改变税收构成要件的类型,使原本符合甲税构成要件的事实纳入乙税的课征范畴。如原增值税与营业税混合销售中的拟制性规范,就犹如铺设了一条增值税和营业税互通的管道。基于此,拟制性规范只有立法者才允许使用,司法者倘若使用拟制性规范,就会因无端造法而违背法定主义。⑥ 不过,通过拟制性规范的创设和运用,税基得以扩大,税法漏洞得以填补,纳税人避税的概率和空间大为降低和压缩,税务行政也得到便利。从这个意义上

---

① 参见〔美〕艾伦·申克、〔美〕维克多·瑟仁伊、〔美〕崔威:《增值税比较研究》,熊伟、任宛立译,商务印书馆2018年版,第89—91页。
② 所谓"国库主义",是一种一切以保障国库收入为出发点的思维模式和价值观。其泛滥于我国税法的方方面面,如税收征收管理法中对纳税人申请行政复议的门槛设置就是非常明显的例证。参见龚伟:《税法中的利益及其平衡机制研究》,中国法制出版社2016年版,第190页。
③ 参见胡田野:《公司法任意性与强行性规范研究》,法律出版社2012年版,第13、15页。
④ 参见〔美〕劳伦斯·M.弗里德曼:《法律制度——从社会科学角度观察》,李琼英、林欣译,中国政法大学出版社2004年版,第293页。
⑤ 王学棉:《论推定的逻辑学基础——兼论推定与拟制的关系》,载《政法论坛》2004年第1期;赵俊甫:《刑事推定论》,知识产权出版社2009年版,第45页。
⑥ 参见劳东燕:《推定研究中的认识误区》,载《法律科学》2007年第5期。

讲,拟制性规范具有了价值上的初步正当性。

(一) 扩大税基,增加财政收入

税收是一个永恒的政治话题,但它从来没有像 20 世纪 80 年代和 90 年代初期那样成为核心的政治议题。几乎所有经合组织国家都有关于税收制度改革的重大提议。这些提议有着突出的特点。它几乎于同一时间在许多国家提出。而且,每个国家的改革提议都十分相近。多数提议都着眼于简化税收制度,包括减少税级,降低较高的边际税率,取消大量针对特定阶层收入和开支的税收优惠等。① 这场世界性的税制改革浪潮,至今势头仍未见减弱。在这场税制改革中,低税率、减少优惠、简化税制等成为焦点。但另一面,"市场社会下的政府,不得不成为不掌握生产要素的'无产国家''税收国家'。这意味着,在市场社会的政治体系下,通过对循环于市场经济这个经济体系内的货币进行强制性无偿征收,统管社会的统治活动才得以进行"②。这使得国家开始依赖社会③,而社会产生的税收奠定了国家基础④,进而促成税收国家的形成⑤。自 20 世纪 80 年代以来,中国开始从"自产国家"向"税收国家"转型⑥,国家和政府的运转对税收的依赖愈发明显。

其实,"税收在中世纪并一直到现代社会,都起到了关键性的作用"⑦。政府顺利运转,纳税人财产权的保护、公共秩序和自由市场的维系等均有赖

---

① 参见〔美〕B. 盖伊·彼得斯:《税收政治学》,郭为桂、黄宁莺译,江苏人民出版社 2008 年版,第 270 页。
② 〔日〕神野直彦:《财政学——财政现象的实体化分析》,彭曦等译,南京大学出版社 2012 年版,第 137 页。
③ 马骏:《中国财政国家转型:走向税收国家?》,载《吉林大学社会科学学报》2011 年第 1 期。
④ 参见丛中笑:《税收国家及其法治构造》,载《法学家》2009 年第 5 期。
⑤ 税收国家最初是西方学者从财政角度对一种以私有制为基础的国家形态的界定,指的是财政收入大部分依存于税收的国家。近代以来,政治国家与市民社会开始分离,现代税收则为沟通政治国家与市民社会的媒介。税收国家正是政治国家和市民社会通过税收征纳和公共产品供给这种良性互动的国家形态的描述。市民社会的市场经济运行规律为税收国家保持充足的税源提供了牢固的经济基础;政治国家中的法律体制、法治结构为税收国家的课税权的合法性和正当性提供了坚实的法律基础;公民的权利意识、纳税人意识形成一种税收权利文化,为税收国家植根于社会文化土壤,获得民众认可提供了深厚的社会文化基础。诚然,税收国家的经济、法律、社会文化三大基础,是一种相互依存、缺一不可的辩证关系,它们的互为促进、齐头并进,构成了税收国家不断成熟、终而建成清晰的逻辑链条。当今世界,欧美国家是典型的现代税收国家,其全部财政收入 90% 以上来自于税收,其中西北欧国家的税收收入更是占全部财政收入的 95% 以上,故纳税人除了依法向国家纳税外,几乎不用再面临税外的、甚至名目繁多的政府收费项目。参见张富强:《论税收国家的基础》,载《中国法学》2016 年第 2 期。
⑥ 参见马骏:《治国与理财——公共预算与国家建设》,生活·读书·新知三联书店 2011 年版,第 1 页。
⑦ 〔美〕查尔斯·亚当斯:《善与恶——税收在文明进程中的影响》,翟继光译,中国政法大学出版社 2013 年版,序论第 10 页。

于税收收入的筹措。以纳税人的财产为例,财产是法律上创立的社会关系,是一串由立法和司法创造、司法实施的可利用和可排除的规则。如果没有政府规定并根据这些规则实施,我们也就没有权利使用、享受毁坏或者处置我们的所有物。如果警察权的行使不站在你一边,你就不能成功地把"主张的权利"带回自己家,并且使用它。而对个人权利的保护从来不是免费的,必须给国家这个"守夜人"报酬,以获取权利的保护和自由,可谓"权利的成本"。①处于此种考虑,立法者在进行税收立法,执法者在进行税收执法时,总是自觉不自觉地受"财政中心主义"思维支配。财政职能成为最重要的考量因素,贯穿于税收实践,尤其"在财政危机或压力下,政府考虑的是短期财政收入的最大化,而不是像米勒(Mueller)'天堂模型'中所描述的那样,政府控制着赋税,津贴和多种资源,实现的是一种帕累托最优的资源配置过程"②。

受此影响,声势浩大的减税运动终将迷失在巨大的财政增收惯性中,"为确保政府的财政收入,满足公共支出的上涨,就要多征税收。但是在税率方面做文章已空间不大。相反,由于边际税率已经很高,为刺激投资,甚至还得降低。唯有的余地就是扩大税基,而且,扩大税基的做法具有'隐蔽性',社会震荡较小,易为纳税人所接纳"③。拟制性规范可谓生逢其时,其暗合了减税时代悄然增税的内在机理,前述拟制性规范的实证数据有力地证明了这一点。以核心拟制性规范数量为例,占据 87.5%的核心拟制性规范都具有扩大税基,增加财政收入的功能。

典型如《增值税暂行条例实施细则》第 4 条、原《营业税暂行条例实施细则》第 5 条及《企业所得税法实施条例》第 25 条的"视同销售货物、转让财产或者提供劳务"规范。④ 以《企业所得税法实施条例》第 25 条为例,在民商法上,企业发生非货币性资产交换,以及将货物、财产、劳务用于捐赠、偿债、赞助、集资、广告、样品、职工福利或者利润分配等用途的,无论作何理解都不应解释为销售货物、转让财产或者提供劳务。然而,《企业所得税法实施条例》第 25 条通过拟制技术,直接将其界定为"视同销售货物、转让财产或者提供劳务",纳入课税范畴。通过拟制性规范的创设,企业所得税纳税人的范围得以拓宽,所得税税基得到扩张,税收收入的增长也就显而易见。不难看出,拟

---

① 参见〔美〕史蒂芬·霍尔姆斯、凯斯·R. 桑斯坦:《权利的成本——为什么自由依赖于税》,毕竞悦译,北京大学出版社 2004 年版,第 39—58 页。
② 参见刘志广:《新财政社会学研究——财政制度、分工与经济发展》,上海人民出版社 2012 年版,第 179—180 页。
③ 杨小强:《税法总论》,湖南人民出版社 2002 年版,第 263 页。
④ 《企业所得税法实施条例》第 25 条规定:"企业发生非货币性资产交换,以及将货物、财产、劳务用于捐赠、偿债、赞助、集资、广告、样品、职工福利或者利润分配等用途的,应当视同销售货物、转让财产或者提供劳务,但国务院财政、税务主管部门另有规定的除外。"

制性规范通过纳税人范围和税基的扩张,使得作为经济、政治和法律综合载体的财政①得以维系。

(二)防杜税收规避,堵塞税法漏洞

"民事主体经常利用契约自由,滥用民事行为的形成可能性,实施虚伪行为与脱法行为,导致合同的大量扭曲,从而达到规避税收之企图。契约自由成为税收规避的可能工具。"②"如今,避税现象在规模上已经达到了惊人的程度。"③世界各国都已充分认识到了避税活动严重侵蚀了国家税基,危及了税法的财政职能。避税造成的财政收入损失,将降低政府支出和人民福利,可能导致巨大的经济和政治困难。④ 不仅如此,避税还破坏了一国税制的公平和效率。造成纳税人之间的税负不公,危及税法的遵从度,更为重要的是,避税还扭曲了市场资源配置,破坏公平竞争的市场秩序。⑤

"从权利冲突的角度看,对税收规避进行法律规制的正当性在于纳税人滥用筹划权利与平等纳税权利相冲突。"⑥纳税人虽享有契约自由,并以此做税收规划,但此种自由权不得滥用。一旦什么事情都可以做的自由必然是无用的或有害的,因为每个人行使这种自由时总是与其他人的自由相冲突。因此,如果没有限制的话,就会出现这样一种状态:所有的人都可以无限制地干预别人。这种"自然的自由"或者导致社会混乱,使人们最低限度的要求无法得以满足;或者导致弱者的自由被强者压制或剥夺。因此,为了自由本身,必须用法律限定自由的范围。⑦ 照此逻辑,纳税人如滥用私法自由权、选择与经济事实不相符的法律形式以规避税收,基于租税分配正义与租税国家基本秩序考虑,也有必要坚持"实质重于形式"对其滥用行为进行规制。"换言之,只要纳税人从事与经济实质不相当之非常规行为,获得税收利益,税务机关即可推定纳税人存在避税主观目的而予以反制。"⑧

实际上,避税行为始终是困扰世界各国税务机关的一道难题。避税与反

---

① 参见熊伟:《财政法基本问题》,北京大学出版社 2012 年版,第 1 页。
② 杨小强、叶金育:《合同的税法考量》,山东人民出版社 2007 年版,第 19—20 页。
③ 翁武耀:《避税概念的法律分析》,载《中外法学》2015 年第 3 期。
④ M. Boyle, "Cross-Border Tax Arbitrage-Policy Choices and Political Motivations", *British Tax Review*, Vol. 5, pp. 527-531(2005).
⑤ J. Bankman, An Academic's View of the Tax Shelter Battle, in H. Aaron and J. Slemrod(eds.), *Crisis in Tax Administration*, Brookings Institutions Press, 2004, p. 31.
⑥ 俞敏:《税收规避法律规制研究》,复旦大学出版社 2012 年版,第 54 页。
⑦ 参见钟瑞栋:《民法中的强制性规范——公法与私法"接轨"的规范配置问题》,法律出版社 2009 年版,第 93—94 页。
⑧ 王宗涛:《税法一般反避税条款的合宪性审查及改进》,载《中外法学》2018 年第 3 期。

避税的"猫鼠游戏"始终在世界各地循环往复。① 根本而言,"是避税还是反避税,涉及税法之纳税人权利与国家征税权、税收法定主义与量能课税原则、税法依附私法与税法独立性、形式法治与实质法治等诸多重大价值和观念争论,是税法法治的焦点命题"②,必须妥善处置、谨慎应对。"现代各国规制实践已经发展了多种法律技术来应对税收规避,具体包括:立法机关对税收实体法进行修订使其不易被滥用、制定一般反避税规则和特别反避税规则;税务机关制定反避税程序规则和处罚细则;法官进行司法解释以及创制反避税规则等。但没有哪一种方法能单独解决所有问题,各国也没有统一采用哪一种方式。"③ 拟制性规范通过对税收构成要件的"拟制",蕴含反避税功能,使其与其他反避税措施一道,共同构筑起反避税的防护链。

以《增值税暂行条例实施细则》第 4 条为例,纳税人将自产或者委托加工的货物用于非增值税应税项目、集体福利或者个人消费,以及将自产、委托加工或者购进的货物作为投资、分配给股东或者投资者、无偿赠送其他单位或者个人,形式上并不构成民商法上的"销售行为",税法若遵循民商法的界定,将其排除在增值税的课税范畴之外,则无异于为纳税人构造了一条"天然避税通道",纳税人只需做简单的形式处置,便可将销售行为转化为上述任意一种行为,规避税收。税法通过拟制技术将上述行为拟制为"销售行为",将上述行为纳入增值税的课税范畴,堵塞了以上述任一行为规避税收的法律漏洞,实现了拟制性规范防杜税收规避和堵塞税法漏洞的双重功能。

(三) 减轻举证责任,便宜税务行政

税务行政作为一种侵害行政,直接侵害到纳税人的财产权。征纳双方如何分配举证责任,事关纳税人与税务机关切身利益,影响社会财富在国家与纳税人之间的分配。从"举证责任之所在,败诉之所在"的罗马法古谚可以看出,举证责任往往意味着不利益,并不为当事人所青睐。税法领域更是如此,多种价值理念盘根交错、兼容并蓄:既要保护纳税人权益,又要实现财政收入;既要恪守市场主体的契约自由,又要提防其滥用以规避税收;既要警惕税务机关滥用征税权,又要仰赖于其对国库利益的保障。正因如此,举证责任在征纳双方之间的配置必须十分谨慎,充分算计多种价值和各方利益,尽力实现双赢甚或多赢局面。一般而言,稽征机关应负担租税课征、增加以及裁罚构成要件事实存在之举证责任。关于课征、增加以及裁罚事实属侵害要件

---

① 参见欧阳天健:《比较法视阈下的一般反避税规则再造》,载《法律科学》2018 年第 1 期。
② 王宗涛:《反避税法律规制研究》,武汉大学 2013 年博士学位论文,第 62 页。
③ 俞敏:《税收规避法律规制研究》,复旦大学出版社 2012 年版,第 79—80 页。

事实,其真伪不明之证明风险,应由稽征机关负担。而纳税义务人则应就租税免除、减轻或排除之构成要件事实,负举证责任。①

简言之,对税收债务的发生与成立应由税务机关负举证责任;而纳税人如主张税收债务不成立、不存在或尚未发生,或有减免扣抵之情事,则应负相关的举证之责。② 也即,原则上税务机关应承担税收债务发生与成立的证明责任。如此安排不仅是考虑到纳税人取证较税务机关困难,若将该事项的举证责任加诸纳税人,则不利于保护其合法权益;而且是税务机关合法行政的必然结果,因为"先取证,后裁决"原本就是对行政主体合法行使职权的要求。③ 此外,此种安排更加契合行政诉讼的目的,更有利于行政诉讼的顺利展开。④ 因为"设立举证责任制度的目的在于查明事实,以便作出公正的裁判。"⑤ "客观上要求行政主体提供有关证据更具现实可行性,而行政相对方要获取相关证据则具有相当的难度。"⑥

由此,税务机关若想实现税收债务发生与成立的举证成功,则必须精准把握税收事实。然而,税收事实具有客观实在性,其认定需要重构已经逝去的历史信息,而这往往深陷三大困境难以收集:其一,税收征管是大量行政性行为,税收任务极其繁重;其二,税收事实的复杂性;其三,税收事实之证据材料一般处于纳税人控制下,税务机关并不容易全然掌握。⑦ 如此困境催生了纳税人协力义务的出现,让对税收事实知悉最多的纳税人或其他关系人承担协力义务,成为举证责任配置的一次有力革新。此种"矫正"的举证配置技术已被税法广泛运用。⑧ 一般认为,协力义务实为在税收征管程序中,为阐明课税事实,依法所确定的,由纳税人与第三方承担的与课税事实阐明相关的义务。⑨ 简单地说,协议义务即"涉税主体协助税务机关阐明课税事实

---

① 参见黄世洲:《税务诉讼的举证责任》,北京大学出版社 2004 年版,第 129 页。
② 陈木松:《论举证责任法则在所得税争讼上之运用》,载《税务旬刊》(台湾地区)第 923 期。
③ 参见湛中乐、李凤英:《行政诉讼中的证明责任》,载《行政法学研究》2000 年第 4 期。
④ 我国《行政诉讼法》第 1 条规定:"为保证人民法院公正、及时审理行政案件,解决行政争议,保护公民、法人和其他组织的合法权益,监督行政机关依法行使职权,根据宪法,制定本法。"
⑤ 刘文静:《从民事诉讼的一般原则看行政诉讼中的举证责任及其分配形式》,载《行政法学研究》2000 年第 1 期。
⑥ 湛中乐、李凤英:《行政诉讼中的证明责任》,载《行政法学研究》2000 年第 4 期。
⑦ 参见同海:《税收事实认定的困境及出路》,载《税务研究》2010 年第 3 期。
⑧ 典型如我国《税收征收管理法》第 19 条规定:"纳税人、扣缴义务人按照有关法律、行政法规和国务院财政、税务主管部门的规定设置账簿,根据合法、有效凭证记账,进行核算。"第 56 条规定:"纳税人、扣缴义务人必须接受税务机关依法进行的税务检查,如实反映情况,提供有关资料,不得拒绝、隐瞒。"
⑨ 参见褚睿刚、韦仁娟:《税收协力义务及其限度刍议》,载《云南大学学报(法学版)》2016 年第 6 期。

的义务"①。

客观上说，当税务争议发生时，只要纳税人全力提供真实的涉税资料与信息，的确可以最大限度地提升自身话语权，保障税务争议解决的参与度，以税务行政相对人的立场积极促进税务争议的公正解决。正因为协力义务可为税务机关与相对人带来"双重红利"，所以多为世界诸国或地区立法与实践所采纳。② 只是协力义务虽大大缓解了税务机关举证不能的困局，但是仍不足以解决全部问题。拟制性规范在税法上的出现，进一步缓解了这一难题，使得税务机关的举证责任再一次降低。具体而言，拟制性规范不仅免除了税务机关的举证责任③，且干脆扼杀了纳税人反证的权利。即使纳税人提出充分的证据证明甲税收事实与乙税收事实并不相同，也不妨碍税务机关直接将甲税收事实认定为乙税收事实，更不会由此影响纳税人因满足税收构成要件而被课税。由此可见，拟制性规范彻底化解了税务机关的举证困境，大大提高了税务行政效率，实现了税务行政便宜与稽征经济。④

四、拟制性规范价值反思：基于税法建制原则的考究

税法以拟制性规范作为扩大税基、防杜避税和便宜行政的手段和工具，固然有其可取性，也正是这些价值使其具有了形式上的正当性，但在税法中导入拟制性规范，"将原本不同的行为按照相同的行为处理（包括将原本不符合某种规定按照该规定处理）"⑤，这一论题本身的正义基础就值得商榷。毕竟，不同的税收事实，内部结构自有不同。既然如此，为何对构成要件不同的税收事实赋以同一税法效果？质疑这一点，必须充分考量三个概念：法、正义和国家。"若人类共同生活取一种合法形态，那么它首先必须具有法的特征；其次，法必须达到正义的质量；再次，公正的法要起到保护公共法律制度，从

---

① 张馨予：《协力义务本源考及其语义纠正》，载《行政与法》2018 年第 11 期。
② 参见廖益新、褚睿刚：《转让定价文档规则正当性研究——兼议纳税人协力义务》，载《现代法学》2018 年第 2 期。
③ 但也必须明示，拟制性规范在运用上仅能就特定情况加以拟定，换言之，不论是对租税债务之发生、纳税义务人或其他与租税债务相关之事项所为之拟制，必须明定其适用条件，而稽征机关对该适用条件仍有举证之责任。参见刘兴源：《税法上拟制规定之相关问题》，载台湾《财税研究》1990 年第 22 期。
④ 因为税务行政，是一种大量、重复的作业行为。相对于这种大量、重复的作业行为，税务行政资源显然有限，难以把握日益增多、日渐复杂，而又不断重复的税收事实。出于征纳成本和征管效率考虑，税收立法时实有必要充分考量行政便宜与稽征经济。拟制性规范对于在法律层面和事实层面容易引起的认定困难直接"拟制"，以法律之力简化税收构成要件事实的认定，抑制了纳税人"不服"的冲动，阻却了征纳双方纠纷的发生，大大节省了税务机关在举证上所使用的人力、物力、财力及时间，根本上降低了征管成本，提高了征管效率。
⑤ 张明楷：《刑法分则的解释原理》，中国人民大学出版社 2004 年版，第 253 页。

而取(正义)国家的形态。"① 据此反思拟制性规范的工具价值,以下问题值得深层追问:拟制性规范的大量存在,是否均可实现前文言及的税法价值? 过度的拟制性规范会否加重纳税人的负担,深度干预纳税人的自由权,进而逐渐否认私法定义性概念与制度原理在税法上的适用? 等等。

凡此种种,核心都在于叩问拟制性规范能否根本上实现税收正义这一税法的核心价值②和理念? 问题的回答,须回归至税收正义本身。税收正义源于正义。什么是正义? 柏拉图提出的这个问题可以说开创了西方社会的政治哲学。在柏拉图的时候,如同我们的时代一样,任何正义理论的核心问题都是对于人与人之间不平等关系的辩护。③ 无论是公正的相同对待,还是公正的区别对待,正义这两项基本原则都关乎纳税人之间相关性的比较。④ 由此进发至税收正义,可谓别有洞天。在税法领域,税收法定原则、量能课税原则与稽征经济原则(比例原则)并列为税法建制的三大基本原则,筑就了税收正义的立体本质,造就了税法特色的正义标准。拟制性规范如能顺利通过三大不同正义维度的检测,当可视为税收正义的践行工具。如果是这样的话,价值上的初步正当性便可为拟制性规范谋得规范设置上的终极正当性,问题是这可能吗?

从技术上看,拟制性规范的设置看似多因法律的经济性与效率原则使然。然深层追究便可发现,诸如此类的观点,实属"一叶障目,不见泰山"。"在现代社会中,规则系统之'正确性'的实体标准需要通过说理获得,程序虽然无法创造实体,却为说理提供了标准。"⑤ 一般来说,面对税法这一大量行政与案件的法律,其把握社会的及经济的成千上万的反复的生活事件,对比课税更常采取法律上的类型化与概算额,以实现稽征经济与便宜行政。⑥ 拟制性规范虽然便宜了税务行政,但是并非总能实现最小损害,难以确保必要性原则的达致,也就根本上违背了比例原则。因为"在比例原则之下,必要性原则以其明确的基准和相对清晰的判断标准确保最小侵害的底线和可操作性"⑦。除此之外,作为比例原则的延展性要求,立法者应尽可能简化税制、

---

① 〔德〕奥特弗利德·赫费:《政治的正义性——法和国家的批判哲学之基础》,庞学铨、李张林译,上海世纪出版集团、上海译文出版社 2005 年版,第 11 页。
② 参见黄俊杰:《税捐正义》,北京大学出版社 2004 年版,第 2 页。
③ 参见〔英〕布莱恩·巴里:《正义诸理论》(上),孙晓春、曹海军译,吉林人民出版社 2011 年版,第 3 页。
④ 参见陈丹:《论税收正义——基于宪法学角度的省察》,法律出版社 2010 年版,第 65 页。
⑤ 雷磊:《法律程序为什么重要? 反思现代社会中程序与法治的关系》,载《中外法学》2014 年第 2 期。
⑥ 参见陈清秀:《税法总论》,台湾元照出版有限公司 2016 年版,第 41—46 页。
⑦ 蒋红珍:《论比例原则——政府规制工具选择的司法评价》,法律出版社 2010 年版,第 23 页。

以简洁明了而又确定无疑的立法语言,最为准确地凸显隐藏其后的应然性税法规范,"如果不能明确认定,什么是公正的,那么就必须明确规定,什么应该是正确的"①,以便维护法的稳定性。"只有法的稳定性才能够为将来提供导向确定性,以及为规划和处置提供基础。"②

拟制性规范将甲事实拟制为乙事实,甲事实的适用规则随之由乙事实的适用规则取代,从税收征收管理之理念上看,无疑是一次巨大的飞跃,也拓宽了稽征机关的执法思路。但在甲事实被乙事实所导向的法律规则吸纳的时候,此处的"吸纳"作何理解:是名为吸纳实为放弃,还是改造基础上的吸纳?是部分吸纳还是全部吸纳?等等。此类问题的答案事关法域之间的协调和统一,照理应该积极回应、科学处置,然事实并非如此。比如,税法上将"自产的货物无偿赠送"拟制为"销售行为",旋即将"无偿赠送行为"纳入"销售行为"的税法规则予以调整,行径课税,其无异于变相剥夺了"无偿赠送行为"的税法独立性,使之沦为"销售行为"税法规则的附庸,回避和抹杀了"无偿赠送行为"和"销售行为"本有的区别。"根据法治原则,税法中的许多词语的解释能否超越私法上的本来意义"③,这关乎作为整体的"法"的统一性和法体系的稳定性,不能不引起足够的重视。拟制性规范对此类问题的模糊化处理,偏离了更为重要的税制明确性要求,法律的经济性与效率性原则无法导出技术正义。

从实质上看,税法拟制性规范对于相同或相似的税收事实赋予相同的税法效果,一定程度上实现了课税公平,满足了量能课税原则的表征。因为"量能课税本身就是为解决税收公平问题而提出的,它所主张的同等负担能力的人负担同样的税收,不同纳税能力的人负担不同的税收的思想,其实也就是税收横向公平和纵向公平的基本要求"④。但必须强调的是,量能课税原则追求公平的终极目标在于构造国家与纳税人之间的合适距离和中立立场,保证国家对所有纳税人绝无偏私。拟制性规范立足于"相同或相似事实,相同对待",徒具量能课税原则的形式,难以触动量能课税原则的实质。得此结论,是因为拟制性规范如欲通过量能课税原则的检测,在立法与法律适用上,至少要通过四个阶段的验证:首先,依照量能课税原则,立法者须在不同纳税人之间,加以比较、衡量税收负担能力的异同,也就是立法者在选择税收客体

---

① 〔德〕G.拉德布鲁赫:《法哲学》,王朴译,法律出版社 2005 年版,第 73 页。
② 〔德〕莱因荷德·齐佩利乌斯:《法哲学》(第六版),金振豹译,北京大学出版社 2013 年版,第 187 页。
③ 〔美〕休·奥尔特、〔加〕布赖恩·阿诺德等:《比较所得税法——结构性分析》(第三版),丁一、崔威译,北京大学出版社 2013 年版,第 85 页。
④ 刘剑文、熊伟:《税法基础理论》,北京大学出版社 2004 年版,第 139 页。

时,需以纳税人的支付能力作为指针。其次,在选择合理的税收客体之后,需进行构成要件的选取与评量,使之与整体法体系一致。再次,在单一税法与整体法秩序协调一致之后,要求立法者将个别税法与整体税制协调一致,组成完整体系。最后,在合理选择税收客体,并对整体法律与税制作体系性考量之后,进一步度衡量能课税原则如何实现,特别是税基相关因素的设计等。[①] 将量能课税原则的四个阶段与当下拟制性规范实践进行比对评析,结论不证自明:不论税收客体的选择,还是法体系的协调,乃至税基等的考量,拟制性规范均难以满足量能课税原则的内涵和要求。将量能课税原则作为拟制性规范存在的实质理由,缺乏足够的税理支持。

从形式上看,要判定拟制性规范能否满足形式正义,尚须以税收法定原则对其深度检视。拟制性规范可否获得税收法定原则的支持,取决于对税收法定原则的认知和理解。尽管学者对税收法定原则的内涵和外延认知不尽一致,但其包含税收要件法定原则与税务合法性原则可谓"英雄所见略同"。据此要求,拟制性规范所涵涉的税收构成要件要素都必须由法律加以规定,行政法规或地方性法规不得规定有关税收构成要件要素方面的具体内容;即使国家立法机关授权国家行政机关或地方政府制定有关的税收行政法规或地方性法规,也只能限于个别的和具体的事项。与此同时,税收法律中有关税收构成要件要素的规定都应该是确定的和明确的,不应出现含混或有歧义的规定,导致税务机关滥用税法解释权而造成对纳税人利益的损害。[②] 进一步而言,在税收立法权的分配层面,排除政府对税收构成要件要素的制定权,遵守法律保留原则,构成税收法定原则的内核。[③]

按照税收要件法定原则要求,所有税收构成要件要素的拟制都应由法律明确规定,即实现法律化。然而,现有拟制性规范却无一位居法律层面。即使从部颁税法规则正义的角度审视,允许拟制性规范直接援引相同或相似的税法规则,但援引的范围、条件、程序等关键问题仍应清晰明定。从前述文本检视的结果可以看到,拟制性规范仍处于放任、自由援引状态,无法消除随意拟制、生拉硬扯的嫌疑。不过,纵使拟制性规范得不到税收要件法定原则的认可,还需考究其是否满足税务合法性原则的要求。毕竟,"税收法定主义承认税务机关解释税法的权力"[④],税务机关可以对法律层面的税法规范进行解释,但这种解释必须于法有据,断不可借解释之名行立法之实。不论基于

---

① 参见葛克昌:《税法基本问题》(财政宪法篇),北京大学出版社2004年版,第122—123页。
② 参见王鸿貌:《税收法定原则之再研究》,载《法学评论》2004年第3期。
③ 参见熊伟:《法治视野下清理规范税收优惠政策研究》,载《中国法学》2014年第6期。
④ 熊伟:《重申税收法定主义》,载《法学杂志》2014年第2期。

何种目的、何种理由,遵循合法性要求都是应有之义。即便是税务机关借助拟制性规范实现反避税目的,税法解释权的行使仍需有法律的明确规定,否则难以通过税收法定原则的检测。

与此同时,拟制性规范领域出现的大量给予税收优惠的拟制性解释,表面上看是惠及了税收优惠的受益人,但任何针对特定人群的税收优惠都有可能引发横向不公,破坏税收中性。故,对这类拟制性规范做出解释,也必须遵从合法性原则。这些要求原本就是税务合法性原则的题中之义,换言之,"没有法律依据不可征税"[①],也不可减征、停征或免征应纳税额。问题是,在既有拟制性规范实践中,大量拟制性规范借助税法解释权的运用,创设了税收构成要件要素,实质上将诸多非税行为划归至应税范围,僭越了拟制性规范本应遵循的税收法定原则要求。徒从税务合法性原则要求观察,拟制性规范实践距离税收法定原则也很遥远。归总起来看,当下的拟制性规范既不能满足税收要件法定原则的条件,也难以达到税务合法性原则的要求,寄希望以一种政策化的手段宣告税收形式正义之追求,无异于南柯一梦。

拟制作为一种古老的法律技术,在欧洲进入所谓科学时代后,便受到学者的猛烈攻击,尤以英国法学家为甚。例如,"在英国法中,拟制是一种梅毒,它蔓延于法律的每一个脉管,渗透到法律腐臭原则体系的每一个部分""拟制是为了实现正义? 简直是商业上的诈骗""拟制的使用效果从来都是恶劣的"[②],等等,诸如此类的论调不胜枚举,均无一例外指向拟制性规范"恶的一面"。拟制性规范实践则呈现另一种面相:拟制非但没有退出历史舞台,反而在特定领域扮演了更加重要的角色。根源在于拟制性规范除开"恶的一面"外,还有"善的一面"。拟制不仅有助于形成法律关系,而且也有助于人们形成正确的判断和采取正确的行动。只要存在事实的有限性、相对性与秩序的紧迫性、必要性之间的矛盾,拟制的决断性功能就是不可取代的;只要存在规范的应然性、法律的呆板性与社会的发展性、变化性之间的矛盾,拟制的协调性功能就是不可替代的。[③]

税法拟制性规范作为拟制性规范的一种,亦遭遇普适性拟制性规范的类似境遇。诚如上文所述,在税法领域,拟制性规范虽有诸多适用价值,但从税法建制原则层面窥测,拟制性规范既未践行稽征经济蕴含的技术正义,也未坚守税收法定孕育的形式正义,更未满足量能课税意涵的实质正义。可以

---

① See Frans Vanistendael, Legal Framework for Taxation, in Victor Thuronyi, ed. *Tax Law Design and Drafting* (volume 1), International Monetary Fund, 1996.
② See Lon L. Fuller, *Legal Fictions*, Stanford University Press, 1967, pp. 2-3.
③ 参见卢鹏:《法律拟制正名》,载《比较法研究》2005 年第 1 期。

说,拟制性规范立足于税法的正当性并不足以令人信服。当拟制性规范的税法价值、原则、政策等相左时,"价值必须与法律或法律政策中的其他考虑竞争"①。"我国目前的情况是重行政而轻立法,重政策而轻法律,政策过度膨胀而立法过于削弱,法律空洞化现象严重。"②受制于此种现实,关注税法拟制性规范,不应忽略价值背后的行政之治。特别是在中国,即便立法机关没有赋予行政机关创制拟制性规范的权力,在实际执法过程中,行政机关依然会我行我素,可能是基于收入最大化的考虑,也可能是基于反避税的需要,还有可能是基于程序的便利。概而言之,与其说拟制性规范是税法建制原则的选择,毋宁说是基于行政的考量与决策。

五、拟制性规范的未来路径:从政策之治到法律之治

基于政治的考量和决策,以"政策之治"的策略,固然可以找到确立拟制性规范最为便捷的路径。但当我们将政策的作用发挥到了极致的时候,也就是政策走向反面的时候。因为主要依靠政策而非法律,政策出台越来越多,所占的比例也越来越大,法律得不到及时的细化、修改或出台,所占的比例就越来越少,法律就会变得越来越滞后,越来越空洞,也就会越来越虚置。而现代国家绝不能只强调政策而一味地弱化法律,使法律越来越空洞化,法律毕竟是"民主和科学"的象征,是权力控制和政策稳定的基础。③ 在税法中,拟制性规范的广泛运用已成为当代税法的突出特征之一。彻底摒弃拟制性规范的适用,时机和条件仍不成熟,制度土壤也远未生成。面对此种欲罢不能的情境,实现拟制性规范从"政策之治"到"法律之治",将其从政治选择的工具拉回至法定主义轨道、以法定原则对其进行规范,方为理想之道。

(一) 从"政策之治"到"法律之治"

如果从法规范的角度去考查,法律拟制所具有的实质扩张性特征,对实质正义的违反应成为限制并最终彻底摒弃其适用的当然理由。④ 但也必须看到,在大陆法系,拟制性规范仍然广泛存在着,并以多元化的方式展现在人

---

① 〔新西兰〕迈克尔·塔格特编:《行政法的范围》,金自宁译,中国人民大学出版社 2006 年版,第 261 页。
② 邢会强:《政策增长与法律空洞化——以经济法为例的观察》,载《法制与社会发展》2012 年第 3 期。
③ 参见同上。
④ 参见李凤梅:《法律拟制与法律类推:以刑法规范为视角》,载《法学杂志》2006 年第 1 期。

们面前。① 我国税法中的拟制性规范即是典型。借助文本梳理和规范考察，在我国税法规范领域96.12%的拟制性规范由财政部、国家税务总局单独或联合制定，84.47%的拟制性规范以通知、发函等规范性文件下发。拟制性规范的政策意蕴十分强烈，可谓是典型的"政策之治"。

其实，在历史演进的长河中，"就拟制自身的发展而言，古罗马法踩踏出两条路径：一条是'法律解释'的路径，另一条是'立法政策'的路径。在这两条路径中，隐含着后来两大法系拟制道路的分野：一条是大陆法'立法政策'的拟制道路，一条是英美法'司法解释'的拟制道路；或者说，一条是大陆法'整体协调性'的拟制道路，一条是英美法'个别适应性'的拟制道路"。② 可见，"政策之治"的拟制路径和惯性，并非中国特色，而是有着久远的法系传统和深厚的法系根基。别论是基于法律解释的正当理由，还是鉴于税收法治的中国现实，长久以来，中国的财税主管部门都更倾向于自己直接生产拟制性规范，给予其部颁税法规则外衣。对此现象，的确不应简单质疑或否定，作为"一种法治的理想图景，除了严格形式主义和规则主义的论证外，还可以有一种实质主义的和协调主义的论证模式"③。不过，部颁税法规则纵然有其正义的一面，但也不应高估这种建立在"政策之治"基础上的规则生成模式。

一般而言，"社会问题的解决通常意味着需要建立一个理性模型，但是政府不能以理性的方式制定政策。相反，政治体系不能代表理性主义力量，只能代表利益集团的利益、政治精英的偏好、制度的力量或者是渐进主义的变革"④。拟制性规范亦如此，一味依赖于"政策之治"，以财税主管部门的规范性文件代替全国人民代表大会及其常务委员会的立法，极有可能造成税务行政权的过度膨胀和税收立法权的过分削弱。长此以往，立法权将难以控制行政权，司法权在税收领域的缺位更是使得税务行政成为一匹脱缰的野马，极易危及纳税人的人身和财产安全。在"纳税人权利已经受到关注，且正受到越来越多的关注"⑤的当今社会，必须认真思量拟制性规范的生成和运用。防止政策替代和驱逐法律，政府不能单独决定财政政策，财政政策必须体现立法机构的民意，这是财政法治的要义。⑥ 也预示着拟制性规范从"政策之治"到"法律之治"的必由之路。

---

① 参见王立争：《民法推定性规范研究》，法律出版社2013年版，第98—99页。
② 卢鹏：《拟制问题研究》，上海人民出版社2009年版，第155页。
③ 滕祥志：《部颁税法规则正义：从形式到实质》，载《公法研究》2011年第2期。
④ 参见〔美〕托马斯·R.戴伊：《理解公共政策》（第十二版），谢明译，中国人民大学出版社2011年版，第298页。
⑤ 丁一：《纳税人权利研究》，中国社会科学出版社2013年版，第3页。
⑥ 参见邢会强：《财政政策与财政法》，载《法律科学》2011年第2期。

(二)"法律之治"的理想路径:拟制性规范的法定化

"税收法定的价值不仅仅是指程序上的法律制度,更重要的是独立于法律之外的诸如尊重税法权威、税法面前人人平等、规范和限制征税权力,以保障纳税人基本权利等正义和法治的价值判断和观念。"①可见,以"法律之治"的拟制性规范取代"政策之治"的拟制性规范,坚持税收法定原则便可以克服"政策之治"的诸多弊端,大大降低拟制性规范向"恶的方面"起作用的概率,因为"它秉承和发扬了自然法学派个人本位的价值观念和人权保障的理论,通过对税收权力的规范与限制从而保护纳税人的个人财产不受非法的剥夺"②。其实,纵观古今中外诸多法律规范表达形式,现代意义上的法律拟制已经具有了更为规范化的内容,它以法律的明文规定作为其合法形式,并要求原税收事实与所拟制的税收构成要件事实之间具有相同或相似性。法律拟制的特点在于:将原本不同的税收事实赋予了相同的法律效果,从而指示法律适用者,即使两种事实所涉的税法不完全相同(但必须具有相似性),也应依税法的相关规定作出同样的处理;法律拟制的内容必须以相关条文的严格规定为前提,即必须做到"法有明文规定",其实质在于其以立法的方式对不同的税收事实拟制了相同的法律效果,是一种立法层面的法律类推。③

拟制性规范动辄影响权利、义务的配置,为税收征纳双方乃至关联当事方所关注。坚持拟制性规范的法定化自不必多言。问题的关键在于,如何将税收法定原则贯彻至拟制性规范领域?怎样实现拟制性规范的法定化?问题的解答有利于形成社会共识,既关系纳税人财产权的维护,也关乎国家财政收入的筹措。进一步则影响着国家机关之间的权力配置,从而决定拟制性规范的生成模式,甚至未来命运。因为"现代国家是租税国家,征税权构成国家权力谱系中的核心构件"④。而拟制性规范无论是从"扩大税基,增加财政收入",还是从"防杜税收规避,堵塞税法漏洞",乃至是从"减轻举证责任,便宜税务行政"价值立场剖析,都与国家征税权休戚相关。如此看来,在拟制性规范领域落实税收法定原则意义十分重大,这也注定其非一朝一夕所能完成,需精心规划、妥善安排。相较于整个税法中的法定主义落实,拟制性规范治理的当务之急是要提升大量规范性文件中的拟制性规范品质,对其进行合法性审查,在其基础上力推拟制性规范的"法律主治"转型,逐步推进和实现

---

① 张晓君:《国家税权的合法性问题研究》,人民出版社 2010 年版,第 89 页。
② 王鸿貌:《税收法定原则之再研究》,载《法学评论》2004 年第 3 期。
③ 参见李凤梅:《法律拟制与法律类推:以刑法规范为视角》,载《法学杂志》2006 年第 1 期。
④ 王宗涛:《税法一般反避税条款的合宪性审查及改进》,载《中外法学》2018 年第 3 期。

拟制性规范的法定化。

其一,从规范制定形式上看,加强规范性文件制定的法律控制,规范财税主管部门对拟制性规范的税法解释为重中之重。在规范分布上,拟制性规范大量存在于通知、发函等规范性文件中(84.47%)。未来一段时间,此等现象估计仍将持续存在。因为税法直面层出不穷、日新月异的经济事实,每一种交易形式都必须有相应的课税规则以为应因,致使今日之税法早已成为一个高度复杂、极度专业的学科领域。当最高立法机关尚未构造足够的配套制度,远未储备合适的专业人才,难以积累充足的专业知识时,一刀切要求所有税制设计与调整都遵循税收法定原则,无异于痴人说梦。环境保护税法、船舶吨税法、烟叶税法、耕地占用税法,乃至资源税法、印花税法等征求意见稿和草案采取"税制平移"的做法虽说有稳定税制、平移税负的考虑,但也间接暴露了立法机关之于税收立法人才与知识储备等的不足。"落实税收法定行动"尚且如此,更何况散落在各个单行税法及税收征收管理法等领域的拟制性规范。所以,当下更为务实的做法是,严格控制拟制性规范文件的制定,规范拟制性规范的税法解释,防范越权解释、错误解释,并建立行之有效的文件制定和规范解释审查和纠错机制,为法定原则的最终落实提供高质量的拟制性规范文本。

其二,从规范的制定技术上看,应多采用列示主义的制定技术,尽量少用概括主义的表述方式。"太概括的观念与太遥远的目标,都同样的是超乎人们的能力之外的;每一个个人所喜欢的政府计划,不外是与他自己的个别利益有关的计划,他们很难认识到自己可以从良好的法律要求他们所作的不断牺牲之中得到怎样的好处。"[①]拟制性规范以两个事实的相同或相似为基础,以此拟制课税要件要素。问题由此而生,该事实的相同或相似性认定,采纳私法标准,还是税法标准。如采用私法标准,则税法不应轻易改变私法对两个"相似事实,不同处理"的私法评价,除非纳税人有规避税收等情由;如采取税法评价,则又可能过度干预私法上的行为与事实界分,影响私人行为的选择,从而根本上危及契约自由的行使。此等问题不只是单一的税法问题,稍有不慎,极有可能埋下逃、避税的种子,直接减损税收遵从度。但如果在制定拟制性规范时,多加考虑此等因素,将所拟制的事项、采纳的标准、比照的程序等加以列示或类型化,既可清晰界定拟制性规范的适用范围、适用标准、适用程序等,又可防止税务机关滥用或随意扩张解释,还可实现税法与民商法相协调,以维护法秩序的整体统一。当然,采用绝对的列示主义也不现实,毕

---

① 〔法〕卢梭:《社会契约论》,何兆武译,商务印书馆1980年版,第57页。

竟法律语言在对各种事实进行抽象过程中又只能是类型化地舍弃一些细节，加上法条用语会随着语境和时空而产生流变性，这都会导致法律规范必然会呈现出一定的概括性。① 但这不妨碍文件制定时的"列示主义"追求，犹如正义之追求，绝对的正义永远无法实现，但只要持之以恒地追求，正义离我们便不再遥远。

其三，从规范的制定数量上看，控制拟制性规范的运用，逐步减少拟制性规范的使用频率值得倡导。从制定主体和制定技术上规范文件的制定，诚然可以提高拟制性规范的科学性，但拟制性规范本身对个案正义的牺牲绝非技术提升所能弥补，其与拟制性规范与生俱来。尤其在我国现有的拟制性规范中，对纳税人有利的拟制性规范偏少（仅占 27.18%），且范围狭窄、规范位阶过低。另一方面，拟制性规范不仅瞄准税收客体，更是瞄准税基，甚至税额的计算等，遍及税收构成的各个事实要素，并未限定在特定事项范围内。绝大多数拟制性规范以对纳税人设定负担为目标，动辄构成对纳税人的不利益。要想短期内改变此种格局，绝非易事，可谓"冰冻三尺；非一日之寒"。而且，拟制性规范的"加税"价值，与当下的时代背景并不吻合，在城市化快速推进的当下，民怨不只是表现为收入差距的扩大，更表现为财产差距而致的贫富差距的急剧扩大。② 贫富差距困局亟须破解，而"要实现社会财富的公平分享，那么就需要将税法的调节功能深入至社会财富分配的初始环节，以经济权力（利）的倾斜性配置来反哺初始权利配置不公平导致的初次分配中收入差距过大的现实，唯有此，方能够获得民富国强的理想图景"③。拟制性规范的设置必须迎合这一时代镜像，将其缩小在尽可能的范围内。也许可以这样说，拟制性规范较少的税法便是最好的"良税法"。当然，将拟制性规范的范围控制在何种程度，首先要整合各方利益，"利益主体的利益要求只有经过有效的整合，形成具有共识性的利益诉求才能进入立法过程，影响决策"④。同

---

① 参见付立庆：《论刑法用语的明确性与概括性——从刑事立法技术的角度切入》，载《法律科学》2013 年第 2 期。
② 以城乡差距为例，改革开放以来，城乡差距主要并不表现为基本稳定的收入差距，而是表现为在原先基础上迅速拉大的财产差距。具体而言，我国城乡居民从改革开放前收入差距不小（统计局数字 1978 年 2.57 倍）、财产差距不大（城市居民廉价租房蜗居，农村居民拥有简陋住房和宅基地、自留地），到今天收入差距大体依旧（统计局数字是从 2003 年以来在 3.2—3.33 之间徘徊，比改革开放前稍有扩大，数字是 2010 年 2.4 倍，略有缩小）。但以房屋为代表的财产差距从无到有，急剧扩大至 5—10 倍以上，形成隔绝城乡居民的巨大鸿沟，铸就了全国贫富差距急剧扩大的基本格局。参见华生：《垄断是贫富差距扩大的首要原因——中国收入分配问题研究报告之四》，引自 http://blog.sina.com.cn/s/blog_48e91e520100pdmc.html，最后访问日期：2019 年 3 月 10 日。
③ 张怡等：《衡平税法研究》，中国人民大学出版社 2012 年版，第 32 页。
④ 杨炼：《立法过程中的利益衡量研究》，法律出版社 2010 年版，第 77 页。

时,还得斟酌具体情事与立法政策。

　　总体而言,现代民主社会里,就税收环节而论,纳税人所享有的权利恐怕远远不能与1000年前英格兰纳税人(尤其是男爵)所享有的与英王直接协商税负的权利相提并论。当代社会里,经历了长期的自由斗争,某些民主法治程度较高的国家的政府似乎对社会成员的福利给予了较为充分的关注,缴纳税金也便成为纳税人享受安宁便利的"成本"了。① 在福利与成本对价的背后,蕴含着古老而又现代的法定主义。对于长期缺乏税收法治意识孕育的古老中国,在税法上的拟制性规范领域确立法定主义也必须秉持本土语境、走中国特色。当拟制性规范文件的品质通过形式和技术的严格把控得到整体提升,牺牲个案正义的拟制性规范文件数量得到总体控制,实质意义上的拟制性规范的"法律之治"便可实现。果真如此的话,落实税收法定原则、赋予拟制性规范的法定主义效力便可水到渠成。即便如此,从理想主义出发,仍应健全定义性条文的订立,以替代拟制性规范的大量运用。定义性条文在立法上固然不易,但不能因为困难而回避或欠缺周全。税法是一门实践的法律,既要为税务机关每日拿捏,更要为纳税人所掌握。倘若对定义性条文略而不订,或缺乏应有的周全,则往往导致征纳双方陷入不明,随后引发无穷的非纷争。虽可以拟制性规定弥补,但不是治本的上策②,立法完善仍应着力定义性条文的制定和规范③。

---

① 参见李建人:《英国税收法律主义的历史源流》,法律出版社2012年版,第270页。
② 参见杨小强:《税法总论》,湖南人民出版社2002年版,第267—268页。
③ 在我国,以《企业所得税暂行条例》中的"税金扣除项目"为例,《暂行条例》第6条第1款规定:"计算应纳税所得额时准予扣除的项目,是指与纳税人取得收入有关的成本、费用和损失。"《企业所得税暂行条例实施细则》第8条又规定:"条例第六条所称与纳税人取得收入有关的成本、费用和损失,包括……税金,即纳税人按规定缴纳的消费税、营业税、城乡维护建设税、资源税、土地增值税。教育费附加,可视同税金……"此种拟制性规范大可通过定义性条文予以完善,即直接在暂行条例第六条中列出税金一项。此种立法技术已被新法所采纳,《企业所得税法》第8条规定:"企业实际发生的与取得收入有关的、合理的支出,包括成本、费用、税金、损失和其他支出,准予在计算应纳税所得额时扣除。"未来立法对拟制性规范的定位和完善值得借鉴。

第五章 税制要素的建制原则衡量
——以体育产业税收优惠为分析起点

一、问 题 意 向

通常看来,社会制度是通过构成社会生活的大量互动来影响利益分配的。虽然人们确实需要这样的制度来从这些互动中获益,但是,这些有益制度的形式,在某个社会中却是随着时间而变化,并且在任何特定时间里随着团体和社会的不同而变化的。能够区分这些不同制度形式的是它们的分配结果。分配结果的重要性,表明了以下的社会制度概念:制度不是为了限制群体或者社会以努力避免次优结果创设的,而是社会结果所固有的实际分配冲突的副产品。根据这个概念,那些发展制度规则的人们的主要目标,乃是获得针对其他行为人的策略优势,所以,那些规则的实质内容应该普遍地反映分配的情况。[①] 这一社会制度的分配概念极好地诠释了税法的多元功能与特性。一般认为,税法不只是敛财法,更是分配法,还是调节法。聚集财政收入向来是税法的核心追求,公平分配收入同样是税法的重要价值。相较于税法的聚财与分配性能,税法的调节功能相较特殊。从调节角度看,税法对经济、社会、文化等具有独特的支持和导引作用,为此,广受国家和政府重视。改革开放,尤其是进入 21 世纪以来,国家和政府越来越注重运用税法的调节工具,推动体育产业的发展。

在诸多税收政策工具中,最受决策者青睐的无疑是税收优惠。为了加快体育产业发展,决策者首先想到的便是税收优惠,因为不管是从传统经济增长理论的角度,还是从新增长理论的角度,税收优惠都被视为推动经济增长的一种可供选择的制度安排[②],其"以政策的差别来'人为'地改善受惠者的条件,增强它的竞争能力,从而起到鼓励扶持的作用"[③]。特别是国家对鼓励的产业、行业实施税收优惠政策,实际可以起到降低政府征税的干预性扭曲,

---

[①] 参见〔美〕杰克·奈特:《制度与社会冲突》,周伟林译,上海人民出版社 2017 年版,第 41 页。
[②] 参见阙善栋、刘海峰:《税收优惠制度安排的理论依据探讨》,载《当代财经》2007 年第 6 期。
[③] 郭宏:《我国税收优惠政策调整的原则和取向》,载《税务研究》2005 年第 11 期。

恢复经济效率等多重功效。① 纵然如此,税收优惠政策工具仍时常遭受质疑。特别是新时代背景下中国税收优惠不仅规模不可度量、预算难以监控,而且目标多元、政策逻辑匮乏,同时还出现政策繁杂与效果模糊等制度缺陷。从世界范围来看,各国税收优惠政策都呈现"少而精"的鲜明特点和趋势。长期来看,趋同将是世界各国税制发展的必然选择,中国税收优惠政策也不例外。究其根本,税收优惠的本质是对基准税制的背离。各国慎重选择这种偏离本体税制机理的政策工具型态,自不难理解。②

正是这种特别的鼓励与扶持和对基准税制的背离,导致国家和政府多数时候不得不放弃课征有税负能力的人应该交纳的税收③,或以减少国家财政收入的方法,增加一部分人的利益。不管属于哪一种做法,都会使得税收优惠具有隐藏的或间接的"补贴"意义。对于此种补贴,不但没有适当的预算上的监督,而且政府、议会与民间皆不易明察其资金或效力的流向。④ 况且,还会滋生税法上的不公平待遇。"尽管在确定税收的公平原则方面存在一些困难,但公平原则的重要性不容忽视。税收公平是一个得到普遍认可的目标。所以,一个社会在选择其税收制度的时候,必须考虑到公平。"⑤因此,将税收优惠作为加快体育产业发展、促进体育消费的政策工具时,还是应该审慎为之。既要看到税收优惠助力体育产业发展的积极一面,也要看到其背离量能课税、诱发社会不公、致使国家财政能力恶化等消极一面。⑥

以此观测体育产业与税收优惠之间的法治逻辑时,以下问题值得关切:其一,给予体育产业以税收优惠是否有必要,如何认识税收优惠之于体育产业发展的价值;其二,我国体育产业领域的税收优惠运行效果如何,与税法理念是否吻合;其三,为了促进体育产业发展,未来需要在哪些方面予以改进。

---

① 理论上的最优税制,对于经济是中性的,但现实中的税收,显然不是中性的。比如说,增值税就是累退性质的,越是低收入,负税的比例越大。而且增值税对于高新技术企业以及高人力、智力投入的企业税负则是累进的,因为人力成本不可抵扣,这和产业政策所期望的方向截然相反。所以,在这种情况下,对鼓励的产业、行业实施税收优惠,实际在降低政府征税的干预性扭曲,恢复经济效率。参见黄智文:《产业政策之争的税收视角——兼论芯片企业税收优惠政策着力点》,载《税务研究》2019年第1期。
② 参见余红艳、袁以平:《中国税收优惠政策转型:从"相机抉择"到"稳定机制"》,载《税务研究》2018年第10期。
③ 参见〔日〕北野弘久:《税法学原论》,陈刚、杨建广等译,中国检察出版社2001年版,第109页。
④ 参见黄茂荣《税法总论》(第一册),台湾植根法学丛书编辑室编辑2002年版,第287—288页。
⑤ 〔美〕林德尔·G.霍尔库姆:《公共经济学:政府在国家经济中的作用》,顾建光译,中国人民大学出版社2012年版,第230页。
⑥ 与之契合,学者研究发现,政府财政支持体育产业发展政策承诺不断拓展,财政支持力度不断加大,政策效应及体育财政支出效率初步显现。但在政策效应分类项目上存在一定的差异,未来财政支持需要重点选择。参见冯国有、贾尚晖:《中国财政政策支持体育产业发展的承诺、行动、效应》,载《体育科学》2018年第9期。

在改进体育产业税收优惠的过程中,需要调动何种力量,秉持哪些理念与原则,以寻求税收公平与效率之间的妥当平衡。这些问题事关体育产业的发展,理当重视。不过,税收优惠终归只是财税政策工具系统中的一种。除此之外,财政投资、政府购买、项目补助、贷款贴息、项目奖励、公共体育设施免费或低收费开放、彩票公益金等政策工具都可以,而且已经为体育产业发展所采用,业已成为体育产业财税政策工具箱中的重要备选工具。

需要进一步考虑的是,在促进体育产业发展方面,各类财税政策工具存有哪些优势和局限?哪些因素会影响决策者对财税政策工具的选择与配置?决策者究竟该如何选择和运用这些财税政策工具?如何构建以体育产业发展为内核的财税政策工具体系?为了加快发展体育产业,现有财税政策应当作何改进?此类问题与体育产业税收优惠政策高度关联,但又不只是体育产业税收优惠政策的简单复述。此类问题的解答有利于形成社会共识,关乎《关于加快发展体育产业促进体育消费的若干意见》(国发〔2014〕46 号)的落实和功效,更关乎体育产业的持续、健康发展。毕竟,任何一种政策工具的核心都在于"将政策意图转变为管理行为,将政策理想转变为政策现实"[1]。而"政策工具的正确选择和科学设计本身就是顺利实现政策目标的基本保证"[2]。要想真正解决好上述问题,回应政策与法律疑难,则不仅需要整体检思体育产业税收优惠政策,而且需要系统考察体育产业财税政策工具实施情况。只有这样,才能发现问题,找到规律与方法,设计出行之有效的对策与建议。

基于此,本章以税法建制原则为分析工具,以体育产业税收优惠立体检思为起点,聚焦体育产业发展中的财税政策工具选择与配置研究,旨在构建一个具有一定普适性的财税政策工具选择理论框架,以指导体育产业发展实践,提高财税支持体育产业发展的速度和质量,进而助力体育产业又快又好发展。主体部分的逻辑架构如下:其一,以税法建制原则为工具,检思体育产业税收优惠,揭示体育产业税收优惠的一体两面,借助体育产业优惠现行制度,勾画体育产业税收优惠的未来进路;其二,超越税收优惠,考察体育产业财税政策工具选择的文本实践,找出规律,发现问题;其三,总结体育产业财税政策工具选择与应用的基本规律,寻求体育产业发展的财税政策与法治动力。本章的研讨既有助于加深体育产业税收优惠政策与法理的研究,丰富产业税收优惠政策与法律的研究思路与方法;又有助于寻求我国体育产业财税

---

[1] 陈振明、薛澜:《中国公共管理理论研究的重点领域和主题》,载《中国社会科学》2007 年第 3 期。
[2] 顾建光:《公共政策工具研究的意义、基础与层面》,载《公共管理学报》2006 年第 4 期。

政策工具选择配置的未来方向，驰援快速发展的体育产业；更为重要的是，本章的研究还可以丰富和拓展税法建制原则的适用类型，展示税法建制原则之于单一税制要素的分析工具与方法论性能。

二、体育产业税收优惠检思：以税法建制原则为分析工具

"正义的法律和理性的公共运用始终是交融在一起的，只有在正义法律的框架下公共地运用理性，方能证成具体的正义方案。也就是说，法律是抽象的甚至是模糊的，并有可能存在冲突和漏洞，徒有法律不能自动地生产正义，只有在法律的框架下公共地运用理性，才能对法律作出符合正义的明晰化的解释，才能以恰当的方式来调和法律间的冲突，填补法律的漏洞。"①之于体育产业税收优惠而言，不仅有必要审视政策与规范的正义属性，而且有必要敦促公共理性的生成与运用。可以担负此等重任的当属由税收法定原则、量能课税原则和稽征经济原则（比例原则）组成的立体化的税法建制原则。以此为分析工具，大体可以总括出体育产业税收优惠的现况，也可以谋划出体育产业税收优惠的未来走向。

（一）体育产业税收优惠的一体两面

不可否认，当对从事体育产业的特定纳税人给予税收优惠待遇时，已然偏离了量能课税这一税法结构性原则，因为量能课税原则旨在解决税收公平问题。对相同负担能力者课征相同税收，对不同负担能力者则应予合理的差别待遇，兼顾水平公平与垂直公平，是为量能课税原则的核心基准。② 而税收优惠总体上是以减轻税负承担力为内容，以将纳税人的经济活动朝一定方向进行导向为目的的特别措施。其"实质是通过税收体系进行的一种间接的财政支出，与纳入国家预算的财政直接支出在本质上没有区别，两种支出方式的最终结果，都是减少了政府可供支配的财政收入"③。"当在税法中插入条款以特定的纳税人、组织或行为进行免税，或相对于其他人（组织或行为）降低其税负，就会导致可衡量的收入损失（收入的损失取决于税率、免税前行为的数量以及改行为对税收减免刺激因素的反应度）。此放弃的收入差不多等同于对免税商品或服务的直接支出，因此被称为税式支出。"④在一定程度

---

① 刘斌：《寻找正义宪法》，上海人民出版社 2019 年版，第 211 页。
② 参见黄俊杰：《纳税者权利保护》，台湾元照出版有限公司 2008 年版，第 6 页。
③ 吴坚真：《税收优惠政策机理分析》，载《涉外税务》2006 年第 7 期。
④ 〔美〕荷雷·H. 阿尔布里奇：《财政学——理论与实践》，马海涛、顾明、李贞译，经济科学出版社 2005 年版，第 194 页。

上讲,税式支出和税收优惠是一枚硬币的两个方面,税式支出是从政府的角度来看待税收优惠,税收优惠则是从纳税人的角度来看税式支出。从对基准税制的背离和税收收入减少的角度来看,二者是可以等同使用的。① 也为此常有将两者混用的情况。比如,美国 1974 年《国会预算和扣押管理办法》便将"税式支出"定义为:"由于联邦税法中的规定所导致的财政收入损失;这些规定允许在毛所得中进行特别排除、扣除或者税收豁免,或者这些规定可以为税收义务提供特别的税收抵免、优惠税率以及延期纳税等规定。"②不管是从孤立的、分散的、个别的角度去认识税式支出,还是从总量控制、结构调整和效益分析等方面认识税收优惠③,站在税负承担力这一点上看,给予体育产业特定者以特别税收利益,同税收公平主义相抵触是毋庸置疑的④。

"一直以来,对于财政的研究贡献主要是由经济学家作出的,经济学家从对市场主体的经济自由出发,主要从效率的角度对市场与国家的边界进行了探讨,以市场失灵作为国家财政干预以及干预范围正当与否的判断标准。无疑地,经济学理论为财政支出在市场经济国家的角色作了基本定位,为国家财政支出的基本框架从经济利益和财富的角度作了设计。"⑤但在现代国家,财政首先或从根本上说是一种法律的制度,然后它才是一种经济制度,有什么样的法律制度,就有什么样的财政制度。⑥ 作为财政制度的一种,税收优惠自然也适用这一论断。由此也就意味着,即使是税收优惠有不同于法学的经济学视角和内涵,但对税收优惠的关注首先还是应该回归至法学立场,因为从经济学原理出发,税收优惠在实施的时候,根据它的内容可能执行得相当公平,但它本身却包含着最深邃的"不公平"⑦。换言之,作为一种法律和制度,税收优惠可能在被平等地实施着的同时还包含着非正义。⑧ 而税收正义贵为宪法的基本原则,也是税法的核心价值所在。⑨

从税法建制原则角度考察,税法的确应该统一适用,没有充分的正当性理由,就不应该赋予特定纳税人以税收优惠待遇。当然,只要理由足够正当,

---

① 参见李旭鸿:《税式支出制度的法律分析》,法律出版社 2012 年版,第 26 页。
② 〔美〕约翰·L. 米克赛尔:《公共财政管理:分析与应用》,白彦锋、马蔡琛译,中国人民大学出版社 2005 年版,第 535 页。
③ 参见李旭鸿:《税式支出制度的法律分析》,法律出版社 2012 年版,第 4 页。
④ 参见〔日〕金子宏:《日本税法》,战宪斌、郑林根等译,法律出版社 2004 年版,第 68—69 页。
⑤ 郭维真:《中国财政支出制度的法学解析:以合宪性为视角》,法律出版社 2012 年版,第 24 页。
⑥ 参见李炜光:《公共财政的宪政思维》,载《战略与管理》2002 年第 3 期。
⑦ 参见〔英〕丹尼斯·罗伊德:《法律的理念》,张茂柏译,新星出版社 2005 年版,第 105 页。
⑧ 参见〔美〕约翰·罗尔斯:《正义论》,何怀宏、何包钢、廖申白译,中国社会科学出版社 1988 年版,第 58—59 页。
⑨ 参见黄俊杰:《税捐正义》,北京大学出版社 2004 年版,第 2 页。

税收优惠也有其存在的必要。也即只有在给予某一群纳税人特别的税收优惠,而欠缺正当的理由(并非基于公共利益)时,才有税收特权存在,而违背公平原则。如果是基于教育文化政策、国民经济政策、社会政策等公共利益的理由时,则不应视为对税收正义的背离。① 由此可见,体育产业税收优惠是否具有存在的价值,关键在于判定其是否具有公共利益属性。只是"在实践过程中,'公共利益'却是一个极难界定的概念"②。因为公共利益既是一个不确定的法律概念,又是一个包含价值选择的概念,还是一个历史性概念。③ 从汉语的构词方式看,"公共"是用来修饰"利益"的。"公共"主要是指利益的"受益对象",而"利益"才是真正的内容。难点在于,不仅"公共"的概念具有不确定性,而且"利益"的内涵与外延也时常不甚清晰。④ 但无论如何解析"公共"与"利益"语词,都不可否认"公共利益必须以个体利益为基础,并最终落实在个体利益之上,二者是从具体到抽象,从特殊到一般的过程"⑤。以此观测体育产业与公共利益属性之间的逻辑连接,结论不难得出。

  表面上看,伴随着改革开放的推行和深入,体育产业也开始作为一种经济业态得到快速发展⑥,"体育的经济功能在不断强化,体育的产业地位也得以确立"⑦。体育彩票发行、体育用品的营销、体育服务业的崛起等都是极好的例证。纵然如此,仍难以将体育产业与公共利益完全剥离,体育产业具有公共性这一命题大体是可以成立的。因为从体育产业的本质属性来看,体育产业的诞生和发展,不仅仅是催生了一种新兴的产业,更重要的是这一新兴产业为体育运动发展注入了新的动力,推动了人类体育的进步。比如,体育赛事的普及,可以让更多个体有机会观赏比赛,培养运动兴趣。而体育用品的开发和大众销售,使得个体自然人的休闲健身有更好的装备,伤害风险也大为降低。凡此种种,都已经超越了单纯的商业属性,与体育法的立法目的基本吻合。⑧

---

① 参见陈清秀:《税法总论》,台湾元照出版有限公司2014年版,第323—324页。
② 张千帆:《"公共利益"的困境与出路——美国公用征收条款的宪法解释及其对中国的启示》,载《中国法学》2005年第5期。
③ 参见胡鸿高:《论公共利益的法律界定——从要素解释的路径》,载《中国法学》2008年第4期。
④ 参见胡锦光、王锴:《论我国宪法中"公共利益"的界定》,载《中国法学》2005年第1期。
⑤ 王敬波:《政府信息公开中的公共利益衡量》,载《中国社会科学》2014年第9期。
⑥ 参见张林、黄海燕、王岩:《改革开放30年我国体育产业发展回顾》,载《上海体育学院学报》2008年第4期。
⑦ 杨桦:《体育改革:成就、问题与突破》,载《体育科学》2019年第1期。
⑧ 我国《体育法》第1条规定:"为了发展体育事业,增强人民体质,提高体育运动水平,促进社会主义物质文明和精神文明建设,根据宪法,制定本法。"第2条规定:"国家发展体育事业,开展群众性的体育活动,提高全民族身体素质。体育工作坚持以开展全民健身活动为基础,实行普及与提高相结合,促进各类体育协调发展。"

况且,当下中国的体育产业发展尚难以完全依靠市场,仍然需要更多的扶持和助导,甚至保护。体现最为明显的是,大型体育赛事后的场(馆)利用问题。特别是北京奥运会和广州亚运会后续披露出的体育场(馆)运营困难,引起社会各界和中央的高度关注。[1] 如果出台针对体育场(馆)的税收优惠,使其更多担负起公共体育职能,为全民健身提供更多的场(馆)和设施,不失为明智之举。在此程度上说,发展体育产业是一种"公共需要",具备一定的"公共性"[2],穿透其中的便是公共利益思维,谋取的是绝大多数人的福祉。是以,赋予体育产业以公共利益属性并无理论和实践障碍,反倒有现实需求。以公共利益属性导引体育产业发展,可以解决体育产业面临的诸多困境,更可以为体育产业税收优惠奠定正当性基础。

与此关联,体育产品具有的公共产品性质,也从另一个维度提供了体育产业税收优惠的正当性理由。自 1954 年,萨缪尔森在《公共支出纯理论》一文中阐释公共产品概念[3]以来,西方的经济学者都是从产品属性角度来尝试着厘清公共产品概念的。在公共产品的定义属性的筛选上,萨缪尔森和马斯格雷夫强调了公共产品的不可分割性和非排他性;鲍德威和威迪逊只选取了消费的共同性,奥斯特罗姆夫妇和萨瓦斯论及了消费的非排他性和共同性两个属性;奥尔森、史卓顿和奥查德选择了消费的非排他性;金格马凸显了消费的非竞争性。[4] 其中,公共产品研究陷入过"边界迷局"[5],更有人对公共产品概念及其现实意义存有质疑[6]。究其源还在于萨缪尔森以来的公共产品研究更多着笔于对公共产品特征的技术性阐释,忽略了对"满足社会共同需要"这一本质属性的深度解剖。[7] 结合公共产品的技术特征和本质属性,大体可以提炼出三大标准以界分公共产品与私人产品,即效用的不可分割性、消费

---

[1] 2010 年以来,国务院领导多次就体育场(馆)运营问题做出重要批示。如,时任局长刘鹏同志曾在 2011 年全国体育局长会议上的讲话中,将体育场(馆)的运营管理难问题作为制约体育事业发展的首要问题。2011 年年底,国务院就体育场(馆)运营问题进行批示,要求国家体育总局、国家发改委、财政部、国家税务总局等部委联合就体育场(馆)运营的政策问题进行研究,出台扶持体育场(馆)发展的有利政策。2012 年全国两会期间,时任总理温家宝同志在政府工作报告中提出:"继续控制楼堂馆所建设规模,压缩大型运动会场(馆)建设投入。"

[2] 参见陈洪平:《体育产业财税支持政策的财政法思考》,载《武汉体育学院学报》2013 年第 3 期。

[3] Paul A. Samuelson,"The Pure Theory of Public Expenditure", *The Review of Economics and Statistics*, Vol. 36(4), pp. 387-389(1954).

[4] 参见周义程、闫娟:《什么是公共产品:一个文献评述》,载《学海》2008 年第 1 期。

[5] 参见杜万松:《公共产品:边界迷局及其破解》,载《福建行政学院学报》2010 年第 3 期。

[6] 参见龙新民、尹利军:《公共产品概念研究述评》,载《湘潭大学学报(哲学社会科学版)》2007 年第 2 期。

[7] 参见秦颖:《论公共产品的本质——兼论公共产品理论的局限性》,载《经济学家》2006 年第 3 期。

的非竞争性和受益的排他性。

　　据此检视体育产品的公共属性,基本可以得出"体育产品不但具有一般产品的经济属性,还具有公共产品性质"之类的结论。虽然有些体育产品的公共属性程度可能偏低,但是因其在消费过程中往往伴随着政治职能、文化职能和道德职能等的多元实现,也会使得体育产品有别于纯粹的商业产品,具备一定的公共产品属性。比如,健身娱乐产品,除开体育属性以外还兼有文化功能,消费者在健身娱乐过程中不仅可以锻炼健康的体格,也可以满足精神文化需求,甚至还可以塑造良好的社会意识、优良的道德素质和健全的人格品质。① 如此说来,给予体育产业以税收优惠具有正当理由,并不必然导致对公平理念的违反,也不见得一定会偏离税收正义的航道。进一步分析,避开体育产业的正当事由,鉴于纳税人的情况千差万别,如果机械地统一适用税法,也可能会出现实质上的不公平,反而有悖于税收公平。或因这两重考虑,各国都在不同发展阶段,根据其所处的政治经济环境和自身情况,不同程度地运用税收优惠手段来实现其政策目标。② 比如,一直以来,国家为了确保体育彩票销售工作的顺利进行,对体育彩票的发行收入既不征收增值税,也未课征营业税(已被增值税所取代)。③ 又如,基于大型国际体育赛事对社会和经济发展,尤其是对综合国力、国际影响力等的巨大促进作用,政府屡屡针对在我国境内举办的国际性体育赛事制定税收优惠政策,保障国际体育赛事的成功举办和体育运动的持续、稳健发展。

　　统而言之,体育产业税收优惠的确有违背公平正义的一面,但作为一种重要的调控手段,其价值不可低估。作为调控工具出现的税收优惠,往往伴随着某种或某类税收政策导向,以引导纳税人朝向国家鼓励和希望的产业、领域或方向等行事,这不仅有利于增强纳税人的税收法治意识,而且有助于财税法秩序原则的落实、实现财税法的维护手段的妥当性④。反映在体育产业上,作为管制诱导工具的税收优惠,以其蕴含的社会目的和经济目的⑤价

---

① 根据高旭的研究,体育用品具有较强的效用分割性,很强的消费竞争性和较强的受益排他性;健身娱乐具有较强的效用分割性,很强的消费竞争性和较强的受益排他性;体育赛事具有较弱的效用分割性,一定范围较弱的排他性和竞争性;体育设施具有较强的效用分割性,较强的消费竞争性和较强的受益排他性;全民健身具有很弱的效用分割性,较弱的消费竞争性和收益的排他性;体育教育具有很弱的效用分割性,很弱的消费竞争性和受益的排他性。参见高旭:《论体育产业的公共品和正外部性性质以及财税对策》,载《现代商业》2012年第20期。
② 参见施正文:《税收债法论》,中国政法大学出版社2008年版,第100页。
③ 参见《关于体育彩票发行收入税收问题的通知》(财税字〔1996〕77号)。
④ 参见黄茂荣:《法学方法与现代税法》,北京大学出版社2011年版,第74页。
⑤ 参见刘继虎:《税收优惠条款的解释原则——以我国〈企业所得税法〉相关条款的解释为例》,载《政法论坛》2008年第5期。

值,可以为体育产业发展提供支持。体育产业税收优惠的内在价值,最终以其功能表达出来。彰显社会目的的税收优惠,一方面,通过给予体育产业以优惠待遇,促进公益性事业的发展。比如,对于由国家财政部门拨付经费的体育事业单位自用的土地、房产免于相应的城镇土地使用税和房产税①,便为体育事业单位开展体育公益性事业提供了最基本的场所与设施。另一方面,为实现体育社会正义,该类税收优惠又将需要扶助的特定群体纳入优惠范畴,作为税收优惠的对象。例如,我国《个人所得税法》第4条第1款对个人获得的符合条件的体育奖金给予免征个人所得税的优惠待遇②,便较好地体现了国家对纳税人投身体育产业,促进体育事业和体育运动发展的鼓励和扶持。与社会目的不同,以经济目的为追求的税收优惠,建立在政府与市场的"双向运动"理念之上,企图以此为指导促进国民经济的发展。

依然以上述体育赛事的税收优惠为例,大型体育赛事耗时费力,需要投入巨大的人力、物力和精力等,而且投入与产出难言成正比,如果将所有与赛事相关的项目完全交由市场调节,失灵难以避免。面对这类公共物品和公益领域,需要政府的果断介入,以弥补市场有限性所致的失灵。税收优惠便是政府应对市场失灵的一种有效调控工具,赋予大型体育赛事以税收优惠待遇,似乎是国家完全放弃了税收利益。然实际上,体育赛事税收优惠政策的颁布与实施,都会或直接或间接地刺激和引导社会投资,力推当地相关产业的发展,也会催生一些新的税源,弥补一些国家财政收入的损失。譬如,围绕2008年北京奥运会,一系列针对奥运会的免税政策得以出台和实施,但也并未完全阻却北京市财政收入的增长,与2005年至2007年的北京市财政收入平均增长率相比,2008年北京市财政收入增长率仅降低3.1%(如"表5-1"所示),税收优惠减损国家财政收入的幅度并不如纸面上的免税那么严重。比外,也值得注意的是,体育产业税收优惠的两种功能和价值追求并非"楚河汉界",也不见得任何场域都可以截然分开,相互交织也是常有之事。尽管如此,面对一个具体的体育产业税收优惠,仍应该有其倾向性价值和主导功能,否则,就有必要认真审视该项税收优惠的妥当性了。

---

① 参见我国《城镇土地使用税暂行条例》第6条、《房产税暂行条例》第5条、《关于房产税若干具体问题的解释和暂行规定》(财税地字〔1986〕第008号)。
② 我国《个人所得税法》第4条规定:"下列各项个人所得,免征个人所得税:(一)省级人民政府、国务院部委和中国人民解放军军以上单位,以及外国组织、国际组织颁发的科学、教育、技术、文化、卫生、体育、环境保护等方面的奖金;……"

表 5-1　北京奥运会对北京市财政收入的影响①

项目 年份	地方财政收入	增长率	2005—2007年 平均增长率	2008年与平均 增产率的差额
2005	919.2 亿元	23.5%	26.2%	3.1%
2006	1117.2 亿元	21.5%		
2007	1492.6 亿元	33.6%		
2008	1837.3 亿元	23.1%		

(二) 体育产业优惠的现行制度叙说

按照不同位阶法律制度在法律体系中的功能,合理的法律制度体系应该呈现出金字塔式的结构,位阶越高的法律制度数量越少,从上至下按比例逐渐增加。然而,在我国税收优惠法律体系中,除了法律、行政法规之外,税法法源中的"地方性法规"和"规章"几乎出现断层。② 取而代之的是数以千计的规范性文件层面的税收优惠。此种实况虽距离税收法定原则的要求甚远,但通过规范性文件落实税收优惠的做法,又具有便捷、高效的独特优势,其通过对严苛与烦琐的立法程序的规避,使得政策文件起草的难度和文件出台的阻力悄然降低,迎合了日益变迁的交易事实。客观上说,在税收优惠这一专业性极强、变动极其频繁的知识领域,受制于税收立法能力和立法技术等原因,位阶越高的税收优惠规范反倒越难实施。结果是,财税主管部门不得不发布大量的税收规范性文件,对上位的税收优惠规定进行解释,或者干脆自己创制规则,进行补充性立法。

比如,我国《企业所得税法》第 26 条规定了"符合条件的非营利组织的收入"为免税收入,但此处的"条件"究竟意指何为并不清晰。为此,国务院不得不发布配套行政法规,对其进行执行性解释。问题是,我国《企业所得税法实施条例》第 85 条美其名曰是对《企业所得税法》第 26 条的解释。而事实上,问题不仅没有被实质性解决,反而徒增了更大的实施困惑。因为该条不仅没有解释清楚上述言及的"条件",反而新增但书。即"但国务院财政、税务主管

---

① 原始数据来源:中国财政年鉴、中国税务年鉴、财政部、国家税务总局、北京市国家税务局、北京市地方税务局官网。
② 参见王霞:《税收优惠法律制度研究——以法律的规范性及正当性为视角》,法律出版社2012年版,第 29 页。

部门另有规定的除外"①。所以,最终解决该项税收优惠操作困惑的重任,毫无悬念地降落在财政部和国家税务总局身上。② 此种税收优惠的落地方案虽然背离了税收法定原则的基本要求,但却供给了可供操作的认定标准。也为此,此种落地方案屡见不鲜。

可见,从税收优惠的实施效果上看,以规范性文件出现的税收优惠往往效率更高,也为税收征纳双方所接受。因为在税收征纳实践中,不管是具体的执法机关,还是守法的纳税人,他们首先在乎的是"答案",一个可以据此做出决定的预期"答案",且"答案"越清晰,越明确便越利于规划经济行为,估算经济事实可能的效益,也即有"法"可依。尔后,才会去考虑这个"答案"的形式合法性与实质合理性。指出这一点,并非否认税收法定原则之于税收优惠的规制价值,只是阐述另一种制度现实。按照这种实践逻辑,体育产业税收优惠应该存有大量的规范性文件。因为高位阶的体育产业优惠规范不可能自动落地,必须仰仗于配套的规范性文件。然事实并非如此,截至 2019 年 3 月 15 日,通过国家税务总局税收法规库检索③,涉及"体育"的税收优惠文件仅 9 项,涉及"运动"的税收优惠文件也仅 9 项。而同时期,涉及"文化"的税收优惠文件有 54 项,涉及"教育"的税收优惠文件也同样达到了 55 项。尽管税收优惠文件数量不是关键,但是其至少提供了一种极具价值的参考指标。早在 1993 年,国家体委《关于深化体育改革的意见》便明确规定:"各级政府要积极支持体育产业的发展;在信贷和税收政策等方面给予与教育和文化部门相同的待遇。"然时至今日,体育产业税收优惠待遇显然还不能与文化产业和教育产业等同质性产业的税收优惠待遇相提并论。体育产业招致的此等境遇,不能说决策部门对体育产业缺乏热情和关心,相反,国务院和各级政府部门都有强烈的推进体育产业发展的决心和勇气。

晚近的典型事例是,2010 年国务院办公厅下发《关于加快发展体育产业的指导意见》(国办发〔2010〕22 号),明确提出"完善税费优惠政策"。2014 年"国发〔2014〕46 号"再次提及"完善税费价格政策"。相隔五年,同时聚焦本

---

① 我国《企业所得税法实施条例》第 85 条规定:"企业所得税法第二十六条第(四)项所称符合条件的非营利组织的收入,不包括非营利组织从事营利性活动取得的收入,但国务院财政、税务主管部门另有规定的除外。"

② 为了使非营利组织收入税收优惠落地,财政部、国家税务总局不得不发布《关于非营利组织企业所得税免税收入问题的通知》(财税〔2009〕122 号)和《关于非营利组织免税资格认定管理有关问题的通知》(财税〔2009〕123 号,后被财税〔2014〕13 号所取代),虽这两份规范性文件因涉嫌与上位法抵触、资格认定主体不合法以及溯及既往等情而受到广泛质疑,但最起码解决了该项税收优惠的操作困惑。

③ 此处仅统计国家税务总局税收法规库检索系统中的规范性文件,对于未纳入该检索系统的规范性文件因技术、精力等原因,无法吸纳其中,特此说明。检索系统为 http://hd.chinatax.gov.cn/guoshui/main.jsp#,最后访问日期:2019 年 3 月 15 日。

育产业税收优惠,表述从"完善税费优惠政策"变为"完善税费价格政策",变化不只是体现在标题的语言表述上。与"国办发〔2010〕22 号"名不副实、极为粗糙的税收优惠不同,"国发〔2014〕46 号"尽管在标题上未出现优惠字样,但其结合体育产业的特点,对体育产业的税收优惠进行了极具针对性的部署。在这其中,既有涉及高新技术的体育企业优惠,又有关乎提供体育服务的非营利组织优惠,还有针对符合条件的体育企业创意和设计费用税前加计扣除优惠,甚至还涉及体育捐赠业优惠、体育场馆自用的房产和土地优惠等。上述税收优惠不仅涉及企业所得税,还涉及房产税和城镇土地使用税等多个单行税种。初略观察,"国发〔2014〕46 号"貌似创设了诸多体育产业税收优惠,也为此广受各方好评。"多项税收政策力推体育产业快速增长""多项财税支持政策落地,体育产业有望快速增长(股)"之类的述评,频频见诸媒体。只是稍做专业剖析,便可发现"国发〔2014〕46 号"更多只是汇总和提炼已有的、散落在各单行税种法中的税收优惠规定而已。即便难得的创新,也因配套制度的迟迟缺位而大打折扣。

比如,"国发〔2014〕46 号""将体育服务、用品制造等内容及其支撑技术纳入国家重点支持的高新技术领域,对经认定为高新技术企业的体育企业,减按 15％的税率征收企业所得税"之规定,无不体现了国务院大力发展体育产业的决心,但在既有政策不变的情况下,或许更多只是南柯一梦。根据《关于印发〈高新技术企业认定管理办法〉的通知》(国科发火〔2008〕172 号)的规定,享受企业所得税 15％优惠税率的高新技术企业必须同时具备对主要产品(服务)的核心技术拥有自主知识产权、产品(服务)属于《国家重点支持的高新技术领域》规定的范围、高新技术产品(服务)收入占企业当年总收入的60％以上等六项必备条件。① 与之略有不同,《关于修订印发〈高新技术企

---

① 《关于印发〈高新技术企业认定管理办法〉的通知》(国科发火〔2008〕172 号)第 10 条规定:"高新技术企业认定须同时满足以下条件:(一) 在中国境内(不含港、澳、台地区)注册的企业,近三年内通过自主研发、受让、受赠、并购等方式,或通过 5 年以上的独占许可方式,对其主要产品(服务)的核心技术拥有自主知识产权;(二) 产品(服务)属于《国家重点支持的高新技术领域》规定的范围;(三) 具有大学专科以上学历的科技人员占企业当年职工总数的 30％以上,其中研发人员占企业当年职工总数的 10％以上;(四) 企业为获得科学技术(不包括人文、社会科学)新知识,创造性运用科学技术新知识,或实质性改进技术、产品(服务)而持续进行了研究开发活动,且最近三个会计年度的研究开发费用总额占销售收入总额的比例符合如下要求:1. 最近一年销售收入小于 5,000 万元的企业,比例不低于 6％;2. 最近一年销售收入在 5,000 万元至 20,000 万元的企业,比例不低于 4％;3. 最近一年销售收入在 20,000 万元以上的企业,比例不低于 3％。其中,企业在中国境内发生的研究开发费用总额占全部研究开发费用总额的比例不低于 60％。企业注册成立时间不足三年的,按实际经营年限计算;(五) 高新技术产品(服务)收入占企业当年总收入的 60％以上;(六) 企业研究开发组织管理水平、科技成果转化能力、自主知识产权数量、销售与总资产成长性等指标符合《高新技术企业认定管理工作指引》(另行制定)的要求。"

业认定管理办法〉的通知》（国科发火〔2016〕32 号）调整了"国科发火〔2008〕172 号"的认定条件，整体释放出了宽严相济的政策变化。① 但不管政策变动如何，对于以提供各种体育服务为主，企业规模经济和规模效益还较低，仍处于产业幼稚发展时期的我国体育产业而言依然难以达到这些条件。相较严格的高新技术企业认定条件，之于体育产业发展可谓是雪上加霜。②

除开这些显性标准以外，体育服务、用品制造等内容及其支撑技术是否属于企业所得税法上国家重点支持的高新技术，也值得深究。以体育服务业为例，按照"国科发火〔2008〕172 号"附件《国家重点支持的高新技术领域》的规定，高新技术领域仅指电子信息技术、生物与新医药技术、航空航天技术、新材料技术、高技术服务业、新能源及节能技术、资源与环境技术、高新技术改造传统产业。比照高新技术领域名录，体育服务业最接近的应该是"高技术服务业"，但是作为"国科发火〔2008〕172 号"附件的《国家重点支持的高新技术领域》仅将"高技术服务业"列举为十项具体技术服务业，即共性技术、现代物流、集成电路、业务流程外包（BPO）、文化创意产业支撑技术、公共服务、技术咨询服务、精密复杂模具设计、生物医药技术和工业设计。从这些具体技术的解释性规定来看，除非修正《国家重点支持的高新技术领域》的相关规定，将体育服务业纳入企业所得税法上规定的国家重点支持的高新技术领域，使其享受15%的税率优惠，难度不小。

与"国科发火〔2008〕172 号"相比，"国科发火〔2008〕172 号"倒是对《国家重点支持的高新技术领域》做出了较大幅度的调整。尽管从形式上看，修正后的《国家重点支持的高新技术领域》在大类领域层面依然被保留为"电子信息、生物与新医药、航空航天、新材料、高技术服务、新能源与节能、资源与环

---

① 《关于修订印发〈高新技术企业认定管理办法〉的通知》（国科发火〔2016〕32 号）第 11 条规定："认定为高新技术企业须同时满足以下条件：（一）企业申请认定时须注册成立一年以上；（二）企业通过自主研发、受让、受赠、并购等方式，获得对其主要产品（服务）在技术上发挥核心支持作用的知识产权的所有权；（三）对企业主要产品（服务）发挥核心支持作用的技术属于《国家重点支持的高新技术领域》规定的范围；（四）企业从事研发和相关技术创新活动的科技人员占企业当年职工总数的比例不低于 10%；（五）企业近三个会计年度（实际经营期不满三年的按实际经营时间计算，下同）的研究开发费用总额占同期销售收入总额的比例符合如下要求：1. 最近一年销售收入小于 5,000 万元（含）的企业，比例不低于 5%；2. 最近一年销售收入在 5,000 万元至 2 亿元（含）的企业，比例不低于 4%；3. 最近一年销售收入在 2 亿元以上的企业，比例不低于 3%。其中，企业在中国境内发生的研究于发费用总额占全部研究开发费用总额的比例不低于 60%；（六）近一年高新技术产品（服务）收入占企业同期总收入的比例不低于 60%；（七）企业创新能力评价应达到相应要求；（八）企业申请认定前一年内未发生重大安全、重大质量事故或严重环境违法行为。"

② 参见杨京钟、郑志强：《体育服务业与税收政策调整的关联度》，载《西安体育学院学报》2014 年第 1 期。

境、先进制造与自动化"这一先前框架格局之外,但是在具体的各分支领域层面确实都有不小的实质性变动。其中,第五部分"高技术服务"被实质性改造、界分为:研发与设计服务、检验检测认证与标准服务、信息技术服务、高技术专业化服务、知识产权与成果转化服务、电子商务与现代物流技术、城市管理与社会服务和文化创意产业支撑技术这八项具体技术。尤为可喜的是,该部分第(七)项"城市管理与社会服务"技术中的第 4 个子项被明示为"现代体育服务支撑技术"。这一列示之于体育服务业发展具有重要意义。遗憾的是,该项技术同时又明确"一般体育产品生产开发和服务技术除外"①。这对于相对成熟的体育产品市场无疑是重大打击。所以,要想将体育服务业整体纳入企业所得税法上规定的国家重点支持的高新技术领域,使其享受 15% 的税率优惠,依然困难重重。

"国发〔2014〕46 号"遇到的难题一定程度上映射出现行体育产业税收优惠的当下实况。改革开放以来,"中国从计划经济到市场经济、从跟随世界到引领世界、从体育法制到体育法治,取得一系列卓越成就"②。与之呼应,"我国体育产业已经形成了'体育竞赛表演业、体育健身娱乐业、体育用品业'比较成熟的三大产业板块;对其有促进作用的市场诸如体育彩票、体育中介等市场虽然也逐渐繁荣起来"③。现行体育产业税收优惠也基本上围绕这三大板块和相关市场而展开。相较而言,体育竞赛表演业层面的税收优惠较为完善。标志性的成果便是上文多次提及的大型体育赛事税收优惠,这些专门针对北京奥运会、广州亚运会、南京青奥会、武汉军运会等大型体育赛事而制定的税收优惠政策④可以称得上是体育产业税收优惠中的定制典范。这些税

---

① 《关于修订印发〈高新技术企业认定管理办法〉的通知》(国科发火〔2016〕32 号)附件"《国家重点支持的高新技术领域》"第五部分"高技术服务"之"(七)城市管理与社会服务"将"现代体育服务支撑技术"解释为三个层次;其一,运动营养、运动康复治疗、运动伤病防治、慢病的运动预防与干预技术;体育项目活动风险评估与安全保障技术;运动能力的开发与保障技术;运动与健身指导服务技术;反兴奋剂技术等。其二,基于互联网及人体动作识别、运动能量消耗评估的健身与监控设备开发技术;基于运动定位追踪的户外运动安全保障与应急救援平台开发技术;运动与游戏虚拟产品开发技术等。其三,一般体育产品生产开发和服务技术除外。
② 赵毅、王晓蕾:《改革开放 40 年来我国体育法学研究的成就、论题与展望》,载《成都体育学院学报》2019 年第 1 期。
③ 余兰:《改革开放 30 年来我国体育产业发展进程研究》,载《北京体育大学学报》2008 年第 10 期。
④ 主要参见但不限于以下税收规范性文件:第 29 届奥运会(财税〔2003〕10 号、财税〔2006〕128 号、国税函〔2006〕771 号)、第 6 届亚洲冬季运动会(财税〔2005〕24 号)、第三届亚洲沙滩运动会(财税〔2011〕11 号)、第八届全国少数民族传统体育运动会(财税〔2007〕98 号)、第 16 届亚洲运动会等三项国际综合运动会(财税〔2009〕94 号、国税函〔2012〕108 号、国税函〔2012〕98 号)、第二届夏季青年奥林匹克运动会等三项国际综合运动会(财税〔2012〕11 号)、2019 年武汉第七届世界军人运动会(财税〔2018〕119 号)。

收优惠政策文本大都摆脱了单一税种优惠的生成模式,一项体育赛事税收优惠政策文本中多数都同时规制了与体育竞赛相关的营业税(已改征为增值税)、印花税、车船税、车辆购置税、个人所得税、关税、进口增值税和消费税,企业所得税等各单行税收优惠。

与体育竞赛表演业不同,体育用品业的税收优惠政策虽起步较早,但推进有限。早在1995年,国务院关税税则委员会、财政部和国家税务总局便联合创设了针对国家专业队和军事体育工作大队进口的特需体育器材(含测试仪器)和特种比赛专用服装,予以免征进口关税和增值税的优惠规定。① 但除此之外,体育用品业税收优惠待遇更多依附于体育赛事税收优惠政策文本。实践中,多数时候只是在专门性的体育赛事税收优惠政策文件中简单提及体育用品的税收优惠待遇问题,较少出现专门针对体育用品的税收优惠政策文件。与体育竞赛表演业和体育用品业比较,我国体育健身娱乐业税收优惠政策极度不发达。含糊不清,操作性极差②的"发改投资〔2014〕2091号"反倒成为难得的亮点。三大体育产业板块之外,国家针对体育彩票中奖和体育彩票发行均规定了相应的税收优惠③,形成了我国体育彩票税收优惠体系,间接促进和支持了体育产业发展。

总览体育产业税收优惠政策文本,可知我国尚未形成完整、规范、统一的体育产业税收优惠政策工具体系。④ 体系的零散、紊乱使得体育产业税收优惠身陷政策不稳定、优惠力度不够、优惠形式单一等多种困局。具体可归总为以下几个方面:其一,属于体育产业专有的税收优惠政策文本过少。这不仅表现在规制体育产业的税收优惠政策文件数量上,而且突出性地表现在对普适性税收优惠待遇的共享上。比如,"国发〔2014〕46号"罗列了诸多体育产业税收优惠,但这些税收优惠待遇更多只是企业所得税优惠的机械移植,实质上并未注入体育产业的独特元素,也就使得体育产业适用起来无比艰难。其二,体育产业税收优惠内部布局不合理。比如,体育竞赛表演业税收优惠政策虽然相对发达,但更多聚焦于体育赛事。对于体育俱乐部、训练基地、体育场馆等鲜见有税收优惠规定。再者,对未来发展前景广阔的现代体育服务业(体育创意产业、体育休闲旅游业、体育广告业、体育会展业等)、体

---

① 参见《关于体育用品进口税收问题的通知》(税委会〔1995〕5号)。
② 该项规范性文件针对体育产业税收优惠,仅规定:"体育健身机构可以按照税收法律法规的规定,享受相关税收优惠政策。"参见《关于加快推进健康与养老服务工程建设的通知》(发改投资〔2014〕2091号)。
③ 参见《关于体育彩票发行收入税收问题的通知》(财税字〔1996〕77号)、《关于个人取得体育彩票中奖所得征免个人所得税问题的通知》(财税字〔1998〕12号)。
④ 参见杨京钟、吕庆华、易剑东:《中国体育产业发展的税收激励政策研究》,载《北京体育大学学报》2011年第3期。

育健身娱乐业、体育用品业等体育产业的税收优惠政策更是凤毛麟角。其三,体育产业税收优惠形式和手段单一。现行有限的体育产业税收优惠政策多以免税、减税等直接优惠为主,较少运用间接税收优惠工具。其四,体育产业税收优惠法治化程度不高。目前极少在狭义法律、法规这一层级出现体育产业税收优惠规定,有限针对体育产业的税收优惠更多以税收规范性文件的形式存在。① 与其他产业相比,体育产业税收优惠最大的问题可能还在于税收优惠的严重缺位。税收优惠固然不是体育产业发展的灵丹妙药,但它对体育产业发展的激励价值不容小觑。这种价值源于税收优惠内生的导引功能,它通过设定国家鼓励的体育产业发展领域、方向等指引纳税人投身其中,举全民之力、促体育产业发展。

(三) 体育产业税收优惠的未来进路

"税收优惠作为一种优点和缺点都非常明显的政策工具,在市场经济体制下,对经济活动和社会活动的宏观调控功能不断得以强化,税收优惠政策对国家经济所产生的影响方式和程度正在改变整个社会经济生活。"②因此,有必要认真对待税收优惠政策工具。作为各式税收优惠的一种类别,体育产业税收优惠尽管有其存在的正当理由,但也不能否认其租税特权的本质特性。只要是税收优惠的一种型态,不管未来作何改进,都应该恪守税法本体性原则的要求,遵守其内在的运行规律。在创设和改进一项体育产业税收优惠政策时,有必要牢记量能课税原则,将其作为衡量税收优惠的准则。即便基于公共利益的考量,确实有必要偏离量能课税原则,创设体育产业税收优

---

① 值得注意的是,2017年11月27日国家体育总局政策法规司拟定了一份《中华人民共和国体育法(修改草案)》,召集各方专家代表研讨。该草案整体新增"体育产业"专章(第五章),共设"指导原则"(第46条)、"体育产品和服务"(第47条)、"体育赛事和活动"(第48条)、"体育无形资产"(第49条)、"体育赛事权益保护"(第50条)、"体育中介"(第51条)、"政府支持"(第52条)、"税收优惠"(第53条)、"体育产业统计"(第54条)和"政府监管"(第55条)10个条文,希望在《体育法》中构造相较完备的体育产业法律规范体系。从拟定的体育产业规范之间的逻辑机理上看,第53条创设的"税收优惠"规范位居中心位置,具有承上启下的关键性功能:一方面肩负落实第46条"指导原则",驰援第47条至第52条规制的各类体育产业型态发展之己任,另一方面又受制于第54条"体育产业统计"和第55条"政府监管"的运行监督。个性十分鲜明,价值非常重大,结构极为独特,技术却相落落后。该条明确规定:"国家实施税收优惠政策,促进体育产业发展。具体办法由国务院财税主管部门依法制定。"2018年9月11日,相关部门又对前述草案进行了进一步修订,但第53条内容未做调整,只是将其序号调整为"第58条"。同样值得关注的是,新的修订草案第73条将之前修订草案第42条"国家鼓励企业事业组织和社会团体自筹资金发展体育事业,鼓励组织和个人对体育事业的捐赠和赞助"修改调整为第73条,该条第1款规定"国家鼓励社会力量发展体育事业,依法保障参与主体的合法权益",紧承第1款、第2款明确规定"捐赠和赞助体育事业的,享受税收优惠政策。具体办法由国务院财税主管部门依法制定"。
② 刘蓉:《税收优惠政策的经济效应与优化思路》,载《税务研究》2005年第11期。

惠,其也应该接受比例原则的审查,确保目的与手段之间的合比例性。更进一步而言,无论是何种体育产业税收优惠,也不管是针对何类纳税人的税收优惠,都必须满足税收法定原则的要求,不得越权设立。① 如果体育产业税收优惠政策"对税收法定主义的税法根基矫枉过正,税务机关和司法机关的自由裁量权过度扩张,极易走向对立面,违背设定税收优惠时的初衷,则势必危及税法的确定性、安定性,危及税收法定主义在税法上的地位"②。以这些税法建制原则为衡量基准,要想借助税收优惠促进体育产业发展,则既有必要发挥体育主管部门作用,力促税收优惠的制定;又有必要界分体育产业部门,实行类别化税收优惠;还有必要合理选择优惠方式,发挥工具的组合效应。

1. 发挥体育主管部门作用,力促税收优惠的制定

尽管《关于全面深化改革若干重大问题的决定》明确要求"加强对税收优惠政策的规范管理""清理规范税收优惠政策",税收优惠政策规范管理更是被置于深化财税体制改革的关键地位。这些似乎都将税收优惠政策推至危险境地。然通览《关于全面深化改革若干重大问题的决定》全文,特别是结合国务院《关于清理规范税收等优惠政策的通知》(国发〔2014〕62号)和《关于税收等优惠政策相关事项的通知》(国发〔2015〕25号)中的相关内容,便不难发现被纳入清理、规范的税收优惠政策对象多为过于泛滥,且冲突不断的区域税收优惠政策。清理也好,规范也罢,都不能不正视的是,区域性税收优惠政策为当地经济发展所做出的巨大贡献。

例如,沿海城市迅速崛起,固然有其自身的地缘优势,但与长久以来的地域性税收优惠政策不无关联。正是这些地域性税收优惠政策的持续存在,使得资源的流动不再完全取决于市场,而更受制于税收优惠政策的广度与深度,全国统一的市场被人为地割裂成一个又一个税收洼地,原本具有地缘优势的城市竞争力得到进一步提升。地域税收优惠政策之于地区发展的价值不仅体现在城市之间的竞争,即便同处一个城市的不同地区,只要区域性税收优惠政策介入,原本平衡的天平便自动偏向税收优惠地区,典型便是各地

---

① 参见熊伟:《法治视野下清理规范税收优惠政策研究》,载《中国法学》2014年第6期。
② 叶金育、顾德瑞:《税收优惠的规范审查与实施评估——以比例原则为分析工具》,载《现代法学》2013年第6期。

风起云涌的经济技术开发区、高新技术开发区①等。这也是"国发〔2015〕25号"不仅搁置了"国发〔2014〕62号"的主要内容,还暂停了清理地方税收优惠政策的重要原因。理论上说,无论税收优惠政策调整而否,都应该是立基于法治市场的建立与发展,体现国家税权向法治社会的努力。如果税收优惠政策只是利益博弈的产物,则势必会造成对税法规则的蔑视。姑且不谈是处于法治市场建设考虑,还是政府之间的利益博弈使然,税收优惠政策的出台与实施之于经济发展的推动作用的确十分明显。税收优惠政策与区域发展的内在逻辑和政策博弈,税收优惠政策之于区域经济与社会发展的实然功效,为体育产业税收优惠政策工具的选择与配置,为体育产业税收优惠政策的制定与实施提供了一个极具价值的观测风向标。毕竟,区域税收优惠政策不管是成熟度,还是实践运行效果与规范治理策略,都非体育产业税收优惠所能比,也值得体育产业税收优惠所借鉴。

"体育产业作为一种经营性的产业,主要是向社会各界提供体育产品以及相关服务。"②自 20 世纪 60 年代至今,体育产业已经成为不少经济发达国家和地区的支柱产业。与发达国家和地区相比,我国体育产业虽起步较晚,但发展异常迅速。尽管如此,仍应看到我国体育产业发展总体上难言成熟。体育产业发展的未来空间和潜力不可小觑。按照税收优惠政策与区域发展的内在逻辑观测,当前我国体育产业发展总体上确实受制于产业规模偏小、活力亟待增强、发展相对滞后等固然有体制运转不畅、市场化程度不高、经营管理人才匮乏等各式各样的因素,但体育产业税收优惠政策的严重缺位和明显不足也不能不认真评估。从经济学角度来看,人们有较多的理由相信,对特定部门或特定产业进行激励可有效引导资本投入这类部门和产业。③ 而体育产业具有覆盖面广、波及力强等多元产业属性,这些体育产业内生的本体属性决定了其不仅可以提高全民身体素质和健康水平,也可以拉动体育消

---

① 以苏州工业园区为例,早在 1994 年,国务院就颁布了《关于开发建设苏州工业园区有关问题的批复》(国函〔1994〕9 号),"国函〔1994〕9 号"明确授予苏州工业园区"在执行全国统一的'分税制'财政体制前提下,苏州工业园区新增财政收入 5 年内(1994—1998 年)免除上缴"的优惠待遇。随后,财政部又专门制定针对中新苏州工业园区开发有限公司开发建设用地征免耕地占用税的税收优惠,财政部、国家税务总局、海关总署也适时发布了关于国内货物进入苏州工业园区海关保税物流中心(B 型试点)准予退税的税收优惠。苏州工业园区能从苏州市各市辖区中脱颖而出,纵然有这样那样的缘由,但最起码离不开税收优惠为其做出的巨大贡献。相关税收优惠文件参见《关于开发建设苏州工业园区有关问题的批复》(国函〔1994〕9 号)、《关于对中新苏州工业园区开发有限公司开发建设用地征免耕地占用税问题的批复》(财政政字〔1996〕155 号)、《关于国内货物进入苏州工业园区海关保税物流中心(B 型试点)准予退税的通知》(财税〔2004〕133 号)等。
② 张振峰:《浅谈体育产业与经济协调》,载《山西财经大学学报》2012 年第 3 期。
③ 参见〔美〕理查德·A.马斯格雷夫、佩吉·B.马斯格雷夫:《财政理论与实际》,邓子基、邓力平译校,中国财政经济出版社 2003 年版,第 642 页。

费、促进体育产业投融资,甚至还可以培育新的体育经济增长点,扩大体育产业的就业容量。因此,加大体育产业税收优惠政策力度,对加快发展体育产业至关重要。

基于此种判断,我们认为,在可预见的未来一段时间内,体育产业税收优惠的重心不是考虑要如何应对税收优惠政策的清理和规范工作,而是要认真思量怎样获得来自国家的税收优惠政策,这不只是个体育问题,更是社会和政治共同关注的话题,解决好它需要勇气,更需要智慧,难度可想而知。毕竟,受制于税收法定原则,像诸多产业税收优惠一样,体育产业税收优惠政策制定权的分配也应当遵循法律相对保留原则。即便法律缺位,行政机关也必须获得立法授权,且需在授权范围内制定税收优惠规范。事实也如此,虽然税收优惠规定在法律中的情形并不少见,甚至部分税收优惠条款可能还会出现在税收法规中,但绝大部分税收优惠依然是通过授权给国务院及其财税主管部门制定税收规范性文件的方式来实现。① 不管是奉行严格法律保留,还是坚持保留原则下的授权立法,体育产业税收优惠政策的实际制定权均不在体育主管部门手上,这是事实。即便想从体育产业部门利益出发,但在税收优惠这一"它留地",体育主管部门也时常感到力不从心。

在此语境下,如何摆脱体育产业税收优惠待遇严重不足的困局,需要谋定而后动。但不管作何思量、何以谋划,体育主管部门都应该更加主动地介入到税收优惠政策与规范的制定过程中去,需要更加积极地影响和促进体育产业税收优惠政策与规范的出台。况且,在体育产业这一专业领域,体育主管部门较之财政部和国家税务总局有更多的话语权,知识竞争不见得处于劣势,关键是如何展示和营销税收优惠之于体育产业的价值。当下,由体育主管部门促成而制定的税收优惠政策极其罕见。② 反观同类部门,都有成功的税收优惠政策制定实践。比如,为落实动漫企业进口动漫开发生产用品免征进口税收的优惠规定,原文化部便会同财政部、海关总署、国家税务总局,先后促成《关于公布 2011 年通过认定的动漫企业名单的通知》(文产发〔2011〕57 号)和《关于公布 2011 年获得进口动漫开发生产用品免税资格的动漫企业名单的通知》(文产发〔2012〕1 号)的出台。再如,为了稳定学生食堂价格,

---

① 参见叶姗:《税收优惠政策制定权的法律保留》,载《税务研究》2014 年第 3 期。
② 与之关联的一个问题是,长久以来,体育部门与其他部门相互的长效协同机制亦不完善,对现有政策资源的有效配置尚待整合,可操作性有待强化。比如,在《关于加快发展体育产业促进体育消费的若干意见》中规定体育场馆相关收费优惠后,直到财政部、国家税务总局出台《关于体育场馆房产税和城镇土地使用税政策的通知》(财税〔2015〕130 号),该项优惠政策才落到实处。参见王家宏、赵毅:《改革开放 40 年我国体育法治的进展、难点与前瞻》,载《上海体育学院学报》2018 年第 5 期。

落实《关于加强学生食堂管理,维护高校稳定的紧急通知》(国办发电〔2004〕6号)的要求,教育部也曾会商国家发展改革委、财政部、国家税务总局、国家粮食局,共同制定了《关于支持高等学校进一步做好学生食堂工作的若干意见》(教发〔2004〕15 号),明确了"在对校园内实行社会化管理和独立核算的学生食堂免征营业税的基础上,在 2005 年年底之前免征企业所得税"等教育产业税收优惠政策。类比"国发〔2014〕46 号"赋予的体育产业税收优惠待遇,体育主管部门完全可以借鉴原文化部、教育部的做法,会商科技部、财政部、国家税务总局等关联部门,就体育产业中的高新技术等做出针对性规定,使其更切合体育产业的实际情况,更好地落实"国发〔2014〕46 号"赋予体育产业的税收优惠待遇。只要成功一次,日后便可复制。久而久之,既可以丰富体育产业税收优惠内容,也可以争取更大的体育产业优惠力度,还可以累积专属于体育产业的税收优惠政策与规范制定经验。

2. 界分体育产业部门,实行类别化税收优惠

自国家体委《关于深化体育改革的意见》发布以来,我国体育产业步入快速发展轨道,体育产业逐步形成体育竞赛表演业、体育健身娱乐业和体育用品业三足鼎立之势。进入 21 世纪,为贯彻落实国务院《关于加快发展服务业的若干意见》的要求,国家统计局和国家体育总局制定、颁布了《体育及相关产业分类(试行)》。官方第一次将体育及相关产业划分为 3 个层次,8 个大类。主要包括:① 体育组织管理活动。具体包括体育行政、事业组织和其他体育组织管理活动。② 体育场馆管理活动。③ 体育健身休闲活动。④ 体育中介活动。具体包括体育商务、体育经济咨询和体育经纪服务。⑤ 其他体育活动。具体包括体育培训、体育科研、体育彩票、体育传媒、体育展览、体育市场管理、体育场馆设计、体育场所保洁和体育文物及文化保护服务。⑥ 体育用品、服装、鞋帽及相关体育产品的制造。具体包括体育用品、体育服装及鞋帽和相关体育产品制造。⑦ 体育用品、服装、鞋帽及相关体育产品的销售。具体包括体育用品、服装、鞋帽及相关产品批发和零售以及体育产品贸易与代理服务。⑧ 体育场馆建筑活动。具体包括体育馆房屋工程和体育场工程建筑。

结合体育产业布局和分类名录,并考虑到原营业税税目与营业税改征增值税后的相应税目和税收客体原理,本部分将上述体育产业部门和活动整合、改造为更符合税法语境的六大产业部门(如"表 5-2"所示),即"体育文化业""体育业""体育服务业""体育娱乐业""体育用品业""体育建筑业"。体育产业正是由这些类别化的产业部门汇聚而成,不同的体育产业部门,有不同的内涵、独特性和活动规律,有程度不同的公共属性,还会存有不同的市场化

前景,也因此折射出不同的公共利益属性和受益范围,这些都使得不同的产业部门在体育产业发展过程中的作用和地位存在差异。将这些因素与税收优惠的本质属性及其诱导功能整合考察,便可大体提炼出影响体育税收优惠创设的三组变量,即公益目的与私益目的、营利行为与体育行为、市场成熟度与技术创新度。

表 5-2 体育产业类型①

类别	详目(类似税目)	类别	详目(类似税目)
体育文化业	体育展览服务		体育商务服务
	体育文物及文化保护服务		体育经济咨询服务
	健美、杂技、武术、体育表演活动		体育经纪服务
体育业	体育组织管理活动		体育培训服务
	体育场馆管理活动(不含以租赁方式为体育比赛提供场所)		体育科研服务
	体育健身休闲活动(部分项目)	体育服务业	体育彩票服务
	举办各种体育比赛		体育传媒服务
体育娱乐业	体育健身休闲活动(部分项目)		体育市场管理服务
体育用品业	体育用品、服装、鞋帽及相关产品批发		体育场馆设计服务
	体育用品、服装、鞋帽及相关产品零售		体育场所保洁服务
	体育产品贸易与代理服务		以租赁方式为体育比赛提供场所
体育建筑业	体育馆房屋、体育场工程建筑		

照此分析,可以考虑将体育产业税收优惠进行类别化处置:第一类,重点支持,原则上给予税收优惠待遇。这一类体育产业部门公益目的较强,市场发育度相对较弱,更能接近体育行为的"强身健体、娱乐身心"之本体属性。彰显这类特质的体育产业部门主要有体育文化业和体育业。第二类,分类支持,总体上不考虑税收优惠待遇,但特殊情况特殊对待。典型是体育用品业和体育服务业。这类体育产业整体上具有较强的市场基础,商业属性远大于公益追求,营利行为是惯常型态。基于效率的考虑,这类体育产业可以不考虑或较少考虑给予其税收优惠待遇,凡是市场配置更有效的,就应实行市场化。② 但是,因为这类体育产业的广阔市场前景,且关乎全民体育消费和体育经济发展,又有必要激发它们的技术创造力。出于这种考虑,对于投身体

---

① 本章对体育产业类型的分类借鉴了漆亮亮、康冰的前期研究成果。参见漆亮亮、康冰:《"营改增"对体育服务业的影响:税变匡算与对策建议》,载《体育科学》2014 年第 9 期。

② 参见张守文:《政府与市场关系的法律调整》,载《中国法学》2014 年第 5 期。

育用品业和体育服务业的技术革新、高新技术产品和服务研发的纳税人有必要给予其税收优惠待遇。第三类,不予支持。产业部门代表为体育娱乐业和体育建筑业。这类体育产业部门既没有强烈的公益追求,也没有朴素的体育健身韵味,还缺乏有力的技术创新力,若对于这类体育产业也给予税收优惠待遇,则很难通过比例原则的检视。①

当然,在研究一项具体的体育产业税收优惠时,仍需考虑更多的细节。断不可将上述三组变量完全割裂开来考虑,更多时候需要统筹规划和布局。比如,我国每逢大型体育赛事,几乎都创设专门的税收优惠政策,以确保这些体育赛事的顺利举办。这类税收优惠政策在直接减损国家财政收入的同时,的确也开辟了新的税源,带动了相关产业的发展,但也导致了赛后资产处置、场馆利用、设施维护等系列难题。决策部门也许需要反思一刀切地给予赛事以税收优惠待遇的必要性了。比如,这类赛事是否就真的暗合了公共利益追求,是否属于典型的体育行为,就一定没有通过市场化运作的项目,是否可以视赛事项目以区分对待?诸如类似的问题,值得重新评估。如果这些问题都不确定的话,给予其税收优惠待遇的正当理由便难以成立了。惯例并不总意味着过往的做法都是对的,一味遵循所谓惯例给予体育赛事税收优惠也未必总是合适的。

此外,体育产业大都与精神产品或服务有关,其主要功能是增强人民体质振奋民族精神,实现人民的全面发展和进步,绝大多数都带有文化产品或服务的某些特征:具有影响力和经济效益的创新性;是发达地区引导欠发达地区的流动式的产业链;需要协调好产业结构、政府行为、需求状况、企业战略系统工程。② 这些特性,也决定了对体育产业进行类别化税收优惠,不仅要综合考究上述三组变量,寻求公平与效率之间的平衡;还要理解税收政策的形成过程,权衡变量背后的政治、社会、经济、文化等复杂因素。只有这样,"规则制定的数量"与"规则制定的质量"③在体育产业税收优惠领域才有可能得到匹配,体育产业税收优惠政策与规范文本才有可能得到整体提升。

3. 合理选择优惠方式,发挥工具的组合效应

亦如前文所述,我国体育产业税收优惠的一大顽疾是过于倚重免税工具

---

① 其实,将带有娱乐业性质的体育健身休闲活动排除在税收优惠之外,与娱乐业的营业税处置原理相通。典型例证是,在营业税的课征进程中,娱乐业的税率一直高于建筑业、文化业、体育业、服务业的税率。至于将以体育馆房屋工程建筑和体育场工程建筑为核心的体育建筑业排除在税收优惠之外,更多考虑的是这类产业不具有典型的体育产业属性,其更接近建筑业属性。

② 参见谢晓华:《基于文化视角的体育产业资金使用绩效评价指标体系构建》,载《广州体育学院学报》2014年第3期。

③ 参见〔美〕科尼利厄斯·M. 克温:《规则制定——政府部门如何制定法规与政策》,刘璟、张辉、丁洁译,复旦大学出版社2007年版,第98—112页。

的运用,缺乏组合配置各种优惠工具的整体化思维。以代表体育产业税收优惠制定水平较高的《关于第 29 届奥运会税收政策问题的通知》(财税〔2003〕10 号)为例,"财税〔2003〕10 号"全文内容分为"对第 29 届奥运会组委会实行以下税收优惠政策""对国际奥委会和奥运会参与者实行以下税收优惠政策"和"本通知自发文之日起执行"三个部分,涉及 19 个方面的具体税收政策。其中,有 18 处运用的是免税工具,涵盖了原营业税、增值税、消费税、关税和进口环节增值税与消费税、土地增值税、印花税、原车船使用税(现为车船税)、车辆购置税、企业所得税、个人所得税及相关税收的免征。"财税〔2003〕10 号"仅有两处在免税优惠之外,分别为:第一部分第(七)点提到组委会进口的汽车在运动会结束后留用或做变卖处理的,可以不低于新车 90% 的价格估价征税。第二部分第(四)点提到"对企业、社会组织和团体捐赠、赞助第 29 届奥运会的资金、物资支出,在计算企业应纳税所得额时予以全额扣除"。从中不难看出国家"为了支持发展奥林匹克运动,确保我国顺利举办第 29 届奥运会"的超强决心,以致一路免税,甚至对组委会委托加工生产的化妆品、护肤护发品都免予征收本应缴纳的消费税。

  抛却体育政治诱因,回归税收优惠的本源,需要跳出狭隘的免税视角,在更为宏大的场域寻找更为妥当的优惠工具,只有这样,才可能降低体育产业税收优惠获批的难度,也才有希望获得更大的税收优惠支持力度。况且,免税也意味着免税实体或者免税活动有从事自我供给的激励,这也可能会对纵向联合避税产生激励。[①] 一旦税收优惠成为避税的可能工具,且纳税人寻求税收规避的目的是利用税收优惠以规避税收时[②],作为税收制度中关键环节之一的"反避税"制度便会跃出纸面、进入实践。因为"避税违背了税收的国家主义职能行为,国家之所以反避税,也是基于税收的国家主义职能考虑。易言之,从法理上说,税收的国家主义职能构成反避税的法理基础"[③]。总而言之,不管是基于体育产业税收优惠出台的概率和机会,还是因为避税与反避税的相克逻辑,将税收优惠局限于免税值域都不是明智之举。与体育产业税收优惠不同,在整体税法实践中,过多的免税、减税和特殊优惠等时常使一致性的税收原则遭到破坏[④],也使得观察具体纳税人的税收优惠效果并不容易。这种观察需要突破税收优惠的形式面向,深入税制原理的实质内核。即

[①] Victor Thuronyi, *Comparative Tax Law*, Kluwer Law International, 2003, p. 321.
[②] 参见俞敏:《税收规避法律规制研究》,复旦大学出版社 2012 年版,第 72 页。
[③] 王宗涛:《反避税法律规制研究》,武汉大学 2013 年博士学位论文,第 92 页。
[④] 参见〔美〕托马斯·R. 戴伊:《理解公共政策》,谢明译,中国人民大学出版社 2011 年版,第 158 页。

"在分析减税效果时,不仅要关注某个具体税种,还要看整体税负是否下降"①。而整体税负的下降不只是由减免税优惠决定,其更多受制于各个税收构成要件要素的协同作战。

作为各种税收的共同课税构成要件要素,其内容一般包括税收主体、税收客体(课税对象)、课税对象的归属、税基(课税标准)以及税率五种。② 免税优惠类似于直接将课税对象排外,即本应课税的经济行为或事实被合法地免予征税。除此之外,通过调整税目,特别是改变税率、税基等构成要件要素,都会引起整体税负的变动。从微观上看,税收优惠是对税率、税基等税收基本构成要件要素的重要补充和关键修正,这种补充和修正对整体税负都会产生重要影响。不得不重申的是,能够对税收构成要件要素做出补充和修正的远不止免税这一种工具措施,随着税法的发展和完善,税收优惠的形式和手段也越来越丰富。除了传统上惯为采用的减免税之外,税收优惠工具箱中尚有缓缴税款、退税(包括出口退税、再投资退税、即征即退等)、税额抵扣、税收抵免、税收饶让、税收豁免、投资抵免、加速扣除与加速折旧、亏损结转、起征点与免征额、存货计价等优惠工具。③ 不同的优惠工具,有不同的减税效果和适用范围,有不同的申请程序和法律要求,所起到的作用不一样,在设计体育产业税收优惠时,就不能不有所考虑。尤其是在目前有效的针对体育产业的税收优惠政策仍然比较缺乏的时代背景下,决策者要想解决好体育产业税收优惠业已存在的问题,就必须运用法治思维,通盘考虑体育产业的整体税负。在此视域下,采用何种税收优惠工具最为合适,还需回归体育产业发展这一根本要义。只要是能促进体育产业发展的优惠工具都可以考虑引入,而不必局限于免税这一单一工具场域。毕竟,任何税收优惠工具都有自身的特点,特定工具可能只适合解决体育产业的特定问题,而优惠工具的优化组合则可以取长补短。

三、超越税收优惠:体育产业财税政策工具选择的文本实践

步入 21 世纪,体育产业发展这一重大问题逐渐从学界内部的呼吁发展为社会普遍关心的热点,并得到了国家机关的积极回应。2010 年 3 月 19 日,

---

① 张守文:《"结构性减税"中的减税权问题》,载《中国法学》2013 年第 5 期。
② 参见杨小强:《税法总论》,湖南人民出版社 2002 年版,第 38 页。
③ 参见熊伟:《法治视野下清理规范税收优惠政策研究》,载《中国法学》2014 年第 6 期。

国务院办公厅发布"国办发〔2010〕22号"。2014年10月2日,国务院制定"国发〔2014〕46号"。虽然"国办发〔2010〕22号"助导了体育产业的加快发展,但是"国发〔2014〕46号"的颁布才真正激活了体育产业市场,激活了资本力量,"发展体育产业"自此成为国家战略。① 在"应当发展"成为共识的当下,"如何发展"便成为理论界与实务界均须认真思考的核心议题。"政策工具是实现政策目标的基本途径,政策工具的选择和运用与政府的价值理念、发展思路密切相关。"②在所有政策工具中,财税政策工具以其特有的规范理财行为、促进社会公平、保障经济发展③等功能,左右着体育产业发展的速度和质量,向来为学界所关注。

从已有文献成果看,学界对体育产业财税政策工具的研究不足较为明显:第一,对财税支持体育产业发展的宏观描述较为多见,与之相匹的理论求证极为缺乏④;第二,对单一财税政策工具的研究比比皆是,工具之间的联动研究却可谓凤毛麟角⑤;第三,在单一财税政策工具研究中,重支出型政策工具、轻收入型政策工具研究的现象十分明显;第四,在具体的支出型政策工具

---

① 参见王凯:《新时代体育治理体系与治理能力现代化建设的政府责任——基于元治理理论和体育改革实践的分析》,载《体育科学》2019年第1期。
② 刘叶郁:《中华人民共和国成立以来体育政策的演变特征与内容分析》,载《上海体育学院学报》2018年第6期。
③ 参见刘剑文:《财税法功能的定位及其当代变迁》,载《中国法学》2015年第4期。
④ 参见但不限于下列文献:马应超、王宁涛:《财税政策支持体育产业发展的国际经验与启示》,载《中国财政》2014年第22期;茆晓颖:《促进我国体育产业发展的财政政策支持研究》,载《成都体育学院学报》2015年第4期;陈洪平:《体育产业财税支持政策的财政法思考》,载《武汉体育学院学报》2013年第3期;杨信:《促进我国体育产业发展的税收政策研究》,南京师范大学2015年硕士学位论文。
⑤ 值得注意的是,有学者认为:从体育产业发展政策中可以解读政府在发展体育产业中的角色定位和行动方案;从政府对体育产业财政投入研判政府对体育产业的支持力度;从政府财政投入效果评价财政支持体育产业发展的政策效应。通过研究,作者通过解剖政策文本分析结果显示:其一,中央政府高度重视体育产业发展政策支持,财政、税收、金融等手段支持目的是形成政府财政支出体育产业发展的政策束和组合型的政策工具箱。从政府财政支持体育产业发展力度看,中央政府体育公共财政支出总量处于不断增长的态势,但体育彩票公益金比重明显高于政府体育一般预算公共财政支出;相对于经济增长,体育公共财政支出总量偏低,且支出结构偏向突出。其二,设立体育产业发展引导资金是地方政府财政支持体育产业发展主要政策工具。从部分省市政府财政支持体育产业发展的政策工具选择来看,传统性财政政策工具居多,创新性财政政策工具较少。其三,全国体育公共财政支出对经济增长、产业规模、产业结构、就业、溢出等7项效应指标的关联度普遍较高,效应指标之间的差异较小。相比而言,体育产业财政支持的产业规模效应最弱。其四,国内体育财政支出的效率总体向好。不同省份的效率值差异较大,大部分省份的效率水平不断提高,平均效率值大体上呈上升趋势。参见冯国有、贾尚晖:《中国财政政策支持体育产业发展的承诺、行动、效应》,载《体育科学》2018年第9期。

研究中,绝大多数成果着笔于税收优惠①、政府购买②、财政补贴③等工具的研究,而对其他支出型政策工具关注较少;第五,在具体的收入型政策工具中,体育彩票公益金研究有待深入④,体育产业课税规则研究有所欠缺,体育税收的系统化、专业化研究⑤亟待推进,其他收入型政策工具的研究更是匮乏。总体来说,国内学者对体育产业财税政策工具研究,或者聚焦于某一财税政策工具对体育产业的引导支持作用,或者侧重于对现有财税政策工具实践的反思与评估,极少出现从工具选择视角、整体关注财税政策工具助力体育产业发展的研究文献。

国外关于体育产业财税政策工具的研究成果一直很丰富,且学者的研究论题相较集中。典型如,Robert A. Badde 对美国和欧洲职业体育领域的财政

---

① 参见但不限于下列文献:高松龄:《我国体育产业相关税收优惠政策及其效应》,载《福建体育科技》2005 年第 5 期;李自根:《体育赞助的税收优惠与广州亚运会税收优惠政策研究》,载《广东社会科学》2009 年第 3 期;李建人:《论北京奥运会税收优惠政策》,载《体育与科学》2009 年第 5 期;杨京钟、吕庆华、易剑东:《中国体育产业发展的税收激励政策研究》,载《北京体育大学学报》2011 年第 3 期;魏鹏娟:《体育赞助税收优惠政策研究》,载《体育文化导刊》2013 年第 6 期;杨京钟、郑志强:《城市公共体育场(馆)运营:财政激励模式及中国思路》,载《体育科学》2013 年第 9 期;王晓芳、张瑞林、王先亮:《中外体育非营利组织税收优惠比较研究》,载《成都体育学院学报》2014 年第 2 期;高旭:《我国体育产业税收优惠政策的现状分析与对策研究》,西安体育学院 2014 年硕士学位论文。

② 参见但不限于下列文献:高斌:《政府购买体育公共服务的可行性研究》,苏州大学 2010 年硕士学位论文;冯欣欣:《政府购买公共体育服务的模式研究》,载《体育与科学》2014 年第 5 期;王占坤:《政府购买公共体育服务的地方实践、问题及化解策略》,载《武汉体育学院学报》2015 年第 2 期;王丽君、辜德宏、胡科:《我国政府购买公共体育服务的实践走向》,载《上海体育学院学报》2015 年第 4 期;汪全胜、黄兰松:《政府购买体育公共服务的法律关系析论》,载《成都体育学院学报》2015 年第 5 期;谢正епен、汤际澜、刘红建:《政府购买体育公共服务模式的实践与探索》,载《成都体育学院学报》2015 年第 5 期;胡伟:《论我国政府购买公共体育服务制度的完善》,载《体育与科学》2016 年第 1 期。

③ 参见但不限于下列文献:彭莉:《体育基础设施融资及经营补贴机制研究》,江西财经大学 2012 年硕士学位论文;阎珏、陈林华、王跃:《上海市公共体育场馆公益性服务补贴办法研究》,载《体育文化导刊》2013 年第 5 期;谭刚:《中、美两国政府财政补贴大型体育场(馆)建设的比较研究》,载《体育科学》2015 年第 1 期。

④ 参见但不限于下列文献:贾明学、王锡群:《我国体育彩票公益金的使用模式》,载《体育学刊》2005 年第 5 期;李毳、欧阳昌民:《我国体育彩票公益金运用问题研究》,载《金融理论与实践》2006 年第 8 期;张策宇:《我国体育彩票公益金管理分析》,载《体育文化导刊》2012 年第 6 期。

⑤ 参见但不限于下列文献:连桂红、刘建刚:《体育赋税征收的归宿及税收减免的经济分析》,载《天津体育学院学报》2004 年第 3 期;庹权、杨晓生、杨忠伟:《关于我国体育产业课税改革的思考》,载《中国体育科技》2005 年第 6 期;汪洋、殷建华、马力:《体育产业税收政策与法律问题探讨》,载《体育科学研究》2008 年第 2 期;倪腊贵、田恩庆:《我国举办大型国际体育赛事的税收政策研究》,载《体育科学》2010 年第 3 期;陈元欣、何凤仙、王健:《我国公共体育场馆税费政策研究》,载《天津体育学院学报》2012 年第 6 期;陈元欣、王健:《我国公共体育场(馆)税负研究》,载《体育科学》2012 年第 6 期;代方方:《我国职业体育俱乐部税收政策研究》,北京体育大学 2013 年硕士学位论文;许寒冰:《我国大型体育场馆税收政策研究》,北京体育大学 2014 年硕士学位论文;漆亮亮、康冰:《"营改增"对体育服务业的影响:税变匡算与对策建议》,载《体育科学》2014 年第 9 期。

补贴进行了评估。① John Crompton 认为,应该超越经济考虑对政府补助联盟运动设施进行考量。② Victor A. Matheson 运用公共财政理论对橄榄球联盟场馆建设发展趋势进行了深入探讨。③ Richard Schwester 以公共产品理论为指导,运用实证研究方法对体育场馆财政补贴问题进行了研究,并认为对体育场馆进行财政补贴具有正当性。④ Richard Pomfret 等就澳大利亚改府对职业运动队进行财政补贴的原因进行了深度挖掘和阐释。⑤ 但就我国体育产业财税政策工具选择与运用的借鉴而言,国外的研究也存在一些不足:第一,鉴于国情差异,国外的经验与判断并不一定完全适合我国体育产业发展实情。例如,在美国基于体育联盟和球队的垄断性,城市不得不投资大型体育场(馆)建设⑥,且通过财政补贴以获得或保留运动队⑦。与之相应,美国职业体育奢侈税得以开设。⑧ 这一财税政策工具组合经验在体育产业高度发达的国家尚且可行,但对于总体规模依然不大、活力不强的我国体育产业,显然难以简单复制。第二,各种财税政策工具之间的协调与互动、财税政策工具对体育产业的成败影响等研究均有待深化。⑨ 第三,对体育产业发展中各财税政策工具的正确选择与组合配置等方面的研究更需深入。这些问题都决定了我国借助财税政策工具推动体育产业发展,仍然需要更多地立足于本土国情,充分估量体育产业的发展规律,严格遵循财税政策工具的内生规律。

(一) 体育产业运用财税政策工具的文本考察

2010 年以前,我国虽有运用财税工具助力体育发展的政策实践,但总体

---

① Robert A. Baade,"Evaluating Subsidies For Professional Sports In The United States And Europe: A Public-Sector Primer", *Oxford Review of Economic Policy*, Vol. 19, No. 4(2003).
② John Crompton,"Beyond Economic Impact: An Alternative Rationale for the Public Subsidy of Major League Sports Facilities", *Journal of Sport Management*, Vol. 18(1), pp. 18,40-58(2004).
③ Victor A. Matheson,"Robert A. Baade, Have Public Finance Principles Been Shut Out in Financing New Sports Stadiums for the NFL in the United States?", http://www.holycross.edu/departments/economics/website,最后访问日期:2019 年 2 月 16 日。
④ Richard Schwester: *An Examination of the Public Good Externalities of Professional Athletic Venues: Justifications for Public Financing*? Public Budgeting & Finance Fall, 2007.
⑤ Richard Pomfret, John K. Wilson,"Government Subsidies for Professional Team Sports in Australia", *Australian Economic Review*, Vol. 42(3), pp. 264-275(2009).
⑥ Andrew Zimbalist,"The Economics of Stadiums, Teams and Cities", *Review of Policy Research*, Vol. 15(3), pp. 17-29(1998); Arthur C. Nelson,"Prosperity or Blight? A Question of Major LeagueStadia Locations", *Economic Development Quarterly*, Vol. 15(3), pp. 255-265(2001).
⑦ Charles Santo,"The Economic Impact of Sports Stadiums: Recasting the Analysis in Context", *Journal of Urban Affairs*, Vol. 27(2), pp. 177-192(2005).
⑧ 参见张敏:《美国职业体育奢侈税探微》,载《体育文化导刊》2015 年第 2 期。
⑨ 参见〔美〕B. 盖伊·彼得斯等编:《公共政策工具——对公共管理工具的评价》,顾建光译,中国人民大学出版社 2007 年版,第 4 页。

来说国家对财税政策工具支持体育产业发展的认识十分稚嫩。比如,1993年国家体委发布《关于深化体育改革的意见》,仅简单论及"在信贷和税收政策等方面给予与教育和文化部门相同的待遇。各地可将免征体育产业的税金纳入政府投资"。即便是 2006 年国家体育总局公布的《体育事业"十一五"规划》依然也只是象征性宣示"推动有关部门制定和完善支持体育事业发展的财政、税收等方面的政策"。与之截然不同的是,2010 年以后,伴随着"十一五"规划的结束和"十二五"规划的启动,各种财税政策工具纷纷出现在体育政策文本当中,俨然成为促进体育产业发展的显著力量。下文以 2010 年以后国家机关颁布的三份权威体育产业政策文本和地方制定的体育产业发展引导资金管理的政策文本为样本,剖析近几年我国体育产业领域的财税政策工具选择与运用的成效与不足。

2010 年以后,"国办发〔2010〕22 号"开启了我国体育产业运用财税政策工具的文本实践,奠定了财税政策工具支持体育产业发展的政策基石。借助"国办发〔2010〕22 号",我国体育产业领域逐步形成了项目补助、税收优惠、公共体育设施优惠和免费开放、彩票公益金、税前扣除等财税政策工具体系(如"表 5-3"所示),体育产业财税政策工具发展成效显著。但同时也要看到,"国办发〔2010〕22 号"选择和运用的财税政策工具不仅类型有限,而且业已确立的财税政策工具内容缺失明显。例如,"国办发〔2010〕22 号"虽确立了税收优惠政策工具,但仅将其局限于符合条件的体育类非营利组织的企业所得税免税优惠,而将与体育产业发展相关的其他税收优惠政策工具皆弃之不顾,此举不仅不利于税收优惠政策工具的完整性,而且不利于各类税收优惠政策工具之间的互联互通。结果自然也就减损了税收优惠政策工具根本上助导体育产业发展的本能功效了。

表 5-3 "国办发〔2010〕22 号"中的主要财税政策工具

	工具出处	财税政策工具
主要政策措施	(四)加大投融资支持力度	资金补助、彩票公益金
	(五)完善税费优惠政策	体育非营利组织企业所得税免税优惠、企业广告费税前扣除、公益性体育事业捐赠的税前扣除
	(六)加强公共体育设施建设和管理	在一定时间和范围内向学生、老年人和残疾人优惠或者免费开放公共体育设施、创造条件免费开放露天体育场,多渠道投资兴建体育设施,财政补助用于群众健身的体育设施日常运行和维护

为贯彻落实"国办发〔2010〕22 号",国家体育总局 2011 年制定了《体育产业"十二五"规划》。尽管只是过渡性文本,但《体育产业"十二五"规划》依然

选择了不少新型的财税政策工具(如"表5-4"所示)。相较于"国办发〔2010〕22号",《体育产业"十二五"规划》最大的亮点在于鼓励各地设立体育产业发展引导资金,创设了贷款贴息、项目补贴、后期赎买和后期奖励等财税政策工具。除此之外,已有的税收优惠、税前扣除等财税政策工具也得以保留。值得注意的是,"国办发〔2010〕22号"中的公共体育设施优惠和免费开放的政策工具销声匿迹。同样值得关注的是,以"加强对彩票公益金使用的监管,提高使用效益"的体育彩票公益金政策工具并未明确提及。

表5-4 《体育产业"十二五"规划》中的主要财税政策工具

	工具出处	财税政策工具
主要措施	(三)加大体育产业投融资支持力度	贷款贴息、项目补贴、后期赎买和后期奖励(设立体育产业发展引导资金或争取其他专项资金)
	(四)落实相关税费优惠政策	体育赞助、体育捐赠等税收优惠,体育赞助企业广告费税前扣除,公益性体育捐赠税前扣除

"国发〔2014〕46号"是目前国内体育产业领域政策位阶最高的一份文件,由国务院2014年10月2日颁布,其整体勾勒和规划了未来十年我国体育产业发展的蓝图。与"国办发〔2010〕22号"和《体育产业"十二五"规划》不同,"国发〔2014〕46号"更加注重财税政策工具的运用。除"完善税费价格"专项财税政策措施之外,"国发〔2014〕46号"多处提及利用财税政策工具促进体育产业发展。基本形成了较为完善的财政投资、政府购买、项目补助、贷款贴息、项目奖励、税收优惠、公共体育设施免费或低收费开放、彩票公益金等财税政策工具体系(如"表5-5"所示)。

表5-5 "国发〔2014〕46号"中的主要财税政策工具

	工具出处	财税政策工具
主要任务	(五)丰富市场供给	财政投资、政府购买
	(六)营造健身氛围	免费或低收费开放公共体育设施
政策措施	(一)大力吸引社会投资	项目补助、贷款贴息和奖励(体育发展专项资金)
	(二)完善健身消费政策	财政预算、体育彩票公益金;财政投资、购买服务、免费或低收费开放公共体育设施
	(三)完善税费价格政策	税收优惠(企业所得税:15%税率优惠,非营利组织免税优惠,体育场馆自用房产和土地的房产税和城镇土地使用税优惠);体育企业广告费税前扣除、公益性体育事业捐赠的税前扣除、文化体育业3%营业税

与国家政策相向,各地争相出台配套实施政策,特别是各地体育产业发展引导资金政策的落实,将体育财税政策工具展现的淋漓尽致。从选取的十个地方性体育产业发展引导资金管理办法上看,各地基本形成了以项目补贴

（补助、以奖代补、先建后补、偿还性资助）、贷款贴息、政府购买（政府重点采购）、项目奖励（后期奖励、业绩奖励、绩效奖励）、后期赎买、股权投资、专项性一般转移支付等为核心的体育财税政策工具体系（如"表5-6"所示）。

表5-6 十地"体育产业发展引导资金使用管理办法"中的主要财税政策工具

	财税政策工具
北京市	贷款贴息、项目补贴、政府重点采购、后期赎买、后期奖励
山东省	项目资助、贷款贴息、以奖代补、其他方式（政府重点采购、后期赎买、股权投资等）
江苏省	资助、贴息、其他方式（奖励、政府购买、偿还性资助等）
浙江省	专项性一般转移支付
福建省	项目补贴、贷款贴息、奖励、其他方式（政府购买、股权投资）
甘肃省	项目补贴、贷款贴息、以奖代补、政府购买
青海省	贷款贴息、先建后补、政府购买、业绩奖励、项目补贴
重庆市	项目补贴、贷款贴息
云南省	项目补贴、贷款贴息、后期奖励、政府重点采购、后期赎买
广西壮族自治区	项目补助、贷款贴息、绩效奖励

★信息来源：依据各省公开发布的体育产业发展专项资金管理办法及相关报道整理。

具体到单一财税政策工具的运用而言，最受地方政府青睐的无疑是项目补贴、贷款贴息、政府购买和项目奖励，分别占到总数的31.71%、21.95%、17.07%和14.63%，而后期赎买、股权投资和专项性一般转移支付相对较少运用，仅占总数的7.32%、4.88%和2.44%（如"表5-7"所示）。

表5-7 十地体育产业发展引导资金中财税政策工具运用次数和频率

财税工具类型	运用次数	运用频率
项目补贴/补助、以奖代补、先建后补、偿还性资助	13	31.71%
贷款贴息	9	21.95%
政府购买/政府重点采购	7	17.07%
项目奖励/后期奖励、业绩奖励、绩效奖励	6	14.63%
后期赎买	3	7.32%
股权投资	2	4.88%
专项性一般转移支付	1	2.44%
	41	100%

（二）文本信息：财税政策工具运用的趋势和特点

政策文本和地方实践显示出体育产业领域财税政策工具选择与运用的

三个发展趋势和特点：

第一，在工具类型上，体育产业财税政策工具日渐多元化。从20世纪90年代至今，体育产业财税政策工具逐渐走出了高度依赖税收政策工具的时代，日渐迈向更广阔的财税政策工具时代，越来越多的非税政策工具被决策者所采纳。但税收政策工具并未就此退出体育产业舞台，相反，其依然成为体育产业发展的重要工具。每逢大型体育赛事，多半都会出台专门性的税收优惠政策即是典型。

第二，在工具使用上，体育产业财税政策工具日渐趋同化。在国家系列权威性文件和国家体育总局的激励下，不少地方政府先后设立体育产业发展引导资金。而体育产业发展引导资金的使用和管理，一方面要与国家政策文本保持一致，另一方面地方更愿意移植其他相关专项引导资金的使用和管理做法，双重要素导致各地采用的体育产业财税政策工具高度雷同。

第三，在工具活力上，体育产业财税政策工具看似"百花齐放"，实则活力不足。不管是国家政策文本，还是地方工具实践，专属于体育产业的、创新性的财税政策工具并不多见。国家出台的体育产业发展政策文本与地方实践中，涉及财税政策工具多数源于其他产业振兴和支持计划，或与其他产业政策文本与实践相似，体育产业财税政策工具的自身特性并不明显。

（三）文本信息：财税政策工具运用的问题与不足

政策文本和地方实践显示出决策部门运用财税政策工具助推体育产业发展中面临的诸多问题与困局，比如，既暴露了财税政策工具类型和性能使用不足的问题，又凸显了财税政策工具的体育产业属性欠缺的现象；再如，不仅显示了财税政策工具的具体产业差异缺失的实情，而且展露了财税政策工具的组合运用考虑不周的难题。

1. 工具类型和性能使用不足

从财税政策与法律原理上看，收入与支出是至关重要的两端。两者之于一国财政体系运行，皆缺一不可。与之相应，财税政策工具也可相应区分为收入型政策工具和支出型政策工具。虽学界对收入型政策工具和支出型政策工具的内涵和外延时有争论，但总体来说，收入型政策工具至少有税收、公债、政府性基金与行政事业性收费、彩票公益金等类型；支出型政策工具至少有政府购买、后期赎买、财政补贴、财政贴息、财政担保、财政投资、财政拨款、财政奖励、税收优惠（税式支出）、财政转移支付等样态。在这些财税政策工具中，税收优惠相对复杂。就税收优惠性质而言，站在纳税人的角度，其一直被当作政府给予的恩赐和照顾。而站在政府的角度,则又可以将税收优惠视为政府收入的抵减,进而将其视为一种特殊的财税支出工具。①

以此检视体育产业财税政策工具的选择与运用实践,不难发现,支出型政策工具类型有待拓宽。比如,财政拨款、财政担保等工具都值得考虑,也都有益于体育产业的快速发展。更为主要的是,多数支出型政策工具的性能挖掘不够,机能利用远未充分。例如,项目奖励有多种表现形式和运作方案,究竟采用哪一种奖励形式与方案更有利于激励体育产业发展、促进体育消费,极有必要综合权衡,也都值得进行创新性试验。与之对比,收入型政策工具的使用不足更为明显。不仅是收入型政策工具的类型极其单一,即便是已有的收入型政策工具也远未使用到位。譬如,就税收政策工具而言,现有政策实践极少突破税收优惠、税前扣除等思路。实际上,影响最终税负的远不止是税收优惠、税前扣除。税收主体、税收客体及其归属、税率、计税依据等任何一个工具组成部分,都可以直接左右税负的高低。

2. 工具的体育产业属性欠缺

对比起步更早的文化产业、高成长服务业、战略性新兴产业、园区产业等各种名目的产业引导资金使用管理办法,足见体育产业对其他产业财税政策工具的简单平移痕迹,缺乏对体育产业本质属性和发展规律的探寻。譬如,《文化产业发展专项资金管理暂行办法》(财教〔2010〕81号)第6条设立了文化产业发展中的贷款贴息、项目补助(补充国家资本金、保险费补助)、绩效奖励等财税政策工具。再如,《安徽省战略性新兴产业发展引导资金项目管理办法》(皖政办〔2011〕19号)第14条创设了战略性新兴产业发展中的贷款贴息、补助投资、参股投资等财税政策工具。

上述财税政策工具在体育产业发展中基本都得到仿造。这种不顾产业属性、运行规律,以模仿其他产业政策为主的财税政策工具设置方式,缺乏对不同产业本质、性能的深度分析,既背离了体育产业自身发展规律,又有可能抹杀体育产业的独特秉性,还缺乏对地方不同产业布局、产业公平竞争等的整体考虑。不做任何甄别、改造的"拿来主义",极有可能的结果便是,形式上保持了产业之间的工具统一,实质上不仅难以对体育产业的绩效形成积极促进,而且难以保障体育资助项目的实际运营绩效,从而造成潜在的体育产业绩效缺失风险,危及体育财税政策工具效率的实现。再加上各地方政府以体育产业为主要内容,以政府干预为主要特征,围绕"文件规划、资金引导、基地

---

① 参见李旭鸿:《税式支出制度的法律分析》,法律出版社2012年版,第19页。

带动"形成的地方体育产业政策体系呈现区域间快速扩散趋势,又进一步导致潜在政策、业绩与效率等多重风险。①

3. 工具的具体产业差异缺失

不管是从国家政策文本,还是从地方实践来看,体育产业内部不同产业部门究竟该运用何种财税政策工具均无清晰的规则导向,财税政策工具中的具体产业差异性缺失严重。以地方体育产业引导资金实践为例,与财税政策工具运用的趋同化相似,诸多地方都将引导资金投向体育健身休闲与场(馆)服务、体育产业基地与功能区、体育产业带与产业集群、体育产业重点项目技术改造、体育战略新兴产业项目、体育赛事活动、体育装备研发生产与销售、体育中介机构、体育产业人才培养、全民健身、体育旅游业市场培育与开发和体育科研项目等项目。② 这种不分体育产业内部具体产业差异,笼统设置财税政策工具的做法,与公共性原理悖论。公共性作为公共政策的本质属性,是公共政策制定、政策工具选用与实施的最基本要求。③

从财税政策工具实施的效果上看,体育产业内部不同产业部门提供的产品均存在公私分界的程度、惠及对象的范围、所扮演的角色、公共责任和公众信任④等差异。这些差异归根结底,都会指向公共性程度的差别。⑤ 正因为不同产业部门公共性差异的存在,才使得界分不同财税政策工具成为必要。比如,公共性程度高的体育产业部门可以考虑选用激励作用更突为出的财税政策工具,而公共性程度较低的则可以减少或弱化对产业部门的激励。如此一来,相同产业部门、相同产品相同对待,不同产业部门、不同产品不同对待,便可实现体育产业内部不同业态之间的公平竞争。

4. 工具的组合运用考虑不周

观察现有体育产业领域财税政策工具的运用实况,不难发现,多数地方都以不同形式排斥了不同财税政策工具之间的组合运用,致使工具之间的互

---

① 参见邢尊明:《我国地方政府体育产业政策行为研究——基于政策扩散理论的省(级)际政策实践调查与实证分析》,载《体育科学》2016 年第 1 期。
② 参见邢尊明、周良君:《我国地方体育产业引导资金政策实践、配置风险及效率改进——基于 8 个省、自治区、直辖市的实证调查及分析》,载《体育科学》2015 年第 4 期。
③ 参见王冰、张晓莲:《公共政策的公共性测度——基于武汉市交通拥堵治理政策的实证研究》,载《城市问题》2013 年第 6 期。
④ M. Shamsul Haque, "The Diminishing Publicness of Public Service Under the Current Mode of Governance", *Public Administration Review*, Vol. 61(1), pp. 65-82(2001).
⑤ Barry Bozeman, *All Organizations Are Public: Bridging Public and Private Organization Theory*, Jossey Bass Publishing, 1987, pp. 83-107.

动被人为斩断。这种排斥主要以以下几种方式实现：第一，地方政府直接出台政策文件，明确规定只能选择一种财税政策工具。比如，《甘肃省体育产业发展专项资金管理办法》（甘财科〔2015〕37号）第7条第2款便规定，项目申报单位原则上只能选择一种财税政策工具（资助方式）。第二，地方体育产业专项资金申报公告直接明示"申报单位只能选择一种支持方式（财税政策工具）进行申报"。比如，2015年重庆市体育产业发展专项资金申报公告便有此要求。[1] 第三，不仅明令要求同一项目只能选用一种财税政策工具，而且通过资金的总额控制，确保财税政策工具的单一化运用。

比如，《温州市体育产业发展专项引导资金使用管理暂行办法》第5条首先确立了"同一项目只能享受一种形式的资金扶持"原则，尔后针对不同财税政策工具运用而获致的资金总额进行具体化。当然，地方实践也有不一样的镜像。例如，《江苏省体育产业发展引导资金使用管理暂行办法》虽未明示授权组合运用财税政策工具，但体育产业发展引导资金项目公示认可了组合运用方案。2014年江苏省便以"资助＋贴息"的组合方式批准了禧玛诺（昆山）自行车零件有限公司申请的"专业铝制运动休闲自行车零部件智能制造工厂项目"和常州市钱璟康复器材有限公司申请的"国内首台等速运动康复模式综合肌力测试训练器研发推广项目"。尽管如此，不同财税政策工具之间的组合运用还是未得到足够重视。

四、体育产业财税政策工具：型构、选择与应用

一般来看，"政府制定政策的主要依据是理论认知和实践感受，反映政府的偏好和价值取向。体育政策工具的选择标准是问题导向的，实质上是针对国家和地方体育发展背景下政策工具属性与目标相匹配的过程"[2]。作为体育政策工具的一个类型，体育产业财税政策工具的选择、组合与应用的实质自然也是财税政策工具属性与体育产业发展目标相匹配的过程。这一过程能否顺利展开，可否达到预期效果，不仅仰赖于对财税政策工具的本体功能分析，而且取决于对影响财税政策工具选择的多元因素探析。只有精准把握不同类型财税政策工具的功能特性，科学揭示体育产业发展目标、财税政策工具实施环境、体育产品类型与财税政策工具型态等因素对体育产业财税政

---

[1] 参见《重庆市体育局关于开展2015年重庆市体育产业发展专项资金申报工作的通知》（渝体〔2015〕352号）。

[2] 刘叶郁：《中华人民共和国成立以来体育政策的演变特征与内容分析》，载《上海体育学院学报》2018年第6期。

策工具选择、配置的影响与作用机理,才有可能找到既契合体育产业本源属性,又符合财税政策工具内在机理;不仅有助于财税政策工具机能发挥,而且有益于体育产业整体发展的体育产业财税政策工具选择、组合与运用规律和操作要义。或许也只有这样,才有可能真正找到财税政策工具支持体育产业发展的最佳组合方案,进而实现体育产业与财税政策工具的有机融合。

(一) 财税政策工具选择之前提:工具的功能分析

体育产业财税政策工具选择与运用出现的种种问题,从不同角度可以找寻到不同的缘由,但对财税政策工具本体功能的认识不足是至关重要的原因。市场体制下,体育产业主体和政府部门时常需要作出各种决策。虽有多种因由影响决策的质量和效率,但财税政策工具的选用无疑是最为关键的要素之一。演进至今,财税已为体育产业储备了极为丰富的政策工具。依据不同的标准,会有不同的财税政策工具类型。虽然分类总有争执,但将财税政策工具分为收入型政策工具和支出型政策工具大体还是可以达成共识的。实际上,以税收为主的收入型政策工具,以及以项目补贴、贷款贴息、政府购买和项目奖励为主的支出型政策工具,都可以在体育产业发展和消费方面发挥巨大作用。但这种作用的发挥有赖于对不同类型财税政策工具的正确识别,进而精准选用。

1. 收入型财税政策工具的功能分析

收入型政策工具主要是税收[①],与体育产业紧密相依的既有以增值税(含营改增)、消费税、关税为代表的流转税,又有以企业所得税与个人所得税为代表的所得税,也有以房产税为核心的财产税,还有以土地增值税、城市维护建设税为重点的特定目的税。甚至在特定情况下,车船税、印花税等行为税也会缠绕着体育产业。不管是哪一类税收,都蕴含收入分配、资源配置和保障社会稳定等功能,而非单一的筹集财政收入职能。客观上看,在现实的经济环境中,任何一类税收都不可能仅仅承担取得财政收入的任务。当今社会摆在政府面前诸多的社会经济问题,需要政府采取各种切实可行的政策手段加以解决。需要也可以运用税收干预的问题不断涌现,比如,体育产业结构调整、体育产业技术进步、体育产业可持续发展、体育消费公平与公

---

① 亦如前述,收入型政策工具绝非税收政策工具一种,公债、政府性基金与行政事业性收费、彩票公益金等大体也可归入收入型政策工具,但考虑到规范性和对财政收入的贡献度,本部分对收入型政策工具的分析重点围绕税收政策工具而展开。

正等。①

  税收对体育产业的影响主要体现在对体育产品②的生产、消费、分配以及整个体育产业经济稳定的影响，其影响既可能是积极的鼓励和刺激，也可能是消极的限制或压抑。税收对生产的影响主要体现为对劳动力、储蓄、投资和资源配置的影响。比如，所得税等直接税会直接影响投资报酬率，从而会影响资本的流向或投资倾向；流转税等间接税则会直接影响消费水平的变化，从而会影响投资倾向和投资规模。税收对消费的影响植根于各类纳税主体不尽相同的收入，收入不同、纳税能力自然有别。对不同收入的群体课税，消费能力变化自然也就有所差异。比如，就税收客体而言，对需求弹性大小不同的体育产品课税，会使产品的消费量呈现出大小不同的相应变化。而对体育产品设定的征税范围大小，则会影响到替代消费量的大小。税收对分配的影响主要体现在通过相关税种的设置和累进税率的推行来促进社会财富分配的公平合理，而税收对体育产业经济稳定的影响则通过税收对投资、消费以及由此而致的就业、物价等实现。③ 正是这些贯穿于体育产品生产、分配、消费等阶段的不同税种、不同税制要素，影响着体育产业发展的快慢，左右着体育消费能力的高低。

  因此，要想加快发展体育产业、促进体育消费，就需要充分利用税收杠杆，发挥不同税收职能，综合运用不同税收政策工具，实现税收对体育产业发展的导引作用。尽管如此，仍要清醒地意识到，仅凭税收政策工具就想实现体育产业快速发展、体育消费迅速提升的愿景是不切实际的，因为税收政策工具自身的局限性同样会加剧"组织收入"与"调节经济"之间的冲突。税收作为体育产业发展的助力器，至少具有如下自身无力解决的局限：其一，税收不是驰援体育产业发展的唯一工具。市场经济条件下，政府发展体育产业可以采用收入型政策工具，也可以采取支出型政策工具。即便是收入型政策工具内部，也远非税收一种工具形态。其二，税收促进体育产业发展的成效取决于政府对体育产业发展效率与公平目标的权衡。虽然现实中时有双赢的税制革新，但多数时候，政府不得不在效率与公平之间艰难取舍。④ 其三，税收对体育产业的作用有赖于税制结构，如果对体育产业促进起主导作用的税种位于整个税制的核心地位时，体育产业发展自会事半功倍。反之，则可能

---

① 参见岳树民、李建清等：《优化税制结构研究》，中国人民大学出版社2007年版，第25页。
② 文中所言及的"体育产品"是从广义上讲的体育产品，不仅包括一般意义上的产品，而且包括体育服务等。基于行文简洁性考虑，统一简记为"体育产品"。
③ 参见张守文：《税法原理》（第七版），北京大学出版社2016年版，第13—14页。
④ 参见薛进军：《不平等的增长——收入分配的国际比较》，社会科学文献出版社2013年版，第325页。

事倍功半。

　　总体来说,税收政策工具在体育产业发展方面可以发挥重要作用,但工具的扭曲性却不可避免。当经济运行遇到困难时,盲目寄希望于通过税收政策工具达到既定的政策目标,很可能产生事与愿违的结果。因为不仅税收扭曲性自身会带来效率损失,而且在不完美的市场环境中,税收效应所产生的政策效果也可能并不显著。① 因而,在选择收入型政策工具时,应统筹考虑、克服工具局限,发挥其推进体育产业发展的积极一面。

　　2. 支出型财税政策工具的功能分析

　　与收入型政策工具相比,支出型政策工具类型繁杂。从激励角度看,可将其界分为财政激励政策工具与税收优惠政策工具。前者可以细分为财政补贴、财政设立的各项投资基金、引导社会资本投入的各项财政政策工具(比如,鼓励金融机构加大贷款)等事前激励工具,以及政府购买、后期赎买等事后激励工具。② 后者也可以分化为保障型税收优惠(救助型税收优惠)和经济调控性税收优惠(激励型税收优惠)。③ 由于支出型政策工具"一般都具有受益性,相对人不仅不会受到利益侵害,反而能够从中得益"④,因此支出型政策工具较之收入型政策工具对体育产业发展的影响更为直接。

　　政府在法律的指引下,运用支出型政策工具,通过设定体育产业财政支出的范围和结构,引导体育产业朝着规划的方向发展。这种财政支出性引导,既是社会经济运行的必须投入,也是影响产业结构变迁的重要原因。⑤ 实践中,支出型政策工具主要通过引导市场主体的投资行为而影响体育产业发展和产业结构变迁。换言之,支出型政策工具之于投资者而言,最大的功效在于产业诱导性。即国家"通过激励或诱导措施的引入,实现特定的政策目的"⑥。对于大多数民营企业投资者而言,"中国的金融改革虽然有所推进,但相对于民营企业的成长速度、商品市场和劳动力市场的改革却是滞后

---

① 参见王文静:《组织收入与调节经济:中国税收政策的目标权衡与制度优化》,南开大学2013年博士学位论文,第Ⅰ页。
② 参见张同斌、高铁梅:《财税政策激励、高新技术产业发展与产业结构调整》,载《经济研究》2012年第5期;王家宏、邵伟钰:《促进体育产业与科技融合的财政政策研究》,载《成都体育学院学报》2015年第4期。
③ 参见王霞:《税收优惠法律制度研究——以法律的规范性及正当性为视角》,法律出版社2012年版,第8页。
④ 刘剑文、熊伟:《财政税收法》(第六版),法律出版社2014年版,第50页。
⑤ 参见严成樑、吴应军、杨龙见:《财政支出与产业结构变迁》,载《经济科学》2016年第1期。
⑥ 熊伟:《法治视野下清理规范税收优惠政策研究》,载《中国法学》2014年第6期。

的,这导致了民营企业特别是中小民营企业融资难的问题日益突出"。① 在此背景下,支出型政策工具的运用一定程度上缓解了融资难问题,因为不管是受惠于哪一种支出型政策工具,最终都会为投资者带来直接或间接的收益。"财政支出强制性无偿供给正好与作为财政收入的税收的强制性无偿征收相对应。"②正是这种无偿性的财政支出,使得支出型政策工具对市场主体的影响较之收入型政策工具更为直接。

各类支出型政策工具依托的财政无偿供给机制,固然可以加大投资者进入体育产业的兴趣,激励投资者致力于体育产业的发展,但也可能导致财政供给不足。从某种程度上说,财政供给能力决定了支出型政策工具助推体育产业发展的广度和深度,而财政供给能力又与政府财政收入休戚相关。难题随之出现,要想维系或提升财政对体育产业发展的支持力度,扩大财政收入实属必要。而扩大财政收入最行之有效的办法莫过于增税,但增税向来不被社会所认可。政府更多时候也不能不顺应民意,国务院总理李克强便在2016年政府工作报告中明确提及"确保所有行业税负只减不增"。当减税成为社会共识的时候,一边要减少税收,一边要增加财政对体育产业的支持力度,政府面临两难选择。尤其是在当下,财政困难已成事实,资金使用更应该精准、规范与合理。对于投资者而言,一旦适应了财政支持、形成对支出型政策工具的激励预期时,取消或弱化财政支持,都会导致投资者对体育产业的热情和信心,致使激励动力缺失。

(二)财税政策工具选择之关键:影响工具选择的因素探析

关于财税政策工具选择的影响因素,不同学者有不同的归纳和分析,但都存在强调影响工具选择的某一或某些方面的因素,而忽略其他方面因素的情况。综合起来,影响政策工具选择的因素主要有政策目标、工具性能、工具应用背景、以前的工具选择和意识形态等主要因素。③ 诸如此类因素的存在,注定选取正确的政策工具着实不易。况且,政策工具的选择并非只是一个纯技术的行为过程,多数时候在技术因素之外,还交织着公权力行使、不同偏好与利益表达和博弈等④,以致实务中选择何种政策工具既有可能出于文

---

① 汪伟、郭新强、艾春荣:《融资约束、劳动收入份额下降与中国低消费》,载《经济研究》2013年第11期。
② 〔日〕神野直彦:《财政学——财政现象的实体化分析》,彭曦等译,南京大学出版社2012年版,第226页。
③ 参见陈振明:《政府工具研究与政府管理方式改进——论作为公共管理学新分支的政府工具研究的兴起、主题和意义》,载《中国行政管理》2004年第6期。
④ 参见徐媛媛、严强:《公共政策工具的类型、功能、选择与组合——以我国城市房屋拆迁政策为例》,载《南京社会科学》2011年第12期。

化或制度上的原因,也有可能是因为决策者对某些政策工具更为熟悉,还有可能只是因为某一政策工具在特定时段内足够时髦。除此之外,一种政策工具被选用亦可能是因为政策的既得利益者比政策制定者更偏爱这种政策工具。比如,税收优惠就比补贴更能得到政策受益者的青睐。

为此,在体育产业财税政策工具选择过程中,不仅要考虑政策工具效果等客观标准,而且要兼顾政策工具的可接受性、选择经验、偏好、惯例等主观因素。① 与此同时,还得考虑政策工具选择者的知识储备。因为一个国家所实施的一系列政策的决定因素是当前存在的知识储备,这些知识被用来检验各种政策的后果,以及确定合意政策的性质。这样的知识储备有可能指出和澄清关于政策的争论,在大多数民主社会中,这些争论是政策形成过程的一个环节。尽管有这样的知识储备,也很难保证选择好的政策,但是如果没有则很可能选择坏的政策。② 凡此都要求事先应对政策工具目标、界定成功的指标、副作用、数据问题、方法论问题、政治问题以及成本等关键性问题进行评估③,探寻选定的政策工具实施后会发生什么④。仅当立基于政策工具实施环境之上的政策目标、政策工具性能与体育产业属性、具体体育产品契合,才有可能选择出正确的财税政策工具,从而推动体育产业的发展(如"图 5-1"所示)。

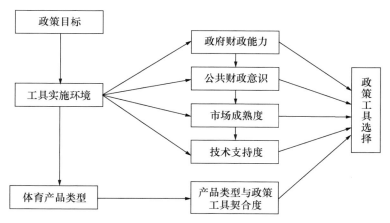

图 5-1 体育产业财税政策工具选择模型

---

① 参见〔美〕B. 盖伊·彼得斯等编:《公共政策工具——对公共管理工具的评价》,顾建光译,中国人民大学出版社 2007 年版,第 205—206 页。
② 参见〔美〕拉吉·K. 萨、〔美〕约瑟夫·E. 斯蒂格利茨:《农民和城市居民:税负和经济发展的负担》,黄少卿等译,上海人民出版社 2017 年版,第 244 页。
③ 参见〔美〕小约瑟夫·斯图尔特、戴维·M. 赫奇、詹姆斯·P. 莱斯特:《公共政策导论》(第三版),韩红译,中国人民大学出版社 2011 年版,第 119—121 页。
④ 参见〔美〕托马斯·R. 戴伊:《理解公共政策》(第十二版),谢明译,中国人民大学出版社 2011 年版,第 284—298 页。

1. 政策目标

政策目标是政策制定者希望通过政策实施所达到的效果,其不仅为政策工具规定了方向,而且为政策工具的有效性提供了评判标准。在进行政策工具选择时,关于政策目标要考虑以下几点:首先,如果目标是单一的,就要明确目标是什么。其次,如果目标是多重的,就要明确目标构成。最后,政策工具在执行一段时间后,要考虑政策目标是否已经发生转变。如果目标已经转变,就要考虑达成目标的工具是否还有存在的理由,是否需要选择新的工具。①

从国家政策层面看,不管是"国办发〔2010〕22号",还是"国发〔2014〕46号","加快发展体育产业"都是关键性目标。虽然"国发〔2014〕46号"看似提出了"进一步加快发展体育产业"和"促进体育消费"两大政策目标,甚至官方也认为"今后的工作重点会放在大力培育体育消费上"②。但"促进体育消费"不管是从结果,还是从手段上,都会根本上加快和推进体育产业的发展。从这个角度上说,加快体育产业发展才是当前体育产业领域最大的政策目标。财税政策工具的选择必须服务于这一根本性目标,否则,便会失去方向,偏离航道。

2. 工具实施环境

目前体育产业领域存在一些财税政策工具实施效果不佳情况,主要原因在于选定工具时,较少从实施的角度进行考量。比如,"国发〔2014〕46号"虽选用了"经认定为高新技术企业的体育企业,减按15%的税率征收企业所得税"优惠工具,但国家严格的高新技术企业认定标准与诸多的限制性条件,致使我国98%以上的中小体育服务企业被排除在高新技术企业之外,无法享受到该项优惠政策。③ 如此结果变相宣告了该项政策工具的"失灵"。从工具实施的角度看,选定财税政策工具尤其需要注意以下政策环境:

---

① 参见陈振明主编:《政策科学——公共政策分析导论》(第二版),中国人民大学出版社2003年版,第193—194页。
② 国家体育总局副局长冯建中曾在国新办举办的《关于加快发展体育产业促进体育消费的若干意见》贯彻落实情况发布会上明确表示,今后的工作重点会放在大力培育体育消费上。对此,业内人士普遍认为,培育体育消费是做大产业蛋糕的关键参见王辉:《贯彻落实〈意见〉重点在大力培育体育消费》,引自 http://www.sport.gov.cn/n319/n4836/c573699/content.html,最后访问日期:2019年3月15日。
③ 参见杨京钟、郑志强:《体育服务业与税收政策调整的关联度》,载《西安体育学院学报》2014年第1期。

第一,政府财政能力。政府财政能力强弱是决定收入型政策工具和支出型政策工具的重要因素。如果政府财政能力很强,支出型政策工具被选用的可能性便大大增强,反之,政府则极有可能仰赖于收入型政策工具的实施以增加财政收入。

第二,公共财政意识。"公共财政意识并非公共财政的意识,而是涉及财政问题的主体意识,是社会主体对于财政问题的认知和反映。"①不言而喻,公共财政意识越高,支出型政策工具越应克制。工具选取过程中不仅要注重选择结果的可接受性,而且要恪守选择程序的民主性和科学性建构。

第三,市场成熟度。一般而言,市场成熟度越高,激励性财税政策工具的采用越应该谨慎,否则,对市场主体的引导就容易成为政府干预市场的理由。

第四,技术支持度。体育产业中,较多领域的财税政策工具选择有赖于技术支持,如果缺乏相应的技术支持,正确选取政策工具就是一句空话。比如,体育场馆、体育竞赛需要专门的技术支持,故对体育场馆建设与运行、体育竞赛组织与管理时的财税政策工具选择就应该考虑到技术状况。

3. 体育产品类型

根据公共产品理论可将体育产品分为:体育公共产品、体育私人产品和混合体育产品(如"表5-8"所示)。② 从体育产品类型与政策工具属性契合度上看,首先要考虑的是财税政策工具要不要介入体育产品。基于产品特性,给予体育公共产品以财税支持当无争议。同理,给予混合体育产品适度的财税支持也可理解。基于此种认识,如果政策项目是体育公共产品,属于基础性的、全民受益的项目,政府就应该多选择财政补贴、财政贴息、财政投资、财政拨款、财政转移支付等支出型政策工具,以激励提供者的积极性。如若政策项目虽属公共产品,但政府财力有限,则可以考虑以收入型政策工具中的彩票公益金为主创设产业引导资金,以引导社会资本投入其中。如果政策项目是混合体育产品,同样可以选取前述财税政策工具,只是支持力度应相对减弱。比如,在选择财政补贴时,体育公共产品就应该获得比混合体育产品更优厚的补贴待遇。

---

① 任际:《财政法理论研究》,法律出版社2016年版,第182页。
② 参见董红刚:《社会转型期我国体育公共产品的整合与开发研究》,安徽工程大学2010年硕士学位论文,第9—10页。

表 5-8 体育产品类型

产品类型 特征/实例	体育公共产品	混合体育产品	体育私人产品
效用	不可分割性	不可分割性	可分割性
受益	非排他性	排他性弱	排他性
消费	非竞争性	竞争性强	竞争性
提供目的	非营利性	非营利性	营利性
	健身路径、体育信息、体育政策等	收费性的大型体育场馆等	健身健美、球类俱乐部等

与体育公共产品与混合体育产品不同,体育私人产品不仅具有可分割性、排他性和竞争性,更主要的是具有营利性。对待这类产品,除非理由正当,否则不应赋予财税支持,应由市场自动调节。倘若一概与体育公共产品、混合体育产品同等支持,则既有可能背离公共财政的本有之义,又有可能造成政府对市场的不当干预。毕竟,相对于政府干预,市场配置的范围更广、规模更大,在总体上也更有效。当然,如果是为了特定的产业目的考虑,选用财税政策工具也绝非毫无道理。因为市场具有优先性、决定性地位,也就意味着市场的有限性。面对市场失灵领域,政府介入不仅可能,而且必要。① 比如,为了促进体育服务与体育用品的技术创新,便可选择税收优惠、补贴等财税政策工具。

4. 政策工具型态

收入型政策工具与支出型政策工具,性能不同无须再说。需要进一步阐释的是,即便是同一财税政策工具也有可能存有模式和型态上的不同,这种不同影响政策工具的性能,进而决定着最终的政策工具选择。以最为常见的财政补贴为例,实践中已出现统包补贴、包干补贴、按人流量补贴和服务与成本监督下的补贴等型态,每一种补贴型态所致的效果相去甚远。统包补贴直接针对市场主体的实际亏损进行全额补贴,不仅不能激励市场主体提高体育产业水平,反而会诱导其降低努力程度。包干补贴由政府直接对市场主体给予定额补贴,多补不退,少补不追加。此种补贴模式固然不会导引市场主体采用更低的努力程度,但也难以激励其提高发展体育产业的努力水平。按人流量补贴,即政府按照单个消费者进行补贴,有多少人流量,政府就补贴多少。该种补贴模式,可以促进市场主体积极努力提高效率、降低成本,从而获

---

① 参见张守文:《政府与市场关系的法律调整》,载《中国法学》2014 年第 5 期。

得更多的人流量,以争取更多的补贴,问题是人流量无法准确体现市场主体发展体育产业的努力水平和贡献。服务与成本监督下的补贴,将补贴额度与控制成本与提高质量挂钩,政府设计出一套合理有效的奖惩系数和制度来监控市场主体的努力程度,引导其为体育产业发展付出更高努力水平。① 由上可见,同样一个财税政策工具,型态不同、性能差异巨大,决策者在选取财税政策工具时,断不可忽视此类因素对体育产业发展的影响。只有选择与体育产业类型相契合的财税政策工具型态,体育产业发展才有可能加倍前行。

(三) 财税政策工具的选择、组合与运用

"政策工具的优化配置是选择和运用政策工具的基本原则。"②体育产业领域,不同类型的财税政策工具,甚至同一类型内部具体的财税政策工具,都有不同的内涵、边界和适用范围,也有不同的法律要求,所起到的作用不一样,在选择和运用上就应该有所不同。例如,到底是通过财政奖励或财政补贴等支出型政策工具尽可能调动投资者的产业积极性更好,还是通过收入型政策工具筹集资金,由政府直接从事体育产业投资更好,值得琢磨。实务中,两类财税政策工具实质上进行着组合配置。国家首选通过收入型政策工具筹集资金,而后再启用财政补贴或奖励等支出型政策工具以支持体育产业发展。除了财税政策工具内部的搭配,财税政策工具与其他政策工具之间也可以互动。与单一财税政策工具相比,良好的财税政策工具组合能够弥补单一财税政策工具应用的缺陷,并通过产生新的特性和功能来扩大财税政策工具的适用范围,进而提高体育产业发展的整体效能。需要指出的是,财税政策工具箱中的政策子工具,并非固定不变。相反,这些工具选项一经设计和选用,便要随体育产业实践的发展变化而作出及时调整、修改、补充和更新政策工具及优化组合,以适应新的体育产业发展环境。③

1. 收入工具与支出工具同等运用

不管是从工具选择原理,还是基于纠偏失衡的工具实践考虑,都有必要将收入型政策工具与支出型政策工具同等运用,其目的在于强化体育产业领域财税政策工具的整体功能。发展体育产业需要公共部门、私人部门,甚至

---

① 参见彭莉:《体育基础设施融资及经营补贴机制研究》,江西财经大学 2012 年硕士学位论文,第 36—43 页。
② 王辉:《政策工具选择与运用的逻辑研究——以四川 Z 乡农村公共产品供给为例》,载《公共管理学报》2014 年第 3 期。
③ 参见唐庆鹏、钱再见:《公共危机治理中的政策工具:型构、选择及应用》,载《中国行政管理》2013 年第 5 期。

第三部门的协同努力。体育私人产品自不多言,体育公共产品与混合体育产品向来都有公共部门直接提供、私人部门提供和公共部门和私人部门联合提供三种模式。① 要吸引私人部门和第三部门投身体育产业,发挥支出型政策工具的引导功能已是常态。但不管是哪一种支出型政策工具,都离不开财政支出,而财政支出的广度和深度植根于财政收入的总量。可见,仅局限于支出型政策工具层面论及体育产业发展,无异于纸上作画。或因如此,才有学者建议开征体育税,构建中国特色的体育产业税收政策体系。②

姑且不论是否有必要开征体育税,但扩大体育产业的财政支出度实属必要。而提高财政支出度的关键还在于扩大体育产业领域的财政资金,在公债和政府性基金受到严格控制,体育事业性收费逐渐取缔的当下中国③,借助这些拓展体育财政收入难度不小。更为明智的做法是,近期可提高体育产业对彩票公益金的分享比例,远期可构筑作为特定目的税的体育税。特定目的税进入国库之后,只能用于特定的体育产业开支。只要该种特定目的通过立法做出规定,无论是政府还是议会都不得改变。④ 如此一来,体育产业可以获得的财政支出定可增大。而加大财政支出投入,产业发展就会步入良性轨道。产业发展利好,反过来又会扩大财政收入来源。果真如此,体育产业领域收入型政策工具和支出型政策工具便可相互驰援,发挥财税政策工具的组合效率,助力体育产业发展。

2. 收入内部多种工具的组合配置

现行税制结构下,体育产业汇集流转税、所得税、财产税和行为税等。营业税改增值税即将全面完成,届时增值税将成为调控体育产业发展最为关键的税收政策工具。增值税的原则是,在商品和服务消费时,不考虑征税之前生产和分配过程中所发生的交易次数,而只依据商品和服务价格的一定比例,课征综合税。⑤ 与增值税配套,目前高尔夫球及球具和游艇已纳入消费

---

① 参见顾功耘、胡改蓉:《国有资本经营预算的"公共性"解读及制度完善》,载《法商研究》2013年第1期。
② 参见杨京钟、吕庆华、易剑东:《中国体育产业发展的税收激励政策研究》,载《北京体育大学学报》2011年第3期。
③ 根据国务院关于推进收费清理改革工作部署,自2015年11月1日起,在全国统一取消和暂停征收参赛个人和团体年度注册费、参赛运动队和运动员比赛报名费、俱乐部运动员转会手续费、棋类和武术段位考评认定费、车手等级认定费、运动马匹注册费6项体育部门行政事业性收费。参见《关于取消和暂停征收一批行政事业性收费有关问题的通知》(财税〔2015〕102号)。
④ 参见刘剑文、熊伟:《税法基础理论》,北京大学出版社2004年版,第25页。
⑤ Victor Thuronyi, ed, *Tax Law Design and Drafting* (volume 1), International Monetary Fund, 1996, chapter 6.

税课税范围。两者构成体育产业流转税的支柱。流转税立基于体育产品的流转额,易于转嫁,故调控效果相对有限。相较于流转税,体育产业涉猎的所得税、租赁与经营体育用房所致的房产税等财产税为直接税,税负难以转嫁,调节功能显著。这些税种构成我国现行体育产业税制的核心。至于行为税、特定目的税,也会关系到体育产业的发展,但影响度相对较小。

站在体育产业发展角度考虑,决策者需要根据各类收入型政策工具的性能,统筹调配、优化组合,在体育产品生产、分配、消费等多环节发挥收入型政策工具的调节职能,构建起以流转税、所得税、财产税,甚至行为税等为主体的体育产业税收调节体系。在此基础上,组合运用增值税(含营改增)、消费税、所得税、房产税等具体税收政策工具,形成增值税(含营改增)与消费税主要调控体育产品的生产与销售,所得税与房产税主要调节市场主体和从业人员的收入分配,土地增值税、城镇土地使用税、契税、印花税、关税等驰援体育产业布局的全方位收入型政策工具体系,通过多种收入型政策工具的组合运用,力推体育产业的健康、快速发展。比如,政府意欲大力发展体育产业、促进体育消费,就不宜在增值税之外,再将体育产品纳入消费税课税范围。反之,则可在体育产品课征增值税的基础上,再添加消费税。目前高尔夫及球具和游艇的流转税处置,采用的就是后一种做法。

更进一步,还需考虑具体税收政策工具的构成要件组合。因为任一核心要件的细微变动都可能导致体育产业布局、产业业态和投资格局等的变化。依税收构成要件的内容,其主要可以区分为:税收主体、税收客体及其归属、计税依据、税率以及税收优惠等。税收客体及其归属关乎课税而否,计税依据与税率决定具体的应纳税额,税收主体明确由谁纳税,这几项向来都是税制要素的关键所在。比如,倘若要加大对某一类体育产品的税负,可以调高税率、扩大计税依据。反之,既可以降低税率,又可以缩小计税依据,还可以增设税收优惠。税收优惠并非所有税种都必须采用,是否设定税收优惠取决于政策目标。原则上,税收优惠不应被采用,因为它背离了量能课税的基本法理,有违税收公平。但如果是基于教育文化政策、国民经济政策、社会政策等公共利益的理由时,则可以视为公平原则的排外适用。① 因此,在择取收入型政策工具时,不仅要关注各个税种之间的组合配置,而且要关注单一税种内部各个税收构成要件之间的互动。唯有如此,方可做到外部各税收政策工具相互配合,内部各构成要件相互调和。

---

① 参见陈清秀:《税法总论》,台湾元照出版有限公司 2014 年版,第 323—324 页。

3. 支出内部多种工具的组合运用

不管是哪一种支出型政策工具的运用，实质上都会增加一部分人的利益，具有隐藏的或间接的"补贴"意义。对于此种补贴，因为不但没有适当的预算上的监督，而且政府、议会与民间皆不易明察其资金或效力的流向，所以必须小心利用。① 否则，轻者将诱发产业之间的不公，重则将导致国家财政能力的恶化。为此，体育产业实践中虽然确立了诸多支出型政策工具，但"重单一支出型政策工具运用，轻多种支出型政策工具组合运用"成为各级政府不约而同的政策共识。不可否认，支出型政策工具确有危及产业公平与财政能力等消极一面，但其助力体育产业发展的积极效应也不容低估。断不可因噎废食，否认和阻却支出型政策工具合力作用的发挥。

终归说来，工具本身并无过错，关键是如何通过制度创新以限制支出型政策工具消极作用的散发，使其在法治的轨道上行使。比如，可以设定各支出型政策工具组合运用而致的上限标准。青岛市就很好地运用了这一点。根据《青岛市体育赛事引导资金管理暂行规定》第 12 条的规定，属于奥运会正式比赛项目，且符合青岛市发展规划的全国及其以上级别赛事，引导资金支持额度原则上不超过赛事预算总额的 20%，且每项赛事的引导资金支持额度不超过青岛市当年度赛事引导资金总额的 30%。由此可见，组合运用支出型政策工具并无制度障碍，仅需排除对工具组合的偏见、设置相关的限制条款即可。真正的难题在于，如何进行支出型政策工具的组合配置。此种组合可以界分两个维度：

其一，不同支出型政策工具之间的组合配置。比如，财政补贴与财政贴息的搭配，财政奖励与财政贴息、财政投资与财政奖励等的组合等。此种组合旨在最大限度地发挥支出型政策工具的激励作用，既要保证可以激励的项目应当激励，又要保证不应激励的事项绝不滥行激励，从而达到激励适当的理想状态。要做到这一点，就需要在组合型支出工具之下，精心甄别和删选激励项目、确保程序正当②，即项目选取、项目实施、项目评估等都应公之于众。

其二，同一支出型政策工具内部不同型态的互动。比如，财政奖励有后期奖励、业绩奖励、绩效奖励、公益奖励等多种型态，可以考虑根据项目实施情况采取灵活的奖励办法。比如，公示期批准的是后期奖励，但业绩奖励对市场主体更为有利，则可以考虑变更奖励型态，甚至可以结合多种奖励型态。

---

① 参见黄茂荣：《税法总论》（第一册），台湾植根法学丛书编辑室 2002 年版，第 288 页。
② 参见倪正茂：《激励法学探析》，上海社会科学院出版社 2012 年版，第 396—397 页。

倘若支出型工具内部互动机制能够建立起来,其激励效应必将大幅提升。尤其目前我国体育产业在发展时因受多因素影响会呈现出种种结果,例如,投融资积极性不高、产业发展不平衡、市场主体的供给能力不强、体育消费能力欠佳等,但这些结果都有其共有的特征,即激励动力缺失。① 在此背景下,优化组合支出型政策工具是为良策。

4. 财税政策工具与其他政策工具的组合使用

财税政策工具与其他政策工具"这两类不同规制程度和规制方式的工具的合并使用,可以实现优势互补,这在一种规制工具不能实现规制目标之时尤为必要"②。可以与财税政策工具进行组合的其他政策工具主要有体育产业结构政策、体育产业组织政策、体育产业布局政策、体育产业技术政策、体育用品业政策、体育中介业政策、其他体育产业政策。③ 比如,财税政策工具与体育产业结构政策、体育产业布局政策的组合,既可以保障财政资金的合理投向,又可以保证体育产业内部各产业部门之间的协调,还可以保持地区体育产业发展的适度平衡。再如,财税政策工具与体育产业技术政策、体育用品业政策的搭配,不仅可以促进体育产业技术升级,而且可以增强体育产业活力、催生高质量的体育产品,最终促进体育消费。客观上说,鉴于财税所具有的独特支持与引导作用,国家和各级地方政府越来越注重运用财税政策工具促进体育产业的发展。

即便如此,仍应意识到财税政策只是体育产业发展的一般性产业政策。④ 这种政策工具的性能发挥,不仅取决于内部各政策工具之间的和谐有序与优化组合,而且受制于财税政策工具与其他政策工具之间的统一与协调。因为任何产业政策工具都对体育产业发展具有资源配置优化和引导性等重要作用。⑤ 作为政策工具体系中的一个子系统,财税政策工具统摄于整个体育产业政策之下。一个高效的财税政策工具体系首先必须与顶层的体育产业政策的价值及目标相符合,其次必须与其他相同位阶的政策工具相调和,最后还必须保证财税政策工具系统本身没有相互矛盾的现象。只有这样,才有可能真正发挥财税支持体育产业发展的独特功能。

---

① 参见王飞、池建:《我国体育产业发展的制度约束》,载《首都体育学院学报》2014 年第 4 期。
② 应飞虎、涂永前:《公共规制中的信息工具》,载《中国社会科学》2010 年第 4 期。
③ 参见高巍:《完善我国体育产业政策体系研究》,东北师范大学 2014 年博士学位论文,第 68—70 页。
④ 参见陈洪平:《体育产业财税支持政策的财政法思考》,载《武汉体育学院学报》2013 年第 3 期。
⑤ 参见丛湖平、郑芳、童莹娟等:《我国体育产业政策研究》,浙江大学出版社 2014 年版,第 161 页。

五、结　语

从发达国家的经验来看,财税政策工具始终被作为促进体育产业发展的重要工具。① 20世纪90年代初,我国在体育产业领域开始运用财税政策工具,但将财税政策工具置于体育产业发展的显著位置却不过寥寥数年。"国办发〔2010〕22号"和"国发〔2014〕46号"的颁发,意味着发展体育产业终成国策。透析政策文本和地方实践,财税政策工具频频出现,呈现出工具类型多元化、工具使用趋同化和工具活力静态化等特质。与之相应,以项目补贴、贷款贴息、政府购买和项目奖励等为主的财税政策工具体系渐次形成。尽管如此,体育产业领域的财税政策工具还是陷入了工具类型和性能使用不足、工具的体育产业属性欠缺、工具的具体产业差异缺失及工具的组合运用考虑不周等困境。

究其原恐怕还在于,决策者对每一类财税政策工具的性能认识不足,对影响财税政策工具选择的因素分析不够,以至于从其他产业简单平移而致的财税政策工具出现"水土不服"现象。要想解决这一困境,一方面要认真思量和研究收入型政策工具、支出型政策工具以及各自政策子工具的性能,另一方面也要深入检思体育产业政策目标、财税政策工具的实施环境、体育产品类型、财税政策工具型态之间的内在逻辑。建构起"政策目标→工具实施环境→体育产品类型→财税政策工具型态↔财税政策工具"的体育产业财税政策工具选择模型。据此模型,首先要注重收入型政策工具与支出型政策工具的同等运用,其次要实现收入内部多种工具的组合配置,再次要考虑支出内部多种工具的组合运用,最后还要统筹财税政策工具与其他政策工具的组合使用。果真如此,财税助力体育产业发展便有望得以实现。

---

① 参见卢嘉鑫、张社平:《体育产业发展——理论与政策》,北京大学出版社2011年版,第68页。

第六章 税法解释权配置的原则检思

——基于税务总局*解释权的证成与运行保障

一、问 题 意 向

"法学的基本任务是法解释学,也就是通过分析和解释法律文本,确立法律条款的规范内涵,为具体案件的法律判断确定大前提。"[①]这一基本任务的完成仰赖于合理的法律解释权配置。"在我国现有法律解释制度中,法律解释被认为是一种独立于法律适用的活动,作为一项独立的权力由特定的机关保留行使。"[②]法律解释权作为一种有别于法律制定权和法律实施权或决定权的单独权力,如何在不同国家机关之间进行分配,形成何种法律解释体制至关重要。[③]"作为获人民授权以建构公权力体系的各级国家权力机关而言,必须将特定的专门权力完整、完全地授予相应的国家机关。"[④]法律解释权也无例外。鉴于我国现行《宪法》在实质上取向于权力的"合理分工",因此,在现行宪法下,我国法律解释权配置问题的讨论,应在国家权力最终统一于人大这一前提下,重点研究法律解释权"合理分工"的具体内涵,在相关部门之间科学配置法律解释权,慎重建构与有权解释机关相互关系的具体制度,进而实现法律解释权在不同国家机关之间的"合理分工"。[⑤]

从三权分立的原意上讲,立法机关行使的是立法权,据此向社会输出法律文本,然后这些文本由行政机关去贯彻实施,最后由司法机关根据法律文本对各种纠纷作出最终的裁决。[⑥]这种主要由洛克和孟德斯鸠阐述的三权分立与制衡理论在其诞生之后的数百年时间里,一直都是以西方政治哲学和法哲学之理论基石的面目,以其"理性主义""分权主义"的名义出现在世人的

---

* 本章为简便起见,"国家税务总局"有时简用"税务总局"。
① 张翔:《基本权利的规范建构》(增订版),法律出版社2017年版,第1页。
② 彭霞:《走向司法审查:行政解释的困境与出路》,载《政治与法律》2018年第10期。
③ 参见彭岳:《一致性解释原则在国际贸易行政案件中的适用》,载《法学研究》2019年第1期。
④ 黄明涛:《"最高国家权力机关"的权力边界》,载《中国法学》2019年第1期。
⑤ 参见钱坤、张翔:《从议行合一到合理分工:我国国家权力配置原则的历史解释》,载《国家检察官学院学报》2018年第1期。
⑥ 参见魏胜强:《法律解释权研究》,法律出版社2009年版,第39—40页。

眼前,饱受学界与官方的推崇。① 因为其"论证逻辑,是从'分权可以保证自由'的信念开始的,即相信只有将国家权力相互分立,才能控制国家,避免其侵害自由"②。倘若真能将这一权力配置原理完全应用至税法领域,则不失为理想之策。毕竟,若立法机关制定税法,行政机关执行税法,司法机关保留对税务争议的最终裁决权,三权相互制衡,税法便可顺利从立法直至实施。但也必须看到,社会的变迁、各国政治体制的差异性等变量使得在大多数国家严苛三权分立只能是理想,更多时候在立法、行政、司法之间没有税法解释无法前行。借助于解释,不仅能更深入、更全面地理解规范性法律文件及其所含规范,而且还能为更完全、更有效地适用它们创造前提条件。③

整体而言,我国实行的是立法机关和司法机关共同解释的双轨制,并且在制度上不承认法官有解释法律的权力。④ 具体至当下税法解释领域,除开立法机关对法律层面的税法规范行使解释权以外,作为行政机关的国家税务总局实质上垄断了税务行政管理领域税法规范的解释权,可谓"税务总局解释权"。这一现象看似既不符合经典的权力分立与制衡理论,也难摆脱社会各界对税务总局集裁判员与运动员于一身的体制质疑。如何看待这一极具中国特色的税法解释权配置,需要认真评估。此种评估,既要借鉴法律解释权配置的普遍规律,也要顾及税法解释的特殊因素;不仅要看到世界法律解释权配置的发展航向,更要立足中国的本土语境。尤其是"当前中国正处于一个社会转型时期,社会变革的速度、规模、难度都是史无前例的"⑤。急剧的社会转型、高度专业的税法知识与纷繁复杂的解释实践,都加剧了税法解释权配置问题的思考难度,但也决定了论题的关注价值。

有鉴于此,本章聚焦于税务总局解释权,意图展示税法建制原则之于税法解释权配置的反思与再造功能。主体部分的逻辑架构如下:其一,从总体上描述税法解释权配置,以此为基础导引出税务总局解释权;其二,以税收法定原则、比例原则以及与其具有相似工具价值、检思方法的功能适当原则为分析工具,论证税务总局解释权的形式合法性与实质正当性;其三,从立场构造、程序建构与文件监控角度,勾勒税务总局解释权规范行使的保障机制。本章的讨论既可为税法原则的建构与适用提供不一样的立场,又可为中国的

---

① 参见喻中:《法律文化视野中的权力》(第二版),法律出版社2013年版,第138—139页。
② 张翔:《我国国家权力配置原则的功能主义解释》,载《中外法学》2018年第2期。
③ 参见[俄]M. H. 马尔琴科:《国家与法的理论》,徐晓晴译,中国政法大学出版社2010年版,第446—447页。
④ 参见魏胜强:《法律解释权的配置研究》,北京大学出版社2013年版,代序第2页。
⑤ 吴增基、吴鹏森、苏振芳主编:《现代社会学》(第六版),上海人民出版社2018年版,第9页。

税法解释理论和实践提供不一样的视角,同时,还可为税法场域的权力配置提供普适方法和价值参照。

二、税务总局解释权:总体描述与税法叙说

"从法理上来讲,法律解释是对法律概念和规范具体含义的阐释。"①这种阐释由具有解释权的不同机关依法完成。不同解释机关之间的解释权分配构成解释体制,欲展现一国解释权配置就必须整体解剖该国解释体制。我国现行法律解释体制始于1949年。自1949年以来,宪法和法律先后多次就法律解释问题作出规定②,其中1981年全国人民代表大会常务委员会《关于加强法律解释工作的决议》(下文简称"1981年决议")就法律解释的对象、解释主体与权限划分、解释分类与争议解决等方面作了原则性的规定,与《宪法》和《立法法》一起构成了现行法律解释体制的基本框架,其中发挥主导作用的是"1981年决议",该决议扩大了《宪法》和《立法法》等基本法律所确定的法律解释主体的范围,以其为主导进行的解释权配置,以及因此而形成的法律解释体制的合宪性和合法性固然应当受到质疑,但这丝毫未影响其对中国法律解释体制形成所起到的作用。最终,"1981年决议"还是形塑和奠定了当下中国的法律解释体制。③

具言之,"1981年决议"以解释对象为中心,将其界分为"条文本身"和"具体应用"两大类型,前者"需要进一步明确界限或作补充规定的"解释权配置给立法机关,可谓是立法性解释;后者的问题解释权配置给司法机关和行政机关,学界称之为应用性解释。如此界分内含以下基本观念:其一,将法律解释视为一种相对独立于法律制定权和法律实施权的权力;其二,法律解释

---

① 朱福惠:《法律合宪性解释的中国语境与制度逻辑——兼论我国法院适用宪法的形式》,载《现代法学》2017年第1期。
② 我国1949年9月通过的《中央人民政府组织法》第7条中规定,中央人民政府委员会有权制定并解释国家的法律。1954年《宪法》第31条规定,全国人大常委会有权解释法律,1975年《宪法》保留了此项权力,1978年《宪法》和1982年《宪法》则更进一步,增加了全国人大常委会"解释宪法"的权力。1979年通过、1983年第一次修订的《人民法院组织法》第33条规定:"最高人民法院对于在审判过程中如何具体应用法律、法令的问题,进行解释。"全国人大常委会还于1955年和1981年先后两次就法律解释问题作出专门决议。
③ 学界一般认为,1981年全国人大常委会《关于加强法律解释工作的决议》构建了我国法律解释体制的基本框架,但学界对其中的一些结点问题,如全国人大常委会所拥有的法律解释权的性质、全国人大常委会授权其他国家机关行使法律解释权的正当性、全国人大常委会通过法律解释对法律作补充规定的正当性等存在理解上的歧义。2000年《立法法》和2015年对《立法法》的修改相继完善了我国的法律解释体制,但又衍生出了《立法法》和《决议》在适用上的问题。参见刘志刚:《我国法律解释体制的法理分析》,载《法治研究》2018年第1期。

权不由某一机关所独享,而是由包括立法机关在内的国家各职能部门"齐抓共管";其三,比照国家职能划分,将法律解释权分别配置给立法机关、司法机关和行政机关,由此就形成通俗意义上所谓的立法解释、司法解释和行政解释,后两者统称为应用解释;其四,在法律解释权的具体配置中,体现了"中央归中央,地方归地方""立法归立法,实施归实施"和"审判归审判,检察归检察,行政归行政"观念①。其五,法律解释权由少数高层立法机关和法律实施机关(集中于最高人民法院、最高人民检察院和政府各主管职能部门)所垄断。

初步观察,"1981 年决议"确立的法律解释体制对法律解释权限的配置非常清晰。实则不然,特别是各有权解释机关之间的解释权限界限以及由此而致的解释权争议解决机制,该体制并未完全厘清。以部门之间的解释权争议为例,司法领域的解释权争议明示由全国人大常委会解释或决定,那么其他因解释权行使而致的争议呢?尤其是司法机关和行政机关在具体应用领域的解释如果有原则性分歧如何解释?"1981 年决议"假定这类争议不会发生,因为该决议第 3 条规定:"不属于审判和检察工作中的其他法律、法令如何具体应用的问题,由国务院及主管部门进行解释。"该决议以"属于"与"不属于"之排外技术意图将两者分开,互不重叠,形成一种"分权制"的法律解释体例。姑且认为此种分权术是科学的②,既然行政解释适用于司法领域以外的场合,那么,司法机关也就自然不能裁决行政机关行使解释权而致的解释结果。问题是司法机关特别是法院在进行司法审判时,不可能回避对行政解释性规范的"引用"或"参照执行"。

事实上,长久以来我国立法领域授权当道,"法律"总是授权国务院或者国务院行政主管部门制定暂行条例,暂行条例又规定自己或者所属部门制定实施细则,抑或在实施细则中明示制定依据,从而构成一种显著的法律解释权下移流向图:"法律"→"暂行条例"→"实施细则"。除此之外,行政解释多

---

① "中央归中央,地方归地方",即全国人大和全国人大常委会制定的法律,归中央解释,地方性法规归地方解释;"立法归立法,实施归实施",即属于立法本身(法律、法令条文本身需要进一步明确界限或作补充规定的)由立法部门解释,属于法律实施(具体应用法律、法令的问题)由实施部门解释;"审判归审判,检察归检察,行政归行政",即属于法律实施的问题,由法律实施所涉及的主管职能部门解释(属于法院审判工作中的问题,由最高人民法院进行解释。属于检察院检察工作中的问题,由最高人民检察院进行解释。不属于审判和检察工作中的问题,由国务院及主管部门进行解释)。

② 据学者研究发现,实际上,对不属于审判和检察工作中的其他法律如何具体应用的问题,国务院及主管部门基本上没有行使过此项权力,而是采取制定行政法规或规章的方式予以解决。因此,针对法律(全国人大及其常委会制定的法律)进行的解释,事实上只包括立法解释、司法解释以及最高人民检察院作出的法律解释(检察解释)。参见苗炎:《司法解释制度之法理反思与结构优化》,载《法制与社会发展》2019 年第 2 期。

数时候还会在"实施细则"之下,衍生出多种形式。据学者考察,我国行政解释的形式主要有实施细则、实施条例、通知、解释文件和答复五种。① 如此一来,"除全国人大常委会可对法律行使解释权和补充规定权外,行政机关实质上垄断了对行政管理领域的国家立法及行政机关立法的解释权"②,以致"司法裁判在很大程度上面临一种不能不接受既存的行政解释的状况,从而在功能上形成某种残缺"③。尽管 2017 年修订的《行政诉讼法》(下文简称"2017 年《行政诉讼法》")赋权法院可以附带审查除规章以外的规范性文件④,但并未赋予其对不合法的规范性文件的裁决权,仅规定其可以不作为认定行政行为合法的依据,并向制定机关提出处理建议。⑤ 加上在法律具体实施过程中,宪法赋予全国人大常委会的"撤销权"⑥实际上难以启动,致使行政机关的解释权行使"一般不受人大或法院系统的影响,处于一种接近封闭的运行状态"。⑦

上述解释权的运行概况也基本适用于税法解释权,只是税法解释走得更远而已。一直以行政法解释面貌示人的税法解释在这些镜像之外,又会展现并不全然一致的场景。改革开放以来,绝大部分税种都由国务院借助授权立法制定"暂行条例"直接开征,尔后由税务总局或税务总局联合财政部实质上行使税法解释权制定"实施细则",此外,还时常出现对"实施细则的解释",该

---

① 该学者进一步认为:实施细则和实施条例属于一般解释,其基本特点是通过制定普遍适用的规则而将法律的规定具体化,其解释不是将法律规定适用于案件事实而发生的具体个别解释,而是将不确定的法律概念或者法律条文通过限制或者扩大的方法将之明确和具体化,可以为国家机关反复适用;通知、解释文件与答复属于具体行政解释,是指行政解释机关并不以立法或者制定一般规范的形式解释法律,而是对法律个别条款的具体适用表达意见,对下级机关具体应用法律问题的请求作出答复。虽然法律的行政解释实践丰富,佀由于行政解释形式缺乏确定性,因此导致行政解释与普通行政法规混同,为了推动行政解释实践的发展,有必要对行政解释进行专门立法。参见朱福惠、刘心宇:《论行政解释形式的制度逻辑与实践图景》,载《四川师范大学学报》(社会科学版)2018 年第 6 期。
② 袁明圣:《行政立法权扩张的现实之批判》,载《法商研究》2006 年第 2 期。
③ 张志铭:《关于中国法律解释体制的思考》,载《中国社会科学》1997 年第 2 期。
④ 从内容上看,税收规范性文件虽有立法性规则潜其中,但绝大多数还是税法解释权运用的结果,大体可归入税法解释性文件范畴。基于行文主旨、立法用语等多重考虑,本文不特别区分税收规范性文件和税收解释性文件,如无特指,凡适用规范性文件的地方也一体适用于本文言及的解释性文件(尤其是涉及立法对规范性文件的规定)。特此说明。
⑤ 我国 2017 年《行政诉讼法》第 53 条规定:"公民、法人或者其他组织认为行政行为所依据的国务院部门和地方人民政府及其部门制定的规范性文件不合法,在对行政行为提起诉讼时,可以一并请求对该规范性文件进行审查。前款规定的规范性文件不含规章。"第 64 条规定:"人民法院在审理行政案件中,经审查认为本法第五十三条规定的规范性文件不合法的,不作为认定行政行为合法的依据,并向制定机关提出处理建议。"
⑥ 我国《宪法》第 67 条规定:"全国人民代表大会常务委员会行使下列职权:……(七)撤销国务院制定的同宪法、法律相抵触的行政法规、决定和命令;(八)撤销省、自治区、直辖市国家权力机关制定的同宪法、法律和行政法规相抵触的地方性法规和决议……"
⑦ 陶凯元:《中国法律解释制度现状之剖析》,载《法律科学》1999 年第 6 期。

种解释一般也由税务总局或税务总局联合财政部作出,在一些特殊情况下,解释权还会下滑至下级主管部门。比如,国务院依照立法授权制定《增值税暂行条例》,财政部和税务总局又依据《增值税暂行条例》制定《增值税暂行条例实施细则》,省级税务部门再依据《增值税暂行条例实施细则》中的一些具体解释性条文,作出更为细致的解释性规定,在当地适用。实例俯首即是,如《增值税暂行条例实施细则》(财政部 国家税务总局第 50 号令)第 1 条规定:"根据《中华人民共和国增值税暂行条例》(以下简称条例),制定本细则。"《广东省财政厅广东省国家税务局广东省地方税务局关于调整增值税和营业税起征点的通知》(粤财法〔2011〕109 号)规定:"……根据财政部令第 65 号及《中华人民共和国增值税暂行条例实施细则》《中华人民共和国营业税暂行条例实施细则》的规定,结合我省实际,现将我省增值税和营业税适用的起征点调整如下……"

  观测我国财税行政管理体制可知,能够对税法行使解释权的机关主要包括国务院及其所属关税税则委员会、海关总署、财政部及其所属机关、税务总局及其所属机关,同时还包括地方人民政府主管部门。然而,在上述机关中不管是从实际所行使的解释频率和解释对象范围,还是从实际所行使的解释权限及解释性文件的实际适用效力等上看,税务总局均居中心地位,以致税法领域的解释权事实上已配置给了税务总局。面对税法领域这一解释权运行现象,涉猎该领域的文献绝大部分都会横加指责,批评之声不绝于耳。比如,有的学者批评解释权集中垄断、缺乏监控,抱怨解释形式繁杂①、解释程序简略②,也有的学者抱怨解释主体、权限和效力不明确③,还有的学者认为解释权配置没有实现与适用过程的对接④。更有学者直指税法解释的软肋,认为税法解释权的此种配置,导致越权解释非常普遍、存在大量的扩大或变更解释、解释文件过于泛滥等。⑤ 面对学界近乎一边倒的质疑声,如何看待?断不可以"存在即合理""真理掌握在少数人手中"而将这些质疑置之度外,因为当我们认真思考"真理"的含义和作用时,可以看出真理是同价值处于同一水平上的。⑥

---

① 参见伍劲松:《我国税法行政解释制度之反思》,载《税务研究》2010 年第 3 期。
② 参见伍劲松:《行政解释研究:以行政执法与适用为视角》,人民出版社 2010 年版,第 227—246 页。
③ 参见张弘、张刚:《行政解释论:作为行政法之适用方法意义探究》,中国法制出版社 2007 年版,第 110—114 页。
④ 参见黄竹胜:《行政法解释的理论建构》,山东人民出版社 2007 年版,第 108—109 页。
⑤ 参见孙健波:《税法解释研究:以利益平衡为中心》,法律出版社 2007 年版,第 251—253 页。
⑥ 参见李德顺:《价值论———一种主体性的研究》(第 3 版),中国人民大学出版社 2013 年版,第 54 页。

如果将法律解释权配置看成是一种制度的话,任何制度都有其独特的制度价值,法律解释权配置也自无例外。由于社会制度能够产生多种不同影响,所以,我们面临着如何最好地解释这些影响的问题。倘若我们想以社会行为人的理性来解释社会制度,则必须从行为人制度偏好的角度来对其进行解释。① 深入挖掘学者批评和攻击税务总局解释权的要点便可发现,他们几乎都心怀权力分立与制衡的理想,坚持法定主义的信念,执着于纳税人权益保障。只是需要深思的是,作为一种接近税务行政权的公权力,税务总局解释权理应受到制约,关键是以何种权力对其进行制约并不容易拿捏。比照三权分立理念,司法解释权和立法解释权是理想的选择,但我国宪法确认的国体和政体决定了三权分立模式植入解释权配置体系注定不易实现,尤其是"曾经发挥把政治舆论影响转换为交往权力之催化剂作用的政党,现在占据了政治系统的核心领域,但并没有插入功能性的权力分立之中"②,致使传统的三权分立理论无法解释当代中国的权力结构③,当然也就难以承担改造解释权配置之重任。诚然,以域外解释权配置范式和经验来否定立法解释权和行政解释权,以司法解释权统一法律解释的想法固然可以回避当下法律解释权配置带来的种种困惑,但在宪法确认的国体和政体框架内,要想实现这一宏图大业,恐怕需要经年累月的努力和等待。

回归当下中国行政解释权,既然行政立法不可避免,国务院及其主管部门所进行的规范性解释就具有客观的现实性,它虽然存在膨胀的趋势,甚至出现行政立法与行政解释难以区分等诸多弊端,但是只要既有立法格局不变,行政解释便不可避免。行政机关在行政权运用过程中进行法律解释与司法机关的应用解释都有合法存在的理由,两者并存对行政法的运用都是必要的。试图建立统一的应用解释来保证行政法适用上的一致性,不仅难以达到目标,最为重要的是将行政机关在法律适用中的自主性和创造性抹杀了。因此,赋予行政机关解释权,承认行政机关的规范性解释以及所形成的解释性规则的效力,已经成为现代行政法发展的一般趋势。④ 毕竟,制约行政解释权不是目的,根本还在于敦促和约束解释机关能够规范行使解释权,"通过解释进行空隙立法,从而回避立法的深度僵化"⑤,切实保护纳税人权益。由此

---

① 参见〔美〕杰克·奈特:《制度与社会冲突》,周伟林译,上海人民出版社2017年版,第218—219页。
② 〔德〕哈贝马斯:《在事实与规范之间:关于法律和民主法治国的商谈理论》,童世骏译,生活·读书·新知三联书店2003年版,第537页。
③ 参见喻中:《法律文化视野中的权力》(第二版),法律出版社2013年版,第140页。
④ 参见黄竹胜:《行政法解释的理论建构》,山东人民出版社2007年版,第333—335页。
⑤ 王云清:《立法背景资料在法律解释中的功能与地位——英美的司法实践及其对中国的镜鉴》,载《法学家》2019年第1期。

进发至税法解释领域,要想在行政解释内部解决学者所反映的种种疑难问题,必须先行论证好两大前置命题:其一,税务总局解释权具备形式上的合法性;其二,税务总局解释权具有实质上的正当性。前一命题可借助税收法定原则,探讨税务总局解释权的合法性依据;后一命题可借鉴比例原则与功能适当原则,重点考察税务总局解释权的目的与实施效率,证成正当性;只要这两大前置问题寻得肯定性答案,税务总局解释权便大体能够成立。

三、税收法定原则:税务总局解释权的合法性考察

税收法定原则立足于规则之治,其通过维护税收法律规范的安定性与民主正当性,实现良法善治的税收法治理想。① 不过,现实中千变万化、错综复杂的税收事项决定了税法规则制定不可能穷尽各种可能,也无法为每一个税收个例都给出精准的答案,面面俱到的税收要件确定性要求与严苛的税收法定原则注定难以实现。因此,适度文义扩张的税法解释很大程度上是一种现实的必然。但这种必然性的税法解释并非可以不受税收法定原则的约束。相反,税收法定原则要求对这种实然性的税法解释持有严苛的态度,并配以相应的审查监督机制,以免规范课税权的"笼子"中出现明显的"缺口"。② 也因如此,税收法定原则不仅被奉为税收立法的金科玉律,而且也被标榜为解释和适用税法的基本原理。按照税收法定原则,在法解释论方面,税法的目的不在于确保征税,而在于通过表示纳税义务的界限、解释权行使的界限,以维护纳税人的人权。③ 以此观测,论证好税务总局解释权的合法性命题,界定清楚解释权的限度,既是税收法定原则的本体要求,又是税务总局解释权运行的舆论基点。

(一) 合法性求证:一个法解释学的分析向度

税务总局作为国务院主管税收工作的直属机构,其解释权的合法性植根于行政解释的合法性。根据"1981 年决议"和《宪法》相关规定,行政解释主要在以下三种场合适用:其一,"不属于审判和检察工作中的其他法律、法令如何具体应用的问题",解释权归属于国务院及主管部门。其二,"凡属于地方性法规如何具体应用的问题",解释权归由省、自治区、直辖市人民政府主

---

① 参见佘倩影、刘剑文:《税收法定主义:从文本到实践的挑战与路径》,载《辽宁大学学报(哲学社会科学版)》2016 年第 6 期。
② 参见刘剑文:《落实税收法定原则的现实路径》,载《政法论坛》2015 年第 3 期。
③ 参见〔日〕北野弘久:《税法学原论》(第四版),陈刚、杨建广等译,中国检察出版社 2001 年版,第 61、69 页。

管部门。其三,国务院根据宪法和法律,有权"规定行政措施,制定行政法规,发布决定和命令",国务院各部、各委员会根据法律和国务院的行政法规、决定、命令,有权"在本部门的权限内,发布命令、指示和规章"。① 由此可以看出,我国在行政解释权配置上总体呈现出一元多极特点。即由国务院及主管部门到省、自治区、直辖市人民政府,形成了在不同级别的行政机关之间进行行政解释权分配的行政解释体制。② 除开第二种地方性法规的具体应用问题外,第一、三种为国务院及其主管部门获得了行政解释权的合法性依据,当然也包括国家税务总局。

将税务总局解释权置于尴尬境地的是,《立法法》对行政解释选择了回避,仅规定了立法解释,并未明确重申行政机关针对"不属于审判和检察工作中的其他法律、法令如何具体应用的问题"的解释权。尽管《立法法》旨在规范立法活动,聚焦立法及相关问题③,确实不宜直接明示行政解释权配置问题。但是依然有不少学者以《立法法》质疑"1981年决议"对行政机关行使法律解释权的合法性。比如,有学者依据2000年《立法法》第83条(2015年修订的《立法法》调整为第92条)认为:"1981年决议"中只有关于全国人大常委会的法律解释事项所作的规定是合法的,包括最高人民法院、最高人民检察院、国务院及其主管部门、其他有关机关的解释权规定是否合法,至少存在疑问。④ 也有学者认为,从法理上说,"1981年决议"关于法律解释权的规定并没有得到其后颁布或修订的有关国家机关组织法的呼应与吸纳,故依后法优于前法的原则,行政解释、检察解释、地方性法规解释都已于法无据。⑤ 诸如此类的推论是否有足够的法律依据,值得探究。

根据我国《宪法》第67条的规定,全国人大常委会有权依据宪法和法律

---

① 参见我国《宪法》第89条第1款、第90条。
② 参见张弘、张刚:《中国现行的行政解释体制研究》,载《学术探索》2007年第2期。
③ 我国《立法法》第1条规定:"为了规范立法活动,健全国家立法制度,提高立法质量,完善中国特色社会主义法律体系,发挥立法的引领和推动作用,保障和发展社会主义民主,全面推进依法治国,建设社会主义法治国家,根据宪法,制定本法。"
④ 参见周旺生:《中国现行法律解释制度研究》,载《现代法学》2003年第2期。
⑤ 该学者认为:"1981年决议"对法律、法令的解释问题都作了规定,显然违背了宪法关于法律解释权的明确规定。同时,"1981年决议"还对其他国家机关的法律解释权问题作出规定,也明显超越了全国人大常委会的职权范围。不仅如此,从法理上说,"1981年决议"已失去了法律效力。"1981年决议"关于法律解释权的规定并没有得到其后颁布或修订的有关国家机关组织法的呼应与吸纳。如果说"1981年决议"关于行政解释、检察解释、地方性法规解释的规定勉强可看作是全国人大常委会依其职权对全国人大所作基本法律的补充的话,1982年12月《国务院组织法》、1983年修订的《人民检察院组织法》、1982年至2004年四次修订的《地方各级人民代表大会和地方各级人民政府组织法》却并未增加相应的规定,依后法优于前法的原则,行政解释、检察解释、地方性法规解释都已于法无据。参见张立刚:《法律解释体制四题》,载《华南理工大学学报》(社会科学版)2015年第2期。

对法律解释问题发布解释性规定。① "1981 年决议"是 1981 年 6 月 10 日第五届全国人大常委会第十九次会议通过的一项决议,故"1981 年决议"本身的合法性不证自明。更进一步,根据《立法法》第 50 条"全国人大常委会的法律解释同法律具有同等效力"的精神,"1981 年决议"与法律具有同等效力。《立法法》第 92 条确立的"特别法优先""新法优先"规则的一个前提是,不一致的特别规定与一般规定、新规定与旧规定必须出自同一机关制定。② 而"1981 年决议"、《立法法》并非由同一机关制定,也就不宜直接适用《立法法》第 92 条的规定。因此,断言"1981 年决议"所确立的包括最高人民法院、最高人民检察院、国务院及主管部门在法律应用层面的解释权缺乏合法性未免过于武断。即便如此,仍应正视"1981 年决议"与《立法法》第二章第四节所确立的法律解释体制之间存在的巨大差异。必须找到一个妥当的解释,否则,税务总局解释权的合法性难言证立。

从字面上看,依据《立法法》第 45 条和第 46 条的规定,包括国务院、最高人民法院、最高人民检察院等在内的机关,仅有权向全国人大常委会提出法律解释要求,而无直接进行法律解释的权力,法律解释权仅由全国人大常委会所独享。然仔细推敲,结论并非如此。因为《立法法》第 45 条确立的立法解释只是进一步重申了"1981 年决议"第一点的规定。倘若跳过第 46 条,便可发现该法第二章第四节形成非常完备的"立法解释"流程,第 45 条界定立法解释的主体,第 47 条确定解释草案的拟定,第 48 条规定解释草案的审议,第 49 条落实解释草案的表决与公布,第 50 条明晰法律解释的效力。为此,关于该法第 46 条,更为合理的理解是,该条旨在确立立法解释的素材来源和立法解释的启动模式,绝非否认行政解释和司法解释的合法性。概言之,《立法法》第二章第四节只是针对立法解释的系统规定,而非对"1981 年决议"第 2—4 条确立法律、法令的具体应用解释规定的根本性否认。由此,税务总局依然可以根据"1981 年决议"获得税法具体应用的解释权。

除此之外,按照体系解释的视角观测《立法法》,也可导出税务总局解释权的合法性。一般来说,"体系解释方法要求解释者在相关法律条文及其规范意旨内,维护整个法律体系内部融贯和概念用语的一致性,具体要求包括

---

① 我国《宪法》第 67 条规定:"全国人民代表大会常务委员会行使下列职权:(一)解释宪法,监督宪法的实施;(二)制定和修改除应当由全国人民代表大会制定的法律以外的其他法律;(三)在全国人民代表大会闭会期间,对全国人民代表大会制定的法律进行部分补充和修改,但是不得同该法律的基本原则相抵触;(四)解释法律;……"

② 我国《立法法》第 92 条规定:"同一机关制定的法律、行政法规、地方性法规、自治条例和单行条例、规章,特别规定与一般规定不一致的,适用特别规定;新的规定与旧的规定不一致的,适用新的规定。"

无矛盾、不赘言、完整性和体系性"①。以此准则与要求分析,既为《立法法》,顾名思义就应该规制立法中的法律问题,立法之外的问题原则上不应牵涉其中。这一点在《立法法》总则里面体现得淋漓尽致,如上所述该法第一条开篇即明确规定:"为了规范立法活动,健全国家立法制度……",第 3 条至第 6 条更是以"立法"开头,统揽立法应该遵循的原则、权限和程序等。同理,既然《立法法》"法律解释"专节位居第二章"法律"之中,那么理当限于"法律"层面的规定。进一步分析,《立法法》第二章从第一节到第五节,立法思路是:"立法权限→立法程序(全国人大及其常委会)→法律解释→其他规定"。将体系解释方法与原理运用至该章,则不难得出第四节"法律解释"应该属于立法解释之结论。因为第四节专节规定的是立法解释,所以对具体应用解释问题避而不谈也就顺理成章了。总而言之,从体系解释出发,《立法法》第 46 条也只能理解为立法解释的辅助性规定,而不应将其视为对"1981 年决议"具体应用解释权限配置规定的否定。自此,税务总局解释权于法有据,其合法性依据不应再被质疑。

(二) 合法性限度:应用性解释

按照"1981 年决议"规定,"条文本身""需要进一步明确界限或作补充规定的"解释权归属于立法机关,"具体应用"问题的解释权由司法机关和行政机关享有。"1981 年决议"旨在通过排除"法律条文"本身"进一步明确界限或作补充规定"的含义来严格限定"具体应用"一词,也就是说应用性解释不应带有立法意味。② 据此标准,税务总局解释权属于一种应用性解释权。税务总局只能在法律分配给它的职权范围内解释税法,先有功能,后有税法解释,而不能通过税法解释去为自己创设解释以外的立法功能。③ 从权能上看,法律解释权基本上可以归结为三个方面的内容:其一,关于法律的发现权;其二,对法律或事实的法律意义的释明权;其三,关于法律的应用权。④ 从中也不难发现,不管是哪一类权能,税务总局解释权都不可能扩展和理解为立法权。

作为一种解释权,税务总局在行使时,就必须恪守合法的"解释"限度,不应突破应有的"解释"定位。实践中,税务总局借"经国务院批准"等解释名目

---

① 王云清:《立法背景资料在法律解释中的功能与地位——英美的司法实践及其对中国的镜鉴》,载《法学家》2019 年第 1 期。
② 参见张志铭:《关于中国法律解释体制的思考》,载《中国社会科学》1997 年第 2 期。
③ 参见张翔:《功能适当原则与宪法解释模式的选择——从美国"禁止咨询意见"原则开始》,载《学习与探索》2007 年第 1 期。
④ 参见陈金钊:《论法律解释权的构成要素》,载《政治与法律》2004 年第 1 期。

行立法之实便是突破"解释"限度的典型。这种突破既有可能导致某一税率的调整，也有可能致使某一单行税的征税范围借机得以扩大。前者最为典型者莫过于2014年11月28日至2015年1月12号之间成品油消费税税率的三度提高①，后者较为突出者同样发生在消费税制领域，远者如高尔夫球及球具、高档手表、游艇、木制一次性筷子、实木地板被整体性列入消费税新增税目②，近者如电池、涂料同样被悄然植入消费税征税范围③诸如此类的行为试图通过"经国务院批准"来取得合法性，实际是"此地无银三百两"。毕竟，税务总局解释性文件仍然只代表税务总局，即便经国务院批准，也不会让其成为国务院的行政法规。④ 之所以反对此类做法，不只是因为解释权已经被异化为未获合法授权的立法行为，愈发难以控制。更重要的原因在于，税收构成要件兹事体大，税收主体、税收客体、税收客体的归属、税基及税率等核心税收构成要件要素皆应由法律加以规定。⑤ 这既是税收法定原则之课税要件法定主义的题中之义⑥，也是量能课税原则的基础性保障，不容随意践踏。

　　问题关键在于，如何识别解释还是立法。表面来看，解释与立法泾渭分明，然事实并非如此。在行政领域，行政立法与行政解释的边界时常令人难以把握。现代社会，行政机关"一般都同时具有行政、立法、司法三种权力"⑦，集行政立法、执法、司法于一身，而解释又横亘在立法和法律实施之间，无形中增加了行政立法与行政解释的界分难度。尽管如此，通过分析行为与文本之间的内在关系，大体还是可以将立法和解释区分开来。一般而言，在立法中，立法者与法律之间的关系是一种创制和被创制、规定和被规定的关系，在这种关系中，立法者处于比较自由的状态，只需在法律的位阶关系中满足"不抵触"的要求。而在解释中，解释者与解释对象之间有一种紧张关系——解释氛围，解释者与法律文本的关系应该是一种服从和被服从、描述和被描述的关系，它应该遵从作为解释对象的法律文本的权威，受解释对象的制约，负有忠实于解释对象的责任。⑧

　　需要进一步明确的是，税务总局解释权是一种"应用性"的税法解释权，

---

① 参见《关于提高成品油消费税的通知》（财税〔2014〕94号）、《关于进一步提高成品油消费税的通知》（财税〔2014〕106号）、《关于继续提高成品油消费税的通知》（财税〔2015〕11号）。
② 参见《关于调整和完善消费税政策的通知》（财税〔2006〕33号）。
③ 参见《关于对电池涂料征收消费税的通知》（财税〔2015〕16号）。
④ 参见熊伟：《法治视野下清理规范税收优惠政策研究》，载《中国法学》2014年第6期。
⑤ 参见黄茂荣：《税法总论》（第一册），台湾植根法学丛书编辑室2002年版，第261页。
⑥ 参见黄俊杰：《税捐法定主义》，翰芦图书出版有限公司2012年版，第126—134页。
⑦ 王名扬：《美国行政法》（上），中国法制出版社2005年版，第95页。
⑧ 参见张志铭：《法律解释概念探微》，载《法学研究》1998年第5期。

即对税务行政工作中如何具体应用税收法律、法规和规章的问题所进行的阐述和说明。① 这种税法解释大致可以分为两种情形：一种是税务总局对自己制定的税务部门规章的含义和应用作出的阐释，即制定解释；另一种是税务总局对上级国家机关制定的税收法律、法规和规章如何具体应用作出的解释，即执行解释。② 相较而言，后一种才是税务总局解释权运行的重心，也是学者诟病和屡遭质疑的重点。概览税务总局的税法解释实践，这种执行性的"应用性解释"又主要以三种形式呈现：第一种，即税务总局应下级具体税务机关的请示，针对税收执法过程中某些税收法律、法规、规章的具体适用而作出的具有法律效力、但无普遍约束力的解释。③ 第二种，即尽管没有下级具体税务机关的请示，但是税务总局基于某些税收法律、法规、规章的适用疑难而作出具有普遍指导意义的解释。④ 第三种，即税务总局作出解释既不是在适用某些具体税收法律、法规、规章过程中，也非针对某些具体案件，而只是就普遍应用某些税收法律、法规、规章问题作出系统的具有规范性的解释。⑤

上述三类解释实践基本上概括了税务总局解释权的运行样态。深究其中，不管属于哪一种解释权行使形式，也无论是哪一种解释权运行类别，税务总局解释税法，本意都不在于僭越上位税法规范，而在于执行、适用具体税法规范。简言之，执行而非创设税法规范，这一点是税务总局解释权别论是作为制度，还是作为方法的出发点和归宿⑥，也是税务总局拥有税法解释权的重要根由。是以，赋予税务总局以税法解释权虽非严格税收法定原则所偏好，也不是税收法定原则所期待的经典运行样态，但其形式合法性大体还可以得到证成的。况且，税收法定原则原本也非绝对排斥税法行政解释，而只是强调和要求这种行政解释应在税收法定框架范围内规范行使、合规展开。概因如此，有学者认为："完善税法行政解释是税收法定之需。"⑦ 此种认知间接说明税收法定原则与税务总局解释权并非水火不容，尤其是考虑到中国税

---

① 参见上官丕亮：《论行政执法中的应用性法律解释》，载《行政法学研究》2014年第2期。
② 参见孙日华：《行政解释的实然与应然》，载《东方法学》2010年第1期。
③ 例如，国家税务总局针对浙江省地方税务局《关于纳税人转让加油站房地产有关土地增值税计税收入确认问题的请示》（浙地税发〔2017〕39号）而作出的《关于纳税人转让加油站房地产有关土地增值税计税收入确认问题的批复》（税总函〔2017〕513号）。
④ 比如，国家税务总局（联合财政部）针对《个人所得税法》和《个人所得税法实施条例》中于"中国境内无住所的个人居住时间"判定标准而作出的《关于在中国境内无住所的个人居住时间判定标准的公告》（财政部 国家税务总局公告2019年第34号）。
⑤ 譬如，国家税务总局根据《税收征收管理法》及其实施细则、《耕地占用税暂行条例》及其实施细则以及相关法律法规而作出的《耕地占用税管理规程（试行）》（国家税务总局公告2016年第2号）。
⑥ 参见伍劲松：《行政解释研究》，人民出版社2010年版，第26页。
⑦ 郝志斌、高颖：《税法行政解释的法理省思、实践检视与完善进路》，载《地方财政研究》2018年第10期。

收法治建设实践,这一结论就更具针对性和建设性。归根结底,税收法定的内涵在于"以税法的形式确定和昭示民意"①,这种民意借助立法固然可以实现,通过税务总局解释权的规范行使同样可以达致。

四、比例原则与功能适当原则:税务总局解释权的正当性检视

比例原则是处理手段与目的关系的原则,要求手段与目的的关系适当,相冲突的利益要保持平衡。比例与行政权,甚至国家权力曾经是无关的,而仅仅是一个道德原则,也就是说,"比例"的使用并没有被局限在国家权力上,只是后来才发展成为限制国家权力的工具。实际上,无论是宪法、行政法还是刑法中的比例原则,都旨在追求对国家权力进行限制从而保护私人利益的目的。② 就限制国家权力而言,税法上的比例原则亦如此。税法解释作为税法上公权力行使的重要方式之一,其解释权配置理当受制于比例原则的约束与规制。与之契合,"法律解释学研究表明,我们对法律文本含义的明确性追求,实质上只是寻找一种最佳的可能含义"③。这种法律文本可能含义的最佳寻求显然高度依赖于一个最能胜任解释工作的专业性解释机关。唯有如此,解释权方可规范、高效运行。因此,要想论证税务总局解释权的实质正当性,则应该先行解析由其行使税法解释权的目的是否正当,尔后再比较不同主体行使税法解释权的效果,从中证实将税法解释权配置给税务总局的相对合理性,在此基础上,进一步阐释采用合适的手段和方法可以规避和弱化由税务总局解释税法所带来的负面效应。此种论证思路,不仅是比例原则的经典分析思路,而且也是功能适当原则的重要运行机理。

(一) 正当性分析工具:比例原则与功能适当原则

税法解释不仅关系国家财政收入的筹措,而且关系人们基本权利等宪法价值的实现。财政收入奠定国民基本权,涉及自由权、生存权、工作权、财产权等权利的保障。此种保障意味着,每一国民不只是税收的"缴纳者",也是国家收入的"分享者",在"税收缴纳"与"收入分享"之间,体现着税法对"基本权主体"的承认。如此看来,税法解释权配置是否适当,是否合乎税法的宗

---

① 张怡:《税收法定化:从税收衡平到税收实质公平的演进》,载《现代法学》2015 年第 3 期。
② 参见韩秀丽:《论 WTO 法中的比例原则》,厦门大学出版社 2007 年版,第 34 页。
③ 杨铜铜:《论法律解释规则》,载《法律科学》2019 年第 3 期。

旨,是一个极为重要的问题。① 如果任何一个国家机关都可以行使税法解释权,必然导致税法解释效率低下和冲突频发,最终危及税法的基本价值理念和法理根基。比例原则以惯用的"目的→手段"范式为税法解释权配置提供重要的分析工具,而功能适当原则以特有的权力配置性能与方法,同样可以供给税法解释权的配置标尺。

相比而言,比例原则对权力配置的目的审查起点更为看重,如果不能论证目的的正当性,则后续分析方法与框架都将失去审视价值和度衡意义,也根本没必要启动。功能适当原则虽也强调目的的前置阐述与评估,但它更为注重功能(权力)的适当配置。不过,比例原则与功能适当原则虽有不完全一样的分析框架和思路范式,但之于解释权配置而言,两者却具有相同或相似的观测起点,也有类似的分析过程。将两大原则融为一体,整合联动以作为税务总局解释权配置正当性的分析与论理工具,不仅可以相互验证,增加论证的深度和结论的说服力;而且更为契合专业性极强的税法事宜与税法解释活动,进而使得税法解释权配置更加科学,也更加切合中国税收法治实情。作为一种独立的权力型态,税法解释权配置至少有分权主义进路与功能主义进路两种方案。"形式主义的分权进路强调三权之间的'分立',强调三权之间的清晰界限,反对不同权力间的混合;而功能主义的进路则倾向于在维护立法、行政、司法三权的核心领域的前提下,接受三权之间的混合。"②

长久以来,无论是国家权力配置传统,还是宪法性规范使然,我国都恪守"国家权力统一行使"这一基准,强调主权权威的唯一性和权力之间的相互配合,在此基础上探索不同权力之间的"合理分工"。所以,再以形式主义的意识形态对立的思维方式去理解国家权力的配置问题,无异于刻舟求剑、胶柱鼓瑟。与之不同,功能主义的国家权力配置观以国家的效能和治理能力为目标,强调将权力配置给在组织、结构、程序、人员上最具优势、最有可能做出正确决定的机关,同时要求承担某项国家权力的机关,在组织、结构、程序、人员上相应调整以适应职能。③ 此举旨在在不同国家机关之间形成更科学、合理、有效的分工关系,这是现行宪法在国家机构领域致力于实现的主要制度目标,也是落实责任制的根本目的。④ 据此要求,当对税法规范产生争议时,应当按照功能的适当而否来确定由哪一个具体的国家机关行使税法解释权。它具体包含以下要求:第一,税法解释权的配置应具有正当的目的,要有利于

---

① 参见孙健波:《税法解释研究:以利益平衡为中心》,法律出版社2007年版,第24—25页。
② 张翔:《国家权力配置的功能适当原则——以德国法为中心》,载《比较法研究》2018年第3期。
③ 参见张翔:《我国国家权力配置原则的功能主义解释》,载《中外法学》2018年第2期。
④ 参见林彦:《国家权力的横向配置结构》,载《法学家》2018年第5期。

纳税人权利保障、有利于税法的如期实施。如果不是基于这种目的,而是为了争权夺利,则不为法律所允许。第二,当税法解释权配置给某一具体国家机关时,并不意味着只有该机关垄断了税法解释权。若其他国家机关解释税法具有更好的效果,也应该赋予其他国家机关税法解释权。第三,如果被赋权的国家机关不能有效地行使税法解释权时,应当允许其他有能力的国家机关行使税法解释权。① 由此意味着,当在考察税法解释权配置时,不应只从组织机构方面考察,更多应当从功能上审视解释权配置。只要有利于纳税人权利保障、有利于税法实施,即使表面上看起来似乎违宪,通常也不会被认定违宪。②

是以,税务总局解释权的正当性考察和论证应围绕"功能"而展开,重点观测由税务总局解释税法最终是否有利于纳税人权利保障,能否助推税法的高效实施。如此定位实质上是为税法解释权的合理配置与规范运行设定了一项限制,这也是比例原则的题中之义与工具价值。亦如学者对功能适当原则与宪法解释权之间内在关联的论述,"'功能适当原则'实际上是对宪法解释权的一项限制。不可否认,宪法解释权是一项强大的权力,由于宪法是最高法,宪法解释权在某种意义上也就是一种难以制约的最高权力。如果宪法解释机关恣意而为的话,就可能形成释宪机关的暴政与独裁。而'功能适当原则'就是对宪法解释权的限制,要求释宪机关只能在宪法分配给它的职权范围内解释宪法,先有功能,后有宪法解释,而不能通过宪法解释去为自己创设功能。宪法确立的国家各个机关之间的'功能秩序',是宪法解释机关所不能破坏的基本宪政秩序"③。税法解释权与宪法解释权虽不可同日而语,但功能适当原则之于宪法解释权的限制作用与检思方法同样适用于税法解释权的配置与运行,这一限制与比例原则中目的与手段之间的权衡极为相似。故,对税务总局解释权正当性的论证确有必要综合比例原则与功能适当原则的关键要义和分析方法,阐释税务总局解释权的正当目的,揭示税务总局解释权的运行效率。

(二)税务总局解释权之目的考察:基于纳税人权利保护的视角

"在我国,规则制定已经成为行政机关行使权力的重要方式和规制工

---

① 参见朱应平:《功能适当原则是解释宪法国家机关权力条文的最佳方法》,载葛洪义主编:《法律方法与法律思维》(第 8 辑),法律出版社 2012 年版。
② 参见朱应平:《追求行政权能配置最优化的三十年》,载《华东政法大学学报》2008 年第 5 期。
③ 张翔:《宪法释义学:原理·技术·实践》,法律出版社 2013 年版,第 65 页。

具。"①而行政机关的规则制定又很大程度上源于对上位法的行政解释。由此不难看出解释权的重要性。"从国家机关的分类来看,国家权力的行使有多种形式,如立法、执法、司法 监察等,'解释权'是与这些国家权力相伴随的一种权力。"②税法领域更是如此。税法解释不仅是税法发展的一种重要方式,更是税法实施的一个基本前提。税法解释权作为一种相对独立的权力,它的行使直接关系税法实施的结果,向来为关联部门所抢夺。每一个意欲争得税法解释权的国家机关都有自己追求的目的,如果目的不对,解释权的正当性必然存疑。和任何解释机关一样,税务总局解释税法也会有自己追求的目的。我国《宪法》第 2 条第 1 款规定:"中华人民共和国的一切权力属于人民。"据此理解,国家的权力来源于人民的委托与授权,任何权力的行使都应服从于人民的利益与福祉。更进一步阐释,宪法规定国家权力运行的界限,这个界限就是公民权利。具体至税法层面,国家根源上由纳税人供养,其目的是为了服务公众,为纳税人服务。③ 税法解释权的运行如果偏离这一目的,权力配置的正当性必然存疑。

比如,如果拥有税法解释权的税务总局仅仅考虑税收任务,以此为目的,行使解释权时只是考虑如何使国家税收受益,或者对国有企业之类主体拥有的"国家财产"给予比私营企业之类主体拥有的私人财产更优厚的待遇,就有可能僭越纳税人权利,从而丧失权力应有的正当性基础。因为基于此种前提,税务总局解释权的行使手段和方法越得力,负面效果就会越明显,结果距离目的正当性则会更遥远。在税务总局的税法解释实践中,虽有肇因于税收利益行径税法解释权引起的纷争,但整体而言,尚无基于自身利益等明显失当之目的争得、行使税法解释权的确凿证据。当然,这绝不意味着由税务总局行使税法解释权就必然具有正当性,因为正当性更多地指向民众对制度和实践的肯定与认同④,且在此之下,"每个参与者都能根据市场需求调整自己的行为,在看不见的手的指引下非建构地、半无意识地为提高社会福利而努力"⑤。长久以来,虽社会各界诸多人士对税务总局发布的解释性文件颇有微词,但也不能不客观承认这一事实:税法解释领域中出现的种种令人不满的事实与现象并不全然出自税法解释权的不当配置,而是更多与现行中国税

---

① 胡斌:《论"行政制规权"的概念建构与法理阐释》,载《政治与法律》2019 年第 1 期。
② 陈金钊:《"法律解释权"行使中的"尊重和保障人权"》,载《政治与法律》2019 年第 1 期。
③ 参见辛国仁:《纳税人权利及其保护研究》,吉林大学出版社 2008 年版,第 39 页。
④ 参见刘剑文:《论财税体制改革的正当性——公共财产法语境下的治理逻辑》,载《清华法学》2014 年第 5 期。
⑤ 蒋舸:《竞争行为正当性评价中的商业惯例因素》,载《法学评论》2019 年第 2 期。

收治理体系中存在的"系统误差"①密不可分。从这个角度上说,由税务总局行使解释权在没有更充分的反对理由,没有更确凿的失当证据之前,维持运行许久、产生严重路径依赖的解释权配置或许可以看作是另一种意义上的相对正当性。

其实,在纳税人权利已经受到关注,且正受到越来越多关注的中国。税务机关也已开始转变观念,遵循国际税收征管潮流,以为纳税人服务的新理念,致力于改善征纳关系。② 近十年来,国家税务总局屡发文件,推出诸多新政,加速纳税服务建设。例如,2003年4月9日,国家税务总局发布《关于加强纳税服务工作的通知》(国税发〔2003〕38号),要求"各省、自治区、直辖市及计划单列市国家税务局、地方税务局要在征管处内设置专门工作人员分管纳税服务工作,以保证纳税服务工作的顺利进行"。紧随其后,《纳税服务工作规范(试行)》(国税发〔2005〕165号)、《全国税务系统2010—2012年纳税服务工作规划》(国税发〔2009〕131号)、《"十二五"时期纳税服务工作发展规划》(国税发〔2011〕78号)、《全国税务机关纳税服务规范》(税总发〔2014〕154号)等核心文件的制定与实施,不仅使得纳税服务建设逐渐步入日常化、专业化、规范化和系统化轨道,而且让纳税服务日渐成为各级税务系统的核心业务和重要工作。③ 为保证纳税服务的真切开展,不少基层税务机关都专门设立了纳税服务机构,如纳税服务科、纳税服务处或纳税服务局等。

尽管现实中"在税务机关征管与纳税服务资源有限的情况下,纳税服务的供给和需求存在着结构性失衡,纳税服务供给的质量和水平与纳税人的需

---

① 系统误差原是一个自然科学实验术语,它是指由于某一个基本因素的原因使实验的原始数据一律偏大或偏小,影响实验指标与数据分布的准确性。实际上,在租税治理基本制度设计和安排中,如果基本结构方面存在缺陷,或者忽略了基本租税制度框架中的根本要素,其租税制度在运行过程中就很容易产生系统误差,背离租税制度设计的原初目的和终极标准。最为关键的是的是,系统误差的控制难度往往较大,而技术性的修正又无法从根本上消除系统误差。众所周知,一切租税治理的实现途径,无不通过租税制度,即税制。而长期以来,在租税治理实践中,我们自觉不自觉地背离或躲避着科学优良的租税理念,甚至拒绝对租税终极目的的追问,把财政功能当作租税的唯一或终极目的,尽管历次税制改革都把租税公平作为税制改革的指导思想和原则,强调租税调节收入分配不公的职能和优化资源配置的职能,但总是自觉不自觉地回避租税治理根本性的公正原则,不敢或不愿直面中国租税治理存在的系统误差。参见姚轩鸽:《税道苍黄:中国税收治理系统误差现场报告》(上),西北大学出版社2009年版,"写在前面的话"(代自序)第11页。
② 参见丁一:《纳税人权利研究》,中国社会科学出版社2013年版,第3页。
③ 特别值得关注的是,为深入贯彻落实党中央、国务院关于实施更大规模减税降费的决策部署,确保2019年深化增值税改革更好地落到实处,2019年3月21日国家税务总局办公厅专门针对增值税改革发布《关于印发〈2019年深化增值税改革纳税服务工作方案〉的通知》(税总办发〔2019〕34号),此举无异于是将纳税服务当作增值税改革的重要工作和手段了。

求仍不适应"①,也确有必要以市场经济主体为中心,不断改进税收征管手段,提升纳税服务质量,实现纳税服务现代化②,但无论如何,时至今日,推进纳税服务现代化建设都不再需要动员,"为纳税人服务"也不再只是一句空洞的口号。保护纳税人权利业已成为一个极富有现实意义的社会问题和法律问题③,因为究其根本,纳税人享有一项权利,并非因为他基于自由意志而具有选择能力,而是因为拥有权利能够使权利持有者变得更好。④ 于此而言,"纳税人权利的保护范围不再只是一个立法技术问题,还彰显了一个国家在民主法治以及人权方面的基本价值取向"⑤。此种语境为税务总局解释权的正当行使创设了极好的外部环境,警示税务总局在行使税法解释权、制定解释性文件时,必须摒弃税务行政主导的思维惯性,更加注重纳税人权利的保护,融入服务纳税人的大势之中。这一理念并不只是"为纳税人服务"的政策宣传,而是有着深厚的宪法根基。据此,"设置国家机关、配置国家权力、解释国家机构规范,都必须将基本权利作为考量因素,避免国家机构及其职权的设置,直接导致损害基本权利的后果"。⑥ 即"国家权力不得不当限制个人自由"⑦,而且应有利于纳税人权利的保障与实施。所以,在我国的法律解释法没有出台以前,需要把"尊重和保障人权"这一对所有"法律解释权"进行规制、矫正的宪法原融入法律思维或者法律方法之中,以防止"解释权"的误用、滥用。⑧

事实上,国家税务总局也的确在努力践行这一目标。例如,《关于纳税人权利与义务的公告》(国家税务总局公告 2009 年第 1 号)便将纳税人在纳税

---

① 基于此,该学者应以服务理念的科学化、办税和缴费的便捷化和信息化、办税和缴费渠道的多样化和品牌化、税收营商环境的优化、"纳税服务制度的系统化、法制化、规范化、高端化"作为推进纳税服务现代化建设的重要标志,进而"以党的十九大精神为引领,推动纳税服务理念的科学化""以金税三期工程为依托,促进办税和缴费的便捷化和信息化""以'便民办税春风行动'为载体,推进办税和缴费渠道的多样化和品牌化""以'放管服'改革为核心,打造优良的税收营商环境""以国税地税征管体制改革为动力,加速服务制度的系统化、法制化和规范化进程""以税务机构合并为契机,加快纳税服务领域高端人才的培养"等有效路径推进纳税服务现代化建设。参见韩晓琴:《贯彻习近平关于经济工作的重要论述推进纳税服务现代化建设》,载《税收经济研究》2018 年第 5 期。
② 参见庞凤喜、杨雪:《优化我国税收营商环境研究——基于世界银行 2008—2018 年版营商环境报告中国得分情况分析》,载《东岳论丛》2018 年第 12 期。
③ 参见〔日〕北野弘久:《税法学原论》(第四版),陈刚、杨建广等译,中国检察出版社 2001 年版,代译者序第 30 页。
④ 参见刘小平:《为何选择"利益论"?——反思"宜兴冷冻胚胎案"一、二审判决之权利论证路径》,载《法学家》2019 年第 2 期。
⑤ 陈晴:《以权利制约权力:纳税人诉讼制度研究》,法律出版社 2015 年版,第 37 页。
⑥ 张翔:《中国国家机构教义学的展开》,载《中国法律评论》2018 年第 1 期。
⑦ 张翔、赖伟能:《基本权利作为国家权力配置的消极规范——以监察制度改革试点中的留置措施为例》,载《法律科学》2017 年第 6 期。
⑧ 参见陈金钊:《"法律解释权"行使中的"尊重和保障人权"》,载《政治与法律》2019 年第 1 期。

过程中所享有的权利首次公之于众,可谓中国的"纳税人权利手册"。新近的例子如,国家税务总局大力推行税收执法权力清单制度①,意欲规范税收执法权力。此类举措,虽难视为税务总局解释权运用的典型成果,但都直接影响着税务总局解释权的定位和走向。当然,外部的纳税人权利勃兴和税务总局之于纳税服务的诸多制度革新与实践努力,同样不等于税务总局行使解释权就必然具有正当性。更何况税收立法能力不足、立法技术有所欠缺、税法解释中法定主义贯彻不够②等多种因素交织在一起,致使税务总局时有借解释之名、行立法之实的行为实践。此类做法才是学者和公众质疑的根源和焦点所在。换言之,学者和公众真正诟病的或许并不是税务总局解释权本身,而是税务总局滥用解释权、创制新规,从而突破税收法定的界限。"24家公益基金会建议国务院对财税部门免税政策文件进行合法性审查事件"便有力地证实了这一观点。③

由此易知,由税务总局行使解释权并非目的不当,只是需要警惕和规制越权解释、滥权解释等不当行为。况且,在没有更充分的反对理由之前,维持运行许久、产生路径依赖的税务总局解释权配置也不失为一种明智之举,因为"在制度变迁中存在着路径依赖性,制度系统会在相当程度上顺从惯性"④。再者,"制度是多要素博弈均衡的产物,既须维持内部体系之自洽,又要与外部环境共生。否则,均衡将被破坏,并会在重建均衡中触发制度变迁"⑤。而任何制度变迁都会产生成本,特别是由于一些争议问题而导致的间接变迁成本实难估量,但它们同样影响着变迁制度的总体正当性。⑥ 综合这些与目的关联的因素观测,将税法解释权配置给税务总局虽难说是理想抉择,但也契合国情。毕竟,当前我国整体还处于法治的初级阶段,支撑现代税收法治的诸多条件尚不具备,亦如司法改革一样,税务总局解释税法也不能企求尽善尽美、一步到位,更为妥当的做法是,采取渐进的、改良的方法,从逐

---

① 参见《关于推行税收执法权力清单制度的指导意见》(税总发〔2014〕162号)、《推行税务行政处罚权力清单制度工作方案》(税总函〔2014〕652号)、《关于发布第一批税务行政处罚权力清单的公告》(国家税务总局公告2015年第10号)等。
② 参见曾远:《论税法解释类型化方法》,载《现代法学》2016年第1期。
③ 该事件中24家公益基金会并非否认税务总局的解释权,而是质疑由国家税务总局和财政部针对企业所得税法上的"符合条件的非营利组织的收入"进行细化解释而联合发布的解释性文件内容涉嫌与上位法抵触,并将进而侵害非营利组织的合法权益及公共利益。参见熊伟主编:《税法解释与判例评注》2000年卷(第1卷),第1—22页。
④ 〔德〕柯武刚、史漫飞:《制度经济学:社会秩序与公共政策》,韩朝华译,商务印书馆2000年版,第476页。
⑤ 张平华:《矫枉过正:美国侵权连带责任的制度变迁及其启示》,载《法学家》2015年第5期。
⑥ 参见黄辉:《公司资本制度改革的正当性:基于债权人保护功能的法经济学分析》,载《中国法学》2015年第6期。

步的技术性改良走向制度性变革。①

(三) 税务总局解释权之效率评估:以税法实施为切入点

客观上说,"税法解释具有连接税法事实和税法规范的桥梁作用。由于税法规范的专业性、复杂性以及税法体系与其他部门法体系的交叉关系,税法解释成为促进'税收法治'的关键环节"②。但是,税法解释这种天然的桥梁作用能否规范与顺畅地付诸实施,很大程度上基于一个前提事实,即税法解释是由有效率的解释机关合法行使。而效率高低向来都是在比较中得出。为此,要想验证税务总局解释税法的效率,只需比较不同解释机关的解释能力和解释效果。从权力分立与制衡角度看,由立法机关和司法机关解释税法固然合理,但并不符合税法解释的效率追求。最为关键的是,由立法机关和司法机关解释税法目前面临太多无法克服的制度和技术障碍,短期内注定难以实现。与此同时,由于交易类型的变动不居,成文的税收法律与多变的现实之间张力凸显,税收必须仰赖行政机关的适应性、灵活性和快速应变能力,税法的全部立、改、废与解释,一概且共时性地集中到立法机关或司法机关处理,并不可取。③ 如此一来,只能在行政系统寻求次优解释者。在行政机关内部,最值得考虑的当属国务院。作为国家最高行政机关,无论是权力威严,还是资源整合能力,如能由国务院行使税法解释权,是为上策。遗憾的是,三十多年来的税收立法与解释实践已然昭示,由国务院承担主要税法解释任务与工作注定只是南柯一梦。既然立法机关和司法机关解释税法不易实现,国务院又无力担当税法解释之重任,海关部门和地方财税部门因专业属性、地域视野与现行法律规定等因素限制就更无可能了。因此,行政机关内部唯一剩下可以胜任和竞争税法解释权的就只有财政部了。

从内部机构设置上看,财政部设有税政司和条法司等税收法规部门,实践中也一直分享着税法解释权。表面上看,财政部各司局既不亲自担负税法实施的重任,也不直接组织税收收入,并不具有税收征收任务压力。照此理解,由财政部法规部门行使税法解释权理应比国家税务总局的政策法规司或关联业务部门具有更强的中立性和更为客观的立场。只是不能不提及的事实是,财政部虽然无组织税收收入的压力,但是有分配和使用税收收入的重任。尤其是当财政赤字这种"收不抵支"的预算不平衡现象,已经取代了预算

---

① 参见龙宗智:《论司法改革中的相对合理主义》,载《中国社会科学》1999 年第 2 期。
② 刘珊:《税收法定视域下的税法解释规范化综述》,载《地方财政研究》2018 年第 10 期。
③ 参见滕祥志:《税法行政解释的中国实践与法律规制——开放税收司法的逻辑证成》,载《北方法学》2017 年第 6 期。

平衡,成为现代国家预算运行的常态。为平抑经济发展的周期性波动、消除经济运行风险而制定的积极财政政策以及以"减税"为重点的全球性税制改革和预算过程中失察的"权力寻租"等诸如此类的问题的加总作用,使得财政赤字、大量公债与财政收支大致相抵的状态渐行渐远。① 一旦财政赤字、大规模公债成为惯例时,财政部也难以超然立场对待税法解释。换句话说,将税法解释权配置给财政部,相比配置给国家税务总局并无明显的优势,也难以根本上改变行政机关既是立法者,又是执法者,还是解释者的现况。不仅如此,税法规则愈发专业,高度繁杂,且频繁变动,这些都使得财政部行使税法解释权,制定解释性文件时常力不从心,不得不仰仗和借助税务总局的专业与技术力量。

与财政部相比,国家税务总局行使税法解释权无疑具有更大的比较优势。就解释能力而言,国家税务总局统领全国税收事宜,最为熟悉税法疑难和实施障碍,由其行使税法解释权可以保证问题解释的及时性和专业的相对精准度②,这些都是解释性文件获得认可、税法顺利实施极为重要的基础保障。根据规范性文件制定的演化规律,在现代管制国家形成以前,许多争议问题,都是由对具体事项没有专业知识的法院来作决定。但在社会庞杂度大幅增加,分工日益精细的现代管制国家,不论国会或法院都无法深入公共政策的内涵,以作出合理有效的决策。国会乃透过专业机关的设立与法律的授权,逐步建立起以各该管制事项的专业为主的管制体系。而由富有专业的行政机关做管制事项的主导,也等于是公共政策推动上最有效率的组织分工。③ 如果说"行政解释之所以存在,很大一部分因素是'专业知识'所致"④的话,那么,国家税务总局行使税法解释权、主导税法解释性文件的制定便是这一结论的最好诠释。回溯历史,我国税法解释权配置的变迁事实也间接佐证了这一点。

20世纪90年代初期,国务院依据授权立法制定的各单行税暂行条例中

---

① 参见叶姗:《财政赤字的法律控制》,北京大学出版社2013年版,第7页。
② Stephen Breyer, "Judicial Review of Questions of Law and Policy", *Admin. L. Rev.*, Vol. 38, No. 4, 1986, p. 368; Michael Asimow, "The Scope of Judicial Review of Decision of California Administrative Agencies", *UCLA L. Rev.*, Vol. 42, p. 1195(1995).
③ 参见叶俊荣:《面对行政程序法——转型台湾的程序建制》,台湾元照出版有限公司2002年版,第407—408页。
④ 胡敏洁:《专业领域中行政解释的司法审查——以工伤行政为例》,载《法学家》2009年第6期。

几乎都有"本条例由财政部负责解释,实施细则由财政部制定"①的明文规定,此举意欲形成"国务院授权立法,财政部解释,国家税务总局组织实施"的行政内部分权与制衡格局,然此种权力配置格局显然理想多于现实,执行大打折扣。典型例证有三:第一,按照上述权力配置设想,国务院暂行条例制定以后,财政部应遵循条例"由其制定实施细则"的规定,制定与各单行税暂行条例配套的实施细则,但具体实施细则中却微妙地增加了"本细则由财政部解释或者由国家税务总局解释"②的规定。第二,20世纪90年代初期国务院制定的暂行条例到21世纪修订时,"本条例由财政部负责解释,实施细则由财政部制定"的规定全部消失。取而代之的是,"国务院财政、税务主管部门规定"③的类似表述。第三,修订后的实施细则,不再由财政部单独制定颁发,而改由财政部和国家税务总局联合制定,且制定依据也相应改为更加笼统、愈发模糊的"根据《……暂行条例》(以下简称条例),制定本细则"④。与这些现象相呼应,国家税务总局制定的税法解释性文件数量远多于财政部发布的税法解释性文件数量,财政部即便做出关于税法的解释性规定,也更习惯于与国家税务总局联名发布。可见,国家税务总局已实质上主导和享有了税法解释权。

　　观察税法解释过往实践也可得知,由国家税务总局行使解释权并非没有先例。比如,早在1991年《固定资产投资方向调节税暂行条例》(国务院令〔1991〕第82号)中就有赋权国家税务总局行使税法解释权的做法。该《暂行条例》第17条规定:"本条例由国家税务局负责解释,实施细则由国家税务局制定。"握有行政法规明确赋权,税务总局解释权实施便名正言顺了。虽然这一做法被两年后大面积的"本条例由财政部负责解释,实施细则由财政部制定"做法所取代,但是十五年后的2008年的做法似乎"一朝又回到了解放前"。如何看待这些现象?最起码不宜迷信为"三十年河东,三十年河西"之

---

① 典型可参见《增值税暂行条例》(国务院令〔1993〕第134号)第28条、《消费税暂行条例》(国务院令〔1993〕第135号)第18条、《营业税暂行条例》(国务院令〔1993〕136号)第16条、《企业所得税暂行条例》(国务院令〔1993〕第137号)第19条、《土地增值税暂行条例》(国务院令〔1993〕138号)第14条、《资源税暂行条例》(国务院令〔1993〕第139号)第15条等。
② 典型可参见《增值税暂行条例实施细则》(财法字〔1993〕第38号)第38条、《消费税暂行条例实施细则》(财法字〔1993〕39号)第26条、《营业税暂行条例实施细则》(财法字〔1993〕40号)第35条等。
③ 典型可参见《增值税暂行条例》(国务院令第538号)第10条、第11条、第17条;《消费税暂行条例》(国务院令第539号)第11条;《营业税暂行条例》(国务院令540号)第5条、第10条、第11条、第14条等。
④ 典型可参见《耕地占用税暂行条例实施细则》(财政部、国家税务总局令2008年第49号)第1条;《增值税暂行条例实施细则》(财政部、国家税务总局令2008年第50号)第1条;《消费税暂行条例》(财政部、国家税务总局令2008年第51号)第1条;《营业税暂行条例》(财政部、国家税务总局令2008年第52号)第1条等。

偶然产物,也不宜只是简单归于财政部便于国家税务总局组织税法实施,给予其联合署名的名分吧? 如果真是这样的话,岂不意味着财政部解释税法本身就存在巨大的合法性危机和合理性困局? 面临解释威严不足的窘况,握有宪法和"1981年决议"做出的解释性规定为何还要捎上税务总局,狐假虎威,力保解释获得认可、得到尊重? 更为合理的解释是,财政部解释税法陷入诸多困境,例如,解释的时效性、交易的复杂性、业务的专业性和技术性等,凡此种种都非财政部所能独自应对,更多时候不能不寻求税务总局的深度驰援。①

正因如此,以致有学者甚至提出"谁实施,谁解释"的理念,认为税法执行中如何具体应用的问题,应该由执行机关进行解释。② 因为在他们看来,法律解释不应是抽象的,而必须是具体的、亲历的。这种具体性和亲历性决定了法律解释必须是法律实施者的解释,而且是亲自参与法律实施的法官或行政执法人员的解释。没有亲历将不可能有解释的合理性。亲历性是产生解释合理性的基础,如果离开了亲历性,就难以形成经验的智慧,而对于具体案件的法律解释,没有经验智慧将在根本上丧失合理性基础。③ 诸如此类的论调并非空穴来风,而是植根于解释实践学的立场,更加关注法律解释结论的实现。此种立场与功能适当原则契合,也与法律实施的朴实理念相称。因为"如果只重视或强调法的制定,而忽视法的实施,那么,法律规范制定得再多也是徒有虚名"④。有鉴于此,"我们必须转换一种思考的视角,即从规则论走向实践论"⑤。基于此种法律解释立场与思考视角,税务总局距离税法实施显然更近,更具税法解释的亲历性和具体性,也就更易植根税法实施的具体环境、做出更为合理的税法解释结论,进而推进税法的高效实施。

尽管如此,我们还是应该意识到这一基本事实,即不管是从部门之间的比对分析,还是从税法解释的亲历性角度解剖,将解释权配置给税务总局都

---

① 财政部对国家税务总局技术力量的依赖使得两个部门之间的联合解释实质上形成一种法律解释制定中的配合关系。尽管这种联合解释不仅会对税法解释体制及结果带来诸多不利影响,而且会对宪法秩序造成一定程度的破坏。但也不可否认,部门之间的联合解释既可以避免重复解释,节约权力运行成本;又可以化解多元解释主体间的杯葛,避免权力运行冲突。或因如此,作为法律解释制定中配合关系的主要表现形式,部门之间的联合解释在法律解释实践中较为常见。参见刘亮:《法律解释主体间配合关系的反思与重构》,载《学术探索》2018年第9期。
② 参见张弘、张刚:《行政解释论:作为行政法之适用方法意义探究》,中国法制出版社2007年版,第126页。
③ 参见武建敏、张振国:《当代法治视域下的民法实现》,中国检察出版社2006年版,第226—228页。
④ 马怀德主编:《法律的实施与保障》,北京大学出版社2007年版,第2页。
⑤ 武建敏、张振国:《当代法治视域下的民法实现》,中国检察出版社2006年版,第3页。

不能说是众望所归,充其量只是一种对既成事实相对合理的解释。此种相对合理性并不具有完全的实证说服力(当然也难以找到验证其失当性的实证数据),例证便是国家税务总局解释税法在实践中时常遭受诟病。纳税人或者其他群体的批评和抱怨不在少数,这也正是将税务总局解释权注释为一种相对合理性的重要因素。在所有的批评和抱怨声中,最值得正视和反思的是,国家税务总局在行使解释权进行税法解释时,是否真的恪守本分,限于"具体应用",而无超越解释权行径越权解释,甚或借解释之名行立法之实等违规现象。从权能上看,法律解释权基本上可以归结为三个方面的内容:其一,关于法律的发现权;其二,对法律或事实的法律意义的释明权;其三,关于法律的应用权。[①] 不管是哪一类权能,税法解释都不能超于"具体应用"而进入立法空间。一旦越界,便不再是解释而是典型的立法了。

表面看起来,法律解释与立法泾渭分明,然事实并非如此。尤其是在行政领域,行政立法与行政解释的边界时常令人难以琢磨和把握,尤其是日渐崛起的政党权力从来没有出现在三权分立理论的视野中,致使传统的三权分立理论很难解释当代国家的权力结构与配置趋向,以美国行政机关为例,"不论是隶属于总统的行政机关,或独立于总统的行政机关,一般都同时具有行政、立法、司法三种权力"[②]。行政机关汇集立法、执法、司法于一身,而行政解释又横亘于行政立法和法律实施之间,无形中增加了行政立法与行政解释的界分难度。事实上,在立法中,立法者与法律之间的关系是一种创制和被创制、规定和被规定的逻辑关系,在这种逻辑连接中,立法者处于比较自由的状态,只需在法律的位阶关系中满足"不抵触"的要求。但是,在抽象解释中,法律解释者与解释对象之间有一种紧张关系——解释氛围,法律解释者与法律文本的关系应该是一种服从和被服从、描述和被描述的关系,它应该遵从作为解释对象的法律文本的权威,受法律解释对象的制约,负有忠实于法律解释对象的责任。一定程度上说,抽象解释与具体解释大致相同。[③]

做出上述区分意图说明,权力分立与制衡再好也只是法律解释权配置众多方法或手段中的一种。除此之外,通过划定法律解释权边界、制定科学的法律解释程序、增加严格的法律解释监督机制等方法和手段,照样可以实现对纳税人权益的最小损害。客观而言,由国家税务总局解释税法,的确不太合符权力分立与制衡的理想模型。运用比例原则对税务总局解释权进行检

[①] 参见陈金钊:《论法律解释权的构成要素》,载《政治与法律》2004年第1期。
[②] 王名扬:《美国行政法》(上),中国法制出版社2005年版,第95页。
[③] 参见张志铭:《法律解释概念探微》,载《法学研究》1998年第5期。

视,也确实不易为其获取精准而有充足说服力的正当性依据。同时,将税法解释权配置给国家税务总局也未必契合功能适当原则的精髓和要求。但必须再次重申的是,换由其他行政机关,哪怕是由财政部担当税法解释的重任也并不见得好于税务总局。特别是考虑到税法规制事项的特性与税法自身的功能特质,比如课税对象的易变性、交易定性的模糊化与交易定量的复杂化、课税规则的日趋专业化、税法规则的渐趋丛林化,课税目的的多元化等,凡此都使得我们不得不正视和认真评估税务总局解释权的制度价值和比较优势。鉴于前文的阐释,我们倾向于认为税务总局解释权具有实质上的相对合理性与正当性。

五、税务总局解释权规范运行的保障机制

税务总局解释权不同于一般行政权,过往实践未曾累积卓有成效的规制经验,借用既往的权力控制理论规制这一权力并不容易。倘若将控制对象由看不见摸不着的税务总局解释权转向解释权运行结果的产生过程,规制方法将会丰富不少。因为我们既可以规制税务总局解释权的运行过程,又可以监控税务总局解释权的运行结果。换句话说,一方面,可以为税务总局解释权的运行套上正当程序的枷锁,以正当程序规制解释权的行使。另一方面,可以关注税务总局解释权运行而致的解释性文件,构建专门的解释性文件监督体系。多管齐下,税务总局解释权才有可能规范运行。在此之前,亦有必要探究国家税务总局解释税法的立场构造,以奠定税务总局解释权运行的理念与方向。

(一) 解释权运行的立场构造

在税法适用中,时常遇有法律不明或课税事实不明等模糊情境。不管是法律不明,还是事实不明,根据税法解释原理,国家税务总局进行解释时,均有"是否课税拿不准时,首先要对国库有利"和"是否课税拿不准时,首先要对纳税人有利"这两种解释的基本立场。① 前者可被称为"国库主义",后者可被称为"纳税人主义"。具体来说,纳税人主义通常指涉,在税法解释场合,解释机关自觉、不自觉地将纳税人利益作为优先事项予以考虑,为了纳税人利益,较少考虑国库利益。与之相反,国库主义则指涉,遇有税法解释时,国库收入往往为解释机关所优先考虑。简单地说,在一般情况下,当产生多种解

---

① 参见〔日〕金子宏:《日本税法》,战宪斌、郑林根等译,法律出版社 2004 年版,第 89 页。

释结果时,纳税人主义秉持纳税人利益优先的税法解释,而国库主义则选择对国库收入有利的税法解释。当然,在税法解释实践中,很多情境下不太可能为了一方利益而对另一方完全弃之不顾。纳税人主义与国库主义的分类,也只是税法解释立场的一种相对区分。①

　　国库主义也好,纳税人主义也罢,都非简单的有权解释机关任性而为的随机结果。不同的解释立场不仅与一国财政能力建设有关,而且与该国纳税人权利意识休戚相关。除此之外,还可能与社会整体的税收法治意识密不可分。位处威权时代,无论何种解释机关,恐怕都很难朝向纳税人主义方向解释税法规则的模糊之处。与之不同,在现代社会中,公民基本权利已非消极实现的权利,而包含更多积极权利的内涵。公民基本权利所保障的个人自主、自决的权利,必须有国家采取的一定的辅助措施,有赖于国家创造的经济、文化等各种必要条件、基本权利的保障机制以及救济机制。② 此种权利进化之下,解释机关迈向纳税人主义便相较容易,事实亦如此。自 20 世纪中叶以来,诸多国家或地区或直接或间接地确立了纳税人主义的税法解释立场。比如,在法国,解释机关不能超出字面含义解释法律文本。任何关于法律含义的疑问都应做有利于纳税人的解释。③ 类似的解释立场也出现在比利时,在 Cour de Cassation④ 一案中,法院认为在税法解释时纳税人可以选择较轻的纳税方法。此外,加拿大也明确规定:在税法解释中如果遇有税法条文含义不清或有两种或两种以上的理解时,应当对该条文做出有利于纳税人的解释。⑤

　　对于努力推进税收法治建设的中国而言,我们必须理性对待税法解释领域发生的纳税人主义共识。既不可因西方形成纳税人主义共识,就得出中国也要导入此种立场之类似结论,也不可因中国特色而标新立异。按照我国传统税法理论的观点,国家为税收法律关系的权利人,不承载任何义务,故税法解释无须考虑纳税人的利益,仅应关注如何使行政机关运用最少的人力、物力征得最多的税收。所以税法解释的价值取向总是偏向国库主义。但随着

---

① 参见叶金育:《税法解释中纳税人主义的证立——一个债法的分析框架》,载《江西财经大学学报》2017 年第 4 期。
② 参见汤洁茵:《纳税人基本权利的保障与实现机制:以个人所得税为核心》,载《中国法律评论》2018 年第 6 期。
③ Frans Vanistendael,"Legal Framework for Taxation", *in Essays in Tax Law Design and Drafting* (volume 1), International Monetary Fund, 1996, p. 21.
④ Ibid., p. 22.
⑤ Hogg, Magee and Li, *Principles of Canadian Income Tax Law* (2003), Chapters 1 and 19. 转引自李金艳:《非居民股权转让所得税收问题与税收法定主义和税法解释原则》,载《涉外税务》2005 年第 5 期。

社会的发展,私有财产的保护越来越受到重视,这时就有必要坚持纳税人主义的解释立场,从有利于纳税人的解释出发,防止税务总局违法解释税法,造成对公民合法的私有财产的侵犯。① 之所以在我国税法解释领域嵌入纳税人主义立场,也是考虑到税务总局解释权运行的特殊场景。

当下中国,虽然税收债务关系说引入中国十年有余,但是征纳双方的平等地位依然在理想与现实之间徘徊。与之相应,"无声的中国纳税人"虽然慢慢发出属于自己的声音,但是整体性的沉默和失语状态依然未得到实质性改观,纳税人利益还难以通过代议机关完全表达出来。在税收法治实践中,税收之债几乎全凭债权人主宰,纳税人总体处于弱势地位。基于保护弱势群体考虑,国家往往通过权利倾斜性配置方式对交易一方进行额外规制或特别保护②,以追求实现实质上的公平目标③。然而,现有税收立法极少彰显这一理念。既然立法难以针对整体处于弱势的纳税人进行倾斜性保护,则通过税法解释调整权利配置格局,给予处于弱势地位一方的纳税人以利益关照就显得格外重要。这种倾斜性保护不只是税收正义价值的体现,更是维护税收正义的基本目的。④ 由此观之,实有必要将纳税人主义确立为税务总局行使税法解释权、制定解释性文件的基础立场,以明示税务总局解释权的运行方向。

(二) 解释权运行的程序建构:以解释性文件制定为主线

从税务总局解释权行使的结果上看,任何一次解释权的运用都会有最终表现形式,这些形式大体都可以归入广义的解释性文件范畴。故控制税务总局解释权的运行与规制解释性文件的制定便具有实质上的一致性和原理上的共通性。由此意旨,关注税务总局解释性文件的制定过程,为其设定一个科学而正当的程序,并将解释性文件的制定纳入此种程序予以规制,便可以整体掌控税务总局解释权的规范运行。然而,要找到一种普适性的、绝对的标准来衡量正当程序几乎是不可能的。但是,我们可以根据人类的共同心理需求,提出一种可适用于所有现代文明社会的最低限度的程序正义要求。⑤其中,参与治理、程序合法、程序和平、人道和尊重个人尊严、保护隐私、自愿、程序公正、程序理性、及时性和终局性等⑥,都具有重要的参考价值。根据

---

① 参见黎江虹:《中国纳税人权利研究》,中国检察出版社 2010 年版,第 224 页。
② 参见应飞虎:《权利倾斜性配置研究》,载《中国社会科学》2006 年第 3 期。
③ 参见许多奇:《从税收优惠到全面社会保障——以残疾人权利的倾斜性配置为视角》,载《法学评论》2010 年第 6 期。
④ 参见王惠:《论税的谦抑性》,中国财政经济出版社 2013 年版,第 246—247 页。
⑤ 参见陈瑞华:《程序正义论——从刑事审判角度的分析》,载《中外法学》1997 年第 2 期。
⑥ Robert S. Summers, "Evaluating and Improving Legal Processes—A Plea for 'Process Values'", *Cornell Law Review*, Vol. 60, pp. 20-27(1974).

这些要求,正当程序可以界分为两个基本原则,即"政府必须遵从可适用的规则",以及"提供不同情况下的最低限度的程序保障"。① 透析前述要求和原则,正当程序主要有以下几项指标:程序的参与性、程序的中立性、程序的及时性、程序的确定性等。② 以此观测,现行规制税务总局解释权运行的制度③与之尚有差距,主要表现有二:一是缺乏实质性的公众参与机制,纳税人的参与权和表达权受到抑制;二是缺乏透明的解释性文件公开机制,纳税人的知情权和监督权难以实现。欲以正当程序规制税务总局解释权,就必须直面这些程序缺陷,着力调适和构建以下制度,弥补现有解释程序的不足。

1. 解释性文件征求意见与听取意见制度

鉴于税收公平理念,税法解释不能只是利益集团博弈的产物。国家税务总局需要更多倾听弱小纳税人的声音,更多保护普通纳税人的利益。然而,目前解释实践中,国家最有影响力的利益集团在税法解释博弈中时常处于有利地位,国家税务总局的解释资源不得不向它们倾斜。比如,为了支持中国石油化工集团公司发展,国家税务总局屡次针对其业务的开展制定"订单式"解释性文件④,类似的解释现象也频频发生在电力、银行、通信等领域的巨型企业身上。与之形成鲜明对照的是,专门针对普通纳税人的解释性文件并未相应增长,已有解释性文件依然停留在对小微企业、下岗工人、再就业人员等困难企业和人员层面,缺乏对普通纳税人的整体关怀。长此以往,税法难言公平。终归说来,纳税人主义是所有纳税人的主义,绝不应沦为为少数利益集团服务的解释主义。

如何避免或减轻利益集团对税法解释的压力,践行面向全体纳税人的税法解释立场,方法有多种。目前最值得改进的是,国家税务总局在起草解释性文件时应征求社会公众意见,尤其要尽可能地听取关联当事人的意见。针对有重大影响、利益集团等的解释性文件起草,可以通过论证会、座谈会、调查研究、书面征集等方式征求社会各界意见。在各种意见中,专家、学者的意见尤其值得重视。招募最好的人才,充分利用个体与团队的优势力推税法解

---

① Edward L. Rubin, Due Process and the Administrative State, California Law Review, Vol. 72, p. 1131(1984).
② 参见郑春燕:《程序的价值视角——对季卫东先生〈法律程序的意义〉一文的质疑》,载《法学》2002年第3期。
③ 参见《税务部门规章制定实施办法》(国家税务总局令第45号,下文简称"《总局45号令》")、《税收规范性文件制定管理办法》(国家税务总局令第41号,下文简称"《总局41号令》")及《税收个案批复工作规程(试行)》(国税发〔2012〕14号)等。
④ 参见但不限于以下文件:国税发〔2004〕131号、国税函〔2004〕1071号、国税发〔2005〕204号、税总发〔2013〕100号。

释,原本就是正当程序的内在要求。① 从解释的专业度和认可度上说,基层业务部门、政策法规部门、具有丰富实践经验的税务执法人员,加上税收、法律及相关领域的专业人士,公众代表,才是最佳组合。故,可以考虑将这些多元化的团队构成,特别是税收、法律及相关领域的专业人士参与解释性文件的起草或接受咨询设置为强制性的程序规则,并配置相应制度作为保障。② 除此之外,为保证征求意见与听取意见制度能行之有效,还有必要创设异议处理制度,保证不同意见都能得到有效利用。

2. 解释性文件公开制度

在行政领域,"公开是现代民主政治的题中应有之义,其目的在于满足公民的知情权,实现公民对行政的参与和监督"③。解释性文件公开植根于行政公开原则,要求税务总局将解释权运行的依据、过程和结果向税务相对人,甚至社会公众公开,以便他们知悉。根据行政公开原则,解释性文件公开主要涉及向特定当事人公开和向不特定社会公众公开两个层面。不管是针对特定当事人的公开,还是指向不确定的社会公众公开,在公开的内容方面都不应该有太大出入。这些内容至少应当包括解释性文件公开的具体范围、公开的程度、公开的形式、公开的例外情况;解释性文件的信息反馈渠道、信息处理方法、信息处理结果等。

只有上述基本元素公开到位,完整的、体系化的解释性文件公开制度才有可能得以确立,解释性文件草案公示、解释动态信息公开、解释性文件效力公开等关联制度才有可能真正发挥功效。令人欣喜的是,国家税务总局已经着手开展了一些制度建设与实践。比如,国家税务总局对失效或废止文件的公开。④ 此类制度一方面需要汇总经验、形成制度化;另一方面,需要优化内容,形成体系化。以失效或废止文件公开制度为例,对纳税人而言,公布失效或废止的解释性文件固然有好处,但对有效解释性文件信息的整理与公布同样值得关注,由此,建立解释性文件有效期制度便显得必要。总体而言,目前除极少数制度已有推进以外,与解释性文件公开密切相关的多数制度仍待创设。

---

① Huang Fang, Perfecting "Tax Legislative Power From the Perspective of Supply-and-Demand Balance of Tax Law", *China Legal Science*, Vol. 2, pp. 86-87(2014).
② 参见杨建顺:《行政立法过程的民主参与和利益表达》,载《法商研究》2004年第3期。
③ 周佑勇:《行政法的正当程序原则》,载《中国社会科学》2004年第4期。
④ 参见国税发〔2006〕62号、国家税务总局公告2011年第2号、国家税务总局公告2016年第34号。

3. 解释性文件听证制度

听证制度作为"被听取意见的权利",是行政参与的核心①,其实质就是听取当事人的辩解。在解释性文件制定程序嵌入听证制度,只不过是在更加正式的场合,通过国家税务总局与当事人、有利害关系的第三人以及社会公众等之间的陈述、辩论与对质,吸收合理意见和可靠依据,确保税务总局解释税法的准确性和解释性文件的质量。相对于行政复议、行政诉讼、国家赔偿等事后救济,听证制度具有事中救济的独特功能。② 此种功能,使得听证制度一旦得到落实,便可将税务总局解释权置于"控制现场",接受社会的公开监督。

比照行政立法中的听证制度和法理,解释性文件听证制度也必须符合"听证典则的法形式性""听证适用范围的普遍性""听证定位的正当程序性""听证效力的法强制性"等要求。尽管实践中听证制度并无统一的模式,但大都聚焦于听证的形式、听证的范围、听证主持人、听证参与人、听证具体程序等③微观制度。倘若借力听证制度规制解释性文件的制定,前述制度元素的精心布局无疑是关键。

4. 解释性文件说明理由制度

说明理由制度是行政正义的一个基本要素,它要求征税机关在作出影响纳税人权利义务的决定时,应当向其说明做出该决定的事实根据和法律依据。④ 说明理由的意义在于,它作为纳税人的一项程序性权利,可以制约征税权的恣意行使,促进权力以理性、合法的方式行使。⑤ 说明理由制度虽发端于具体行政行为中,但其制度设计及其蕴含的理念建构,并不排斥其在税法解释领域的适用。相反,如果能将其移植到税法解释性文件的制定程序中,必能促进税务总局解释权的规范行使,进而提升解释性文件的制定质量和效率。

作为一项较为完整的程序法上的制度,解释性文件说明理由制度至少应该包括如下几个方面的内容:① 说明理由的一般条件和不需要说明理由的例外情形;② 说明理由的类型以及理由的基本构成;③ 说明理由的法定方式

---

① 参见周佑勇:《行政法的正当程序原则》,载《中国社会科学》2004 年第 4 期。
② 参见余凌云:《听证理论的本土化实践》,载《清华法学》2010 年第 1 期。
③ 参见章剑生:《行政听证制度研究》,浙江大学出版社 2010 年版,第 17—32 页。
④ 参见施正文:《税收程序法论——监控征税权运行的法律与立法研究》,北京大学出版社 2003 年版,第 242 页。
⑤ 参见刘庆国:《纳税人权利保护理论与实务》,中国检察出版社 2009 年版,第 141 页。

与时间;④ 不说明理由的法律后果或者说明理由存在瑕疵的补救方式。① 具体到制度运用而言,国家税务总局在制定解释性文件时不能仅满足于提供问题解决的"答案"这一超低要求,而应格外关注"答案"产生的"说理"。既要做到解释性文件"答案"无误,又要实现"说理"透彻。尤其遇有重大解释性文件、关联问题出现解释冲突等关乎纳税人切实权益的解释场景,更应说明理由,"增强同一税种政策调整的前后衔接,增强不同税种政策调整的相互协调"②,真正实现解释性文件之间的确定性和协调性。

(三) 解释性文件的立体化监控

根据我国现行立法,备案审查、行政复议和行政诉讼分别从立法、行政和司法角度对解释性文件进行监督。③ 此种文件监督体系纵有效力不高、成效甚微等弊病,但这并不见得都是制度本身之过。毕竟,一种制度的效力发挥,与制度设定的目标、制度实施所依赖的环境等息息相关。对于税务总局解释权行使而致的解释性文件监控而言,否定存在已久的文件监督体系绝非明智之举。相对"另起炉灶"带来的震荡和制度变迁成本,更为稳妥的方式是,将文件监督体系中不合时宜的制度因子进行修正与调适,使之更好地契合税务总局解释权的运行规律,适应解释性文件的运行环境。

1. 解释性文件的备案审查

备案审查是"国家机关对规范性文件的'备案'与'审查'制度相结合而形成的一种特定的法律制度,指有权机关将其制定的法规等规范性文件依法定期限和程序报法定机关备案,由接受备案的机关进行分类、存档,依法对其进行审查并作出处理的法律制度"④。作为控制和监督解释性文件的行政方式,我国备案审查制度在《关于全面深化改革若干重大问题的决定》和《关于全面推进依法治国若干重大问题的决定》中均有专门论及,在《立法法》、《行政法规制定程序条例》、《规章制定程序条例》以及《法规规章备案条例》和《各级人民代表大会常务委员会监督法》中亦有详尽规定。尤其是进入新时代以

---

① 参见黄竹胜:《行政法解释的理论建构》,山东人民出版社2007年版,第338—339页。
② 参见国家税务总局《关于深化行政审批制度改革,切实加强事中事后管理的指导意见》(税总发〔2016〕28号)。
③ 参见孔繁华:《行政规范性文件法律监督机制探究》,载《法学杂志》2011年第7期。
④ 《规范性文件备案审查制度理论与实务》编写组:《规范性文件备案审查制度理论与实务》,中国民主法制出版社2011年版,第24页。

来,尽管在国家法治发展的顶层设计上将备案审查提到了一个前所未有的高度。① 具体到税法领域,《总局 45 号令》第 26 条确立了税务部门规章的备案审查制度;《总局 41 号令》第 31 条至第 40 条,详细设定了税收规范性文件的备案审查制度。结合我国已有立法与实践,立足于税务总局解释权的运行概况,当下不仅要将解释性文件纳入备案审查范围,而且可以适度加大对违法解释性文件的处理权限和力度。具体可以重点考虑从以下方面对解释性文件备案审查制度进行调适。

其一,确立"被动审查"为备案审查制度的核心地位,将被动审查制度作为解释性文件备案审查的主体制度予以明确。当然,随着国家税务总局审查部门的效能提升,在被动审查制度之外,也可以考虑在重点领域进行主动宣查,采取"被动普遍审查"与"主动重点审查"相结合的审查模式。② 其二,在审查程序中,需要特别关注《总局 41 号令》第 40 条中"应当依法及时研究处理"的规定。"应当"作何理解、能否理解为国家税务总局的强制性义务,依据"何法"、何为"及时"? 如何"研究",怎样"处理"? 此类问题都需要进一步明确。从纳税人主义出发,审查部门的处理权限理应逐步扩大,审理程序也应该逐渐公开。与此同时,审查结果也有必要向建议审查者反馈,并以公众知晓的方式公布。为敦促审查机关处理审查建议,设置一定的责任追究与救济机制也十分必要。其三,明确"文件清理"制度在解释性文件审查中的关键位置,将文件清理制度作为解释性文件备案审查的辅助制度进行明示。《总局 41 号令》设置专章"文件清理"(第五章)一定程度上认可了这一制度定位。但是,如何保障拟定的制度得以实施,定位得到彰显,尚需实践校验。因为该章 11 次出现"应当"这一强度语词,却未见与之配套的任何责任等保障措施。

2. 解释性文件的复议审查

"行政复议制度是我国行政纠纷解决体系的重要组成部分,具有高效、低

---

① 尽管如此,备案审查的制度供给不足、执行能力"短缺"的问题依然存在。现实中,备案审查的制度设计与实现能力之间的差距在某些领域还呈现出拉大趋势,一些影响备案审查机制有效运转的深层次问题未能解决。主要有:一是备案审查的主体复合、层级多元与权力分散,二是"被动审查"的启动机制乏力,三是柔性纠错机制的刚性不足、强制力不够,四是存在大量审查"权力真空地带",五是缺乏与其他相关制度的整合力、协调力(比如,与立法沟通、协调制度的前后关照,行政复议、行政诉讼附带审查制度的协调)等,为此学者提出:"备案"与"审查"的分离、统一有关备案审查的制度规范、审查权自上而下的适度下放、充分发挥司法机关的辅助审查作用、建立公民与法人审查建议的反馈机制、运用高科技手段推动备案审查工作的数字化、智能化。参见封丽霞:《制度与能力:备案审查制度的困境与出路》,载《政治与法律》2018 年第 12 期。
② 参见江澎涛:《论行政规范性文件备案审查制度》,中国政法大学 2011 年博士学位论文,第 107—108 页。

成本、和谐等优点。"① 根据《税务行政复议规则》(国家税务总局令第 21 号)第 15 条的规定,国家税务总局制定的解释性文件(除税务部门规章以外)均应接受税务行政复议的审查监督。《税务行政复议规则》第 73 条进一步设定了税务行政复议机关对解释性文件的处理时限。透过条文规定,可以看出我国税务行政复议制度内含附带审查和间接审查两大根本理念。围绕这两大核心理念而设置的税务行政复议制度面临诸如行为性质、模式选择、救济效果、与税务行政诉讼对接等诸多理论空白,直接影响着制度运行的效果,也带来诸多操作上的困惑。② 要想提高税务行政复议的审查能力,确保解释性文件得到高质量的复议审查,就必须调适好以下两方面的制度:其一,优化现行税务行政复议审查制度,强化税务行政复议机构的独立性和专业性;其二,补强"附带审查"和"间接审查"的制度效力,加大解释性文件的审查广度和深度。

之于税务行政复议机构而言,理想做法是,设立直接隶属于国家税务总局的行政复议机构,人事、财务和装备均独立于各地税务机关,负责处理所有涉税行政复议申请。③ 税务行政复议机构可以考虑分设县(市、区)、设区的市、省(自治区、直辖市)、中央四个级次④,上级对下级没有领导关系,只有业务指导关系。与之配套,可以考虑建立复议人员考试选拔制度、复议人员专任制度、错案追责等系列制度,保证税务行政复议人员独立、专业、公正行使职权。次优方案是,强化《税务行政复议规则》第 12 条关于税务行政复议委

---

① 应松年:《对〈行政复议法〉修改的意见》,载《行政法学研究》2019 年第 2 期。
② 参见张淑芳:《规范性文件行政复议制度》,载《法学研究》2002 年第 4 期。
③ 建立相对独立的行政复议局几乎是学界共识。亦如学者基于行政复议制度对行政诉讼制度的"亦步亦趋",实践上造成了复议功能与诉讼功能的混同,复议制度自身特色缺乏等问题,特别是《行政复议法》颁布以来,行政复议机构运行情况并不理想,行政复议机构缺乏独立性、行政复议工作人员资质不足等问题一直备受诟病。为此,该学者提出行政复议案件能够得到公正审理,很大程度上取决于行政复议机构具有相对独立的地位。在各级司法行政部门与政府法制部门合并的情况下,设置独立的复议机构并相对独立的开展运作,尤为重要。实际上,从 2008 年开始,国务院原法制办已在全国部分地区开展行政复议委员会试点工作,由政府设置行政复议委员会统一行使行政复议权,统一受理、统一审查、统一议决,以增强行政复议结果的公正性和权威性,有效缓解现行行政复议制度的各种弊端。比如,2017 年,浙江省专门成立了行政复议局,既保证了行政复议决定的中立性、客观性,改变了以往行政复议决定由各部门的法制部门或者科室作出进而缺乏独立性问题,也有利于使行政复议工作更为专业化和规范化。参见耿宝建:《行政复议法修改的几个基本问题》,载《山东法官培训学院学报》2018 年第 5 期。
④ 县(市、区)级税务行政复议机构负责受理对税务所的复议申请;设区的市级税务行政复议机构负责受理对县(市、区)级税务机关的复议申请;省(自治区、直辖市)级税务行政复议机构负责受理对设区的市级税务机关的复议申请;中央级税务行政复议机构负责受理对省(自治区、直辖市)级税务机关及国家税务总局的复议申请。对地方税务机关的决定不服的,当事人既可以选择向同级地方人民政府申请复议,也可以选择向上一级税务行政复议机构申请复议。

员会的规定,改授权性条款为义务性条款,要求各级税务行政复议机关都应设置复议委员会,且必须邀请一定比例的本机关以外的具有专业知识的人员参加。之于审查制度的效用补强而言,可以调整或增设以下几项微观制度:① 保留解释性文件行政复议附带提请制度;② 增设独立的解释性文件行政复议提请制度;③ 改现行间接复议审查制度为直接复议审查制度;④ 增设解释性文件职权审查制度;⑤ 确立解释性文件复议处理制度。

3. 解释性文件的司法审查

2015 年实施的《行政诉讼法》第 53 条和第 64 条正式引入解释性文件行政诉讼制度,赋予司法机关对解释性文件的司法审查权,开启了解释性文件司法审查的新纪元。尽管现行规定有这样那样的缺憾,但作为一种制度写进《行政诉讼法》,便是最大的进步。基于我国税收法治环境与治理水平,当下迫切需要的不是高喊法院对行政机关的尊重,而是要创造一切内外部条件,让法院敢于审查行政解释性文件,敢于质疑和否认行政行为的合法性依据,积极、主动地向制定机关提出解释性文件的处理意见。如果每一个法院都珍惜每一次申请人提请解释性文件审查的机会,用好、用足每一次司法审查权,势必会给行政机关造成不可小觑的压力,直接的效应便可力促行政机关改变违宪或违法的解释性文件,间接的效果也可营造一种谨慎动用行政解释权,科学制定解释性文件的解释风气和解释权运行环境。要做到这一点,就要竭力提高司法机关审查税收解释性文件的能力。

《深化国税、地税征管体制改革方案》明确提出"加强涉税案件审判队伍专业化建设,由相对固定的审判人员、合议庭审理涉税案件"。因此,可以考虑借鉴税务法院专门化的国际经验和我国法院系统中知识产权庭、环境资源庭等专业审判庭的设置经验,分步设立税务审判庭。首先,在已经建立集中受理行政诉讼的法院设立税务审判庭①,主审涉税行政案件。其次,针对没有建立专门受理行政诉讼的法院,可以提议安排具有财务、税法背景的法官或人民陪审员组成专业合议庭,主审涉税行政案件。税务审判庭一旦建立,司法机关审理税收解释性文件的能力必将大为提高。倘若如此的话,就有必要重新审视和改造现行《行政诉讼法》第 64 条。其实,不管对该条作何解释,最终都会导向司法审查最为核心的一个命题,即在行政诉讼中,司法权应该如何面对行政权。

---

① 2015 年,不少地方开始建立了跨区域的专门受理行政诉讼的法院,比如西安、郑州、兰州等铁路运输法院已转变成专门审理行政诉讼的法院,因此,在现有集中受理行政诉讼的法院内设立税务审判庭并非难事。

基于纳税人主义立场,司法机关必须拿捏好对法律问题审查强度与范围的限度。英美法系创设"法律—事实"二分法来厘清行政权与司法权的界限[①],以尊重行政的正当行使。根据这一分类,行政机关握有"事实问题"的确定权,司法机关则享有"法律问题"的审查权[②],行政权与司法权的边界看似十分清晰。问题在于,"法律—事实"二分法并不能穷尽所有的现实问题,即使经修正后的"法律—事实—混合""法律—事实—政策"等区分法[③]依然难以清晰定位司法权与行政权的关系。也正源于此,1984年美国谢弗林案创立了"谢弗林案原则"或"司法尊重原则"[④],从根本上推动了立法机关、行政机关与司法机关三者之间的良性互动。受益于此,将税务总局解释性文件置于司法审查的理想做法是,贯彻司法尊重原则,兼顾合法性审查与合理性审查,寻得司法审查的正当边界。

六、结 论

税法的生命力在于实施,税法的权威也在于实施,而税法的实施离不开解释。税法解释应当以何种方式,由何种机关展开向来是税法需要解决的重大问题。当下,税务总局实质上把持了行政领域的税法解释权。税务总局原本为税法实施的组织机关,由其主导税法解释,难免引起学者和公众的质疑。况且,自己解释税法、自行组织解释性文件的实施,也有悖于权力分立与制衡的基本理念。然而,透过税收法定原则和功能适当原则的深度检思,税务总局解释权不仅形式合法,而且实质正当。纵然如此,依然要直面学者和公众质疑,谨防税务总局滥用税法解释权,突破"应用性解释"的合法性限度。

值得说明的是,税务总局解释权虽然存在被滥用的可能,但不可否认,它更存在积极作为、造福纳税人的一面。税收法治所要做的,就是要限制其滥权为恶的可能,促使其在法治的框架下锐意进取。面对同样的税法解释权,

---

① Ray A. Brown,"Fact and Law in Judicial Review",*Harvard Law Review*,Vol. 56,pp. 899-928(1943).
② 参见周永坤:《对行政行为司法审查的范围:事实问题——一个比较的研究》,载《法律科学》1996年第5期。
③ 关于在"事实—法律"基础上发展而成的三分法及其审查强度的论述可参见杨伟东:《行政行为司法审查强度研究——行政审判权纵向范围分析》,中国政法大学2001年博士学位论文。
④ 参见高秦伟:《政策形成与司法审查——美国谢弗林案之启示》,载《浙江学刊》2006年第6期。

一个积极主动、负责任的税务总局,可以将解释权用到极致,为纳税人谋福利。消极懈怠、故步自封的税务总局则会不求有功,但求无过,形成懒政。这样的税务总局也许循规蹈矩,遵纪守法,却会忽略政府存在的目的。因此,昌然《关于全面推进依法治国若干重大问题的决定》强调依法治国,强调宪法法律的实施,但决不可走向极端,堵塞税务总局解释税法的制度空间。相反,无论是税收法定原则,还是功能适当原则;无论是宪法,还是税法,都应该高度重视税务总局解释权,鼓励税务总局积极解释税法,造福于民。①

要想真正实现这一点,确保税务总局解释权朝着利于纳税人权利保障、利于税法实施的方向前行,就有必要将纳税人主义明示为税务总局解释税法的基础立场,以此策动税务总局解释权的制度规制。之于解释权运行的程序而言,可以解释性文件制定为主线,通过正当程序的设定,敦促税务总局解释权的正当行使。之于解释性文件的监控而言,可以解释性文件监督为内核,通过立体化监督体系的创设,规制税务总局解释权的合法行使。如此一来,以纳税人主义为指引,以正当程序为基础,以事前、事中、事后的权力与文件监控体系为保障,税务总局解释权的规范运行便有望实现。

---

① 参见殷啸虎、朱应平:《论消极法治与积极法治的互动与平衡》,载《法学评论》2003 年第 1 期;熊伟:《预算管理制度改革的法治之轨》,载《法商研究》2015 年第 1 期。

第七章　税收法定原则的效力补强

——以地方税权的阐释与落实为要义

一、问 题 意 向

"国家和纳税人之间的利益关系、中央和地方之间的利益关系的实质是税权分配关系。"①概因如此,"税权作为整个税法研究的核心和焦点,这一点已经获得基本一致的认可,但对税权的内涵和外延却还存在不同的认识,迄今为止,我国没有任何一部法律或政府文件对'税权'作过明确的界定。"②正如地方财政自主权一样,税权也通常被理解为一种事实效果,不是法定权力,而是事实权力。③ 与地方财政自主权不完全一样的是,作为财政宪法上极为重要的一个语词,税权一词很早就出现在有关部门的规范性文件或纲领性文件中了。比如,1988 年 12 月 27 日国务院下发《关于整顿税收秩序加强税收管理的决定》(国发〔1988〕85 号),明确提出:"国家税法必须统一,税权不能分散,统一税法的原则必须始终如一地坚持而不能有任何动摇和变通。"1991年 4 月 9 日七届全国人大四次会议通过的《国民经济和社会发展十年规划和第八个五年计划纲要》在"(五)改革财政税收体制"部分专门提及"按照统一税政,集中税权,公平税负的原则,逐步理顺税制结构,强化税收管理,严格以法治税……"。1991 年 10 月 11 日国家税务总局向国务院报告,并被国务院批转的"国发〔1991〕67 号"④更是五次论及"统一税法,集中税权",并将其提至税收工作基本原则的高度。

与上述税权表述不完全一致的是,1993 年 11 月 14 日通过的中共中央《关于建立社会主义市场经济体制若干问题的决定》第"(18)积极推进财税体制改革"部分明确提出"按照统一税法、公平税负、简化税制和合理分权的原则,改革和完善税收制度。该原则被 1993 年 12 月 25 日国务院批转国家税

---

① 翟中玉:《法治中国视阈下税权平衡的概念及其价值》,载《河北法学》2018 年第 6 期。
② 朱丘祥:《分税与宪政——中央与地方财政分权的价值与逻辑》,知识产权出版社 2008 年版,第 183 页。
③ 参见徐键:《分权改革背景下的地方财政自主权》,载《法学研究》2012 年第 3 期。
④ 全文参见国务院批转国家税务局《关于进一步推进依法治税加强税收管理报告的通知》。

务总局《工商税制改革实施方案的通知》(国发〔1993〕90号)完全承继。"国发〔1993〕90号"第2条规定:"工商税制改革的指导思想是:统一税法、公平税负、简化税制、合理分权,理顺分配关系,保障财政收入,建立符合社会主义市场经济要求的税制体系。"两份文件均未见"税权"语词,最为接近的术语表达是"合理分权"。从"集中税权"原则到"合理分权"思想,有学者将其誉为"一个巨大的转变"①。与学者的判断暗合,自"合理分权"提出,尤其是国务院《关于实行分税制财政管理体制的决定》(国发〔1993〕85号,以下简称"分税制")实施以后,税权语词在文件中出现的频率大为降低,取而代之的是更为具体的税收立法权、征管权等具体税权要素内容,甚至还有更为细致的语词表述。比如,《关于增值税纳税人放弃免税权有关问题的通知》(财税〔2007〕127号)不仅标题直接出现"免税权"字样,且正文8次提及"免税权"。可见,税权语词出现频率的降低并不当然伴随着集权的快速消失和分权的合理展开。虽然形式上"集中税权"等术语不再高频出现,但实质上文件制定者们显然没有按照学者的思路去理解和发展税权理念。典型便是,2000年1月1日,国务院发布《关于纠正地方自行制定税收先征后返政策的通知》(国发〔2000〕2号),再次间接回归、重申了"统一税政、集中税权原则"②。

　　通览上述所列文件不难得出如下类似结论,即"国发〔1993〕90号"言及的"合理分权"更为合适的解释应该是"税权的分散"③,而非对"集中税权原则"的根本否认和摒弃。合理分权显然不如集中税权那般容易操作,也不见得完全吻合中央权威的维系。因此,将"合理分权"解读为"集中税权"的分散和例外,或许更为接近税权语词的文本演进脉络,也为分税制后的税权实践所验证。是故,从这些早期不同层次、不同属性部门论及"税权"的文件可以看出,税权作为税法学上的一个重要概念或范畴,在课税实践中作为一种客观存在,其时间应该是不会很短的,只不过没有用文字明确加以阐释而已。④恰恰因为未见任何一个部门法或法律文件对"税权"准确地界定过,以致学者历经二十余年的持续研究,在以"税权"为题名形成305篇学术成果的情形

---

① 刘丽:《税权的宪政解读:概念重构抑或正本清源》,载《湖南大学学报(社会科学版)》2011年第6期。
② 《关于纠正地方自行制定税收先征后返政策的通知》(国发〔2000〕2号)认为:"……这种做法不仅扰乱了税收秩序,违背了统一税政、集中税权的原则……必须采取有力措施,坚决予以制止。"
③ 赵长庆:《论税权》,载《政法论坛》1998年第1期。
④ 参见张富强:《论税权二元结构及其价值逻辑》,载《法学家》2011年第2期。

下,依然未形成税权概念的共识性结论,实在是匪夷所思①。从学术成果产生的时间分布来看,学者们对"税权"的关注与其出现在文件中的时间大致相当,即 20 世纪 90 年代前后开始。不一样的是,进入 21 世纪当相关文件中难觅税权语词的踪迹时,学界对税权的研究却方兴未艾。纵然 20 世纪初便有学者经过严密论述,认为"税权"一词难以为各种权力(利)创设一个上位概念,统摄其下的各项权力(利),也未能增强税法权力(利)体系的逻辑性和系统性,完全可以在法学范畴体系中对其出示红牌。② 这些都不曾阻挡学者对税权议题持续的学术关注度(如"图 7-1"所示),足见税权议题的学术魅力以及学者对其寄予的学术期望。

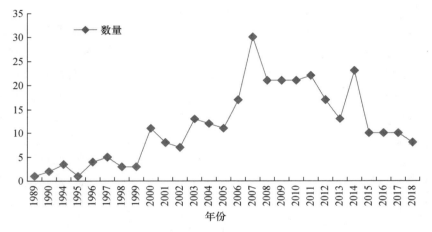

图 7-1 中国学术界对税权议题的学术关注度

概括学者对税权的研究,主要有以下代表性观点:其一,从税权产生的原因看,有国家主权派生说和延伸说之分。其二,从税权的主体来看,有单一主体说和多主体说之分。单一主体说认为,国家是税权的唯一主体。而多主体说则认为除国家之外,国民也是税权的主体。其三,从税权所包含的内容看,有单一的权力说和权力与权利综合说之分。其四,税权"法权"说。③ 这些论点均从不同角度阐释了税权的某一维度,让人顿生"横看成岭侧成峰,远近高低各不同"之感。客观上说,税权主体、标的和内容等的非同质性,注定了界定税权概念的难度和复杂性。但缺乏对"税权"语词的文本来源探究,也是造

---

① 截至 2019 年 5 月 10 日,以"税权"为篇名通过中国知网检索,共有 305 条成果记录。必须说明的是,以"税权"为主题和关键词的研究成果远不止 305 篇,基于研究成果的质量、论述的重心等因素,此处仅选取篇名检索。
② 参见熊伟、傅纳红:《关于"税权"概念的法律思考——兼与张守文先生商榷》,载《法律科学(西北政法学院学报)》2002 年第 1 期。
③ 参见魏俊:《税权效力论》,法律出版社 2012 年版,第 13—15 页。

成歧见的重要原因。其实,通过对上述文件中"税权"语词所处的上下文语境进行观测,不难发现在课税实践中,税权更多是文件制定者们对国家所享有的税收立法权、税收征管权和税收收益权的简称。①

至于学者将税权进一步放大至纳税人范畴②,悄然间已背离了税权的文本语义。实事求是地说,将纳税人植入税权范畴,当作税权的主体,之于当下中国更多徒具形式意义。尤其是在我国纳税人权利体系逐渐明朗、渐成共识的时代背景下③,是否有必要再以"国民税权"为理念勾勒一套有别于现行的纳税人权利体系?有必要谨慎对待,认真检思。如果只是将纳税人现有的权利束"嫁接"到"国民税权"之下,则应保持足够的警醒。毕竟,纳税人的权利意识培育绝非一朝一夕所能完成,并不容易累积的权利意识切不可因学者的"一念之新"而前功尽弃。因为学者们的独立与理性思考,同政治家们的远见卓识与胆略一样重要,都在很大程度上决定了我国税收法治建设的质量和速度④,也就根本上影响着纳税人权利发展的快慢。

基于上述考虑,本章倾向于认同税权的主体只能是国家,按照内容的不同,税权分别由不同的国家机关代表国家(以国家的名义)来行使,这是对税权的基本定位。⑤ 说明这一点,不意味着税权"国家论"就完美无缺,恰恰相反,正是因为建构在国家公权力基础之上的税权过于强大,才不宜将纳税人权利依附在税权之上,否则,纳税人权利将有丧失独立性、为国家税权所稀释的危险。如果真的出现这一局面,税权运行的初衷和根本目的也就旁落在地了。久而久之,纳税人权利就极有可能彻底沦为纸面上的权利了。域外立法实践也告诉我们,税权是国家主权不可分割的有机组成部分,属于一国"财政主权"的范畴,具有明显的公权力属性。就权力主体与结构配置而言,代议机关是税权的"占有者",行政机关是税权的"使用者",人民是税权的最终"受益者"和"处分者"。就权力内容而言,其不仅涵盖征税权,而且辐射用税权。⑥

概而言之,不管是基于税权的文本探测,还是鉴于域外财政宪法的理性经验,对税权的理解都无一例外地包含着三个更为具体的内容要素,即税收

---

① 不过,也有学者认为:税权由税收立法权、税收执法权和税收司法权共同构成。其中,税收立法权是基础权力,税收执法权是最常用权力,而税收司法权则是税收法治的保障性权力。参见杨晓萌:《提升税收治理能力视角下的税权划分优化》,载《税务研究》2018年第4期。
② 参见单飞跃、王霞:《纳税人税权研究》,载《中国法学》2004年第4期;杨力、金泽刚:《论税权理念及其底线规则》,载《政治与法律》2007年第3期。
③ 参见《关于纳税人权利与义务的公告》(国家税务总局公告2009年第1号)。
④ 参见李步云:《法治国家的十条标准》,载《中共中央党校学报》2008年第1期。
⑤ 施正文:《论征纳权利——兼论税权问题》,载《中国法学》2002年第6期。
⑥ 参见刘丽:《税权的宪法控制》,法律出版社2006年版,第19—21页。

立法权、税收征管权和税收收益权,而最为核心的则为税收立法权和税收征管权。税收立法权是最基本、最重要的、原创性的权力,如果税收立法权能够分配得当,其他税权的配置都能迎刃而解了。税收立法权重点要解决谁有权力、有多少权力来立法征税以及确立税制等问题,主要包括税法的初创权、税法的修改权、税法的废止权。其中尤为重要的是税种的开征权与停征权、税目的确定权和税率的调整权、税收优惠的确定权等,而开征权无疑又是重中之重的核心权能。税收征管权处于中间环节,是最大量、最经常行使的权力。税收征管权意在解决具体由谁来负责征税等难题,主要包括税收征收权和税收管理权。税收收益权因税收征管权的实现而产生,是税收征管权的一项附随性权力。税收收益权重在厘清谁有权获取税收利益,谁有权将其缴入哪个国库。① 三者紧密相连,构成完整的税权架构,造就税权这一复合性权力。

立足于此,本章以地方税权的阐释与落实为要义,阐释地方税权对税收法定原则的效力补强。主体部分的逻辑架构如下:其一,实证考察中央与地方的税权划分,揭示税收法定下的地方税权悖论;其二,以税收法定原则的实践转向为基点,论证落实地方税权的必要性;其三,以税收法定文本的教义学分析为核心,检视地方税权落实的可行性;其四,梳理税收法定的中国经验,提炼地方税权运行的本土经验;其五,以税收立法权为中心,勾画地方税权的发展空间。本章的讨论不仅可以补强税收法定原则的方法论效用,增强税收法定原则的普适性和科学性;而且可以供给中央与地方税权配置的策略方案,协调好宪法与税法在税权问题上的关系处置难题。

二、税收法定下的地方税权悖论:
央地税权划分的实证考察

新中国成立后,央地税权历经 1950 年的典型集权和 1958 年的空前放权,在 1977 年再次回归集权模式。改革开放以后,虽然秉承税权上收中央的集权模式,但地方分权的事实始终存在,以致出现"明为中央集权,实为地方分权"的税权划分悖论。分税制承继并强化了 1977 年确立的税权集中模式,致使地方税权极度萎缩。为缓解财政压力、弥补财政缺口,地方不约而同地法外寻权,拓展制度外收入,这些举措一定程度上弱化了分税制缔造的高度集权模式,实质上增强了地方的分权能力,央地税权划分依然未能走出"明为中央集权,实为地方分权"的怪圈。

---

① 参见张守文:《税权的定位与分配》,载《法商研究》2000 年第 1 期。

(一) 历史脉络:集权与分权的博弈

税权划分本有横向与纵向两个维度,但就央地财政关系而言,我国税权划分主要体现在纵向划分。在新中国1949年至1993年四十余年时间中,央地税权划分与当时的财政体制变动、政治经济周期以及社会等密切相关。特别是央地财政体制的变化,直接左右了央地财权的配置格局,而这又大体折射了税权在央地之间的配置变迁。因为这一时期,特别是1949年至改革开放以前,新税种开征、税制变革多通过行政机关发布规定而进行,税权更多聚焦于税收征管权和税收收益权在央地之间的划分,这与央地财权配置的主导力量大体相当。况且,税权又是财权的一个属概念,财权划分多半也就确定了税权配置的基调,税权划分很多时候都通过财权划分而得以实现。因此,梳理财政体制变迁可大体把握央地财权演变实相,度测央地财权变迁则可知晓税权演变大概。就我国财政体制变迁而言,分税制之前大致可以分为1950—1979年的"统收统支"和1980—1993年的"分级包干"两大阶段,其中又经历了十余次较大幅度的体制调整与改革。① (如"表7-1"所示)

表 7-1　中国财政体制变迁(1950~1993)②

序号	时间	财政体制	央地财权(税权)划分规则
1	1950	统收统支	中央财政高度集权
2	1951~1957	收支划分、分级管理	划分央地收支范围,财权由中央、大行政区和省(市)三级管理,其中1953年财权改由中央、省(市)、县三级管理
3	1958	以收定支、五年不变	财权下放。其中87%的中央直属企业下放给地方管理,同时财政收支同步下放
4	1959~1970	收支下放、计划包干、地区调剂、总额分成、一年一变	财权集中。1961年,财权重新收归中央、大行政区和省(市)三级,其中税目、税率和盐税税额的调整权集中到中央,地方各种税目、税率的调整权集中到中央局,减免税的批准权集中到省(市)
5	1971~1973	定收定支,收支包干、保证上缴,结余留用,一年一定	再次下放财权,地方机动财力大大增加,其中1972年试行固定比例包干、1973年试行收入固定比例留成办法

---

① 参见蔡红英:《中国地方政府间财政关系研究》,中国财政经济出版社2007年版,第304页。
② 参考但不限于下列文献:《关于统一国家财政经济工作的决定》(1950年,政务院)、《关于统一1950年度财政收支的决定》(1950年,政务院)、《关于1951年度财政收支系统划分的决定》(1951年,政务院)、《关于改进财政管理体制的决定》(1957年,国务院)、《关于进一步改进财政管理体制和改进银行信贷管理体制的几项规定》(1958年,国务院)、《关于改进财政体制、加强财政管理的报告》(1961年,财政部报告,国务院批转)、《关于实行财政收支包干的通知》(1971年,财政部)、《关于实行"划分收支、分级包干"财政管理体制的暂行规定》(1980年,国务院)、《关于地方实行包干办法的决定》(1988年,国务院)。

(续表)

序号	时间	财政体制	央地财权(税权)划分规则
6	1974~1975	收入按固定比例留成,超收另定分成比例,支出按指标包干	财政权责关系不清
7	1976	定收定支、收支挂钩、总额分成、一年一定	地方财政收支范围扩大、地方财权增大
8	1978	部分省(市)试行"收支挂钩、增收分成"	地方正常收支来自总额分成,机动财力与收入增长挂钩
9	1980	划分收支、分级包干	按隶属关系,划分央地财政收支范围
10	1985~1993	划分税种、核定收支、分级包干	划分各级财政收入,按行政隶属关系划分央地财政支出。其中,1988年起,对37个地区分别实行不同形式的包干办法。

观测"表 7-1",我国财政管理体制变动呈现两大趋势:其一,从 20 世纪 50 年代的高度集中类型到 70 年代以集中为主、适度下放财权类型,到 20 世纪 80 年代以地方分权为主、放权让利类型。其二,从统一体制向分散化体制发展。隐藏在体制变动趋势背后的是现代制度性财政体制的缺乏。没有制度性,就没有规范性;没有规范性,就没有稳定性。① 结果便是,历经四十余年的十余次变革,我国始终没有形成稳定的中央与地方财政关系,财权一直在"集权—分权"或者"收权—放权"循环中反复变动。与之相照应,央地税权划分也经历了改革开放之前的"集权与放权徘徊期"和改革开放前后至分税制之前的"倾斜式放权期"两个阶段。改革开放之前,税权一直徘徊在集权与放权之间。1949—1957 年央地总体秉持高度集中的税权划分格局,1958—1965 年税权第一次面临下放与回收的博弈,1966—1977 年税权再次面临下放与回收的纠葛。改革开放之前,尽管我国已经开始尝试在计划经济的框架之中改革传统的财政体制,向地方下放权力,但都不是对传统集权型财政体制的根本否定,分权更多时候只是集权的手段。改革开放前后至分税制之前,央地税权配置有所不同,中央和地方之间的税权变革逐渐从财权配置中展露出来,成为财权变革的焦点,且向着更为复杂的二重进路发展,出现了明为中央集权、实为地方分权的混沌局面。②

---

① 王绍光、胡鞍钢:《中国国家能力报告》,辽宁人民出版社 1993 年版,第 279—280 页。
② 参见白彦锋:《税权配置论——中国税权纵向划分问题研究》,中国财政经济出版社 2006 年版,第 215—247 页。

具言之,根据《全国税政实施要则》(1950年)规定,税收立法权基本聚集在中央,仅县级政府就辖区内的地方性税收之立法权可不受中央直接控制,报中央备案即可①;至于税收征管权和税收收益权,《全国税政实施要则》第6条②虽有所涉猎,但未见赋权地方的明晰规定。正是《全国税政实施要则》的颁布实施,开启了新中国高度集中的税权配置体制。1958年国务院《关于改进税收管理体制的规定》的制定,则改变了之前的高度集权模式,奠定了放权地方的税权划分格局。就税收立法权而言,省、自治区、直辖市不仅获权制定税收办法,享有开征地区性税收③、调整地方税的税目和税率的权力;而且在中央统一的征税条例的基础上,有权采取减税、免税或者加税的措施。④ 除此之外,省、自治区、直辖市还享有农业税负担、盐税税额、工商税的征收环节和起征点等的调整权。与税收立法权相匹比,国务院《关于改进税收管理体制的规定》明确规定:"凡是可以由省、自治区、直辖市负责管理的税收,应当交给省、自治区、直辖市管理;若干仍然由中央管理的税收,在一定的范围内,给省、自治区、直辖市以机动调整的权限。"根据这一原则,省、自治区、直辖市获得了印花税、利息所得税、屠宰税、牲畜交易税、城市房地产税、文化娱乐税、车船使用牌照税等七种税收的税收管理权和税收收益权。可见,地方税权在1958年得到空前发展。然而,历经1961的部分回收和"文革"期间的小幅下放,地方税权在1977年再次跌入谷底。财政部《关于税收管理体制的规定》(财字〔1977〕15号)的颁布,象征着税收立法权分配历史中的一个分水岭,造成了税收立法权的再次集中。⑤ 主要例证有二:其一,"财字〔1977〕15号"第1条规定:"凡属国家税收政策的改变,税法的颁布和实施,税种的开征和停征,税目的增减和税率的调整,都由国务院统一规定。"其二,根据"财字〔1977〕15号"第2条之规定,省、市、自治区范围内重要税收政策均应当报财

---

① 参见《全国税政实施要则》第5条。
② 《全国税政实施要则》第6条规定:"各地区应依不同税源情况,掌握不同税收重点,各级税收领导机关,应着重城市税收,并注意税收时间季节及现金之按时归库,保证支付,稳定金融。"
③ 国务院《关于改进税收管理体制的规定》第5条具体规定:"省、自治区、直辖市人民委员会为了调节生产者的收入,平衡负担,开辟财源,或者为了有计划地安排生产,限制盲目的生产经营,在必要的时候,还可以把当地某些利润较大的土特产品和副业产品(包括集体经济的产品和个体经济的产品),列入货物税的征收范围,作为一个新增的税目,征收货物税;或者另外制定税收办法,开征地区性的税收。增列土特产品和副业产品货物税的税目,或者制定土特产品和副业产品的税收办法,应当报告国务院备案。"
④ 即便是属于已经划为调剂分成收入,由中央和地方实行分成,基本上归中央集中掌握的商品流通税、货物税、营业税、所得税等四种税收,中央依然授予地方一定范围内的减免、免税与加税的权力。详细参见国务院《关于改进税收管理体制的规定》第2条。
⑤ 参见崔威:《税收立法高度集权模式的起源》,载《中外法学》2012年第4期。

政部批准①。

尤值重视的是,经过新中国成立后长达近三十年集权与分权的循环往复,即便是"财字〔1977〕15号"重新确立了高度集权的税权模式,仍难以扼杀地方税权发展的冲力。中央高度集中的税权形式,难掩地方分权的税权实质。就地方税收立法权而言,税收减免权和地方各种税收的开征、停征权、调整权都得到不同程度的释放和发展。前者如,1984年国务院将针对经济特区和沿海十四个港口城市辖区内部分企业的地方所得税和工商统一税的减免权下放给相应地方政府。② 紧随其后,沿江、沿边开放城市及国务院批准的高新技术开发区、保税区等当地政府也享有类似的税收减免权。后者如,1981年7月19日国务院批转《广东、福建两省和经济特区工作会议纪要》,根据该纪要规定,两省对地方各种税收的减免、开征和停征,可自行确定。再如,国务院批准财政部《关于执行农业税起征点办法的情况报告》(1980年)规定:"去年经国务院批准核减的各省、市、自治区的农业税额,从一九八零年开始,原则上一定五年不变。在此期间,各省、市、自治区核减的所属地、县的农业税额是否调整,由各地自己决定。"除此以外,尽管"财字〔1977〕15号"高举税权集中的大旗,却还是赋予了省、市、自治区革命委员会针对一定范围、一些情况下税收事宜的审批权。③ 就税收征管权与收益权来说,根据《关于实行"划分收支、分级包干"财政管理体制的暂行规定》(1980年),地方实质上获得了盐税、农牧业税、工商所得税、地方税等单行税种的税收征管权与收益权。

总体来说,集权与分权始终是分税制之前央地税权博弈的主旋律,经过1950年集权、1958年分权和1977年集权的轮回,税权步入至20世纪80年代,逐渐收归中央。虽然集权之下暗潮涌动、分权不断,但税权最为核心的税种开征停征、税目、税基与税率等的调整,地方并未实质性获得。"地方最主要的手段就是从中央获得减免税权。"④即便是减免税权的下放,也未惠及所有地区,更多只是福泽局部地区,实行的是倾向性放权。如此区别对待,以致

---

① 财政部《关于税收管理体制的规定》(财字〔1977〕15号)第2条规定:"凡属下列情况的,应当报财政部批准:1. 在全省、市、自治区范围内停(免)征或者开征某一种税。2. 在全省、市、自治区范围内对某种应税产品,或者对某个行业进行减税、免税。3. 对工商税中卷烟、酒(指用粮食生产的白酒、黄酒、啤酒、饲料粮酿酒)、糖(不包括饴糖)、手表四种产品,需要减税、免税的。4. 盐税税额的调整(不包括土盐税额);按现行规定,不属于农牧业、渔业、工业用盐范围的其他用盐,需要减税、免税的。5. 有关涉及外交关系和对外商征税(包括边境地区小额贸易)的问题。"

② 参见《关于经济特区和沿海十四个港口城市减征、免征企业所得税和工商统一税的暂行规定》(国发〔1984〕161号)。

③ 参见财政部《关于税收管理体制的规定》(财字〔1977〕15号)第3条。

④ 王绍光、胡鞍钢:《中国国家能力报告》,辽宁人民出版社1993年版,第86页。

更多地方通过正常渠道获权受阻,便越权行使减免税,中央集权并未理清地方税权。随着越权减免税的负面作用越来越大,国务院不得不正视这一非法税权配置。1987 年 4 月 8 日,国务院颁布《关于严肃税收法纪加强税收工作的决定》(国发〔1987〕第 29 号),规范税收减免权①,从另一层面印证了地方分权(合法与非法)的严重程度。不可否认的是,税权如果下放到地方政府,地方政府的确有足够的经济激励来发展本地经济,进而助力中国的经济增长。但同时也不可避免地带来了地方保护主义,重复建设和严重的市场分割,区域和城乡差距也随之扩大。② 更为严重的是,国家财力不断分散,国家汲取能力急剧下降③,中央财政困难逐渐加大,宏观调控能力与效果逐步弱化,产业结构愈发难以优化,全国统一市场更加难以形成。

(二) 分税制:税权变迁的历史承继

分税制实施之前,财政包干体制的运行,虽曾发挥过积极作用,"但随着市场在资源配置中的作用不断扩大,其弊端日益明显,主要表现在:税收调节功能弱化,影响统一市场的形成和产业结构优化;国家财力偏于分散,制约财政收入合理增长,特别是中央财政收入比重不断下降④,弱化了中央政府的宏观调控能力;财政分配体制类型过多,不够规范"⑤。为了从根本上解决这些问题,1992 年 6 月 5 日财政部发布《关于实行"分税制"财政体制试点办法的通知》(〔92〕财地字第 63 号),决定在浙江省、辽宁省、新疆维吾尔自治区、天津市、沈阳、大连、武汉、重庆、青岛市进行分税制试点。在此基础上,国务院决定全面启动分税制改革,从 1994 年 1 月 1 日起对各省、自治区、直辖市以及计划单列市实行分税制财政管理体制。

"分税制改革奠定了我国政府间财政体制的总体框架"⑥,它"涉及各级政府之间财政与税权的两次分配关系,对于公共经济与私人经济的影响都是

---

① 《关于严肃税收法纪加强税收工作的决定》(国发〔1987〕第 29 号)第 1 条规定:"所有地区和部门都必须严格按照国家规定的减免税管理权限办事,不得越权行事。税法是国家法律,修改税法和改变减免税规定,必须按立法程序和管理权限进行,不能自行其是。国务院重申,今后凡涉及中央管理的减免税权限,各地区、各部门应事先征求财政部意见,报国务院审批;任何地区和部门自行下达超越自己管理权限的减免税文件一律无效,各级税务机关有权拒绝执行,并向财政部报告。"
② 参见范子英、张军:《财政分权、转移支付与国内市场整合》,载《经济研究》2010 年第 3 期。
③ 参见王绍光:《国家汲取能力的建设——中华人民共和国成立初期的经验》,载《中国社会科学》2002 年第 1 期。
④ 全国财政收入占 GDP 的比重由 1978 年的 31.2% 下降到了 1993 年的 12.6%;中央财政收入占全国财政收入的比重由改革开放之初最高的 40.5%(1984 年)下降到了 1993 年的 22.0%。
⑤ 参见《关于实行分税制财政管理体制的决定》(国发〔1993〕85 号)第 1 条。
⑥ 刘剑文、侯卓《事权划分法治化的中国路径》,载《中国社会科学》2017 年第 2 期。

直接而巨大的"①。"在制度安排上,分税制改革旨在以收支重划和税收法定主义及税收立法权的集中为基础、财政转移支付制度为辅助,通过收入二次分配的公正性的程序和规则,来提升中央政府的财政调整能力,并实现中央与地方之间财政收支的平衡。"②与之匹比,分税制主要围绕"三分一返一转移"而展开,即分收入(税种)、分支出、分设税务机构,实行税收返还和转移支付制度。相较于新中国成立后的十余次财政管理体制,"分税制改革实际上是一种税收分权改革,它从以定额合同和分成合同为主的契约形式向分税合同为主的契约形式转变"③,"规范了各级政府间的财力分配关系,它使中央在集权的同时,获得了财政上、制度权威上和宏观调控上的优势。也使地方政府有权依法自主安排以地方税形式获得的财政收入"④。从央地财政能力上看,分税制的建立,不仅极大地增强了中央政府的财政能力,而且地方政府亦经由分税制改革而在一定程度上获得财政收支上的独立地位。⑤

正是分税制对各级政府产生的财政激励作用,使得各级税务机关征税能力和税收努力大大提高,进而带来了持续、高速的税收增长,最终使得"两个比重"(财政收入在国内生产总值中的比重和中央财政收入在财政总收入中的比重)得以明显提高、国家财政能力得到显著增强。但也正是分税制的推行,使得弱化地区间因发展速度带来的财力不均、公共服务水平不均的问题非但没有解决,反而在一定程度上更加严重了。⑥ 与之关联,分税制确立的财政分权体制既难提高政府提供公共物品的效率,也不利于社会公平的营造,还催生了地方政府的扭曲行为,这些都使得民众对政府的信任程度不断降低。⑦ 诸如此类的问题虽不能说都是央地税权配置的"系统误差"⑧所致,但起码都与央地税权划分密不可分。根据"国发〔1993〕85号"的规定,中央

---

① 冯杰:《分税制下中国税权配置的进路选择》,载《税务研究》2018年第6期。
② 徐键:《分税制下的财权集中配置:过程及其影响》,载《中外法学》2012年第4期。
③ 吕冰洋、郭庆旺:《中国税收高速增长的源泉:税收能力和税收努力框架下的解释》,载《中国社会科学》2011年第2期。
④ 薛刚凌:《论府际关系的法律调整》,载《中国法学》2005年第5期。
⑤ 参见周刚志:《论"财政国家"的宪法类型及其中国模式》,载《法学评论》2012年第1期。
⑥ 参见周飞舟:《分税制十年:制度及其影响》,载《中国社会科学》2006年第6期。
⑦ 参见刘勇政、冯海波:《中国的财政分权与政府信任》,载《政治学研究》2015年第1期。
⑧ 系统误差原是一个自然科学试验术语,它是指由于某一基本因素的原因使实验的原始数据一律偏大或偏小,影响实验指标与数据分布的准确性。实际上,在税收治理基本制度设计和安排中,如果基本结构方面存在缺陷,或者忽略了基本税收制度框架中的根本要素,其税收制度在运行过程中就很容易产生系统误差,背离税收制度设计的原初目的和终极标准。最为关键的是,系统误差的控制难度往往较大,而技术性的修正又无法从根本上消除系统误差。参见姚轩鸽:《税道苍黄:中国税收治理系统误差现场报告》(上),西北大学出版社2009年版,写在前面的话(代自序)第11页。

税、共享税以及地方税的税收立法权高度集中在中央①;中央税和共享税的征收权归属中央税务机构,地方税由地方税务机关行使税收征收权。至于税收管理权,除屠宰税、筵席税、牧业税的管理权限下放到地方外,其他税种的管理权限集中在中央。② 就税收收益权而言,中央税和共享税中中央分享部分的收益权主体为中央,共享税中地方分享的部分,由中央税务机构直接划入地方金库,由地方行使税收收益权。地方税的税收收益权大体归属于地方。

透过"坚持统一政策与分级管理相结合的原则",不难发现"国发〔1993〕85号"不仅承继了"财字〔1977〕15号"开启的税权集中形式,而且设置了更为细致、更易操作的系列制度,力保税权的高度集中。时至今日,分税制之下,中央依然控制和主宰着地方税收的制定权、解释权、税目的决定权和税率的调整权,地方在很大程度上只是充当一个税收执法主体、负责税款的征收。③这种税权配置体制"并没有向地方政府提供真正意义上的税收自主权,有限的自主权被限定为在法定的最高和最低税率间选择部分税种的税率,以及决定是否开征筵席税和屠宰税等部分小税种"。④ 再加上,分税制在彻底改变央地财政收入格局的同时,却没能相应调整央地之间的财政支出责任,使得分税制实行以后财政收入更多地集中于中央政府,财政支出负担却仍然留给了地方政府,以致地方政府普遍面临着沉重的财政收支压力。⑤

在分权不完善的情况下,地方政府难以根据当地的实际情况来确定税种、调整税基和税率,也难以根据当地公共支出的需要来获取税收收入。⑥"随着时间的推移,地方政府的利益主体意识逐渐增强"⑦,为了弥补越来越

---

① 值得关注的是,与"国发〔1993〕85号"不同,"国发〔1993〕90号"针对税收立法权的规定是:"中央税和全国统一实行的地方税立法权集中在中央。"
② "国发〔1993〕85号"并未专门论及税收管理权,但相关配套文件事实上印证了税收管理权的集中。比如,《关于加强依法治税严格税收管理权限的通知》(国发〔1998〕4号)第1条规定:"除屠宰税、筵席税、牧业税的管理权限已明确下放到地方外,其他税种的管理权限全部集中在中央,地方政府不得在税法明确授予的管理权限之外,擅自更改、调整、变通国家税法和税收政策。"国务院《关于纠正地方自行制定税收先征后返政策的通知》(国发〔2000〕2号)第2条几乎重复"国发〔1998〕4号"第1条内容,规定:"根据现行有关税收管理权限的规定,除屠宰税、筵席税、牧业税的管理权限下放到地方外,其他税种的管理权限集中在中央。地方人民政府不得擅自在税收法律、法规明确授予的管理权限之外,更改、调整、变通国家税收政策。"
③ 参见封丽霞:《中央与地方立法权限的划分标准:"重要程度"还是"影响范围"?》,载《法制与社会发展》2008年第5期。
④ 徐阳光:《地方财政自主的法治保障》,载《法学家》2009年第2期。
⑤ 参见黎凯、叶建芳:《财政分权下政府干预对债务融资的影响——基于转轨经济制度背景的实证分析》,载《管理世界》2007年第8期。
⑥ 参见李齐云等:《税权分权度、经济增长及成因探析》,载《地方财政研究》2017年第6期。
⑦ 张闰龙:《财政分权与省以下政府间关系的演变》,载《社会学研究》2006年第3期。

大的财政收支缺口、缓解财政压力,地方政府只能不断扩大税源以增加预算内收入。问题是当一个地方一定时期内税源稳定,且因税权高度集中于中央而不能自行拓展税源时,保留预算外收支体系增加可控收入,便成为地方政府特别是收支缺口较大的地方政府的重要选择。① 如此一来,极有可能的结果便是,要么地方政府突破税权限制,制定与法律相冲突的税收政策,抢夺税收立法权;要么继续由中央垄断税收立法权,地方政府将转移支付以及制度外收入(例如出售土地使用权)而非税收,作为满足地方支出的主要来源。② 前者的典型例子便是地方政府重操旧业,继续越权行径减免税。虽早在1988年国务院便颁发"国发〔1988〕85号",要求"严格执行国家税法,认真清理整顿减税免税",但分税制推行以后,越权减免税的问题不仅没有彻底解决,反而更加严重,以致国务院三年内连发两个关联性文件,聚焦地方减免税管理。即1998年3月12日,国务院颁发《关于加强依法治税严格税收管理权限的通知》(国发〔1998〕4号)公开承认"目前一些地区和部门在执行税收政策方面还存在不少问题,有的擅自变通国家税收政策,越权减免税……",要求各地"坚持依法治税,加强减免税管理……凡未经批准擅自减免税收的,一经查出,除纳税人如数补缴税款外,还要追究当事人和主管领导的责任"。2000年1月1日,国务院再次制定《关于纠正地方自行制定税收先征后返政策的通知》(国发〔2000〕2号),要求"各地区自行制定的税收先征后返政策,从2000年1月1日起一律停止执行"。且进一步要求"各地区、各部门在抓紧清理税收先征后返政策的同时,要继续按照……国发〔1998〕4号精神,清理和纠正本地区、本部门越权减免税……行为,整顿财税秩序"。尽管有学者基于实证数据得出中央政府取消'先征后返'等优惠政策的规定,在一定程度上得到地方政府的执行,最终使中央政府税收政策的有效性得到了恢复的结论。③

然而,《关于坚决制止越权减免税加强依法治税工作的通知》(财税〔2009〕1号)的出台,从另一个层面宣告了学者观点的局限性。"财税〔2009〕1号"开篇即指出"……一些地区仍存在越权减免税或先征后返等

---

① 参见王文剑、覃成林:《地方政府行为与财政分权增长效应的地区性差异——基于经验分析的判断、假说及检验》,载《管理世界》2008年第1期。
② 参见崔威:《税收立法高度集权模式的起源》,载《中外法学》2012年第4期。
③ 参见吴联生、李辰:《"先征后返"、公司税负与税收政策的有效性》,载《中国社会科学》2007年第4期。

变相减免税问题。① 特别是最近一段时间以来,一些地区……违反国家财税法律规定,擅自出台减免税、缓缴税和豁免欠税,或返还已缴纳的税收等政策……"从中可以看出,地方并不甘于放弃税收减免权,事实也验证了地方政府"保权行动"的决心。

比如,2008 年 12 月 18 日,重庆市人民政府制定《关于进一步采取适应性政策措施促进经济平稳较快发展的意见》(渝府发〔2008〕132 号),第 7 条规定:"从 2008 年 12 月 1 日起,市内购买住房的个人按揭贷款本息,可抵扣产权人个人所得税地方留成部分。"相距不到一年,且相隔"财税〔2009〕1 号"出台仅 1 天之久的 2009 年 1 月 20 日,重庆市人民政府再次颁发"渝府发〔2009〕9 号"②,重申购房抵扣个人所得税政策。地方行权的决心和勇气可见一斑。即使是"财税〔2009〕1 号"颁布已逾数年之久的当下,地方政府变相行使减免权税,出台类似规定的实例也时有发生。

晚近的例子如,2015 年 7 月 10 日,宁波市财政局颁发《关于做好促进房地产市场平稳健康发展政策落实工作的通知》(甬财政发〔2015〕671 号),规定:"2015 年 7 月 1 日至 2016 年 6 月 30 日期间,在甬购买住宅和非住宅的,按其所购房屋实际缴纳契税额度的 50% 给予购房补贴。"除此之外,还有些地方政府采取财政安排奖励经费的办法,引进上市公司在当地转让限售股,对其缴纳的个人所得税地方所得部分予以返还。③ 这些事实足以表明,分税制明令税权上收中央,并不意味着地方真心接受,央地之间围绕税权(主要是减免税权)而展开的或明或暗的博弈自始存在。

与地方政府法外行使减免税权不同,拓展有效的制度外收入也是地方政府应对分税制的重要对策。土地财政的兴起与繁荣是极好的例子。土地财政最早是对土地财政收入在地方财政收入中所占比重较高现象的一种形象说法,具体而言,它是一种对土地资源高度依赖、土地相关财政收支占政府总

---

① 在税权高度集中于中央的情境下,地方税收减免权的取消无疑使许多地方政府陷入两难:取消本已存在但不符合税法规定的税收减免,企业可能受到严重打击,地方经济增长速度可能放慢;不取消这些税收减免,地方政府将受到处罚。在这样的政策背景下,税收"先征后返"便作为一种"下有对策"的方法正式产生。地方政府在一切围绕保经济增长的指挥棒下,必须要保护企业,因此,"先征后返"就必然以各种形式继续存在,这正是"先征后返"无法根本上取消,能够长期存在的深层原因。参见郭平、陈德棉、李艳、栗娜:《地方政府自行制定税收先征后返政策的动因分析》,载《华东经济管理》2003 年第 5 期。
② 《关于扩大内需促进房地产业健康发展的实施意见》(渝府发〔2009〕9 号)第"(七)抵扣个人所得税"部分再次规定:"2008 年 12 月 1 日后,在我市首次(含改善型)购买住房并以按揭方式支付的,其按揭贷款本息,可抵扣产权人缴纳的个人所得税地方留成部分。具体操作细则由市财政局、市地税局、人行重庆营管部另行制定。"
③ 《关于鼓励个人在吉安市辖区内证券机构转让上市公司限售股的奖励办法(试行)》《鼓励个人在鹰潭市辖区证券机构转让上市公司限售股的奖励办法》《关于纠正地方自行制定变相返还税收政策的通知》(赣财预〔2011〕29 号)。

收支比重较高的财政运行形态。① 分税制极大地压缩了地方政府的税收分成比例,但却将当时规模还很少的土地收益,划给了地方政府,奠定了地方政府走向土地财政的制度基础。② 地方政府特别是基层政府为应对分税制造就的财政缺口,都将目光聚焦在了土地上,纷纷以土地相关收入,如土地出让金收入和土地税费收入等作为地方政府的重要财源。尽管土地财政带来了当前过高的房价、征地过程中农民利益的受损,甚至还可能诱发巨大的财政风险和金融风险等负面效应③,但它对缓解地方财政资金短缺、加快我国城市化进程等的作用不容小觑。

"的确,没有'土地财政',今天中国经济的很多问题不会出现,但同样,也不会有今天中国的城市化的高速发展。"④虽然学界对土地财政产生的缘由有不完全一样的阐释,但基本都将分税制列为土地财政产生的核心因素之一。比如,孙秀林、周飞舟认为:"分税制集中财权使地方政府逐渐走向以土地征用、开发和出让为主的发展模式,从而形成了土地财政。"⑤吴群、李永乐认为:"分税制带来了地方政府追求财源行为变化,中国式分权激励了地方政府用'扭曲之手'来攫取土地财政收益。"⑥当"地方政府存在较大土地供给自由空间时,土地必然成为财政收入的重要途径,因为通过土地财政来融资实在太容易了"⑦。通过低价转让工业用地、高价出售商业用地,地方政府获取了大量的土地收益,也逐渐形成了地方经济对土地财政的依赖。⑧

分税制之后,地方越权减免税的行使,使得不彻底的中央集权行为与不合法的地方分权行动同时并存。土地财政等的推行,则使得在中央聚集大部分正式税收收入的情形下,地方通过种种举措获得了大量的预算外收入,实质上分散了税收收益权。最终,使得分税制高度集权之下,仍然难逃 20 世纪 80 年代的"明为中央集权,实为地方分权"的税权划分悖论。其实,不管是越权减免税,还是土地财政等,无外乎是地方政府基于财政减损而精心选取的应因之策。地方政府之所以不约而同地法外寻权、拓展财源,根源恐怕还在于分税制改革的主要任务是提高国家的财政汲取能力,基于此种任务而设计

---

① 参见唐在富:《中国土地财政基本理论研究——土地财政的起源、本质、风险与未来》,载《经济经纬》2012 年第 2 期。
② 参见赵燕菁:《土地财政:历史、逻辑与抉择》,载《城市发展研究》2014 年第 1 期。
③ 参见秦勇:《"土地财政"法律规制改革研究》,中国政法大学出版社 2013 年版,第 2—8 页。
④ 赵燕菁:《土地财政:历史、逻辑与抉择》,载《城市发展研究》2014 年第 1 期。
⑤ 孙秀林、周飞舟:《土地财政与分税制:一个实证解释》,载《中国社会科学》2013 年第 4 期。
⑥ 吴群、李永乐:《财政分权、地方政府竞争与土地财政》,载《财贸经济》2010 年第 7 期。
⑦ 李郇、洪国志、黄亮雄:《中国土地财政增长之谜——分税制改革、土地财政增长的策略性》,载《经济学(季刊)》2013 年第 4 期。
⑧ 参见李忠夏:《农村土地流转的合宪性分析》,载《中国法学》2015 年第 4 期。

的税权划分模式难以回应地方的分权诉求。面对为宪法与宪法外诸因素所"烘托成型"的强大的中央政府,地方政府不得已而通过策略性行动逐次拓展规范内外的财政自主权,形成和壮大作为事实效果的财政自主能力。①

分税制实施二十余年,中央逐渐习惯和形成了制度的依赖,地方政府则在试错中不断探求应对之策。虽然越权不合法,但地方政府从未放弃争权的努力。土地财政等虽有效弥补了分税制导致的地方财政缺口,但制度弊端不可轻视。是延续既有的财政体制格局、恪守分税制确立的央地税权配置,还是改造分税制、适度放权地方,都不是关键性问题。真正的"问题在于中央政府是否有意愿和能力继续执行将来的制度变革,尤其包括约束其自身将来的行为"②。如果依然由中央垄断税权,则所有因地制宜的税收政策都必将消失。随着中央税权的高度集中,如何以最小成本赋予地方发展经济的激励,同时缩小地方间的差距,将成为新的难题。③ 倘若严格地方在中国税收分权体制中的执行者角色,只是将其作为税收征管权的重要行使主体,则不仅与税权这一重要财权本身的重要程度不相符合,而且与宪法本身提倡的在中央集中统一领导下充分发挥地方的主动性和积极性的精神亦不相符。④ 鉴于历史与现实的考量,历经二十余年的税权高配,确有必要适度分权地方,使地方各级政府拥有不同程度的财政自主权,进而丰富和发展分税制财政管理体制,推动国家财税治理体系和治理能力现代化。

三、税收法定原则的实践转向:地方税权落实之必要性证成

"分税制改革在当时的历史条件下取得了巨大成就,维护了中央的财政自主,确保了当时央地关系的稳定,我们没有理由站在今天的时代去否定二十年前的改革。"⑤然时过境迁,央地关系日渐复杂,税权划分悖论依然存在。面临分税制致使的地方困局,学术及政策讨论主要围绕地方政府的"财权"与"事权"不对称而展开。对策思路主要有两种:一种是试图通过"财力"与"事

---

① 参见徐键:《分权改革背景下的地方财政自主权》,载《法学研究》2012年第3期。
② 欧树军:《"看得见的宪政":理解中国宪法的财政权力配置视角》,载《中外法学》2012年第5期。
③ 参见范子英:《"征税权"视角下的央地关系》,载《探索与争鸣》2014年第10期。
④ 参见谭波:《"税权"叩问与其发展进路》,载《财政监督》2018年第5期。
⑤ 徐阳光:《论建立事权与支出责任相适应的法律制度——理论基础与立法路径》,载《清华法学》2014年第5期。

权"对等的方式化解;另一种思路则寄希望于通过上调事权,尤其是增加中央政府的支出比重来扭转地方困境。① 对策绝不止这两种,分税制之下适度放权地方也不失为一种关键性思路。

今日之财政形势、央地财政关系、权力运行环境等均非 20 世纪 80 年代所能比,不管是放权地方的外部环境,还是赋予地方税权的内部需求,都值得认真检思,真切回应。况且,赋予地方税权是"是厘定国家权力法律规范、保证国家权力健康运行的重要内容,它事关中国有限政府的建构,关涉公民各项基本权利的实现和保障"②。"长期以来,我国地方税权高度受限,'适度分权'原则因此备受关注,被视为落实党的十八届三中全会提出的发挥中央与地方两个积极性、建立事权与支出责任相适应财税体制的重要举措。"③当然,地方税权的适度回归绝非对分税制和税收法定原则的否认和叛离,而是对两者的有益补充和针对性调适。

(一) 税权集中的宪法观测

我国《宪法》第 2 条规定:"中华人民共和国的一切权力属于人民。人民行使国家权力的机关是全国人民代表大会和地方各级人民代表大会。人民依照法律规定,通过各种途径和形式,管理国家事务,管理经济和文化事业,管理社会事务。"第 3 条第 2 款规定:"全国人民代表大会和地方各级人民代表大会都由民主选举产生,对人民负责,受人民监督。"第 4 款规定:"中央和地方的国家机构职权的划分,遵循在中央的统一领导下,充分发挥地方的主动性、积极性的原则。"剖析条文可导出如下信息:其一,税权属于人民。其二,人民行使税权的途径和形式可以多元化。其三,人民可以通过地方权力机关行使地方税权。其四,无论是中央政府还是地方政府,都应该对选民负责。其五,央地税权划分不只是要遵循中央的统一领导,还要充分发挥地方的主动性和积极性。简言之,宪法上央地分权原旨在于:既要实现人民当家作主,又要维护中央统一领导权威,还要充分发挥地方积极性和主动性。

宪法作为最高的法源,下位税制设计、权力配置均需以其设定的原则和规定为依据。"众所周知,在通过宪法和法律规定中央与地方的权限范围之前,中央与地方管理事项的划分主要依靠中央的政策单方面予以确定。即使

---

① 参见陈硕、高琳:《央地关系:财政分权度量及作用机制再评估》,载《管理世界》2012 年第 6 期。
② 冉富强:《地方财政自主权基本构造的缺位与补正——以中央与地方财政关系法治化为目标》,载《政治与法律》2019 年第 2 期。
③ 王玉玲、胡颖欣、赵晓明:《民族自治地方资源税权与资源税扩围》,载《广西民族研究》2018 年第 1 期。

有了宪法和法律的相关规定,中央的政策在中央与地方的权力配置和事务划分实践中依然发挥着重要的作用。分税制改革就是通过政策而非法律来确立中央专属税权的最好例证。"① "国发〔1993〕85号"虽然不在税法规范体系内、却有着高于任何税法规范的约束力,其所确立的基本原则得到税收立法的遵循和细化。② 透视"国发〔1993〕85号"大致可发掘财税立法的方向。财税法涵摄在宪法之下,自当遵守和践行宪法的基本原则。在财税法领域落实宪法人民主权原则和民主集中制原则的途径和方式有很多,分税制主要选择了高度集权模式。该种模式不同程度地、区别性地回应了上述宪法原则。

从人民主权原则维度上看,"税收问题,不管是直接的还是间接的,从来就是政治权力和人民自由的交集之点"③。一般说来,税收事项兹事体大,所以应当由民主控制,而不能由政府相机变动。④ "国发〔1993〕85号"能否体现人民当家作主,践行人民主权原则,至少从制度生成的形式上看不出来。"国发〔1993〕85号"虽聚焦财政这一国家治理的基础和重要支柱⑤,却全凭国务院决定、并未经过权力机关的民主抉择。当然,经过人民代表大会审议也许照样无法改变税权集中的体制现实,因为在财税立法实践中往往伴随许多不同的利益取向掺杂其中,以致决策阶段很难达成共识。其结果是,议会通常会提出一个极度复杂的解决方案,以保证每一个重要的利益集团能获得一份属于他们意欲达到的利益。⑥ 尽管如此,程序的价值仍不可低估,借助权力机关的程序博弈多数时候更能确保民意的实现。况且,程序的作用"不仅仅是消除争议,更强调共识的形成"⑦。由此可见,从人民主权惯常的实现进路上看,"国发〔1993〕85号"难言是人民当家作主的产物。⑧

人民主权原则之下,民主集中制不仅要求发挥地方的主动性和积极性,而且更加强调对中央统一领导的遵循。该原则从形式上看,高度契合了分税制的建构逻辑。分税制出台的重要目的就是"发挥国家财政的职能作用""增

---

① 徐清飞:《地方治理中的权力真空及其防范》,载《法学》2015年第3期。
② 参见叶姗:《税权集中的形成及其强化——考察近20年的税收规范性文件》,载《中外法学》2012年第4期。
③ 李炜光:《财政何以为国家治理的基础和支柱》,载《法学评论》2014年第2期。
④ 参见刘剑文:《财税法功能的定位及其当代变迁》,载《中国法学》2015年第4期。
⑤ 参见中共中央《关于全面深化改革若干重大问题的决定》。
⑥ Victor Thuronyi, *Comparative Tax Law*, Kluwer Law International, 2003, p. 21.
⑦ 王万华:《法治政府建设的程序主义进路》,载《法学研究》2013年第4期。
⑧ 如此理解,并不意味着分税制就必然背离民意,否认人民主权原则。我国《宪法》第2条昭示人民主权原则不假,但该原则既未要求人民只能通过权力机关参与管理国家事务,管理经济和文化事业,管理社会事务;又未明确要求凡事均需人民亲力亲为。虽然"国发〔1993〕85号"产生的程序的确不应被忽略,但就分税制所彰显的人民主权原则的实质层面而言更关键的还是结果皈依。即分税制能否落实人民当家作主原则,关键在于分税制的实施结果是否体现了民意。

强中央的宏观调控能力",具体制度建构无不体现了浓郁的"国家立场"和"中央基调"。其中,核心便是"国发〔1993〕85号"确立的税权集中体制。将税权收归中央,固然能较好地实现"中央的统一领导",但能否同步"发挥地方的主动性、积极性的原则",则不容乐观。否则,"国发〔1993〕85号"也不会在税权集中之外,创设税收返还和转移制度。更为合适的注释是,为冲减税权上收对地方政府带来的震荡,确保分税制的顺利开展,"国发〔1993〕85号"才在税权集中之外,决定建立中央财政对地方税收返还和转移支付制度①,并且逐步规范化,以保证地方财政支出的资金需要。因为分税制作为一种财政分权的体制,它需要在强化中央财政能力的同时也应在制度层面上更加规范地保障地方财政自主权。②

(二) 转移支付的激励困局

为落实分税制决定,"中国于1995年颁布并实施《过渡时期财政转移支付办法》,旨在对财力薄弱地区实施转移支付,其主要形式是:税收返还、体制补助(或体制上解)、结算补助、专项拨款。其中,税收返还占了很大的比重,而实际上,由于税收返还是针对来源地而言的,无法体现转移支付的均等化原则。2002年,实施所得税分享改革以后,原来的过渡时期转移支付的概念不再沿用,其资金合并到中央财政因所得税分享改革增加的收入中分配,统称为一般性转移支付"③。一般而言,转移支付的作用有两个,一是通过转移支付,实现地区间财政支出的均等化,使得各个地区的居民能够享有类似水平的公共服务;另外是通过转移支付实现中央政府对地方政府的行为约制。④ 但是,不合理的转移支付体系可能抑制地方政府的财政努力和创新积极性,因为地方政府在接受转移支付时,往往会把中央政府的补助作为地方财政收入的替代,降低对本地税收资源的征收力度,导致财政努力和创新积极性的下降。长此以往,这种情况将加重地方财政对中央补助的依赖,即形成路径依赖,恶化政府间财政关系。⑤

---

① 转移支付起因于中央财政与地方财政的纵向不平衡和各地区财政之间的横向不平衡,以及实现资源的有效配置和诱导、控制地方政府和经济活动的需要。而作为我国转移支付制度初级形式的税收返还则起因于照顾地方的经济利益,以减少推行分税制改革的阻力。参见白俞清:《改进现行分税制中的税收返还办法 实行规范化的转移支付制度》,载《中央财政金融学院学报》1995年第2期。
② 参见熊伟:《分税制模式下地方财政自主权研究》,载《政法论丛》2019年第1期。
③ 徐阳光:《财政转移支付制度的法学解析》,北京大学出版社2009年版,第152页。
④ 参见周飞舟:《分税制十年:制度及其影响》,载《中国社会科学》2006年第6期。
⑤ 参见刘勇政、赵建梅:《论分税制下财政转移支付与地方财政努力差异——基于功能与地区多重分类考察的另类荷兰病分析》,载《财经研究》2009年第12期。

为了避免地方对中央财政的过度依赖,1995年起,我国中央和地方转移支付制度逐步引入了激励机制。这种机制既体现在转移支付测算以标准财政收支为基本依据的方法体系中,也体现在直接设置的各项相对独立的激励性指标之中。① 然而,总体来说分税制以来的转移支付制度还是未能起到激励地方政府财政努力的作用②,这说明我国转移支付在一定程度造成了地方财政的约束软化,使得转移支付不能对地方课税行为形成有效激励。③ 而这又会致使富裕地区减少了本地区的财富上交中央政府、并转移到贫穷地区,使得政府间的转移支付无法起到缩小地区人均财政收入差异的作用。④ 转移支付之所以出现激励失灵,固然与其自身的制度设计有关。但也必须正视:"转移支付本质上是在经济发展水平不同的地区间重新分配财力,机制上这与财政分权体制对地方政府的激励存在显著差异。"⑤

根本而言,以转移支付替代地方税权只是一种中央主导、地方被动的方案,地方在坐享中央转移支付的同时,主动性和积极性并未充分发挥。中央转移支付的背后,难掩地方财政自治的缺位,以致"国家财政若不以转移支付的形式来配置资源,就无法通过规模投资拉动经济增长,各种公共事业也无法得到有效投入和全面覆盖"⑥。而过于有限的财政自治不仅会扩大区域不均等,而且不利于经济增长。⑦ 一旦只有支出责任下放,收入权力上收,任何具有再分配性质的财政政策都有可能对地方政府带来负向激励:对于财政净贡献为正的地区,税权上收会降低其发展地方经济与培育税源的积极性,而对于接受转移支付的地区,中央财力构成了一个"共同资源",激励地方去努力争夺资源而非提供促进增长的公共产品。⑧ 特别是地区间存在的相互模

---

① 各地建立转移支付激励机制呈现出多种模式:一是建立转移支付和财政收入增长的关联机制,激励市县发展经济,增加财政收入,提高收入质量。大部分省份都采用了这一办法。二是建立转移支付和财政收支平衡的关联机制,在浙江、四川、重庆、云南、甘肃等省实施。三是体现控制财政供养人员增长的机制,如吉林、湖南省。四是部分省份单独设立激励性转移支付,如山东省、重庆市。五是对不享受一般性转移支付的市县实施激励,如浙江、四川、江苏省。参见李波:《财政转移支付的效率取向与立法选择》,载《财政研究》2009年第6期。
② 参见刘勇政、赵建梅:《论分税制下财政转移支付与地方财政努力差异——基于功能与地区多重分类考察的另类荷兰病分析》,载《财经研究》2009年第12期。
③ 参见李永友、沈玉平:《转移支付与地方财政收支决策——基于省级面板数据的实证研究》,载《管理世界》2009年第11期。
④ 参见乔宝云、范剑勇、彭骥鸣:《政府间转移支付与地方财政努力》,载《管理世界》2006年第3期。
⑤ 付文林、沈坤荣:《均等化转移支付与地方财政支出结构》,载《经济研究》2012年第5期。
⑥ 渠敬东:《项目制:一种新的国家治理体制》,载《中国社会科学》2012年第5期。
⑦ 参见乔宝云、张晓云、彭骥鸣:《财政支出分权、收入自治与转移支付的优化租合》,载《财政研究》2007年第10期。
⑧ 参见袁飞、陶然、徐志刚、刘明兴:《财政集权过程中的转移支付和财政供养人口规模膨胀》,载《经济研究》2008年第5期。

仿和学习,又会进一步放大负向激励效应,当某地政府观察到相邻地区采取消极依赖转移支付的策略时,该地区也会采取消极依赖转移支付的策略。①中共中央《关于全面深化改革若干重大问题的决定》第 19 条明确提出"建立事权和支出责任相适应的制度",正面说明了分税制运行至今的确存有诸多问题。

(三) 地方税权的激励价值

校正地方政府的激励机制、规范地方政府尤其是省级以下政府的收支行为,成为中央政府亟须解决的一项重大问题。② 目前来看,中央依然是想维系高度集中的税权配置体制,在此前提下"适度加强中央事权和支出责任","进一步理顺中央和地方收入划分"。在不触动既有高度集权体制的分税制前提下,通过转移支付制度的完全尽力修缮央地财政关系,固然可以降低财税改革的难度,但同时也会降低地方政府的兴趣。因为不管支出如何上调,收入如何分成,地方政府都只是被动一方。分税制至今依然存在的地方变相行使减免税现象,一再昭示地方分权的主动需求。地方税权作为一种公权力,虽存有被滥用的可能,但不可否认的是,它也存在积极作为、造福乡民的一面。法治所要做的,就是要限制其滥用为恶的可能性,促使其在遵纪守法的同时锐意进取③,而非一味排斥,甚至扼杀。对待税权这一中央与地方都极其敏感性权力更应格外谨慎,地方税权的整体剥夺不只是会降低地方政府的财政努力,在很多场合也会加剧逃避税的发生。基于流动性税基的争夺,缺乏税权的地方政府之间会在税收执法力度方面展开竞争,地方政府间不断降低的税收执法力度就会在事实上增加企业的避税。④ 从而,进一步诱发政府的财政懈怠行为。

不管是基于转移支付运行而致的种种难题,还是鉴于地方政府屡屡突破税权集中的体制藩篱变相行使地方税权的高频现实,都有必要重新检思央地税权配置,适度放权地方政府。的确,在财税法领域落实《宪法》人民主权原则和民主集中制原则的途径有很多,典型如税收返还和转移支付。之于地方政府而言,税收返还也好,转移支付也罢,都属于外生型权力源,多受制于中央政府的制约,较少与地方选民互动,且地方政府资源配置上的优势被极大弱化,甚至压制。地方政府之所以为"地方政府",就在于其具有完全有别于中

---

① 刘小勇:《分税制、转移支付与地方政府财政努力》,载《南方经济》2012 年第 5 期。
② 参见杨龙见、徐琰超、尹恒:《转移支付形式会影响地方政府的收支行为吗?——理论研究和经验分析》,载《财经研究》2015 年第 7 期。
③ 参见熊伟:《预算管理制度改革的法治之轨》,载《法商研究》2015 年第 1 期。
④ 参见范子英、田彬彬:《税收竞争、税收执法与企业避税》,载《经济研究》2013 年第 9 期。

央政府的"地方性"。"然地方政府具有'方性'国家就应该发挥其积极性;而其积极性的发挥,就在于对地方政府'人格化'的承认,在于对地方'分殊利益'的承认,也只有如此,才能保证地方政府活动的积极性,也才能使其保持较强的'政府能力'。"①正因如此,有学者认为下一步财政体制的改革应更注重财权层面的调整,即从大规模的转移支付转向给予地方政府更多的自有收入。②

事实也如此,"只有当地方政府拥有自己独立且稳定的收入来源时,真正的财政分权才有可能变成现实"③。而要想真正实现这一点,赋以地方税权就是当下最应该重视的选择,也最能调动地方的主动性和积极性。放权地方最大的担忧恐怕还在于 20 世纪七八十年代的财政体制实践,唯恐地方独大,"中央失控"。问题是在改革逐步深入的今天,中央宏观调控能力,国家财政能力、地方政府自主能力等方面均非过往实践所能比拟,"中央失控"早已被"地方被动应付"所取代。此种情境下,重新激活地方主动性和积极性是最为重要的议题,而最佳方式莫过于放权地方,适度调整分税制以来的高度集中的税权配置体制。在此前提下,精心设计地方税权运行规则,并不必然会损及中央的统一领导。只要设计得当,央地适度分权完全可以做到。

从法治角度上看,法治意味着限制政府的权力,视法律为最高最终权威。当法治作为一个法律概念时,它意味着政府应在法律框架内运作。④ 此种理解,首要前提是认可和给予政府以权力。将其用之于地方税权也照样成立,赋权地方之后方需考虑如何限权或控权。断不可因地方税权有危及中央统一领导,弱化国家财政能力等风险而直接绞杀,毕竟这是最能发挥地方主动性和积极性的一种途径和方式。特别是实行分税制以后,中央与地方、地方与地方之间竞争关系的形成,是改革开放中不经意出现的一件大事,却造就了中国经济发展、社会进步和制度创新的一种最重要的力量。不管未来如何调整央地税权配置,都必须建立在尊重地方自主权、"剩余权力归地方"的基础之上,否则改革开放的成果就可能毁于一旦。⑤ 当然,适度放权地方,也照样应遵循分税制确定的核心规则,"应在实行集权以后再实行适度分权,这在中国大概是一种较为适当的改进措施"⑥。

---

① 苗连营、王圭宇:《地方"人格化"、财政分权与央地关系》,载《河南社会科学》2009 年第 2 期。
② 参见陈硕、高琳:《央地关系:财政分权度量及作用机制再评估》,载《管理世界》2012 年第 6 期。
③ 谢群松:《财政分权:中国财产税改革的前景》,载《管理世界》2001 年第 4 期。
④ 参见於兴中:《法治东西》,法律出版社 2014 年版,第 15—16 页。
⑤ 参见史际春、肖竹:《论分权、法治的宏观调控》,载《中国法学》2006 年第 4 期。
⑥ 张守文:《财税法疏议》,北京大学出版社 2005 年版,第 77 页。

四、地方税权落实之可行性检视:税收法定文本的教义学分析

无论从执政党的政策文件到立法机关的立法文本的形式中,大体都可以归总出我国税收立法实践中税权配置的总体脉络,即寻求横向税权的划分,试图厘清全国人大及其常委会与国务院的税权边界,形成权力分立与制约的理想格局。不管作何评价,税收立法聚焦横向税权分配,忽略央地纵向税权的划分,已成事实。此种立法例肇始于1992年制定的《税收征收管理法》,后直接为"国发〔1993〕85号"所承继,并被2000年发布和2015年修订的《立法法》所认可。受制于此种立法例,税收法定和法律优位不断得到巩固,围绕税权而生的博弈始终游弋于立法机关与行政机关之间。中央和地方的税权纷争被《税收征收管理法》和《立法法》的规定所稀释,甚至所掩盖。

久而久之,地方不享受税收立法权似乎成为不需要论证的共识。"然而,不管是基于征纳成本、财政需要还是经济政策,这种整齐划一的做法都未必为最优。"[1]需要反思的是,现行立法果真完全剥夺了地方税权?在税收法定原则"应当落实"渐成共识,"如何落实"方向既定的情况下,现行立法是否预留了地方税权的空间?问题的回答不仅有助于还原真相,矫正认识偏差,深刻理解和准确把握《税收征收管理法》和《立法法》上的税收法定条款;而且也可丰富地方税体系的完善思路和方法。要想探求立法上法定原则条款中的地方税权因子,最有说服力的立法素材是《税收征收管理法》第3条及其配套规定和《立法法》第8条第(6)项。[2] 以下逐步展开分析,探求立法文本中的地方税权空间。

---

[1] 熊伟:《税收法定原则与地方财政自主——关于地方税纵向授权立法的断想》,载《中国法律评论》2016年第1期。

[2] 尽管有学者基于法解释学原理,认为我国《宪法》第56条既是对公民纳税义务的确认,也是对国家课税权的一种限制。可以将其作为税收法定原则的最高法律依据,而《立法法》和《税收征收管理法》的内容,不过是对税收法定原则的具体适用而已。显然这一观点不仅没有获得普遍性认可,而且还招致部分学者质疑。比如,李刚、周俊琪同样从法解释的角度对将《宪法》第五十六条确定为税收法定原则宪法渊源的观点进行了反驳,认为我国《宪法》并未规定税收法定原则。十年之后,原观点的其中一位作者在《重申税收法定主义》一文中引用李刚、周俊琪的观点,将原观点定位为"或许是迫不得已的折中方案",一定程度上折射出将《宪法》第56条解读为税收法定原则法源之观点的解释无力。参见刘剑文、熊伟:《税法基础理论》,北京大学出版社2004年版,第108—109页;李刚、周俊琪:《从法解释的角度看我国〈宪法〉第五十六条与税收法定主义——与刘剑文、熊伟二学者商榷》,载《税务研究》2006年第9期;熊伟:《重申税收法定主义》,载《法学杂志》2014年第2期。

(一)《税收征收管理法》:不完全阻却地方税权

我国现行《税收征收管理法》第 3 条沿袭 1992 年的立法例,分为两个紧密相依的条款。第 1 款规定:"税收的开征、停征以及减税、免税、退税、补税,依照法律的规定执行;法律授权国务院规定的,依照国务院制定的行政法规的规定执行。"上承第 1 款,第 2 款进一步规定:"任何机关、单位和个人不得违反法律、行政法规的规定,擅自作出税收开征、停征以及减税、免税、退税、补税和其他同税收法律、行政法规相抵触的决定。"仅从字面上看,《税收征收管理法》第 3 条第 1 款基本上阻却了地方税权的存在。因为"税收的开征、停征以及减税、免税、退税、补税"属于法律保留事项,即便确需授权,也只能依照国务院制定的行政法规的规定执行。依据该款规定,法律直接授权地方或国务院转授权地方制定地方性法规或地方政府规章,作为税收征管依据的通道都被关闭。试图从第 1 款解释出地方税权存在空间几无可能。与第 1 款不同,该条第 2 款看似补强了第 1 款所确立的税收法定原则,但该款蕴含有几大关键要素,使得税收法定的制度基石并不牢固,而这恰恰是地方税权的空间。

1. 第一个要素:"不得违反"

第 2 款中"不得违反法律、行政法规的规定"与"擅自作出……决定"之间的逻辑关系如何认定?是否只要违反法律、行政法规的规定,便可认定为"擅自"?如果未违反法律、行政法规的规定,能否作出……决定?倘若只是运用文义解释,聚焦该款,最起码可以得出"只要不违反法律、行政法规的规定,便可作出……决定"之类的解释结论。但按照体系解释的基本观点,每一段法律上的文句,都紧密交织在法体系中,构成一个有意义的整体关系。因此,要诠释它们,首先应顾及上下文,不得断章取义。其次,应顾到它们在事务上的共属性;再次,应顾到它们在事务上的一致性。此外,体系解释还有一个重要的功能,即在避免或排除法秩序中的"体系违反"。① 若运用体系解释观测这些问题,答案又可能是另一番面貌。按照体系解释的观点,我国《税收征收管理法》第 3 条第 1 款确定的应是该条的基调,第 2 款的理解定当受制于第 1 款的规定。这样一来,依据文义解释得出的结论就会被第 1 款确立的严格法定原则所否认。即"不得违反法律、行政法规的规定,作出……决定",并不意味着可以反推,纵然机关、单位和个人遵照法律、行政法规的规定,同样不能

---

① 参见黄茂荣:《法学方法与现代民法》(第五版),法律出版社 2007 年版,第 344—345 页。

对第二款列示的事项作出决定。面对一个条款,借助不同的解释方法和技术,结论迥异。

消除结论不确定性的最好或最终方法是在各种方法之间确立一个位序或位阶关系,问题在于能否在各种法律解释方法之间确立一个如化学元素表一样的固定的位序关系?① 此种疑惑致使诸多方法论研究者投身其中,以寻求理论与实务界都能接受的法律解释方法适用位序,这一话题也就成为法律解释方法论研究无法回避的焦点论题。然论题并不容易破解,学者基于不同的考量,得出并不完全一致的位序结论。甚至有学者认为:"所谓的解释方法的位阶,最多只是一种概率上的大小而已"②,只是意味着前位的法律解释方法比后位的法律解释方法具有更高的被采用的概率,并不形成一个真正的程序性指令,不具有规范意义,只具有统计学意义。③ 但更多学者仍然坚信,确立法律解释方法位序不仅必要,而且可能。透过法律解释方法不同位序表的层层帷幕,依稀可见德国法学方法论大师卡尔·拉伦茨的声音。现今大部分学者在此问题上的主张,与拉伦茨的观点基本没有太大的差异。拉伦茨在其名著《法学方法论》中,描述了各种法律解释方法之间的如下位序关系,即文义解释→体系解释(法律的意义脉络)→立法者意图或目的解释(历史的目的论的解释)→客观目的解释。拉伦茨同时也承认,这些位序关系并不具有固定性,不能依此得以终局地确定个别方法的重要性。④

总体说来,不管学者发生何种歧见,文义解释在整个法律解释方法的适用顺序中具有优先性还是得到了普遍性认可。⑤ 但也需注意,文义解释的优先性并不意味着其可以绝对的优先适用。比如,在一般税法领域,由于税法规范具有重度侵权属性,对法的稳定性要求极高,也更重视对制度利益的追求,因而,在税法解释上,也就格外强调对税收法定原则的坚守。为实现这一点,文义解释在税法解释中应当占据首要位置,成为最为显赫的法律解释方法,仅当依文义解释无法明确具体税法条款的清晰内容时,方可对照税法的宗旨、目的等,以明确其具体意义和内容。⑥ 但在避税法领域,如果坚持文义

---

① 参见王夏昊:《法律规则与法律原则的抵触之解决——以阿列克西的理论为线索》,中国政法大学出版社 2009 年版,第 268—269 页。
② 姜福东:《法律解释的范式批判》,山东人民出版社 2010 年版,第 177 页。
③ 参见桑本谦:《法律解释的困境》,载《法学研究》2004 年第 5 期。
④ 参见〔德〕卡尔·拉伦茨:《法学方法论》,陈爱娥译,商务印书馆 2003 年版,第 219—221 页。
⑤ 参见孙光宁:《反思法律解释方法的位阶问题——兼论法律方法论的实践走向》,载《政治与法律》2013 年第 2 期。
⑥ 参见但不限于下列文献:张守文:《税法原理》,北京大学出版社 2001 年版,第 98 页;刘剑文主编:《财税法学》,高等教育出版社 2004 年版,第 382 页;孙健波:《税法解释研究:以利益平衡为中心》,法律出版社 2007 年版,第 160 页。

解释优先,便很难洞穿和刺破纳税人的避税行为,这不仅不利于国家税收利益的保障,更为不利的是将会扭曲量能课税这一税制公平的度衡器,制造税法适用上的不公,此种情况下,引入目的解释就显得十分必要。鉴于法律解释方法位序的共识,对"不得违反法律、行政法规的规定"与"擅自作出……决定"之间的逻辑关系更适宜坚持文义解释优先原则。只要不违反法律、行政法规的规定,可以容忍"作出……决定"。前提是一定不能违反法律、行政法规的规定。作出此种解释并不意味着对第1款所设定的税收法定原则的彻底背离,因为"作出……决定"依然受制于法律、行政法规的规定。

2. 第二个要素:"擅自"

何为第2款言及的"擅自"？集体研究或者政府以会议纪要或者报经国务院等部门批准,甚至直接以决议的形式作出开征、停征以及减税、免税、退税、补税的决定,算不算"擅自"？比如,《关于调整和完善消费税政策的通知》(财税〔2006〕33号)不仅新增高尔夫球及球具、高档手表、游艇、木制一次性筷子、实木地板为消费税税目,而且还取消了护肤护发品税目。与此同时,"财税〔2006〕33号"既减征了石脑油、溶剂油、润滑油、燃料油的消费税,又暂缓征收了航空煤油的消费税,甚至还直接免征了子午线轮胎的消费税。仅财政部、国家税务总局的一纸发文,便变相行使了消费税部分税目的开征、停征以及减税、免税等权力,算不算"擅自"？其实,"财税〔2006〕33号"开篇即已揭晓谜底——"财税〔2006〕33号"只是财政部和国家税务总局为适应社会经济形势的客观发展需要,进一步完善消费税制,"经国务院批准"而下发的通知而已。真正的问题在于,"经国务院批准"是否意味着国家税务总局和财政部就可以新增税目、规定税率？其扩大税目、提高税率是否就此获得合法性依据？此等问题值得深思。

根据我国立法上的"批准"与"决定"的用语来看,我国《立法法》共有14处涉及"批准",45处指向"决定"。根据这些语词在法律规范中的位置和作用,可以发现,"批准"主要适用于下级请示上级,更多是一个程序性步骤。比如,《立法法》第72条规定,设区的市的人大及其常委会……可以……制定地方性法规……须报省、自治区的人大及其常委会批准后施行。此处的"批准"隐含之意便是,省、自治区的人大及其常委会无权制定适用于设区的市的地方性规范,仅具有审批由设区的市的人大及其常委会自行制定的地方性法规。"决定"则不然,其往往伴随着实体权力的行使。比如,《立法法》第9条规定,"本法第八条规定的事项尚未制定法律的,全国人民代表大会及其常务委员会有权作出决定,授权国务院可以根据实际需要,对其中的部分事项先制定行政法规……"该条中的"决定"与第 72 条中的"批准"不论是权限属性，还是裁定空间均有明显区别，属于两个内涵存在本质区别的法律概念，彼此不能混淆不能代替，更不能等同。

同理，"财税〔2006〕33 号"中的"经国务院批准"，也不能与《消费税暂行条例》（国务院令第 135 号）第 2 条第 2 款"消费税税目、税率的调整，由国务院决定"等同视之。基于此种分析，财政部、国家税务总局试图通过"经国务院批准"来取得合法性，无疑是此地无银三百两。毕竟，财政部、国家税务总局文件仍然只代表财政部和国家税务总局，即便经过国务院批准，也不会让其成为国务院的行政法规。① 如此说来，"财税〔2006〕33 号"可以认定为"擅自"的产物。更进一步的问题是，"擅自"作出的决定的法律效力如何？仅从《税收征收管理法》第 3 条无法导出答案。但根据《税收征收管理法实施细则》第 3 条第 1 款的规定来看，"擅自"作出的决定也不会当然无效。该款只是规定"与税收法律、行政法规相抵触的决定一律无效"，换言之，"擅自"作出的决定并不当然无效。决定无效的关键性标准在于"与税收法律、行政法规相抵触"。

3. 第三个要素："相抵触"

第 2 款后半段"作出税收开征、停征以及减税、免税、退税、补税"的决定是否要求"同税收法律、行政法规相抵触"？换句话说，该款是全盘否认擅自作出税收开征、停征以及减税、免税、退税、补税的决定，还是只要作出的税收开征、停征以及减税、免税、退税、补税的决定不与税收法律、行政法规相抵触便可？结合《税收征收管理法实施细则》第 3 条第 1 款规定，此处应该强调"相抵触"因素。因为该款仅规定"与税收法律、行政法规相抵触的决定一律无效"，并未单列"作出税收开征、停征以及减税、免税、退税、补税的决定"的法律效力。作为《税收征收管理法》第 3 条的实施细则，其不应选择性地回应《税收征收管理法》第 3 条第 2 款的规定。更合符逻辑的解释是，"作出税收开征、停征以及减税、免税、退税、补税的决定"受控于"相抵触"因素，受其制约。通俗地说，第 2 款后半段中的"和"串联起来的是"税收开征、停征以及减税、免税、退税、补税"与"其他"，而非"作出税收开征、停征以及减税、免税、退税、补税的决定"与"作出同税收法律、行政法规相抵触的决定"。更进一步的解释则意味着，只要不违反法律、行政法规规定，且作出的税收开征、停征以及减税、免税、退税、补税和其他的决定不抵触税收法律、行政法规便可。这

---

① 参见熊伟：《法治视野下清理规范税收优惠政策研究》，载《中国法学》2014 年第 6 期。

种理解与"擅自"元素导出的解释结论吻合。

如果这一理解是妥当的,则须进一步分析与"税收开征、停征以及减税、免税、退税、补税"并列在一起的"其他"的语义了。既为并列,则并列的各部分之间的属性大体相同。该款与"其他"并列的是税收开征、停征,减税、免税、退税、补税。税收开征、停征关乎税种的设立,减税、免税属于典型的税收优惠,退税、补税则相对复杂。如果提取这些具体事项的最大公约数,大体可浓缩为税种的设立与税收征收管理。税种的设立是单一事项,而税收管理则属开放事项。因此,与之并列的"其他"只能是税收征收管理事项。比如,缓缴税款、税额抵扣、税收抵免、税收饶让、税收豁免、投资抵免、亏损结转、加速扣除、加速折旧、起征点、免征额、加成征收、加倍征收等。再如,发票管理、申报期限、纳税地点、税收管辖等。如此也意味着,只要任何机关、单位和个人不违反法律、行政法规的规定,就税种的设立、税收征收管理所涉事项作出与税收法律、行政法规不相抵触的决定,不会当然无效。反之,则一律无效。

论述至此,《税收征收管理法》书就税务合法性原则不假,但也并未完全阻却地方税权的运作。通过对《税收征收管理法》第 3 条、《税收征收管理法实施细则》第 3 条蕴含的"不得违反""擅自"和"相抵触"元素的逐层分析,我们发现地方立法机关或政府只要不违反法律、行政法规的规定,就税种的设立与税收征收管理所涉的具体事项作出与税收法律、行政法规并不抵触的决定,不会导致当然无效的法律结果。这种解释符合人民主权原则和民主集中制原则,既未背离中央的统一领导,又有利于地方主动性和积极性的调动。透过法律解释只是撕开了税收法定原则的一丝缝隙,毕竟不仅地方税权的启动受制于法律、行政法规,而且地方税权运作的结果也为税收法律、行政法规所监控。一旦"违反""擅自"与"相抵触"串成一线,地方税权即便启动、作出决定,也注定是"一律无效"。但有了这丝缝隙,地方税权的坚冰便可凿开。

(二)《立法法》:地方税权空间的放大

2000 年《立法法》第 8 条第 8 项确立了税收基本制度必须法定,但第 9 条的授权立法规定实质上赋予了国务院在税收领域中的行政立法权。这一做法并非《立法法》的首创,早在 20 世纪 80 年代国务院的授权主体地位便已确立。[①] 税收法定原则贵为税法最高法律原则不假,其以"法律限制权力"为内核,为西方人权保障、公共利益维护等立下汗马功劳也是事实,但其未能成功

[①] 参见全国人大常委会《关于授权国务院改革工商税制发布有关税收条例草案试行的决定》(人大发〔1984〕15 号,已废止)、中华人民共和国第六届全国人民代表大会第三次会议《关于授权国务院在经济体制改革和对外开放方面可以制定暂行的规定或者条例的决定》。

改良我国的税收法治环境更为实践所证明。① 追根溯源,税收法定原则之所以诞生于英国,传播于欧美大多数国家,皆有其深厚的生存土壤和权力博弈语境。我国的法治发展道路则是一个由政府主导的建构型进路②,税收法定原则的生存土壤并不能自动呈现,由此决定了不能过分迷信税收法定原则教条,也难以完全通过严格"自上而下"的立法主导来推进中国税收法治建设。

从三权分立的原意上讲,立法机关行使的是立法权,是向社会输出法律文本,然后这些文本由行政机关去贯彻实施,最后由司法机关根据法律文本对各种纠纷作出最终的裁决。③ 将其运用至税法领域甚为理想,立法机关制定税法,行政机关执行税法,司法机关保留对税务争议的最终裁决权,三权相互制衡,税法便从立法直至实施。税收法定原则极好地体现了这一制衡理念,也正因如此,税法规范应该适用税收法定原则得到了普遍性认可,但这并不代表我国立法在现实上就可以立即达成此一目标。由于我国政治之生态环境不同于先进国家,税收立法者的规范能力严重不足,被规范对象的事物本身又涉及高度之专业,时代与社会变迁的脚步又非常迅速,所以强求税法规范应完全交由代议机关制定,至少对于现阶段我国税收立法者而言,并不完全切合实际。④ 更为现实的选择是,以相对宽松的税收法定原则要求,规范并提高税法解释的质量,在此基础上,为税收法定原则之"法"提供充足的、高质量的立法资源,贯通"自上而下"与"自下而上"两条路径。这种选择既是中国三十年来的做法,也不见得一定会违背税收法定原则的实质要义,应该说这是一条符合中国国情、值得尝试的税收法治建设思路。

这一思路暗合了《立法法》中央税权高度集中背后逐步放宽地方税权的立法逻辑。按照现行《立法法》第 8 条第(6)项的规定,"税种的设立、税率的确定和税收征收管理等税收基本制度"只能制定法律。这一项是为税收立法

---

① 比如,授权立法的存在使得我国开征的绝大多数税种,几乎都沿着"暂行条例(国务院制定)——实施细则(财政部、国家税务总局制定)——规范性文件(财政部、国家税务总局制定)"的路径进行立法。实施细则往往不仅仅是对暂行条例相关规定的细化,而是做出许多新的为暂行条例所不包括的内容。作为这种行政主导税收立法延伸的是财政部、国家税务总局制定的大量的税收规范性文件,从理论而言,税收规范性文件不是法律渊源,对纳税人不具有约束力,也不能成为法院审理案件的依据。但税收规范性文件事实上发挥着法律渊源的作用。就其内容而言,税收规范性文件往往对税收暂行条例、税收实施细则的规定又一次做出大的调整。税收规范性文件变动比较频繁,且各个税收规范性文件之间往往又存在冲突,这种状况对税收法治的消极影响是不言而喻的。此类现象并未因 2000 年《立法法》的出台而有实质性改观。参见刘剑文主编:《WTO 体制下的中国税收法治》,北京大学出版社 2004 年版,第 52 页。

② 参见江必新、王红霞:《法治社会建设论纲》,载《中国社会科学》2014 年第 1 期。

③ 参见魏胜强:《法律解释权研究》,法律出版社 2009 年版,第 39—40 页。

④ 参见柯格钟:《租税之立法界限及其宪法上的当为要求——以德国税捐法之理论为基础》,载《宪法解释之理论与实务》2010 年第 7 辑。

法定的文本依据。从字面上看,这一规定看似划定了立法机关与行政机关的立法事项,厘清了税收立法的权力边界。然分权实质仍悬而未决,根本在于"税收基本制度"的明而不定。作为税收立法法定的关键语词,"税收基本制度"正式出现于《立法法》第8条第(8)项。2000年《立法法》既未将"税收基本制度"单列为一项,也未明晰"税收基本制度"的具体含义,只是将其与财政、海关、金融和外贸的基本制度并列置于基本经济制度事项。与2000年《立法法》不同,2015年修订的《立法法》第8条第(6)项不仅进一步细化了2000年《立法法》第8条第(8)项的内容,且独立于基本经济制度事项单一项,位次居于公民财产权保护相关事项的首位。此种立法安排,是否彻底解决了2000年《立法法》的疑难?"税收基本制度"是否就此清晰?

答案未必如此。从立法表述上看,2015年修订的《立法法》第8条第(6)项在"税收基本制度"术语之前增设三个语词,即税种的设立、税率的确定、税收征收管理。如果中间没有"等"这一开放性语词,该项规定相对明确,专指"税种的设立、税率的确定和税收征收管理"法定。当然,如果没有"等书",则也不存在"税收基本制度"这一尾缀。既然立法制定"等书"条款,就意味着税收基本制度并不限于条文所列三项。进一步的疑惑在于,还有哪些可以视为"税收基本制度",也即除开列示的三项法定事项以外,还有哪些事项需要法定,哪些事项可以授权国务院制定行政法规,甚至下放地方制定地方性法规或地方政府规章。除此之外,所列事项中的"税收征收管理"的具体内容如何界定。相较于"等书"条款,"税收征收管理"事项可以借鉴《税收征收管理法》第3条的理解,因为按照传统观点,税收法定原则大致包括税收要件法定原则和税务合法性原则。《立法法》第8条第(6)项回应的是税收要件法定原则,旨在厘清税收立法的权限配置。而《税收征收管理法》第3条践行的是税务合法性原则,意在规范税收征收管理的权力边界。两者交织推进,协力共进,方成完备的税收法定原则。如果这种理解可以成立,借鉴上述的分析结果,该项确立的"税收征收管理法定"并未当然阻却地方税权的运行空间。

扫去"税收征收管理事项"的疑云,2000年《立法法》第8条第(8)项的理解困惑依旧存在。不一样的是,2015年修订的《立法法》第8条第(6)项增添了税种的设立、税率的确定、税收征收管理三大指向性语词。按照体系解释的观点,"等"字之前的指向性语词应该蕴含了"税收基本制度"的共性元素,这也是解释"等书"的关键性标准。按照税之法理,税种的设立、税率的确定内涵相对固定,弹性空间不大。税收征收管理既可能包括减税、免税、退税、补税等税收特别措施,也可能包括其他税收征收管理事项。税种的设立与税收征收管理法定前述已分析,毋庸赘述。如此一来,该项规定中的"等书"条款理解的最大难度在于与"税率"属性相通的其他税收构成要素,这也是立法的争执所在。一般而言,最为各税相通的税收构成要件主要包括税收主体、税收客体、税收客体的归属、税基以及税率。① 也有学者将"税收减免与加重事由"作为消极要件列入其中。② 既然作为税收构成要件的税率的确定列入法律保留事项,按照共性原则,"等书"条款也理当涵摄其他属性相同的构成要素。这一理解显然不被立法机关所认可,《立法法》中税收法定条款的幕后博弈便是例证。

2014年8月31日,中国人大网公布了第十二届全国人大常委会第十次会议初次审议的《中华人民共和国立法法修正案(草案)》,向社会公开征求意见。初次修正案并未对税收法定条款做任何变动。令人欣喜的是,2014年12月30日,中国人大网再次公布《立法法修正案(草案)》(二次审议稿),"二次审议稿"第3条明确表述:"增加一项,作为第九项:'(九)税种、纳税人、征税对象、计税依据、税率和税收征收管理等税收基本制度'。"但出乎意料的是,2015年3月8日,《立法法修正案(草案)》(三次审议稿)将"税收"专设一项作为第六项的同时,内容却被调整为"税种的开征、停征和税收征收管理的基本制度"只能由法律规定。③ 几经反复,2015年3月15日,第十二届全国人民代表大会第三次会议通过《关于修改〈中华人民共和国立法法〉的决定》,税收法定条款最终表述为"税种的设立、税率的确定和税收征收管理等税收基本制度"。最值得琢磨的是"二次审议稿"全盘确立税收构成要件法定,最为关键的税收构成要件都被列为法律保留事项。"三次审议稿"却走入另一极端,将所有税收构成要件排除在明示条款之外。最终结果,显然是"二审意见稿"和"三审意见稿"的折中。

据学者了解,"三次审议稿"之所以将"纳税人、征税对象、计税依据、税率"内容删除,立法机关其中的一个原因是担心今后政府调整税率不方便。因为删掉了税率,所以"纳税人、征税对象、计税依据"也都不好写,就一起删掉。担忧或许真实,但理由未必可信。既然删除税率,纳税人、征税对象、计税依据就都不好列入的话,为何最终只是税率写进《立法法》,而纳税人、征税对象、计税依据依然排除在外。删除时,认为税率和纳税人、征税对象、计税依据是一体的;则恢复时,也应整体考虑,不应拆分。立法减增前后的逻辑难言自

---

① 参见陈清秀:《税法总论》,台湾元照出版有限公司2014年版,第310—321页。
② 参见黄茂荣:《税法总论》(第一册),台湾植根法学丛书编辑室2002年版,第265页。
③ 参见李建国:《关于〈中华人民共和国立法法修正案(草案)〉的说明——2015年3月8日在第十二届全国人民代表大会第三次会议上》,引自 http://news.xinhuanet.com/2015-03/08/c_1114563179.htm,最后访问日期:2016年9月30日。

洽。尽管有学者认为：税率最终写进了立法法，所有人都是赢家，没有输家。① 但不能不正视的现实是，税率法定并未根本上解决问题，甚至还会加剧对税收法定条款的理解疑惑。终归说来，2000 年《立法法》第 8 条第（8）项未列入任何一项税收构成要件，但有"税收基本制度"兜底，大体还能解释出所有税收构成要件均需法定的结论。然 2015 年修订的《立法法》第 8 条第（6）项区别对待各税收构成要件，徒增理解歧见。如果纳税人、征税对象、计税依据能为"税收基本制度"语词所涵盖，为何不直接列明。既然税率可以直接列入，纳税人、征税对象、计税依据也照样可以直接明示，"二审已经稿"的表述便是证明。

　　立法未采纳这一做法，只能说明在立法部门看来，各税收构成要件不能相提并论。对各构成要件采取不同的立法做法，原本无可厚非。只是差异性立法也应遵循税法本有的法理，否则需要考究立法背后的深层动机。虽然税率也是关键要素，但税法首先关注的还是征税对象。② 征税对象"构成纳税义务成立的物的基础"③，决定征税的可能性。征税对象一旦确定，纳税人随即确定。税率并不直接影响纳税义务的发生，其更多只是协同计税依据，决定应纳税额。从这个角度上说，征税对象、税率和计税依据位居税收构成要件的中心，而征税对象才是重中之重的核心要素。作为中心要素，税率列入法律保留事项可以理解。关键问题在于，权重稍轻的税率尚须法定，更为重要的、对纳税人影响更大的征税范围却旁落在地，实难理解。人们似乎只记住了 2014 年 11 月 28 日至 2015 年 1 月 12 日，一个半月内三度提高成品油消费税税率的畸形事件；而忘记了伴随"财税〔2006〕33 号"的出台，消费税悄然增列成品油税目，新增石脑油、溶剂油、润滑油、燃料油、航空煤油五个子目的过往烟云。财政部、国家税务总局擅自提高成品油税率固然构成对纳税人财产的侵害，但其受害程度与征税范围的扩围不可同日而语。

　　简言之，税率的提高充其量影响的是税负的多寡，而征税范围的扩围则直接从非税遁入应税范畴。晚近的例子是，同样是依据财政部、国家税务总局的一纸发文，电池、涂料消费税自 2015 年 2 月 1 日起正式开征。④ 立法机关不可能不知晓这一点。洞察这一切却依然只保留税率法定，而放任纳税人、征税对象、计税依据。与《立法法》修改前后强烈的税率民意不无关联，媒

---

① 参见李蒙：《"税收法定"写入立法法的四天四夜》，引自 http://www.mzyfz.com/cms/benwangzhuanfang/xinwenzhongxin/zuixinbaodao/html/1040/2015-04-13/content-1118399.html，最后访问日期：2019 年 4 月 28 日。
② 参见魏高兵：《合同的税法评价》，立信会计出版社 2014 年版，第 10 页。
③ 〔日〕金子宏：《日本税法》，战宪斌、郑林根等译，法律出版社 2004 年版，第 127 页。
④ 参见《关于对电池、涂料征收消费税的通知》（财税〔2015〕16 号）。

体、社会贤达等借助2014年年底至2015年年初财政部、国家税务总局三调成品油消费税率,大肆宣传税收法定,无形中强化了税率与法定之间的民意基础。更深层的或许还有立法博弈背后的政治动因。根本而言,在税法的制定过程中,虽然可以采纳经济学、伦理学、行政管理学等标准,但只要政府愿意接受并通过政治过程把税收纳入法律的轨道,其他标准都不是很重要,只有政治的考量才是决定性的。① 对涉税条款的立法无不如此。佐证这一论点的是,立法机关改动"二次审议稿"中税收法定条款的另一个原因是,"担心税收法定条款规定得那么细,会不会让地方没有立法权"②。正是基于地方财税立法自主权考虑,"三次审议稿"才删除了税率等要素。③ 这一原因深度体现了立法者对税收立法权配置的反思与规划。借助《立法法》修改,扭转税收领域的行政主导立法现象,厘清立法机关与行政机关的立法权边界是重要任务。同时,在地方立法权逐步放大的社会背景下,尝试预留地方税权空间,适度下放地方税收立法权的意图更是明显。

有鉴于此,我们以为2015年修订的《立法法》第8条第6项确立税率法定,而删除"二次审议稿"中的"纳税人、征税对象、计税依据"法定,并非草率行动,而是深思熟虑的结果。对该项也不应随意扩大解释,将"纳税人、征税对象、计税依据"置于"税收基本制度"之下,进而为其寻求法定空间。立法此举一方面是顾及立法机关的现有立法能力,因为税法是一个非常专业的领域,对其进行立法需要专门的人才和知识积累。但立法机关在这方面的准备明显不足,无论是制度、人力还是知识储备,都可能难以胜任税收严格法定后的重担。如果立法机关不加强立法能力,最有可能的结果就是,形式上坚持了税收法定,由全国人大或其常委会制定税法,实际上仍然广泛授权政府,使政府拥有过分的税收决策权。④ 在立法机关立法能力不足的情境下,肯认并规范授权立法是更为理性的选择。况且,即便是立法能力相对充足的国家,授权立法的存在依然是现代议会之必须。⑤ 2015年修订的《立法法》采取的便是这样一种更加务实的立法态度,即在第9条保留授权立法的基础上,第10—12条专门就授权目的、事项、范围、期限、被授权机关授权决定的实施等进行针对性布局,旨在规范授权立法的行使,防止行政立法权的过度强大而

---

① 参见〔美〕B.盖伊·彼得斯:《税收政治学:一种比较的视角》,郭为桂、黄宁莺译,江苏人民出版社2008年版,第3页。
② 李蒙:《"税收法定"写入立法法的四天四夜》,引自 http://www.mzyfz.com/cms/benwangzhuanfang/xinwenzhongxin/zuixinbaodao/html/1040/2015-04-13/content-1118399.html,最后访问日期:2019年4月28日。
③ 参见冯禹丁:《立法法"税收法定"修订逆转背后》,载《法治与社会》2015年第5期。
④ 参见熊伟:《论我国的税收授权立法制度》,载《税务研究》2013年第6期。
⑤ 参见陈伯礼:《授权立法研究》,法律出版社2000年版,第77页。

僭越立法机关本有的立法权限。

2015年修订的《立法法》第8条第6项的做法,更为隐蔽的是预留了地方税收立法权的未来空间。特别是结合《立法法》第13条的规定,这一立法动机更趋明显。尽管地方借助国务院转授权,进而行使税收立法权的惯用策略被2015年修订的《立法法》第12条所否决。《立法法》第13条却合法地开启了地方行使税收立法权的另一种更加开放的思路和方法,即只要是改革发展的需要,立法机关可以决定就行政管理等领域的特定事项直接授权地方行使立法权,在一定期限内暂时调整或者暂时停止适用法律的部分规定。这一规定较之借道国务院转授权显然更有保障,也更安全。立法机关的这一规定可谓一箭双雕,既可以有力地规范和抑制国务院的行政立法权,大大削弱行政立法中的部门利益;又可从根本上减少上级机关的权力掣肘,最大限度地发挥地方因地制宜谋发展的主动性和积极性。久而久之,立法机关在税收领域中的权威自然得以树立,税务行政主导的理念和实践自会逐渐减弱。果真如此的话,落实"在中央的统一领导下,充分发挥地方的主动性、积极性"的宪法原则便可水到渠成。

五、税收法定的中国经验:地方税权运行的制度实践

在我国,基于宪法的方向性指引,剖析现行《税收征收管理法》及其实施细则和《立法法》,地方税权虽不能自动呈现,但借助法律解释技术,地方税权依然存有空间。凸显地方税权空间,绝不意味着地方为了发挥主动性和积极性,可以不受约束地行使税收立法权,制定地方税收法规和规章;也不意味着地方为了确保征税,可以不受节制地行使税收征管权。因为按照税收法定的一般理解,在法解释论方面,税法的目的不在于确保征税,而是在于通过表示纳税义务的界限、税权行使的界限,以维护纳税人的人权。[①] 认识到这一点,问题变得更加简单。既然借助法律解释可以得出地方存有税权的结论,剩下的便是如何具体化这种权力,保证其规范化运行。

实践中,1994年分税制改革以后,税权形式上高度集中于中央。为此,有学者认为:"准确地说,中国的分税制并不是一种严格意义上的财政分权,而实际上是一种中央对地方的授权。"[②]在此基础上,更有学者言及"地方的税收立法权近乎零"[③]。然透过《税收征收管理法》及其实施细则和《立法法》

[①] 参见〔日〕北野弘久:《税法学原论》(第四版),陈刚、杨建广等译,中国检察出版社2001年版,第69页。
[②] 刘剑文、熊伟:《税法基础理论》,北京大学出版社2004年版,第47页。
[③] 叶姗:《税权集中的形成及其强化——考察近20年的税收规范性文件》,载《中外法学》2012年第4期。

的规定,地方税权的空间事实上并未因分税制的出台、贯彻而彻底被关闭。其实,针对央地税权配置的规定,分税制推行之时就有不同的声音。

以最为核心的税收立法权划分为例,"国发〔1993〕85号"明确规定:"中央税、共享税以及地方税的立法权都要集中在中央"。而"国发〔1993〕90号)"却只是明示:"中央税和全国统一实行的地方税立法权集中在中央。"两个文件的内在冲突不言而喻。例如,非全国统一实行的地方税是否坚持由中央立法,事关央地税权配置,中央决策理当保持高度协调。与此同时,随着分税制改革的深入,多个税种从地方税变成共享税,共享税在税种数量、涉税收入方面更加突出,此种背景下共享税场域如何在央地之间分配税权,照样应该严恪税收法定原则。然目前共享税运行的政策性、随意性较强,与税收法定原则明显相悖。① 况且,即便是两份由最高行政机关几乎同时颁发、同时实施的文件却作出了并不完全一致的规定,也可以看出,"中央在是否授予地方部分立法权这一敏感问题上举棋不定、踟蹰徘徊"②。

从绝对收权到部分放权,中央犹豫不定的态度以文件的形式暗合了《税收征收管理法》及其实施细则预留的地方税权空间。即针对共享税和非全国统一实行的地方税,地方只要不违反法律、行政法规的规定,就可以作出与税收法律、行政法规相协调的决定。立法实践也验证了上述观点,1994年分税制改革至今,地方税收立法权并未完全被遏制。相反,地方税收立法权一直顽强地存在着,即便法定主义逐步得到落实也依然如此。具体表现在以下几个方面:

1. 税种的征收权与停征权

该项制度实践主要是屠宰税和筵席税的征收与停征。"国发〔1993〕90号"明确"将屠宰税、筵席税下放给地方",《关于取消集市交易税、牲畜交易税、烧油特别税、奖金税、工资调节税和将屠宰税、筵席税下放给地方管理的通知》(国发〔1994〕7号)将其细化为:"屠宰税和筵席税下放地方管理后,各省、自治区、直辖市人民政府可以根据本地区经济发展的实际情况,自行决定继续征收或者停止征收。"③

2. 具体适用税率的确定权

该项制度实践主要有两种表现形式:一种是由地方自主确定某一税种或

---

① 参见张成松:《共享税标准的反思与体系化建构》,载《江西财经大学学报》2017年第5期。
② 胡小红:《税收立法权研究》,安徽大学出版社2009年版,第167页。
③ 2006年2月17日起屠宰税废除(参见国务院令第459号),2008年1月15日起筵席税废止(参见国务院令第516号)。

某一类税目具体的适用税率,主要针对的是实行幅度比例税率的税种或税目。比如,根据《契税暂行条例》第 3 条的规定,省、自治区、直辖市人民政府可以在法定税率幅度内,自主确定本地区具体适用的契税税率。按照原《营业税暂行条例》第 2 条的规定,省、自治区、直辖市人民政府只能在规定的幅度内确定纳税人经营娱乐业税目的具体适用税率。根据《资源税法》第 2 条第 2 款的规定,《税目税率表》中规定实行幅度税率的,其具体适用税率由省、自治区、直辖市人民政府统筹考虑该应税资源的品位、开采条件以及对生态环境的影响等情况,在《税目税率表》规定的税率幅度内提出,报同级人民代表大会常务委员会决定。

另一种是法律、法规赋予地方自主确定某一税种或某一类税目具体的适用税额,主要指向的是实行幅度定额税率的税种或税目。例如,车船税中车辆的具体适用税额和耕地占用税的具体适用税额,对方都有较大的自主确定权。[1] 一般而言,这类立法权一般只下放到省、自治区、直辖市人民政府。较为特殊的是,根据《城镇土地使用税暂行条例》第 5 条第 2 款的规定,市、县人民政府在省、自治区、直辖市人民政府确定的税额幅度内,可以制定相应的适用税额标准。具体适用税额的确定权被进一步下放至市、县人民政府,不过省、自治区、直辖市人民政府保留了批准权。这种模式可视为一种有条件的下放,因为具体适用税额的最终决定权依然保留在省一级政府。

3. 部分税种的税收减免权

虽地方政府更为熟悉纳税人的涉税情况,也更知晓税收减免的必要性,但鉴于税收减免对财政收入的直接减损,对税收公平的当然违反等情由,以致立法者对税收减免权的下放十分谨慎,最终导致地方能享受到的、被立法所认可的税收减免权总体偏少。有限的税收减免权主要集中于特类税目、特定地区、特定群体等。针对这些的税收减免立法主要有两类做法。

一是立法直接授权地方减免权。例如,基于授权,省、自治区、直辖市人民政府"可以对公共交通车船,农村居民拥有并主要在农村地区使用的摩托车、三轮汽车和低速载货汽车定期减征或者免征车船税"[2]。民族自治地方的自治机关可以决定减征或者免征民族自治地方的企业应缴纳的企业所得税中属于地方分享的部分。[3] 省、自治区、直辖市人民政府可对纳税确有困

---

[1] 参见《车船税法》第 2 条、《车船税法实施条例》第 3 条、《耕地占用税法》第 4 条。
[2] 参见《车船税法》第 5 条。此外,根据《车船税法实施条例》第 10 条规定,对受地震、洪涝等严重自然灾害影响纳税困难以及其他特殊原因确需减免税的车船,可以在一定期限内减征或者免征车船税。具体减免期限和数额由省、自治区、直辖市人民政府确定,报国务院备案。
[3] 参见《企业所得税法》第 29 条。

难的纳税人,定期减征或者免征房产税。① 与之类似,依据《资源税法》第 7 条的规定,"有下列情形之一的,省、自治区、直辖市可以决定免征或者减征资源税:(1) 纳税人开采或者生产应税产品过程中,因意外事故或者自然灾害等原因遭受重大损失;(2) 纳税人开采共伴生矿、低品位矿、尾矿。前款规定的免征或者减征资源税的具体办法,由省、自治区、直辖市人民政府提出,报同级人民代表大会常务委员会决定,并报全国人民代表大会常务委员会和国务院备案"。

二是借助对法律条文的解释,地方享受减免权。比如,原《个人所得税法实施条例》第 16 条规定:"税法第五条所说的减征个人所得税,其减征的幅度和期限由省、自治区、直辖市人民政府规定。"② 采用同样的技术,省、自治区、直辖市人民政府间接获取了对"国家机关、事业单位、社会团体、军事单位承受土地、房屋用于办公、教学、医疗、科研和军事设施的"契税免征权,以及"土地、房屋被县级以上人民政府征用、占用后,重新承受土地、房屋权属的"契税减征或者免征权③。与之极为类似的是,各省、自治区、直辖市人民政府借助对普通标准住宅与其他住宅的划分权④,实质上获取了《土地增值税暂行条例》第 8 条规定的"纳税人建造普通标准住宅出售,增值额未超过扣除项目金额 20%的"免税权。

4. 计税依据的确定权

计税依据是税收客体数量化的结果,不同单行税中计税依据的方法也许有些差异,表述形式也不见得完全一样,但大都涉及收入确认、费用扣除等。地方行使税权,确定计税依据的实践主要发生在以下三类:

第一类,直接确定某一税种具体的减除比例或费用扣除比例。比如,《房产税暂行条例》第 3 条第 1 款规定:"房产税依照房产原值一次减除 10%至 30%后的余值计算缴纳。具体减除幅度,由省、自治区、直辖市人民政府规定。"根据《土地增值税暂行条例实施细则》第 7 条的规定,各省、自治区、直辖市人民政府有权决定房地产开发费用的扣除具体比例。第二类,直接核定某类产品的计税价格。例如,按照《消费税暂行条例实施细则》第 21 条的规定,

---

① 参见《房产税暂行条例》第 6 条。
② 现行《个人所得税法》第 5 条直接规定:"有下列情形之一的,可以减征个人所得税,具体幅度和期限,由省、自治区、直辖市人民政府规定,并报同级人民代表大会常务委员会备案:(一) 残疾、孤老人员和烈属的所得;(二) 因自然灾害遭受重大损失的。国务院可以规定其他减税情形,报全国人民代表大会常务委员会备案。"
③ 参见《契税暂行条例》第 6 条、《契税暂行条例细则》第 12 条、第 15 条。
④ 参见《土地增值税暂行条例实施细则》第 11 条。

"其他应税消费品的计税价格由省、自治区和直辖市国家税务局核定"。第三类,借助成本利润率的确定间接确定计税依据。譬如,原《营业税暂行条例实施细则》第 20 条规定:"纳税人有条例第七条所称价格明显偏低并无正当理由或者本细则第五条所列视同发生应税行为而无营业额的,按下列顺序确定其营业额:……(三)按下列公式核定……公式中的成本利润率,由省、自治区、直辖市税务局确定。"《资源税暂行条例实施细则》第 7 条也有类似的规定。

5. 部门税种征纳管理的确定权

该项制度实践主要发生在几种情况下:第一,具体税收机关的确定权。比如,依据《契税暂行条例》第 12 条第 1 款规定,契税可以由土地、房屋所在地的财政机关或者地方税务机关负责征收。各省、自治区、直辖市人民政府有权确定具体的征收机关。《契税暂行条例细则》第 20 条甚至进一步赋权省、自治区、直辖市人民政府,可以确定具体委托代征单位代征契税。第二,纳税期限的确定权。例如,《房产税暂行条例》第 7 条、《城镇土地使用税暂行条例》第 8 条均有"纳税期限(缴纳期限)由省、自治区、直辖市人民政府规定"的类似表述。第三,特定情形下纳税地点的调整权。譬如,原《资源税暂行条例》第 12 条规定:"……纳税人在本省、自治区、直辖市范围内开采或者生产应税产品,其纳税地点需要调整的,由省、自治区、直辖市税务机关决定。"

由上可知,在现行税收法律、法规下,地方不只是具有抽象的税权空间,更有扎实的税权运行实践。这些实践或触及税种的开停征,或聚焦税收构成要件,或直击税收减免,等等。这些实践虽未涵盖所有税种,但作为税权最为核心的税收立法权的关键内容几乎都能找到立法实例。除开聚焦税种、税率和税收征收管理制度的立法以外,各省、自治区、直辖市人民政府还实质上主导了部分单行税暂行条例实施细则以及部分单行税具体征管办法的制定权。[1]

六、地方税权的发展空间:以税收立法权为中心

"税权划分直接决定了中央与地方政府间税收收入的制衡关系,这种制

---

[1] 典型可参见《城市维护建设税暂行条例》第 9 条、《城镇土地使用税暂行条例》第 13 条、《房产税暂行条例》第 10 条、《契税暂行条例细则》第 21 条、原《耕地占用税暂行条例实施细则》第 33 条。

衡关系主要表现为中央政府控制力与地方政府创造力的相互影响和制约。"① 基于前文分析不难发现,在现行税收法律、法规下,地方不只具有抽象的税权空间,更有扎实的行权实践。这些实践或触及税种的开停征,或聚焦税收构成要件,或直击税收减免,等等。这些实践虽未涵盖所有税种,但作为税权最为核心的税收立法权的关键内容几乎都能找到立法实例。除开聚焦税种、税率和税收征收管理制度的立法以外,各省、自治区、直辖市人民政府还实质上主导了部分单行税暂行条例实施细则以及部分单行税具体征管办法的制定权。② 即便是"落实税收法定原则"的当下,地方的税收立法权依然得到一定程度的肯认。如《环境保护税法》第 6 条第 2 款赋权省、自治区、直辖市人民政府之于应税大气污染物和水污染物的具体适用税额确定和调整的提议权和同级人民代表大会常务委员会决定权。类似的还如《耕地占用税法》第 4 条中地方之于辖区"耕地占用税的适用税额"的提请权和决定权配置。

　　通过税收立法权的行使,地方政府实质上分享了这些单行税的税收征管权。这一税收法治实践与中央的政策思路是极其吻合的。早在 1993 年,国务院便有意下放部分税收的管理权限。比如,"国发〔1993〕90 号"规定:"适当提高土地使用税的税额,扩大征收范围,适当下放管理权限。"2003 年,中共中央《关于完善社会主义市场经济体制若干问题的决定》明确:"在统一税政前提下,赋予地方适当的税政管理权。"2011 年《国民经济和社会发展第十二个五年规划纲要》进一步规定:"逐步健全地方税体系,赋予省级政府适当税政管理权限。"尽管站在法治的立场上观察,"法律应控制政策,要防止政策替代和驱逐法律"。③ 但 20 世纪 90 年代,"政策优先"或"政策优于法"这一计划经济时代流转下来的观念和做法④,不可能迅速得到扭转。在税法这一极度专业性领域,法律与政策互动也不见得就一无是处,最起码能保障法律得到最大限度的实施。

　　当然,考虑到政策的诸多弊端,央地税权配置不管未来作何调整,还是应立足于法律主治,在税权统一性和多样性这两个同样值得追求的极端之间保

---

① 张春宇:《从税权角度谈优化中央与地方政府间税收关系》,载《税务研究》2017 年第 3 期。
② 典型可参见《城市维护建设税暂行条例》第 9 条、《城镇土地使用税暂行条例》第 13 条、《房产税暂行条例》第 10 条、《契税暂行条例细则》第 21 条、《耕地占用税暂行条例实施细则》第 33 条。
③ 邢会强:《财政政策与财政法》,载《法律科学》2011 年第 2 期。
④ 参见邢会强:《政策增长与法律空洞化——以经济法为例的观察》,载《法制与社会发展》2012 年第 3 期。

持一种必要的张力,寻找黄金分割点。① 央地税权的黄金分割点便是中央与地方财政分权立宪。但财政分权立宪需要稳定的政治环境、成熟的市场经济体制及理性文化的大众共识。当这些条件都不具备时,退而求其次的办法只能是,在宪法原则指引下,遵照税收法定的基本精神,以地方税收立法权为核心,有序规划和推进地方税权建设。既要防止中央过度集权,致使地方政府法外敛财、征税缺乏边界、私有财产权保护失当;又要警惕地方分权过度或地方分权无序,导致中央调控失灵、国家分裂等经济、政治危机。② 寻求地方税权的未来空间也应遵循这些理念,秉持税权集中前提下的适度分权思路。

总而言之,赋予地方税权不是目的,平衡税收与开支之间的关系、实现地方政府自主征收的税收总额与其负责的公共开支额的总体平衡才是关键。正是基于这些考量,分配税权的思路主要有两种:要么根据税法要素,要么按照税法执行层次。之于税法要素而言,多数情况下,税权都被分配在不同层级的政府中。最普通的模式是,中央政府保留对税收主体、计税依据、程序规则的决定权,而将决定税率的权力与其他各级政府分享。之于税法执行层级来说,关于征税对象、计税依据、税率的一般规则由中央决定,而执行税法更为具体的细节则交由低层级的政府完成。③ 我国税收立法虽未直接明示采用何种标准,但《税收征收管理法》第3条和《立法法》第8条确立的税收法定条款,实质上融合了这两种思路。税收法定之下,税收基本制度被严格保留。然既有的地方税权运行实践,并未完全遵循这一严苛标准。根本原因恐怕还在于本章多处提及的"税收基本制度"的多维理解。不同的视角,不同的标准观测税收基本制度,结果未必一致。大体说来,税收基本制度有三种可能的理解径路:一是按税种界定,凡是对国家宏观经济影响较大、只能由全国统一开征、并对税收要素作出具体规定的税种,都属于税收基本制度范畴;二是按税收要素界定,即税收的开停征、税率、税收特别措施等属税收基本制度;三是兼顾税种和税收要素。④

不管是"国发〔1993〕85号",还是"国发〔1993〕90号",都透彻国务院对税种标准的青睐。而依据《税收征收管理法》第3条和《立法法》第8条则又可看出立法机关对税收要素标准的认可。两种标准交织推进,造就了我国既有

---

① 参见苏力:《当代中国的中央与地方分权——重读毛泽东〈论十大关系〉第五节》,载《中国社会科学》2004年第2期。
② 冉富强:《中央与地方财政分权立宪的历史解读》,载《郑州大学学报(哲学社会科学版)》2014年第5期。
③ Frans Vanistendael, Legal Framework for Taxation. In Victor Thuronyi (eds.), *Tax Law Design and Drafting* (volume 1), International Monetary Fund, 1996.
④ 参见傅红伟:《论授予地方税收立法权的必要性与可行性》,载《行政法学研究》2002年第2期。

的地方税权运行图景。不难发现,既有税收立法基本是从中央利益出发,言必称中央保留。受此影响,分析税权问题时,首先考虑的也是哪些应该纳入法律保留事项。其实,立法法还提供了另一种思考方向,即地方性事务由地方进行立法调整。《立法法》第73条规定:"地方性法规可以就下列事项作出规定……(二)属于地方性事务需要制定地方性法规的事项。"《立法法》所提出的"地方性事务"包括两个要素:一是发生在某一个区域,二是只能由地方来处理或者至少是由地方处理更有意义。将地方性事务归由地方处置,既可以收因地制宜之效,又可以缩短立法者与民众的差距,还可合理分配工作负担。麻烦的是,地方性事务同样是一个令人困惑的问题,一般多借助事务所涉及的利益范围、事务实施的地域范围及事务性质等标准来区分。① 具体来说,作为地方立法客体的地方性事务主要是中央立法留有空隙而属于次级性、行政性、区域性、具体性、实施性的事务。②

将地方性事务主要交由地方自行立法,无疑更符合中央与地方立法权限划分法治化与科学化的要求。因为它在考虑到全国性立法统一调控的同时兼顾了立法事务的多样化和地方性需要,有助于中央立法与地方立法的合理分工、优势互补和相互"整合",并在此基础上形成一种中央立法集权但不专制、地方立法分权但不分散的中央与地方立法秩序。③ 如果用地方性事务标准改造既有的税种标准和税收要素标准,建立以税种为主、税收要素为辅的二维标准,答案或许更有启发性。按此标准,地方税权配置宜区别对待④:其一,各地税源差异较大不宜全国开征、仅适合部分地区开征的地方税,比如资源税,可以纳入地方税权的专属客体范围。其二,税源流动性差、外溢性小,不易引起经济波动,适宜由地方独立征收的地方税,比如,财产税,可以纳入地方税权的专属客体范围。其三,税源零星分散,征收成本高,且对宏观经济不发生直接影响的税种,比如,印花税,可以纳入地方税权的专属客体范围。其四,全国统一开征,对宏观经济影响较小而对地方经济影响较大的地方税,比如个人所得税,可以作为央地税权的共享客体。其五,全国统一开征,对宏

---

① 参见孙波:《论地方性事务——我国中央与地方关系法治化的新进展》,载《法制与社会发展》2008年第5期。
② 参见张淑芳:《地方立法客体的选择条件及基本范畴研究》,载《法律科学》2015年第1期。
③ 参见封丽霞:《中央与地方立法权限的划分标准:"重要程度"还是"影响范围"?》,载《法制与社会发展》2008年第5期。
④ 参见但不限于下列文献:李大明:《地方税收立法权的研究》,载《税务研究》1998年第8期;蒋楠:《我国地方税收立法权制度重构刍议》,载《税务研究》1999年第8期;傅红伟:《论授予地方税收立法权的必要性与可行性》,载《行政法学研究》2002年第2期;周俊鹏:《论中央与地方税收立法权的具体划分》,载《理论界》2008年第1期;张千帆:《中央与地方财政分权——中国经验、问题与出路》,载《政法论坛》2011年第5期。

观经济影响较大的地方主体税种,如营业税,可以作为央地税权的共享客体。

税权客体范畴的差异处理,直接影响不同税种的税收要素确定权的安排,而这直接关乎央地税收立法权的核心配给。理想状态下,对于专属地方税权客体的税种,其税收要素的确定权理当由地方享有;对于中央和地方共享税权客体的税种,其税收要素的确定权则既可以由中央独享,也可以由地方专项,还可以由中央和地方共享。必须注意的是,即便是中央和地方针对不同客体的纵向税权配置得以完成,仍需依照税权横向配置规律,妥善处理不同层次中立法机关与行政机关之间的税收立法权划分。与之相关,需要重点考虑的是,地方税收立法权应该授予到哪一级地方更为合适。尽管2015年《立法法》修改、扩张了地方立法权,使得设区的市的人大及其常委会拥有制定地方性法规的权力,相应地设区的市的政府则享有制定地方政府规章的权力。但鉴于地方立法遭遇工具性自治与民主基础薄弱的困境①,特别是考虑到税收的专业性和复杂性以及立法机关的立法能力建设,将地方税收立法权的主体限定为省、自治区、直辖市一级的人大及其常委会和同级人民政府是更为稳妥、更负责任的立法抉择,这也符合既有的地方税收立法实践。

具体而言,可以将广义的税收立法权归为六个类型,三个层次:① 税法的制定、颁布、废止权;② 税种的开征和停征权;③ 制定税法实施细则的权力;④ 税收法律、法规的解释权;⑤ 税目的增减和税率的调整权;⑥ 税收的加征和减免权等多项权力。前两项是第一层次,为"主立法权",关乎税收法律、法规的立、改、废;中间两项位居第二层次,聚焦税收法律法规的系统性落实和解释;后两项是在既定框架内对税收法律、法规所进行的局部调整,属于第三层次。第二、三层次对应第一层次的主立法活动,属于附属性立法活动。三个层次逐步推进,内容渐次细化,最终与税收征管权无缝对接。基于央地税权配置的理想图景,地方税收立法权会逐步得到扩大,形成以税种为主线、以税收要素为辅助的税权配置模式(如"表7-2"所示)②。需要警醒的是,地方一旦获得充足的税收立法权,积极性和主动性自会得到加强,但由此而致的地方利益不容忽视。"膨胀的地方利益会破坏国家法制统一,造成地方恶性竞争,并引发中央与地方在资源配置中的利益冲突。"③比如,在德国,经济落后的地方政府担心,拥有实质的征税权将迫使他们不得不提高税收,而经

---

① 参见秦前红、李少文:《地方立法权扩张的因应之策》,载《法学》2015年第7期。
② 参见白彦峰:《单一制国家赋予地方税收立法权的可行性分析——基于我国国情的探讨》,载《行政论坛》2008年第5期。
③ 王理万:《行政诉讼与中央地方关系法治化》,载《法制与社会发展》2015年第1期。

济发达地区则可以不断降低税率。① 问题的出现不意味着放权地方有误,关键在于为其配置相应的制度设施,根本上治理地方政府间的税收不当竞争。可供选择的制度有:政府间的税收竞争协调机制、税收情报交换制度、财政民主制度、税收竞争纠纷解决制度等。②

表 7-2　我国税收立法权划分的未来模式

	税收立法权		
	第一层次	第二层次	第三层次
中央税、共享税	全国人大及其常委会	国务院	国务院税务主管部门
全国统一实行的央地共享立法客体的地方税种	全国人大及其常委会	国务院	省级人民政府
专属地方立法客体的地方税种	省级人大及其常委会	省级人民政府	省级人民政府具体税务部门

不过,从更为现实的角度看,对于地方税权可以染指的税种客体,由中央统一立法,地方选择适用,一旦有所改变,必须报中央批准,应该是一个一举两得的举措。在中央的标准立法中,征税范围、纳税人、计税依据、税率、税收减免等,仍然可以保持足够的弹性,给地方一定的机动空间。此外,税制设定之后,对于纯粹的地方税,还可以授权地方自主决定减免税。此种模式既可以保证中央的权威,又能够尊重地方的自主权。其实,这种做法既有屠宰税和筵席税的本土实践,也有域外税权配置的成功经验。比如,日本的《地方税法》制定生效之后,地方开征地方税时,只能在该法规定的范围内选择。对列举的每个税种,《地方税法》都已经规定了课税要素,实际上相当于一个标准法。如果没有地方立法的转化,《地方税法》对纳税人不产生法律效力。③ 如果能植入这种央地税权配置模式,也不失为地方税权的重要发展。在中国这样一个地区差异显著,市场经济发展有待加强,社会需要长久稳定的大国,下放地方税权注定不是一朝一夕所能完成,更需要统筹规划,逐步推进。为实现央地税权配置的理想图景,既要借鉴权力配置的普遍规律,也要顾及税权的特殊因素;不仅要看到世界税权配置的发展航向,更要立足于中国的本土语境。

需要强调的是,即便地方税权得到拓展,央地纵向税权得以科学划分,税

---

① 参见李以所:《地方政府征税权研究——基于德国经验的分析》,载《地方财政研究》2013年第2期。
② 参见靳文辉:《论地方政府间的税收不当竞争及其治理》,载《法律科学》2015年第1期。
③ 参见熊伟:《财政法基本问题》,北京大学出版社2012年版,第128页。

权规则和制度得以完善,如果不能妥善处理执政党与国家的关系,以及国家权力内部立法、执法和司法的关系,良好的政府间财政关系也是一句空话。特别是"行政权力总是自我狂野扩张,税收法定主义时常面临侵蚀之虞"。① 归根结底,聚焦权力约束的财政横向分权才是纵向分权的基础,无论是中央政府还是地方政府,只有处于有效的横向分权制约之下,才能成为一个理性的财政权力主体,进而促进权力系统的规范运转。如果中央政府和地方政府都缺乏权力制约意识,更愿意凭借实力获取制度外利益,那么,再好的税权划分体制、税权运行规则和制度同样也会被置之不理。② 一旦出现这种情况,地方利用税权开展恶性税收竞争,争夺税收利益将愈发难以控制。此等事宜不只是中国需要重点考虑,国外同样也有此担忧。比如,在德国,经济落后的地方政府担心,拥有实质的征税权将迫使他们不得不提高税收,而经济发达地区则可以不断降低税率。③ 毕竟,长此以往,膨胀的地方利益不仅会破坏国家法制统一,而且会造成地方全面恶性竞争的展开,进而诱发中央与地方在资源配置中的利益冲突。④ 避免此类问题出现的最好办法是,为税权运行配置针对性的制度设施,从而在根本上规制地方政府间的税收不当竞争。可供选择的制度有:政府间的税收竞争协调机制、税收情报交换制度、财政民主制度、税收竞争纠纷解决制度等。⑤

---

① 郑伊:《美国关税税率决定机制中行政与立法的权力分配》,载《政法论丛》2019年第2期。
② 参见熊伟主编:《政府间财政关系的法律调整》,法律出版社2010年版,第16—17页。
③ 参见李以所:《地方政府征税权研究——基于德国经验的分析》,载《地方财政研究》2013年第2期。
④ 参见王理万:《行政诉讼与中央地方关系法治化》,载《法制与社会发展》2015年第1期。
⑤ 参见靳文辉:《论地方政府间的税收不当竞争及其治理》,载《法律科学》2015年第1期。

第八章 量能课税原则的适用边界

——以环境税量益课税原则为演示场域

一、问题意向

从税收政治学角度来看，政府设立新的税目通常都会遭遇政治阻力，因为任何税收种类某种程度上讲都是对私人财产的变相"剥夺"，环境税制度也不能例外，所以环境税提议由于政治因素而搁置的实例并不少见。为了有效平衡各种主体的利益，环境税收立法、环境税法实施与解释应该遵循一定的原则。① 税收法定原则和稽征经济原则，关乎税权配置和征管效率，属于形式面向和技术面向的正义诉求，这是所有各税都会面临的共同话题，两者一体适用于环境税疆域自无本体障碍。需要深思的是，不同于一般的财政目的性税，环境税属于典型的特定目的税范畴。税之本性决定了环境税只能特定用于环境保护和污染治理等特定目的。② 简言之，"基于特定目的的税收，其支出用途必须与其征税目的相吻合，否则就会成为纯粹的筹资工具而使其正当性大打折扣"③。这种收和支通盘考虑的税之事物本性，并非财政目的税的通常做法，却是环境财政改革的必然要求④，更是特定目的税的税理特性。

既然如此，作为财政目的型税法核心建制原则的量能课税原则能否同步适用于环境税这类特定目的的税场合，则需深度研讨。因为财政性税法的核心任务在于促进和保障公平分配。纳税能力不同者负担不同的税收。能力强者多负担，能力弱者少负担，无能力者不负担是量能课税的精髓。⑤ 作为特定目的税的代表，环境税法显然志不在此。更进一步的问题是，如果量能课税原则不能适用环境税这类特定目的的税场域，其结构性原则又会落到"何人之手"？理由何在？超越量能课税原则，构建环境税法新的核心原则是否可行？这些问题堪为环境税法或曰特定目的的税法的元问题。

---

① 参见张怡等：《衡平税法研究》，中国人民大学出版社2012年版，第299页。
② 参见侯卓：《论环保税专项支出的地方预算法治改进》，载《中国地质大学学报（社会科学版）》2019年第1期。
③ 朱为群：《对税收四个基本理论问题的认识》，载《税务研究》2016年第1期。
④ 参见叶莉娜：《论我国环境税收入使用制度之构建》，载《上海财经大学学报》2019年第1期。
⑤ 参见许多奇：《论税法量能平等负担原则》，载《中国法学》2013年第5期。

鉴于问题的复杂性、话题的重要性，本章专门以环境税为观测场域，深度探讨量能课税原则适用的边界范畴，意图说明即便是量能课税原则这一人皆共知的税之核心原则，同样有其作用发挥的限定性疆域。在环境税这类特定目的税场域量益课税原则应取代量能课税原则，成为结构性原则，指引特定目的税制设计与完善，导引特定目的税法解释与运行。主体部分的逻辑架构如下：首先，以法域规则迁移为起点，揭示环境税"归责→应益"的二元机理；其次，从"归责"不能与"应益"不合两个角度，阐释量能课税之于环境税的全面失灵；再次，以量益课税原则语义为工具，从立法目的与税制机理视角论证量益课税原则之于环境税的结构性原则地位；复次，阐述量益课税原则的层级架构，建构量益课税原则与环境类税之间的互动体系；最后，以环境保护税法进阶为中心，展示量益课税原则之于特定目的税法的方法论运用。

本章的讨论，既有益于环境税立法、实施与解释的科学展开，进而助力环境税收法治的有序推进，促导中国的生态文明建设；又有助于税法建制原则的立体化研究，深化对量能课税原则的理性认知，使量能课税回归税法原则的本体位置；还可以形塑出与量能课税原则遥相呼应的量益课税原则，丰富税法实质面向的税法原则和不同税种，特别是特定目的税建构的方法论。

二、环境税"归责→应益"的二元机理

因应日益严峻的环境问题，环境税已演变为政府介入环保领域的重要工具。[1] 作为典型特定目的税的环境税不以收入为主导目的，而以环境保护为根本使命。这一税之本性造就了"归责→应益"的环境税二元机理。

（一）归责机理：法域传导与税法转化

"所谓归责，简而言之，即将责任以某种依据为判断标准归属于某主体。或者说，对于某主体来讲，以某种依据为标准，判断其某种责任是否成立和存在，从而可以认为，归责的任务是解决责任的依据问题。"[2]环境税归责机理，旨在遵循归责运行的法域规律，借助环境税法原理，对环境损害行为进行综合认定，找出该当承担环境责任（环境税）的纳税主体。

---

[1] Dewees, D. N., *The Role of Tort Law in Controlling Environmental Pollution*, Canadian Public Policy / Analyse de Politiques, Vol. 18(4), pp. 425-442(1992).

[2] 石金平：《经济法责任研究——以"国家调节说"为视角》，法律出版社2013年版，第99页。

1. 归责的法域传导：侵权法→环境法→环境税法

通常认为，归责源生于私法。伴随跨学科研究范式和法际整合思维的兴盛，归责理念逐渐渗透至公法甚或第三法域。环境侵权归责即是典型。与普通侵权相比，环境侵权主体一般是法人或社会组织，侵权行为多通过"侵害组织→污染环境→被侵害人"的间接方式，而非依循"侵害人→被侵害人"的直接方式。这些侵权特性必然要求归责突破私法桎梏，正视环境侵权的科学本质，吸纳环境法等部门法思维。同理，环境法在应对环境侵权问题时，照样需要采纳私法归责的普适法理。否则，"表面上看起来无比正当的价值分析和逻辑思辨往往会不当扩大或限缩某一归责原则的适用，陷入非此即彼的绝对化思维"。[1]

诚然，无论从何种角度上看，环境税法都难言是侵权行为的产物，但环境税的开征与侵权行为密不可分却为事实。假使没有行为人改变环境的行为，没有环境损害的发生，环境税开征的必要性和正当性定然存疑。追根溯源，环境税法的产生与侵权而致的环境损害具有明显的伴生关系。揭开各种环境问题的形式面纱之后，最普遍、最抽象的对象就是环境损害。[2] 从环境损害出发，可以确立如污染防治、排污总量、排污系数、污染物浓度、污染当量、排污许可等若干范畴和系列概念，它们的共同点都是由环境损害催生，围绕环境保护展开[3]，也是环境税法的重要术语表达。于此而言，环境侵权行为可谓是环境税开征的直接诱因。因此，吸收和运用既有侵权归责法理，以剖析环境税归责即名正言顺。

更进一步，环境税归责对在先法域归责的吸纳可借助债权观念而获正当性。因为侵权法与税法一定程度上均植根于债权[4]，而债权虽由私法发达而来，但就债权为特定人作为、不为或给付权利这一本质而言，决不为私法所独有，而是法的共通规律。所以，归责法理应用于环境税法，与其说是侵权法与环境法规律适用于环境税法，倒不如说是环境税法遵循与侵权法、环境法共通的规律。[5] 超级基金便是例证。该基金由国家代表环境受害者向环境破

---

[1] 参见张宝：《环境侵权归责原则之反思与重构——基于学说和实践视角》，载《现代法学》2011年第4期。
[2] 参见张祥伟：《中国环境法研究整合路径之探析》，中国政法大学出版社2014年版，第163—164页。
[3] 参见徐祥民、刘卫先：《环境法学方法论研究的三个问题》，载《郑州大学学报（哲学社会科学版）》2010年第4期。
[4] 参见〔日〕中里实等编：《日本税法概论》，张翠萍等译，法律出版社2014年版，第2页。
[5] 参见〔日〕美浓部达吉：《公法与私法》，黄冯明译，中国政法大学出版社2003年版，第72页、第86—87页、第218页。

坏者主张环境责任,难点在于环境致害者或环境成本肇因者的确定。① 因为环境侵害的复杂性和技术性,使得简单移用侵权法或环境法规则都难凑巧,而须综合多个部门法知识,最终使得这些综合性知识成为不同部门法应对环境问题的共通法理,私法可用,公法也可用。侵权法适用,环境税法亦适用。② 由此,归责规律便从侵权法、环境法进入环境税法,成为规范设计与运行的重要法理。

归责由侵权法到环境法,直至环境税法,既具有理论通贯性,又具有现实必要性。随着现代化国家人均消费率不相上下,全球原材料消耗急剧增加,随之而来的是全球的废气和废水。③ 面对污染,污染者理当承担责任。只是"解决问题的有效行动不会自动出现。有时社会的响应不仅不能解决问题,而且会使问题变得更糟"④。所以,解决污染问题,须透过问题表象,洞察背后的侵权本质。如前所述,环境侵权是一种间接侵权,它既侵害了被侵害人的健康权益,又对生态环境造成了破坏。这种双重侵权秉性往往为侵权法和环境法所忽略。例证如,虽《环境保护法》第 64 条⑤对《侵权责任法》第 65 条⑥中的原因行为进行了增量拓展,但《侵权责任法》第 65 条中的"因污染环境造成损害的"行为显然无法涵盖破坏生态行为,且该法第八章规定也无法通过类似《侵权责任法》准历史解释方法扩大适用于破坏生态致人损害案件。⑦

当侵权法和环境法缺位时,环境税法成为环境问题解决的天然利器。退一步来说,即便严格适用与综合适用各种侵权责任方式,能够实现环境侵权责任的强化,达到救济受害人、制裁和遏制环境侵权行为的法律效果⑧,课征侵权者以环境税仍具有不可替代的价值。因为环境侵权行为只是环境破坏

---

① David G. Mandelbaum,"Toward A Superfund Cost Allocation Principle",*Envtl. Law*,Vol. 3 (1),p. 119(1996).
② 参见袁广达等:《分权管理的中国环保基金制度探索——以美国"超级基金制度"为例》,载《南京工业大学学报(社会科学版)》2018 年第 2 期;[美]丹尼尔·H. 科尔:《污染与财产权:环境保护的所有权制度比较研究》,严厚福、王社坤译,北京大学出版社 2009 年版,第 15—16 页。
③ 参见[美]约翰·C. 伯格斯特罗姆、[美]阿兰·兰多尔:《资源经济学——自然资源与环境政策的经济分析》第 3 版,谢关平、朱方明主译,中国人民大学出版社 2015 年版,第 8 页。
④ [美]汤姆·蒂坦伯格、琳恩·刘易斯:《环境与自然资源经济学》(第 8 版),王晓霞、杨鹂、石磊、安树民等译,中国人民大学出版社 2011 年版,第 3 页。
⑤ 《环境保护法》第 64 条规定:"因污染环境和破坏生态造成损害的,应当依照《中华人民共和国侵权责任法》的有关规定承担侵权责任。"
⑥ 《侵权责任法》第 65 条规定:"因污染环境造成损害的,污染者应当承担侵权责任。"
⑦ 参见竺效:《论环境侵权原因行为的立法拓展》,载《中国法学》2015 年第 2 期。
⑧ 参见张新宝、庄超:《扩张与强化:环境侵权责任的综合适用》,载《中国社会科学》2014 年第 3 期。

行为的一部分,现实中大量环境破坏行为由于欠缺侵权要件而无法变成环境侵权行为,行为人也无法变成侵权行为人。[①] 这意味着只有部分环境原罪者[②]有"机会"成为环境侵权的受控者,受到应有处罚,而其他环境破坏行为人则无法追责。故,要想解决环境难题,确应超越环境侵权的固有格局,将环境破坏等行为置于环境税法场域进行规制,以弥补环境侵权归责的局限。

2. 归责机理的环境税转化与定位

一般来说,归责机理核心有二:一是归责事由,二是由谁承担责任。[③] 归责事由乃将损害归由加害人承担,使其承担责任的事由[④],其旨在创设一种行为人对其行为结果负担责任时所依据的标准,这种标准的确定离不开法律价值判断与衡量[⑤]。甚至可以说,归责事由就是对责任认定的价值判断因素的探寻[⑥],实质是一种价值判断在责任归咎上的体现。虽经历了主观过错、客观过错及结果责任至少三阶段的演变,但都强调了过错这一价值判断,只不过是在证明过错存在的方法上有所差别而已。因而,根据过错责任理论,归责事由实际上可概括为过错归责。[⑦]

客观而言,严格过错归责之于带有环境侵权特质的法域未必合适,因为环境侵权行为终归是一种破坏环境、给环境带来不利影响的行为。无论是否造成他人利益损害,也别论最终会否被认定为法定侵权,都会诱使环境的改变。如造纸厂排污,废水必定注入河流、湖泊或农田,引起相关水域或农田的环境恶化;再如燃煤电厂排放烟尘,必然改变电厂上空甚至更大范围的空气环境。这些本由原罪行为引起,是罪行的恶果。当它们引起他人权益损害或环境破坏时,让行为人承担责任当无须再考虑过错因素。毕竟,行为人已有原罪在先,对他们再追问有无过错确无必要。[⑧] 鉴此,虽归责事由在不同领

---

① 环境侵权行为一般须具备以下条件:空间上与具体的人的利益的联系;时间上与具体的人的利益的联系;产生某种作用的自然条件等;作用的过程,包括时间的延续、环境因素或环境的变化等。参见徐祥民、吕霞:《环境责任"原罪"说——关于环境无过错归责原则合理性的再思考》,载《法学论坛》2004 年第 6 期。
② 行为人不一定是因为经营管理不善才成为原罪者,更多是从"出生"(严格说来是从开始生产)就成为原罪者。其"罪"是"先天"注定的,因为如造纸厂注定要排放污水,燃煤电厂注定要排放烟尘。只要这类企业继续它的存在,继续按照原来的设计工艺生产,就一定是不容置疑的"原罪"之身。参见同上。
③ 参见崔建远:《论归责原则与侵权责任方式的关系》,载《中国法学》2010 年第 2 期。
④ 参见王泽鉴:《侵权行为》,北京大学出版社 2009 年版,第 11 页。
⑤ 参见杨立新:《侵权责任法》,北京大学出版社 2014 年版,第 47 页。
⑥ 参见刘海安:《过错对无过错责任范围的影响基于侵权法的思考》,法律出版社 2012 年版,第 21 页。
⑦ 参见李正华:《侵权归责原则的一元化》,载《清华法律评论》2011 年第 1 期。
⑧ 参见吕霞、徐祥民:《再论环境侵权责任的"原罪"说》,载《现代法学》2007 年第 4 期。

域展现不同样貌,侧重点亦有所区别。但在环境公害领域,它更关注客观过错或客观结果,而不甚关注行为人的主观状态。

就责任承担主体面向以观,务须厘清归责的目的,即对资源的正当分配①,合理划分损害结果的负担主体。一般而言,"生活越是受制于技术和难以控制的组织,砝码就越是从基于应予谴责行为的责任向出自公平风险分配观的责任倾斜"②。因此,通常情况下被害人须自己承担所生损害,仅有特殊理由时,始得向加害人请求损害赔偿。所谓特殊理由指应将损害归由加害人承担的事由,即归责事由。换言之,只要归责事由出现,加害人承担责任自是理所当然。③ 环境问题的日益严重,致使各国侵权责任法实现了并肩作战。一旦环境损害出现,则不问过错,径由环境问题肇因者承担责任。④ 由此,归责机理重心从归责事由推进到归责主体选择,探究责任由谁承担。

归责事由转至归责主体,既吻合了归责的发展趋向,又符合了公众的认知规律,还契合了归责的共识机理。而对过错归责的纠偏,对客观结果的恪守,对侵权主体的拓展,与环境税的创设初衷、运行机理又都极为吻合。为此,由归责事由过渡到归责主体,同样无须特别考虑行为人的主观因素,只要观测损害环境的法定行为是否发生即可。如《环境保护税法》第 2 条规定:"直接向环境排放应税污染物……应当依照本法规定缴纳环境保护税。"据此,行为人会否被归责,看似既取决于是否有排放行为,又取决于排放物是否为应税污染物。但因应税污染物相对容易识别,故归责与否的关键在于排放行为是否发生。若发生,原则上即应课税。反之,则不予课税。

由上可知,环境税主体归责与否的根本标准在于排放行为是否发生,与行为人的主观心态并无实质关联。无论是有意之排放,还是无意之泄露,环境损害事实已然发生,这正是环境税的归责事由,并不需要再去考究行为人的主观心理和目的动机。⑤因此,只要行为人排放了改变环境的污染物,符合环境税法"排放"和"应税污染物"规定,归责便告完成。至此,归责机理顺利从侵权法范畴进入到环境税法场域,演化为内含"行为→责任"逻辑的独特归

---

① 参见〔澳〕彼得·凯恩:《侵权法剖析》,汪志刚译,北京大学出版社 2010 年版,第 19 页。
② 〔德〕迪特尔·施瓦布:《民法导论》,郑冲译,法律出版社 2006 年版,第 283 页。
③ 之所以如此配置责任,皆因良好的政策乃在避免增加损失,如果使被害人得向加害人请求损害赔偿,无论是在法律规范或实际执行上,势必耗费资源或产生交易成本。所以,好的责任分配制度,原则上应让损失停留于在其发生之处。参见王泽鉴:《侵权行为》,北京大学出版社 2009 年版,第 11 页。
④ 参见杨立新:《侵权责任法》,法律出版社 2011 年版,第 311 页。
⑤ 从环境科学上看,排放是指人类主动并有意识地利用环境容量,而向环境倾倒、流放、散发污染物质的行为;泄漏则是指在人为活动中因疏忽大意或管理不善,导致物质和能量直接或间接进入环境的行为。根据环境税归责机理,作为课税对象识别的关键要素,排放理应包括泄露。参见汪劲:《环境法学》,北京大学出版社 2006 年版,第 329 页。

责机理,担负环境税课税与否、由谁负税的定性与识别重任。

(二) 应益机理:定量指向与计量创新

与归责机理的定性与识别定位不同,应益机理担负的是环境税定量工作和计量性能。于应益层级而言,那些受制于环境税法的人实质上承担了一项可强制执行的义务,即只要污染环境就当付出相应代价。① 基于此种理念,大多学者都主张环境问题肇因者所需承担的环境税费应与其引起的环境破坏程度成比例。② 即环境污染者、生态破坏者、资源耗用者等缴纳的环境税费应相当于其所带来的环境损害成本或所引起的环境修复成本。③ 或者说相当于行为人因环境损害而获得的利益,即"受益"。《环境保护税法》第6条第2款赋权地方"统筹考虑本地区环境承载能力、污染物排放现状和经济社会生态发展目标要求"而确定和调整应税大气污染物和水污染物具体适用税额的规定,便蕴含了这种应益机理。

换句话说,环境税应益机理在于将环境问题肇因者产生的外部成本内部化,就其应付而未付的成本(受益)通过税款的方式予以支付(缴纳)。环境成本向环境税额的转化,是应益机理的方向和任务。至于环境成本(受益)如何计量,环境税额怎样测度,则需借助计量技术的运作。这既取决于计税依据,又受制于税率,还可能为特别措施所左右。但起根本性、决定性作用的还是计税依据。④ 从规范属性上看,计税依据属于典型的定量规范。只是与财政性税法不同,环境税法有其独特的计税依据。以环境保护税为例,建基于会计规范基础上的应税销售额、应税增值额、应税所得额等传统计税依据均无法有效度衡极度技术化的污染排放。而法学作为实践科学,满足社会生活的需要和需求又是第一要务。⑤ 为此,立法不得不创设排放量或分贝数等新型计税依据。

问题是,污染排放的判断和计量均为高度技术化作业,需要专业人员与技术设施,不易为纳税人和税务部门所掌握。况且,从污染侵权发生上看,不

---

① 参见〔美〕丹尼尔·H. 科尔:《污染与财产权:环境保护的所有权制度比较研究》,严厚福、王社坤译,北京大学出版社 2009 年版,第 15 页。
② Youri Mossoux, "Causation in the Polluter Pays Principle", *European Energy and Environmental Law Review*, Vol. (6), pp. 279-294(2010).
③ David G. Mandelbaum, "Toward A Superfund Cost Allocation Principle", *Envtl. Law*, Vol. 3 (1), p. 119(1996).
④ 税率虽为核心要素,但简单明了,税务部门与纳税人极少会适用税率发生争执。与之不一,特别措施是否为税制要素都未有定论,即便可将其视为一类税制要素,也远不具备计税依据和税率那般普适性。参见魏高兵:《合同的税法评价》,立信会计出版社 2014 年版,第 11 页。
⑤ 参见叶名怡:《再谈违约与侵权的区分与竞合》,载《交大法学》2018 年第 1 期。

同类型的环境污染,有不同的作用机理。典型如,大气、水、土壤、固体废物、毒性化学物质等的作用机理为:排放→环境要素→人,即排放首先造成环境要素本身的损害,然后再造成人身、财产的损害;而噪声、振动、光、热、恶臭、辐射等的作用机理却为:排放→人,即直接造成人身、财产损害,无须环境媒介中转,性质上本属卫生健康范畴。① 同属环境污染,机理相去甚远。根据污染对环境和人的侵害途径、程度等因素界分,前者可视为实质型污染,后者可概括为拟制型污染。②

拟制型污染作为感觉性公害,虽难以衡量,但超过一定限度同样会对人体造成损害。因此,多数国家一般都用客观标准(强制性排放标准)来界定群己边界,实现健康保障和行为自由的平衡。实质型污染则不同,它主要源于企业,属于媒介污染,其排放标准主要考量因素是环境容量,而非健康保障。关键是,环境可以容纳并不意味着人体能够承受。况且,这类污染即使不存在直接的人身、财产损害,但对环境本身的损害依然存在。难题在于,依据直接利害关系原则,无法对这部分损害予以测算。③ 所以,这类污染多借助污染排放量折合的污染当量④确定。总体来说,不管是拟制型污染的计量,还是实质型污染的测量,都有别于传统计税依据,依赖于污染测量技术,体现了高度的专业性和技术性。

计税依据直接与技术指标勾连,而不与货币资金直接联结,是传统会计计量和税法计量都不曾遇到的现象,也是环境税的独特之处。借助传统的税法计量经验,环境税应益规则无从设计。借鉴既有的会计计量技术,环境税应益规则照样无法运行。《环境保护税法》强调税务征管、环保协同理念,要求建立税务部门与环保部门⑤之间的分工协作工作机制、涉税信息共享平台和工作配合机制⑥,便是对这一计税依据规则设计困局的回应。与此同时,物料衡算、排污系数、抽样检测,自动监控等辅助计量手段与工具的嵌入,无

---

① 参见陈慈阳:《环境法总论》,中国政法大学出版社 2003 年版,第 58 页。
② 参见张宝、张敏纯:《环境侵权的微观与宏观——以〈侵权责任法〉为样本》,载《中国地质大学学报(社会科学版)》2010 年第 3 期。
③ 参见张宝:《环境侵权归责原则之反思与重构——基于学说和实践的视角》,载《现代法学》2011 年第 4 期。
④ 污染当量,是指根据污染物或者污染排放活动对环境的有害程度以及处理的技术经济性,衡量不同污染物对环境污染的综合性指标或者计量单位。参见《环境保护税法》第 25 条。
⑤ 虽第十三届全国人民代表大会常务委员会第六次会议将《环境保护税法》中的"海洋主管部门"和"环境保护主管部门"修改为"生态环境主管部门",但考虑到《环境保护税法实施条例》尚未作出相应修改,更为重要的是排污费时代皆采用环境保护行政主管部门,因此下文统一简称为"环保部门"。
⑥ 《环境保护税法》第 14 条第 3 款、第 15 条第 1 款。

不昭示环境税额计量的与众不同,体现了立法者对环境税应益本质的挖掘,也彰显了特定目的税计量规则与财政目的税计量规则的本性差异。

根本上说,污染排放量意含排污者的实际受益量,污染排放量的额度反映出排污者的受益度。排污者因其受益而被课以与受益相当的环境税额,合理性毋庸置疑。但无论是直接针对排污量测度,还是间接转向受益度测算,现有的会计计量技术和税法计量规则都难以实现。诉诸更为专业的环保部门虽非理想之策,却为务实之举。只是部门间的专业分工与协作极易割裂整体化的征管事项,徒增征管难度和成本也是事实。因此,不管是环境税立法,还是征管实施,都有必要竭力调动环保部门的积极性和主动性,充分利用其专业优势,努力减少狭隘的部门本位主义①,最大限度地发挥"企业申报、税务征收、环保协同、信息共享"这一新型税收征管模式的价值。唯有如此,环境税应益机理才能有效运转。

(三) 小结:环境税归责与应益一体化

税法若仅定位于"拔鹅毛"或"谋财取利",则规则构成止于计量要素为上策,因为自然显现事物之"量",对征税而言是最为便捷和最有效率的。但现代税法的发展,衍生出了调节功能,加上避税的存在,致使事物之量变得愈发模糊且难以测度,税法因此越发关注事物之"质"。② 从环境税立法目的上看,它显然不是取利,而接近于调节。此种定位下,归责机理重在探究环境之质,应益机理旨在测算环境之量。量并非目的,而是质的手段。换言之,应益机理计量税额并非环境税的依归,其目的在于敦促归责主体正视环境之质,杜绝或减少环境损害行为。就转化技术而言,环境税客体与主体等质的识别仰仗于定性规范,环境税计税依据、税率、特别措施等量的实现借助于定量规范。

定性与定量、识别与计量的交互开展,使得环境税不断展现"归责→应益"的两造面向。归责机理担负环境税定性与识别功能,奠定课税正当性基础,着力实现课税有"主"。应益机理紧随其后,负载环境税定量与计量功能,型构课税合理性基础,努力寻求课税有"额"。离开应益面向,归责机理将失去本原意义。因为徒有其主,却无法度量其应该承担的具体税额。离开归责面向,应益机理也难以实现最终目的。因为仅有具体税额,却无法找到其该依附的主体。唯有将两者有机融合,方可实现课税有主、课税有额,课税正

---

① 参见何锦前:《环境税与环保制度的矛盾与化解——以行政部门为视角》,载《石河子大学学报》2012年第4期。
② 参见尹锡忠:《税法哲学》,立信会计出版社2015年版,第59—60页。

当、征税合理。从这个角度上说,归责和应益虽为环境税的两造机理,但绝非独自运行的孤立王国,而是相互依存、交织共进,融为一体的治理体系。

三、量能课税之于环境税:度衡不能与逻辑不合

环境税以环境保护为其根本使命,相较于以财政收入筹集为主要目的的财政性税类而言,环境税表现出截然不同的税制特性。它不仅聚焦环境税款应当由何种主体承担,而且还关心该主体应当依据其带来的环境外部成本承担相应的税款,即展示出"归责→应益"的税制逻辑。而一般财政目的税以财政收入筹集为主要目的,浸透其中的量能课税原则实质上创设了国家与纳税人之间的距离,只要税收债权能够实现,由何人承担税负义务理论上并不重要。更进一步,一般财政目的的税的具体税负并不由主体受益范围确定,而是根据政府财政需要以及纳税人的经济负担能力而确定。运作机理政治色彩浓郁,而科学色彩不足。可见,一般财政目的税的量能课税原则无法应对环境税"归责→应益"的二元逻辑诉求:一方面,它与环境税的"归责"机制脱铉,一味强调其适用,极有可能导致"归责主体"不当;另一方面,它与环境税的"应益"机制不配,贸然围绕其设计环境税制,极有可能导致税负不公。由此,在环境税场域,量能课税原则的确无力应对。指望量能课税原则为环境税的正当化正名,借助量能课税原则设计方方面面都能接受的环境税新规,无异于痴人说梦。

(一) 量能课税之于环境税:"归责"不能

现代科学发展到 2⃞ 世纪,表现出高度分化和高度整体化趋势并存的格局。现代科学的分化不⃞具有封闭性,也成了整体化的表现之一。税法的产生和发展是法律对社会关系的调整日益社会化、精细化和专业化的必然结果,亦是在更高形态上的有机的综合。① 因应这种趋势,税法与各种法律部门交叉融合,形成部门法范式基础上的"跨界资源整合",形成领域法学的分析范式。② 而以"以问题为导向的领域法学,本身就是一种贯穿着法学理论自觉和实践自觉的问题意识的体现"③。结果是:不管是税收立法,还是税法实施,乃至税法解释,都不再只是孤立地构建和对待税法规则,而是基于法际

---

① 参见张世明:《经济法学理论演变研究》(第二次全面修订版),中国民主法制出版社 2009 年版,第 51 页。
② 参见李大庆:《法学范式竞争与领域法学的知识创新》,载《江汉论坛》2019 年第 4 期。
③ 余倩影:《"领域法学":法理视野与话语共建》,载《法学论坛》2018 年第 4 期。

整合的视角,将其置于相互联系的法律体系之中。此种视角不仅由税法结构的固定性和税法实体规范与程序规范的统一性所决定,而且由税法的技术性和经济性所裁夺。

以税法的技术性为例,它主要表现在两个方面:一是在税收实体法中,具体税目的选择、税率的确定等需要恰到好处的技术介入,方可实现纳税人与国家之间的利益衡平。二是在税收程序法中,发票管理制度、税务稽查制度等同样需要精心设计的技术规范,才有可能实现稽征经济之理想。① 就技术层面讲,会计和税近乎水乳交融。一般来说,会计以资金运动为对象,而财政目的税则以提起资金为目的。会计确认的资金数据和关联材料,为税法规则设计和税法实施奠定技术基础,使得征税有的放矢,而非任意驰骋。但是,不管何种技术,终归都是为税法规则服务的。不同的各税法,立足的技术基础不同,技术与规则之间的配比度也不一样,甚至有着天渊之别。财政目的税依赖的技术,可以通过调整会计规则而实现。与之完全不同,贵为非财政目的税的环境税,一改与货币或生产环节的资金运动相关联的传统税制技术,转向为单维度依靠排放量或污染当量这一纯粹的环境技术。环境税的此种技术选择与转向,的确有可能背离了税法计量规范的发展方向,也极有可能误入"针对个体、局部,就事论事"的课税歧途。②

必须澄清的是,环境税的运行机理原本就不同于财政目的税。依据前述"归责"机理,环境税的税收主体应为特定污染者。这一机理既无法从量能课税原则中直接导出,又无法通过原则的协调推衍而出。根本上说,量能课税原则关注的焦点在于纳税人所纳税款是否能够满足财政需要,能否量"能"课"税",进而实现税收的实质正义。由此也就意味着,量能课税并不关心课税事由,也无须考虑主体的归责识别。③ 详言之,量能课税之下,税收主体的确定更多依据政府的财政需要。从国家征税角度分析,一般不直接规定谁是纳税人,让谁缴纳税款,总要通过分析意向中的纳税人主要具备哪些与其他主体的不同行为,同时财政性税法对具体纳税人也不感兴趣,只关注整体纳税人。如我国个人所得税法,通过入库税款分布结构确定主要纳税人分布在工薪阶层,而不会关注张三、李四。④ 量能课税对不特定个体课以纳税义务,实

---

① 参见刘剑文主编:《税法学》(第四版),北京大学出版社 2010 年版,第 15—16 页。
② 参见尹锡忠:《税法哲学》,立信会计出版社 2015 年版,第 130 页。
③ 例如,《日本地方税法》第 20 条第 7 项规定:"民法有关债权人的代位与诈害行为取消权的规定,地方团体征收金的征收准用。"该条规定实际上将私法债权保证的一些方式引入至税收公法之债领域,展示出传统税收债务并不甚关注纳税人为何,只要国家获取足额的财政收入即可。申言之;财政目的税以"取利"为主要目的,并不关注债务最终税收债务之承担者为何。
④ 参见魏高兵:《合同的税法评价》,立信会计出版社 2014 年版,第 11 页。

则是"创设纳税人与国家之间的距离"①。而环境税需要的是——无缝对接污染者和纳税人,省却纳税人与国家之间的距离。两者机理犹如天壤之别。

环境税的"归责"机理,建构在"污染者"之上,"谁污染,谁治理"是其最为朴素的理念根基,也是其起初的课税理由。归责之中,归责事由为先。环境税并不看重过错与否,它关注的是污染和破坏环境等的行为结果是否出现。一经出现,便可将"污染者"直接归责为税收主体。这种理念发端于"污染者负担"原则。经合组织早在20世纪70年代就提出了"污染者负担"的概念,最初其只是一个经济原则,主张引起污染的生产者承担污染预防与控制成本,以实现外部成本内部化,从而避免经济紊乱,促进国际贸易公平发展。②直到80年代末期,该原则才得以真正成为环境责任分担原则,即不应由大多数人纳税来为少数人污染环境的行为买单,从而真正实现环境正义。③"污染者负担"原则经过几十年的发展,已然从一个经济原则发展为环境治理原则,并衍生出了诸多其他关联原则。比如,"开发者养护""利用者补偿""破坏者恢复"等。④

这些原则看似不同,但其实质仍在于"原因者负担"。虽然近年来"风险社会"的概念甚嚣尘上,主张环境与生态损害责任不应仅仅由肇事者承担,而应由整个社会人类群体共同承担之类的观点纷至沓来,但"归责"机理的内核并未被撼动。即便是反思性观点,仍然坚持"风险成本虽应由不同主体(社会)分担,但并不意味着在不同主体之间平均分担,而是按与不同主体在风险损害中的作用以及从风险行为中获得的收益相平衡的原则分担"⑤,亦即环境污染、生态破坏等环境成本的负担应该按照"原因者负担"的理念贯彻,对环境损害大、从环境资源中获益大的主体应当承担更多的责任,相反则反之。从"污染者负担"到"原因者负担",核心机理不仅没有改变,而且得到进一步拓展和升华。

一言以蔽之,由归责"事由"导出归责"主体",进而对接承担归责"责任"的制度机理,显然超出了量能课税原则的射程范围,但这恰是环境税的核心机理。盖其根源,在于量能课税原则主导的财政目的税多数时候强调的是:税收责任的"普遍分担",且不付"对价"。因而,为了限制国家课税权滥用,规

---

① 参见葛克昌:《税法基本问题(财政宪法篇)》,北京大学出版社2004年版,第121页。
② 参见柯坚:《论污染者负担原则的嬗变》,载《法学评论》2010年第6期。
③ Ole W. Pedersen, "Environmental Principles and Environmental Justice", *Environmental Law Review*, Vol.12(1), p.26(2010).
④ 参见陈泉生、周辉:《论环境责任原则》,载《中国发展》2004年第4期。
⑤ 参见刘水林:《风险社会大规模损害责任法的范式重构——从侵权赔偿到成本分担》,载《法学研究》2014年第3期。

范税权运行，实现平等课税，最为理想的自然是"一视同仁"对待所有课税主体。与之相异，环境税基本主张是：税收责任的"特定主体分担"。这个特定主体便是环境问题肇因者。之所以课征这一特定主体的税收，不仅仅在于其污染或破坏了环境，而且在于其从中"受益"。换言之，环境税着眼于"原因者"对于环境风险贡献的大小，并不关注"原因者"自身经济负担能力的强弱。即便归责"主体"出现企业亏损、资不抵债，也照样需要承担环境税负之缴纳义务。同理，环境税课税具有天然的选择性，又使其不会刻意追求纳税人之间的税负公平与否。① 凡此类似事项，都无一例外地背离了量能课税原则的核心要义，也就意味着量能课税原则无力对接环境税的"归责"机理，无法解释环境税"质"之面向。这些都致使量能课税在环境税中陷入"归责"不能的尴尬境地，一向战无不胜的税法核心原则在环境税法中出现了严重的原则失灵现象。

（二）量能课税之于环境税："应益"不合

环境税"归责"机理，找到了环境税负的承担主体。主体归责既定，税额具体化是为关键。税负的多寡是"应益"机理的核心任务，度量税负因此成为所有税法共同的、关键性要素。税额的具体化，有赖于公平的税法规则建构。"什么是税收公平在关于税制改革的争论中至关重要，因为许多改革方案会招致税负的重新分配。"②"在税种设计中，为了实现道德正义的标准，税收必须要符合其内在于其法律特征的原则。"③在一般财政性税法领域，充当此种原则的是量能课税，因为量能课税原则提供了一套量"能"课"税"的指标。"两个世纪以前，财产和财富被视为是指标，随后代之以所得，认为所得是最

---

① 以《环境保护税法》为例，该法规定的纳税人仅限于直接向环境排放应税污染物的企业事业单位和其他生产经营者，并不涉及自然人，这与量能课税原则所主张的按照不特定主体的纳税能力大小承担税收义务的理念显然是背道而驰，因为量能课税原则要求有经济负担能力的所有实体纳税，排放污染的自然人应当根据其经济负担能力纳税，不应例外。此外，从环保部披露的"2015年中国机动车污染防治年报"相关数据来看，机动车污染已成为我国空气污染的重要来源，是造成灰霾、光化学烟雾污染的重要原因，机动车污染防治的紧迫性日益凸显。这说明机动车使用者在很大程度上亦是个污染制造者，理应成为环境税的纳税人，或许有学者会主张我国汽车使用人群数量过大，由机动车使用人纳税相当于由所有公民纳税，实则不然，我国机动车保有数量仅为2.46亿，机动车使用者自然与全体公民显然不能画等号，由全体公民为部分污染者买单也就显得极为不公。参见中华人民共和国环境保护部：《中国机动车污染防治年报（2015年）》，第1页。

② 〔美〕乔尔·斯莱姆罗德、乔恩·巴基哲：《课税于民：公众税收指南》，刘蓉、刘洪生、彭晓杰译，东北财经大学出版社2013年版，第104页。

③ 〔美〕罗伯特·F. 范布莱德罗德编：《增值税中对不动产的处理方法：全球比较分析》，国家税务总局税收科学研究所译，中国财政经济出版社2015年版，第5页。

好的指示物。晚近,越来越多的支持者认为消费是最好的考量基础。"①

总体来说,能够表彰特定个人或组织之负税能力的指标主要为:所得、财产及消费。所以,将之选取为税收客体。以之为基础,可将各种税目归类为:所得型税收、财产型税收或消费型税收。② 从既有的税负能力指标上,很难机械地将环境税与典型税制型态对号入座,因为不管是"按照污染物排放量折合的污染当量数",还是"按照固体废物的排放量",乃至"按照超过国家规定标准的分贝数"③,都难以称得上典型的所得、财产及消费。归根结底,环境税不以会计资金运动为基础,而以污染排放量或者资源消耗量为最佳选择。这一选择俨然偏离了量能课税原则中"能"的度衡方向,因为无论是所得,还是财产,乃至消费,都直接围绕资金运动而展开,也都可以还原为可识别的计量要素。而不管对环境技术如何量化,都难以将其与资金运动直接联动起来。

量能课税之所以量"能"课"税",在于通过可测度的"能",可以实现税收公平和税收中性等税制目标。之于前者,环绕给付能力设计准则,即"给付能力强者多纳税,给付能力弱者少纳税,无给付能力者不纳税",据此课税,"相同者相同对待""不同者区别对待"的实质正义理想大体可以实现。之于后者,诸如增值税和消费税一般受制于经济中性原则,经济中性包括两个要素:消费中性和生产中性。如果一种税不会引起消费者改变他们的购买习惯,也就是说购买更多的某些商品和更少的其他商品,那么这种税就被认定为对消费是中性的。为了实现消费中性,对每一个货币单位的开支征收的税收负担应该是相同的。如果一种税不会导致企业改变其生产和分配方法,这种税对生产就是中性的。一种产品的总税款应该是完全相同的,与其制造和分配链条的长度无关。④ 以此观测环境税,都显得不合时宜。

以污染排放税的整体税额度衡为例,一般来说污染物排放越多的企业,生产技术以及管理能力都较差,企业投资利润也较低,经济负担能力也就越差。有学者运用数学模型测算出环境污染的规制对于企业规模的影响,其认为环境污染规制使得污染严重的企业倾向集聚,形成规模。⑤ 简单地说,大规模企业的技术先进、资金密集,有能力减少污染;而中小企业则不然,只有

---

① 杨小强:《中国税法:原理、实务与整体化》,山东人民出版社2008年版,第16页。
② 参见黄茂荣、葛克昌、陈清秀主编:《税法各论》,台湾新学林出版股份有限公司2015年版,第19页。
③ 参见《环境保护税法》第7条。
④ 参见〔美〕罗伯特·F.范布莱德罗德编:《增值税中对不动产的处理方法:全球比较分析》,国家税务总局税收科学研究所译,中国财政经济出版社2015年版,第5—6页。
⑤ 参见孙学敏、王杰:《环境规制对中国企业规模分布的影响》,载《中国工业经济》2014年第12期。

通过资源整合形成规模方能实现减少污染。结果是,中小企业成为超标排放的主力军,而大企业减少污染、促进节能减排的环境保护意识更强。一个数据间接佐证了这一观点。即 2014 年 3 月《北京市大气污染防治条例》实施后,北京市环保局执法数据显示,因环境违法受罚的企业中,98.5% 属中小企业。① 如果按照量能课税原则的"给付能力",污染越严重、企业利润越少、经济负担能力越差的中小企业,应该负担越少的污染排放税额,甚至政府应酌情给予其税收优惠待遇。相反,污染相对较少,企业利润较大,经济负担能力越强的大型企业,应该承担更多的污染排放税收负担。如此做法,无疑是变相鼓励污染,这显然偏离了污染排放税"保护和改善环境,减少污染物排放,推进生态文明建设"的税制目的。由此,量能课税原则无法度衡出环境税具体税额,"应益"机制完全失灵。

从污染排放税的微观税额度衡上看,"应益"机理主要受控于计税依据和税率。环境税计税依据既无法直接归入传统衡量指标,也难以通过所得、财产及消费指标的扩大解释而间接吸纳。计税依据之外,环境税的税率纳入量能课税原则之下,同样存在运转故障。理想状况下,财政性各税的税率确定,与一国财政收入概况和历史传统无不关系,更多时候彰显一国的政治之治。环境税税率则有所不同,它更多依赖于对相关环境行为的外部性成本的测算,力求税率等于或大致相当于边际外部成本,从而实现帕累托最优②。比如,噪声污染的理想税率就很难通过政治之治,来实现量"能"课"税"。在人口较多、环境容量接近饱和的地区,同样分贝的噪音影响人群数量更多,对环境的破坏也更大。而在地广人稀的地区,同样分贝的噪音,不管是对人群的直接损害,还是对环境的间接破坏都要小很多。如果根据量能课税原则,确立统一标准、统一税率,而非在税收法定之下因地制宜,制定切合噪声污染实况的税率机制,不仅无法实现治理噪声污染的立法目的;而且极有可能陷入"以环保之名,行攫财之实"困境,而为市场主体所反对与抵制,进而招致合法性质疑。

鉴此,无论是整体度衡环境税的税负,还是微观测算环境税收负担,量能课税原则都全面失灵。因为量能课税之下,计税依据和税率都与资金的运动保持互动,这也使得所得、财产和消费这些极易转化为资金的媒介成为量能课税原则得以畅通无阻的、关键之"能"。但也正是这一点,使量能课税原则

---

① 参见方问禹、倪元锦、夏军:《中小企业偷排偷放成污染重要"元凶"》,载《经济参考报》2015 年 3 月 2 日,第 7 版。
② 参见计金标、刘建梅:《公平视角下环境保护税若干问题探析》,载《税务研究》2014 年第 7 期。

在环境税中遭遇滑铁卢。毕竟,环境税不以资金运动为"应益"机理的线索,它仰赖的是排放量、污染当量、分贝数等环境技术指标。指标基础不同,上位的原则归位自有不同。强行以量能课税原则指导环境税立法与实践,便会出现"多污染者,少缴税""少污染者,多缴税"的悖论。这绝非环境税立法之根基,也并非环境税课征的正当性基础。正是在量能课税原则所赖以依存的给付能力测度上,环境税遭遇空前困境。环境税极为复杂而又关键的"应益"机理,显非量能课税原则所能为。

四、环境税量益课税原则的证立:从立法目的到税制机理

作为管制诱导性租税的代表,环境税常以牺牲量能课税原则作为经济诱因以达成经济社会政策目的①,"依据量益课税原则据以正当化"②。求本溯源,量益课税内含考量、权衡由特定主体就受益承担相当税款之语义,不仅与环境税立法目的高度契合,而且与环境税制机理深度互通。

(一)环境税场域下量益课税原则的阐释

众所周知,税法有两个对立的结构性原则,即价值及其对应物相等或成比例原则,以及牺牲相等或成比例原则。即,量益课税原则和量能课税原则。尽管学者们从未把量能课税原则视为唯一的、无可非议的结构性原则,但量能课税原则现在占据绝对上风,却是事实。③ 不过,伴随税制的多样演变,以及税收立法背后的目的多元且时有冲突④,量能课税原则在环境税这类特定目的税场域的失灵现象日渐凸显,导致诸多税制设计与税法运行时常偏离税之本性,所以极有必要检思量益课税原则的独特价值。

1. 量益课税原则的提出

税收为法定之债,且与国家提供之服务间无(直接之)对价关系,故不能以特定人民所受利益或国家所生费用为标准,而应以人民负担税捐之经济上的给付能力为标准,决定其应纳税额。⑤ 此为量能课税的本原逻辑,也是多

---

① 参见葛克昌:《所得税与宪法》(第3版),台湾翰芦图书出版有限公司2009年版,第567—568页。
② 陈清秀:《税法总论》(修订九版),台湾元照出版有限公司2016年版,第38页。
③ 参见〔美〕理查德·A.马斯格雷夫、艾伦·T.皮考克主编:《财政理论史上的经典文献》,刘守刚、王晓丹译,上海财经大学出版社2015年版,第114页。
④ Victor Thuronyi,"Chapter 3,Drafting Tax Legislation",Victor Thuronyi,ed,*Tax Law Design and Drafting*(volume 1),International Monetary Fund,1996,p.4.
⑤ 参见黄茂荣:《法学方法与现代税法》,北京大学出版社2011年版,第190页。

数学者将量能课税原则视为实现税收正义之结构性原则的思维路径。更有学者认为："量能课税原则是伦理原则，同时也是宪法原则与法律原则。"①量能课税原则一方面容许国家按人民负担税收的能力依法课征，另一方面禁止国家超出人们负担税收的能力课征。②

根本上说，量能课税原则关注的重点在于纳税人所纳税款能否满足财政需要，可否量"能"课税。换言之，量能课税原则不甚关心课税事由，也不考虑纳税人的归责识别。只要税收债权能够实现，由何人承担纳税义务理论上并不重要。典型例证是，量能课税主导下的财政性税法一般都不直接规定谁是纳税人，让谁缴纳税款，总要通过分析意向中的纳税人主要具备哪些与其他主体的不同行为。因为它对具体纳税人并不感兴趣，只会关注整体纳税人。如个人所得税法通过入库税款分布结构确定主要纳税人分布在工薪阶层，而不会关注张三、李四。③ 概因如此，量能课税原则通常被誉为财政性税法的结构性原则。

与之不同，非财政性税法以国家宏观调控为根本职责，其课税多为实现经济、社会、环境、文化、教育等公共政策目标。所以，这类税法往往需要直接作用于特定纳税人或纳税群体，方可传递相应价值信号，从而精准诱导行为人的经济行为与决策。也为此，这类税常被视为特定目的税的一种，曰为经济诱导税。这类税虽会带来收入，但收入目的并非其主要目的。通过课征税收，熨平经济运行周期，促进经济稳定、协调和发展，才是其主要目的。与之相称，非财政性税法对公平课税的要求远低于财政性税法。更多时候，这类税法在宪法指引下，基于政策衡量，或对相同情况作不同处理，或对不同情况作相同处理。④

这种不以收入为主要目的，基于政策考量还可偏离公平课税的做法，是非财政性税法的典型特质。环境税法是为例证。它以环境保护为根本使命，聚焦环境税款当由何种主体承担（归责），追求主体依其带来的环境外部成本承担相当税款（应益），展示出"归责→应益"的二元税制机理。量能课税原则与这一机理显然存有本质差异，的确无法应对环境税法的规则诉求：一方面，它偏重税收债权实现的结果导向，与环境税归责脱钩，依其构建主体规则，极有可能导致归责主体不当；另一方面，它依照经济负担能力确定税额，与环境税应益不匹配，以其设计税额规则，极有可能导致税负不公。与之相反，量益

---

① 葛克昌：《税法基本问题（财政宪法篇）》，北京大学出版社 2004 年版，第 126 页。
② 参见刘继虎：《论形式移转不课税原则》，载《法学家》2008 年第 2 期。
③ 参见魏高兵：《合同的税法评价》，立信会计出版社 2014 年版，第 11 页。
④ 参见刘剑文、熊伟：《税法基础理论》，北京大学出版社 2004 年版，第 25—26 页。

课税原则与环境税机理高度暗合,当为环境税法设计与运行所特别重视。

2. 量益课税原则的语词意旨

"词义是有结构的,对任何结构的认识都要从两个方面着眼:构成成分及其关系。"①就语词的构成成分来看,量益课税由量、益、课、税组成。不同文字,词性不同,语义未必一致,有时还会千差万别。对于量来说,作为名词,有计量器具、容纳限度、气量(度量)、数量之意;作为动词,至少有测量、计算、商酌三种意思。② 于益而言,作为形容词,有富裕之义;作为动词,则有水涨(通"溢")、增长补助之义;作为名词,又有利益、好处之意;作为副词,还有更加之意。③ 量、益之下,课、税二字组合使用早已有之,且形成了特定含义,即按照国家规定数额征收赋税。《旧唐书·职官志二》"凡赋人之制有四……四曰课",便采此意。④

就各成分间的关系来看,量与益更常搭配,课与税更多成词。因此,量益课税语义很大程度上取决于量益与课税的关系。观测语词原意,量益是课税的标准和基础,课税是量益的目的和结果。基于这一认知和量、益、课、税各部分含义,量益课税也至少有"测量获利征税""计算好处征税""考量、商量利益,而后征税"三种语义。第一种与量能课税并无本质区别,因为获利多少也可作为衡量经济负担能力的一个指标。第二种明显不同于量能课税,因为它更侧重对价理念,强调根据纳税人获得的好处来确定征税多寡。相较而言,第三种理解更为全面、更加科学,因为测量与计算都不甚关注利益或获利的对象,而考量、商量则蕴含了对利益获得者的"特殊关照"因素,即先找寻特定的纳税主体,而后对其征税。

从文献上看,虽量益课税原则远不如量能课税原则为学界所重视,但依然可以发现学者们多将量益课税视为与量能课税相应的税法原则。如有学者认为:"生态税属于目的税,它的起点是资源或环境保护标准,与收益多少没有明显的关系,因此公平的体现不是量能课税即根据纳税人的经济负担能力课税,而是量益课税即保证纳税人对生态环境利益的公平分享。"⑤可见,量益课税与量能课税具有相同的语义结构,区分关键一是能与益的理解,二是能与税和益与税的关系。总体来看,量能课税共识基本形成,即"要求个人

---

① 参见施春宏:《词义结构的认知基础及释义原则》,载《中国语文》2012 年第 2 期。
② 参见梁建民等:《古汉语大词典》,上海辞书出版社 2000 年版,第 1710—1711 页。
③ 参见同上书,第 329 页。
④ 参见同上书,第 470 页。
⑤ 陈少英:《生态税法论》,北京大学出版社 2008 年版,第 143 页。

的税捐负担,应按照税捐义务人可以给付税捐的能力,加以衡量"①。此处的"能"多意指税负能力或给付能力,强调以能度税。"能"更多发挥的是"定税"的工具价值,即量"能"课税。

与之不同,量益课税原则要求衡量特定纳税人获取之"益",然后据以课征税款。此处的"益"多指向利益、获益程度,强调益与税之间的对价。益既是税的衡量尺度,又是课税的根由。益之于税,既具有微观的工具价值,又体现了宏观的价值理性。如果说量能课税是一种静态的税负度衡原则,无须找寻特定纳税人的话;则量益课税便是一种兼有静态税负衡量和动态税负论证的复合原则,其先锁定特定纳税人,后测度税负。两大原则虽均可充当税负衡量的核心标尺,但内涵和外延皆有不同,由此导致各自不同的适用范围、适用场域和法律要求,最终两者共同执掌整体税制大厦。为此,有学者直击量益税,将其与人头税、量能税并列,认为这三类税与税收公平的连接点有所不同,依次为受益程度、人头、负担能力。②

综上所述,可将量益课税原则理解为:针对特定的受益主体,依其获取的利益课征相当的税款。它是税捐负担作为国家给付之对价,或作为国家支出费用之补偿。是国家提供给付而可归属于某一受益群体,由该受益群体共同负担其对价给付,而对该群体课税之原则。③ 求本溯源,量益课税原则存有"主体确定→税额确定"的层级结构,隐含"原因者负担→应益"的体系机理。它一方面追寻特定主体负担税款这一前提原因,试图打破量能课税原则创设的国家与纳税人之间的隔阂,找到理应自行承担税负的纳税人;另一方面恪守对价理念,意图实现税负与受益相当,避免"多数人买单,少数人获益"的现象。

环境税不同于传统的环境治理工具,它既强调环境损害"自己行为、自己负责",又注重损害与责任之间的合比例。此种税之本性,使得环境税制设计和税法实施中,不仅要关注纳税人的精准归责,而且要把握应益的准确计量,甚至还有必要保障收入"取之于环境,用之于环境"。在环境税法中,联结税法规范与事实的是"归责→应益"机理,这恰是量益课税原则的精髓。不论是从税之目的观测,还是从税之机理导入,量益课税原则之于环境税法结构性原则地位都可以得到证成。

(二) 量益课税契合环境税立法目的

环境税自创制之时,便奉环境保护为首要目的。尽管环境税法不可能完

---

① 陈清秀:《量能课税与实质课税原则(上)》,载台湾《月旦法学杂志》2010年第8期。
② 参见柯格钟:《论量能课税原则》,载台湾《成大法学》2007年第14期。
③ 参见陈清秀:《税法总论》(修订九版),台湾元照出版有限公司2016年版,第38页。

全阻却财政目的的实现,也无法置纳税人权利保障目的而不顾,但它们都只是环境保护的下位目的,均须在保护环境前提下展开。① 此种立法目的的位序安排,一方面要求税收客体、纳税人、计税依据、税率及特别措施等环境税制要素设计不以收入为主位导向,而以追责环境问题肇因者,要求其承担与受益相当的税额为根本准则。即便是面对环境保护税这一直接损及环境之税收,也不宜重税惩罚排污者,而应注重激励功能的激发。② 另一方面要求环境税收入应用于环境治理,专款专用。否则,不仅环境税的正当性存疑,而且环境税立法目的也极易落空。《环境保护税法》便存有此种隐患,因为目前的制度设计隐含了将收入纳入一般公共预算统筹使用的立法态度。此种做法使得环境税既难保障税之功能合法性,又难达成税之目的合法性;不仅不能保证环境税实现污染者负担的社会矫正功能,而且无法为清费立税后环保资金的筹措提供法治保障。③

既要追究真正的责任主体,又要适可而止。不仅要征之有理,而且要征之有度,还要用之有效。环境税法的这种目的诉求,唯有量益课税原则方可胜任。因为量益课税原则旨在"考量受益主体,然后课税"。课予受益主体环境税,实质上设定了其环护义务,只不过这种义务经过环境税法转介而具化为纳税义务。此举在积极面向上,可预防环境损害的发生、推进资源的高效利用,提升社会的环境保护意识,助力环境保护的有序开展。在消极面向上,一旦环境严重污染、资源过度开采、能源严重浪费等无力阻止,环境损害必定发生。此种情境下,课以环境税是为关键。因为环境损害无力避免,则治理环境自是必然。治理资金的多寡,取决于环境污染的程度,决定于资源、能源等的使用程度,也即市场主体的受益程度,这是最为理想的环境税负标准。虽以受益度为标尺,并不必然反映行为人的税收负担能力,也偏离了司空见惯的量"能"课税原则,但这种量"益"课税实质上构筑了环境治理成本与环境税收负担之间的对价通道。

应当注意的是,与传统部门法所确立的众多法律制度不同,环境立法领域的所谓制度建设实质上是一种强制性的社会变迁,因其不具有深厚的社会现实根基,不是利益主体反复博弈的均衡结果,不具有自我维系的运行机制,

---

① 参见叶金育、褚睿刚:《环境税立法目的:从形式诉求到实质要义》,载《法律科学》2017 年第 1 期。
② 环境保护税实质上不是政府对排污者的强制性规定,而是对排污者的一种经济激励,是促使其寻找削减排污量的最佳方法。征税之后,对于各种污染控制技术成本的信息,污染者会有一种强烈的激励来使用它们。法律所要做的就是,精心设计税制要素,最大程度激发和利用这种功能。参见〔美〕巴利·C.菲尔德、玛莎·K.菲尔德:《环境经济学》(第 5 版),原毅军、陈艳莹译,东北财经大学出版社 2010 年版,第 206 页。
③ 参见刘佳奇:《环境保护税收入用途的法治之辩》,载《法学评论》2018 年第 1 期。

因此，不仅在规则生成环节依靠国家权力的强制命令，在运行环节更依赖国家机关的强制力保障。① 基于此种逻辑，作为一种公共物品，环境税法与其说是普通市场决策的结果，倒不如说是政治市场决策的结果。② 在税收立法中，至少有政治、经济、法律、行政管理等不同标准的支撑，但在最终决策中，唯有政治的考量才是决定性的。只要决策者愿意接受并通过政治过程将环境税纳入法律轨道，其他标准都不再重要。③ 而当环境税法以使其可识别的形式出现时，总是具有强烈的拘束力和强制力④，也使得环境税法展示出浓郁的强制色彩和至刚本性。正因如此，"软化"环境税法的强制和刚性秉性就显得格外重要。否则，环境税法不只是难以实现减少环境污染和激发绿色技术创新与经济增长这一双重红利效应⑤，甚至还会阻碍科技进步与社会和谐，时刻隐含着"对抗"和"背离"的可能。果真如此，即便得到纳税人的遵守，也是消极被动的，而且有随时转化为不遵守的可能。⑥

环顾所有建制原则，唯有量益课税原则具备软化环境税法强制和刚性特质的功能。因为量益课税之下，环境税法开始即明确指向特定的纳税人，而非整体的、抽象的纳税人。而后，又为特定纳税人提供与受益相当的税款而非随意增加税负。即，主体确定层面，严恪归责机理，决定特定纳税人是否纳税，不会过度干扰无关人的行为自由。税额确定层面，奉行应益机理，决定与受益相当的税款，并非漫天要价。至于最终课税与否，税额多寡虽与强制力的环境税法有关，但选择权仍在行为人手中。毕竟，是否从事环境侵权行为，应否产生环境损害事实纯属自由空间。于此而言，量益课税原则契合和践行了环境税立法目的，服务和制衡着环境税"保护环境"这一主导目的的运行，由其担当环境税法结构性原则，可谓名副其实。

（三）量益课税切合环境税制机理

亦如前述，量益课税原则进入税法领域后，逐渐演化为与环境侵权责任原则对应，但又完全不同的税法建制原则。这既体现在"量"方面，又表现在

---

① 参见陶蕾:《论生态制度文明建设的路径——以近 40 年中国环境法治发展的回顾与反思为基点》，南京大学出版社 2014 年版，第 108 页。
② 参见孙同鹏:《经济立法问题研究——制度变迁与公共选择的视角》，中国人民大学出版社 2004 年版，第 46 页。
③ 参见〔美〕B.盖伊·彼得斯:《税收政治学》，郭为桂、黄宁莺译，江苏人民出版社 2008 年版，第 3 页。
④ 参见〔德〕奥托·迈耶:《德国行政法》，刘飞译，商务印书馆 2013 年版，第 69 页。
⑤ 参见范丹等:《中国环境税费政策的双重红利效应——基于系统 GMM 与面板门槛模型的估计》，载《中国环境科学》2018 年第 9 期。
⑥ 参见靳文辉:《税法的社会可接受性论纲》，载《甘肃政法学院学报》2015 年第 6 期。

"益"层面。在量方面,量益课税原则追求主体的特定化。在益层级,量益课税原则依循环境治理成本与税负的对价。这些要求和内涵虽为环境侵权责任原则所包容,但将其明确、转化为具体税制的却是量益课税原则。正是这些独具特色的原则架构和别具一格的原则养分,使得量益课税原则与"归责→应益"的环境税机理高度暗合。

于环境税归责机理而言,量益课税原则通过环境问题肇因者的揭示和找寻,确定课税主体,切合了原因者负担理念,彰显了"质"之本性,奠定了环境税的正当性基础。主体归责是环境税两造机理中的关键一端,更是量益课税原则的逻辑起点。量益课税原则在课税主体选择时,绝非率性而为,而需厉经考量与权衡。其中的第一步便是明确承担相应税款的主体范围,确定利益获得者。这是量益课税原则中"量"的核心要求,即明确受益者,锁定特定纳税人。第二步即是明确获取何种利益时才会被课税,亦即课税原因。简言之,即对益的性质加以识别。其上承特定主体的最终确定(定税"主"),下启税额的确定(定税"量")。在归责面向上,"益"具有确立税种的功能。因为何种利益属于表征经济负担能力的益,何种利益属于量益课税原则下的益,取决于人们对特定主体获益对象的追问。作为一种类别税,环境税下设多种单行税,每种环境各税客体不一,税目不同,凡此都需一一识别。这正是量益课税原则"量"之本有功能。如假使获益是通过污染排放行为而实现,则依据量益课税原则,不仅量之主体可确立为污染排放者,而且主体承担的环境各税也可明确为环境保护税。

于环境税应益机理而言,"益"体现量之额度,肩负环境税负合理性的使命。而合理确定环境税负,既是应益机理的核心价值,也是量益课税原则的终极目标。就益的计量来说,不管是排放量,还是当量,乃至是分贝等,都不同于常规的计量工具,均具有浓郁的科学色彩,更重要的是它们都直接体现了市场主体的受益。尽管环境税额最终以货币为表征,但货币并非测算工具。环境税负测度实质是以环境利益为介质的技术性计量,货币充其量只是环境利益的参照系和转换器。概因如此,环境税法直接将排放量、当量、分贝等作为计量工具。更进一步,污染排放、资源开采、能源使用等都会使主体受益,因为这些行为本身即意味着一些群体对环境资源容量予以消耗,而另外一些主体却无缘于此。所以,若任由一些主体对环境资源加以消耗从而使得其他主体无缘于环境利益,则环境正义自难实现。只有将环境利益拟制、分配给不同的受益主体,再对获利主体征收相当的环境税,税之诱导机理才能有效运转。这不只是环境税的征收机理,更是量益课税原则的运作机理。根本上说,量益课税原则之益在于由环境问题肇因者就其所耗用的环境资源承担合比例的环境税负。在这一点上,量益课税原则与环境税应益机理不谋而合。

由此观之,量益课税原则践行了环境税"质"与"量"的实质内涵,它在借鉴既有法域归责和对价理念基础上考量、权衡由特定主体就受益承担相当税款,这种综合权衡与精致考量本为环境税法之精髓和税之本性。具言之,量益课税原则内置的"量"与环境税的归责共同指向环境税主体和环境各税的识别,量之功能与目标和归责任务与使命高度吻合。量益课税原则之"益"与环境税之应益共同导向环境税具体税额的确定,益之性能与取向和应益目标与己任近乎一致。于此而言,量益课税原则之量、益构造与环境税之归责、应益机理犹如天作之合,由量益课税原则担当环境税法结构性原则可谓是不二选择。况且,由量益课税原则出任环境税法结构性原则,呼应财政性税法中的量能课税原则,既可以涵盖环境税归责面向,又可以辐射环境税应益层级,更可以营造环境税归责和应益两造机理的交互机制。不仅具有税制机理上的必要性,而且具有税制操作上的可行性。量益课税原则之下,个案课税主体可以确立,环境各税可以判定,环境税额可以测算,环境税目的可以实现。

五、量益课税与环境税之体系互动

通过语词结构分析和国内外学者描述,量益课税原则与量能课税原则是相互独立的两套原则系统已然毫无悬念。前者通常被视为财政目的税的核心建制原则,后者则多被誉为特定目的税正当化的结构性原则。与量能课税原则相比,量益课税原则更强调"考虑、商量利益,而后征税"之含义,亦即量益课税原则要求先考虑何种主体获得利益,而后再决定该主体应当承担多少的税款。此种"原因者负担—应益原则"的双层蕴意,绝非传统的量能课税原则所能包容[①],也是其脱颖而出,成为与量能课税并行而立的重要原因。实践中,财政目的税如果依循量益课税原则建造,则税收实质正义难以实现。同理,特定目的税倘若依照量能课税设计,则税之正当性必然存疑。两者不可错位配置,否则,税制体系必定冲突不断,纷争四起。仅当二者合理归位时,财政目的税与特定目的税方可并驾齐驱,共同支撑税制大厦。

不同于财政目的税,特定目的税体系中目的不同,量益课税原则也可能

---

① 尽管有学者尝试对"量能课税"的"量"重新解读,将其划分为两个层次,其一为"能力者付费原则",即公课收取的原因层次,其二为狭义的"量能原则",即公课额度收取层次。从而使得"量能课税"不再只注重税额收取,而不问原因。但客观上说,即便此种理解能够形成共识,也无法替代量益课税原则的价值。因为不管对"能"作何解释,其很难具有"益"的灵动性和解释力,难以为课税提供正当理由。况且,这一认识远未引起学界共鸣。参见邓为元:《公课理论之研究——以收取原则为中心》,台湾大学 2008 年硕士学位论文,第 21 页。

具化为不同的子原则。环境税体系中量益课税原则更是如此,要想厘清环境税量益课税原则,还需深度回应其与使用者负税原则、污染者负税原则和受益者负税原则之间的关系。因为不管是使用者负税原则,还是污染者负税原则,乃至受益者负税原则,都同样具有非常强的"原因者负担"色彩。根据这些原则课税,照样具有充足的理由,而且它们也都各有相应的税负测度方法和技术。① 之所以出现此种概貌,皆因量益课税原则为环境税的上位原则,而使用者负税原则、污染者负税原则和受益者负税原则只为环境各税原则。正是在量益课税原则的涵盖下,三者所驾驭的环境各税最终统一在环境税整体体系之下(如"图 8-1"所示)。

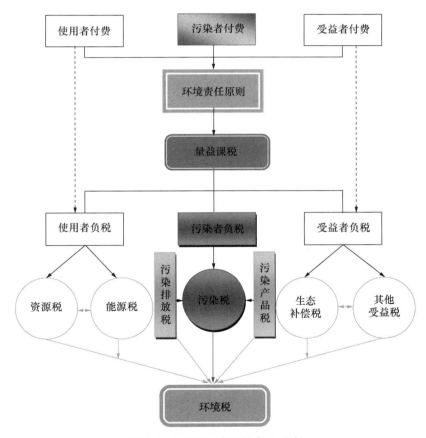

图 8-1　量益课税与环境各税照应

---

① 比如,污染者负税原则的两个基本解释被确定:效率解释和公平解释。效率的解释本质上是经济的,关于环境成本的内部化。而公平解释涉及的是污染者和受害者(或受害社会)之间的费用公平分配。参见罗汉高、李明华:《欧盟"污染者付费原则"的新进路——基于欧盟成本回收和负担分配的判例法》,载《环境保护与循环经济》2015 年第 2 期。

（一）资源税/能源税：使用者负税原则

因为"资源作为一种财产有其经济价值"[①]，所以使用者负税原则通常被视为资源（能源）课税的根由，奉为资源税或能源税的基石原则。对资源（能源）来说，一个很大的问题是确定地下或森林等中的资源（能源）的价值。[②] 使用者负税原则将资源（能源）的价值衡量转化为更易具化的成本测量，大大增强了其适用性。根据这一原则，国家理应对市场主体享受和使用特定资源、服务或特许权等课税，以支付这些资源、服务或特许权等的全部或部分成本。这一成本"反映的是未来的需求以及禀赋资源剩余部分的生产可能性（是否会缩减、生长，还是一成不变）"[③]。使用者负税原则的假定基础是：人类有权利拥有一个相当安全和健康的环境。为了维系和营造安全、健康的环境，每一个环境资源（能源）的使用者都应该完全支付其造成的成本。比如，当环境资源（能源）的定价服从政府规定时，价格不应简单地取决于历史平均水平，还应该反映资源（能源）的稀缺程度。[④]

简单地说，使用者负税原则不仅意涵了课税之理由，即使用者"使用资源（能源）"；而且内置了课税之技术，即使用资源（能源）之"使用者成本"。使用者成本的概念最早由马歇尔提出，是指现在使用不可再生资源（能源）而不是留给后代使用所产生的成本。[⑤] 它体现三层含义：资源（能源）用于一种用途而放弃其他用途；它反映了今天开采对于未来开采净收益的机会成本；它是社会成本的概念。[⑥] 究其实质，使用者成本一方面体现为当代人使用一单位

---

① 冯铁拴：《自然资源保护财税工具应用的边界反思与重塑》，载《税务与经济》2019年第2期。
② 参见〔美〕查尔斯·D. 科尔斯塔德：《环境经济学》（第二版），彭超、王秀芳译，中国人民大学出版社2016年版，第422页。
③ 〔美〕约翰·C. 伯格斯特罗姆、阿兰·兰多尔：《资源经济学——自然资源与环境政策的经济分析》（第三版），谢关平、朱方明主译，中国人民大学出版社2015年版，第238页。
④ 要实现这一点，累进定价是可以考虑的方案。比如，在水资源税制设计中，累进定价提供了一种切实可行的实施办法，而且不违反水资源配给单位只能赚取合理利润的传统法律约束。使用累进定价，额外消耗的水的价格随着单位时间消耗量的上升而增加，每个月消费的水量在达到预设额度前，每单位相对比较便宜；在超过这一设定额度之后，单位价格则高很多。这种价格真实反映了水资源的稀缺性。参见〔美〕汤姆·蒂坦伯格、〔美〕琳恩·刘易斯：《环境与自然资源经济学》（第八版），王晓霞、杨鹏、石磊、安树民等译，中国人民大学出版社2011年版，第521—522页。
⑤ 参见张帆：《环境与自然资源经济学》，上海人民出版社1998年版，第40—43页。
⑥ 从代际公平的角度看，当代人与后代人同为非再生资源（能源）的受益者，使用者成本等于现在开采一单位资源给后代消费者造成的福利牺牲。使用者成本的代际性与社会性，使得其补偿问题成为一个难点。一方面，作为机会成本，它是隐性的而不是显性的，不能简单地通过会计折旧来计摊；另一方面，作为社会成本，它与资源（能源）使用者实际付出的成本未必相等。从这一角度看，使用者成本的补偿，实质上就是社会成本的内部化。参见华晓慧：《使用者成本视角下的能源矿产资源定价改革》，载《生态经济》2008年第6期。

资源(能源)而对后代人造成的福利损失,是一种隐含的机会成本;另一方面,它还是外部成本,资源(能源)使用者实际支付的私人成本可能与社会成本不相等。①

尽管由于使用者成本与生俱来的隐含性和外部性等特性,使其准确估算并不容易,但也因如此,它的充分有效补偿,才成为资源(能源)可持续利用的关键。因为通常情况下,资源(能源)一旦开采出来就意味着永久性损耗,要实现资源(能源)的可持续发展,就需从资源(能源)开采收入中提取一部分折旧,用于后备资源(能源)和替代资源(能源)的开发。只有这一过程得到顺利实现,才能在实物上保证资源(能源)存量不变,在价值上相当于补偿了资源(能源)价值损耗,各利益相关者长期从资源(能源)中获得的收入才不至于过度减损。②

使用者负税原则借助使用者成本的补偿,不只是成为实现资源(能源)可持续利用的关键性原则,而且也成为税制设计的关键指导性原则。从资源(能源)经济学角度看,资源(能源)的开发和利用带来资源(能源)耗减的外部性,尤其对于不可再生资源(能源),这种外部性具有代际特点。如果当期对可耗竭资源(能源)的利用会对后代人产生负外部性效应,那么,利用资源税或能源税的形式,提高当期的资源(能源)利用成本,以体现资源(能源)耗减成本,就能实现外部成本内在化。具体来说,就是以征收资源税或能源税的方式使当期的资源(能源)使用者付出其所得收入的一部分,而此部分收入就是使用者成本。嵌入使用者负税原则,既可以矫正资源(能源)配置的代际不公平,又可以促使当代使用者提高资源(能源)利用效率,抑制过度需求,有助于将资源(能源)消费控制在一个合理的水平,实现资源(能源)的可持续利用。简言之,通过课以资源(能源)使用者税收、弥补使用者成本,不仅可以反映资源(能源)的耗减价值,纠正代际外部性效应,而且有助于获得可持续性的投资。③

(二) 污染税:污染者负税

经济合作与发展组织(OECD)于1972年提出污染者付费原则,并将其作为一项指导性原则适用于欧洲经济环境发展政策。污染者付费原则起初是

---

① 参见曾先峰、李国平:《非再生能源资源使用者成本:一个新的估计》,载《资源科学》2013年第2期。
② 参见李国平、杨洋:《中国煤炭和石油天然气开发中的使用者成本测算与价值补偿研究》,载《中国地质大学学报(社会科学版)》2009年第5期。
③ 参见林伯强等:《资源税改革:以煤炭为例的资源经济学分析》,载《中国社会科学》2012年第2期。

经济政策的一项原则,是为了要求污染者对其经济行为所造成的污染行为进行防止或采取控制措施。随着环境问题的不断演变,污染者付费原则经过多年的变化,从一个'边缘化'的原则转变为完全规定污染者义务的基本原则,不仅仅是污染预防和控制,也适用于其他环境费用或管理方面,如支付能力、绿色能源税收和关于不遵守许可证制度等方面。"①污染者付费原则,是与费用承担相关的经济原则,是指从事增加环境负荷活动的人,应当承担活动过程中伴随发生的环境保护和治理费用的原则。②"它作为国内法的一项基本原则早已被广泛接受。"③

当污染者付费原则进入污染税法领域,遂演化为污染者负税原则。作为污染税法的立基原则,污染者负税原则"强调环境污染造成的损失与治理的费用应当由污染者承担,不该转嫁给其他团体和个人"。④ 深究污染者负税原则,它至少有以下几层语义:其一,污染者的税负为其应当承担污染控制和环境损害的全部费用;其二,如果污染者不缴税或者少缴税,都会使污染者受益,社会受损;其三,若某一主体行为并不造成环境污染,则不应对其课税,即"不污染不负税";其四,考虑到环境损害的长期性、公共性、不可逆性、恢复成本高且难以货币化的特点,"事后"的损害成本往往大于"事前"的治理成本,理性的做法应当由污染者承担将排放水平治理到环境无退化标准下的全部治理成本;⑤其五,污染者所负担的税收,应当自己承担缴纳义务。

透过这些语义,污染者负税原则的"原因者负担—应益原则"逻辑,得到充分展现。亦即,污染税的课税理由在于污染者之"污染行为",税负测度标尺在于污染者污染之"治理成本"。因此,与其说污染者负税原则从法律上厘定了污染者的税负责任,倒不如说它确认了一个对污染行为进行补偿的保证人⑥和他应该承担的税负额度测算基准。污染者负税原则有此功效,皆因其充足的理论底蕴。在这其中,经济学上的"外部理论"是它最重要的理论根源。在环境污染现象里,污染者为了追逐自身利益将大量的污染物排入环境中,使环境质量下降,从而影响到社会其他主体的生活,污染者必须承担起治

---

① 罗汉高、李明华:《欧盟"污染者付费原则"的新进路——基于欧盟成本回收和负担分配的判例法》,载《环境保护与循环经济》2015年第2期。
② 参见〔日〕交告尚史等:《日本环境法概论》,田林、丁倩雯译,中国法制出版社2014年版,第142—143页。
③ 刘梦兰、莫守忠:《论污染者自负原则》,载《法学评论》2007年第6期。
④ 徐峰:《谁之责任,何种义务?——"污染者付费原则"的思与辩》,载《自然辩证法研究》2014年第8期。
⑤ 参见杨喆、石磊、马中:《污染者付费原则的再审视及对我国环境税费政策的启示》,载《中央财经大学学报》2015年第11期。
⑥ 魏庆坡:《碳交易中的"祖父条款"与污染者付费原则》,载《湖北社会科学》2015年第10期。

理环境的费用(外部成本内部化),以刺激企业采取有效措施降低污染,防止进一步污染环境。① 简言之,企业之所以进行污染,是因为它们并不考虑自身行为所造成的社会损害。

因此,控制污染最直接的方法是,设立政府部门,给污染者提供削减排污量的经济激励。在所有经济激励手段中,污染税是最为常用。政府一旦设立污染排放税,"司马昭之心",便"路人皆知"了:"你可以随心所欲向环境中排放污染物,但是我们可以检测你的排污量,并依此,对每一单位(例如,吨)的污染物收取相应的费用。"正如企业购买生产资料需要支付费用,以及企业始终存在着节省稀缺的劳动力资源及其他生产原料的激励一样。排污税的实施意味着企业必须为使用环境对其排放污染物的转移、稀释、化学分解等治理措施支付费用。另外,这又会促使企业寻找各种合理的方式以减少其对环境资源的使用。因为排污税表面上通过污染者负税原则,确立了污染者的税收负担责任。但实质上它通过赋予企业较大权利,自由选择削减排污量的最佳方式,充分利用它们自身的创造力及追求成本最小化原则,来寻求成本最低的排污削减方法。从这个角度上说,污染者负税原则并非对污染者的强制性规定,而是对污染者的一种经济激励和行为导向。②

(三) 生态补偿税等:受益者负税

亚当·斯密在"论赋税"时,明确指出:"一国国民,各须在可能范围内,按照比例于各自的资力,即按照比例于各自在国家保护下享得的收入,提供国赋,维持政府。一大国各个人捐纳政府的费用,正如大地产的共同借地者,须按照各自在地产上所受利益的比例,提供那种经营的费用。"③ "斯密这段话的前半句指的是能力原则,即根据纳税人的纳税能力,确定其税负的高低;后半句指的是受益原则,即根据纳税人从政府所提供的公共服务中享受利益的多少,判定其税负的高低。"④ 受益者负税原则的理论基础是交换说,它"将纳税人的纳税视为一种购买以政府为主体所提供的公共产品和公共服务的交换行为,即所谓的'税收是公共产品和公共服务的价格'"。⑤

基于公共财政理论,从公共产品和公共服务中受益的人也应该根据其受

---

① 参见王利:《论我国环境法治中的污染者付费原则——以紫金矿业水污染事件为视角》,载《大连理工大学学报(社会科学版)》2012年第4期。
② 参见〔美〕巴利·C.菲尔德、玛莎·K.菲尔德:《环境经济学》(第5版),原毅军、陈艳莹译,东北财经大学出版社2010年版,第205—206页。
③ 〔英〕亚当·斯密:《国富论》,郭大力等译,华夏出版社2012年版,第458页。
④ 周克清:《受益原则在税收制度中的应用》,载《税务与经济》2000年第4期。
⑤ 张美中:《税收契约理论研究》,中国财政经济出版社2007年版,第38页。

益的大小支付成本;与此同时,政府提供的公共产品和公共服务的数量和质量同样应与纳税人的"付费"对价。① "既然基本权利的实施以稀缺公共经费的支出为前提条件,那么公众就有权知道是否得不偿失,是否得到的利益大致等于支出。至于获得共同体资助的特别形式的权利实施必须对共同体来讲是正当的,适当地保护了少数群体的成员。收益与成本不仅必须成正比,而且必须被人认为成正比。"② 言下之意,市场主体课税与否取决于是否能够从政府提供的权利实施或者公共产品中获得利益。"获益"是课税的关键性理由,至于具体的课税数额则取决于"获益"的程度和大小。

根据交换说和公共财政理论,受益者负税原则"实际是对私人经济部门等价交换原则的模拟,其要求根据纳税人从政府提供的公共产品和服务中所得到的效用满足程度的大小来确定其税负轻重。受益程度相同,税收负担相同;受益程度不同,税收负担不同"③。通过"受益"与税收负担的联结,纳税人之间的公平得以展现。尽管位居受益者负税原则核心的"受益程度"和"受益大小"等不易确定,但是至少它保持了和公共经济的另一个方面(即支出)的某种联系。如果某项公共支出无法为每个纳税人提供和其纳税额相应的服务,那纳税人就拒绝这项支出及相应的征税行为。由此,受益者负税原则实际上设定了税收数额的一个上限。于是,每个人得到的服务和他付出的金钱在价值上相当,至少在这个层面上,实现了正义。④

客观上说,受益者负税原则一方面确立了受益者是负税主体。另一方面又将"受益"与"税负"通过"对价"联结,很好地实现了受益与代价的对等,不仅可以有效确定政府提供公共产品和服务的合理规模,而且可以改进个人的福利水平,实现有效的资源配置。从社会产品的性质来看,受益者负税原则最适用于准公共产品领域,特别是价格排他公共产品。⑤ 现实中,对于准公共产品,社会成员的受益程度是有差异的。因此,本着"谁受益、谁付费""多

---

① 参见路晓霞:《房地产税的纳税人受益功能研究》,载《汕头大学学报(人文社会科学版)》2014年第4期。
② 〔美〕史蒂芬·霍尔姆斯、凯斯·R.桑斯坦:《权利的成本——为什么自由依赖于税》,毕竞悦译,北京大学出版社2004年版,第169页。
③ 李森、韩清轩:《实现受益原则和支付能力原则耦合的思考》,载《山东财政学院学报》2005年第2期。
④ 参见〔美〕理查德·A.马斯格雷夫、艾伦·T.皮考克主编:《财政理论史上的经典文献》,刘守刚、王晓丹译,上海财经大学出版社2015年版,第115页。
⑤ 社会产品按照其在消费中的不同性质可以分为私人产品、公共产品和准公共产品。私人产品最有效的消费方式是市场提供,也就是说消费者通过购买取得消费权,其成本通过收费(价格)来弥补。纯公共产品由其特性决定了它的最佳消费方式是由政府免费向社会公众提供,其成本通过税收来弥补。参见周克清:《受益原则在税收制度中的应用》,载《税务与经济》2000年第4期。

受益、多付费"的原则,准公共产品的受益者应当分担准公共产品的成本。国家根据准公共产品受益外部性的程度,通过征收一般目的税来补贴或者免费提供具有正外部性的准公共产品。如果准公共产品具有排他性,或者在技术上采取排他措施是可行的、其成本是可以接受的,那么,就可以通过由特定的受益人自愿缴费的办法分担这种准公共产品的成本,而不缴费者可以被排除在受益范围之外。①

清晰的原则结构和价值导向,使受益者负税原则成为生态补偿税②等的建基原则。具言之,以调整相关利益主体间的环境利益与经济利益的分配关系为核心,以内化相关生态保护或破坏行为的外部成本为基准,以经济激励为目的,坚持"受益者或破坏者支付,保护者或受害者被补偿"是建立生态补偿税应遵循的基本原则。③ 生态补偿税之所以要确立受益者负税原则,根源在于它的外部性理论根基。生态补偿税有别于污染税,它主要"主要促使正外部性的可持续化,政府通过补偿(补贴)制度设计实现生态环境保护者和受益者之间利益的二次分配,使生态环境受益者支付合理的获益成本,生态保护和建设者得到合理的利益补偿,以享用可持续的生态效益"④。

六、量益课税原则的运用:以环境保护税法进阶为中心

作为环境税法结构性原则,量益课税贯穿于环境税具体规范之中,同时又高于环境税具体规范。它不仅有拘束环境税收立法、规范环境税法解释与指导环境税法适用的功能,而且有区隔环境税与非税,环境此税与彼税的作用。这些功能与作用的发挥仰赖于环境税定性规范与定量规范的整体运转。而支撑定性规范与定量规范运行的环境税征管规范又丰富和拓展了量益课

---

① 如果准公共产品不具有排他性,或者在技术上对特定的人采取排他措施是不可行的、其成本是不可以接受的,那么,就难以采取自愿缴费的办法来筹集资金,通过国家来进行强制性融资就必不可少。对于某些具有正外部性的准公共产品,虽然可以实现消费的排他,但是出于"国家父爱主义",也可以由国家通过强制性融资来提供,如社会保险。这种为分担准公共产品的成本而进行的强制性融资不像一般目的税那样根据经济能力来负担,而是要在不同程度上根据受益的多少来分担成本。参见胡小红:《受益税、矫正税简论》,载《税务研究》2009 年第 9 期。
② 一般来说,生态补偿机制(生态补偿税)是以保护生态环境、促进人与自然和谐为目的,根据生态系统服务价值、生态保护成本、发展机会成本,综合运用行政和市场手段,调整生态环境保护和建设相关各方之间利益关系的环境经济政策。"谁开发、谁保护,谁破坏、谁恢复,谁受益、谁补偿,谁污染、谁付费"是其核心原则。参见《关于开展生态补偿试点工作的指导意见》(环发〔2007〕130 号)。
③ 参见杨朝飞、王金南、葛察忠、任勇等:《环境经济政策:改革与框架》,中国环境科学出版社 2010 年版,第 196 页。
④ 熊进光、徐丽媛:《我国生态税实现生态补偿的法律思考》,载《税务研究》2013 年第 7 期。

税原则的内涵和外延,使其更加开放和包容,更具普适性和操作性。

(一) 量益课税原则与环境税法的交互共进

一般认为,任一单行税法皆由税收主体、税收客体、归属、计税依据与税率组成。环境税法莫不如此。这一认知的思维逻辑是,只要能确定需要征税的税收客体,并通过法定的计算程序使之成为具体的计税依据,然后根据归属关系确定税收主体,最后再对计税依据适用法定税率,就能计算出具体纳税人应当缴纳的税款。① 这一思维逻辑看似严丝合缝,实则与税收要素理论几无区别。它既未有效区分各要素之间的功能定位和逻辑关系,又未深入至税企争议的关键点和内核之中,以致缺乏系统的环境税法分析理论或工具。究其根本,环境税收学和环境税法学各以政策分析和法律分析见长,前者参与构筑环境税制大厦,但税制大厦中诸系统的运转皆有赖于后者。② 这也决定了环境税法规范建造和运行不能跟在税收要素理论后面亦步亦趋,而须严恪量益课税原则。因为它为环境税归责与应益指明了方向,确立了运行目标,与承担识别功能的定性规范、担负计量功能的定量规范和负载征收功能的征管规范③交互共进,汇成整体化的环境税法体系。

发端于量益课税原则,环境税实体规范围绕归责和应益两造机理,分界为识别是否存在纳税义务的定性规范和计量纳税义务数额的定量规范④,且恪守定性规范运行在前,定量规范从之的逻辑安排。具体来说,环境税定性规范由税收客体、归属和纳税人构成,解决课税与否,由谁负税的定性疑难,遵循"税收客体→归属→纳税人"的逻辑位序。即只要能确定需要课征环境税的税收客体,根据归属关系,就能确定需要归责的纳税人。与之呼应,环境税定量规范由计税依据、税率、纳税义务发生时间与特别措施组成,回答应纳税额的量化难题,其运作机理是:以纳税义务发生时间为基础,确定计税依据,选用与之匹配的法定税率,考量特别措施,就能计算出纳税人的应纳税款。可见,量益课税原则之下,作为环境税法实体规范构成的各个要素不再盲从税收要素理论,而具有鲜明的功能定位和逻辑导向,渐趋成为体系化理论。因为它不再是单纯知识的集合或分类,而是由贯通全体知识的量益课税

---

① 参见刘剑文、熊伟:《税法基础理论》,北京大学出版社 2004 年版,第 190—191 页。
② 参见滕祥志:《税法的交易定性理论》,载《法学家》2012 年第 1 期。
③ 税法规范的三种型态构成受益于严锡忠的启发,相关论述参见尹锡忠:《税法哲学》,立信会计出版社 2015 年版,第 108—143 页。
④ 参见翁武耀:《再论税收法定原则及其在我国的落实——基于意大利强制性财产给付法定原则的研究》,载《交大法学》2017 年第 1 期。

原则予以支配、统一,并使其间保持有机关联的知识统一体。① 它不仅与征税主体的工作方法与征纳活动契合,而且与社会公众的认知习惯和思维径路吻合,堪为环境税法特色理论。

不过,环境税法终归不同于财政性税法,它既要惩罚元凶,又要惩罚与受益相称。不仅要精准测算具体税额,而且要将具体税款落实到真正的责任人(环境侵害人)。这种思路反映到环境税立法与实践中,必然要求决策者格外强调精准征管。又因"益"之计量的技术难度,使得环境税征管规范更趋复杂。加上环境保护的主导目的,致使与受益相当的对价税款趋于专款专用。凡此都导致量益课税原则与征管规范的关系,远不如其与实体规范的关系那般密切,但这绝不意味着它与征管规范毫无关联。因为环境税法如此苛求精准征管,特别趋向专款专用,与量益课税"考量、商量利益,而后征税"的本有之义殊途同归。征管规范虽非由量益课税原则所直接催生,但量益课税原则确实蕴含了指引其建构和运行的潜在功能。更为重要的是,征管规范的存在使得量益课税原则不得不检思原初内涵和运行边界,以适应和导引征管规范,进而确保实体规范的真切落实。如果说量益课税原则指引和推动了环境税实体规范构造与适用的话,则征管规范无疑深化和拓展了量益课税原则的功能价值,丰实和更新了量益课税原则的传统意旨。

(二) 环境税实体规范进阶

量益课税原则之下,环境税实体规范不再是杂乱的要素集合,而是内含"定性规范→定量规范"位序逻辑的规范体系。这一体系与环境税制机理同归殊途,也得到了立法的总体认可。以环境保护税立法为例。《环境保护税法》第 1 条为立法目的条款,可谓是量益课税原则的依据,因为按照税收政策、税法规范与税收管理的逻辑规律,法律原则通常脱胎于法律目的。② 目的条款之后,第 2 条至第 5 条为定性规范,第 6 条至第 13 条为定量规范。形式上看,如此架构的确遵循了量益课税原则所意涵的由"量"到"益"的逻辑安排。实则未必如此,无论是定性规范的设计,还是定量规范的安排,均难通过量益课税原则的严格检验。

1. 定性规范进阶:以环境保护税客体为分析对象

税收客体是课税的基础性和前提性条件,是各税种间相互区别的主要标

---

① 参见车浩:《体系化与功能主义:当代阶层犯罪理论的两个实践优势》,载《清华法学》2017 年第 5 期。
② 参见杨小强:《中国税法:原理、实务与整体化》,山东人民出版社 2008 年版,第 19—20 页。

志和其他税制要素的确定基础,体现着不同税种课税的基本界限。① 所以,一部单行税法质量高低很大程度上取决于客体规则的构造。环境税法概莫能外。透过《环境保护税法》中的客体规则,既可大体知晓环境税立法概貌,又可洞察环境税法规范与量益课税原则之间的距离。依据《环境保护税法》第 2 条的规定,环境保护税客体为:"在中华人民共和国领域和中华人民共和国管辖的其他海域,直接向环境排放应税污染物。"姑且不论此处的管辖规定是否科学②,单论"直接向环境排放应税污染物"这一客体架构便值得深究。

首先,何为第 2 条言及的"直接向环境排放"? 立法并未正面回应,而是通过第 4、5 条间接解释"不属于直接向环境排放"。据此规定,只要不是向依法设立的污水集中处理、生活垃圾集中处理场所排放,不在符合国家和地方环境保护标准的设施、场所贮存或者处置固体废物,且超过国家和地方规定的排放标准或不符合国家和地方环境保护标准的,即为直接向环境排放。疑惑是,若企业利用自己建立的污染处理设施或购置的环保专用设备等将污染物过滤后再向环境排放,可否认定为不属于直接向环境排放。若可,此种排放应否适用第 5 条规定的国家和地方标准? 如果适用,且标准又过于严苛的话,何以调动企业主动治污和保护环境的积极性? 一旦企业投入缺位,国家和社会怎样保障集中处理设施的供应? 若差别适用,如何设定差别标准? 何以保障污染有效治理? 怎样确保归责主体承担与应益相当的对价支出? 凡此问题,《环境保护税法》均未有效答疑。

从量益课税原则出发,行为人因损害环境而受益,当为其支付对价以修复已损害的环境。这种对价不管是以税的形式缴纳,还是以建立或购置污染治理设施等方式支出,只要能够保护环境,都符合《环境保护税法》第 1 条的目的导向。照此理解,"直接向环境排放"则不宜简单通过第 4、5 条予以严格解释。对于企业建立污染处理设施或购置环保专用设备等,并利用其处理污染物后再向环境排放的,确应斟酌纳入"不属于直接向环境排放"之列,以激励企业主动投入污染治理。《企业所得税法》第 34 条"企业购置用于环境保护……专用设备的投资额,可以按一定比例实行税额抵免"之规定,便隐含了这一激励理念。考虑到已有的企业所得税税额抵免以及环境保护目的,未来

---

① 参见施正文:《税收债法论》,中国政法大学出版社 2008 年版,第 51—53 页。
② 该规定有别于多数税收立法,明确将管辖权拓展至海域。不过,海域为专业性管辖,交给专业部门法处置似乎更为妥当。毕竟《海洋环境保护法》对此已有明确规定。该法第 2 条规定:"本法适用于中华人民共和国内水、领海、毗连区、专属经济区、大陆架以及中华人民共和国管辖的其他海域……在中华人民共和国管辖海域以外,造成中华人民共和国管辖海域污染的,也适用本法。"因此,从法际整合、法案完善和逻辑周延上看,未来可以考虑将海域管辖规定改为"海洋环境保护法另有规定的,从其规定"。

纵然第 4 条可以辐射至这类排放行为，也须严恪第 5 条设定的标准。

其次，何为第 2 条明示的"应税污染物"？《环境保护税法》第 3 条将其解释为："大气污染物、水污染物、固体废物和噪声。"这一规定删减了《环境保护税法（征求意见稿）》第 3 条第 1 款中的"其他污染物"。此举貌似严恪税收法定，阻却了无序解释空间。然相对狭窄和机械的定义，也导致大量环境损害行为逃之夭夭，背离了量益课税原则的本体内涵。这种背离同时造成了环境税法与专业污染防治法的法际冲突①，弱化了环境税法"环境保护"的功能效果，加剧了环境税法的滞后性和应对环保事宜的灵活性。②《打赢蓝天保卫战三年行动计划》（国发〔2018〕22 号）第 29 条提及的"研究将 VOCs 纳入环境保护税征收范围"实质上揭示了这一立法缺陷。若真如此，《环境保护税法》的稳定性和威严都将受损。与其这样，未来修法时倒不如增设"其他污染物"，平衡客体规则的明确性和灵活性。

鉴此，秉持量益课税原则，环境税客体规则理当改造。一方面可以考虑扩大《环境保护税法》第 4 条不属于直接向环境排放情形，增加纳税人通过自己建立的污染处理设施或购置的环保专用设备等排放应税污染物、贮存或者处置固体废物，激励其投入环境治理，节约环境财政支出。同时在第 5 条中重申第 4 条新增情形的超标排放，不符合标准贮存或处置的，皆应课税。另一方面可以考虑扩大《环境保护税法》第 3 条应税污染物范围，增列其他污染物税目，并将解释权配置给全国人民代表大会常务委员会，或赋权给国务院，同时要求其报全国人民代表大会常务委员会备案。如此调整，既满足了量益课税原则量之层级要求，又契合了环境税归责机理本质，还最大限度地达致法安定性。毕竟，"只有法的稳定性才能够为将来提供导向确定性，以及为规划和处置提供基础。通过这种方式保障法和平、秩序、可靠性和稳定性，乃是

---

① 以固体废物为例，《环境保护税法》附表一《环境保护税目税额表》将其界分为煤矸石、尾矿、危险废物、冶炼渣、粉煤灰、炉渣、其他固体废物（含半固态、液态废物）；而《固体废物污染环境防治法》将其区分为工业固体废物、生活垃圾和危险废物，一些固体废物管理单行法律法规则将其进一步细化为一般性固体废物、危险废物、放射性废物、医疗废物。

② 碳税即是典型。它不仅是碳减排的重要政策工具，而且也对污染物减排有着重要的协同效应。所以，有学者曾建议：制定《环境保护税法》时，可将碳税作为一个税目保留，留待"十三五"后期再开征。显然这一方案未被采纳，但长远来说，开征碳税，将碳排放作为一个税目，植入环境保护税中，不仅是建设资源节约型与环境友好型社会的需要，也是释放自身国际政治压力、应对发达国家碳关税威胁的理性选择。亦如学者所言，碳税及其边境调整的实施能改善全球气候变化恶化的趋势，最大的受益者将是广大的发展中国家。参见陈红彦：《碳税制度与国家战略利益》，载《法学研究》2012 年第 2 期；苏明等：《推进环境保护税立法的若干看法与政策建议》，载《财政研究》2016 年第 1 期；Long Yingfeng, "Challenges to China from Carbon Tax Border Adjustment Under Global Climate Change and China's Answer", *China Legal Science*, Vol. 5, pp. 62-86(2015).

所有法共体的一个主要任务"①。

2. 定量规范完善：以环境保护税税率和特别措施为分析样本

尽管受制于技术因素，无法精准评估《环境保护税税目税额表》和《应税污染物和当量值表》确立的环境保护税税率和计税依据确定方法是否符合量益课税原则要求，但从其与《排污费征收标准及计算方法》的比对②来看，答案恐怕难以乐观。排污费制度之所以被诟病，主要原因即是费率不尽合理。理论上，排污费征收标准应等于排污所造成的边际损害成本，从而为环境行为改善提供经济激励。③ 但实践中，排污费远低于污染物削减成本，并未起到应有的激励作用。④ 既然如此，排污费在征收标准方面所具有的弊端，环境保护税只怕都难以避免。虽《环境保护税法》第 6 条第 2 款赋权地方对大气污染物和水污染物税率进行确定和调整，各地也相继制定了具体税率⑤，但因其须以《环境保护税税目税额表》中的幅度为准，能在多大程度上满足"益"之根本要求，有待技术层面的精准评估和实证检验。况且，这种幅度税率的确定和调整相较复杂，也会实质上约束和弱化其对环境的回应力。从量益课税原则出发，或可考虑构造一种动态税率机制，如综合环境承载能力、污染物排放现状、污染治理目标、污染治理成本、经济社会生态发展等，设计一种环境治理指数，将其与税率挂钩，形成一种动态的环境回应力。如此既可避免频繁的税率调整，又可贯彻量益课税原则所导向的益之对价要求。

税率之外，定量规范中对量益课税原则形成冲击的是税收减免。⑥ 环境保护税减免由《环境保护税法》第 12 条的暂予免征和第 13 条的减征组成，第 4 条可视为特殊减免。三者之间显然缺乏必要的逻辑连接。因为第 4 条照

---

① 〔德〕莱茵荷德·齐佩利乌斯：《法哲学》（第六版），金振豹译，北京大学出版社 2013 年版，第 187 页。
② 因为《环境保护税法》植根于《排污费征收使用管理条例》，环境保护税税率与当量值表来源于《排污费征收标准管理办法》。这一点为《环境保护税法（征求意见稿）》和《环境保护税法（草案）》所确认。无论是《关于〈环境保护税法（征求意见稿）〉的说明》提及的"征求意见稿规定的税额标准与现行排污费的征收标准基本一致"，还是《关于〈环境保护税法（草案）〉的说明》公告的"按照'税负平移'的原则进行环境保护费改税"，无不昭示环境保护税对排污费征收标准的总体承继。
③ 参见李慧玲：《环境税费法律制度研究》，中国法制出版社 2007 年版，第 131 页。
④ 参见王金南等：《中国环境税收政策设计与效应研究》，中国环境出版社 2015 年版，第 73 页。
⑤ 参见《环境税 2018 年开征 各地环境保护税税目税额标准表一览》，引自 http://www.aertech.cn/news/shownews.php?lang=cn&id=57，最后访问日期：2019 年 5 月 12 日。
⑥ 数据显示，首季环境保护税减免税优惠惠及约 3.5 万户纳税人，减免税额占申报应纳税额比重的近 1/3。如此大幅度地给予纳税人以税收优惠是其他单行法中未曾出现的镜像。参见曹俊：《开征环境保护税与生态环境保护关系多大？》，载《中国生态文明》2018 年第 2 期。

应第 2 条,目的不在于税收减免,而在于明确客体。但第 12 条第 3 和 4 项与第 4 条又有实质联结,前者针对集中处理场所等,后者聚焦企业事业单位和其他生产经营者,共同构成了不属于直接向环境排放的客体规则。既然都指向客体,缘何前者暂予免税,后者却不予纳税?量益课税并未体现。此外,第 3 条明确应税污染物为四类,为何第 12、13 条一面明确列示固体废物、大气污染物和水污染物减免,一面又对噪声只字不提?若噪声可为第 12、13 条中的应税污染物所包容,则应税污染物也可解释出另外三类应税污染物。何须采用迥然有别的立法技术?量益减免同样未能展现。未来不仅可以考虑融合第 4 条和第 12 条第 3 和 4 项,打通环境排放的规则链条,赋予同等税法待遇;而且可以根据各应税污染物的本质机理,同等斟酌、设置差异化减免措施。只有这样,契合量益课税原则的统一性、体系性的环境税减免制度才能生成。

与之关联,税收重课制度亦有必要重新评估。处于"益"之增大,导入重课制度是为必然。受益越大,税负越高本为量益课税原则益之要义。此为《环境保护税法(征求意见稿)》第 10 条①税收重课的制度根由,遗憾的是《环境保护税法》删除了这一规定。此举虽利于法案的顺利出台,但其背离奖惩一体的朴素法理也是显而易见。税收重课本为中性的税收调节措施和反向激励工具,它与税收减免犹如硬币之正反两面,皆为税收特别措施的组成部分,都具有影响行为人决策、导引行为的价值,不应被轻言放弃。尤其是当下"税收优惠文件多,内容庞杂,冲突时有发生;税收优惠目的缺位、利益衡量机制缺失"②,致使税收减免泛滥,税式支出缺乏系统有效的监管,成本收益分析尚未制度化、规范化③,导致税收减免的正向激励效应日趋递减。此种情境下,引入重课制度可以改变正向激励的弱化或失灵镜像。鉴于《环境保护税法》实施不久,纵使增设重课制度,除设计妥当的重课内容以外,尚需充分估量入法时机。但无论如何,都有必要借鉴《环境保护税法(征求意见稿)》第 10 条,将税收重课作为一个反向激励选项,平衡税收减免蕴含的正向激励,保障量益课税原则与税收特别措施内置的激励功能相得益彰。

---

① 《环境保护税法(征求意见稿)》第 10 条规定:"具有以下排放应税大气污染物和水污染物情形的,加倍征收环境保护税:(一)污染物排放浓度值高于国家或者地方规定的污染物排放标准的,或者污染物排放量高于规定的排放总量指标的,按照当地适用税额标准的 2 倍计征;(二)污染物排放浓度值高于国家或者地方规定的污染物排放标准,同时污染物排放量高于规定的排放总量指标的,按照当地适用税额标准的 3 倍计征。"
② 许多奇:《新税制改革与创新驱动发展战略》,载《中国社会科学》2018 年第 3 期。
③ 参见李旭鸿:《税式支出制度的法律分析》,法律出版社 2012 年版,第 129—132 页。

(三) 环境税征管规范改进:以环保部门定位与权责配置为分析依归

环境税"保护环境"的税之本质带来了大量的专业计量工具与技术标准,这是税务部门不曾遇到的难题。皆因如此,《环境保护税法》第 14 条第 2 款明确赋权环保部门负责对污染物的监测管理;第 14 条第 3 款和第 15 条第 1 款要求建立税务部门与环保部门之间的分工协作工作机制以及涉税信息共享平台和工作配合机制;《环境保护税法实施条例》第 12 条第 2 款、第 14 条和第 15 条细化了环保部门的征管权责。如此安排,不仅是功能适当原则的核心诉求,更是稽征经济的必然要求。因为它追求国家权力行使的正确与高效①,不再僵化地拘泥于权力的分合②。由于污染物排放监测的专业性和计量的复杂性,仅由税务部门征管环境税,极易陷入技术困境和加大征管成本。采用环保部门认定计税依据,税务部门征管,其他部门配合的模式,显然更易提升征管效率③,也为量益课税原则所要求。然比照《排污费征收使用管理条例》《环境保护税法》及其实施条例,不难发现虽环保部门依然高频出现于《环境保护税法》及其实施条例之中,其征管主体身份也被给予保留,但其之于费、税征管的位置可谓是断崖式下跌,已彻底沦为辅助部门,与之相关的权责结构也仿如裂变。

环保部门权责变化主要表现为四个方面:一是之于环境保护税收入的使用、管理和监督权基本丧失,二是之于环境保护税的征管权能被不断压缩,三是之于环境保护税的征管义务渐趋扩大,四是之于环境保护税的征管责任日益模糊。这种因费改税而诱发的权责变化与权责一致法理明显背离,极易造成"税务主导,环保监测"征管的体系隐忧。毕竟,排污费时代环保部门虽非绝对垄断排污费征管,但其之于排污费的征管主导地位实质存在。与之不同,《环境保护税法》虽秉持费税平移,但对环保部门的定位有如天壤之别。无论是第 14 条第 3 款明确的"分工协作",还是第 15 条第 1 款宣示的"工作配合",乃至是第 21 条和第 22 条列及的"会同",以及《关于明确环境保护税应税污染物适用等有关问题的通知》(财税〔2018〕117 号)第四部分重申的"征管协作配合"等语词,都传递着几无二致的立法意旨,即环保部门只是税务部门的征管协作或配合部门,处于征管辅助位置。这一定位无异于斩断了排污费与环境保护税的征管转换链条,既未充分考虑环保部门的既有利益,

---

① 参见张翔:《国家权力配置的功能适当原则——以德国法为中心》,载《比较法研究》2018 年第 3 期。
② 参见张翔:《我国国家权力配置原则的功能主义解释》,载《中外法学》2018 年第 2 期。
③ 参见刘隆亨、翟帅:《论我国以环保税法为主体的绿色税制体系建设》,载《法学杂志》2016 年第 7 期。

又未有效评估环保部门辅助征管的体制障碍,更未考量环保部门的动力与激励配置。

要想排除征管隐忧,则须正视环保部门之于排污费的征管惯性,直面环保部门的利益诉求,回归权责配置的基本规律,"强调权责一致性,明确有权必有责、权责相一致"①。基于此,未来有必要重新评估《环境保护税法》及其实施条例针对环保部门的定位,宜明确环保部门为税务部门的征管合作部门,而非辅助部门,进而撬动现有环保部门的权责配置,助力合作征管。在此之下,未来立法可考虑从以下方面着手改进:其一,剥离与征管无直接关联的义务。如《环境保护税实施条例》第 23 条的无偿提供纳税辅导、培训和咨询义务;甚至如《环境保护税实施条例》第 15 条的排污单位名称、统一社会信用代码、排污许可、受行政处罚情况等信息定期交送义务也可考虑取消。其二,增设针对环保部门及其工作人员的激励制度。之于前者可斟酌将环境保护税收入作为基层部门收入,明确为专款专用、纳入财政预算,列入环保专项资金进行管理。之于后者可组合运用行政升迁、经济奖励和精神鼓舞等激励手段。其三,明晰环保部门及其工作人员的法律责任。具体可参照《排污费征收使用管理条例》第 24 条和第 25 条,结合环保部门权责配置,拟定具体法律责任,进而修正《环境保护税法》第 23 条。

---

① 李楠楠:《从权责背离到权责一致:事权与支出责任划分的法治路径》,载《哈尔滨工业大学学报(社会科学版)》2018 年第 5 期。

第九章 稽征经济原则的应用限缩

——以税收优惠的比例原则审查为中心

一、问题意向

稽征经济原则的技术度衡特质,使其与量能课税原则、税收法定原则并列为税法建制的三大重要原则之一,成为衡量税法建制、税法实施等的重要技术指针。根本上说,稽征经济原则之所以能堪此大任,皆因其立基于比例原则。比例原则内涵的法律规制功能体现了对平等、正义、人性关怀等价值的追求,在功能上为法律制度改革与适用提供了相对清晰的标准和尺度。[①]如环境协议对限制竞争程度的控制,其强调以适当的方式实现环境目标,本质就是比例原则。一方面,它要求限制行为具有必不可少性,即作为手段的限制行为与其实现的经济效率目标之间应当具有比例关系。若没有限制效果更小的措施能实现同样的目标,则限制行为就是必不可少的。另一方面,它要求限制行为不能消除竞争,即不论限制行为带来了多大的效率,一旦导致消除竞争的结果,则无论如何也不能被视为合乎比例。[②]

简言之,比例原则"最小侵害"的严格标准和"法益均衡"的目标追求,决定了其对限制公民权利的国家权力的限制,审查的是国家权力行使的合理性问题。[③]"正像税收法定原则在对羁束征税行为审查中的重要性一样,比例原则是对裁量征税行为进行规制和审查的主要法律手段"[④]作为典型的裁量征税行为,"税收优惠不以获取财政收入为目的、而立足于促进特定政策目标之达致"[⑤],具有天然的租税特权本性,这一事物本性是否具有法律正当性,理当接受比例原则的严格审查。鉴于比例原则之于税收优惠的独特功能与度衡价值,本章尝试以比例原则为分析工具,对税收优惠进行规范审查与实

---

① 参见杨复卫:《机关事业单位养老保险改革的效果评估——以比例原则为分析视角》,载《政法论丛》2018年第6期。
② 参见焦海涛:《环境保护与反垄断法绿色豁免制度》,载《法律科学》2019年第3期。
③ 参见梅扬:《比例原则的适用范围与限度》,载《法学研究》2020年第2期。
④ 施正文:《论税法的比例原则》,载《涉外税务》2004年第2期。
⑤ 侯卓:《税收优惠的正当性基础——以公益捐赠税前扣除为例》,载《广东社会科学》2020年第1期。

施评估,以求税收优惠的改进方向与可能的立法思路。

主体部分的逻辑架构如下:其一,以比例原则为工具,对税收优惠进行规范审查,对其实施进行效用评估,揭示其在某些方面"偏离航道"的制度缺陷。其二,在规范审查和实证评估的基础上,提示税收优惠未来可能的改革方向,导出税收优惠统一立法的理想策略。其三,全面阐述、论证税收优惠统一立法的必要性和可行性,勾勒税收优惠统一立法的理想图景,研讨税收优惠统一立法的推进策略。在到处都充满着"规则建构丛林"的税收优惠领域,对比例原则的关注具有极为重要的意义。"也许,只有知道我们正站在何处,才能更好地判断,我们该走向何处。"①本章的讨论会既有助于发现我国税收优惠规范的变革方向和革新思路,又有益于找到税收优惠统一立法的理想图景和推进策略,还有利于阐释稽征经济原则的运用限度与方法尺度。

二、税收优惠的规范审查与实施评估:
基于比例原则的分析

"税收优惠是政府通过税收手段给特定的课税对象、纳税人或地区的税收激励措施"②,其实质上创设了一种税收特权,使一部分人受益,而直接或间接影响了税收中性和税收公平,也在根本上违背了量能课税。其打破了公共利益与个人利益、长远利益和短期利益、整体利益和局部利益本应有的衡平状态,制造了利益冲突与失衡,自无法彰显税收公平与正义之理念。即便"理论界大都认为作为公共政策的税收优惠是基于公共利益,而公共利益的高度争议性使税收优惠的正当性难以确立"③。所以,如果任由税收优惠规范发展,利益失衡的格局将无法控制,纳税人的基本权势必难以保障,最终危及的是税法的基本价值理念和根基。比例原则的均衡功能使其脱颖而出,肩负重任,其可以使税收优惠在公共利益与公共利益、公共利益与个人利益、长远利益和短期利益、整体利益和局部利益等的利益冲突与失衡中,均衡各种利益,恢复本应均衡的利益格局与状态。由此可以概括,"以财政收入为目的的税法,其合理正当性在于国家财政收入如何公平分担于国民,其衡量标准是平等原则,具体衡量标准是量能原则;而非以财政收入为主要目的之税收

---

① 蒋大兴、谢飘:《公司法规则的回应力——一个政策性的边缘理解》,载《法制与社会发展》2012年第3期。
② 赵笛:《促进企业创新发展的税收优惠政策研究》,载《税务研究》2017年第7期。
③ 刘郁葱、周俊琪:《高新技术企业税收优惠正当性的理论论证——基于消费者剩余的视角》,载《税务研究》2019年第2期。

优惠,其正当性的衡量基准是比例原则"。①

(一) 比例原则与税收优惠

"税收优惠是国家利用税收杠杆调控经济的重要手段,是国家为实现一定的社会政治或经济目的,通过制定倾斜性的税收法规政策来豁免或减少税收负担的行为。它是为了实现国家阶段性政策目标服务的。"②如国家为提高技术竞争力与企业经营效率,长久以来都实行高新技术产业税收优惠政策。实践也一再证明:税收优惠政策的实施显著提高了我国高技术产业创新效率。③ 尽管如此,通常认为:"税收优惠依其本质特征为一种租税特权,是以打破量能课税之平等原则作为管制诱导工具的,其存在之合法正当性要求它必要承载着某种价值追求,而这种价值追求对税收优惠本质属性的揭示也最为直接。"④这种价值追求主要包括社会目的之追求和经济目的之追求。运用税收优惠实现其价值追求时,不可避免地与其他价值相冲突,甚至以牺牲某些价值追求为代价。此时,作为利益权衡工具或手段的比例原则,可以作为"所得"与"所失"之间的衡量基准。税收优惠如果欠缺正当理由或超限,即构成平等原则的违反。也就是说税收优惠虽然违背了税收公平原则,但如果具有了正当事由,同时符合比例原则,那么从其实质内容上看,就具有了合理正当性。⑤

"严格地讲,所有的税收优惠制度都一定程度上背离了税收中性理论。税收中性认为征税对象应当是所有符合纳税要件的纳税人,这是税收普遍性和平等性的直接体现。"⑥也因如此,税收优惠制度须受严格的比例原则审查,在目的手段间,特别是基本权保障,须取得合理差别待遇的合理正当性。⑦ 税收优惠既然为达成政策目的之手段,于订定有关规定时,应符合比例原则之要求,于施行后并应定期检讨有无维持或调整之必要。⑧ 终归而言,"任何手段都应目的而生。虽然目的正当性不能证明手段的正当性,但是

---

① 陈志胜:《税收优惠正当性的法理分析及其制度优化》,中南大学 2007 年硕士学位论文,第 28—29 页。
② 李海云、陈智杰:《税收优惠的合理性界定和行使限制》,载《中国商界》2008 年第 12 期。
③ 参见王钊、王良虎:《税收优惠政策对高技术产业创新效率的影响——基于断点回归分析》,载《科技进步与对策》2019 年第 11 期。
④ 刘继虎:《税收优惠条款的解释原则———以我国〈企业所得税法〉相关条款的解释为例》,载《政法论坛》2008 年第 5 期。
⑤ 参见谢玲:《论比例原则在税法中的适用》,中南大学 2008 年硕士学位论文,第 30—31 页。
⑥ 赵腾宇:《我国环境保护税"税收优惠"制度的审视与完善》,载《中国环境管理干部学院学报》2019 第 2 期。
⑦ 参见黄俊杰:《纳税人权利之保护》,北京大学出版社 2004 年版,第 143—145 页。
⑧ 参见陈敏:《税法总论》,台湾新学林出版有限公司 2019 年版,第 315 页。

缺乏目的正当性，所有手段正当性的论证都将沦为空洞"①。但这也并不意味着目的正当性原则就必须嵌入比例原则之中。客观上说，"比例原则的三个子原则都是用来规制行政主体的手段和目的的，均衡性原则通过价值判断来审视行政主体目的的合理性，适当性原则要求手段有利于实现其目的，而必要性原则则要求行政主体在达到其目的时选择对相对人权益损害最小的手段"②。所以，要想审查税收优惠政策是否符合比例原则要求，只需审查税收优惠政策牺牲量能平等原则之后，是否有助于政策目标的达成、是否除税收手段之外，别无其他可达成政策目标的手段以及该项政策所追求公益的价值是否超越牺牲量能平等课征的法益。③ 换言之，只有当税收优惠追求的目的合理正当，且采用了恰当有效的手段时，其创设的税收差别待遇才具有正当性。④

具体而言，其一，适当性审查。"手段符合目的，或者说手段有助于目的实现，构成比例原则中适当性审查的核心要求"⑤，甚至被誉为"法律中使用的唯一正确的方法"⑥。税收优惠具有极强的"价值追求和目的取向"，只要所选定的手段能有效达到所欲追求的价值与目的，即初步符合了适当性要求。其二，必要性审查。必要性要求税收优惠措施满足最小损害原则，将对量能课税或税收公平的影响缩小到最低限度。如果其他措施可以达到同一目的，且损害更小，则说明该税收优惠措施是不必要的。反之，则符合必要性原则。⑦ 其三，均衡性审查。即政策目标所追求的公共利益与牺牲平等课税之法益的衡量。均衡性原则只是提供了一种利益衡量的方法，即不能以较小的公益而牺牲较大的私益，这其实关乎两种价值判断、比较与选择的问题，这一原则是从"价值取向"上来决定税收优惠的取舍。其并非一种精准无误的法则，乃是一个抽象而非具体的概念，因此，在实务的运作中，需要进一步细化为一些可供参照的恒常性标准。同时还存在一个比例的界线问题，如果一

---

① 蒋红珍：《目的正当性审查在比例原则中的定位》，载《浙江工商大学学报》2019年第2期。
② 崔梦豪：《比例原则在行政诉讼中的适用——以28个典型案例为分析对象》，载《财经法学》2019年第2期。
③ 对于"税收优惠中的比例原则"论述可参考但不限于以下文献陈志胜：《税收优惠正当性的法理分析及其制度优化》，中南大学2007年硕士学位论文，第29—32页；谢玲：《论比例原则在税法中的适用》，中南大学2008年硕士学位论文，第31—33页；廖红艳：《税收优惠法律限度研究》，中南大学2012年硕士学位论文，第27—31页。
④ 参见熊伟：《法治视野下清理规范税收优惠政策研究》，载《中国法学》2014年第6期。
⑤ 蒋红珍：《论适当性原则——引入立法事实的类型化审查强度理论》，载《中国法学》2010年第3期。
⑥ Vincent Wellman, "Practical Reasoning and Judicial Justification: Toward an Adequate Theory", *University of Colorado Law Review*, Vol.57, p.45(1985)。转引自同上。
⑦ 参见谢玲：《论比例原则在税法中的适用》，中南大学2008年硕士学位论文，第32页。

项税收优惠政策所带来的消极作用远大于其积极作用,即"明显超出比例之外",就存在不合比例之可能。①

(二) 比例原则对税收优惠的审查:以文化单位转制与发展优惠为样本

税收优惠不只是政府调控经济的工具,其不仅关切纳税人营业自由、公平竞争等的保护与维系,而且关系纳税人基本权的落实。尤其"在国民自我实现基本权利有所不足的情况下,国家应当积极作为,补足国民权利缺失之处或为权利的行使创造必要的条件"②。凡此都彰显税收优惠的必要性。不过,"过多的税收优惠容易扭曲人们的税收法治意识,延缓税收法治化进程"③。因此,税收优惠的立法应格外谨慎。但当前我国的税收优惠立法,基本上处于一种"立法机关设定方向,完全放权于政府"④的状态。本章并非必然地认为此种模式一定不利于税收法治的生成,只是强调此种模式孕育下的税收优惠规范更应受到比例原则的审查。因为"税收法治的核心价值是税收权力制约"⑤。基于纳税人权利保护等理念,税收优惠的立法过程和具体的规范内容均应是"权利制约"的结果,均应接受比例原则的严格审查,方可验证其是否具有实质正当性。

1. 样本选择:文化单位转制与发展优惠⑥

"鉴于文化产业所具有的独特吸引力,越来越多的国家将发展文化产业作为国家战略并相继推出包括税收政策在内的一系列优惠措施。"⑦我国同样如此,2008 年 10 月 12 日,国务院办公厅颁布《关于印发文化体制改革中经营性文化事业单位转制为企业和支持文化企业发展两个规定的通知》(国办

---

① 陈志胜:《税收优惠正当性的法理分析及其制度优化》,中南大学 2007 年硕士学位论文,第 30 页。
② 汤洁茵:《纳税人基本权利的保障与实现机制:以个人所得税为核心》,载《中国法律评论》2018 年第 6 期。
③ 余红艳、袁以平:《中国税收优惠政策转型:从"相机抉择"到"稳定机制"》,载《税务研究》2018 年第 10 期。
④ 从现行的税收优惠法律规范来分析,《企业所得税法》第 35 条规定:"本法规定的税收优惠的具体办法,由国务院规定。"由此可知,国务院拥有制定税收优惠具体办法的权力,至于具体办法的内容、形式、设定程序等等,《企业所得税法》只字未提,完全放权国务院。最终的重任大多数又"历史性地"落在了财政部和国家税务总局的肩上,所以,税收优惠各项工作的开展完全受制于"通知"和"批复"等规范性文件,《企业所得税法》和《企业所得税法实施条例》处于一种被"架空"的状态。
⑤ 周承娟:《论税法的核心价值与纳税人权利保护》,载《税务研究》2009 年第 4 期。
⑥ 国办发〔2008〕114 号、财税〔2009〕34 号与财税〔2009〕31 号聚焦"文化体制改革中经营性文化事业单位转制为企业和支持文化企业发展"税收优惠,行文简洁考虑,下文统一简称为"文化单位转制与发展优惠"。
⑦ 陈笑玮、马维春:《我国现行文化产业税收优惠政策浅析》,载《税务研究》2018 年第 3 期。

发〔2008〕114号)。为了贯彻落实"国办发〔2008〕114号",2009年3月26日,财政部、国家税务总局就经营性文化事业单位转制为企业的税收政策联合颁发《关于文化体制改革中经营性文化事业单位转制为企业的若干税收优惠政策的通知》(财税〔2009〕34号)。2009年3月27日,财政部、海关总署、国家税务总局联合颁布了《关于支持文化企业发展若干税收政策问题的通知》(财税〔2009〕31号)。① 伴随这些文化单位转制与发展优惠文件适用期限截至,《关于继续实施支持文化企业发展若干税收政策的通知》(财税〔2014〕85号)、《关于印发文化体制改革中经营性文化事业单位转制为企业和进一步支持文化企业发展两个规定的通知》(国办发〔2018〕124号)、《关于继续实施文化体制改革中经营性文化事业单位转制为企业若干政策的通知》(财税〔2019〕16号)又相继出台,这些文件构成我国新世纪经营性文化事业单位转制税收优惠规范的核心。

较之2005年的优惠政策,2008—2009年文化单位转制与发展优惠主要体现在如下几点②:① 修订完善了原有优惠政策并延期5年;② 推动经营性文化事业单位转制;③ 扶持文化企业发展;④ 支持文化产品和服务出口;⑤ 鼓励技术创新。③ 这些优惠变化基本上为2014年以后制定的文化单位转制与发展优惠政策文本所延续,核心优惠为:经营性文化事业单位转制的企业所得税、自用房产的房产税、党报、党刊发行收入和印刷收入的增值税免税;经营性文化事业单位转制中资产评估增值、资产转让或划转涉及的企业所得税、增值税、城市维护建设税、契税、印花税等税收优惠;电影集团公司、电影制片厂及其他电影企业取得的销售电影拷贝收入、转让电影版权收入、电影发行收入、在农村取得的电影放映收入以及有线数字电视基本收视维护费和农村有线电视基本收视费免征增值税;特定文化产业项目免征进口关

---

① 其实,早在2005年,财政部、海关总署、国家税务总局发布的《关于文化体制改革中经营性文化事业单位转制后企业的若干税收政策问题的通知》(财税〔2005〕1号)及《关于文化体制改革试点中支持文化产业发展若干税收政策问题的通知》(财税〔2005〕2号)中规定,从2004年1月1日至2008年12月31日对文化体制改革试点地区的所有文化单位和不在试点地区的试点单位给予一系列的税收优惠政策,这对于激励经营性文化单位转制、支持文化企业发展发挥了不可替代的作用。
② 参见石济海、刘厚兵:《解读支持文化体制改革的新税收优惠政策》,载《财务与会计(理论版)》2009年第14期。
③ 具体而言,2008—2009年文化单位转制与发展优惠主要涵盖经营性文化事业单位转制的企业所得税、自用房产的房产税、党报、党刊发行收入和印刷收入的增值税免税;电影制片企业、电影发行企业、电影放映企业以及有线数字电视基本收视维护费所涉及的增值税和营业税的特定免税;特定文化产品和服务出口的出口退税和营业税免税、重点文化产品生产所需的产品进口关税和增值税免税;文化企业利用高科技享受的低税率和加计扣除优惠;以及出版、发行企业库存呆滞文化产品满足年限享受财产损失税前据实扣除等税收优惠。参见国办发〔2008〕114号、财税〔2009〕34号、财税〔2009〕31号。

税；文化企业利用高科技享受的低税率和新技术、新产品、新工艺发生的研究开发费用加计扣除优惠以及出版、发行企业库存呆滞文化产品的所得税前扣除等税收优惠。①

2. 规范审查：基于比例原则

通常认为："政府采取税收减免等激励措施促进文化产业和文化产品贸易的发展有其合理性和必要性。"②因为文化产业与文化产品贸易具有公共性和产业发展属性。于公共性角度而言，图书、报刊等是公民获取资讯和提高文化素质的重要途径，也是国家文化传播的核心载体，其负载着诸多社会效益。③于产业发展角度而言，"文化产业作为一个新兴战略产业，对于一个国家的经济发展具有十分重要的作用"④。借助税收优惠，不仅可以为文化企业减轻资金负担，而且可以形成整体性文化参与的社会动员机制。⑤纵然如此，这种给予文化产业促进的特殊政策待遇是否具有正当性，仍需接受比例原则的严格审查。比例原则以"目的手段关系"为主轴，来判断政府措施是否对基本权利加诸不当限制，从而实现人权保障的终极价值。三个分支原则在"目的手段关系"中，具有彼此不可替代的功能，其主要审查点如"表9-1"所示⑥。

表9-1 "三分论"在目的与手段关系中的审查功能

	目的		手段有助于目标实现	手段间的选择	目标的可超越性	预期解决的问题
	正当性	描述性				
适当性审查	×	√	√	×	×	手段的"多少"
必要性审查	×	○	○	√	×	手段的"彼此"
均衡性审查	×	○	×	×	√	手段的"有无"

注："√"表示该项包含在审查要求中；"×"表示该项不包含在审查要求中；"○"表示附带性要求。

---

① 参见财税〔2014〕85号、国办发〔2018〕124号、财税〔2019〕16号。
② 张骞：《WTO视阈下中国文化"走出去"税收优惠措施研究》，载《南京大学学报（哲学·人文科学·社会科学）》2015年第6期。
③ 参见顾德瑞：《出版业发展中财税政策工具的选择与组合配置》，载《科技与出版》2018年第11期。
④ 贵静：《法经济视角下的文化产业税收优惠法律制度研究》，载《知识经济》2017年第1期。
⑤ 参见陈庚、傅才武：《文化产业财政政策建构：国外经验与中国对策》，载《理论与改革》2016年第1期。
⑥ 蒋红珍：《比例原则阶层秩序理论之重构——以"牛肉制品进销禁令"为验证适例》，载《上海交通大学学报（哲学社会科学版）》2010年第4期。

(1) 适当性审查。

文化单位转制与发展优惠,其直接目的在于推动文化体制改革工作,促进文化企业发展,积极稳妥地促进经营性文化事业单位转制为企业,帮助国有文化企业应尽快建立现代企业制度,更深层次的目的在于"推动社会主义文化大发展大繁荣,兴起社会主义文化建设新高潮,提高国家文化软实力,发挥文化引领风尚、教育人民、服务社会、推动发展的作用"①。事实上,"文化产业的勃兴并与其他产业融合发展,乃是各国经济发展过程中消费结构调整和产业结构升级的重要规律;而文化产品中往往还蕴含着特定的国家观、世界观和价值观,其社会经济价值和政治意义都不容小觑!"②因此,文化单位转制与发展优惠能否经得起适当性审查,需考量其是否有助于立法目的的实现,否则就属于手段的不适当。就文化单位转制与发展优惠而言,从适当性考察,一个重要的衡量指标在于国家采取的税收优惠制度是否能够促使企业加速转制和加大对文化发展的投入,推动文化发展。

事实并不如愿,以陕西省为例,该省将文化体制改革作为"一把手工程"抓,由各级党委、政府"一把手"强力推进。2009年年底省直14家主要经营性事业单位全面完成改制;2010年市级文化体制改革任务全面完成,全省各市(区)共22家文艺院线、11家电影公司、12家电影院线完成转企改制,19家电台、电视台完成制播分离改革,11家党报完成发行体制改革;2011年7月,全省又完成了县级经营性文化单位转企改制任务,涉及221家文化单位,包括81家国有文艺院团、86家电影公司和54家电影院。③ 另外,这种政府强力主导下的转企改制,只是实现了文化单位形式上的改制,要想成为真正的市场主体,还有很长的路要走。因此,寄希望于税收优惠推动文化体制改革工作,促进文化企业发展实难奏效,其适当性值得反思和矫正。

(2) 必要性审查。

在考虑文化单位转制与发展优惠是否符合比例原则的必要原则时,应当着眼于税收优惠规范本身的合理性:为达到政策目标,是否选择了对非受惠者损害最小的税收优惠构造,比如税收优惠结构、优惠税率、优惠手段等。同时考虑是否除租税手段外,别无其他可达成政策目标之手段。如果符合对非受惠者的最小损害性,同时也具有不可能替代性,那么这一税收优惠规范就

---

① 参见《坚定不移沿着中国特色社会主义道路前进,为全面建成小康社会而奋斗》(胡锦涛在中国共产党第十八次全国代表大会上的报告)之"六、扎实推进社会主义文化强国建设"。
② 周刚志、姚锋:《论中国文化产业的立法模式——以社会主义核心价值观为价值引导》,载《湖南大学学报(社会科学版)》2019年第2期。
③ 参见杨尚琴、石英、王长寿:《陕西省文化发展报告》,社会科学文献出版社2012年版,第8、43页。

是符合比例原则的必要性原则,至少在这一层次上具有合理性。① 此外,思考租税优惠与租税公平原则两者关系时,要考量到牺牲租税公平原则所带来的不利,是否会大于订定租税优惠条款所产生的经济利益②,即要考量税收优惠对受惠主体以外的其他主体造成的损害。税收优惠主要以促进经济发展和社会保障为目的,前者旨在保障公民的经济发展权,后者旨在保障公民基本的生存权。税收优惠对利益受损主体侵害的权利,属于利益受损主体的自由和公平竞争权。在权利位阶中,生存权应高于自由和公平竞争权,而经济发展权与自由和公平竞争权处于同一位阶上。因此,若有关生存权保障的税收优惠,符合量能课税的原则,对自由和公平竞争权侵害的强度就较小,而同一位阶上对受惠主体经济发展权的保障和促进,则会在较大程度上侵害利益受损主体的自由和公平竞争权。

就文化产业而言,公共文化和营利性文化存在本质区别,即公共文化具有很强的正外部性;而营利性文化具有逐利性,因此,两者在运作方式上存在较大差异。公共文化支出应作为预算内固定支出项目,并应给予充足的财政支持。而对于营利性文化产业则重在引导,提供一个有序发展、公平竞争的平台和环境。③ 无论是国办发〔2008〕114 号、财税〔2009〕34 号、财税〔2009〕31 号,还是财税〔2014〕85 号、国办发〔2018〕124 号、财税〔2019〕16 号均围绕鼓励文化单位转制与发展制定了从增值税、企业所得税到房产税等一系列优惠政策,同时,对党报和党刊也有相应的优惠政策。税收优惠政策的适用范围有所限制,并不是适用所有文化企业,不利于文化产业公平竞争,也不利于鼓励社会资本投资文化产业。④ 具体来说,给予文化体制改革地区的所有转制文化单位和不在文化体制改革地区的转制企业⑤以税收优惠待遇,客观上形成了文化企业政策环境的行业比较优势与区域差异⑥,这种给予特定企业以税

---

① 参见陈志胜:《税收优惠正当性的法理分析及其制度优化》,中南大学 2007 年硕士学位论文,第 30 页。
② 黄俊杰、郑雅璘:《租税优惠对政府及企业的影响——以"促进产业升级条例"落日条款为例》,载施正文主编:《中国税法评论》(第 1 辑),中国税务出版社 2012 年版,第 95 页。
③ 张皓:《支持文化体制改革和文化产业发展的财税政策分析》,载《税务研究》2010 年第 7 期。
④ 李本贵:《促进文化产业发展的税收政策研究》,载《税务研究》2010 年第 7 期。
⑤ 2010 年 4 月 23 日,财政部、国家税务总局、中宣部联合颁发《关于公布学习出版社等中央所属转制文化企业名单的通知》(财税〔2010〕29 号),认定学习出版社、中国出版集团有限公司、人民文学出版社、商务印书馆、中华书局、中国大百科全书出版社、中国美术出版总社、中国美术出版社、人民音乐出版社、生活·读书·新知三联书店、中国对外翻译出版公司、现代教育出版社及东方出版中心为转制文化企业,按照《关于文化体制改革中经营性文化事业单位转制为企业的若干税收政策问题的通知》(财税〔2009〕34 号)的规定享受税收优惠政策。
⑥ 参见刘慧凤:《税收优惠对文化资本配置的影响——基于文化企业并购视角的研究》,载《山东大学学报(哲学社会科学版)》2019 年第 3 期。

收优惠待遇而置其他文化企业而不顾,就会使得两者处在一种不公平的竞争关系之中,尤其对本来就先天不足的民营文化企业更是雪上加霜,严重破坏了公平竞争的市场环境。

此外,经营性文化事业单位本身就具有先天优势,转制为企业后,又可以获得税收优惠,极有可能会产生垄断。果真如此,则是对"国退民进"国家政策的一种亵渎,最终影响我国文化产业的长远发展。由此可见,为达到政策目标,对经营性文化事业单位选择以免税为主的系列税收优惠并不符合对非受惠者损害最小的底线,与必要性原则相抵牾,也就无"不可替代性审查"的必要。其实,在促进文化单位转制和文化发展的政策工具中,财政政策、税收政策、金融政策和政府采购政策等都可实现既有的立法目的,税收优惠政策仅是其中一项。确实税收优惠为实现特定的社会政策目的,一定程度上牺牲税收公平和竞争中立是必然的、也是可以容忍的[①],但其必须基于两个前提:其一,有正当事由,多数是为公共利益。其二,确实无其他可替代性工具选择。如果有其他同等工具可以实现同等目的,又不至于危及税收公平和竞争中立,则税收优惠存在自无合理性和正当性。当然,对政策工具的自由选择是不可能的,由于路径依赖,多数时候政策工具的选择受到先前的政策选择的限制。其实,选择一种工具可能基于多种理由,工具的选择可能出于文化或制度上的原因,也可能是因为相关部门对某些工具更为熟悉。而且不同的政策工具,有不同的内涵、边界和适用范围,有不同的法律要求,所起到的作用不一样,从法治的角度而言,需要遵守不同的法律约束,在运用上就应该有所不同。

根本而言,"规制工具选择的目标在于找到与规制目标相匹配的工具,因此,任何一种规制工具的选择都必须在整个规制工具体系中进行"[②]。政策工具的选择必须考量促成工具正确选择的影响因素与选择程序。在方法上,可以通过对拟选择工具实施后对目标群体与非目标群体的作用、短期与长期的影响以及成本与收益的评估,发现法律通过后可能发生了什么。[③] 按照修正工具论,"有四个条件在有效的政策工具设计中发挥着核心的作用:政策工

[①] 也有学者认为:"税收中立与税收优惠并不矛盾。税收优惠政策在一定意义上是产业政策的延伸,譬如目前各地设立高科技园区并提供税收优惠,目的在于淘汰落后产能、实现产业升级,其优惠应当面向整个行业;而税收中立则是要求同一行业内的企业无差别待遇,而不同行业之间的企业则无税收中立一说。因此税收优惠与税收中立理论上均不限制不同行业之间的税收优惠差别,二者可以并行不悖。"参见赵庆功:《从税收中立视角看我国税收优惠制度改革》,载《现代经济探讨》2018 年第 10 期。

[②] 应飞虎、涂永前:《公共规制中的信息工具》,载《中国社会科学》2010 年第 4 期。

[③] 参见〔美〕托马斯·R. 戴伊:《理解公共政策》(第十二版),谢明译,中国人民大学出版社 2011 年版,第 284—286 页。

具的特征、政策问题、环境因素和目标受众的特征。根据这种理论,一种政策工具只有在以政策工具特征为一方,以政策环境、目标和目标受众为另一方之间相匹配的时候,才是有效的。在这样的情况下,有关的政策工具被称为有效的政策工具"①。如果按照此种理念选择支持文化单位转制与发展的政策工具,定能顺利通过必要性原则的审查。

(3) 均衡性审查。

均衡性原则要求手段增进的公共利益与其造成的损害成比例。② 之于税收优惠而言,则意味着须对税收优惠的目的与手段进行衡量,税收优惠措施应当与欲达成经济社会目的间具有相当性。具体来说,应当考虑:税收优惠采取的减税与免税所产生的损失如何?采取税收优惠措施后,能够在多大程度上实现经济社会目的?产生的经济社会效果是否较大程度上大于产生的损失?这些都是在比例原则的指导下对税收优惠法律实质限度的考虑因素和衡量方式,要求税收优惠对人民利益的侵害和所要达到的目的之间不能失衡,必须保持适当的比例关系。③ 即对税收优惠进行成本效益分析,剖析税收优惠介入后的利益格局。因为税收优惠的成本经常会延伸到未来④,所以在对税收优惠分析时,应该把未来成本纳入考量的范畴。当决定采用税收优惠来实现既定目标后,在各种税收优惠措施中应选择那些成本低、收益高的具体措施,实现成本与收益的均衡。

比如,为鼓励文化企业与产业发展,减免税、优惠税率、加计扣除、退税等都可实现此种目的,究竟采用哪几种,或哪几种组合使用,就要对各自的成本和收益进行衡量。此外,还需要考虑对哪些主体给予税收优惠能获得较大的收益。当前的文化产业税收优惠基本排除了普通的民营文化企业,聚焦于免税,但民营企业较之国有企业显然有更大的收益率。⑤ 既然给予民营企业以税收优惠比给予国有企业对国民经济的拉动比较大,则税收优惠应该更多向有活力的民营企业倾斜。而别论是国办发〔2008〕114 号、财税〔2009〕34 号、财税〔2009〕31 号,还是财税〔2014〕85 号、国办发〔2018〕124 号、财税〔2019〕16 号都反其道而行之,税收优惠更多倾斜于经营性文化事业单位转制而来的企

---

① 〔美〕B. 盖伊·彼得斯等编:《公共政策工具——对公共管理工具的评价》,顾建光译,中国人民大学出版社 2007 年版,第 49 页。
② 参见刘权:《均衡性原则的具体化》,载《法学家》2017 年第 2 期。
③ 廖红艳:《税收优惠法律限度研究》,中南大学 2012 年硕士学位论文,第 29 页。
④ Edward A. Zelinsky, "Tax Incentives for Economic Development: Personal (and Pessimistic) Reflections", *Case Western Reserve Law Review*, Summer 2008.
⑤ 如 2008 年度安徽省国税系统受益的民营企业营业收入较上年增长 168.25%,比受益国有企业增速高出 83.33%。参见安徽省国家税务局课题组:《安徽省企业所得税优惠政策执行情况调查》,载《税务研究》2010 年第 4 期。

业,而非其他民营文化企业,缺乏成本收益的有效考量。

此外,均衡性审查还需对受影响主体进行多重考量,审查多元利益的层次均衡。一般而言,某个当事人可被法律所涉及或影响的方式有三种:受法律约束或强制、因法律至少面临受苦、因法律而受益或被规定为受益。① 而税收优惠,是对部分特定纳税人和征税对象给予税收上的鼓励和照顾实施财政政策的重要手段。② 在国家预算既定的情况下,从静态角度分析,给予部分纳税人以税收优惠,相当于把这部分负担强加给了其他纳税人,造成其他纳税人负担的增加。而税收负担是要被公平负担的,并旨在建立正义的安排。③

换言之,税收优惠对于受惠者来讲,是一种税收利益,意味着纳税人将可以少缴或免缴税款。但对未受惠的纳税人来说,也只能说是一种间接损害,就单个纳税人来看,这种损害极不明显,主要表现为对某些特定群体或行业主体的间接损害。同时在市场竞争中,受损与受益之间具有相对性,受损者和受益者均较为显现。④ 再加上变相的政策性优惠带来新的不公⑤,这些巨大的税收优惠实质上造成了企业之间的不公平竞争,有违税收公平原则⑥。税收优惠涉及的不仅仅是国家和受惠主体,还包括因此而增加负担的其他纳税人以及处于税收优惠竞争关系中的地方政府。对税收优惠进行均衡性审查,应把国家、受惠主体、受损主体以及其他受影响的主体的利益都纳入考量范畴,进行多元利益的层次均衡审查。换言之,"税收优惠政策应是对人、组织、文化产业园区的共同关注。"⑦据此,较为理想的方案是,在对某类企业给予税收优惠时,对其他受影响的主体给予一定程度的补偿或替代措施,以矫正本不应失衡的利益格局。文化单位转制与发展的上述税收优惠显然不符合此种理念,也较难实现文化企业的均衡性发展。

---

① 〔英〕杰里米·边沁:《论一般法律》,毛国权译,上海三联书店 2008 年版,第 68 页。
② 刘剑文:《走向财税法治——信念与追求》,法律出版社 2009 年版,第 175 页。
③ 参见〔美〕约翰·罗尔斯:《正义论》(修订版),何怀宏等译,中国社会科学出版社 2009 年版,第 219 页。
④ 参见陈志胜:《税收优惠正当性的法理分析及其制度优化》,中南大学 2007 年硕士学位论文,第 30 页。
⑤ 变相的政策性优惠是指那些不具法定形式但却具有实际效果(不同于税收优惠的实质)的税收优惠。在《企业所得税法》出台后,地方制定区域优惠税收政策受到更多的限制的情况下,通过宽松的税收征管,例如,少向企业征税,或是对企业的欠税不积极追讨;或是通过先征后返(返还地方分成部分)的达到给予企业优惠的效果。参见刘剑文等:《〈企业所得税法〉实施问题研究——以北京为基础的实证分析》,北京大学出版社 2010 年版,第 174 页。
⑥ 参见张怡等:《衡平税法研究》,中国人民大学出版社 2012 年版,第 267 页。
⑦ 解学芳、臧志彭:《国外文化产业财税扶持政策法规体系研究:最新进展、模式与启示》,载《国外社会科学》2015 年第 4 期。

(三) 税收优惠实施的效用评估:比例原则的非严格审查

是否如文化单位转制与发展优惠那般,违背比例原则的规范广泛地存在于税收优惠领域? 当前的税收优惠究竟与比例原则的要求相距几何? 此等问题均有待比例原则的一一审核。比例原则以三个分支原则为支点,任一规范若想安全通过审查,均须接受三个分支原则的各自审核,且需全然通过。这意味着,针对税收优惠规范的审查,只要不符合比例原则的任一分支原则,均构成对比例原则的背离。限于篇幅,本章不打算以比例原则的三个分支原则对税收优惠的实施情况进行严格审查,而是依据分支原则剖析税收优惠的实施情况,对其进行相应的评估,发现背后的实施困境,为下一步寻求方向奠定基础。

1. 适当性审查:优惠目的立法缺位

在比例原则的审查体系中,目的的确立具有至关重要的地位,虽然个别税收优惠也时常会简单提及目的,但其根本上不得动摇或偏离税收优惠的整体目的,因此,确立税收优惠的整体目的实属必要。虽然"在税收优惠法律制度中,税收优惠制度的立法目的、税收优惠的基本原则等内容,都是为税收优惠法律制度的立法、执法和司法指明方向的内容。但是纵观目前我国税收优惠法律制度的正式渊源和非正式渊源,都没有关于这些内容的规定。正是因为基础性规范的缺位,导致我国税收优惠决策随意、目标分散、主旨不统一,造成立法理论和实践上的混乱"[①]。现行税收优惠法律制度,多数为社会发展或改革的应急之需,缺乏恒定、正当目的的贯彻,深层次的税收公平和效率价值的嵌入更无可能。

《企业所得税法》及其实施条例虽较大篇幅书写企业的所得税税收优惠,但均无税收优惠制度目的性的整体、清晰的建构。在财政部和国家税务总局的规范性文件中,确立了规范、正当的税收优惠目的的也是凤毛麟角。正如此,个别税收优惠既无规范性文件目的的明确指示,也无法参照更高层次整体目的的指引,问题屡见不鲜。如《企业所得税法》《企业所得税法实施条例》以及其他规范文件虽已限制化工、造纸、水泥制品、石油加工等高能耗、高污染行业享受税收优惠政策,但仍有部分不符合国家产业政策和环保政策的

[①] 王霞:《税收优惠法律制度研究——以法律的规范性及正当性为视角》,法律出版社 2012 年版,第 35 页。

"高耗能、高污染、资源型"行业、企业一边污染环境、一边坐享税收优惠。①与之相反的是,真正应该享受税收优惠的,由于优惠目的的不科学或缺失,致使其无法享受优惠政策。比如资源综合利用的税收优惠,目前关注的只是企业通过资源利用获得的收入,而不是资源综合利用的效果,缺乏促进资源综合利用的正当目的的嵌入。②

2. 必要性审查:优惠总量失控与支出随意

必要性原则要求在可达目的的多种手段之间,选择对公民利益损害最小的手段,其内含国家对税收优惠总量应该进行控制,税收优惠的支出也应该规范管理的理念,否则即有滥用税收优惠之嫌疑,危机必要性根基。但税收优惠的实施情况并不如此,不管是《税收减免管理办法(试行)》(国税发〔2005〕129号)第4条规定的"报批类减免税和备案类减免税",还是《税收减免管理办法》(国家税务总局公告2015年第43号)第4条列及的"核准类减免税和备案类减免税",乃至是《企业所得税优惠政策事项办理办法》(国家税务总局公告2018年第23号)第4条明确的"自行判别、申报享受、相关资料留存备查"。企业据此而生税收优惠待遇可谓是兵不血刃而生利润。所以,通常情况下企业必会竭尽全力争取,甚至以非法手段获取税收优惠。在诸多税收优惠申请的激烈争夺中,税收优惠总量与支出极有可能被一再突破,最终失控。③

比如,《企业所得税法》刚施行的2008—2009年企业所得税主要优惠项目减免税的实践也一定程度上验证了我国税收优惠实践与必要性原则的距

---

① 如高污染养殖业,特别是淡水海水养殖,未经处理的养殖废水的排放导致湖泊富营养化,使赤潮和大规模病害频繁发生,水质污染越来越严重。根据《企业所得税法实施条例》第86条第1款第2项的规定,企业从事淡水海水养殖的,减半征收企业所得税,结果是,享受税收优惠的企业却严重污染了环境,使得促进渔业发展的主旨和环境保护的主旨对立,这一切皆源于整个税收优惠法律制度缺乏明确的正当目的。参见浙江省地方税务局课题组:《进一步完善企业所得税优惠政策》,载《涉外税务》2010年第2期。
② 如江西泰和玉华水泥有限公司旋窑余热利用电厂利用该公司旋窑水泥生产过程中产生的余热发电不能享受减计收入的税收优惠。参见《关于资源综合利用有关企业所得税优惠问题的批复》(国税函〔2009〕567号)。
③ 2011年3月16日和17日,美国硅谷科技企业高管一行18人来到美国国会,与数十位美国国会议员进行交谈,试图游说国会议员,意在说服国会继续保障美国政府每年的科研经费支出以及为企业研发部门减税,降低向科技公司征收税费的税率。科技企业高管称,上述举措将大大提高美国科技企业的市场竞争力。同一周坎普提出将个人和企业的最高税率下调至25%,并考虑取消多项广受欢迎的税收减免优惠。美国众议院筹款委员会随之就下调企业税率召开了听证会。参见马乔:《18位硅谷科技企业高管游说国会降低公司税率》,引自http://tech.qq.com/a/20110319/000119.htm,最后访问日期:2019年5月18日。此类现象虽未出现在我国的公开报道中,但对于更加凸显"关系"的中国社会,我们有理由相信是存在的。

离,税收优惠总量的失控与税收优惠支出的随意性可见一斑。2009 年农林牧渔项目税收优惠的额度是 159.85 亿,是 2008 年 67.75 亿的两倍多;2009 年公共基础设施项目税收优惠的额度是 9.77 亿,是 2008 年 1.77 亿的 5 倍多;2009 年资源综合利用项目税收优惠的额度是 19.66 亿,是 2008 年 9.762 亿的两倍多(如"表 9-2"所示)。通过分析可知,大部分项目获得的税收优惠额度,2009 年和 2008 年相比发生了较大变化。一方面,反映了税收优惠支持力度的加大;另一方面,更应看到的是,此等变化释放出来的危险信号和背后隐藏的信息。必须深思,税收优惠额度的变化是否在合理预测的范畴?税收优惠的总量是否在控制和规划之中?当然一些地方政府变相推行税收优惠政策,也增加了税收优惠总量控制的难度。此外,税收优惠未经严格的预算程序,直接"划至"受惠企业,加剧了税收优惠支出的随意性。截至 2011 年,《中国财政年鉴》《中国税务年鉴》都没有列明税式支出项目也反映了这一点。

表 9-2 2008—2009 年企业所得税主要优惠项目减免税情况[①]

年度 项目	2008 年(亿元)	2009 年(亿元)
农林牧渔	67.75	159.85
高新技术企业	261.55	443.48
公共基础设施	1.77	9.77
环境保护和节能节水	1.72	3.43
资源综合利用	9.76	19.66
研发投入	152.10	215.39
安置残疾人员和其他人员	12.11	20.98
小型微利企业	14.61	13.01

3. 均衡性审查:利益衡量机制的缺失

均衡性原则更多的是一种利益衡量的方法,其聚焦关联主体之间的利益衡量。一般而言,"当事人的具体利益、群体利益、制度利益和社会公共利益形成一个有机的层次结构。在这个结构中,当事人利益、群体利益、制度利益和社会公共利益是一种由具体到抽象的递进关系,也是一种包容和被包容的

[①] 资料来源:2008—2009 年内外资企业所得税汇算清缴数据。转引自国家税务总局:《中国税收发展报告(2006——2010)》,中国税务出版社 2011 年版,第 133 页。

关系"①。具体到税收优惠领域,至少涉及国家和受惠主体之间的利益,受惠主体和利益受损主体之间的利益,而这两个层面的利益均未在税收优惠的实施结果中得到均衡,也就根本上背离了比例原则之均衡性要求。具体体现为国家和受惠主体之间与受惠主体和利益受损主体之间利益衡量机制的缺失。

以国家和受惠主体之间利益衡量为例。理论上,国家通过税收优惠促进经济发展、实现社会保障,意味着国家放弃了一部分财政收入。从静态角度看,国家的确在一定程度上减少了财政收入。但就受惠主体而言,其不只是获得了短期的税收优惠,长远还可通过税收优惠进一步促进企业发展壮大、创造更大的收益。从动态角度分析,国家随着企业收益增加,税源也随之扩大,财政收入也可能随之攀升。然而现实中,多数税收优惠政策的出台,并非财税部门提出,致使财税部门对税收优惠所涉及的技术信息和实施效益规划等缺乏足够的了解,对其成本及可能产生的经济和社会利益很难掌控。另外,由于对税收优惠政策的考核和评价还没有制度化和规范化,对减免运用效果的检验与反馈也欠缺。② 此种情况下,对国家和受惠主体之间利益的科学评估衡量,缺乏一种衡量机制,去衡量静态下国家财政收入的减少与受惠主体利益的增加,与动态中国家财政收入增加的可能性之间存在的内在联系,以及此种联系对经济和社会发展的影响度。

在国家预算既定的情况下,给予部分纳税人税收优惠,即相当此部分税负转嫁至其他纳税人,势必加重其他纳税人的负担,也一定程度上损害了其利益。由此可见,税收优惠领域同样缺乏一种机制,去衡量受惠主体和受损主体之间的利益得失,尤其缺乏大企业和中小企业之间的利益衡量。改革开放30多年来,中小企业得到了迅速发展,占企业总数99%的中小企业对国家GDP的贡献超过60%,对税收的贡献超过50%,提供了70%的进出口贸易和80%的城镇就业岗位。中小企业还是自主创新的重要力量,66%的专利发明、82%的新产品开发都来自中小企业,中小企业已成为繁荣经济、扩大就业、调整结构、推动创新和形成新产业的重要力量。③ 然而在税收立法过程中,广大中小企业根本没有实力和能力参与到立法的利益博弈中去,只有那些实力雄厚的大企业才能够通过其利益代言人,参与到立法中,从而制定一些对其更有利的税收优惠政策,去获得一些隐性的补助金,成功获得一次,

---

① 梁上上:《利益的层次结构与利益衡量的展开——兼评加藤一郎的利益衡量论》,载《法学研究》2002年第1期。
② 参见李旭鸿:《税式支出制度的法律分析》,法律出版社2012年版,第131页。
③ 参见万钢:《积极帮助科技型中小企业走出金融危机》,载《学习时报》2010年9月3日。

就可能被既得权化,并且获得一个税收优惠政策又能为获得另一个税收优惠政策的诱因。① 其结果是,中小企业能够得到的优惠额度少而又少。② 此可谓税收优惠的逆向性,其"逆向"效果随着所得额的增多,税收优惠受益程度扩大,大部分税收优惠流向高收入纳税人。③ 也进一步造成中小企业和大企业之间的利益不均,导致受惠主体和受损主体之间的利益进一步失衡,最终背离均衡性原则。

三、比例原则效用的发挥:税收优惠之改革方向

"法律作为解决纠纷的一种手段,只能在一定的时空领域内发生其调整社会关系的功能,而且有其自身的独特的运行轨迹。如果法律在不该介入的地方而强行介入,那么,法律的干预不但不会取得预期的成果,反而会对法律本身造成不应有的伤害。"④作为自由裁量行为,税收优惠的运行更是如此,如果其对税收法定主义的税法根基矫枉过正,税务机关和司法机关的自由裁量权过度扩张,极易走向对立面,违背设定税收优惠时的初衷,则势必危及税法的确定性、安定性,危及税收法定主义在税法上的地位。而当税收优惠政策在实施过程中同政策制定的初衷出现偏离时,又会导致其对于未来经济增长、劳动力就业以及区域经济协调发展影响的不确定。⑤ 因为"税收优惠会直接影响企业的生产经营行为,进而影响企业发展转型,最终对中国经济增长方式的转变产生深远影响"⑥。所以,必须以比例原则为指引,从观念上和制度上对税收优惠予以规制,使其不至如脱缰野马,肆意奔跑。

(一) 适当性方向:税收优惠目的整体化构建

法的实体价值是法治内容方面的规定,它是法治所要实现的目标。一般

---

① 参见〔日〕北野弘久:《税法原论》(第四版),陈刚、杨建广等译,中国检察出版社 2001 年版,第 118 页。
② 2008 年度安徽省国税系统享受企业所得税优惠政策的民营企业达到 22 420 户,民营企业多为中小企业,占受益总税户的 95.18%,但受益税额总量却与国有企业基本相当,户均受益额更是仅有 8.93 万元,要远低于国有企业户均受益额 186.27 万元的水平,特别是一些大型国有企业集团,受益额更大。参见安徽省国家税务局课题组:《安徽省企业所得税优惠政策执行情况调查》,载《税务研究》2010 年第 4 期。
③ 参见陈少英:《税法基本理论专题研究》,北京大学出版社 2009 年版,第 219 页。
④ 梁上上:《利益衡量的界碑》,载《政法论坛》2006 年第 5 期。
⑤ 参见袁以平、余红艳:《企业税收优惠政策对经济影响的研究进展》,载《财政监督》2019 年第 6 期。
⑥ 杨莎莉、张平竺、游家兴:《税收优惠对企业全要素生产率的激励作用研究——基于供给侧结构性改革背景》,载《税务研究》2019 年第 4 期。

而言,法治的实体价值体现在法律的正义性,就现代社会而言,其内容应包括民主、自由、平等和人权。① 而税收优惠法律制度的实体价值到底是什么,必须在税收优惠法律制度中予以明确,即其要实现的正当目的是什么。"税收优惠所要达到的主要目的显然并非财政收入目的,而另有其他公共利益目的的考虑。通过给予一定税收利益的鼓励措施,引导企业行为达到立法所预先规划的经济、社会或文化等目的,这就是税收优惠的实质性要求。"②《德国税法通则》第二章第三节中专门规定了受税收优惠之目的,其第51条规定,法律因一团体完全并直接从事公益、慈善或教会之目的而给予税收优惠时,适用下列各条之规定,亦即应受公益目的、慈善目的、无私利之企图、完全性、直接性的拘束。同时规定,法律因从事经济性之业务经营,而排除税收之优惠,如无目的营业之存在,则团体就经济营业丧失税收优惠。③ 由此可见,在制定税收优惠法律制度时,可供选择的目的无外乎促进经济和社会的发展,社会保障的实现,以及其他公共利益的落实。更深层次的目的在于追求更大范围内和更大程度上的公平与平等等价值,最终契合税法理应追求的正义之理念。

对税收优惠规范和实践的审查,折射出诸多不合比例之处。首要问题在于缺乏对税收优惠目的的整体建构,要完善现行的税收优惠制度,缩小其与比例原则要求的距离,当前亟须解决的基础性工作包括:一是就税收优惠的基本目的进行整体化认识;二是现行税收优惠的一般规则进行归纳;三是在各个税种之间进行税收优惠目的的体系化、协同化立法。④ 最终建立起层次化和整体化的税收优惠目的体系:第一位阶,是税收公平与平等等目的;第二位阶,是经济、社会与文化等公共利益目的;第三位阶,是各税收优惠的具体目的。第一位阶的目的宜在未来的税收基本法中规定;第二位阶的目的可以在税收基本法中规定,也可在个税法中规定;第三位阶的目的既可以在个税法中具体规定,也可在规范性文件中详细列明。下位阶的目的受制、统一于上位阶的目的,当下位阶的目的缺失时,理应接受上位阶的目的的约束。自此,从上至下,形成科层化、整体化的目的体系,共同维护宪法赋予税法的基

---

① 参见刘剑文:《重塑半壁财产法——财税法的新思维》,法律出版社2009年版,第137页。
② 刘剑文等:《〈企业所得税法〉实施问题研究——以北京为基础的实证分析》,北京大学出版社2010年版,第175页。
③ 参见刘剑文、汤洁茵:《试析〈德国税法通则〉对我国当前立法的借鉴意义》,载《河北法学》2007年第4期。
④ 参见叶金育:《中国房地产免税:税法整合、规则与检讨》,载《法治研究》2012年第10期。

本价值判断①,接受比例原则的审核。

(二) 必要性方向:税式支出的常态化管理

税收优惠作为一种隐性的财政支出,其总量失控、支出随意等实践与比例原则的基本要求相去甚远,理想的方案是以税式支出制度作为规制税收优惠的工具。税式支出的实质意图,是在确认税收优惠作为一种政策手段和特殊财政支出的基础上,赋予税收优惠同直接支出一样的预算管理程序,借以解决财政税收领域的某些问题②,通过对税收优惠的效果评估,及时矫正偏离比例原则的税收优惠制度,方可最大化税收优惠的政策效应。与此同时,尚需注重多种税收优惠方式的合理搭配,因为不同优惠方式同时实施,其产生的激励效应可能相互抵减。只有在比例原则指引下,合理选择税收优惠方式组合,才能使运用的税收优惠政策与方式发挥最大激励效应,从而避免政策资源的浪费,最终实现对税收优惠的理性规制。③ 建立税式支出制度能够从根本上对税收优惠进行规范化管理,契合比例原则的要求,理由如下:

首先,税式支出要求对税收优惠的总量有一个初步的预算,并通过正式的预算程序将税收优惠的分目以支出的形式列出来,这样一来,所有税收优惠的投向和金额一目了然,违反比例原则要求的列支项目能及时查明并剔除,最终有效地实现对税收优惠规模的控制。同样,此举有利于提高税收优惠的执行效率,因为"税收优惠政策的实施效果有时会被严苛的征管程序所抵消"④。其次,税式支出将全国各地区的税收优惠的目标、区域优惠总量进行统一规划和管理,能够从结构上合理安排税收优惠的布局,实现税收优惠的地区均衡。再次,在激励性税收优惠政策中,将一些效益低下的市场主体的税收优惠政策向高效益的市场主体转移,有助于实现市场主体之间的公平竞争,减少税收优惠的过度干预。最后,税式支出通过预算机制,统一实现对税收制度运行成本的估算,减少地方政府或行政机关基于主观判断与政绩追

---

① 税法和其他部门法一样,都在致力于贯彻宪法的基本价值判断。宪法规定的是一般的价值判断,如平等、自由等基本的价值观。宪法的一般价值判断依赖于部门法来展开,在部门法上变成具体的价值判断,从而成为裁判规范。一般而言,民商法落实的是宪法的自由原则,而税法更多的是展开了宪法上的平等原则。参见杨小强:《中国税法:原理、实务与整体化》,山东人民出版社 2008 年版,第 12—13 页。
② 参见张晋武:《中国税式支出制度构建研究》,人民出版社 2008 年版,第 35 页。
③ 参见韩仁月、马海涛:《税收优惠方式与企业研发投入——基于双重差分模型的实证检验》,载《中央财经大学学报》2019 年第 3 期。
④ 林莉、薛菁、赵岩:《小微企业税收优惠政策实施效应研究——基于福州市小微企业的问卷调查》,载《福建农林大学学报(哲学社会科学版)》2019 年第 1 期。

求而致的税收优惠,可以最大程度地降低税收优惠的制度成本。① 引入税式支出制度,改进税收优惠制度,实现对税收优惠的总体规划。当下要特别注意、并努力解决但不限于以下难题:

(1) 明确税收优惠法律关系的主体,尤其是对利益受损主体的界定。是否要建立相应的补偿或替代机制,值得思考。

(2) 科学界定税收优惠的范围。通过税式支出制度列明税收优惠的名目,清晰界分可以实施和不可以实施的税收优惠名目。

(3) 严格税收优惠实施的程序。规范和构建税收优惠的立项、审批、实施、申请、审核、评估、修正等程序,实现税收优惠实施的程序化。尤其要着力构建和规范税收优惠的绩效评价机制。运用税式支出的评估体系,对税收优惠的效果进行定量和定性评估,根据评估的结果,对效果好的要加大支持力度,效果欠佳的调整方向,效果差的要及时清理。通过建立税收优惠的检查制度、跟踪和反馈制度、备案制度②,实现税收优惠主体、内容、形式、法定条件和程序的规范化。

(4) 税式支出与直接支出的协调。实施税收优惠政策所放弃的税款是一种财政支出,那么就必须与直接支出通盘考虑,统一规划。但是,如果对其没有明确的支出分析和计划控制,就难免出现两种支出方式的悖反操作和援助不当或者错位的问题。而在统一的预案过程中,协调税式支出与直接支出的关系,恰当地确定支出的方向和重点,使税式支出和直接支出都符合财政援助的总体要求。③ 此外,通过税式支出实现税收优惠的理性规制后,在预算既定的情况下,就会出现无力应对突发事件情形的发生④。因此,在建立严格税式支出制度的同时,建立一笔专项的税收优惠应急准备金,专门针对突发情形很有必要。但必须注意,应急准备金只是例外,而严格的税式支出制度才是原则。

(三) 均衡性方向:利益均衡的法律机制建立

现代国家,税收不再只是国家汲取能力的体现,国家更应通过税收杠杆

---

① 参见王霞:《税收优惠法律制度研究——以法律的规范性及正当性为视角》,法律出版社 2012 年版,第 116—117 页。
② 参见赵文海、古建芹主编:《和谐社会和谐财税——税收优惠政策研究与解析》,经济科学出版社 2008 年版,第 93—95 页。
③ 参见张晋武:《中国税式支出制度构建研究》,人民出版社 2008 年版,第 78 页。
④ 如 2008 年汶川地震发生后,财政部门随即发布了《关于支持汶川地震灾后恢复重建有关税收政策问题的通知》(财税〔2008〕104 号),面对这样的情况,如果税式支出制度已经实施,预算既定,那么只能从其他税收优惠项目上抽借资金,以解燃眉之急,但这势必会影响其他优惠措施的实施效果。

的运用,体现对纳税人财产权益的扶持①,实现国家和纳税人之间利益的均衡。税收立法的民主性要求公众参与税收立法程序,是"共同参与民主制"理论在立法领域的反映。"共同参与民主制"是西方学者提出补充"代议民主制"的理论,认为凡是生活受到某种决策影响的人,都有权利参与到决策的制定过程,这种理论克服了"代议民主制"的缺陷,即代议人员因各种原因并不能反映人民的意志。② 因此,为了能够实现税收优惠所涉的主体之间利益的真正平衡,在制定税收优惠法律制度时,应该有相关主体的参与,既包括税收优惠的受惠主体,更应包括利益受损主体,这样才能使受到税收优惠影响的主体有机会、富有意义地参与到税收优惠法律制度的制定过程中,并对税收优惠法律制度的形成产生重要的影响和作用。③

  针对当前的中国税收法治现状,税收立法听证制度被认为是一种比较可行的参与式立法制度。立法听证制度是指立法机关在制定规范文件的过程中,组织相关部门、专家学者和其他有利害关系的当事人通过一定方式(常为听证会)陈述意见,为立法机关审议法律法规提供依据的一种立法制度。④ 通过听证,可以将纳税人的利益真正反映到税收优惠法律制度中去。并且,这种参与式的立法除具有内在价值、外在价值和经济效益价值之外还有第四类价值——社会关系的修复价值,也被称作"和谐"价值⑤,此种价值尤其对实现税收优惠受惠主体和利益受损主体之间的关系修复,推动两者之间的利益均衡具有不可估量的意义。利益均衡保障的另一个制度就是参与式预算。参与式预算可持续发展的保障是制度建设,尤其是通过法制化形成公众参与预算的有效机制,基于国内外参与式预算的实践经验,预算听证是最佳公众参与渠道。⑥ 预算听证事项中包括专业性、技术性较强,预算资金数目不易确定的项目⑦,而税收优惠就是这种专业性、技术性较强,而且由于受惠企业数目不确定等原因,其预算资金数目也是不确定的。因此,基于均衡性原则考量,在利益均衡的机制构建中理应将参与式预算中的预算听证制度纳入其中。

---

① 参见刘剑文:《掠夺之手或扶持之手——论私人财产课税法治化》,载《政法论坛》2011 年第 4 期。
② 参见刘剑文:《重塑半壁财产法——财税法的新思维》,法律出版社 2009 年版,第 141 页。
③ 参见施正文:《税收程序价值导论》,载刘剑文主编:《财税法论丛》(第 2 卷),法律出版社 2003 年版,第 203 页。
④ 参见辛国仁:《纳税人权利及其保护研究》,吉林大学出版社 2008 年版,第 139 页。
⑤ 参见陈瑞华:《论法学研究方法——法学研究的第三条道路》,北京大学出版社 2009 年版,第 20 页。
⑥ 参见闫海:《公共预算过程、机构与权力——一个法政治学研究的范式》,法律出版社 2012 年版,第 75 页。
⑦ 参见刑会强:《我国应建立重大公共支出决策听证制度》,载《行政法学研究》2004 年第 3 期。

四、税收优惠的体系进阶:以统一立法为依归

理论上说,无论税收优惠政策调整而否,都应该是立基于法治市场的建立与发展,体现税权向法治社会的努力。如果税收优惠只是利益博弈的产物,则势必会造成对税法规则的蔑视。国务院面对税收优惠规范与清理的纠结态度和"出尔反尔"的处置方式①,恰恰凸显了税收优惠法治化的不二选择。毕竟,"就法律性质而言,税收优惠是基准税制中的特别措施,其决定权与税种开征停征权、税目税率调整权,同属于税权的基本权能"②。将这种权能置于法定之下,不管是对纳税人权益的保护,还是对税收公平性的维护,都十分必要。在此语境下,如何评估三十余年来的税收优惠立法实践?税收优惠统一立法③缘何成为必由之路?如何展示统一立法的理想图景?统一立法有何具体要求、面临哪些难题?如何在统一立法的大视野中对税收优惠政策④进行清理、类型化,以满足未来立法之需?此类问题的解答有利于形成社会共识,关系税收优惠法治化的生成。

(一)税收优惠生成模式的中国进路

改革开放至今四十余年,财政领域成为改革的前沿阵地,尤其是"近年来,在我国财政领域,财政政策增长很快,但财政法律却没有相应地增长。财

---

① 中共中央《关于全面深化改革若干重大问题的决定》"五、深化财税体制改革"中专门论及税收优惠的规范管理、清理与统一立法,将其置于财税改革的关键地位,与增值税改革、消费税调整、个人所得税法修正、房地产税立法与改革、资源税改革及环境保护费改税一起构成"完善税收制度"的核心内容,确立了未来一段时间税收法治建设的指南针。为此,国务院 2014 年 11 月 27 日制定《关于清理规范税收优惠政策的通知》(国发〔2014〕62 号),对《决定》所言及的税收优惠的规范、清理等进行专门部署。然而,2015 年 5 月 10 日,"国发〔2014〕62 号"颁发不到半年,国务院再度发布《关于税收等优惠政策相关事项的通知》(国发〔2015〕25 号),不仅搁置了"国发〔2014〕62 号"的主要内容,而且还暂停和延缓了清理地方税收优惠政策工作。
② 叶姗:《税收优惠政策制定权的法律保留》,载《税务研究》2014 年第 3 期。
③ 本章所指的"税收优惠统一立法"绝非指单纯地将所有的税收优惠规定统一规定到一部法律当中,税收优惠统一立法最后应形成如下格局:从《宪法》到"税收基本法"或《税收征收管理法》,再从各部门税法到"税收优惠法"直至"税收优惠法实施细则",形成各层级和谐有序的税收优惠法律体系。但在目前的税法体系中,"税收基本法"和"税收优惠法"及其"实施细则"都尚未制定,本章所列示的是在理想状态下健全的税法体系应有的法律,当然,未来制定时不一定取名"税收基本法"和"税收优惠法"及其"实施细则",但其定位差异不应太大,为便于阐释,本章姑且分别定名为"税收基本法"和"税收优惠法"及其"实施细则",下文不再做说明。
④ 因税收优惠"政出多门",致使税收优惠规定的文献不一定处于同一位阶,考虑到称谓转换的复杂以及行文的便捷,除有特殊说明,本章不对其做严格区分。税收优惠政策、税收优惠文件、税收优惠法律等均着墨于其背后税收优惠规定的内容。

政政策的增长可以从权利增长、风险社会等角度得到解释,但财政立法的停滞只能从法律工具主义、法律虚无主义、经典计划经济体制的家长制等方面进行解释"①。与大多数财政政策的处境暗合,税收优惠以其独有的辅助经济发展②之功能,多以宏观调控手段的面目出现在我国的制度实践中,独立的法学品格相对弱化。但总体来说,税收优惠仍呈现出从无序逐步走向有序、从政策规制逐步萌生法治需求的变迁镜像与规律。

1. 生成模式③的整体叙事

这是一个税收优惠政策不断增长且日益盛行的时代。税收优惠政策的增长和盛行导因于经济社会生活的日益复杂化以及人们对于政府期望的增加④,更肇因于征纳经济考量。因为在税收征纳实践中,不管是具体的执法机关,还是守法的纳税人,他们首先在乎的是"答案",一个可以据此做出决定的预期"答案","答案"越清晰明确越利于规划经济行为,估算经济事实可能的效益,也即有"答案"可依。尔后,才会去考虑这个"答案"的形式合法性与实质合理性。这种"政策之治"的税收优惠生成模式,短期固然可以解决征纳双方的"答案"需求,迅速地完整征纳税款的任务。但其对法治财税所要求的"法律保留原则""法律优位原则""平等原则"等形式要义和"限定元权力""提供目的指引"和"保障权利底线"等实质要义的背离也是显而易见的。⑤

长此以往,不仅会扭曲社会各界的税收法治意识,极有可能还会造成税务行政权的过度膨胀和税收立法权的过分削弱。进一步的可能便是,立法权将难以控制行政权,司法权在税收领域的缺位更是使得税务行政成为一匹脱缰的野马,极易危及纳税人的人身和财产安全。在纳税人权利已经受到关注,且正受到越来越多的关注的当今社会,必须认真思量"政策之治"在税收优惠领域的生成和运用。在此其中,最易被忽视的是税收优惠的具体表述形式,即采取何种模式来规定税收优惠,这直接关乎税收优惠的实施成效,牵涉国家与纳税人、纳税人与纳税人之间的利益衡平,理应重点关注,遗憾的是这方面的研究文献几近空白。另一方面,税收优惠的文件数量不胜枚举,且涵涉所有现行各单行税法。

---

① 邢会强:《财政政策与财政法》,载《法律科学》2011 年第 2 期。
② 参见庄美玉:《租税优惠作为经济辅助手段之研究》,台湾成功大学 2003 年硕士学位论文。
③ 此部分重点对现行税收优惠规范性文件进行实证考察,因现行文件并非典型的税收立法行为所致,姑且称为"生成模式",也便于与本章主旨以及后文的立法模式所界分。
④ 参见邢会强:《政策增长与法律空洞化——以经济法为例的观察》,载《法制与社会发展》2012 年第 3 期。
⑤ 参见熊伟:《法治财税:从理想图景到现实诉求》,载《清华法学》2014 年第 5 期。

从生成模式上看,这些文件有的涵盖两个以上的单行税种,即一份税收优惠规范性文件同时规定两个以上的税种优惠,本章将此种模式称之为"复合模式"。比如,《关于北京2022年冬奥会和冬残奥会税收政策的通知》(财税〔2017〕60号)便集中就北京2022年冬奥会和冬残奥会组织委员会、国际奥委会、中国奥委会、国际残疾人奥林匹克委员会、中国残奥委员会、北京冬奥会测试赛赛事组委会以及北京2022年冬奥会、冬残奥会、测试赛参与者所涉的增值税、进口环节增值税、关税、印花税、车辆购置税、企业所得税、消费税、耕地占用税、个人所得税、水资源税等税收优惠进行了详细规定。与之不同的是,有的税收优惠规范性文件仅涵涉单一的税种优惠,即一份税收优惠规范性文件仅规定某一税种优惠,属典型的"一税一优惠",本章称之为"单一模式"。例如,《关于飞机租赁企业有关印花税政策的通知》(财税〔2014〕18号)仅涉及印花税,规定:"自2014年1月1日起至2018年12月31日止,暂免征收飞机租赁企业购机环节购销合同印花税。"在税收优惠规范性文件的生成实践中,两种模式交替进行,共同演绎了我国税收优惠的发展脉络,构筑起当下税收优惠规范性文件体系。剖析文件可以看出,从20世纪80年代演进至今,各级财税主管部门都倾向于使用"单一模式"规定税收优惠,渐成以各税优惠的"单一模式"为主导、兼顾"复合模式"的生成模式,此种模式成为改革开放至今税收优惠规范性文件生成的独特镜像。

2. "单一模式"的一体两面

"单一模式"以"一事一议"的方式规定单一税收优惠,直接的结果便是关联税收优惠文件数量庞杂,以个人无偿赠与不动产优惠为例,个人无偿赠与不动产直接关联个人所得税、契税、印花税、土地增值税、营业税和城市维护建设税及教育费附加,尤其契税、个人所得税和营业税与不动产的赠送息息相关,赋予此类行为以税收优惠最简洁的办法莫过于以一个条文统一规制,然事实并不如此,十五年来,财税主管部门共发布6份[1]直接赋权个人无偿赠与不动产以税收优惠的实体规范性文件[2],直指契税、个人所得税和营业税三大核心税种。除国税函〔1999〕391号、财税〔2011〕82号和财税〔2014〕4号规定夫妻之间房产变动的契税优惠外,国税函〔2004〕1036号、财税〔2009〕78号和财税〔2009〕111号分别从契税、个人所得税和营业税角度规定房屋产

---

[1] 《关于加强房地产交易个人无偿赠与不动产税收管理有关问题的通知》(国税发〔2006〕144号)与个人无偿赠与不动产也具有很大的关联性,但该通知主要侧重于税收管理层面。
[2] 分别为国税函〔1999〕391号、国税函〔2004〕1036号、财税〔2009〕78号、财税〔2009〕111号、财税〔2011〕82号(已失效)及财税〔2014〕4号。

权无偿赠与时的免税规定,具体内容的表述也十分雷同,都区分为对法定继承人的赠送和非法定继承人的赠送,以此给予不同的税法待遇,体现了税法对婚姻继承法财产规则的尊重。既然都发端于婚姻继承法的财产规则,税收优惠的原理和最终待遇也一样,为何不能将其融入统一规则体系,而是分别规制在不同的优惠文件中。根源或许在于规则设计者的路径依赖和现实的无奈。

的确,税收优惠的"单一模式"犹如"一事一法"的分散式立法模式,具有适时灵活、方便快捷、高效的独特优势,其通过对严苛与烦琐的立法程序的规避,使得文件起草的难度和文件出台的阻力悄然降低,迎合了日益变迁的交易事实。不过,这种模式也导致了法律统一性缺失,造成法律规范的杂乱甚至冲突。① 从税收公平和中性的角度出发,税收优惠理当奉行法定主义,谨慎启用。但也必须直面当下行政立法的现实,税收法定主义的落实绝非一日之功,作为一个非常专业的领域,税法无论是立法、行政还是司法,都需要专门的人才和知识积累。但最高立法机关在这方面的准备明显不足,无论是制度、人力还是知识储备,都可能难以胜任税收严格法定后的重担。如果立法机关不加强立法能力,最有可能的结果就是,形式上坚持了税收法定,由全国人大或其常委会制定税法,实际上仍然广泛授权政府,使政府拥有过分的税收决策权。② 因此,我们一方面要呼吁尽可能采用"复合模式"确立税收优惠,简化税收优惠税制;另一方面也必须考虑到立法机关的现有立法能力,并着力立法机关的能力建设。

3."复合模式"与统一立法的提出

"复合模式"固然可以避免"单一模式"存疑的诸多缺陷,但也必须认清"复合模式"无法克服的局限。"复合模式"将诸多税种的优惠内容融合到一个规则中,直接的效应便是简化了税收优惠税制,大大减少了税收优惠的数量,但无形中增添了税收优惠规则设计的难度,也使得税收优惠的灵活性和机动性大为降低,因为"制定税法,是与一定经济基础相适应的,税法一旦制定,在一定阶段内就要保持其稳定性,不能朝令夕改,变化不定。如果税法经常变动,不仅会破坏税法的权威和严肃性,而且会给国家经济生活造成非常不利的影响"③。纵有千般万难,"复合模式"仍值得期待和追求,也是税收法治的应有之义。从20世纪80年代以来,依法治税以"税收的灵魂"的地位,

---

① 参见吴鹏飞:《中国儿童福利立法模式研究》,载《江西财经大学学报》2018年第1期。
② 参见熊伟:《论我国的税收授权立法制度》,载《税务研究》2013年第6期。
③ 刘剑文主编:《中国税收立法基本问题》,中国税务出版社2006年版,第144页。

成为中国税法领域中的依据响亮的口号。

受此影响,税法理念与制度陷于迷失之惑。在税法理念上,税法遭遇正当性危机、义务本位主义膨胀、税法功能失调。直接的表征便是税收法律制度呈现三大主要特征:其一,税收立法的膨胀;其二,税收执法监督制度的缺失;其三,税收司法制度的软化。① "复合模式"有助于扭转税收优惠陷于迷失的沼泽地,实现税收优惠从"依法治税"到"税收法治"的过渡。当然,要真正实现税收优惠的法治化,克服当下"单一模式"为主导、兼顾"复合模式"的生成模式的顽疾,绝非将其改为"复合模式"那般简单。目前的"复合模式"并不能保证法治化在税收优惠领域自动生成,税收优惠统一由专门税收法律法规规定,进行税收优惠的统一立法是未来的方向。②

(二) 税收优惠统一立法的论证

受经济活动、经济波动、经济政策等方面的影响,税收优惠条款要在一定程度上体现经济政策和社会政策的调整和变化,注定税收优惠条款的变易性。当下中国将税收优惠的变易性发挥到极致,使得税收优惠条款过多、过泛、过滥,几乎覆盖了所有的部门税法。税收优惠政策的调整又不能破坏税法的安定性和可预测性。因此,税收优惠制度的基本结构应当具有相对的稳定性。在保持税收优惠条款相对稳定的前提下,通过解释适用的技术处理,以解决税收优惠条款的稳定性与社会经济发展变易之间的矛盾,实现稳定性与变易性的对立统一,看似明智之举,但行政主导的税收优惠解释体系所产生的弊端,已积重难返。尤其是越权解释的普遍性,解释程序的封闭性、缺乏监督性,都使得税收优惠文件仓促出台,缺乏整体协调,最终的结果便是具有解释属性的"单一模式"的税收优惠文件横行。一方面,影响税收优惠立法的经济性,降低效率;另一方面,妨碍税收优惠的统一性和合理性,进一步削减税收优惠制度的内在逻辑和公平正义。因此,通过确立税收优惠条款的解释原则,力求突破现有税收优惠理论之囹圄③固然可以尝试,但其无法跳出当下税收优惠生成模式所固化的路径障碍,困扰税收优惠诸多疑云的解决,必须通过统一立法予以解决。

---

① 参见谭志哲:《当代中国税法理念转型研究——从依法治税到税收法治》,法律出版社 2013 年版,第 25、83—111 页。
② 与税收优惠的统一立法观点类似,也曾有学者提出:文化产业税收政策应由国务院单独制定一个特别优惠法案,把散存各处的文化产业税收政策进行分类整理,再统一颁布执行,充分发挥其在文化产业税收政策中的统领性作用。参见魏鹏举、王玺:《中国文化产业税收政策的现状与建议》,载《同济大学学报(社会科学版)》2013 年第 5 期。
③ 刘继虎:《税收优惠条款的解释原则——以我国〈企业所得税法〉相关条款的解释为例》,载《政法论坛》2008 年第 5 期。

1. 统一立法与税权控制

目前税收优惠规定可谓"政出多门",有由立法机关直接规定的,也有由行政机关越权解释而致的;有由中央统一部署的,更有为招商引资目的而由地方政府主导、争相扩大税收优惠范围、延长优惠期限、变相或滥用税收优惠规定,制造"税收洼地"等的,最终致使税收优惠的恶性竞争,全然不顾税收公平、税收中性和比例原则等的约束,也完全忽视了税收优惠存在的根基,极易造成全国统一的税收优惠政策的割裂。税收优惠原本属于宏观调控规范,直接或间接影响纳税人的行为抉择,在国家经济、社会发展中起到重要的导引作用。然而,"税之优惠措施从税负的承担力这一点来看,尽管是纳税义务者都处在同一状况下,但税之优惠措施在税负的承担力上是给予特定者以特别利益的。故,税之优惠措施是同税之公平主义相抵触的"[1]。

由此可见,国家利用税收负担上的差别待遇,给予特定纳税人以税收利益,是以牺牲税收公平[2]为代价的。正因如此,对税收优惠的规定应慎而又慎,切不可肆意而为。应将税收优惠的立法权、执行权和司法权严格分离,通过权力的掣肘调和量能课税原则与税收公平原则在税收优惠上的冲突。这也是税权理论的本有之义,而目前我国税收优惠规定多由行政机关,尤其是财税部门主导,财税部门颁布的税收优惠文件数量远远超过立法部门制定的税收优惠条款数量,分权制衡理念在税收优惠领域几无体现。

"20世纪90年代末,我国学者提出了'税权'概念,并建议将其作为一个核心范畴引入税法,有关'税权'问题的研究开始在国内兴起,并一度与传统的以税收法律关系为核心的税法研究一起构成了我国税法理论研究的两条主线。"[3]税收优惠的立法权、行政权和司法权分别国家立法机关、国家行政机关、国家司法机关代表国家来行使,这是对税权的基本定位。[4] 从宪政层面来讲,税权的内容包括征税权和用税权。其中,征税和用税的决策权归立法机关,征税和用税的执行权归行政机关,征税和用税的监督权最终归司法机关。此种权力配置是税收法定主义的必然要求,也是权力制衡原则的体现。[5] 而"目前人大、国务院、财政部、省级政府等都有权设置税收优惠政策。

---

[1] 〔日〕金子宏:《日本税法》,战宪斌、郑林根等译,法律出版社2004年版,第69页。
[2] 其实并非所有的税收优惠都有违税收公平、违背量能课税原则,比如对残废人、下岗职工等特定人群的税收优惠更多属于政策性照顾,也符合宪法上公民基本权利的规定,但整体而言,此类税收优惠数量极少,其存在不足以改变绝对多数的税收优惠属性,基于优惠文件的数量权重和行文主旨,本章不做更为细致的界分。
[3] 魏俊:《税权效力论》,法律出版社2012年版,导论。
[4] 参见施正文:《论征纳权利——兼论税权问题》,载《中国法学》2002年第6期。
[5] 参见刘丽:《税权的宪法控制》,法律出版社2006年版,第21页。

因而要彻底纠正税收优惠的随意散乱现象,就应将优惠批准权上收,最终确立和坚守税收优惠法定原则,所有优惠都要经过人大批准并以正式法律文件公布。税收优惠法定是税收法定的逻辑延伸,因为对特定主体的减免税会造成对其他社会成员的不公平,需以人民的代表机构同意为前提,并以符合公共利益为要件"①。

当税收优惠"政出多门"时,税收优惠的整体性和协调性难以实现,而这事关量能课税原则与税收公平原则在税收优惠领域的调和。税收优惠之间的整体性与协调性只有通过统一立法方能实现,统一立法通过将各种优惠规定提炼,以成文法的形式确立下来,避免税务机关、地方政府"一事一议""特事特办",有助于规制滥用税收优惠规定、减少微观干预,规范宏观调控的行政行为,最终实现税收优惠立法权和执行权之间的控制与制衡。因为权力能否正确行使并长久存在,关键在于是否具有制衡机制,能否处在平衡状态。其实,权力的相互制衡问题自古以来就是现实存在并随着客观环境不断发展的。② 对税收优惠进行统一立法是税权控制的重要体现。

2. 统一立法与税制简化

对税收优惠进行统一立法,是税收法定主义的绝佳体现,也是税制简化的根本性要求。税制简化发端于纳税服务和稽征经济理念,凸显了独特的时代价值。现行税收优惠规定多属"一事一议",看似涵盖了所有可能的税收优惠情形,实则挂一漏万,且大大增加了税收优惠规定的复杂性。"复杂性不是独立存在的,而是我们所要求的政府干预水平和公共服务水平的一种体现。高水平的政府活动和高水平的公共服务带来高税率,高税率带来复杂性。简化税制的呼声也逃不过这套逻辑。"③

"一般来说,好的税制应当是简单的。在完成同样目标的前提下,简单的税制无疑比复杂的要好。简单的税制相对透明,且管理成本低。但是世界太复杂,没有一个税制是真正简单的。"④ 或因如此,自 20 世纪 50 年代以来,为纳税人提供服务,帮助纳税人履行纳税义务,促进全社会的税收遵从作为一种通行做法,在许多国家的税务管理中发挥着越来越重要的作用。国外以纳

---

① 衣鹏、张凡、申剑丽:《清理税收优惠,推动税制简化》,载《21 世纪经济报道》2013 年 11 月 25 日,第 002 版。
② 参见荆树鑫、李卫东:《论政治博弈下的权力制衡》,载《学理论》2009 年第 11 期。
③ Joop N. van Lunteren,"Comments on Jeffrey Owens and Stuart Hamilton: Experience and Innovations in other Countries", In Henry J. Aaron and Joel Slemrod(eds.). *The Crisis in Tax Administration*, Brooking Institution Press, 2004.
④ 〔英〕詹姆斯·莫里斯、英国财政研究所:《税制设计》,湖南国税翻译小组译,湖南人民出版社 2016 年版,第 40 页。

税人为中心的服务理念转变走过了半个多世纪的历程,期间经历了从强制管理向纳税服务转变的行政理念变迁过程。现在无论是发达国家还是发展中国家,都已经或正在将纳税服务理念和机制引入税收征管,为纳税人提供优质、高效的服务已成为世界各国税务机关的共识。①

以《美国联邦税务局战略规划(2009~2013)》为例,该规划将"改进纳税服务,使纳税人遵从税法简便易行"作为联邦税务局的首要战略目标,并号召联邦税务人员更努力地工作——站在纳税人的立场思考问题,缩短纳税事宜的处理时间,及时提供纳税指南以帮助纳税人正确纳税。规划也旗帜鲜明地指出,必须在纳税服务和税收执法两方面平衡发展,而非过分倚重一方。②税务行政涉及极度繁琐的程序,也关涉浩瀚的法律规范,因而方便纳税人成为全球共识便不再难理解。方便纳税人最为有效的举措便是税法的简化。

具体至中国实践,改革开放以来形成的税收优惠生成模式,使得当下的税收优惠文件庞杂、泛滥,表达技术十分粗陋、冲突时有发生,且诸多税收优惠对不同地区、不同群体起到的更多是一种逆向调节,既不符合量能课税原则,又违反了税收中性原则。从现有的税收优惠政策来看,明显缺乏规划性和系统性,至今尚未形成一个完整的税收优惠体系。③ 所以,对税收优惠进行统一立法绝非单纯的取悦纳税人,其不仅与稽征经济理念高度契合,而且与税收法治建设径路不谋而合。

3. 统一立法的东亚实践:从日本到韩国

税收优惠统一立法,既有税权控制的内在动力,也有税制简化的未来诉求,还有法源发展的普遍规律。④ 所以,寻求税收优惠的统一立法,则不仅要充分挖掘已有的中国经验,而且要大胆借鉴有效的域外做法。特别是日本和韩国,两国以其独特的税收优惠立法,助推经济、社会发展,使得两国在20世纪中后叶迅速跨过中等收入陷阱,立足于世界之林,形成东亚发展的成功典范。日本早在1946年即颁布了《税收特别措施法》⑤,2013年最终修正。该

---

① 国家税务总局纳税服务司:《国外纳税服务概览》,人民出版社2010年版,第3、22页。
② 参见〔美〕道格拉斯·舒尔曼:《美国联邦税务局战略规划(2009~2013)》,局长致辞。
③ 参见李景波、陈楠楠:《财税扶持文化产业的改革路径研究》,载《改革与战略》2017年第9期。
④ 亦如学者考察刑法法源与刑事立法模式时指出:从无形到有形,从分散到集中,从不成文法到成文法,从制定法到法典化,从相对简单到日趋复杂,从国内到国际甚至全球,刑法法源成为复杂体系,这是对刑法法源历史和全球考察的基本结论。参见卢建平:《刑法法源与刑事立法模式》,载《环球法律评论》2018年第6期。
⑤ 税收特别措施既包括以减轻税负承担力为内容的税收优惠措施,还包括以加大税负承担力为内容的税之重课措施,但税收优惠措施占据税收特别措施的绝对组成部分,为此,对税收特别措施的统一立法也基本反映了税收优惠统一立法的价值取向和立法抉择。

法更似各部门税法的税收优惠汇编,全法分八章和附则,分别是总则、所得税法的特例、法人税法的特例、遗产税法与地价税法的特例、登记许可税法的特例、消费税法等的特例、利息税等的比例特例、杂则、附则。具体至每一具体税法的特例,立法采用类型化的方法枚举,十分详尽。① 日本立法实践中,"判断税之优惠措施是否是不合理的优惠措施主要依据个别的每项税之优惠措施的内容效果而定。即一般按如下三条标准来判断:① 税之优惠措施的政策目的是否是合理的;② 对①的政策目的的实现,该税之优惠措施是否是有效的;③ 通过税之优惠政策的实施,税负的承担力的公平性受到了多大程度的侵害等"②。这与现代税法一以贯之的比例原则是高度吻合的,也体现了日本税收优惠立法与学说的先进性。总体来说,日本对税收优惠的立法代表统一立法的第一种模式,即在各部门税法内部清理、按照一定的标准对各税收优惠规定进行类型化,在此基础上,将各税体系化的税收优惠规定汇总,汇编成法。此种统一立法模式建立在各部门税法的基础上,对立法技术要求相对较低。

与日本不同,20世纪两次石油危机等国际环境的变化严重影响大量资本投资的回报效应。因此,在1979年至1981年期间,韩国政府实施重化学工业的投资调整。在此期间,韩国政府制定并开始实施《租税减免规制法》③,开启了税收优惠统一立法的另一种路径。《租税减免规制法》总共五章,外加附则和附表,分别为:总则、直接国税、间接国税、地方税、补则及附则、附表。该法的主体部分是直接国税、间接国税和地方税三章。其中,核心是"直接国税"章,该章打破税种壁垒,采取绝对类型化方式,将租税特例归为18类,分别规制以下类型的租税特例:对利息所得等、对公共法人、对重要产业、对中小企业、对技术及人力开发、对输出等获得外汇事业、对国外事业、对国外投资、对外国航行事业、对资源开发事业、对防卫产业、对向地方迁移事业、对产业合理化、对捐赠等之所得计算、为改善财务结构、对转让所得等、对国际金融机构等、为促进投资。而"间接国税"和"地方税"章又回归税种类型,与日本《税收特别措施法》立法模式几无二致。具体来说,"间接国税"章分为附加价值税零税率之适用与免除、特别消费税之免除、印花税之免除、酒

---

① 参见日本:《租税特别措置法》(最终改正:平成二五年六月一九日法律第五一号)の全部を改正する,引自 http://law.e-gov.go.jp/htmldata/S32/S32HO026.html,最后访问日期:2015年12月5日。
② 〔日〕金子宏:《日本税法》,战宪斌、郑林根等译,法律出版社2004年版,第69—70页。
③ 参见榆林市地方税务局:《促进产业结构调整税收政策的国际借鉴研究》,引自 http://www.ylsfzb.gov.cn/News_View.asp?NewsID=1905,最后访问日期:2015年12月5日。

税之免除及关税之减轻;"地方税"章分为登录税之免除和取得税之免除。①韩国的税收优惠立法蕴含了统一立法的第二种可能的模式,即打破传统的部门税法,突破各部门税法内部立法的局限,以行业、产业或业务、主体等为标准,串起各税的关联优惠规定。此种立法对于征纳双方理解、适用税收优惠都极为有利,而这仰赖于娴熟的立法技术,对立法机关的立法能力提出更高的要求。

五、税收优惠统一立法的具体展开

亦如前述,考虑到税权控制和减轻纳税人负担的初衷,与税制简化有着异曲同工之妙的统一立法模式也就成为不二之选。其实,传统单行税法在选取立法模式时也都更倾向于此种立法模式,因为多数单行税法规制的课税要素的同质性远远大于异质性,如个人所得税的课税对象虽有工薪所得、劳务报酬所得、稿酬所得、特许权使用费所得、经营所得、财产租赁所得、财产转让所得、偶然所得等多种所得类型,但其"所得"的同质性远大于其类型化的差异性。② 这种同质性正是统一立法的事物根基。客观上看,统一立法的立法模式的确有别于概念型法律体系,因为概念型法律体系主要是指基于某一立法对象不断拓展的现实情况,通过制定相应的法律、法规等对该对象所涉及的各个方面予以保护的立法体系。而统一立法模式则是要求通过一部统一法典来规范和调整规制对象的一种立法形式。③ 比对即易看出,税收优惠统一立法要想得以贯彻实施,同样需要遵循同此种立法模式的普适规律。

(一)税收优惠统一立法的理想图景

法律应当具有统一性,统一完备的法律体系是法治国家的题中应有之义。立法必须统一,国家应当保证法律的统一性和权威性,不能法出多门,互相矛盾。法的体系内部应当具有和谐的关系。④ 税收优惠莫不如此,统一完备的法律体系也为税收优惠立法所追求。从应然角度看,税收优惠立法应确

---

① 参见李相穆等:《韩国租税减免制度解说》,陈清全、吴家兴译,台湾"财政部"财税人员训练所1983年版,第439—499页。
② 参见冯铁拴、熊伟:《资源税扩围语境下立法模式论析》,载《江西财经大学学报》2018年第5期。
③ 参见田艳、艾科热木·阿力普:《〈文化遗产保护法〉的统一立法模式考量》,载《西南民族大学学报(人文社科版)》2019年第2期。
④ 参见马怀德主编:《法律的实施与保障》,北京大学出版社2007年版,第114—115页。

立从"宪法"到"税收基本法"或"税收征收管理法",再从各部门税法①到"税收优惠法"直至"税收优惠法实施细则"的五层②架构,形成各层级和谐有序的税收优惠法律体系(如"图 9-1"所示)。

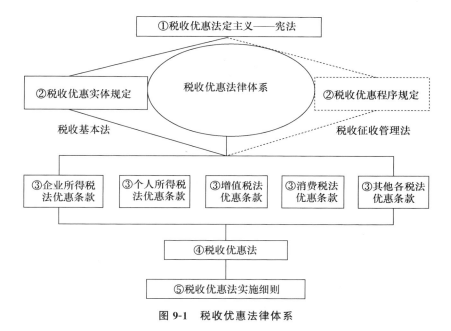

图 9-1 税收优惠法律体系

需要提及的是,该体系应当是统一的、完备的,尽力避免上下级法律之间的矛盾和同一位阶的法律之间的冲突。在该体系中,"不同的法律部门负载不同的使命,也会有不同的追求,但所有的法律部门都涵摄在宪法之下,因而应该遵守宪法的一般价值观。其实,不同的部门法都是在努力践行宪法的一般判断价值为具体的判断价值,只是分工有差异"③。理想的税收优惠法律体系应分成上图五层,第一、二层级重点规定税收优惠宏观上的立法理念、立

---

① 在税收优惠法律体系层面论及的各部门税法中的税收优惠条款,不仅包括部门税法,也包括该部门税法的实施条例或细则中的优惠条款。处于简写方便,统一称为部门税法中的税收优惠条款。

② 基于税收法定主义考虑,作为税收构成要件的特别措施,税收优惠理应由立法机关以法律的形式加以确定。因此,理想状态下,税收优惠的所有规定都应由立法机关制定。但因税收法定主义蕴含着授权立法的空间,照此逻辑,在税收优惠法律体系中,还有部门规章和地方政府规章位阶的税收优惠规定之可能,因为全国人大可以授权国务院制定条例,国务院又可授权财政部执行实施细则,财政部还可授权国家税务总局解释。但必须看到这三层的转授权,已经逐步背离了税收法定主义的初衷。考虑到税收优惠的特性和独特定位,尤其是我国授权立法被滥用的事实,长远来看,在税收优惠领域还是应坚持相对严格的法定主义,杜绝、至少是减少规章层面的税收优惠规定,至于规章以下的规范性税收优惠文件应坚决杜绝。

③ 杨小强、叶金育:《合同的税法考量》,山东人民出版社 2007 年版,第 4—5 页。

法原则等,第三、四、五层级重在落实第一、二层级的理念和原则,使抽象理念原则变为可操作的具体优惠法律制度,且应力图与税收优惠的客观现实、商业实践和政治制度相衔接,反映现存的社会、政治现实。① 相关内容安排简述如下:

第一层级,宪法作为位阶最高的法律,应落实税收优惠法定主义。在宪法优惠法定主义的判断上,各下位法不应出现冲突,但在具体的落实当中,可能会有不同的偏好和选择。这种不同的偏好与选择,可能带来不同的立场,也可能形成不同的视野,最终可能陷于利益博弈的泥潭。但在税法上,"法益衡量的结果,并非取其一,而排除其他;而经常是调和各方利益,达到公共利益与个人利益兼顾,征纳双方权利与义务统一及整体平衡"②。因为作为宏观调控的重要工具,税收优惠不能完全脱离公共利益理论的约束,也不能完全不顾相关主体的公共选择。因此,为实现统一完备的税收优惠法律体系,各税收优惠的部门法之间应相互尊重,但也要正视分歧的存在,并为此构建起可以协调的机制。

第二层级,"税收基本法"或"税收征收管理法"位于第二位阶,该位阶的税收优惠法律应着重于税收优惠目的、税收优惠要件、税收优惠范围、税收优惠的申请、管理等方面的内容。未来我国如果分立"税收基本法"或"税收征收管理法",则"税收基本法"宜规定实体方面的税收优惠制度,而"税收征收管理法"更适合规定程序方面的税收优惠制度。如若"宪法"之下第二位阶仅有"税收征收管理法",则只好将上述规定统摄在该法之中,但这绝非理想选择。当然该位阶还存在第三种可能,即将"税收征收管理法"改造成"税收基本法",增加目前"税收征收管理法"中缺乏的一些实体规定,如果出现此种境况,则可大力借鉴德国租税通则的立法经验,设立税收优惠专章③。不管该位阶未来采取何种模式,该位阶都应设置税收优惠的程序性规定,因为在实践中,对作为宏观调控重要工具的税收优惠进行统一实体性立法本身就不是一件容易的事,法律能约束的只能是宏观调控权力的来源与宏观调控程序。为保证税收优惠的功能实现,必须更加强调其程序控制,比如引入税收优惠听证制度、公示制度和审计制度等,最终通过事前、事中与事后的程序制约来

---

① Richard K. Gordon and Victor Thuronyi:"Tax Legislative Process", In Victor Thuronyi(eds.): *Tax Law Design and Drafting*(volume 1), International Monetary Fund, 1996.
② 陈清秀:《现代税法原理与国际税法》,台湾元照出版有限公司2010年版,第5页。
③ 《德国租税通则》第二章"租税债法"专设"第三节 受租税优惠之目的",分别对税收优惠的一般目的、具体目的、税收优惠的要件、税收优惠的范围等进行详尽的规定。参见陈敏译:《德国租税通则》,台湾"司法院"2013年版,第85—108页。

促进政府调控行为的经济理性。①

第三层级,该位阶由各部门税法中的税收优惠条款组成,承上启下。该层级法律必须让宪法层级的优惠法定主义和"税收基本法"或"税收征收管理法"中的税收优惠原则性规定落地,结合上两个层级的理念和原则,确立本部门税法中的优惠规定,部门税收优惠规定也只宜做概括性规定、重点设置特定的优惠事由。从税收构成要件上分析,税收优惠事由属于税收构成要件中的消极要件。消极要件在规范形式上通常以例外规定的形态存在,对积极要件的适用范围起修正或限制作用。消极要件可以视情形的需要针对各种积极要件规定。② 从法律适用的逻辑顺序上,必须先满足税收积极要件后,然后借由优惠消极事由存在,达到少缴纳税款目的。因此,享受税收优惠相较于一般正常的纳税义务而言,前者为例外,后者为原则。这类"原则—例外"的立法技术,乃是通过在税收债务发生的构成要件中安置特定消极事由,对于纳税人、征税客体、归属、税基、税率作出例外规定。③ 在第三层级的法律中设置税收优惠"原则—例外"的概括性规定,从而顺利开启第四层级的税收优惠法律。

第四、五层级,在第一层至第三层级宏观理念、中观规定的基础上,确立税收优惠的微观制度,该层级为税收优惠法律体系的核心部分,税收优惠的核心制度均应在此位阶中得到落实。具体由第四层级的"税收优惠法"和第五层级的"税收优惠法实施细则"组成(下文详述)。第四、五层级虽为税收优惠法律体系的最低位阶,但其在体系中具有至关重要的作用。尤其是在当下中国,税收优惠从立法到实践,一片乱象、亟待治理,"税收优惠法"及其"实施细则"的制定④,直接关系到税收优惠的规范化管理,影响着税收优惠统一立法的进程,也从根本上决定着税收优惠法律体系的根基能否建立。因此,必须精心布局、统筹安排,在统一立法的趋势和大视野中整体推进。

(二) 税收优惠统一立法的推进方略

要想根治税收优惠领域业已存在的种种问题,对其进行统一立法正当其时。但税收优惠事关国家区域发展、行业促进,更关乎国家税收利益与纳税

---

① 参见王霞:《税收优惠法律制度研究——以法律的规范性及正当性为视角》,法律出版社2012年版,第79—88页。
② 参见黄茂荣:《税法总论》(第一册),台湾植根法学丛书编辑室2002年版,第285—286页。
③ 参见刘剑文等:《〈企业所得税法〉实施问题研究——以北京为基础的实证分析》,北京大学出版社2010年版,第167页。
④ 《税收优惠法实施细则》重在对"税收优惠法"进行解释,使其更具操作性。因此,其立法模式、立法技术等基本都由"税收优惠法"决定。处于此种考虑,下文仅对"税收优惠法"制定所涉及的重要问题进行论述,对《税收优惠法实施细则》所涉及的立法问题不做专门研究。

人权益保护,还可能波及市场竞争秩序等,可谓牵一发而动全身,因此,对其立法必须谋定而后动,我们一方面要呼吁税收优惠统一立法,将其纳入法治化的轨道;另一方面也必须考虑税收优惠的当下实践,尤其是财税部门制定税收优惠政策的路径依赖,都注定税收优惠的统一立法绝非一日之功。针对现有的税收优惠规定,按照统一税制、公平税负、促进公平竞争的原则,分步推进、伺机立法应该是较为稳妥的方案。当下尤其要着力于税收优惠文件的清理和类型化整理,在此基础上,制定"税收优惠法",以此为核心构建统一、完备的税收优惠法律体系。

1. 税收优惠文件的清理

当前,我国税收优惠文件数量十分庞大,涉及面也相当宽广,基本涵盖现行所有税种。作为一种租税特权,税收优惠以牺牲公平负担原则为代价,实现倾斜性减轻特定纳税者的税负。税收优惠不征收有税负能力的人应交纳的租税,所以它具有"隐性补助金"或"隐形支出"的性质。虽说都是减轻税租税措施,但从社会政策立场减轻中小企业和低收入者等的税收优惠措施是宪法上必要的措施。① 然而,诸多税收优惠文件无论是规则设计还是规范实施都不尽如人意,导致税收优惠目的缺位、优惠总量失控与支出随意以及利益衡量机制的缺失等诸多问题出现。

要想顺利实现税收优惠的统一立法,首当其冲的是要对已经颁布的税收优惠文件进行清理。中央将"清理规范税收优惠政策"写入十八届三中全会《中共中央关于全面深化改革若干重大问题的决定》实属罕见。《决定》出台后,时任财政部部长更是疾呼:当前,我国税收优惠政策尤其是区域优惠政策过多过滥,严重影响了国家税制规范和市场公平竞争,必须下大力气清理整顿。② 由此,一方面可以看出中央清理税收优惠的决心;但另一方面,直接将税收优惠解读为一种政策,又一次凸显了税收优惠制定的路径依赖,即极少从立法角度去思考税收优惠,取而代之的是一以贯之的政策考量,税法的宏观调控功能被无限放大。但从更为积极的角度看,未尝不可利用《决定》对"税收优惠政策统一由专门税收法律法规规定"的契机,以税收优惠文件的清理为起点,将税收优惠纳入法治化范畴。对税收优惠文件进行清理,首先应解决好以下难题:① 谁负责组织、统筹文件清理工作;② 谁具体负责清理任

---

① 参见〔日〕北野弘久:《税法学原论》(第四版),陈刚、杨建广等译,中国检察出版社 2001 年版,第 109 页。
② 参见新华社:《消除机制体制弊端 建立现代财政制度——财政部部长楼继伟详解深化财税体制改革思路》,引自 http://www.mof.gov.cn/zhuantihuigu/cztz/mtbdljw/201311/t20131121_1014349.html,最后访问日期:2019 年 5 月 18 日。

务,即清理权限如何分配;③ 清理的对象,即纳入清理的税收优惠文件范围;④ 清理的目标、方法与标准①;⑤ 清理结果的处理。此等难题的破解可以参照近几年国务院、国税总局对部门规章、税收规范性文件清理方面的做法,稳步推进。② 概述如下:

(1) 因税收优惠"政出多门",对其进行清理牵扯多个部门的配合与协调,由全国人大常委会组织、统筹最为理想,但最少也得由国务院出门组织税收优惠文件的清理。在全国人大常委会或国务院的领导下,根据税收优惠文件的制定部门分成相应清理小组,各小组逐步落实本部门的优惠文件清理工作。

(2) 对税收优惠文件进行清理,从税收法定主义出发,最为理想的应该统一由立法机关行使清理权限,但基于多次提及的"政出多门"现实,注定奉行"谁制定、谁清理"更为可行。

(3) 对于清理的对象,应重点围绕已经明显不适应经济社会发展要求的、与上位法的规定不一致的、税收优惠之间明显不协调等三类文件而展开。通过对这三类税收优惠文件的清理,查找出存在的明显不适应、不一致、不协调的突出问题,根据不同情况,区别轻重缓急,分类进行处理,为税收优惠统一立法奠定坚实的基础。

(4) 考虑到税收优惠文件的庞杂,尤其是各地迥异的优惠规定,税收优惠文件的清理可以延续以往税收规范性文件清理的基本方法,即"先理后清"。各级财税部门首先查找确定需要清理的税收优惠文件的底数,在此基础上,理顺文件之间的相互关系,按照职责分工,确定各业务部门的清理范围,按照"谁起草、谁清理、谁负责"的工作原则进行清理。此外,为减轻后续立法的准备工作,清理文件应逐文逐条进行,按照"有效、简洁、规范"的原则要求,确保全部税收优惠文件及所有优惠条款的系统化和规范化。

(5) 清理完成后,各清理小组应汇总各层级的清理成果,最终由全国人

---

① 对于全国人大及常委会和国务院出台的税收优惠法律、法规,因数量极少、规定抽象,使得对其进行清理变得简单,其清理方法和标准无需专门论及,下文对清理方法和标准的论述重点针对的是财税部门颁发的税收优惠文件的清理,包括财政部、国家税务总局以及各地财税部门颁布的优惠文件的清理。

② 可参见但不限于以下规定:《关于开展全国税务系统税收规范性文件清理工作有关问题的通知》(国税函〔2006〕872号)、《关于开展全国税务系统税收规范性文件清理工作的补充通知》(国税办发〔2006〕92号)、《关于做好规章清理工作有关问题的通知》(国办发〔2010〕28号)及《关于开展省税务机关税收规范性文件清理工作有关问题的通知》(国税函〔2011〕60号)。

大常委会或国务院汇总。清理成果应及时向社会公开①,尤其应详细公布失效或废止的优惠文件及条款以及清理的详细说明,包括提出废止、宣布失效、提出修改的建议等,以更严格的公开要求敦促清理单位认真做好优惠文件的清理工作,不能简单地"一清了事"。

2. 税收优惠类型的整理

"当抽象——一般概念及其逻辑体系不足以掌握某生活现象或意义脉络的多样表现形态时,大家首先会想到的补助思考形式是'类型'。"②"在当下的法学研究中,'类型'方法的兴起是一个值得瞩目的现象。在一般方法论上,'类型'在具体化思考、法律发现及体系形成中的功能被充分关注。"③税收优惠规定的类型化对于统一立法至关重要,其建立在税收优惠文件的清理之上,又为"税收优惠法"的制定提供极富价值的素材,类型化工作得当的话,甚至可以直接为未来"税收优惠法"所用。因为"类型贴近社会现象,凸显事物个性,直观性较强,而且其普遍性又使之区别于个别事物。虽然有着体系尚未完善和特殊的性质等不利因素,但是类型思维作为包容性更强的思维模式,顺应了法律思维模式在整体上不断由分割走向综合的发展趋势,并且其介于具体和抽象之间的特征又对要件思维模式和权利—义务思维模式进行了扬弃,能够代表着法律思维的发展方向"④。

概而言之,"类型化的思考既是对抽象概念的进一步演绎,同时还是对具体事实的进一步抽象。此种双向度的思考形式,使得类型不仅在思维上表现出综合化的特点,而且亦使类型成为一种介于'抽象概念与具体事实'之间的桥梁,成为抽象与具象、普遍与特殊之间的中点"⑤。通过对税收优惠的类型化建构,可以实现抽象的优惠理念、原则和具体的优惠事实之间的联动,最终构建起税收优惠理念、优惠类型、具体优惠事实的科层体系,优惠类型不只是整个体系中一个极为重要的实体元素,更是整个体系得以融通和成立的联结要素。税收优惠类型的此种枢纽地位,在其统一立法过程中,尤其值得重视。

---

① 至于是由全国人大常委会或国务院最终汇总后一并公开,还是各小组汇总后,甚至各省级清理单位清理完成后即行公开,应综合考虑。根据以往规范性文件清理的经验,较为可行的做法是由各清理小组负责单位汇总后统一公开,当然条件成熟的地区可以下放到省一级清理单位。
② 〔德〕卡尔·拉伦茨:《法学方法论》,陈爱娥译,商务印书馆 2003 年版,第 337 页。
③ 杜宇:《刑法学上"类型观"的生成与展开:以构成要件理论的发展为脉络》,载《复旦学报(社会科学版)》2010 年第 5 期。
④ 沈志先主编:《法律方法论》,法律出版社 2012 年版,第 17 页。
⑤ 杜宇:《再论刑法上之"类型化"思维——一种基于"方法论"的扩展性思考》,载《法制与社会发展》2005 年第 6 期。

对税收优惠规定进行类型化,其价值怎么强调都不可过分,但最为根本的还是如何对其类型化。类型化的关键在于标准的确立,标准既定,类型也相应明定。结合国际税收优惠的立法经验和我国税收优惠的实践,从税收优惠统一立法的远景窥测,至少有三种类型化标准[①]可供立法选择:一是,优惠功能标准;二是,税收构成要件标准;三是,优惠所涉行业、产业和区域标准。

首先,从税收优惠的功能上看,通常认为税收优惠主要有经济与社会两大功能。经济功能是税收优惠最为重要的功能,具体可序分为:① 刺激、引导私人投资;② 矫正经济外部性;③ 调整国家宏观调控手段使用的消极后果。社会功能是通过税收优惠,实现社会公平与正义的重要体现,其通常以如下手段来实现:① 促进就业;② 矫正分配;③ 鼓励公益。[②] 其次,从税收构成要件上说,税收优惠均涉及 5 个核心要件,甚至还会辐射到其他辅助要件上,因此,对税收优惠的类型化又可以以此为标准,具体分为:① 税收主体优惠;② 税收客体优惠;③ 税收客体归属优惠;④ 课税标准优惠;⑤ 税率优惠;⑥ 其他优惠,主要包括纳税义务发生时间、税收征纳程序、环节等优惠。最后,从税收优惠涉及的行业、产业和区域上看,至少可以细分为:① 三农产业优惠;② 能源交通业优惠;③ 金融行业优惠;④ 建筑及相关产业优惠;⑤ 高新技术产业优惠;⑥ 科教文卫体业优惠;⑦ 民政福利与社会保障优惠;⑧ 公共事业优惠;⑨ 进出口优惠;⑩ 区域优惠;⑪ 其他优惠等。

上述三种类型化标准的适用,会带来并不全然一致的类型化内容,对类型化工作和能力的要求差异较大,也深度影响着立法模式的选择和立法质量的高低。税收构成要件标准更适合在单一税种内部完成,而优惠功能标准和行业、产业与区域标准,既可在单一税种内部完成,又可突破单一税种,在整个现行税种层面进行类型化。尤其是行业、产业和区域标准,甚至更适合打破税种局限,进行部门税收优惠的深度整合,在各税种之间高度类型化。因为每一个行业都不只涉及单一税种,且各个税种犬牙交叉、彼此依赖。

正是此种相互依赖、彼此支持的竞争与合作关系,使得跨税种类型化成为简化税制、统一立法的重要手段和工具。必须指明的是,三种类型化标准并不存在优劣之分,也不意味着彼此水火不容,相反,在具体的立法实践中,很多时候都是三种类型化标准交叉、融通使用的结果,典型如韩国《租税减免规制法》。《租税减免规制法》正是充分利用了优惠功能标准、税收构成要件

---

① 虽然税收优惠还可以优惠方式、优惠期限、优惠审批程序等多种标准进行类型化,但这些标准并不具有普适性,而且会带来具体类型归纳的烦琐,难以达到立法简洁性、清晰性的目标,基于此,本章不做深入、全面的探讨,仅对统一立法有借鉴意义的类型化标准进行描述。
② 参见王霞:《税收优惠法律制度研究——以法律的规范性及正当性为视角》,法律出版社 2012 年版,第 12—14 页。

标准和行业、产业与区域标准,尤其是其高度整合、改良了税收构成要件标准和行业、产业与区域标准,大大提升了其税收优惠的立法水平,才使得韩国在税收优惠的立法实践中占据举足轻重的地位。至于我国应选择何种标准开展税收优惠的类型化工作,应结合税收优惠统一立法的规划和"税收优惠法"的定位来确定,同时也要考虑到"法律的制定和实施总是或者说必然地受到社会、经济、心理、历史、文化以及各种价值判断等各种因素的影响和制约"①。

3. 统一立法的有序展开:以"税收优惠法"的制定为核心

在法学上致力于税法体系的建立,使其纳入整体法律秩序之中,并追求实现下述三个目标:① 税捐体系作为规范的体系,必须符合较上位阶的宪法上的价值秩序;② 税捐体系作为规范的体系,必须与其他相同位阶的规范体系相调和;③ 一个税捐体系作为规范的体系,其本身必须没有相互矛盾。② 因此,要想构建统一、完备的税收优惠法律体系,上述三个目标必须得到落实。毕竟,税收优惠统一立法,意在构建统一、和谐有序的税收优惠法律体系。而要实现这一宏伟蓝图,必须直面解决以下三大立法难题:① 落实"宪法"及"税收基本法"或"税收征收管理法"中的税收优惠条款;② 制定"税收优惠法";③ 理顺各位阶的税收优惠规定,既包括不同位阶的税收优惠规定,也包括相同位阶的税收优惠规定,使其在宪法统领下,保持价值判断的统一性,彼此衔接、相互照应。

(1) 税收优惠条款的落实。

税收优惠法定主义发端于"宪法"上的税收法定主义,我国《宪法》第56条既是对公民纳税义务的确认,也是对国家课税权的一种限制,其可以成为税收法定主义的最高法律依据。③ 不过,从尽善尽美、消除分歧的角度看,如果有机会修改《宪法》,还是修改为好,改变目前从纳税义务的角度、转为从设定政府义务的角度拟定税收法定主义条款。只要税收法定主义条款在《宪法》上得到明确,则优惠法定主义的宪法位阶自然是顺理成章。相较于《宪法》,目前《税收征收管理法》及其实施细则对税收优惠的规定极其缺乏,直接涉及税收优惠的规定总共不到10条,且集中于税收法定主义的落实,纳税人的减免税权义和税务部门对减免税的管理。

---

① 孙同鹏:《经济立法问题研究——制度变迁与公共选择的视角》,中国人民大学出版社2004年版,第10页。
② 参见陈清秀:《税法总论》(修订九版),台湾元照出版有限公司2016年版,第16—17页。
③ 参见刘剑文、熊伟:《税法基础理论》,北京大学出版社2004年版,第109页。

由此可见,要完成税收优惠统一立法和体系化大业,第二位阶,即"税收基本法"或"税收征收管理法"仍应健全该位阶的税收优惠条款,尤其要落实税收优惠目的、税收优惠要件、税收优惠范围、税收优惠权力控制等核心制度。该位阶的税收优惠规定应同时具备如下功能:从单纯对纳税人优惠权利行使的单向管理,逐步过渡到对纳税人优惠权利行使与对相关部门优惠权力控制、监督的双向管理。归根结底,任何法律都应反映现实的客观需要。①

(2)"税收优惠法"的制定。

"税收优惠法"的制定要格外关注立法模式选择、法律框架与内容及立法技术与标准等立法疑难。

首先,关于"税收优惠法"的立法模式选择。基于前述论及的我国税收优惠的立法实践和现有的立法能力,以日本《税收特别措施法》为参照,在各部门税法内部清理的基础上,以优惠功能标准或税收构成要件标准对各部门税收优惠进行类型化,尔后汇总、制定"税收优惠法",或许是当下较为务实的做法。当然,也不应放弃以行业、产业和区域标准,突破部门税法障碍,在更能动的整体税种层面进行类型化,制定更精炼、更易理解的"税收优惠法"之追求。

其次,"税收优惠法"的框架与内容。"税收优惠法"的框架和内容与其立法模式的选择有直接的关联,但不管采取何种立法模式。都可以确立"总则—实体制度—程序制度—附则"的三大框架。"总则部分"重在规定"税收优惠法"的立法宗旨、特定术语的定义、税收优惠的限制性规定等内容。"实体制度部分"因立法模式选择不同而生差异:如若采取类似于日本《税收特别措施法》的立法例,则需将各部门税法中的具体税收优惠规定加以类型化,在此基础上,汇总类型化后的各部门税收优惠规定,作为"税收优惠法"的核心制度,最终确定的是以部门税法为主线条的立法框架;如果采取行业、产业和区域标准②,则需打破部门税法疆域,高度整合各部门税法中的关联税收优

---

① 参见鲁晓明:《论我国居住权立法之必要性及以物权性为主的立法模式——兼及完善我国民法典物权编草案居住权制度规范的建议》,载《政治与法律》2019 年第 3 期。

② 该标准还可以进一步衍生出交易形式、性质、行为类型等特殊标准,比较而言,以交易的形式、性质、行为类型等为标准更符合税法的运作规律,也更容易为征纳双方所接受,但此种标准无法摆脱交易形式的日新月异、瞬时变迁的困局,同时,基于行文主旨和篇幅考虑,对此种衍生性标准本章不做详尽考察。处于立法的简洁性和科学性考虑,可以将两者有机结合起来。比如,我国台湾地区的"企业并购法"就很好地体现了这一思路,该法第 34 条将收购财产或股份,而以有表决权之股份作为支付被并购公司之对价,并达全部对价 65% 以上,或进行合并、分割者所涉及的税收优惠高度整合,统摄在交易行为之下,规定:"一、所书立之各项契据凭证一律免征印花税。二、取得不动产所有权者,免征契税。三、应纳之证券交易税一律免征。四、其移转货物或劳务,非属营业税之课征范围。"此种立法技术值得借鉴。

惠规定,最终呈现的是以行业、产业、区域为类型的税收优惠框架。"程序制度部分"重在落实"税收基本法"或"税收征收管理法"中的税收优惠管理规定。"附则部分"主要规定"税收优惠法"的法律效力,包括颁布与生效时间、适用对象、适用范围等。

最后,"税收优惠法"的立法技术与标准。复杂素为税法的流弊。立法者常以税收制度作为实现各种政治目的以及维护社会各群体利益的手段。正因如此,税收立法变得过分复杂,成为纳税人恪守其义务的严重阻碍,也严重阻碍了税收管理者有效及高效地实施税法。其实,好的立法就是能够执行和实施的立法。在检验新的立法时,可以使用多种规范化的检验标准。首先要考察的是法律的执行层面。为此目的,可运用以下具体标准:① 社会接受度;② 法律规定的识别性,包括简洁性、清晰性和全面性;③ 法律规定的适用范围;④ 滥用和不适当使用的容易程度;⑤ 检查或核查的可能性;⑥ 处罚的可能性。[①] 简而言之,起草的"税收优惠法"应具有易懂性、有效性和整体性。[②] 除此之外,还要特别注意法案的简洁性与明确性,尤其是当简洁性与明确性发生冲突时,应当优先选择和保障法案的明确性。这是法治的基本要求。[③]

(3) 各位阶税收优惠规定的衔接与协调。

通过前述优惠法律和优惠条款的制定,自"税收优惠法实施细则"至宪法层面 5 级税收优惠规定业已生成。但要实现税收优惠的统一立法和体系化,则还需对各位阶税收优惠规定进行梳理,理顺各自的定位,做到下位法与上位法的无缝衔接,同位阶法律完全协调一致,若有不符之处,则应提请立法机关及时修订。以税收优惠立法目的为例,各位阶的优惠法律都会直接或间接地规定本位阶的优惠目的,要实现统一立法和税收优惠法律体系化,则必须着眼于税收优惠目的的整体化认识,在各位阶法律之间进行税收优惠目的的体系化、协同化立法,最终建立起层次化和整体化的税收优惠目的体系:第一位阶,是税收公平与平等目的;第二位阶,是经济、社会与文化等公共利益目的;第三位阶,是各部门税法的具体优惠目的。其中,第一位阶的目的发端于宪法层面的税收优惠法定主义,宜在"税收基本法"中规定;第二位阶的目的

---

① 参见〔荷兰〕马特海斯·阿灵克:《税法的起草和实施:税务机关在税法制定过程中的作用》,陈延忠译,载《国际税收》2013 年第 6 期。
② Victor Thuronyi:"Drafting Tax Legislation", In Victor Thuronyi(eds.): *Tax Law Design and Drafting*(volume 1),International Monetary Fund,1996.
③ 参见李梁:《德国环境刑法的立法模式及其对我国的借鉴意义》,载《法学杂志》2018 年第 11 期。

可以在"税收基本法"中规定,也可在各部门税法中规定;第三位阶的目的既可以在各部门税法中具体规定,也可在"税收优惠法"中进行类型化归纳。下位阶的优惠目的受制、统一于上位阶的优惠目的,当下位阶的优惠目的缺失时,理应接受上位阶的优惠目的的约束。自此,从上至下,形成科层化、整体化的优惠目的体系。

后　　记

　　法律原则堪为法学疆域中的皇冠级议题,更是各部门法中的永恒难题。税法学科虽起步较晚,但发展迅捷,犹如法学研究中的"潜力股"。即便如此,仍应看到和正视税法与宪法、行政法、刑法、民法等传统法律部门的差距。这一距离在法律原则研究场域展示得淋漓尽致。稍作检索便不难发现,税法原则作为学科建造的核心基座,研究文献虽说不上汗牛充栋,却也绝非凤毛麟角了。但遗憾的是,透过既往文献材料,税法建制原则的基本共识不仅未能形成,相反,"百家争鸣,百花齐放"的原则歧见,时常给人以"横看成岭侧成峰,远近高低各不同"之惑。撕开各种原则纷争的面纱,诸多基础论题或许值得琢磨,也有必要深思:税法建制原则较之于其他法律部门中的法律原则究竟有无独特性？税法学科建制与税收法治进化到底需不需要共识性的法律原则？究竟有无本源的共识原则？有无可能形成一个共识性的税法建制原则体系？既有学者论道的税法原则除开税收法定共识之外果真只是"公说公有理,婆说婆有理"？此类问题植根税法基础理论,直击税法学科发展疑难,在过去数年匆匆而逝的光阴中时常进入我的思维领地,诱惑、指引、敦促自己负重致远,不知天高地厚地追寻这些税法中的"元问题",追问税法建制原则的"事物本质"。

　　2012年一个已无法精确记忆日期的夜晚,温柔的月光洒在简陋的珞珈山枫园310室,赐予当晚正在畅聊税收优惠话题的我和尚在武汉大学攻读硕士学位的德瑞君以灵感,尽管之前多次讨论这一老掉牙的话题,但从未找到中意的切入角度进行研究。正是那个早已远去,普通而又不平凡的夜晚,我突发奇想决定尝试将比例原则作为一种分析工具与研究方法,集中对税收优惠进行规范审查和实施评估,进行学术试验。随后一年多的写作试验异常艰难,屡次调整研究思路,数度颠覆性修改原定研究框架,反复精细化打磨稿件,最终欣喜获得《现代法学》青睐。这一试验经历给了我继续耕耘这一领地,将税法原则作为一种"方法"探究税法问题、阐释税法现象的灵感和动力。自此之后,从证券交易印花税到税法拟制性行为,由税收优惠到税法解释体制,或整体或单一演示税收法定、量能课税与稽征经济的方法论性能,逐渐坚定了我从方法论视角立体化构造税法建制原则的信念与信心,但同时也带来更多新惑和不解。为什么税法建制原则可以由税收法定、量能课税与稽征经济三大原则构成,这一立体化的原则体系真的可以成为税法建制的万能锁钥?三者源于何处,彼此之间是否存在尚未被发现的关系密码?类似的问题倒逼自己艰难地踏上一条看似非常熟悉,却又无比陌生的未知之路。

鉴于既有知识积累逐步成型,无解问题却层出不穷,遂决定以《税法建制原则立体化构造》为题,共设计"税法建制原则的整体立场""税法建制原则:立体构造与机理整合""税法建制原则运行的环境营造:基于税收法治意识的实证考察""单行税种的建制原则度衡:基于证券交易印花税的规范审查与实施评估""税制行为的建制原则评估:基于税法拟制行为的规范实证探究""税制要素的建制原则衡量——以体育产业税收优惠为分析起点""税法解释体制的原则检思:基于国税总局解释权的证成与运行保障""税收法定原则的效力补强——以地方税权的阐释与落实为要义""量能课税原则的适用边界——以环境税为观测场域""稽征经济原则的应用限缩——以比例原则对税收优惠的审查为支点"等十个部分整理书稿,撰写申报材料,全力申请2017年度国家社科基金后期资助项目。好在有幸运女神眷顾,申请的项目获得立项。然而,消化匿名外审专家意见,回答原本无解难题,不但使得之前原以为清晰无误的答案不再明晰,更使得原初就摸不着头脑的难题更是一头雾水。文献阅读越多,与友交流越深入,愈发觉得研究艰难,面临的挑战更加巨大。

2017年8月至2018年1月,我应邀前往台湾地区东吴大学法学院交流学习,半年的求知深造给了自己系统思考税法建制原则,纵深规划和推动项目研究的难得契机。访学期间,黄茂荣老师于植根杂志社有限公司办公室两度无私点拨,讲解税法建制原则构造的核心难题,并于东吴大学法学院财税法研究中心和台湾地区会计师公会联合会主办的"第八届税务实务问题研讨会:纳税者权利保护法与信托课税"上对本人关于部颁税法规则发言的讲评指导,供给了极具价值的研究思路;葛克昌老师于东吴大学法学院课堂与办公室数次耐心指导,传授量能课税性能、纳税人权利保护等研究的宝贵经验;陈清秀老师于东吴大学法学院课堂、办公室等地十余次倾心指点,讲授生活世界与法学中的事物本质、税法上建制的基本原则等高深法理,仿佛注入一种绵延不绝的渴望,牵引自己推开智慧之门。得益于台湾地区三大税法泰斗的智力指引和匿名外审专家的精准建议,项目研究虽屡陷困境,但最终还算是基本完成了自己之于税法建制原则的数年心愿。呈现在读者眼前的本书与申报书稿已有不小差异,典型如原初项目申报时的书稿框架得以小幅微调、内容得到体系化改造。前者如,原书稿第三章"税法建制原则运行的环营造:基于税收法治意识的实证考察"得以删除。后者如,原书稿第一章写作思路得到全新构造,第二章内容获得全面调整,其他内容亦获系统修正。

  本书依托的国家社科基金后期资助项目结项和书稿的出版历经新冠肺炎虐行,武汉城封。尤为感恩全国所有援鄂医疗队、工作人员、芸芸百姓和吾之祖国,正是"一方有难,八方支援",齐心协力共渡难关的中华传统,让英雄大城得以重启,也使得自己一介书生依然有机会静坐书房,回溯本书浸透的数年思考历程、知识创作的痛苦和思维超越的愉悦。感谢《现代法学》《法学家》《法商研究》《法学》《体育科学》《证券法苑》《苏州大学学报(哲学社会科学版)》《武汉体育学院学报》等知名期刊及编辑老师们的赏识、支持和指导。在论文发表愈加困难的学术中国,在每篇稿子都得"过五关,斩六将",历经投稿和道道审核的数月或更长时间的磨难,甚至拿到用稿通知都还未必保险的严酷学术环境中,来自编辑和市场的认可,是本人持续探究税法建制原则议题,不断展拓税法建制原则疆域的关键性动力。

  特别感谢葛克昌老师、黄茂荣老师、陈清秀老师不厌其烦的知识传授、经验分享,每每想起依旧是感动满满。感谢武汉大学法学院熊伟教授、中山大学法学院杨小强教授,两位老师一直以来的提点和教诲,让自己无论深陷何等困境却仍努力前行、攻坚克难,竭力精细化耕作和珍惜税法领地中自己熟知和未知的每一片沃土。感谢中南民族大学法学院顾德瑞老师、厦门大学法学院褚睿刚博士、武汉大学法学院冯铁拴博士的智力驰援。感谢武汉大学法学院经济法教研室全体老师的关爱和帮助,感谢中南民族大学法学院全体老师的支持与关心。感谢苏娟女士和锐恒小友的陪伴和激励。感谢国家社科基金后期资助项目的资金支持,感谢匿名评审专家的宝贵意见。感谢北京大学出版社精准专业、高度负责、热情助人的王晶老师二度相助。无以回报,唯有感谢!

  同样要感谢自己十余年来的坚持不懈、永不放弃。照样不能忘却的是身边所有老友亲朋的相助。正是来自平凡世界中的每一次助力,才使得自己二十年前坚定信念、走出四面环山的故乡,二十年后初步立足于杂乱与宁静兼容的都市江城。正是受益于学习中、工作中和生活中的每一次驰援,才使得自己有机会十余年坚守税法阵地,竭力做一些自认为还算有些许贡献和点滴创新的税法研究。本书从酝酿到写作,从修改到出版,历经八载,虽依然未必能够为学界所整体认同,但自己确有努力呈现和尝试提供一种可能通向共识的分析范式,并尽心竭力"说理"与"示范"。纵然共识还是无法达致,问心无愧或为此时心境。法学研究本为不易,垦植融定性规则与定量知识为一体的技术性特质浓郁的税法亦是更难。今日中国,伴随《民法典》的问世,各部门法的立、改、废必将步入快车道。在"立法中国"的当下,税收立法更是高速发展,税收政策同样是瞬息万变,借助"落实税收法定原则"之机推动税法规范整体进阶之外,税法建制原则究竟能为中国的税收法治建设贡献什么智慧,到底可以为中国的税法研究带来什么景象,本书力图进行立体化的回应与探究,此亦为本书之"初心"。希冀即将面世的本书能为欣欣向荣的税法研究和稳步前进的税收法治建设添砖加瓦,希望本书的出版可以继续指引自己奋力向前,更期待本书的缺憾能够持续为自己提供精细化研究的动力源和创新力。祈愿本书能给读者送去不一样的思维和范式,带去不同的新知与智慧。

感恩亲人!感恩读者!感恩朋友!

感谢生活!感谢坚持!感谢一切美好!

南湖之畔·北书院

2020 年 5 月 28 日